湖北省公益学术著作出版专项资金项目

丛书主编\周洪宇

平凡的神圣——陶行知
PINGFAN DE SHENSHENG-TAO XINGZHI

章开沅　唐文权　著

华中师范大学出版社

新出图证(鄂)字 10 号

图书在版编目(CIP)数据

平凡的神圣——陶行知/章开沅,唐文权著. —武汉:华中师范大学出版社,2020.12

(陶行知学文库)

ISBN 978-7-5622-9168-8

Ⅰ.①平… Ⅱ.①章… ②唐… Ⅲ.①陶行知(1891-1946)—教育思想—思想评论 Ⅳ.①G40-092.6

中国版本图书馆 CIP 数据核字(2020)第 203195 号

平凡的神圣——陶行知

©章开沅　唐文权　著

责任编辑：曾　艳	
责任校对：童　雯	封面设计：罗明波
编辑室：学术出版中心	电话：027- 67867792/3280
出版发行：华中师范大学出版社	
社址：湖北省武汉市洪山区珞喻路 152 号	电话：027- 67863426(发行部)
网址：http://press.ccnu.edu.cn	电子邮箱：press@mail.ccnu.edu.cn
印刷：湖北恒泰印务有限公司	督印：刘　敏
开本：710mm×1000mm　1/16	印张：30.25
字数：490 千字	
版次：2020 年 12 月第 1 版	印次：2020 年 12 月第 1 次印刷
定价：151.00 元	

欢迎上网查询、购书

敬告读者：欢迎举报盗版，请打举报电话 027-67867353

"陶行知学文库"编辑委员会

顾　问：章开沅　朱永新　董宝良
主　任：周洪宇
副主任：周挥辉
委　员：申国昌　操太圣　刘从德　刘大伟　刘来兵
秘书长：齐彦磊

总　　序

周洪宇

陶行知是中国近现代享有盛誉的教育家、思想家、政治家和文学家，也是中国近现代原创力最强、真正形成了自己的教育学说体系、富有世界影响力的教育思想家。2007年，美国知名学者、哥伦比亚大学教育学院大卫·汉森教授在其主编的《教育的伦理视野——实践中的教育哲学》一书中介绍了世界最具影响力的十大教育思想家，其中唯一的中国教育思想家就是陶行知。该书将陶行知与美国的杜威、意大利的蒙台梭利等世界著名教育思想家并列，足见陶行知在国际学术界的巨大影响力及其被国际人士高度认可。

2020年是陶行知研究100周年，2021年是陶行知130周年诞辰和逝世75周年。借此机会，我们与华中师范大学出版社合作，编辑出版"陶行知学文库"丛书50余册，约2000万字，以深化陶行知研究，推动中国教育改革发展，加快建设中国教育学。

一

"陶行知学文库"丛书的编辑出版具有重大的学术价值与现实意义。2020年是国家"十三五"教育事业发展规划的收官之年，2021年是国家"十四五"教育事业发展规划的起步之年。值此重要历史节点，编辑出版"陶行知学文库"丛书意义重大而深远。

其一，这是深化当代陶行知研究的迫切需要。

如果将1920年北京大学缪金源所写的关于陶行知学生自治思想研究的文章算为正式起点的话，陶行知研究到现在已有整整100年历史。回顾百年陶行知研究，可以发现陶行知研究已经逐步发展为一门国际性的学问，在美国、德国、法国、日本、韩国等国家都有不少学者在进行研究并取得了丰硕成果。陶行知研究是一门中国本土成长起来的学问，它是对中国近现代教育家陶行知的专门研究之学。既然是本土之学，中国人自己首先要研究好，这样才能更好地与国外学术界对话和交流，提高我国在国际学术界的话语权。

深化当代陶行知研究需要建立专业的、系统的、科学的"陶行知学"。所谓"陶行知学"，就是一门以陶行知的家世家庭、个人生平、事业贡献、思想学说、人格精神、历史作用和国际影响为主要研究对象的学问。它涉及陶行知本人及其所处的时代环境、所经历的重要活动和重要事件、所交往的重要人物等，重点是研究陶行知的精神文化世界，对陶行知的历史价值及其局限进行历史反思。透过这种研究来看在当时的时代环境下，以陶行知、鲁迅为代表的中国近现代进步知识分子如何处理中西古今关系，走上一条追求真理、救国救民的历史道路，以及我们今天怎样学习和借鉴陶行知思想，推动当代的教育改革和社会进步。"陶行知学"的具体内容应该包括历史研究、文本研究、理论研究、应用研究、比较研究、海外研究和研究史研究等。就其性质而言，它有应用研究的一面，但主要还是基础研究。换句话说，它就是以基础研究为主、应用研究为辅的一门专门学问。

随着中国经济的快速发展、国际地位的日益提高，中国的学术和文化也要有相应的提升，以适应时代的需要。在当前西方学术文化占据强势地位的情况下，加强与西方学术界对话，发出中国自己的声音，很有现实意义。中国当代陶行知研究的重要任务之一，就是发展陶行知学术文化，形成陶行知学术话语体系，促进中西教育学术交流，在国际上拥有更大的话语权。"陶行知学文库"丛书的编辑出版正有助于此。

其二，这是加快建设当代中国教育学的迫切需要。

陶行知从20世纪10年代开始撰写教育论文，至40年代中期去世前，披阅不停、笔耕不辍，数十年如一日，围绕其独特的生活教育思想，著述达四百万字以上，客观上构建了一个概念清晰、原理明确、主张具体、内容丰富、结构完整的教育理论体系，得到了教育界、学术界的充分肯定。陶行知教育学说由若干概念范畴、基本原理和具体主张组成。具体而言，它以政治理念、哲学观点和文化思想为理论基石，以"生活"范畴为逻辑起点，以"生活即教育""社会即学校""教学做合一"三大原理为教育哲学依据，以民主教育、科学教育、乡村教育、师范教育、幼儿教育、创造教育、全面教育、终身教育等为具体教育主张,将其有机地建构成一个紧密联系、不可分割的整体,而且随着社会形势的变化与教育实践的深入,不断发展变化,具有鲜明的时代特征和特定的历史内涵。

20世纪上半期,陶行知在反传统教育和反洋化教育的斗争中,在长期的教育实践过程中,通过批判地吸收古今中外各种教育思想精华和总结自己的教育实践经验,创立了具有中国特色、以教育哲学原理为基础、以各类教育主张为内容的一套完整的生活教育学说。他的生活教育学说是在半殖民地中国社会历史条件下中国人民争取解放、自由、平等的教育理论,也是既符合中国国情又适应社会发展和世界潮流的现代教育思想,达到了近现代中国社会教育思想所能达到的最高高度,成为新中国教育思想体系的重要理论来源之一,也是当今与未来中国教育思想发展的一个重要理论资源。"陶行知学文库"丛书的编辑出版是对陶行知教育学说的系统梳理与科学总结,有助于丰富和建设具有中国特色、中国风格、中国气派的当代中国教育学。

其三,这是加快当代教育改革发展的迫切需要。

陶行知早年毕业于世界著名的教育研究机构——美国哥伦比亚大学师范学院,师从20世纪著名的哲学家、教育学家、美国哲学学会会长杜威,世界著名教育史学家、世界教育联合会会长孟禄,知名教育学家、"设计教学法"创始人克伯屈等人,并在美国教育行政学权威、美国教育行政学会会长斯特雷耶教授的指导下撰写博士学位论文,研究中国教育。陶行知一方面深受西方先进教育理论的熏陶,另一方面又有长期的中国教育改革实践经历,教育理论功底深厚,教育实践经验丰富,而且善于总结提炼,具有强烈的自觉去系统建构教育理论体系的愿望与能力,被美国最负盛名的汉学家、哈佛大学东亚研究中心主任费正清教授誉为"杜威博士最有创造力的学生"。

陶行知不仅是一位杰出的教育家、思想家、文学家,也是一位活跃的政治家。他始终把教育变革与社会改造紧密地结合在一起,一生致力于中国的民族独立、国家富强、文教发达、社会进步。他的爱满天下的博大胸襟、乐于奉献的伟大情操、炽烈真诚的教育激情、求真务实的思想作风、不屈不挠的刚毅品质、开拓求新的创造精神,是我们今天进一步推进改革开放、实现中华民族伟大复兴宏伟事业、圆美好中国梦最需要的精神财富。"陶行知学文库"丛书的编辑出版有助于深化陶行知研究,把这些精神财富很好地总结和提炼出来,服务于当代中国教育发展改革的需要,特别是服务于十九大尤其是十九届五中全会后中国教育改革发展、建设高质量教育体系、推进教育现代化、建设教育强国、办人民满意教育的迫切需要。

其四,华中师范大学陶行知研究团队四十年的学术积累使之具有可行性与可操作性。

华中师范大学是改革开放以后中国大陆最早开展陶行知研究的重点高校之一,编辑出版了国内外第一套《陶行知全集》(共8卷,湖南教育出版社1984年、1985年出版前6卷,1992年出版后2卷),该书1986年获得全国优秀畅销书奖,1988年获得全国第一届优秀教育图书特别奖,1994年获得第一届国家图书奖,为全国陶行知研究的顺利开展提供了基本条件;1993年撰写出版了第一本陶行知研究专著《陶行知教育学说》,该书获得1995年首届全国高校人文社会科学研究优秀成果一等奖;1985年和1988年分别培养了国内第一个教育史陶行知研究硕士研究生和第一个历史学博士研究生,这为2000年华中师范大学获得教育史学博士学位授权点以及此后培养多位以陶行知研究为论文选题的教育学博士奠定了坚实基础。无论是编纂出版陶行知全集、选集,还是编写年谱长编、人物传记、画传;无论是撰写出版专著,发表研究论文,还是组织开展教育改革实验,创新发展陶行知思想;无论是培养人才,建设一支高素质、专业化、创新型研究队伍,还是建立陶行知国际研究中心、举办专题国际学术会议,让陶行知研究走向世界,华中师范大学都走在国内外教育界、学术界的前列,成为举世公认的陶行知国际研究中心。在著名历史学家章开沅教授、著名教育史学家董宝良教授的导航引路下,一批中青年学者脱颖而出,成为当今国内外陶行知研究领域里的中坚力量。华中师范大学陶行知研究团队四十年深厚的学术积累为"陶行知学文库"丛书的编选出版奠定了坚实基础并提供了可能。

二

"陶行知学文库"丛书的编选范围广、体量大、内容丰富,主要是选取改革开放以来华中师范大学陶行知研究团队的陶行知研究成果,既有陶行知的全集、选集等资料整理，又有专题研究、人物传记、比较研究、国际研究、年谱长编和应用研究等。其中全集有《陶行知全集》(新编本)和《陶行知全集》(精编本)，选集有《陶行知教育论著选》、《陶行知教育名篇选》、《陶行知教育名篇精选》(教师读本)、《陶行知教育名论精要》(教师读本)、《陶行知幼儿教育名篇选读》、《生活教育——陶行知英文著作精选》(中英双语)，专题研究有《陶行知教育学说》、《陶行知生活教育学说》、《陶行知生活教育导读》(教师读本)、《陶行知生活教育理论》(英文版)、《陶行知与中国现代文化》、《陶行知与中外文化教育》、《陶行知与中外文化教育再探》、《陶行知研究的学术谱系》、《我与陶行知研究》，人物传记有《平凡的神圣——陶行知》、《山乡社会走出的人民教育家：陶行知》、《人民之子　陶行知》、《陶行知画传》、《陶行知大传——一位文化巨人的四个世界》、《平凡的伟大：教育家陶行知、杨东莼、牧口常三郎的生活史》、《最后的圣者——陶行知新论》、《教育改变世界——陶行知》(英文版)，比较研究有《蔡元培、黄炎培、陶行知的比较研究》《陶行知与牧口常三郎教育思想比较研究》，国际研究有《陶行知研究在海外》、《陶行知研究在海外》(新编本)、《全球视野下的陶行知研究》、《教育交流与社会变迁：哥伦比亚大学与现代中国教育》(此书大篇幅论述陶行知)，年谱有《陶行知年谱长编》，应用研究也正在编写之中。需要说明的是，"陶行知学文库"丛书选收的研究性著述均为华中师范大学陶行知研究团队成员所作，有些优秀之作因各种原因未能纳入其中，不免有遗珠之憾，敬请原作者谅解。

三

本丛书的编选范围与编选体量决定了其以"陶行知学文库"命名，而非简单地取名为"陶行知丛书"或"陶行知研究丛书"。这既体现了丛书命名的科学性与准确性，也彰显了丛书内容的全面性与专业性。"陶行知学文库"丛书由章开沅先生、朱永新先生、董宝良先生担任顾问，周洪宇、周挥辉任编辑委员会正、副主任，申国昌、操太圣、刘从德、刘大伟、刘来兵为编委会委员，齐彦磊任编委会秘书长，陈诗、窦海元、詹淑兰、范青青、戚同欣、郑媛、王亭力、陈海霞、韩旭帆等为编委会工作人员。在丛书的编选过程中，编委会力求以历史唯物主义为指导思想，以历史研究、比较研究、理论研究等为研究方法,做到历史与逻辑相结合、抽象与具体相结合、理论与实践相结合、本土与域外相结合,深化陶行知研究水平,使之更具专业性、系统性和科学性。依此,编委会对丛书的整体进度作了如下安排:丛书共50余册,分三辑出版,2020年出版第一辑10册,2021—2025年出版第二辑22册,2025年之后出版第三辑约20册。

  本丛书在编选过程中得到了著名史学家、教育家章开沅先生,著名教育史学家董宝良先生的关心与支持,华中师范大学教育学院喻本伐教授、余子侠教授、申国昌教授、刘来兵副教授和曾在华中师范大学教育学院任教或学习的现深圳大学师范学院熊贤君教授、聊城大学教育学院胡志坚教授、长江大学教育学院陈竞蓉教授、南京晓庄学院陶行知研究院刘大伟副教授、武汉市市场监督管理局蔡幸福博士以及国内外教育界、学术界的其他朋友等均从不同维度为丛书的立意、构思与修改提出了宝贵的意见和建议。同时,"陶行知学文库"丛书编选工作的顺利展开也得益于编委会各位同志的辛勤付出。华中师范大学出版社社长周挥辉、总编刘从德、学术出版中心主任冯会平和编辑张怀东等人,为丛书出版倾注了大量的心血。值此丛书第一辑付梓之际,谨对以上各位同仁致以最诚挚的谢意!

2020年12月18日于武汉东湖之滨远望斋

序　言

在师范院校已经工作了整整40年，因此对教育与教育家怀有特别深厚的感情。对于陶行知先生更是景仰已久，记得还在读小学的时候，老师就介绍过晓庄师范与"小先生"之类动人事迹。长大以后，有幸进入陶公的母校——金陵大学，1948年春曾在一个叫做《天南星》的墙报上写过一篇文章，题为《陶行知与武训》，批评学校不应只制作有关武训的幻灯片而忘记了贡献更大的陶行知。这当然是属于配合反蒋斗争的政治评论，但对陶公的倾慕之情确是真挚的。

可是，从20世纪50年代初批判电影《武训传》开始，客观情况有了很大的变化。原来曾被中共中央领导人誉为伟大的人民教育家与党外布尔什维克的陶行知，凭空与提倡单纯"教育救国"之类改良主义联系起来。加以当时正把凯洛夫们的苏式教育学奉为经典，以及对胡适实用主义的全面讨伐，同样渊源于杜威学派的陶行知教育思想也就成为殃及的池鱼。为人民教育与新民主主义社会奋斗终生的陶行知，在新社会到来以后反而受到歧视与冷遇，看来似乎奇特，其实也并非难以理解。因为，在"政治统帅一切"的那些年月，只有一个伟大政治家的文治武功被尊奉为凌驾一切的最高神圣，此外则不容许或多或少承认其他任何权威。尽管陶行知生前毫无与某人争一日之雄长的政治野心，死后也不具备抢先向马克思报到的资格，但由于他的教育思想与实践已经形成一个相当完整而且誉满中外的科学体系，这自然要成为那些热衷于"大树特树"的人们心目中的障碍。

时过境迁。20世纪80年代以来，随着《陶行知全集》的出版与从中央到地方各级陶行知研究会的相继成立，陶行知的贡献与地位已经得到社会上的广泛承认。因此，我们丝毫无意于借此书为陶公平反，书的开头之所以旧事重提，无非是把它作为一种社会现象来考察，探究其根源，总结其经验，借以提高认识并促进陶行知研究健康的发展。我们痛切地认为，把史学当作政治的婢女，为了某种政治需要而任意涂改历史的丑恶社会现象，再也不能容许其继续存在!

坦白地说,我们写作这本传记的目的就是"寻找真正的陶行知"。对于陶公的生平、思想、实践,一是力求如实地写出,二是力求合理地解释。"三七开"、"四六开"之类功过品评已经令人厌倦,当然我们也无意把传主写成完美无缺的天纵之圣,陶行知毕竟是一个活生生的凡人。最近,陶公的母校哥伦比亚大学东亚研究中心请我讲演,题目是《史学寻找自己》(History Looking for Herself)。史学为什么要寻找自己? 因为政治、经济等因素层出不穷的干扰,史学已经趋于自我迷失。近几年来,我不断强调史学要保持独立的科学品格,史学家要保持独立的人格尊严,都是针对当代学术的严重缺失而言。我想,陶公如果地下有知,想必也会赞同我们用这种真诚的科学态度来写他的传记。

对于这样一个"捧着一颗心来,不带半根草去"的"真人",苛求固然是很不恰当,溢美则是另外一种亵渎。

这是一本教育家的传记,但并没有限于就教育言教育,也没有限于就中国教育言中国教育。我们试图以较广阔的视野,即从跨文化(gross-cultural)与文化交感(cultural interaction)着眼,来写这位教育家的思想与实践的发展过程。陶行知固然属于中国,但他同样亦属于世界。他是中西文化既相冲突而又相融会的产物,他把杜威的教育哲学引进中国,根据中国的国情与社会需要加以改造与发展,并且广泛吸收了中国文化固有的与现今的各种积极因素,形成了自己独立的教育哲学和理论与实践密切结合的教育体系。他不仅是中国孔子以后又一位万世师表,而且也是现代世界屈指可数的伟大教育家之一,因为他始终走在世界教育改革潮流的前头,而在教育思想与试验方面的贡献早已超越了国界。

生活教育是陶行知一生的大手笔,是他提倡过的各种类别、层次教育的总括,所以本书为它花费了较多的篇幅,力图作比较全面、系统、深入的论析。我们认为,生活教育(广义的)一个很可贵的特点,就是提倡教育社会化与社会教育化,用今天的语言来说就是提倡全社会办大教育。他是这样想的,也是这样做的。无论古今中外,我们很难找到另外一个人,能够像他这样千方百计调动社会上一切积极因素来兴办教育,同时又这样千方百计把教育的功能渗透到社会机体的许多层面与许多角落。其思虑之精与用力之勤,真是如同水银泻地,无孔不入。我常想,近代中国如果有 200 个真正像陶行知、晏阳初一样的大教育家,则中国的教育甚至整个历史都会是另外一番景象。

予生也晚,未能亲聆陶公教诲;即使就陶研而言,我也属于后进之列。但是,我所在的华中师范大学,对于研究与发扬陶行知的思想、精神的重视,却是十余年如一日,不仅在极其艰难的条件下很早就出版了《陶行知全集》,而且还及时地成立了陶行知研究室,并且规划了陶行知系列研究。我在校长任期之内,还与邓宗琦诸同事一起努力营造并推广"一校一县"模式(一所大学与一个县或县级市全面协作),用意即在发扬光大陶公有关教育社会化与社会教育化的卓见远识,凭借社会力量来促进大学的发展,同时又把大学的功能全部奉献给社会。记得有次我与世界银行负责支援中国教育项目的居美博士谈及此事,她充分给以肯定并表示支持说:"如果中国有500所大学与500个县,都能像你们学校与仙桃市这样全面协作,那该有多么好啊,而且还可以把这种模式推广到第三世界其他国家。"我提及此事决非为华师自我宣扬,只不过是强调至今仍然有继承、推广、发展陶行知思想与精神的极端必要。我们仍然是一个教育相当落后的国家,又是一个口头上似乎极端重视而在实际上又并不那么重视教育的国家,当前迫切需要的正是一大批不说伟大的空话而专办平凡的实事的仁人志士。还是我那句老话,如果有200个真正像陶行知、晏阳初一样的大教育家,则中国的教育乃至整个社会状况都会是另外一番景象。我决非忽视中国已经取得的各项长足进步,更无意贬低其他各行各业领导、专家的辛勤劳绩,但我总觉得教育在中国至今仍未得到全社会应有的切实重视,因此我们正在继续遭受历史的惩罚,而同时也更加说明陶行知、晏阳初这样一些全心全意办教育的仁人志士何等可贵。正是出于这种理解,才促使我们抓紧写作这本传记。当然,我们也高兴地看到,陶行知研究队伍已经与日俱增,陶行知研究会已经形成一个具有相当规模的社会网络。特别是晓庄师范已经焕发新的青春,安徽、江苏、四川等省陶行知教育思想实验区的开辟与发展,都必将在当代教育史上写出光辉的篇章。

我在辞去校长职务之际曾经感叹:"未了之事与未竟之愿太多太多。"我想,陶公如果不是死得那样早,那样仓促,大概也不免会有类似的想法。因为,在中国,不管过去与现在,办教育都是很难很难的啊!(当然我并非认为办其他事业就不难。)但陶行知在那样黑暗的年代,毕竟还能办成众多教育事业，留下如此深远影响。这又使我们受到激励，为之感奋，决心在陶行知已经走过的道路上继续走下去。如果此书多少能够引起读者一些共鸣，或可作为当今从事教育工作的若干借鉴，那便是我们极大的安慰。

正在本书写作过程之中，我应普林斯顿大学与普林斯顿神学院的联合邀请，来美国作为期一年的合作研究，课题则转移到中国基督教教会史领域。因此，主要的写作与定稿任务便落在文权身上，他为此书尽了最大的努力。当然，由于指导思想、基本观点、全书框架乃至体例、写法都是我们共同商定的，全部初稿又经过我逐章逐节推敲并与文权商定如何修改，所以对于本书可能存在的缺点与不足之处，我都应该承担自己应有的责任。我们殷切地期待着海内外读者的批评，以便借以改进自己的研究，并在将来有机会再版时把这本传记修改得更切近于"真正的陶行知"。

章开沅
辛未春写于花木怒放的普林斯顿之蟠音堂

目 录

第一章 "陶行知现象" ··· 001
　　巨星陨落四海同悲 ··· 001
　　开国第一文化罪案 ··· 009
　　批陶原因面面观 ··· 019
　　批陶影响纵横谈 ··· 033

第二章 三重文化圈中的跳跃 ··································· 044
　　家乡就读：植根传统的热土 ································· 044
　　金陵求学：初放人生的晓光 ································· 054
　　负笈游美：走向崭新的世界 ································· 067

第三章 世界教育革新运动的传应人 ····························· 085
　　促使中国教育汇入国际教育运动的求索 ······················· 085
　　争取中国教育和政治民主化的尝试 ··························· 099
　　参与中国教育科学规范化的构思 ····························· 110

第四章 中国新教育运动的弄潮儿 ······························· 123
　　运筹力行于中华教育改进社 ································· 123
　　奔走发动于平民教育运动 ··································· 132
　　思想生灭于政海恶波澜 ····································· 144

第五章 现代乡村教育史上的明珠 ······························· 158
　　晓庄诞生与生活教育理论的形成 ····························· 158
　　生活教育理论的晓庄试验 ··································· 175
　　晓庄精神与晓庄影响 ······································· 191
　　晓庄学校的夭殇 ··· 204

第六章　民族危机压力下的转向 …… 216
　　亡命日本前后:中国教育出路的新思考 …… 216
　　"九一八"事变:政治立场的加快倾斜 …… 229
　　从科学教育到国难教育:中国教育出路的新探求 …… 242
　　"一二·九"运动:政治立场的再倾再斜 …… 259

第七章　卓越的国民外交使节 …… 276
　　登临欧洲讲坛:鼓吹世界和平的号筒 …… 276
　　奔走北美大地:争取国际援助的使者 …… 285
　　自西徂东回国:归心似箭中的考察宣传 …… 299

第八章　含辛茹苦育彼英才 …… 310
　　在国共合作的"蜜月"中:初践国民参政会 …… 310
　　生活教育运动的新发展:生活教育社和育才学校的成立 …… 321
　　古圣寺中的今圣:现代的新武训 …… 338
　　召唤创造之神:雏凤展翅初翔 …… 353

第九章　赴汤蹈火争此民主 …… 366
　　在民主运动风起云涌的抗战胜利前夕 …… 366
　　当面容惨淡的胜利女神降临之际 …… 382
　　民主教育:生活教育理论的最后一章 …… 398
　　黑榜"探花":上海反内战运动的前驱 …… 414

第十章　简略的余论 …… 428
　　"爱满天下"的陶夫子 …… 428
　　别领风骚的大众诗人 …… 440
　　生活教育的新启示 …… 451

后　记 …… 464

第一章 "陶行知现象"

巨星陨落四海同悲

1946年7月25日12时30分,一颗伟大的心脏停止跳动了。

这颗心脏的停止跳动,顿时成为当时中国政治生活中一桩引人注意的事件。噩耗传来,人们震惊,普遍把它视为民主政治运动的不祥之兆。

这颗心脏的停止跳动,自动节省了特务枪管中一颗罪恶的子弹,自动勾销了国民党当局黑名单上位居第三的名字,却增添了印刷工人的许多劳作,揾湿了许多忧心国事者的手帕。

人们清楚地记得,就在这颗心脏停止跳动的一个月前,即1946年6月26日,南京当局在完成了发动全面内战的准备之后,终于彻底撕毁停战协议,以大举进攻中原解放区为起点,走上了分裂和内战的道路。与此相应,对后方民主人士也重开杀戒。在昆明,继李公朴7月11日被杀后,闻一多又在7月15日遇害,响遍全国的抗议之声未止,而今又传来陶行知新丧的噩耗,人们怎能不深痛深忧?

同所有真正有分量的知名人士一样,陶行知的倒下迅速成为牵动千千万万个人心的大事。消息刚刚传出,至交好友迅即赶赴现场。爱国老人沈钧儒得讯后,立即携带从医的长子赶到。著名作家田汉得讯后,也立即偕同一位医生朋友前来抢救。中午正在接见一批记者的周恩来,得讯后立即把接见之事交与助手,驱车奔来探视。面对一大群热泪纵横的在场者,素来冷静理智的周恩来也无法抑制自己的感情。他紧紧抓住田汉的手,倾吐出对逝者的深情和对生者的关心。"你们都得保重啊,文化界的朋友们无论如何再牺牲不得了。你喜欢喝酒也别那么喝了。"接着,他又俯下身来,拉住陶行知那还不十分僵硬的手说:"陶先生,你放心去吧。你已经对得起民族,对得起人民,你的未了的事会由朋友们,由你的后继者坚持下去,开展下去的。你放心去吧。我立时就要到南京去了,我们必定要争取全面的、持久的和平和实现民主来告慰你的。朋友们都得学习你的精神,尽瘁民主事业直到最后一息的。陶先生,你放心去吧!"①

按照原订计划,周恩来当天下午飞赴南京后要同马歇尔、司徒雷登进行谈判。陶行知的突然去世,使他改变了计划。据当日《文汇报》南京专电:"周氏因陶行知先生今晨在沪逝世,情绪不快。彼抵京后,即以电话通知马帅及司徒大使,因精神不佳,今晚在家休息,定明日往访马帅及司徒大使。"但就在推迟谈判的当天下午,他却把陶行知去世的情况向中共中央作了详尽的汇报:"在离沪前,陶行知于今晨忽得脑出血,我们赶到时已断气,痛心至极,唯握手时,体温气色未动。据沈钧儒子(系医生)云,确系脑出血,尚无其他中毒症候。为慎重计,我们已商定将尸体在殡仪馆放过12时,看有无变化,然后入殓。""如无其他原因,陶先生确是死于劳累过度,健康过亏,刺激过深。这是中国人民又一次不可补偿的损失。10年来,陶先生一直跟着毛泽东同志为代表的党的正确路线走,是一个无保留追随党的党外布尔什维克。我这次去沪,曾意识到陶先生的安全,提出要上海工委劝他休养一时期。话未传到人已不在。假使陶先生临终能说话,我相信他必继韬奋之后请求入党。""请中央将南京新华社关于陶先生逝世的报道广播全国。"②

很快,当天就从延安传来了由毛泽东和朱德署名的唁电:"惊闻行知先生逝世,不胜哀悼!先生为人民教育家,为民族解放与社会改革事业奋斗不息,忽闻逝世,实为中国人民之巨大损失,特电致唁。"③

同日,以周恩来、董必武、邓颖超、李维汉和廖承志署名的中共中央代表团也发来唁电:"伟大人民教育家和民主战友陶行知先生不幸逝世,实为中国人民大众政治解放和精神解放的最大损失。相信陶先生之死,将振奋无数崇仰先生思想事业人格作风之男女,更加坚强起来,为人民大众服务。特电致唁,并希节哀。"④

---

① 田汉:《安息吧,伟大的灵魂》,生活教育社:《陶行知先生四周年祭》,新北京出版社1950年版,第61页。

② 中共中央文献研究室编辑委员会:《周恩来选集》上卷,人民出版社1980年版,第238、263页。

③ 江苏省陶行知教育思想研究会:《纪念陶行知》,湖南教育出版社1984年版,第1页。

④ 江苏省陶行知教育思想研究会:《纪念陶行知》,湖南教育出版社1984年版,第2页。

新闻界对此最早作出报道的是中共南京局以民间形式所办的《联合晚报》。该报当天就以"民主运动又一大损失，陶行知今午逝世，在友人家突患脑溢血"的大号醒目标题刊出。从第二天即 7 月 26 日开始，沪、宁、津、渝和延安等各地数十种报纸，纷纷以消息、报道、唁电、讣告、社论等形式，对陶氏去世作出反应。在随后几个月中，纪念性的诗文持续不断地以特刊或专栏等形式整版整版地排印出来。在中共和民主人士的大力推动下，悼陶活动与反内战争民主运动相联相合，很有声势。可以说，数百上千篇大大小小的悼陶文字，足使陶行知成为 1946 年下半年中国新闻界报道的一大重点人物。

陶行知大殓仪式揭开了悼陶活动的序幕。7 月 26 日上午，包括中共代表团驻沪办事处在内的上海 50 余个人民团体在上海殡仪馆为陶行知举行大殓。一群群青年学生、工人、农民、店员、伤兵、教师以及文教界的许多知名人士，络绎不绝前来致奠，瞻仰遗容。陶行知遗体上覆盖着"民主之魂，教育之光"的锦旗。沈钧儒主祭，许广平、黄炎培、马叙伦、茅盾等陪祭。郭沫若的祭诗把数千名祭奠者的悲痛心情倾泻无余，"要不哭，我们不能不哭。要不喊，我们不能不喊。不是长哭先生，而是兼哭人民。中国人民为什么这样的多灾多难？""我们想把眼泪揩干，但也没法把眼泪揩干。就让我们流着眼泪向普天下的人民呼唤：我们要抢救中国，抢救和平，抢救教育。就算要死它一百万遍，我们也不丧胆！"会场上悬有很多挽联，不少挽联因报章转载而脍炙人口，如：

死不得也斗士，教育战场要你，民主战场要你，文化战场更要你，人民时时需斗士；

责未了也先生，教育事业寄谁，民主事业寄谁，文化事业更寄谁，我辈殷殷哭先生。

——生活教育社

死了倒安心，黑色名单无须挂；

活着反受罪，无声子弹不胜防。

——无名一群后死者

两语足千秋，岂限于广大青年，至今妇孺皆知，生活即教育，社会即学校；

> 万方同一哭,又夺我无双战士,所幸音容虽渺,浩气在宇宙,遗爱在人间。
>
> ——晓庄同学会

大殓后,各地纷纷举行追悼会,使悼陶活动很快向高潮推进。

8月4日,在陶氏抗战时期长期工作过的重庆,育才学校、社会大学和生活教育社开会追悼。由史良主持,邓初民主祭,吴玉章等陪祭。

8月11日,延安各界代表2000余人在边区参议会举行追悼大会。礼堂四周布满各界人士所送花圈和悼词。毛泽东题词:"痛悼伟大的人民教育家,陶行知先生千古。"朱德题词:"学习陶行知先生全心全意为人民服务,不屈不挠为独立、和平、民主而斗争。"追悼会主祭人林伯渠、谢觉哉、陆定一、徐特立。林伯渠代表边区政府讲话,并宣布边区政府决定将延安中学改名为行知中学。陆定一代表中共中央讲话,高度评价陶行知一生致力于救国事业、民主事业和教育事业,号召共产党人和解放区的教育界,要继承他的遗志,争取独立、和平、民主,争取新民主主义新中国的实现。徐特立在被邀讲话时强调指出,陶行知是近代中国的一位伟大的思想家和优秀的人民教育家。大会最后还通过了通电,并决定组织陶行知纪念委员会,由林伯渠、徐特立、谢觉哉、习仲勋、张宗麟等10人组成。

8月12日的延安《解放日报》几乎是纪念陶行知的专刊。除刊载以上诸人讲话材料外,还刊发了延安理论界高度评陶的文章。胡乔木说:"陶先生的死是叫我们一下子损失了三个有独创性的伟人——一个政治家、一个教育家和一个文学家。"钱俊瑞肯定他是"不折不扣的中国新教育——人民教育的奠基人","是一个革命的大思想家、大诗人和大政治家,是一位伟大的革命战士",又特别指出,"他是国家之宝。我们祖国有了他,是我们极大的光荣。在世界范围内,他为我们祖国添上万丈光芒"。张仲实则把他同鲁迅、邹韬奋并提,称其为"近30年文化战线上,最有创造力,最有成绩,因而在人民中间影响最大的""卓越的人民领袖"[①]。发自延安的这些评论,显然具有不同寻常的指导意义,为此后各地持续不断进行的悼念活动定下

---

① 分别引自江苏省陶行知教育思想研究会:《纪念陶行知》,湖南教育出版社1984年版,第24、37、40页。

基调。

9月22日,重庆各界追悼大会在沧白堂举行,到会2000余人。国民参政员许德珩的讲演博得听众热烈掌声:"贪官污吏汉奸都不死,偏偏陶先生死了。谁使他死了?是中国的社会!"中共驻渝办事处负责人吴玉章在讲话中指出:"陶先生是一个前无古人的教育家,是一个时代的英雄。陶先生认识了广大的人民,忠心为人民服务。陶先生的思想是前进的,科学的,民主的……我们纪念他,要继承他的学说,更要继承他为人民、国家及民族奋斗的精神。"大会发言持续三小时,各团体前来公祭,从中午12时到晚上9时,络绎不绝。

10月27日在上海震旦大学礼堂举行的追悼大会把这阶段的悼念活动推向高潮。那份有280余人署名的追悼大会发起人名单足以说明问题。中共方面由周恩来、邓颖超领衔,国民党方面则孔祥熙、孙科等人列名,其余各党各派各界知名人士几乎都可在长长的名单上找到。参加追悼大会的中外人士达5000余人之多。大门口悬有"爱满天下"的横额,台前上端悬有蓝底金字"民主之魂,教育之光"八个大字,与对壁"民主魂"三字遥遥相对。礼堂四周上下,挂满挽对诔词,中国民主同盟的挽联最为引人注目:"死生以之,为中华民主奋斗;行知合一,是先生教育精华。"陶行知遗像前遍置宋庆龄、冯玉祥和美国援华会等所献花圈。田汉读祭文,内容凄婉悲壮。祭文称逝者为"和平民主的坚贞斗士"、"地狱里的中国儿童的救主"、"多灾多难的中国人民的导师"。祭文还称:"你的伟大的死,已经唤起广大人民的觉醒。你的汗,你的血,你的热情,已经延长了垂危民族的生命……"

12月1日,灵柩由上海运抵南京晓庄公葬,由全国53个人民团体发起的规模浩大的隆重的公葬仪式,使追悼活动再次出现高潮。

当灵柩到达南京和平门车站时,沪、宁等地前来迎灵送葬者千余人。在"万世师表"和"民主之魂"的旗帜后面,是沈钧儒和董必武率领的漫长的送葬队伍。队伍后面则是晓庄四乡农民自动组成的锣鼓哀乐队。与沿途武装警宪如临大敌严密监视相映衬者,则是群众自发的路祭,五步一祭桌,十步一祭台,焚香致哀。灵柩11时到晓庄,12时开始公祭。灵堂前有毛泽东、朱德和中共代表团所送三个大黄菊花圈。陈鹤琴代表各人民团体宣读祭文,泣不成声。下午3时,由沈钧儒、翦伯赞及家属扶柩放进劳山墓场。之后,在陶行知当年曾栉风沐雨奋斗数年的地方出现了一座新墓。墓碑"陶行知先生之墓"为沈钧儒手书,墓道前的牌匾是陶行知遗墨"爱满天下",牌联则是郭沫若所书陶行知联,"千教万教教人求真,千学万学学做真人"。

陶行知在当时确实被视为人民民主事业和教育事业的先驱,在他身后紧紧追随着一支浩浩荡荡的群众队伍。我们不妨再引用一部分共产党人和民主人士的悼诗悼文,以为印证,以为注释。

重庆《新华日报》接连发表的纪念文章再度表达了中共方面的态度。9月22日的悼陶特刊载有吴玉章的《回忆陶行知先生》,高度评价其革命精神和创造精神,把有人称扬的"一代完人"具体化为:"陶先生的思想是正确的,见识是高超的,志愿是宏大的,意志是坚强的,生活是刻苦的,作事是勇敢的,对人是诚恳的。"张友渔则在同日发表的文章中肯定陶行知还是一位伟大的政治家,"由人民大众作主,为人民大众服务",既是他的哲学思想和教育思想,也是他的政治思想。因此,他不仅是一位民主主义者,还是一位非常坚决的新民主主义者。12月6日,董必武在报上发表悼诗《哭陶先生》,这是中共高层人士又一次的高度揄扬。"敬爱陶夫子,当今一圣人。方圆中规矩,教育愈陶钧。栋折吾将压,山颓道未申。此生安仰止,无复可归仁。"

民主人士的纪念文章或歌或哭,或怒或骂,感情色彩显得更浓烈些。郭沫若以《痛失人师》为题,把连丧民主运动三员大将的七月,称为"多事的七月,可诅咒的七月"。"古人说:'经师易遇,人师难逢。'这话在今天尤其感觉真切。有学问知识的人比较容易找,而有人格修养的人实在是如凤毛麟角。陶先生就是这凤毛麟角当中的一位出色者。"[①]叶圣陶在挽诗中则称其为导师,"汇为巨力致民主,庶几精诚报导师"[②]。与逝者有32年交情的陈鹤琴以《近百年来的大教育家》为题作文,痛惜知己之死,"实是中国苦难人民不可补偿的损失,也是全世界善良人民的重大损失"[③]。史良用诗化的语言写陶行知的倒下及其影响,"悲愤,刺激,反动势力的威胁,竟会把你的血液沸腾得爆炸!爆炸得和我们永别呢?不!千万个'不'!我希望这个爆炸,就是沸腾整个民主潮流的原子弹!"[④]邓初民干脆起了一个"陶

---

① 生活教育社:《陶行知先生四周年祭》,新北京出版社1950年版,第63页。
② 陈辽:《叶圣陶传记》,江苏教育出版社1986年版,第195页。
③ 生活教育社:《陶行知先生四周年祭》,新北京出版社1950年版,第121页。
④ 江苏省陶行知教育思想研究会:《纪念陶行知》,湖南教育出版社1984年版,第33页。

行知主义"的新名词,这样就在中国近代史上平添了一名能以"主义"称名的新人。邓所谓的"陶行知主义",即是"人民至上主义"。邓认为,它有自身特有的实现其主义的路线、方法和工具等。因此,陶行知就是陶行知,不能把他简单地和其他人相比。他不是一般的教育家、政治家和诗人,他是陶行知主义的教育家、政治家和诗人①。

在陶行知去世后很短时间内,同国内引起如此广泛而强烈的影响相呼应,在香港、南洋华侨和国际友人中产生的回响也十分巨大。以下仍摘录有关报道。

8月25日,香港、九龙各界举行李公朴、闻一多、陶行知追悼大会,到会900余人,蔡廷锴主持大会,萨空了、陈其瑗报告三烈士事迹,彭泽民、沈志远等10余人相继发言,群情悲愤。

9月15日,新加坡华侨举行三烈士追悼大会,有100多个社团、1500余人参加,会堂内外遍挂挽联轴幅。胡愈之代表民盟星洲办事处报告三烈士事迹。陈嘉庚发言痛斥国民党独裁统治,与他的挽联所示相一致:"君等入地登天,争取民主,争取自由,但凭赤手空拳,洒尽人间血泪;我亦痛心疾首,反对独裁,反对贪佞,悉本侨胞公意,只求图跻三强。"②

国际和平战士、加拿大朋友文幼章撰文《悼念我的朋友陶行知博士》,文称"没有一个人比他更知道中国的真正需要,没有一个人像他那样勇敢果决地为大众教育、为民主的组织与实践奋斗终生"③。

美国援华会总干事、热情支持陶行知创办育才学校和中国儿童福利事业的毕莱士女士,深信那些具有良知的在华美国人,都是陶行知事业的理解和同情者,"战争时期里在重庆认识陶博士的美国人,都一致地赞扬他和他的学校——育才学校。回国的士兵们都说陶博士对中国大众教育这一艰巨的问题似已有了答案"④。

12月9日,美国纽约举行追悼会,到会有美国教育界名流及中国游美

---

① 生活教育社:《陶行知先生四周年祭》,新北京出版社1950年版,第59页。
② 《星洲日报》1946年9月16日。
③ 江苏省陶行知教育思想研究会:《纪念陶行知》,湖南教育出版社1984年版,第139页。
④ 江苏省陶行知教育思想研究会:《纪念陶行知》,湖南教育出版社1984年版,第142页。

人士300余人。追悼会由陶行知的导师杜威博士和挚友冯玉祥将军担任名誉主席,以讲演逝者一生主要活动事迹的形式进行。先后在会上讲演的有杜威、克伯屈等著名人士①。讲演之后,由著名演员王莹和刘良模合唱陶氏生前喜爱的《锄头舞歌》《义勇军进行曲》《你这个坏东西》等。大会最后由冯玉祥讲《中国人民对陶博士之哀感》。大会印发悼念材料并在会上进行募捐。戴爱莲决定次年三四月间在美举行舞蹈表演,为育才募捐。这次追悼大会之后,成立了一个美国陶行知先生纪念委员会,负责在美筹办有关活动,以使陶氏在美国的朋友进一步了解并从经济上支持其未了的事业②。

  上引材料,还只是整个悼念活动中的一小部分。按照中国传统习惯,有一定社会影响的人物去世之后,照例多有称颂文字。贪名者还每常以重金聘请名人为自己树碑立传,以求身后骥附名人文集而求不朽。而贪利慕势者也每常为传主撰夸大失实的溢美之文。于是,在中国泱泱文化典籍中涌现了一批死后才被"发现"并"私谥"的圣人之徒或节烈之妇。有识者鄙薄此等行为此类文字,用"谀墓"一词称呼它。于是,在中国浩瀚的贬义类词汇中又新添了一个名目。应该说,逝者留在存者心目中的真正分量,才是逝者真正的社会价值。权势或金钱纵然能产生放大效应,左右一时舆论,影响人心取值方向,却永远不能蒙蔽历史老人。否则的话,史册不早被善于钻营的若辈王公大臣占满了?就此而言,陶行知逝世后千千万万群众同声一哭,各地追悼会上普遍而又自发形成的哀痛逾恒的气氛,各种追悼词中共同而又自然流露的惋惜悲愤的感情以及来自各界各方充满深情的纪念文字,无一不是陶行知一生价值的真正定评。持续数月的悼陶活动,很容易使人们想起当年鲁迅逝世的情况。10年前,在抗战爆发前一年,人们在反外侮、争民族生存的强烈氛围中哀悼鲁迅的去世。10年后,在抗战

---

  ① 在会上讲演的题目为:罗格博士(费正清代)《陶博士1914—1915年间在伊利诺大学学生时代的生活》,杜威博士《1919—1920年间在东南大学时代的陶行知博士》,克伯屈博士《晓庄学校》,哈斯先生《1930—1940年间陶行知先生参加的爱国工作》,温费尔与兴顿先生《1940—1944年间育才学校校长及生活教育社理事长的陶博士》,原育才舞蹈教师戴爱莲《1944—1946年间育才教师所见的陶博士》,毕莱士《陶知行先生在上海逝世情形及其未来计划》。据《新华日报》1946年12月30日。
  ② 1947年7月21日香港《华商日报》报道,该委员会在陶氏逝世将届周年之际,聚会于副主席克伯屈博士家中,商讨有关纪念事宜。

胜利后一年，人们又在反内战、争民主权利的高昂口号声中寄托对陶行知的哀思。鲁迅殡殓时遗体上覆盖"民族魂"的锦旗，又恰与陶行知身被的"民主魂"遥相呼应。这两颗文化和教育巨星的陨落，共同发出震天动地的响声，成为令当代和后代惊叹不已的一种社会现象。

还应指出，持久而又广泛的悼陶活动又是一种特殊的政治现象。从国共政治斗争的角度来说，悼陶活动同前此规模巨大的对"昆明惨案"、"较场口惨案"、"下关惨案"以及李、闻事件的抗议活动，和后此由"沈崇事件"激起的抗议美军暴行运动以及"反饥饿、反内战"运动一样，都是中共精密组织领导的政治战役。争取民主人士，争取处在中间地位的广大知识分子和人民群众，从而在国民党统治区内启发动员千千万万人投入斗争，这就是毛泽东开辟"第二条战线"的战略思想。它同"第一条战线"即正面战场的斗争紧密配合，互为犄角。因此，整个悼陶活动都不妨放在中共争取人心来归的战略大背景下来观看。正是在这一特定的背景下，去世后的陶行知才比在世时获得更大的知名度。如果把中共高级领导成员带有根本方向性的评陶文字视为指挥这一政治战役的原则意见，那么由各地中共组织直接参加并由民主人士推波助澜的悼念活动，便是对这一战役的具体实施执行。对此情况，我们仍可以陶行知为名的政治现象视之。

陶行知去世后，可以"盖棺论定"了吗？回答是否定的。一如在世时历经坎坷，命运注定他去世后还有一段曲折。

开国第一文化罪案

在陶行知去世后的两三年间，中国的时局迅速发生很大的变化。正面战场上辽沈、平津和淮海三大战役的胜利，国统区工人和学生运动的蓬勃开展，使国共两党的斗争形势逐渐明朗。当中国政治大踏步向前迈进之际，关心国家前途的人们，尤其是陶行知的朋友和学生，并不曾淡忘已逝者。每逢忌辰或其他值得纪念的日子，他们总是心潮难平，自觉集会纪念，怀着胜利毋忘告乃翁的情绪回顾既往，瞻望未来，迫切期望在即将来临的新中国教育建设事业中，发扬光大陶行知的教育理论和实践，使陶行知那些有价值的教育构想汇融到新中国的教育蓝图中。如1949年3月适为生活教育社成立22周年纪念，有人即畅呼新中国需要像陶行知那样"有理想有远见有办法有才干的人民教育家",深信他的事业与精神"活在我们每个人的心中,活在新中国的年青一代中,而且还要活在中国将来的教育方针与教育政策中"①。

但是,事实表明这一想法过于乐观。当五星红旗升上天安门之后,对陶行知的评价就悄悄有所下降。1950年7月为陶行知逝世四周年纪念,也是新中国成立之后第一次纪念这位人民教育家。尽管他的朋友和学生仍一如前几年出版《陶行知纪念文集》和《行知先生纪念集》那样,再度怀着很高的热情出版了一本《陶行知先生四周年祭》,精选荟萃四年来有分量的纪念文章行世。尽管他们高兴地看到晓庄学校复校计划经教育部报政务院已获批示同意,但是,这些陶夫子的信从者,似乎也有一点夫子气,他们像是没有发现情况正在渐渐发生变化。

1950年7月,《人民教育》在纪念陶行知逝世四周年的名义下所发表的专论,虽然仍然冠以《革命的教育家陶行知先生》的题目,并且仍然肯定其教育思想"充满着革命的民主的精神",号召全国教育界向他学习,但社论又十分突出地强调,"批判地接受陶行知的教育学说的遗产,成为全国教育界的重大工作了"。"批判地接受",这一提法在今天已是司空见惯之词,不足为怪。况且这一提法本身绝无谬误,世间各种学说例当经过理性批判决定取舍,岂能盲目接受? 但是,对于数年来一直被高度评价全面肯定的陶行知教育学说来说,这一提法毕竟显得相当突兀,更何况社论还特别以陶行知逝世四年以来,未能实际进行这一"批判地接受"的工作为憾事。这就清楚表明了对前几年纪念宣传陶行知的做法有所批评之意。

对陶行知的重新评价问题,是随着1951年4月以后"讨论"电影《武训传》,而在全国广泛而急速地展开的。

对电影《武训传》名曰"讨论",实为批判。它是建国初在意识形态领域首开序幕的疾风骤雨式的斗争。如今人们在对它进行重新认识之际,还有不少人偏重于从文艺领域去寻求其发生、发展及其深刻影响,相对忽视了它在教育领域的种种严重情况。这样,也就很容易得出一个所谓电影《武训传》的批判"株连"了陶的结论。我们认为,无论从运动的施与受两方面考察,陶行知都很难说是"株连"者,而不是直接有关者。陶行知从20世纪

---

① 生活教育社:《陶行知先生四周年祭》,新北京出版社1950年版,第77—78页。

20年代起曾发表过大量歌颂武训及武训精神的文字,他自称"当代新武训",也为知识界普遍相许。《武训传》批判"上挂"半个多世纪前的武训,也必然"下联"当代的"新武训"。在批判者眼中,武训与"新武训"是二而一,而不是一而二。批判《武训传》作为建国初第一次意识形态领域的重大斗争,发动者意在通过这场斗争对知识分子进行一场深刻而又生动的思想教育。文艺界和教育界则是思想教育的重点所在。《武训传》的文艺形式及其教育主题,刚好直接关联到文教两界。

为了说清问题,有必要把当年的有关情况作一简略的回顾。

陶行知是《武训传》电影的催生者。抗战时期,为了宣传新武训精神,他曾有一个通过文艺形式宣传武训的计划。为此,他约请田汉和安娥夫妇俩分写有关武训的话剧和歌剧,而请孙瑜负责宣传武训的电影。他死后,被邀者决心实现其遗愿。1947年孙瑜在中国电影制片厂担任导演,根据当年陶所赠《武训先生画传》等材料,改写成电影文学剧本。1948年中影迁台湾,《武训传》摄成三分之一,孙瑜于次年2月加入昆仑电影制片厂,该片也为昆仑厂买得后继续拍摄,于1950年底全部完成,并在全国各地放映。据此,陶实为《武训传》问世的原动力。

电影放映后,京、津、沪等地报刊纷纷发表评论文章,对武训精神和《武训传》几乎一致作了肯定的评价。但1951年春节在中南海放映后,从最高层中传出了不同的意见,所以情况很快开始出现变化。4月20日,文化部副部长周扬在政务院第81次政务会议上汇报"1950年全国文化艺术工作报告与1951年计划要点"时,最先点名批评《武训传》,称其"是一部对历史人物与历史传统作了不正确表现的,在思想上错误的影片"。事隔5天,即4月25日出版的《文艺报》四卷一期上出现了一组批判文章,内有贾霁的《不足为训的武训》,江华的《建议教育界讨论〈武训传〉》和重载鲁迅1936年有关谈武训的一篇杂文《难答的问题》。5月8日,周扬的报告正式发表于《人民日报》。5月10日出版的《文艺报》四卷二期,又发表杨耳《试论陶行知先生表扬"武训精神"有无积极作用》和邓友梅《关于武训的一些材料》。至此,一场围绕《武训传》和陶行知展开的意识形态领域的斗争,便在《文艺报》揭开序幕。

上述诸文,以贾、杨二文最为洋洋洒洒,也最与陶相关。贾文批评前此报刊上那些颂扬武训的错误观点,指出武训其人不足为训。同时又认为陶行知表扬"武训精神"为情有可原,因为它与陶"当时所处的环境与条件有着极有意义的关系。那时候,国民党万恶统治下的白色恐怖环境与条件,对于人民教育家的为人民服务的理想是百般的破坏阻挠;这样,提出武训精神来,有着积极的作用。陶行知先生当时是对的,他的苦心是完全可以理解的"。贾文表明,从一开始就有人极力要把陶行知同武训和《武训传》分离开来。但认为陶之"苦心""可以理解"的贾霁却不能为人"理解",贾文很快受到杨耳的迎头痛击。杨文题目显见就是冲着贾文而来,内容更是针锋相对。文章径称,陶表扬"武训精神""未必是恰当的",因为武训时代大众需要的"宏愿"是反对封建压迫。陶对"这一基本认识既然错了",那么他所鼓吹的那些"武训精神"的种种"优点",不但不能改变问题的本质,反会"更加模糊"人民的认识,"降低和腐蚀群众的文化和政治上的战斗力"。文章结论为:"认为陶行知先生表扬'武训精神'有'积极作用',是不对的,至少是完全可怀疑的。不管今天或是昨天,'武训精神'都是不值得表扬的,也不应当表扬的。"

对于贾、杨之争,《人民日报》表现了异乎寻常的兴趣。5月16日转载杨文时,《人民日报》特加"编者按",肯定该文"虽然只接触了这个问题的一个侧面,见解却比较深刻"。经此揄扬,杨文就由《文艺报》上一篇普通评论文章一跃而为全国瞩目的重点理论文章,陶行知问题也就顿时摆在全国人民面前。

需要指出,杨文在转载时是作过重大修改的。第一,题目改动。原题《试论陶行知先生表扬"武训精神"有无积极作用》,为商榷口气,改后题目为《陶行知先生表扬"武训精神"有积极作用吗?》,为诘问口气。语气态度一变,批判的立意也就更加鲜明了。第二,内容修删。我们统计,转载时对原文作了大小16处修改。除去那些属于文字润饰者,大都为强化对贾和陶的批评。如原文之末有一段近500字的"附言",为作者与贾霁商榷另外两个与主题关系不大的论点,转载时将这些枝蔓之词全删,突出了文章主干。如原文写陶在当时"偶然想到"自己处境和武训有"某种相似"云云,转载时"偶然"二字被删。第三,对贾文的评价也作了较大的修改。原文开头称贾文"基本论点是正确的,发表这篇文章是有益的",转载时则删去"基本论点是正确的"这一论断,而改为"虽然这篇文章对武训的错误分析还不够确切,对于武训的歌颂者的批评也不够彻底,但是,发表这篇文章仍然是有益的"。原文结尾称贾文论陶表扬"武训精神"为"有可商榷之处",转载时则直断之曰"错了"。

杨文修改并转载距《文艺报》出版之日仅6天,按照中国常规的信息反馈速度,这足可称为高速度。而为了配合此文转载,《人民日报》不仅在同日同版把上述业已发表在《文艺报》上的江、邓和鲁迅的文章一并刊登,并在次日又把贾文再行发表。这些情况足以引起好奇者的悬揣:能以如此规模和速度调动舆论,必是大有来头者。此人是谁呢?

5月20日《人民日报》社论《应当重视电影〈武训传〉的讨论》揭开了这个谜底。这篇后来被略作删改收入《毛泽东选集》第五卷的文章,明白告诉世人,赞赏杨文甚或授意修改者,正是毛泽东。

社论劈头就以肯定的口气提及杨文:"在发表杨耳同志《陶行知先生表扬"武训精神"有积极作用吗?》一文时,我们说希望因此引起对于电影《武训传》的进一步讨论。"虽然这句话在文章收入选集时被删去,但把这篇毛泽东亲撰的"社论"与5月16日加在杨文之前的编者按语作一比较,还是可以发现二者在基本精神和用词造句方面都是相近的。

社论指出:"像武训那样的人,处在清朝末年……狂热地宣传封建文化……对反动的封建统治者竭尽奴颜婢膝的能事,这种丑恶的行为,难道是我们所应当歌颂的吗?……承认或者容忍这种歌颂,就是承认或者容忍污蔑农民革命斗争,污蔑中国历史,污蔑中国民族的反动宣传为正当的宣传。"社论以下列举京、津、沪等地所发表的43篇错误的评论文章(这些材料在收入选集时也被删去)。按语对此则简称:"歌颂清朝末年的封建统治拥护者武训而污蔑农民革命斗争、污蔑中国历史、污蔑中国民族的电影《武训传》的放映,曾经引起北京、天津、上海等地报纸刊物的广泛评论。"

社论严肃提出:"特别值得注意的,是一些号称学得了马克思主义的共产党员。他们学得了社会发展史——历史唯物论,但是一遇到具体的历史事件,具体的历史人物(如武训),具体的反历史的思想(如电影《武训传》及其他关于武训的著作),就丧失了批判的能力,有些人则竟至向这种反动思想投降。"按语对此也作了简略的同样表述,即不少共产党员在武训、《武训传》以及与之有关的评论上,存在"值得严重注意"的丧失立场问题云云。

社论结尾正式号召:"应当展开关于电影《武训传》及其他有关武训的著作和论文的讨论,求得彻底地澄清在这个问题上的混乱思想。"配合这篇社论,《人民日报》当天第三和第五版上另发了7篇文章,合奏起一支思想舆论阵地的进军号。7篇文章中,3篇是署名的批判文章,3篇是要求批判《武训传》的读者来信。"党的生活"栏中,在《共产党员应当参加关于〈武训传〉的批判》的标题下,号召"每个看过这部电影或看过歌颂武训的论文的共产党员","积极起来自觉地同错误思想进行斗争"。"如果自己犯过歌颂武训的错误,就应当作严肃的公开的自我批评","凡是放映过《武训传》的各城市,那里的党组织都要有计划地领导对《武训传》的讨论,要把这一讨论当作一个严重的思想教育工作"。在建国初,作为党报《人民日报》的号召力,是今天一般淡视报刊的群众难以想象的。因而,随着《人民日报》巨大的发行网络,这一号召很快传遍全国。各地各报刊由此掀起了一个批判热潮,其文章数量之多,难以统计。仍以《人民日报》为例,到5月底为止,短短10天所发各类批判文章即近30篇。

5月29日,有人在《人民日报》撰文说,陶行知"看不清武训这个封建主义的奴才面目,把他当成改良主义的老师,这是反映了中国资产阶级改良主义者政治资本贫乏的状况"①。

两天后,《人民日报》又发表李士钊《我初步认识了崇拜与宣扬武训的错误》,文中承认自己编写《武训画传》系深受陶表扬武训的影响。

6月1日,《人民日报》"读者来信"栏发表了5篇对批判《武训传》持不同看法的来稿。这显然是有意为批判运动添加几块发旺的燃料。其中有一署名解其渡的《我心里还存在着几个问题》,不同意把在旧社会"兴学"或从事普及教育的陶行知和张伯苓一概否定。

而第二天,就像专为解答上文所疑,《人民日报》犹如探囊取物一样便捷快当地推出一篇题为《清除武训一类的错误思想》的长论。该文之意如题目所示,不在批判武训,而在批判"武训一类",即作者称为"改良主义教育"的平民教育和乡村教育等。文章认为,清除陶等的错误教育思想是这一回思想斗争的"基本内容和重要内容"。陶应对电影《武训传》的出笼及其严重后果负责。"《武训传》电影的编导与拍摄,据编导者的自述,是受了陶行知的影响。应当说,孙瑜在宣传武训的工作上是比陶行知走得远得

---

① 丁曼公:《武训的真面目——评〈武训传〉影片、武训以及孙瑜先生的检讨》,《人民日报》1951年5月29日。

多,心机用得深得多,但是不管怎么样,陶行知的教育思想是感染有武训思想的。……陶行知的教育思想是应该受到检查的若干种旧教育思想之一,不应该因为他本人尽力于反国民党的革命斗争而就迁就他的教育思想,无原则地加以原谅或赞成。……目前若干教育工作者对于《武训传》的电影之所以加以赞扬,并且至今也很少有所批判或检讨,也不能不说同样是受有陶行知的影响。陶行知的教育思想在我们教育工作者中是保有他一定的影响的,因为陶行知的宣传武训思想,所以我们有些教育工作者不假思索地就写东西赞成《武训传》的电影了。"由于这篇长论的作者李一氓是在宣传文教部门很有影响的负责干部,所以此文不当以一般文章视之。

似乎为证实上文所言非虚,6月3日《人民日报》上发表安娥的自我检讨《我被"奇迹"所迷》。文章回顾1946年自己创作武训的歌剧,当时是如何受陶的影响,而为武训的"奇迹"所醉所迷。一星期后,刚从朝鲜慰问志愿军归来的田汉则妇唱夫随,撰文《〈武训传〉使我猛醒》,进行自我检讨:"因我跟陶行知先生是知友,对于他所支持的教育事业我从来一样支持。他曾经赞扬过武训,我也盲目地跟着赞扬一番而不甚深考。"再稍后,郭沫若的自我检讨又似为上述罪案作一小结:"有好些武训的歌颂者和崇拜者,事实上是受了陶行知表扬武训的影响而盲目附和的。这一盲目附和的绝大部分,最具体、最集中、最夸大地表现在孙瑜的电影《武训传》里。"①

至此,陶行知为这一"文化罪案"的罪之魁祸之首,已是有"理"有"据",无可推卸了。

现在,再让我们把目光转到教育界,看一看教育界的批判情况。

由毛泽东亲自撰写的那篇社论一发表,教育部立即闻风而动。5月21日,时为第一副部长兼党组书记的钱俊瑞便在该部工作会议上组织动员,具体安排。会议决定立即通知全国教育行政部门和主要学校进行学习和讨论,并在《人民教育》发表社论,指导教育界的学习。对此,《人民日报》在5月23日专门以《教育部展开学习讨论并决定通知全国教育行政部门和主要学校进行学习》为题加以报道,扩大声势。

6月1日出版的《人民教育》如期发表社论。《开展〈武训传〉讨论,打倒"武训精神"》的社论题目,明白无误地把大批判之火引向教育界,引向首

---

① 郭沫若:《读〈武训历史调查记〉》,《人民日报》1951年8月4日。

创"武训精神"的陶行知。社论仿照那篇刊在《人民日报》"党的生活"栏的号召文章,态度却更加峻厉。社论要求教育界每个人都以《武训传》为镜子"照照自己":凡是对于《武训传》已表示过自己意见的人,无论是对《武训传》和武训其人歌颂过或是批评过而尚不彻底者,都"应该检查自己的思想,分析自己的错误,严肃地作公开的自我批评";凡看过《武训传》或报刊上有关歌颂文章而自己尚未发表意见者,则不应"隐瞒自己的思想",而应"说老实话",就自己的原始思想"作诚实的检讨";凡还未看过《武训传》的人,则"自己对于武训的看法是怎样,也应该借此机会进行检查"。总之,行政命令,人人过关。

6月4日,教育部又正式发文通知各地教育机关和学校,具体布置了开展这一讨论批判的步骤,包括参考文件、进行方式、学习时间和基本要求等。值得注意的是,这一文件采用了刊载于《人民日报》,公开发布的形式,并且着重强调以批判"武训精神"为中心。"所谓'武训精神',在教育工作者中,影响极深也极普遍。这种影响模糊了革命的立场、观点,成为人民教育事业前进的严重的思想障碍。因此,在各级教育行政机关及各级学校中深入讨论《武训传》及有关武训的论著,对武训这一人物及所谓'武训精神'进行科学的、系统的讨论与批判的工作,是十分必要的。"

通过各级教育行政部门雷厉风行的贯彻执行,在不长的时间内,教育界讨论批判《武训传》的声势就超过了文艺界。6月10日出版的《文艺报》上,刊载一篇该报记者撰写的有关各部门各地区开展讨论批判的综合报道。报道始终把教育部置于首位,而相应把文化部电影局列于其后。《文艺报》作为这一运动的始发难者,其地位相当特殊,因此,这篇报道不妨视为运动领导者对运动情况的一次综合通报,也是对教育界第一阶段展开运动的肯定。待到暑假来临,全国各地教育工作者纷纷集中学习,其人数之多规模之大动员之众,都是空前的。不消说,在讨论批判中,为陶行知和"武训精神"所消耗的口舌和纸墨,教育界也要比文艺界多得多。

有迹象表明,当时教育部对于迎接这一场思想政治斗争是未雨绸缪,事先作了必要的准备的。作为教育部喉舌的《人民教育》编委会,不早不迟,就在1951年4月至5月间进行了大改组。4月以前,该刊实行编委制,13名编委由成仿吾任主任委员,叶圣陶和柳湜任副主任委员。从5月1日开始,改为总编制,成、叶同时去职,由柳湜任总编辑。12名新编委中,原编委保留5人,新增7人,钱俊瑞兼任主任委员,另有两位教育部副部长韦悫和曾昭抡也屈兼编委。组成这一具有绝大权威性的编委班子显非偶然,它预示着将降大任于斯人。可以作为反证的,待到教育界思想改造运动告一段落,该刊从1953年4月号开始,煌煌载于刊末的上述编委名单即悄然隐去。

为此,我们不妨对当时的《人民教育》多作一点考察介绍。

7月1日出版的《人民教育》上,发表了一组《关于武训问题的笔谈》。参加笔谈的教育界头面人物达23人之多,极为引人注意。打头的是德高望重被毛泽东誉为"革命教育家"的徐特立,依次而下为马叙伦、韦悫和曾昭抡三位正、副部长。曾取号"师陶"的徐特立素来是陶行知的崇敬者,因而他虽把《武训传》讨论称为"一个严重的政治问题",但在论及"新武训"陶行知及其追随者时,批评还较含蓄,只说要批评教育"活武训"和"新武训",蔼然长者之风犹存。身为政务院文教委员会副主任兼教育部部长的马叙伦,在笔谈中却只有带头检讨的份,文题《我过去表扬过武训的自我检讨》可知大端,也可知一般参加笔谈者的处境和态度。笔谈中当然也有指点运动意气扬扬的雄文,如位列第五署名方直的《这是一个起点》,即称此次讨论批判是"澄清教育思想上混乱的一个起点",循此出发,今后"研究与批评陶行知先生教育思想"就成为一大重要任务。

于是,《人民教育》就义不容辞地担负起批判陶行知教育思想的大任来。据统计,从1951年10月开始,到1953年5月为止,20个月中先后刊载了12篇批判文章。在这些文章中,建国初在文教岗位负有一定领导之职的陶门弟子带有自我检讨性质的占有一定比例。由于此类批评与自我批评往往不能尽如人意,因而批陶而兼及陶门弟子教育观点的文章又占相当比重。但此类文章通常凭借简单的阶级分析方法,虚声恫吓。如有人不顾历史事实,乱写判词:陶一生"最主要的经济依靠(阶级依靠)是资本家、反动政府、国民党内的反对派",他的教育思想则"从始到终基本上都是贯穿杜威的学说和阶级调和以及发展资本主义生产的资产阶级改良主义的观点"①。虽然《人民教育》和《文艺报》同为当时《人民日报》之外的大批判两大主战场,但相形之下,《文艺报》显然逊色多多。《文艺报》从四卷一期

---

① 潘开沛:《陶行知教育思想中几个问题的商榷》,《人民教育》1951年第4卷第2期。

至十二期,即1951年4月到10月的半年批判高潮中,总共发表批判文章15篇,除去4篇转载《人民日报》的,其分量远不及《人民教育》上的批陶文章。即此一端,我们也不难看出教育界批陶在当时运动中的特殊地位。

这场运动对于教育界来说,波及面之广是可想而知的。有人估计文艺界当时进行自我批判者达数万人之多。教育界人数超过文艺界许多倍,遵照《人民教育》社论精神而作检讨的人数也必定超过文艺界许多倍。《人民日报》6月5日所发消息《旅大师范学校竟以"武训精神"教育学生,东北教育部已指示该校进行深刻检查》,6月18日所发报道《从开封教育界思想情况看〈武训传〉讨论的重要性》,还只是这座冰山露出的一角。8月1日《人民教育》在刊载教育部关于"各地以武训命名的学校应即更改校名"的通知中,提到"各地多有关于武训的纪念物,而以武训命名的学校,更所在皆是",更可想见在运动中教育界所受到的强烈撼动。

但是,这种震撼若同陶门弟子当时身受的冲击相比,又似不在话下了。我们不妨以重庆育才学校为例。这所因陶行知创办而驰名中外的学校,是陶当年以"武训精神"办学的历史见证。在这里,"新武训"即"集体的武训精神"确实很浓厚。因此,它理所当然地成为开展运动的重点单位。地方党政部门派出工作组进驻该校,以"武训精神给育才师生思想上的严重毒害"为主题发动全校师生狠揭猛批。校长孙铭勋被宣布停职反省,地方党报对他点名批判,既发长篇报道,又专发社论。《人民教育》很快对此表示支持,不但转载报道和社论,还由总编辑亲自撰文,确认孙为顽固坚持"武训精神"的坏样板,是"当前中国教育改革中右翼的代表,代表着资产阶级和小资产阶级的改良主义在争取人民教育事业的领导"。于是,这位1935年参加共产党并在次年到过延安学习,在陶死后1948年临危受命主持育才工作的干部,后半生的命运就此被铸定。初劫刚过,"三反"运动中又被诬为"贪污分子",以死抗争只落得个自杀叛党的罪名被开除党籍。1957年夫妻双双被划为"右派",1961年死于饥饿,方始度尽劫波,了此一生。

然而孙铭勋的遭遇并非特例,陶门桃李同罹此劫者还大有人在。上至那些在文教部门担任要职的一批晓庄同学,下至生活教育社的一般社员,无不在这场讨论批判中受到冲击。需要指出,即使面对如此高压,不少陶门弟子还是秉承师教,说真话,做真人,表现了谔谔之士的风骨。如张宗麟期期不能同意"陶行知与武训是同一流人物"的说法,坚持认为陶行知与杜威的教育思想必须"划分开来"①。方与严则奋起直斥诬称陶行知资产阶级教育思想的说法"是不恰当的",坚持认为应通过"事实来还陶先生的本来面目"②。但是,在如雷如霆的批判高潮面前,如此"不识时务"的微弱抗争,不但丝毫无济于事,反而直接埋下祸根。到1957年那场风暴来临时,这两位教育部的司长双双殃及满门,也就不是偶然的了。但只要想到那位与陶行知颇有往来而批判《武训传》时尚还得志的柳湜,也在此时以教育部副部长的身份吹翻落地,人们也就不必咨嗟慨叹了。

在批判《武训传》和"武训精神"的过程中,陶行知的形象受到严重损害,从此成为一名"可议人物",被划入禁区。此后,除在个别人笔下还偶一涉及其人其事,在大多数中国人记忆中,陶行知这个曾经大红大紫的名字被逐渐淡忘了。

千秋万岁名,寂寞身后事。批判《武训传》把陶行知身后的令名从四海仰慕的辉煌顶峰推落到少人问津的晦暗幽谷。这一巨变离开陶行知被题称为"伟大的人民教育家"不过5年。政海茫茫,载覆两由。对此,我们无以名之,仍以"陶行知现象"称之。

批陶原因面面观

陶行知被推落到不名誉的幽谷,寂寂没没,整整经历将近30个春秋。直到1981年,以纪念陶行知诞辰90周年为契机,人们开始对陶行知及其教育思想重新评价,重行审察当年批判《武训传》一事。近10年来,随着时间的推移,人们解放思想,开阔视野,终于重新发现了陶行知的价值。

于是,一直扣在他头上的"三顶帽子"(改良主义、实用主义和新马尔萨斯主义)被摘下了。在论陶的文章中,重新出现违睽已久的词句。他再度被肯定为中国共产党的亲密朋友,一位具有爱国主义、民主主义思想的党外马克思主义者,一位进步的思想家和大众诗人,具有崇高献身精神的大教育家。紧接着,洋洋数百万字的《陶行知全集》和有关各类选集出版,当

---

① 张宗麟:《对陶行知先生的认识和我的初步检讨》,《人民教育》1952年3月号。
② 方与严:《再认识陶行知先生教育学说并批判自己》,《人民教育》1952年7月号。

年名人悼陶的文章和手迹重新汇刊。像雨后春笋般的陶行知研究会遍布全国十几个省市，堪执教育系统学会之牛耳。大大小小与陶有关的学术讨论会或纪念会接连不断。总之，20世纪50年代初被彻底否定了的陶行知，到80年代初又重新崛起，再呈异彩。历史似乎为了报偿他30年来蒙受的冤屈，对他颇多青睐。他的生平事迹被广泛传扬，他的教育思想也越来越引起国内外人士的浓厚兴趣，研陶的论著日渐增多，以陶为师的呼声日渐高涨。种种迹象表明，陶行知研究很有发展成一门"陶学"的可能。至今，在经历了"肯定—否定—否定之否定"曲折过程后的陶行知，已无可怀疑地成为中国现代教育史上屈指可数的历史人物。对于这一沧桑之变，我们姑且仍以"陶行知现象"称之。

但是，在人们欣喜地拂去当年泼在陶行知身上的污垢，重新摩挲这颗尘封一世（30年）依然光彩照人的陶行知教育思想的明珠时，好学深思者理当对那场使陶行知含诟蒙辱的文化罪案加以冷静的反省。他们有充分的理由追问：当年批陶的真正原因是什么？隐藏在它后面的历史背景是什么？

对于历史人物和历史事件的评价来说，时间之筛的相应过滤是十分必要的。那些由于难免的利害关系和过度的感情色彩所造成的某种忌讳或偏差，常常可以在时间之筛的过滤过程中，得到一定程度的缓解或纠正。

对陶行知和《武训传》问题最值得注意的公开平反发言，也许要算1985年9月5日胡乔木《在中国陶行知研究会成立大会上的讲话》了。他说：

> 1951年，曾经发生过对一个开始并不涉及而后来涉及陶先生的、关于电影《武训传》的批判。这个批判涉及的范围相当广泛。我们现在不在这里讨论对武训本人及《武训传》电影的全面评价，这需要由历史学家、教育学家和电影艺术家在不抱任何成见的自由讨论中去解决。但我可以负责地说，当时这场批判，是非常片面的、非常极端的，也可以说是非常粗暴的。因为，尽管这个批判有特定的历史原因，但是由于批判所采取的方法，我们不但不能说它是完全正确的，甚至也不能说它是基本正确的。……这部影片的内容不能说没有缺点或错误，但后来加在这部影片上的罪名，却过分夸大了，达到简直不能令人置信的程度。从批判

这部电影开始,后来发展到批判一切对武训这个人物表示过程度不同的肯定的人,以及包括连环画在内的各种作品,这就使原来的错误大大扩大了。……这样,在这场批判中,也就波及曾经称道过武训的陶行知先生和他的教育思想。①

胡乔木在讲话中认为当年批判《武训传》"非常片面"、"非常极端"、"非常粗暴",认为这场批判涉及陶行知使"原来的错误大大扩大了",态度相当鲜明,充满实事求是精神。由于胡乔木是中共中央在意识形态领域的权威发言人士,因此,他的讲话无疑是很有分量、很有代表性的。虽然他的有些看法与我们的认识不尽相同,如他认为由批《武训传》而波及陶,以及"开始并不涉及而后来涉及"陶,但他在讲话中热情肯定陶行知是"当之无愧"的"近代中国非常少有的、杰出的进步教育家、教育思想家","伟大的民主主义战士、伟大的共产主义战士、伟大的爱国者",显见是对陶行知的全面平反。他主张把这桩历史公案留给专家们"在不抱任何成见的自由讨论中去解决",也是值得称道的恢宏豁达的态度。作为陶行知传记的撰写者,我们有幸率先来到这个问题面前。当年批陶的"特定的历史原因",就像希腊神话中的斯芬克司一样横亘面前,催人思索,迫人解答,否则就不得在这一领域继续跋涉前进。

在我们看来,当年批陶的历史原因确实是一言难尽,它是一个多重多面交织而成的复杂体。

江青假公济私出山干政的需要,是当年批陶的历史原因之一。

江青其人,了解者无不称其为一名野心勃勃而又胸襟狭隘的女人。众多事实表明,高浓度的妒忌报复心理,常常使开罪于她的人惨遭打击。而陶行知自20世纪30年代初与她相识后,偏偏在数度交往中曾无意"冒犯"过她。

1932年10月,陶行知在上海倡导工学团运动,开展工农教育。其中有一个影响较大的晨更工学团,他派自己在晓庄时的学生、上海左翼教育工作者联盟的负责人之一徐明清(一冰)负责。1933年夏,原名李云鹤的江青来沪,无处立足,通过田汉之弟田源介绍来此。由于上海地下党领导

---

① 北京市陶行知教育思想研究会:《陶行知研究》,湖南教育出版社1986年版,第9—10页。

的"左联"、"社联"、"剧联"等都派人参加该工学团,所以在这里过的是一种革命的集体生活。据当事人忆称,上午搞教学,下午下田劳动,晚上则有各种学习讨论。李在此与晓庄学生王洞若共同担任小学班教学工作,并与吴新稼随田源学日语。晨更所需经费,主要靠陶行知负责筹集。陶每周来一两次,了解并指导工作①。晨更如有事找他,则需到设在市区威海卫路656号的联络点。据另一位当事人忆称,李曾多次通过常驻联络点的晓庄学生曹建培找陶②。1934年春晨更有5人被捕,工学团被封。李找陶介绍工作,陶通过基督教女青年会把她介绍到该会所办小沙渡路女工夜校任教高级班语文。当年10月李被捕后,原晓庄指导员陆静山之妹静霞还去探过监。不久李由女青年会保释出狱后,又随徐明清至其浙江临海老家养病月余,治愈了她的结核低烧③。由此可见,在这一回的交往中,陶行知及其学生对李颇有扶助之恩。但同时也须指出,李在此时表现不错,不失为一要求上进的青年。她在晨更参加CY(中国共青团),在夜校期间又因徐、王介绍,参加了"教联"并在"教联"沪西区委工作。

　　李云鹤出狱后,改名蓝苹,通过"剧联"的关系进入影剧界。1935年春因演《娜拉》而小有声名,同年秋与当时文艺界以"影报双栖"而著名的唐纳同居。1936年4月26日,他们又与赵丹、顾而已两对新人,同到杭州六和塔下举行别开生面的集体婚礼,由大律师沈钧儒证婚,但蜜月未满即生婚变。蓝苹借口返山东探母,迟迟不归上海。苦盼苦念的唐纳追到山东,寻访未遇,这位情种遂于6月26日留下一封遗书,在济南一家旅社自杀。唐纳幸而获救,而那封哀艳凄绝的《绝命书》却被好事者公诸报端,一时成为十里洋场茶余饭后咀嚼品味的好材料。陶行知交游很广,与唐纳也时有过从。仅3个月前(1936年3月)唐纳《略评近四年来的中国电影》一文,就发表在他主编的《生活教育》上。因此,当他得知唐纳轻生的消息,依然在准备启程欧美宣传抗日的百忙之中,写了一首《送给唐纳先生》的诗,劝勉对方:"听说您寻死,/我为您担心!/您要知道:/蓝苹是蓝苹,/不是属于您。/您既陶醉在电影,/又如何把她占领?/⋯⋯如果您爱她,她不再爱您,/那是已经飞去的夜莺。/夜莺不比燕子,/她不会再找您的门庭。/⋯⋯

---

① 据吴新稼(莆生)谈话记录,1989年11月30日于成都。
② 据方明谈话记录,1989年12月1日于成都。
③ 据徐明清谈话记录,1990年8月9日于北京。

为个人而活,/活得不高兴;/为个人而死,/死得不干净。"①对唐纳的劝谕开导,情深意长,放眼高远,本是年长者对年轻朋友应有之义。但把蓝苹称为另找"门庭"的"夜莺",劝唐不必为她轻生,却绝对是"冒犯"蓝苹之词。这诗当时没有广泛传播,但在陶死后,1947年由朋友编成交大孚出版公司出版的《行知诗歌集》却收录了这首诗。对于已非当年沪上"阿苹"的江青来说,在这本风行天下的诗集中如此"诋毁"自己,显然难以容忍。恐怕陶行知地下有知,也绝对想不到这首小诗会成为他身后开罪江青以至不可解开的一个冤结。

不知是这个世界太小,还是陶行知的交游太广,1936年后,他又直接、间接地与这位不平常的女人有过若干牵连。脱离唐纳后,蓝苹复与章泯同居。而章泯在抗战后却担任育才学校戏剧组主任多时。蓝苹在投奔延安时的同行者,则是晓庄学生徐明清。抗战胜利后,国共和谈尚在进行,从延安到重庆也较方便,这时已以江青之名见红的"第一夫人"就专程来渝医治牙病。于是这两位十年旧识重又叙首。1946年3月9日,陶行知和李公朴以重庆社会大学正、副校长的名义举行校董和教授联席会议,并宴迎远方来客。当日有两路来客,一是刚从国民党狱中释出的叶挺和廖承志,一是刚从延安来渝的邓颖超、滕代远和江青等。据当事人回忆,江青是日因"到医院治牙"未曾到席②。但据陶夫人忆称,江青后曾专程到重庆管家巷28号陶行知住处相访③。对于此次相晤的具体情况,我们不得而知,也许礼节性的叙旧是其本题。

陶行知逝世后,又有两件事使他牵连到江青过去在文艺界的种种恩怨之中。上文提到,在美国纽约举行的追悼会上,王莹与刘良模曾上台演唱歌曲。这位王莹与陶有安徽同乡之谊,却与江青有剧坛争角之仇。1936年底,双方为争演《赛金花》一剧的主角,一时成为上海影剧界一桩很有影响的事件。如果说,王莹获胜被江青引为终生之恨,因此直接种下了"文革"中死于非命的祸殃,那么,江青得知王、陶如此交情,便足以迁怒于陶。更何况,《武训传》中出演武训的赵丹,又同江青有着一种不容易说清

---

① 华中师范学院教育科学研究所:《陶行知全集》第四卷,湖南教育出版社1985年版,第351—352页。
② 宣谛之:《关于社会大学的回忆》,《行知研究》1986年第1期。
③ 据吴树琴谈话记录,1989年12月26日于南京。

楚的恩怨关系。当她得知《武训传》问世的原动力是陶时,褊狭怨毒之心会产生何许念头,就谁也保不住了。

《武训传》开映之初,评论鹊起。曾为沧海巫山之游的江青,虽然而今蓬山相隔,却仍难忘情。有关影剧界的情况,尤其如 1951 年元旦出版的《大众电影》特辟《武训传》影评专辑,是不大会落在她的视野之外的。如果说,帮助毛泽东收集 40 余篇歌颂《武训传》的文章,从而使之公开点名,成为举国共讨的反面材料,还只是她的幕后动作。那么,批判运动开展后,她就终于走到前台。她用李进之名,以文化部一处长的身份,率领由《人民日报》和文化部发起的有 12 名成员的"武训历史调查团",直奔武训家乡山东堂邑进行调查。作为结果,发表了一篇长达数万字的《武训历史调查记》,从 1951 年 7 月 23 日到 28 日分六次在《人民日报》上刊毕。文章之长,连载之久,在惜字如金的《人民日报》都是罕见的。

借用后来"文化大革命"中因江青引用而出现频率很高的"亮相"一词,则江青就此踩着已经死去的武训和陶行知,踩着在世的武训和陶行知的信从者,悄悄爬上了政治舞台。借用她"托物言志"的诗句来说,则是"锁在云雾中"的"江上一青峰",在此时终于"偶尔露峥嵘"了。由此,这名 30 年代的二三流演员初尝在政治舞台上鸣鞭叫阵的滋味。对于这个权势欲极旺的女人来说,"亮相"这个由戏剧专用名词转化引申来的政治专用名词,确实相当传神地把那种颇具戏剧性的个人政治表现涵覆在内了。由"亮相"而带来的那种令人如醉如仙的惬意滋味,既满足了雪恨的快意,又诱发了一种危险的政治快感。可以说,正是这一回的得手,才使她抢窃"禁果"的欲望难以按捺。因而,虽然这一回被她鞭打落马的影剧界和教育界人士颇为不少,但当她再度登台,以"文化革命"的"旗手"身份出现时,30 年代影剧界举凡与她有过恩怨纠葛者,从六和塔下与她同时举行集体婚礼的赵丹、顾而已,到知其隐私的郑君里、陈鲤庭等,几乎无一幸免地惨遭迫害,而陶行知则几罹毁墓暴尸之灾,虽死犹难逃劫。这,恐怕又是九泉之下的陶行知始所未料者。

江青个人的责任固然不容忽视,但科学的历史研究更需要论析有关历史现象出现的历史环境和历史条件。研究者只有不把历史事件的责任仅仅归咎于个人,特别是归咎于个人的品格、个人的动机和个人的欲望,他们才有可能进一步深入到社会历史环境和条件的理性分析中,才有可能冷静地总结历史的经验教训。因此,放眼审察建国初的国情,就成为探求批陶历史原因更加重要、更待深入的层面。循此思路和眼光,我们更须密切观照以下两方面的原因。

宣传毛泽东教育思想权威的需要,是当年批陶的历史原因之二。

1945年5月,中共七大正式确认毛泽东思想是中国共产党的指导思想,并明文写入党章。毛泽东思想是中国共产党在长期革命斗争中形成的集体智慧的结晶,党内许多卓越的领导人对它的形成和发展都作出过重要贡献。但是,因为毛泽东在创造和总结这一理论过程中是主要代表,因为他在党内长期无可动摇的领袖地位,因为他在解放战争中发挥非凡的政治和军事领导才能,保证了胜利的获得。因此,毛泽东作为新中国的缔造者,获得巨大威望是历史发展的必然结果。而为了建设新中国,继续加强宣传毛泽东思想也是形势发展的现实需要。

建国初,无论在军事和政治领域,还是在国民经济恢复工作和外交工作方面,毛泽东思想的权威都是至高无上、无可比拟的。相比之下,在文教领域和广大旧知识分子那里,这种权威性就略嫌不足。虽然毛泽东的文艺思想和教育思想早在延安时期就已形成,并且成为解放区文教工作者的指导思想,但在广大的国民党统治区,文教工作者普遍对之并不熟悉。因此,在建国后加强对知识分子的教育和改造,让他们学习和接受毛泽东思想,尤其在知识分子最为集中的文教领域灌输并贯彻毛泽东的文艺思想和教育思想,就成为当时的一项重要任务。这样,就需要在文教领域提出一个大题目,以便在展开解题的过程中,把毛泽东思想灌输并贯彻下去。如前所述,批判《武训传》可以同时兼及文艺和教育两大领域,应该承认,这是很有眼光的精心选择。

单就教育领域而言,平心而论,如何对待颇有影响的陶行知教育思想,确实成为建国后宣传毛泽东教育思想权威的一大实际问题。

且不论长期在国民党统治区从事教育工作的人,他们中大多数程度不等地受陶行知教育思想的影响。即使在解放区,那些担任一定教育宣传领导职务的人,他们也常常把陶行知教育思想同毛泽东教育思想相提并论。说法种种,意思则一。

说法之一,"奠基"说。1942年1月在延安成立了一个新教育学会,3月该会编辑了一本《行知教育论文选集》。该书序言称陶行知的教育学说"在中国教育思想上起了很大的革命作用,对于破坏半殖民地半封建的中国旧教育与奴化教育,发生了很大的力量,同时也就是对中国新教育放下了一块奠基石"①。序言执笔者是当时任职中宣部负责教育工作的陶门弟子董纯才,而直接对此书此序负领导之责的则是当时中宣部副部长兼新教育学会理事长的徐特立。

说法之二,"相合"说。1946年8月12日延安《解放日报》悼陶专刊上,陆定一在代表中共中央的发言中,肯定陶行知的教育思想"正是新民主主义的教育思想,正是为人民服务的教育思想",因此,"我们解放区的教育界,要研究毛泽东同志和陶行知先生的新民主主义的教育原理,并把它实现"。而胡乔木则进一步发挥此意,在解放区,"我们的教育方针虽和陶先生的相符合,但我们缺少像陶先生这样既有广博的知识,又有服务人民的热情,又有坚持到底的事业精神,又有团结群众的组织能力的教育家。产生新的陶先生,这是解放区一切教育工作者面前光荣的但是十分艰难的任务"②。

说法之三,"大同"说。1947年10月戴伯韬在其所著《陶行知的生平及其学说》书末特辟一节"陶氏与新民主主义教育"。该节把陶氏教育主张与新民主主义教育相比较,得出二者"大同小异"的结论,并认为这就是陶氏教育学说在解放区"到处受到人民欢迎的真正理由"。在书末跋语中,作者更确指陶氏为"新民主主义教育理论与实际的创始者之一"③。戴伯韬为追随乃师15年之久的陶门高材,历任解放区宣传教育部门领导职务(1946年为苏皖边区教育厅副厅长兼华中局宣传部国民教育科科长,1948年为山东教育厅厅长),且该书又由三联书店出版,因此,这一评价也相当惹人注意。

说法之四,"源泉"说。1949年7月,刘季平在纪念陶行知逝世3周年时作文称:"陶行知先生是近代世界教育史上最伟大的代表者之一,陶行知思想是解放区新教育思想的源泉之一。假如说,解放区新教育思想是以毛泽

---

① 北京市陶行知教育思想研究会:《陶行知研究》,湖南教育出版社1987年版,第167页。
② 江苏省陶行知教育思想研究会:《纪念陶行知》,湖南教育出版社1984年版,第6—8、24页。
③ 戴伯韬:《陶行知的生平及其学说》,人民教育出版社1982年版,第131、134页。

东思想为基础,消化了陶行知思想而形成的,我以为一点也不为过。"为此,他以十分肯定的口气指出,"无疑的,陶行知思想在今后新中国教育之发展上会起很大作用"①。刘季平也是有名的陶门高材,抗战时期在苏中根据地从事党政和教育行政领导工作,解放战争时期曾任苏皖边区教育厅厅长等职,撰写此文时正负责苏南地区的接管工作。

说法之五,"旗手"说。1949年,张健在《东北教育》一卷四期上发表《略论陶行知先生的生平和事业》。文称陶氏"代表新民主主义教育,向传统教育及以后的国民党反动派党化(愚民)教育作斗争之最彻底最伟大的旗手之一"。文章还认为陶行知教育思想"是中国教育事业上的宝贵财产,是很值得教育界人士来学以致用的"。这是又一篇陶门弟子在解放区高扬陶行知教育思想的文章。

上述评价,无论是"奠基"、"相合"、"源泉",还是"创始者之一"、"旗手之一",陶行知教育思想同新民主主义教育思想即毛泽东教育思想的关系,都被认为是平行不悖、相辅相成的,有时甚或是并驾齐驱的。而且这些评价几乎十年一贯深入人心,全部出之于党内负责文教宣传工作的干部之口。更有甚者,从中央到东北、华东、西南各大地区,都有一批颇有影响的陶门弟子相当活跃地在揄扬师说。这就把一个极为尖锐而且必须及时回答的问题提了出来:新中国教育领域究竟以怎样的教育思想为根本指导?陶行知教育思想应当放在何等地位?批判《武训传》和"武训精神",正是旨在解决这个大问题。

我们不妨再引用一点材料来回答问题。当时实际负责教育部全面工作的钱俊瑞,在1951年7月1日和8月27日出版的《人民日报》上先后发表过两篇带有指导性质的文章。前文以《学习和贯彻毛主席的教育思想》为题,强调新民主主义的教育思想和方法是毛泽东所创立的。后文以《讨论武训问题我们学到些什么》为题,强调陶行知教育思想"和马列主义的、毛泽东的教育思想之间还存在着原则的差别,两者是属于两种不同的世界观的不同的东西"。两篇文章,一正一反,合在一起,刚好向读者表述了一个统一的题解:陶行知教育思想应当从新民主主义的教育思想中剔除出

---

① 刘季平:《造成教育思想上一个伟大的革命》,江苏省陶行知教育思想研究会:《纪念陶行知》,湖南教育出版社1984年版,第177、179页。

去。前已提及的方直之文《这是一个起点》,则强烈不满于教育理论工作上的"混乱"和"落后"状态,指称有三大缺点为"不能容忍":一曰"没有认真地宣传、阐述毛泽东同志的教育思想",二曰"没有认真地总结""20多年中在毛泽东同志的思想领导下的新民主主义教育",三曰"对中国旧教育思想的批判做得很少"。三大缺点一言以蔽之,无非就是没有宣传和树立毛泽东教育思想权威这一条。

我们还不妨把陶门弟子在运动中的检讨引来证明这个问题。董纯才首先自谴"奠基"说:这一评价,"不但是过高了,而且是不合事实的"。"中国新教育的奠基石,不是别的,而是毛主席的教育思想和中国人民解放区人民教育的实践。"他紧承钱俊瑞之说,向众宣称陶同毛的教育思想,"是两种不同的教育观","属于两个不同的哲学体系"①。戴伯韬在清算"大同"说时,检讨自己的严重错误在于,把陶同毛的教育思想"画成等号,混淆起来",没有把二者"严格地从本质上区别开来","在实质上认为它们是属于一个体系,一个范畴,这就是基本观点的错误"②。张健也检讨自己的"旗手"说是犯了严重的原则错误,"中国人民教育事业的指导思想是马列主义毛泽东思想"而非陶的教育思想,把两者"混为一谈,是一种友我不分的原则错误"③。这几名在教育界颇有影响的陶门弟子在联系实际批判《武训传》的过程中,如此步调一致异口同声地检讨当年扬陶之说,很难说是偶然现象。

在我们看来,作为新民主主义的教育,就用毛泽东"民族的、科学的、大众的"基本规范来衡量,陶行知在20世纪30年代以后逐渐完善起来的教育思想,无论从内容到形式,都应该属此体系和范畴之中,在许多具体的教育主张上,陶行知同毛泽东还有不少相通一致之处。从另一方面说,新民主主义教育的体系和范畴,本应兼容并包各种符合"民族的、科学的、大众的"教育学说和教育流派。现在把陶行知教育思想与新民主主义的教育置于根本对立地位,坚决否认二者之间原本存在的事实上和逻辑上的联系,是一种并非实事求是的独断行为。无论从哪一方面说,把陶行知及其教育思想排除出新民主主义教育的体系和范畴,都难以自圆其说。但经此批判

---

① 董纯才:《我对陶行知先生及生活教育的认识》,《人民教育》1951年第3卷第6期。
② 戴伯韬:《对陶行知教育思想认识的初步检讨》,《人民教育》1951年第3卷第6期。
③ 张健:《重新认识陶行知先生的生平和事业》,《人民教育》1951年第4卷第1期。

后,陶行知再也不是什么新民主主义教育的"开创者"或"旗手"之一,所谓的奠基石也被抛到"改良主义和投降主义"的污淖之中。

毛泽东在其个人威望到达顶峰之际,曾强烈反对"大树特树"毛泽东思想。一种有巨大生命力的伟大思想,确实无须凭借外在力量去"树立"。毛泽东有鉴于此,严厉批评林彪等人,这是他的明智通达过人之处。对于建国初大规模宣传毛泽东思想的活动,学术界目前似尚研究不多。介绍活动情况,综述过繁,不如择一典型说明。1951年7月1日,恰值中国共产党建立30周年。整个宣传活动的主题即落在宣传和确立毛泽东思想上。以《人民日报》为例,"七一"前后持续半个多月以整版整版的篇幅刊载纪念和庆贺文章。各民主党派和人民团体的著名领袖纷纷撰文,数十篇由党政军高级领导干部署名的文章也无有例外地颂扬毛泽东的丰功伟绩。文章以长占魁者,当推"秀才"陈伯达所撰,排满了整整三大版。与此同时,报纸还辟有"迎接党的生日,向毛主席致敬"的巨幅专栏,持续刊发全国各地群众对毛泽东及其思想充满崇拜之情的来信来文。这次宣传规模之巨大及其确立毛泽东思想主题之突出,都为后来40周年和50周年的庆祝活动所不及。全面深入地评论这一次规模巨大的舆论宣传,应该属于党史和人民共和国史的研究范围。我们在这里只想指出,一个赢得了伟大胜利的政党进入"而立"之年,记创业之功,抒庆贺之情,本是人之恒情,无可轻议。宣传本党领袖及其思想,从巩固新政权的现实需要而言,是完全可以理解的必然之举。而陶行知及其教育思想被批判并被反衬得渺乎其渺,也是完全可以理解的必然之义。

"左"倾思想和教条主义的影响,是当年批陶的历史原因之三。

中国共产党自成立以后,长期处在阶级斗争的风暴之中,习惯并也擅长搞阶级斗争。建国后,在观察和处理社会发展进程中所出现的矛盾和问题时,时有简单地以阶级斗争的眼光看待一切的情况。有如《关于建国以来党的若干历史问题的决议》所指出的那样,犯有阶级斗争扩大化的缺点错误,把本来并不属于阶级斗争范畴的问题也看作阶级斗争,把本来已经不适宜再使用的斗争方法又继续搬用不误。对《武训传》和陶行知的批判,也就不幸被扩大进意识形态领域的阶级斗争之中。

为了说清这个问题,有必要对建国初并存的诸多历史事件作一系统的观照。

1950年6月,中央人民政府颁布了《中华人民共和国土地改革法》。

从当年冬季开始,新解放区陆续开展大规模的土改运动,直到1952年8月基本完成。通过运动使3亿多无地、少地的农民分得了约7亿亩土地,完成土改地区的人口达全国农业人口总数的90%以上。新解放区将近两年的土改运动,是共产党坚决依靠贫农、雇农,团结中农,中立富农,消灭地主阶级和封建剥削制度的一场空前规模的阶级斗争。

1950年10月8日,在战火燃到中国边境的时候,中共中央作出抗美援朝的战略决策。10月19日,中国人民志愿军赴朝参战。经过浴血奋战,反复较量,终于在1953年7月迫使对方在停战协定上签字。这场举世瞩目的酷烈战争,伤亡人数以数百万计,毁伤飞机以万计,是新中国诞生后所面临的最严峻的考验。

1950年冬,全国又掀起了大张旗鼓的镇压反革命运动。次年2月颁布《中华人民共和国惩治反革命条例》。到1952年,全国消灭了200万以上的土匪,镇压、监禁、管制了大批反革命分子。这场声势凌厉的镇反运动无疑是建国初最坚决无情的阶级斗争。

以上就是世称的"三大运动"。1951年底,在国家工作人员中开展了反贪污、反浪费、反官僚主义的"三反"运动。次年初,又在资本主义工商业者中开展了反行贿、反偷税漏税、反盗骗国家财产、反偷工减料、反盗窃国家经济情报的"五反"运动。"三反"、"五反"运动同时到1952年夏结束。

上述运动在建国初的社会政治生活中投下的影响是绝对巨大的。只要略一翻检当时的各种报纸,触目皆是阶级斗争的内容。不是报道各地土改进展情况,控诉地主恶霸罪行,传送农民分得土地的欣喜,知识分子参加土改的体会,对"江南无地主论"等错误观点的批驳,就是反映各地镇反运动情况,包括反革命分子的罪恶活动及控诉、惩治等情况,包括家属子女与反革命分子划清界限等等;不是宣传朝鲜战场上击落击伤敌机和打死打伤敌军的数字,国内各地捐献飞机大炮和增产节约支援前方等情况,就是揭露资产阶级严重违法和少数国家工作人员蜕化变质等触目惊心的事实。总之,建国初内、外两条战线上,弥漫着阶级斗争的硝烟浓雾。在社会生活中,积极参加运动,站稳立场,坚持斗争,则被视为进步的表现。反之,便是落后,便是思想未曾得到很好改造。

阶级斗争的大潮席卷全国,从农村到城市,从各级干部到一般老百姓,时时处处,人们无法超然其外。在这个涵盖全中国的阶级斗争的庞大系统中,上述诸运动同文教战线批判《武训传》的斗争,都只是其中的一个子系统。它们各自相对独立,却又互依共存。从时间上说,"三大运动"的发动都稍早于批判《武训传》,而结束则或同时或稍迟。"三反"、"五反"运动虽发动稍迟,而结束则又几乎同时。从关系上说,它们在完成各自历史任务的同时,却又交叉交织,此呼彼应,此伏彼起,相互呼应,相互关照。这样,各条战线的阶级斗争发展趋势又明显呈示出一幅居高不下的图像。

因而,同抗美援朝运动相应,举国上下控诉帝国主义的"文化侵略",在基督教徒中开展"三自一新"运动,把教会学校全部收归国有,如此种种,彼此都为一致不二的行动。而在知识界,尤其是文教领域肃清"亲美"、"崇美"、"恐美"思想,批判"奴化教育"和"奴化思想",也是十分顺理成章之举。在此过程中,作为所谓"反动学者"杜威的高足弟子,作为同美国社会各界有着广泛联系并接受过有关资助的教育家陶行知,被视为异端,被扣上资产阶级自由主义者、民主个人主义者,或改良主义、投降主义的帽子,正是阶级斗争在文教领域扩大化过程中合乎逻辑的结果。

当一切事物都要纳入阶级斗争的洪炉中煅烧后重新加以估衡,然后作出或是或非推向极端的裁判时,《武训传》和陶行知是无所逃其"罪过"的。因此,非常自然,武训行乞兴学被认为是否定被压迫人民的阶级斗争,是服务地主阶级,宣传封建文化,是维护封建统治的阶级投降主义。而陶行知兴学认同武训及其精神,则同样犯有此类丧失阶级立场、实行阶级投降的"严重错误"。下面一段判词很有代表性:"资产阶级改良主义者认为,不要政治斗争,不要武装斗争,人民也可以翻身。因此,他们宣扬武训的兴学运动,认为这算是一种文化革命,可以改善人民的生活地位、文化地位。其实,这种理论的实质就是要求人民逃避革命的基本问题(政权问题)不谈,向统治阶级缴械投降。"① 在这种思想理论和逻辑思维指导下,人们当然难以对中国教育界的历史和现状作出全面客观的估价。而这种思想理论继续发展,便导致后来所谓"教育黑线专政论"的出现。

教条主义同"左"倾思想本是孪生兄弟,彼此结有难解之缘,合而为祟为厉。虽经党内多次思想路线斗争,延安整风运动,却始终未能根治。因此,谬种流传,绵延不断。痛下药石,则暂时隐伏,气候适宜,又风发波兴。

---

① 鲍昌:《武训到底是为谁服务》,《人民日报》1951年6月15日。

在教条主义者僵化不灵的头脑中,先贤前哲在彼时彼地所确定的原则和方针被"简化"为若干条条和框框。他们习惯于以自己所理解的那个不变的条条框框去规范要求此时此地流转万变的社会政治生活。任何丰富生动而复杂具体的事件,一经进入他们的头脑,立即就同那些条条框框对号入座,然后反馈出该事件当属何条何框,先贤前哲又是如何论处。就此而言,教条主义又是"左"派幼稚病的别称。

在批判《武训传》过程中,此类幼稚病十分流行,在思想理论界都有不少患者。江青指挥下搞出的《武训历史调查记》堪称其中之尤。这篇被吹捧为用阶级斗争观点和阶级分析方法进行社会调查的示范之作,其实只是一篇从"本本"出发,用实用主义观点和庸俗社会学的方法,迎合阶级斗争"左"倾时尚的趋时失实之作。明明武训行乞兴学终生,并无私产,调查却把义学的学田硬列为武训私产,并主观断定武训还隐藏私有土地,把武训划为拥地两三百亩的大地主。明明武训乞讨募捐用于办学的钱,大部存于钱庄,调查却不顾事实硬把它统统说成是高利贷。明明武训未有依仗官府欺压百姓的劣迹,调查却又捕风捉影地称其为大流氓。这种从"本本"出发先行"定性",然后罗织无根不实的材料,无限上纲上线的做法,暴露了教条主义的浅薄嘴脸。

武训大字不识几个,也根本不懂教育具有鲜明阶级性之类的道理,况被教条主义打入"另册"。陶行知学富五车,颇明事理,对共产党依依情深,但按照"本本"所说,他仍很有可疑之处。"本本"上说,虽是同以劳动大众为对象的教育,但不同阶级所办便有不同的动机和效果。两种教育,泾渭分明:一为上升三十三天莲花座的接引使者,一为下坠十八层阿鼻地狱时令人饮后忘却世事的"孟婆汤"。因而,"陶行知之流"的"改良主义教育",便成为一种用来"毒害、欺骗"劳动人民的麻醉剂,"要他们安心于自己所处的地位,不要去触动当时的社会秩序"[①]。其实,此类不顾时间、地点和条件,生搬硬套,对陶行知教育思想进行唯心的阶级估量的做法,不自此始,从30年代到40年代共产党内就有一部分人始终持有这种看法。在建国前解放区,"有些地方的教育工作者对陶氏表示了轻蔑的态度,公开在杂志上讽刺他是爬行的经验主义者,说他是教育救国论者"。手持"本本"者的

---

① 丁浩川:《〈武训传〉和〈武训传〉的称颂者们在宣传着什么?》,《文艺报》1951年6月10日第四卷第四期。

攻击之词,"引起了另一部分人的不平",于是他们就推戴伯韬"出来讲几句话",从而促发戴写成了前述之书①。但最终仍以戴等备受批判而告终。这场较量很有象征意义,它从一个侧面表明了教条主义的胜利。

在这种情势下,目标特大的陶行知成为首当其冲的对象,是完全可以理解的。

批陶影响纵横谈

批判陶行知作为建国初意识形态领域发生的一件大事,它留下的影响深刻而巨大。尽管风波已过数十年,但只要人们愿意回顾历史,仍不难在既往社会生活的坐标上清晰地发现其痕迹所在。

从横向而言,批陶影响主要反映在知识分子问题上。

作为一位高明非凡的政治战略家,毛泽东对于中国知识分子的优长和短绌都是知之甚明的。事实表明,在长期的政治生活中,对于如何调动并发挥党内外知识分子这支重要的政治力量,他的测算和安排都异常精密周全。因此,在很多关键时期,他都收到人才来归、俊豪效命的奇效。如前所述,在解放战争时期,为了孤立南京政府,争取具有社会影响的知识分子的同情和支持,曾被视为同这场决战成败攸关的大事。李、闻、陶等去世后组织的盛大悼念活动,实可视为争取知识分子来归的统战工作的系列杰作。1949年新的政治协商会议召开之际,从海内外各地群聚北京,共同筹组民主联合政府的,也大都是这批来归的知识分子中领袖群伦的人物。只要查阅当年政务院和各部负责人的名单,就可见得毛泽东确实对这批著名的上层知识分子作了精心安排,让他们各得其位发挥作用。这个政府也确实因为这批人的参加,相符于"民主联合"的名称。

但同时必须指出,毛泽东在对待知识分子问题上又有其一贯的原则立场。在他的阶级力量对比表上,现代知识分子和青年学生的"多数","是可以归入小资产阶级范畴的"②。知识分子只有经过立场和世界观的转变,"脱胎换骨",才能为无产阶级所接受。在他的知识能力评估表上,知识分

---

① 戴伯韬:《陶行知的生平及其学说》,人民教育出版社1982年版,第127页。
② 《毛泽东选集》第二卷,人民出版社1952年版,第636页。

子被估测得较低。《实践论》强调实践是认识的唯一源泉,导源于这种理论,他推导出一个基本观点:"许多所谓知识分子,其实是比较地最无知识的,工农分子的知识有时倒比他们多一点。"①

　　随着新中国的建立,形势的变化带来策略的转移。在对待知识分子问题上,开始更多地强调其必须接受教育改造的一面。1950年6月6日,在中共七届三中全会的报告中,毛泽东就把文教事业的改革和知识分子的教育改造问题,当作全党当前八大任务之一提出。指出有步骤地谨慎地进行旧有学校教育事业和旧有社会文化事业的改革工作,争取一切爱国的知识分子为人民服务;对知识分子……要使用他们,同时对他们进行教育和改造。批判《武训传》和陶行知,显见是为完成这一任务所作的一项具体安排。1951年11月,中共中央发出《关于在学校中进行思想改造和组织清理工作的指示》,要求知识分子运用批评和自我批评的方法,进行自我教育和自我改造,以期划清敌我界限,批判资产阶级思想。这一知识分子思想改造运动很快把批判《武训传》和陶行知的工作引向深入。

　　应该说,在建国初许多知识分子对马列主义和社会主义还不很熟悉的情况下,开展一场以思想教育为目的的学习运动是必要的。但是,既然号称"讨论"《武训传》和"武训精神",况且很快变为一场声势凌厉的批判,那么,现在公开标示以批评和自我批评的方法进行"思想改造",情势将会变得何等严峻就不难想见。正如后来被一再证明的那样,凡被称为"运动"者,往往难免扩大化,方法简单粗暴,伤害一部分不该伤害的人。为了说明问题,不妨以北京大学和清华大学这两所中国的最高学府中的一批著名教授为例。20世纪30年代著名作家沈从文因为解放后长期不过问政治而被批判为"粉红色作家",无法容身于北大,转业改行到博物馆。美学权威朱光潜在思想改造运动中是典型的反面教员,北大专门为他办有展览会。著名法学家、北大法学院院长钱端升也撰文自我检讨。清华建筑系主任梁思成不但检讨自己讲授西方建筑流派理论的错误,还批判以"改良主义"著称的乃父梁启超,挖及"阶级根源"。清华教务长、物理学家周培源在《光明日报》上作文自我检讨。清华哲学系系主任金岳霖则检讨自己在政治上和学术上的错误。若要详细罗列,这一份名单将不会很短。这些著名的学者

---

① 《毛泽东选集》第三卷,人民出版社1953年版,第773页。

教授，大都留学欧美接受西方教育，因此，他们理当成为思想改造运动的重点对象，成为继《武训传》批判后，中国知识界又一批被推到批判位置者。

然而当年中国知识分子何以大都在主观方面接受了这一颇有粗暴之感的"教育"和"改造"呢？要回答这个问题，很不容易。但如果从知识分子的群体性格和文化心态方面作一探求，也许不为无益。

首先，五四新文化运动以来涌现了一大批以社会改造事业为己任的进步知识分子。这批在新旧思想文化冲击交撞下成长起来的知识分子，大都怀有一种崇高的社会责任感和自我牺牲精神。近百年尤其进入 20 世纪以来，中国备受列强欺凌的惨痛事实，不断刺激并强化他们忧国忧民和为国为民的人生价值观念，争取民族解放和国家富强成为他们的强烈愿望。中国共产党断然摒弃来自他方的隔江而治的方案，百万雄师横渡长江，炮轰英舰"紫石英号"，"别了，司徒雷登"，收回主权，宣布推翻"三座大山"，创建了新中国。

而当朝鲜战争的战火延及中国之时，又毅然出兵朝鲜，同装备精良的对手一决胜负。对于广大爱国知识分子来说，这是国家民族百年未遇的扬眉吐气之日，也是他们企盼已久的中华民族重新崛起的标识。毛泽东在天安门城楼上宣告的"中国人民站起来了"的声音，会在他们心灵深处撼起波涛。为了国家臻富臻强，一大批学有所成的海外学子断然舍弃优越的工作条件和生活待遇，克服种种困难回到祖国怀抱。为了"中国人民站起来"，一部分知识分子宁愿委屈自己，接受不公正的对待，以"小我"的屈身求"大我"的挺起。这就是他们所以接受这种平生未遇的"教育"和"改造"的重要原因。

其次，八年抗战①，四年内战，长期的战乱使那些饱尝流离失所之苦的知识分子迫切希望得到一个和平安宁的生活环境。国民党统治时期政治上的压抑苦闷固不待言，生活上的艰辛苦难也是不堪回首。

进入 40 年代以后，尤其是内战爆发之后，国统区通货膨胀，物价飞涨，纸币滥发，知识分子度日维艰。1948 年 8 月发行法币达 600 万亿元以上，比抗战前夕的 1937 年 6 月增加 45.5 万倍。法币的价值已贬低到不抵其自身的纸张和印刷费用。一个政府的经济信用同政治信用总是紧密相连的。这也就是挣扎在生存线上的知识分子会走上街头参加"反饥饿"的示

---

① 现在的提法为十四年抗战。

威游行,会因"山那边呀好地方,穷人富人都一样"的歌声充满憧憬向往之情。建国初,共产党在国家经济相当困难的情况下优先注意改善知识分子生活,不能不使人感受深切。以教育系统为例,1952年较1951年,高等学校教师工资增加了18.6%,中等学校教师工资增加了25.5%,初等学校教师工资增加了37.4%①。在这种渐趋安定的经济生活环境中,饱经忧患贫困的知识分子不能不生感激之情,不能不生求治之心。

最后,毛泽东在长期革命斗争中历史地形成的巨大威望和感召力,使得相当一部分知识分子对他十分倾倒心折。基于这种领袖崇拜,不少人含苦如饴,默默接受了常人不堪承受的压力。这里不妨以陈鹤琴为例。这位以倡导"活教育"而蜚声国内外的名教育家,曾因思想"赤化"并掩护共产党地下组织成员,在解放前夕两次被捕。在批陶时,他成为陪批的主要对象,被扣上"直接协助帝国主义进行殖民地的教育"、为国民党统治做过"'粪堆上插花'的工作"、"五体投地的拥护封建的买办的社会制度"等帽子②。但就在他受到严厉批判之时,1951年9月全国政协一届三次会议期间,他又受到毛泽东温渥有加的接见和抚慰关心的表示。为此,他感激异常,决心更加努力改造自己。在此后半年多时间内,他先后在北京、南京、上海等地出席过11次批判性的座谈会,每次都作自我检讨。据其传记作者统计,他总共受毛泽东接见11次。而在此期间受严厉批判也始终未断③。应该说,类似陈那样因领袖威望而倾心相向者并非个别。

在批判陶行知和思想改造运动之后,对知识分子的教育改造工作仍按既定办法进行:批判一名代表人物,掀起一场政治运动,教育改造一批知识分子。1953年9月全国政协扩大会议上,梁漱溟因农民问题的发言同毛泽东争辩,抗言不屈的结果是被当作地主买办阶级的代言人而受批判。从此,这位政学双栖的著名知识分子隐居京华,一言不发近30年。1954年,又以两名"小人物"批评《红楼梦》研究权威作家俞平伯的错误观点的文章

---

① 马叙伦:《三年来中国人民教育事业的成就》,《人民教育》1952年10月号。
② 洛寒:《从〈我的半生〉看陈鹤琴的教育思想》,《人民教育》1951年第4卷第2期。
③ 陈鹤琴在1958年被批为"冒牌学者"、"文化买办",次年被调离教育岗位,"文革"中更是迭遭苦难。但这位终生从事儿童教育的教育家,对毛泽东和共产党的眷眷童心始终未泯。在其即将走完91年漫长人生道路,弥留之际念叨的还是毛主席和申请参加共产党。见牟维旭:《陈鹤琴》,《中国现代教育家传》第三卷,湖南教育出版社1986年版,第106—115页。

被压事件为契机,展开了一场以批判胡适派唯心论为名的斗争。这场斗争在文、史、哲、教诸领域全面展开,知识界与胡适有关系的上层、中层人士一一检讨,以肃清"胡适学阀集团"在各个学术领域的广泛影响。1955 年,又大张旗鼓地开展对"胡风反革命集团"的斗争。这场运动完全按敌我矛盾性质处理,在政治、经济、军事、文化、教育诸领域深挖"胡风分子"。

  建国后在知识界接连不断地开展政治运动,难免使知识界产生波动不安。究竟应该怎样评价中国的知识分子,这一问题也就必须予以回答了。1956 年 1 月 14 日在中共中央召开的知识分子问题会议上,周恩来在《关于知识分子问题的报告》中对此作了明确的回答。报告指出当时我国的知识分子由两部分组成,一部分是旧社会来的知识分子,一部分是新中国培养的知识分子。对于前者,周恩来特别强调指出,"在过去虽然受了帝国主义和反动阶级的种种影响,但是他们中间的绝大多数同时也受着帝国主义和国民党的压迫,因而一部分参加了革命,一部分同情于革命,多数对于革命抱着中立的观望态度,反革命分子只占极少数"。建国后这批知识分子经过革命实践的锻炼,"他们中间的绝大部分已经成为国家工作人员,已经为社会主义服务,已经是工人阶级的一部分"。与此同时,周恩来在报告中又用"宗派主义"一词概括了当时在知识分子问题上的"左"倾错误倾向。而用"低估了知识界在政治上和业务上的巨大进步,低估了他们在我国社会主义事业中的重大作用,不认识他们是工人阶级的一部分"概括了这种倾向的具体表现。同年 9 月,刘少奇在中共八大会议的政治报告中,对知识界的估价也与之一致。可惜这些旨在纠偏的重要讲话,并没有产生预期的效果。

  在论及批陶对知识分子问题的直接影响后,还应顺便一提它对民主党派的间接影响。中国的民主党派出现有其特殊性。它是一批知名度很高的知识分子和社会活动家在三四十年代反对国民党独裁统治的斗争中相继形成的。由于缺乏广泛的群众基础,它们的力量都较弱小,在与国民党斗争过程中逐渐团结到以共产党为核心的统一战线之中。建国初,各民主党派与共产党作为新政协会议的共同参加者,合力缔造了民主联合政府,各党派领袖人物大都出任政府职务,再加上吸收了一批知识分子参加,各党派相应有较大发展。但在批陶过程中,民主党派和民主人士也开始受到冲击。这里试举二人为例。一为黄炎培,他撰文自我批评,把早在 1945 年在《大公报》上作文赞扬武训一事重提,郑重检讨①。二为郭沫若,他也追溯往事,检讨自己在武训问题上所犯的两个"历史"错误,即1945年在重庆武训纪念会上的赞扬性发言和为《武训画传》写了书名及题辞②。黄、郭当时同为政务院副总理,已过古稀之年的黄还兼掌轻工部,年近花甲的郭则兼文教委员会主任。作为资深民主人士况且如此穷根究底地公开检讨,余者可想而知。所以,当《人民日报》那篇不寻常的社论一发表,陶曾列名其间且又以教育界为主要成员来源的民盟,反应格外灵敏。如民盟北京市支部立即号召盟员积极参加"讨论"。以后,随着大批具有民主党派成员身份的上层知识分子被批判,民主党派在国家社会政治生活中的地位也相应发生变化。1954年9月第一届全国人大召开,重选国家领导人,原民主联合政府所选出的6名国家副主席中的宋庆龄、李济深和张澜,4名政务院副总理中的黄和郭,以及最高法院院长沈钧儒,均在此时退出政府,转为人大常委会副委员长。到1959年4月二届人大召开,由于部分民主人士在1957年后被撤销职务,国务院各部委中民主人士所占比例从三分之一左右降至不足四分之一。民主党派在50年代中国政治生活中的消长变化是一个很复杂的问题,我们当然不能简单轻率地把它归诸批陶,但批陶毕竟可以视为诸多肇因之一。

从纵向而言,批陶影响则主要表现在教育事业发展上。

这几年来,有关教育问题的议论,业已成为全国上下普遍关心的热门话题。从中央到地方基层,许多关心立邦治国的有识之士,提出了很多积极建议,希望中国教育健康发展。但是,正本必先清源。当前教育领域问题不少,肇因非一,若就教育思想和教育理论而言,则批陶实为始因之一。

陶行知的教育思想和教育理论被全盘否定,使得新中国的教育事业失却了一个适应国情因而极富指导意义的思想理论来源,从而导致照搬苏联教育模式的流行。

只要翻检一下建国初的教育刊物,有关宣传报道苏联教育经验的文章就比比皆是。在此时期,苏联教育理论占主流派地位的凯洛夫《教育学》和

---

① 黄炎培:《试拿一支尺来量武训的为人》,《人民日报》1951年6月9日。
② 郭沫若:《读〈武训调查记〉》,《人民日报》1951年8月4日。

马卡连柯的教育思想也都陆续进入,被广泛称引,成为中国教育界的显学。随着高校院系调整工作的展开,部分学校被树为学习苏联教育的试点,一批苏联教育专家来华或任教席,或任顾问。从1952年起,学习苏联教育经验在中国普遍推开。一时间,有关课程设置、教学计划、教材和规章制度纷纷效法苏联那一套。1953年和1954年,高等教育部先后召开各类高校一系列会议。会议提出了各类学校学习苏联经验进行教学改革的方针任务、培养规格和教学计划,在工作上作了具体部署。高教部领导1954年在高等农林教育会议的一次总结报告中,更直截了当地把学习苏联教育当作评断教育工作好坏的标准:"学校进步的快慢,办理的好坏,关键在于是否积极地、认真地、全面系统地学习苏联先进经验。"

经过数十年的探索,苏联教育确实创造并积累了相当丰富的经验,这是人类教育史上的宝贵财富之一。新中国教育取资效法,理所应当,无可厚非。但学习苏联经验又必须从中国的实际出发,根据国情,有所抉择,决不能盲目地全盘照搬照抄。遗憾的是,政治上的"一边倒",导致在教育和其他方面也出现了"一边倒"的情况。凡属美式教育,则无论其有无合理之处,一概摒弃。同教育刊物上频频批判资本主义教育的腐朽性,批判杜威实用主义教育相一致,教育改革沿着苏联的道路亦步亦趋:不讲马克思主义的社会学系被取消;西方学者的政治经济学课程纷纷停开;生物遗传学被称为"反动"和"唯心主义"而被下令停止;英语专业被大大压缩;甚至中小学生上课的坐姿和课桌的式样也都以苏式为准。当政治倾向问题同教学内容、教学方法、教学制度等混同一体之时,就必然减弱甚或丧失对具体问题作具体分析的能力了。在那时,不要说陶行知早年在教育问题上反对"拉洋车",坚持创造具有中国特色的教育体系的主张已被弃若敝履,就是毛泽东反对洋八股,反对照搬照抄盲目引进的指示,也无法力挽这一盲目搬用苏联教育的潮流。

陶行知教育思想和教育理论被打入冷宫,又为旧教育传统的沿袭创造了条件。

批陶直接造成了教育思想和教育理论上的严重混乱,堵塞了新中国教育的一个宝贵源泉。对此恶果,批陶不久就有几位有胆识者出而呼吁,为陶行知教育思想和教育理论恢复名誉。如1956年有人著文,"不论在教育的本质,教育的目的,教育的内容和方法方面,陶先生的思想和实践都对我们建设新中国自己的教育学有宝贵的贡献。最突出的贡献是教我们要创造性地独立地思考教育问题。我们的任务是在如何发扬光大这一宝贵遗产,而不是吹毛求疵"[1]。接着,1957年又有人提出,不但要在政治上为陶行知平反,而且在教育上也应高度评价其生活教育理论,因为它"在那时已经达到中国教育史上的顶峰"[2]。但是,明智者的呼吁不但无法挽狂澜于既倒,反给他们带来灾殃。从此后,再难听到这类呼声,而中国教育科学理论的发展也长期处在停滞徘徊状态,致使我们至今尚无一部具有中国特色的《教育学》,尚未建立具有中国特色的教育科学理论体系。

缺乏科学的教育理论指导的教育实践极易产生盲目性,也极易使旧教育传统得以顽强地保持自己的阵地,从而给教育事业带来严重障碍。关于这一点,一位建国后长期从事教育领导工作的陶门高材的晚年总结,实为痛定思痛之论。他认为,批陶在一定程度上长了旧传统教育思想的威风,使之不但没有退出历史舞台,反而俨然自居正统教育思想,在教育领域通行无阻。他列举种种症状:有一些人按照旧日的老套套,一味强调"正规化",轻视适合中国国情的灵活多样的方式方法;片面偏重高等教育,放松面向广大少年儿童的基础教育、师范教育和职业技术教育;进而在不少场合造成片面追求升学率,采取死教、死学、死考的填鸭方法,任意加重学生负担等严重损害学生身心健康的坏现象,并使绝大多数不能升入高等学校的中学生弄得高不成、低不就;使全国很多地方,特别是在农村与少数民族地区的儿童连小学也进不了[3]。

批陶不但在教育领域影响深重,而且在社会上开启了轻视教育的先声。

当初批陶是在理论水平较低的层次上进行的,加上做法简单粗暴,使得一些理论上的是非问题不但没有弄清,反而搅得更乱。"改良主义"、"实用主义"、"教育救国论"等被一批再批,它们伴同在知识分子问题上的错误思想的盛行,共同造成了社会各界尤其是相当一部分领导干部对教育工作的轻忽和畏惧心理。"教育救国"被否定,于是教育在建国中的作用也被忽

---

[1] 陈友松:《陶行知先生的教育遗产是新中国教育学的源泉之一》,《文汇报》1956年10月16日。
[2] 邓初民:《我们必须对陶行知先生以重新评价》,《人民教育》1957年第7期。
[3] 刘季平:《〈武训传〉批判对教育的影响》,《群言》1986年第2期。

视。陶行知献身教育的精神被横加非议，也不能不影响从事教育工作的广大教师和各级领导干部，可以说，建国以来的"教育无用论"，实滥觞于批陶。

武训行乞兴学被批判，陶行知私人办学也受到不应有的误解，由此带来两方面的后果。一是严重挫伤了社会办学和群众办学的积极性，二是教育领导部门再也不敢允许、不敢提倡社会办学和私人办学。这样，长期以来办学力量单一，办学经费来源单一，办学只有国家"一条腿"，势必在国家经济困难、财力有限的情况下，办学条件难以得到改善。陶行知倡导的"小先生制"和"传递先生"是发动社会力量实行普及教育的有效办法，批陶中被否定后，农村扫盲和普及教育追求"正规化"，失却社会力量的有效支持。扫盲工作之至今尤为一大艰巨任务，也未始不与此有关。

"教育救国论"被严厉批判了几十年。其间虽有辩者，却总似不能理直气壮。其实，救国与社会改革都是巨大的社会工程。要实现这个宏大的目标，必须在政治、经济、文化、教育等领域同时革故鼎新互相协调有所作为。孤立无援的教育是难以救国或推动社会改革的。同时，现代教育事业既是国家和全民的事业，要它担负强国富民的重任，国家和人民就先要为它的健康发展创造一定的条件。疲弱乏力、仅能勉强维持的教育，势难培育出一代又一代孔武有力的救国、建国健儿。所以，要教育救国、建国，还先须国救教育，国建教育。

当然，中国教育事业在20世纪80年代有了长足的进步，而有关进一步重视和发展教育事业的舆论导向也正在不断加强。中央就教育问题所颁发的文件通知等，可谓三令五申。每当全国人大和政协开会期间，教育问题始终是许多代表和委员密切关注的大事。他们从国福民利出发，各以自身的见闻和思考，剀切陈词，痛切呼吁，要求尽快解决中国教育面临的诸多重大问题。此类新闻报道虽或简而不详，却仍牵动着全国千千万万关心国事的人们。我们想，如果本书传主陶行知有幸生活到现在，那么，在呼吁最大程度地加强教育事业的声音中，想来是不会少掉他的。

在以上，我们对陶行知逝世后的有关情况作了一个掠影性的回顾。在回顾过程中，我们经常涉及有关人事以及那些在现在看来有欠科学和公正的批陶之论。鉴于这些人事和言论都是构成本章所谓"陶行知现象"不可缺少的材料，复因本书归属于历史人物传记类中，因此，我们摒弃了《红楼梦》中甄士隐（真事隐去）和贾雨村（假语村言）的写法，采用求实求真直书所见的表达方式。这也许是一种笨拙吃力而不见好的写法。但我们还是本着对历史和读者负责的精神，力图准确地勾画事情的原貌及其影响。在此附带说明，对于文中提及的若干批陶的知名人士，我们并无不敬之心或追究之意。在当年的特殊环境中，即使是卓异不凡的个人也很难不从上从众的。多数的批陶者都有其不得已之处：有的是响应号召而又为认识水平所限；有的是压力下的被迫表态，说的是言不由衷的违心话。读者当然理解，在他们的人生长途中，批陶只是短暂的一小段，评论他们的全部价值，决不以此为限。

对于陶行知来说，逝者长已矣，他已不可能对自己身后发生的种种情况作出反应了。尽管那些波澜曲折的历史因缘被我们冠上了他个人的名字，但从那些历史事件中吸取教益，却应该是而今而后在世者的责任。古今中外的智者哲人，对于成功的学习来自自己所犯错误的朴素道理，发表的警世名言难计其数。在这里，还是让我们选用一位经典作家的话来昭诫其信从者吧："伟大的阶级，正如伟大的民族一样，无论从哪方面学习都不如从自己所犯错误的后果中学习来得快。"①

人们习惯于把1840年划作中国近代历史的开端。按照这一算法，到我们撰写本书之时，刚好已是150年了。在这一个半世纪中，中国社会始终在剧烈的震荡之中竭蹶前行，寻求发展。这段行程若以陶行知作为界分的标尺，那么他的生前、在世和去世，几乎可以等分为相当平均的三段。上述"陶行知现象"实际上是他去世后中国社会政治、文化新旅程的开始，而他在世之日所亲历的社会政治、文化的震荡以及他的应对经历和人生态度，又恰为20世纪前半期中国文化教育变迁史和知识分子浮沉史提供了一个很有价值的个案。

经典作家曾经肯定那种被称为"从后思索"的思维方法论："对人类生活形式的思索，从而对它的科学分析，总是采取同实际发展相反的道路。这种思索是从事后开始的。"②这种方法就其具体运用形式来说，可以是历史的、描述的，也可以是结构的、逻辑的。但从其基本要求来说，则都是从

---

① 《马克思恩格斯全集》第22卷，人民出版社1965年版，第325页。
② 《资本论》第1卷，《马克思恩格斯全集》第23卷，人民出版社1972年版，第92页。

成熟的定型的形态去追溯那些不成熟的胚胎的形态,从而在比较异同的环节上把握发展的有机联系。从具体上升到抽象是一大发展创造,从抽象再上升为具体则是更高层次的发展创造。在研究论析陶行知的过程中,本书力图循此方法,对其一生发展的历史脉络和逻辑结构作出我们的评述。

为此,在以下的各章中,我们将用扫描的方式对陶行知在世时的有关情况作一照射。我们将把历史的镜头瞄准他和他周围的社会生活,沿着他那短暂而又充实的生命之途,逐段逐节舒缓不迫地推移前进。对于沿途丛生的荆棘蒺藜和并存的鸟语花香,我们也将同时加以泛览评点。

第二章　三重文化圈中的跳跃

家乡就读:植根传统的热土

陶行知出生在安徽歙县西乡黄源潭村。

安徽地处长江下游,居华东内陆腹地。长江流经南部,浩浩荡荡奔流入海;淮河横贯北部,汇集众水挹注洪泽。安徽全省就被江、淮划分为三大自然地理分区:淮北平原辽阔坦荡,江淮之间丘陵起伏,皖南地区山岭纵横。歙县即位处皖南山区,这里层岭叠翠,群峰雄峻。以风景秀丽著称于世的黄山,就耸立在距此不过数十公里之侧。歙县与相邻的休宁、屯溪盆地连成一片,又是皖南山区的粮仓。歙县建置于秦时,到隋开皇时改置歙州;宋宣和改为徽州,治所在歙县;明以后改为府,直隶南京;清康熙时合安庆、徽州二府首字为名,建置安徽省。徽州府领六县,即歙县、休宁、婺源、祁门、黟县、绩溪,府置至民国元年(1912年)始废。黄源潭村位于距歙县城西七里的丰乐河畔,村前面对屏风山,峰峦峻秀,苍松翠竹,杂然葱茏,景色宜人。村后绿水环绕,竹木扶疏,可远眺黄山。

但陶行知的祖籍原不在此。据南京市博物馆藏《陶氏族谱》载,陶氏祖籍浙江绍兴府会稽县陶家堰。在明中叶正德五年(1510年),始祖明子公由浙迁皖,定居于歙县之西曰古溪。到十一世祖舜廷公又由古溪迁黄源潭村。舜廷公因陶渊明有《五柳先生传》称于世,故筑草房题曰"五柳堂",而草堂之畔称五柳巷(俗名陶家巷)。兹后人丁渐滋,到十四世祖允禄公有子四人,长子长生,字位朝,号筱山(笑山)。位朝公娶绩北曹氏之女翠仍为妻,"生一子名文瀎,生二女,长名宝珠,幼殇,次名美珠"。这位陶氏在歙第十六世传人陶文瀎,就是后来取名"知行",复又改名"行知"而闻名于世的本书传主。

对于传记写作来说,传主生年是作者理当在开卷之初交代清楚的问题。这既是写作的通例,也是逻辑的需要。因为传主一生的活动,总是以那个特定的生年作为起点的。然而陶行知的生年问题现在却面临分歧,莫衷一是。

1981年10月有关方面在北京联合召开纪念陶行知诞生90周年大会,会上确认光绪十七年九月十六日为陶行知出生之日,转换成公历便为1891年10月18日。

此说提出后,有些学者表示怀疑。他们陆续从有关资料中找到若干证据,从而构成新说。

一为1892年说。有人从陶氏1915年在美留学时所填写的《攻读获取师范学院毕业文凭和更高级学位的申请》,发现该表注明申请者生于1892年11月。持此论者更从1918年10月南京高等师范学校所制《职员姓名录》上填明陶氏为"26岁"推算,佐证1892年生之说[1]。

一是1893年说。有人发现,陶氏1938年6月曾在伦敦的法国领事馆填写过一份《非移居侨民去法属印度支那的申述》。表内"生年籍贯"栏内用英文写的是"我于1893年11月10日出生在中国安徽"。持此说者复从有关资料找到若干支持性的论据。如传主1914年赴美留学时的入境护照上书"21岁",1930年所编《晓庄学校十九年毕业同学录》内载"37岁",等等[2]。

还有材料表明1894年说也可成立。我们发现,在1916年2月16日,陶行知《为申请利文斯顿奖学金致哥伦比亚大学师范学院罗素院长的信》中,他明确写道:"我现年22岁。"

对于自己的生年,陶行知似乎不甚在意,因而造成以上诸说,各有成立原因,从而留下了一桩疑案。究竟孰正孰误?为解决问题,我们特地请教了陶行知的亲属。承陶夫人吴树琴和公子陶晓光来信见告,确称1891年为其生年。因过去习惯以生肖来记人出生之年,而陶、吴年龄有差而生肖则同,都属兔。今按1891年即光绪十七年,为辛卯兔年。至于生日为阴历9月16日即阳历10月18日,则来自跟随乃师多年并十分注意搜集乃师资料的方与严所提供[3]。在目前尚难确定1892年、1893年和1894年说之前,我们倾向于信从得到亲属支持的1891年说,这也是按照多说从众的基

---

[1] 夏德清:《陶行知生年质疑》,《长江日报》1982年3月12日。
[2] 周洪宇:《陶行知生年考》,《历史研究》1983年第3期。
[3] 据吴树琴1989年1月24日和陶晓光同年2月5日复作者函件。

本写作原则。

陶行知出生之时，虽然甲午战争尚未爆发，而中国政治危机隐伏已深。一批先他而生且日后同他发生直接或间接联系的著名人物，大都已经感受到山雨欲来的政治低压。1891年，时年39岁的张謇多次会试不中，淹蹇仕途，正入幕军中思有作为；而24岁的蔡元培则留心边陲情状忧思亦深，所不同于张者，刚好北京会试告捷，风华正茂；孙中山时年26岁，就读香港西医院，正在思索探求改造中国之途；19岁的梁启超虽在两年前中举，此时却正恭谨执弟子礼，于广州万木草堂师事康有为，奠其一生学术和事业之大基础。1891年时，沈钧儒17岁，张伯苓16岁，徐特立15岁，黄炎培14岁，鲁迅11岁，冯玉祥10岁，汪精卫9岁，蒋介石5岁，是时均尚无所表现足称。与陶行知有留美同学之谊的胡适和孙科均于是年出生，成为传主的同龄人。在传主生后次年（1892年），郭沫若降生；第二年（1893年），毛泽东、宋庆龄、晏阳初诞生；第七年、第八年、第九年，周恩来、闻一多、李公朴相继诞生。

相对而言，同上述大多数人物比较，陶行知幼年的家境欠佳，应归入偏下一类。据有关材料称，位朝公原在休宁县万安镇经营酱园，因经营不善，破产后回家种田，家境渐入清贫，以致送子就读都有困难。6岁时，他因资质聪颖为旸村塾师方庶咸秀才所欣赏，免费代为开蒙。8岁时，位朝公重返休宁万安任册书（掌管当地田赋资料），赁居当地涨山铺。他随父前往，复因聪明善悟，得入当地地主吴尔宽私塾伴读。13岁时，位朝公染上不良嗜好，吸食鸦片，体力渐衰，重返黄源潭村。陶行知在辍学参加劳动之余，利用空暇读书自学。位朝公农闲时，常往返休、歙之间，贩卖酱油，在家也时授陶行知诗书。后经亲友介绍，陶行知还在歙县上路街程朗斋秀才处学四书。后又常到相距15里外航埠头曹家经馆求师问业。该馆塾师王藻为贡生，道德文章在当时当地享有盛名。1906年，15岁的陶行知进入歙县城内小北街耶稣堂（基督教内地会）附设的崇一学堂读书。因陶母在该校帮佣，校长唐进贤（英国传教士）喜陶勤劳聪明，准予其免费入学住读[①]。陶行知在此学习两年，按当时学制春季入学或结业的规定，于1908年春结束

[①] 朱泽甫：《陶行知年谱》，安徽教育出版社1985年版，第1—6页。并见歙县陶研会调查组：《陶行知先生童少年时代》。

在崇一学堂的学习。

　　流行于西方的心理历史学,常常夸大历史人物孩提时代的生活环境及其所造成的心理影响的作用,这当然不足为训。但是,完全无视这种作用,也不可取。应该说,这样一个经济状态每况愈下而家长又消沉颓丧的家庭环境,连子女最起码的基础教育都难以设法维持,它对少年时代陶行知的影响当然不容忽视。把它称为陶行知一生心理和文化发展的最早积淀当不为过。劳动之辛苦和治生之不易,无疑同他终生对贫苦的劳动者怀有深厚的同情心具有内在的联系。而在艰难的求学过程中又相继得到识才爱才的方秀才、王贡生和唐牧师的提携帮助,这一经历不能说同他日后全心全意致力教育,尤其是着意培养贫寒而有才华的学子没有联系。艰难困苦,玉汝于成。少年失学,直至17岁方从高等小学堂性质的崇一学堂结业,这本是不幸之事。但正是困顿的少年生活,锻炼了他早熟老成、坚韧处世的品格。在他谦逊平易的外表后面,蕴聚了一个顽强执着的个性,初铸了后来以"外圆内方"为特色的处世风格。

　　对于少年陶行知来说,适逢20世纪初中国教育向现代教育发展过渡的起步阶段,也许是更为有幸之事。在清政府以废除科举制度和建立新教育制度为中心内容的教育改革过程中,安徽的发展较为迅速。自皖抚邓华熙1897年呈请开办学堂以后,次年求是学堂在安庆正式开办,1901年改名为安徽大学堂,次年又改名为安徽高等学堂,成为安徽近代教育兴起的标志。在此同时,安徽的初等和中等学堂也有比较可观的发展。据统计,1902年至1907年,全省共设21所中学堂,497所初等和高等小学堂,7所女子学堂,14所中等师范学堂和4所实业学堂①。1908年时,安徽已有各国教堂500余所,其中很多教堂附设学堂,开设新课。这些由官办或教会办的新式学堂,从教学内容、课程设置和教学方法而言,都与那些书院学塾旧式教育有所不同。陶行知有幸从私塾跨入学堂,成为中国最早一批接受新式教育洗礼的学生。

　　据调查者称,崇一学堂只有一间课室,规模不大。现南京晓庄师范陶行知纪念馆内藏有崇一学堂师生合影一帧,在影者26人。该影未有题署,若除去唐进贤及另一名教师,全体学生也仅24人。尽管如此,该校设置国

---

① 据《皖政辑要》统计。

文、数学、理化、英文、医学常识等课程,堪称徽州当时传播新式教育的先进之一了。清末新式学堂的显著特色是其不中不西,亦中亦西,其办学宗旨不出"中体西用"范围,崇一学堂也莫能例外。但即使这样,崇一学堂的西学启蒙还是为他打开了一扇窥视外部世界的窗户,为他准备了一块走向外部世界的跳板。唐进贤"是当时唯一教授西学课程的教师。两年后,该校因吉布斯(即唐进贤)先生回英国而关门"①,使陶行知不得不结束了这段至关重要的学习生活。对陶行知来说,在崇一学堂两年就读的经历,象征着一种人生的转折。从进入这一规模狭小的学堂大门一刻起,就意味着某种新生。在此之前,他不过是亦步亦趋随着无数前人走过的传统教育之路,去博取与人生价值关系无多的东西。在此之后,他却因新的机运,把目光开始投向一种新的生活,一种新的价值准则。

有人忆称,陶行知在校有两项爱好,一是喜爱运动,擅长跳高;二是喜爱唐诗,抄吟不辍。这两项脱离旧教育规范的爱好,可说都具有某种象征意义。陶行知爱好运动,似乎连"运动"二字也都成为他怀有特殊感情之物。他毕生从事的工作,无一不冠上"运动"二字——平民教育运动、乡村教育运动、工学团运动、小先生运动、战时教育运动、民主教育运动,等等。几乎每一"运动"都是对前一"运动"的发展提高,更上一个台阶。就此而言,他之"擅长跳高"又可视为不断创造和不断向上进取的精神。陶行知爱读唐诗,并常即兴吟哦,预伏了日后以诗相伴一生的经历,使他成为五四新文化运动涌现出来的新诗人,成为 20 世纪 30 年代驰名诗坛的大众诗人。少年陶行知从诵吟唐诗中感受似远非远的人生,不自觉地寻觅着千载以上那些忧国忧民的诗人的历史足迹。他对身居为秋风所破之茅屋而犹怀大庇天下寒士之心的"诗圣"的共鸣之情,又似先验地预示了他日后对贫苦知识者的关切之心。

不过,如果我们再把视野放大一点,那么,就不难发现,当新式教育渐次渗入皖南山区并对陶行知一代产生重大影响之时,传统教育依然保持其深厚无比的基础。即令欧风美雨的栉沐可以把它梳理得颇见精神,润泽出一番新韵,但植根于传统热土之中的徽州文化教育的本质内容却很难发生

---

① 陶行知:《为申请利文斯顿奖学金致哥伦比亚大学师范学院罗素院长的信》,1916 年 2 月 16 日。据陶晓光提供原件。

骤变。这是因为,徽州自来已形成一个历史悠久的特定文化圈,积淀着传统深厚的社会历史土壤。外力无论是想冲破它或改造它,都非短时所能奏效。

徽州地杰人灵,人才辈出。但它作为人才宝库而在历史上开始引人注目却在赵宋之后。

封建时代以科举取人,人们因而常以科考成绩作为衡定各地人文盛衰的重要标准。据北京歙县会馆观光堂题名榜所录,有清一代歙县本籍及寄籍人士取得科第并宦途得意者数颇可观①。以一县人才之盛,在清代全国可相与颉颃者,大概只有苏州府吴县等不多几处地方。由此可以认为,从宋代开始形成的以歙县为中心的徽州文化区,到明清之际,业已成为国内有数的实力雄厚的地方文化特区。

从文化发展的一般规律而言,一个时代或一个地区的文化昌盛,有利于造就人才,而人才辈出又反过来促进该时该地的文化发展。因此,自宋以后徽州地区不断向全国甚至世界推出一个又一个影响深远的文化名人时,这些声望卓绝的文化名人又反过来推进了乡梓的文化建设,并从而提高了徽州文化圈的现实地位和历史地位。

传统是一种无形无声、无所不在而又沦肌浃髓的巨大精神力量。它总是绝对地影响于生活其间的人们。当人们接受人类是其所处环境的产物一言时,他也就很难拒绝人类是其固有传统的产物的看法。从这一意义上说,由徽州特定的文化环境和经济环境经纬交织而构成的浓重深厚的传统土壤,对本书传主的影响就决非泛泛可言。它不但是传主童少年时代生活呼吸的物质和精神的双重空间,而且还以自身所特有的渗透作用,浸润熏陶,潜移默化,乃至深入肌髓。在传主一生行谊中,我们不难在他身上发现一种浓淡不等却又痕迹宛然的徽州印记。

徽州重宗族乡邦的传统,在陶行知身上宛然可见。陶行知虽然饱受现代教育,眼界开阔,绝非局处一隅思想保守之人,但终其一生对于宗族乡邦却始终怀有一种浓重的眷恋之情。

---

① 观光堂所载,有大学士4人,尚书7人,侍郎21人,都御史7人,内阁学士15人;状元5人,榜眼3人,探花8人,传胪5人,会元3人,解元13人,进士296人,举人近千人。见许承尧:《歙事闲谭》第11册,《明清徽商资料选编》,黄山书社1985年版,第500—504页。

他对父母亲属的孝顺恭敬十分突出。父殁噩耗传来,他正在美留学,难遣悲痛之情,"悲之极,不得已借事勉强忘之,下课后即到图书馆看书,不敢回寓,每至深夜始返。但梦中不能自主,悲怀一动,凄凉甚矣"①。母逝后他的悲情更浓,屡屡以诗追悼。对于胞妹文渼和表弟、外甥、堂弟等,他善加照应②。而最能反映他浓厚的宗族之情的,也许就是对"五柳堂"和"五柳巷"这一象征家族意义的名词的偏爱了。在晓庄,他把自己居家之处取名"五柳村"。在《问五柳先生》诗中,他设问设答,以五柳先生自况。知此情况的朋友更时以"五柳先生"③称他。

他对乡梓的依依之情也相当浓烈。青年时期离开家乡之后,他未曾再能重返,但故土一直是他梦魂所系之处。1924年初,一位少年朋友要求他回到徽州帮助提倡平民教育。这个请求顿然触动了离乡十余载的游子的"无限的感触",他向小友吐露了内心深处的思乡秘密:"每次读渊明公的《归去来兮辞》,就想回来走一趟。"④1927年初,他又在一封致徽州同乡的信中流露了这种感情。故乡被他称为一个"山水灵秀,气候温和,人民向来安居乐业"的"世外桃源",世界上只有瑞士才能与它相类。他热切希望徽州全体人民能奋起振兴乡梓:兴办教育,开采矿产,革新农村,发展交通,"以谋全徽人民的幸福"⑤。他虽无法回乡,但只要有机会,他总不忘效力乡邦。20年代中,旅宁同乡创办安徽公学,他力赞而出任校长;旅沪同乡组织徽社,他积极参加活动;旅淮安同乡创办新安小学,他派学生前往助成。30年代中,在上海歙县旅沪同乡会执监联席会议上,他提议组织"普及歙县教育助成委员会",并起草会章,筹募基金,派遣专人回歙创办工学团⑥。40年代在重庆,他又是安徽同乡活动中的活跃分子。作为一名出色

---

① 华中师范学院教育科学研究所:《陶行知全集》第四卷,湖南教育出版社1985年版,第41页。

② 如他婶母在家乡病死后,堂弟媳来信求助,虽然他当时自身经济非常困难,仍亲情睦睦,殷殷致悼,并汇款帮助治丧安葬。

③ 如20世纪30年代初,他在上海"卖艺"(卖文、卖字、卖讲),陈子展即以"五柳先生宁乞食,今是昨非归去来"之句相赠。

④ 华中师范学院教育科学研究所:《陶行知全集》第五卷,湖南教育出版社1985年版,第68页。

⑤ 华中师范学院教育科学研究所:《陶行知全集》第五卷,湖南教育出版社1985年版,第149页。

⑥ 《行知研究》1988年第3期,第28页。

的社会活动家,陶行知可谓交满天下。但在他广泛的交游中,乡情乡谊始终是一根坚韧有力的纽带。凭借乡情乡谊,他在前辈朋友或青年学子中都获得了很多人生难得的知心或忘年之交。而同时,这种乡情乡谊又在不同时期和社会各界之中,给他的事业带来了很多有力的支持和帮助。他在早期同胡适,在中后期同冯玉祥、许世英等当代同乡名人的交谊,也都是值得一书的。

徽州重理学朴学的传统,对陶行知的影响也异常深刻。陶行知对于中外文化遗产有一基本信条,即"只问好不好,不问土不土"。因此,尽管他是当时接受西方文化有数的代表人物之一,但他从不重洋轻土,从不对传统文化采取鄙弃态度。

他把从朱熹、江永到戴震一脉相传的家乡文化遗产称为"徽州的土产",并以继承这一文化遗产而感到自豪。1924年,他在致家乡一位小友的信中说:"你现在新拜的那位老师(作者按:这是陶之自称)身子虽在外面,骨子里也是徽州的土产。我们徽州的土产本来不错。你看朱晦庵、江慎修、戴东原诸位乡先贤,那一位不是土产?现今的胡适之先生,从头到脚也只是我们家园所出的土产。我深信,他们来做你们的老师,你们是一定欢迎的。譬如,茶叶是家乡的土产,我们徽州人是没有不欢喜吃徽州茶的。"[①]

如果说,上述对家乡传统文化的高度评价反映的还是他的早期思想,那么,就在他后来思想飞跃进入新境之后,我们仍可看到家乡传统文化并未被他弃若敝履,而是经过改造制作继续存留在他的思想体系中。他青年时代服膺王阳明"知行合一"之说,取名"知行",后又改名"行知"。他的名字始终在"知"和"行"这一对著名的理学基本范畴内变化。在阐述"生活即教育"这一最重要的原理时,他又用上了"天理"和"人欲"这一对著名的理学基本范畴。他批评中国旧文化就是"以天理压迫人欲",而"生活即教育"的原理则反是,"人欲是有地位的,我们不主张以天理来压迫人欲"。他肯定戴震所言,"理不是欲外之理,不是高高挂在天空的;欲并不是很坏的东西,而是要有条有理的",可与自己的教育主张"打通",并且"联合起来"[②]。

---

① 华中师范学院教育科学研究所:《陶行知全集》第五卷,湖南教育出版社1985年版,第88—89页。

② 华中师范学院教育科学研究所:《陶行知全集》第二卷,湖南教育出版社1985年版,第184页。

进入40年代后,理学的余光斑影在他思想中仍时有映射闪现,如宋代理学大家周敦颐以爱莲闻名,陶行知敬其所爱,称颂"敦颐最先言"的出淤泥而不染的莲荷品格,勉励师生保持高尚人品于污浊的社会环境之中。

理学特别注重道德修持,所谓格物致知正心诚意修身,所谓仁义礼智,所谓慎独明德等等,把传统儒学对道德伦理的强调更推到一个新的高度。在道德修持问题上,理学对中国传统文化的影响极为深广,也同样对陶行知这样一位新时代的新型知识者投下极为深广的影响。

尽管陶行知具有深厚的现代文化修养和良好的科学训练,具有开阔的胸怀和不凡的经历,但就其一生的基本道德观念而言,这位充满现代意识的知识者却仍应划入恪守中国传统道德规范的那一类中。以下两副联语,可说是陶行知以理学道德自律的确切写照:"义则居先,利则居后;敬其所长,恕其所短。""慧眼观人长处,正心慎我独时。"①他一生积极入世,却又强调必具出世精神而后方可入世。因此,理学家所追求的种种修身养性的高妙境界,也就成为他自励自勉的人生目标。他欣慕那种宁静淡泊、寡欲少嗜的超然风范,赞赏那种坚韧持久、守死善道的操守品格。他还以"涵养一种海阔天空的境界"和确立一种"恋而不恋,不恋而恋"的人生观自励。凡此种种,都从不同程度透露出理学的道德修持的影响。

用今天的历史尺度来衡量,理学的道德修持既有强化封建意识形态这一难以推卸的负面作用,也有在道德伦理方面为中华民族优秀传统注入新鲜内容的正面作用。对照陶行知,我们认为,他那经由理学入手而修持成功的澄明透彻的人生态度,是他无私无畏成就大事业的保障,也是他躬行身教得以服众的秘诀所在。无论从公德私德,还是从大德小德来看,他都是当时知识分子群中道德超凡脱俗的仪型典范。他一生交友无数,而无负义负仁之事;他一生经手募款无数,而无铢锱含混之处。这一点颇为时人所共认,乃至冯玉祥对他有"利他无我超孔子"②之称,视之为"超级圣人"。

此外,徽州人吃苦耐劳富于进取精神的传统,无疑也给陶行知以积极影响。陶行知童少年时代所读的人生课本的第一章就是贫困。在正向发

---

① 华中师范学院教育科学研究所:《陶行知全集》第四卷,湖南教育出版社1985年版,第752页。

② 华中师范学院教育科学研究所:《陶行知全集》第五卷,湖南教育出版社1985年版,第954页。

展过程中,贫困往往教人早熟,促人发奋。他随后以一介穷学生,无依无靠辗转外地求学,后更远渡重洋攻读,这种身无几文而勇闯天下的精神,恐怕正是继承了乃祖赤手空拳背井离乡艰苦创业的传统。徽州人节俭持家的传统成为陶家的家风。一向勤俭节约的陶母,即使在经济条件十分优裕之时,还是处处精打细算,连乃孙的剃头也亲自动手。陶行知则把这把剃过三代人头的剃刀称为"传家宝"。这种节俭持家的家风,使陶行知日后能以大饼、油条、阳春面充饥而不以为苦,成为保证不为贫贱而移、富贵所淫的精神条件之一。否则很难设想,一个曾经进入了所谓上流社会的人物,能够安之若素地重新沦入贫困。为了开创乡村教育事业,他断然脱下西装革履,坦然舒畅地穿上布衣、草鞋,从此与往昔富裕惬意的生活作别,与服务少爷、小姐的"阔人教育"决绝。也很难设想,在走上这条艰难困苦的道路之后,他之能够历尽千辛万苦而志不稍悔,与祖先遗留下来的那一份能经得住摔打的好传统没有关系。必须指出,他本人对这一传统是很引为自豪的。外地人常以徽州人能吃苦耐劳,而谑称为"徽骆驼"或"绩溪牛"。一般徽州人对此称号常怀愤愤不平之意,而他则反之:"吾乡称绩溪人为绩溪牛,人以为侮辱,我以为是尊敬。因为牛是农家之友,没有牛,我们哪里来的饭吃呀!"①正因为具有这种乐于吃苦耐劳且甘于俯首的牛脾气,他终生对牛怀有敬意。40年代初,郭沫若作《水牛赞》一诗,"最为陶行知所激赏"②。

人们把研究生物遗传与变异的科学称为遗传学。这门科学告诉我们,生物遗传具有显性和隐性两种状态,而遗传与变异又是一对矛盾。人们可以把遗传视为正的保存遗传特征的方面,把变异视为负的不断破坏遗传特征的方面。但同时,人们也可以反过来把变异视为从事创造的主动的正的活动,遗传是进行抗拒的被动的负的活动。如果我们同意在人类的文化活动方面同样存在类似情况的话,那么,我们也不妨对陶行知一生的文化发展作如是观。家乡就学,他植根于家乡的热土,传统文化的遗留基因输存在他身上是显而易见的,种种遗传性状将或隐或显地在他日后行事中发生作用也是可以肯定的。这是问题的一个方面。正因为如此,我们在以上对

---

① 华中师范学院教育科学研究所:《陶行知全集》第四卷,湖南教育出版社1985年版,第7页。

② 龚济民、方仁念:《郭沫若年谱》(上),天津人民出版社1982年版,第408页。

徽州的文化传统及其对陶行知的影响作了一些评介。我们意在强调，生身之地对他的影响是强烈的，本土文化的痕迹是深刻的，它们是陶行知与生俱来的文化脐根，也是他日后不断致力于变异自身文化结构的基础砥木。无论后来政治倾向和教育思想如何流转变迁，始终不能简单地替代或盖抹它们的存在。

崇一学堂所浅学初尝的新知新学，是他生平第一次迎受的有别于传统文化的异质文化，为他初步展现了一方文化的新天地，为他的文化变异掺入了一部分新因子。然而，时代风云已不容许他缓慢微弱地在传统的热土上继续生长，他注定要在另一片文化新土上吸摄更多的新因子，加速这种变异。

金陵求学：初放人生的晓光

1908年春，17岁的陶行知从崇一学堂结业后，前赴杭州投考广济医学堂。为了支持儿子的学业，他的父母竭力张罗，借资以充行囊。位朝公甚至"断然戒了自己的嗜好"，以致"最后终因年高体弱而倒下去"①。每当念及此处，陶行知总是难忘这种养育深情。出发那天，位朝公亲自送到休宁万安镇水蓝桥下船。面对一江东流的春水，送行者那种悲壮而又充满希望的神情，永远镌刻在远行者的记忆之中，以至20多年后还能把它传神地"追摄入诗"："古城岩下，/水蓝桥边，/三竿白日。/一个怀了无穷希望的伤心人，/眼里放出悲壮的光芒，/向船尾直射在他的儿子的面上。/望到水、山、天合成一张大嘴，/隐隐约约的把个帆影儿都吞没了，/才慢慢的转回家去。/我要问芳草上的露水，/何处能寻得当年的泪珠？"②刻画父子情深之作，近人多称朱自清散文《背影》为最。若以诗论，那么这首倒过来写父看子的远影的新诗，也堪称别具一格。

尽管别情依依，远行者还是如同新安江水曲折流入大海一样，开始了他那起伏不定的人生旅程。然而初入茫茫人世便遇不利，杭州求学的遭际

---

① 陶城：《我和我的父亲》，江苏省陶行知教育思想研究会：《纪念陶行知》，湖南教育出版社1984年版，第221页。

② 华中师范学院教育科学研究所：《陶行知全集》第四卷，湖南教育出版社1985年版，第139页。

远远不像在家乡那样顺当。广济医学堂为教会所办,该校"对非基督徒学生在学习课程等问题上有明显歧视"。对这种歧视性的规定,陶行知极为不满,因而进校仅3天,便"愤而退学","失望地返归故乡,专心于英语学习,直至次年"[①]。就此,他放弃了学医的志愿。虽然崇一学堂所学得的那点粗浅的医学知识曾经激起过他许多美好的憧憬,以求学成之后可以救治无数像自己姐姐那样不幸的早殇者,虽然贫弱多病的中国人民也迫切需要一大批有济世之心存人之术的良医,但是,冥冥上苍就像早已算计安排停当,先要为中国降育一批医治人心的国手。因而阴差阳错似的,本该拿手术刀的手被换上了一支笔。在陶行知前几年是鲁迅,在他后几年则是郭沫若。前后不出10年,这3名医科学生相继改攻文科,并都在日后成为文化巨人。这一不约而同的人生志愿更改现象,其底层究竟含蕴了多少政治和文化的因素在内,恐怕在今后相当一段时间内仍会引起人们探究的兴味。

就像将受大任之人往往总要经受"苦其心志,劳其筋骨"的考验,退学后的陶行知也经历过一段艰苦生活的磨练。有关这段生活,由于缺乏材料,我们知之不多。只知道他第二年又离乡外出,流落苏州,暂居表兄家,无以维生,有时还靠典当衣物度日。这段生活虽然时间不长,给他印象却很深。日后每遇生活艰难,他常以这段生活为例,用来勉励大家克服困难。但就在极度困难之中,他在苏州巧遇从英国归来的恩师唐进贤,得到他的帮助荐引,前往南京考入汇文书院。在一个缺乏平等、公正的竞争机会的社会里,一个人的命运常常不取决于自己的才赋和努力,而往往就是维系于如此偶然的巧遇。假如不是因为这番巧遇,本书传主的历史也许就不会像现在这样了。这究竟是个人的幸运,还是社会的不幸?

汇文书院是美国基督教美以美会于1888年创办的,分文科(博物馆)、理科(圣道馆)和医科(医学馆),另设中学部,称成美馆,为预科性质。陶行知进入汇文就在成美馆就读。1910年,另一由美国教会所办的宏育书院并入汇文。1911年,又以大学建制建成金陵大学,推原汇文书院院长包文为校长。刚好在汇文书院完成二年预科学习的陶行知,直接升入金陵大学文科就读,成为该校的首届学生。

[①] 陶行知:《为申请利文斯顿奖学金致哥伦比亚大学师范学院罗素院长的信》,1916年2月16日。

陶行知得以求学金陵，是一种时势的巧合。进入20世纪后，各国传教士共同把加强在华的教会学校，尤其是中等和高等教育作为自己的工作重心。在1902年中华教育会第四届会议和1907年庆祝基督教在华成立100周年纪念大会上，都通过了相应决议，由此掀起了一个开办教会大学的热潮。这一方针调整，从教会来说，是想通过培养较高层次的中国知识分子，借以提高教会的形象，加强传教功效。但在客观上，它却又适应了中国近代化进程的需要。中等和高等教会教育的迅速发展，扩大了西方文化进入的渠道，加强了对中国传统文化的冲击力量，促进了中国教育的改革。因此，从某种意义上说，20世纪初中国开办教会大学的热潮，是近代中西文化交流史上十分重要的一节。

在开办教会大学的热潮中，实力雄厚的美国特别积极，注力尤多。金陵大学的创办，是他们在开办了东吴大学、雅礼大学和岭南大学等著名学校后的又一成绩。金陵大学的经费由美国创办人委员会担任65％，中国董事会担任35％。由于受到美国方面重视，财源充分，金陵大学创办不久，就有相当的发展。大学始建时，设文科、师范专科、华言科及附属中学。1912年金大获美国纽约州教育局局长及纽约大学承认为完全大学，接受该校签发的毕业学位和证书。1913年，东方医科大学合并于金大，鼓楼医院也附属于金大医科。同年，金大教授裴以理得孙中山、黄兴等人的支持创办农科，次年添设林科。经过不多几年的经营，金大成为东南地区教会学校的重镇之一。

就在陶行知1911年秋季直升金陵大学不久，武昌首义爆发了，各地很快响应，沿江各省尤其热烈。有材料表明，陶行知回到家乡奋身投入这场伟大的革命运动。据他自述，在南京"读了三年后，第一次革命爆发了，此时我回到家乡，任徽州议会秘书。半年后，我又回校继续完成学业"①。据他一位朋友晚年回忆，"1911年，31岁，宣统三年，辛亥。参加余德民、陶行知、汪章瑞、程则裴等在屯溪阳湖余家庄起义，清县知事先期出走，休宁富户地主代表汪觉生等拥夏慎大取得县政权"②。今查安徽光复史料，九月十八日（11月8日）安徽宣布独立，"南皖于九月二十六日由广德州起点，

---

① 陶行知：《为申请利文斯顿奖学金致哥伦比亚大学师范学院罗素院长的信》，1916年2月16日。

② 《程管侯自传》，叶椿遐等：《陶行知参加辛亥革命地方起义初证》。

其后徽、宁、池、太各府属继踵相随"①。则余、陶等起事当在此时。复查地方史志,"十月,徽人开六县会议,知府许月涵、歙县知县宋灿,皆弃官去九江"②。所谓徽州光复当在此时,而他出任"徽州议会秘书",也当在此"六县会议"召开之后。在外读书不过两年有余,回乡之后顿成先进人物,这就从一个侧面反映了陶行知在这一阶段的思想猛进。

不过,迎接光复时那种亢奋的情绪很快退消。在他回到南京复读时,孙中山已经在此让位,而袁世凯又不肯南下就职,几经较量,革命果实很快就为袁世凯窃夺。担任"南京留守"的黄兴,由于经费支绌和各方牵掣,陷于困境,只能筹倡"国民捐"以纾困。穷学生别无他法相助,便以举行运动会"售票集资,以充国民捐"。据记载,5月24日,金大约同苏州东吴大学学生来宁合开运动会,"是日,刘君仰枫主场内,陶君知行主场外,秩序井然,来宾2000余人,复蒙黄克强留守,赐借音乐,观瞻一壮"③。也许正是金大师生在最困难之际支持了孙、黄,才在后来创办农科时得到他们的善意回报。

1913年,革命党人以南京为主要据地的二次革命失败,重又流亡国外。袁世凯则从此开始自导自演洪宪帝制的丑剧,使刚由"臣民"变成的"国民"和刚由"帝国"变成的"民国",又逆向倒退回去。尽管袁政府缇骑四出,侦探横行,到处缉捕党人,多方钳制舆论,使中华大地呈现一派肃杀之气,但在当时的租界和教会势力圈内,那种因骤寒的政治气候而通常产生的寒蝉效应似乎不那么明显。在外国人主办主教的高等学府内,由于师生与西方文化及西方社会有较多较直接的接触,思想比较活跃,并且享有较多自由,因而,自由民主的学术空气也仍较外界相对浓厚。在南京城内的西北隅,以金陵大学、城中会堂和金陵神学院三大机构为中心,鼎足而立,四围又各有若干教会办的医院、女学堂和小学堂,连成一片,形成类似的特区。因此,即使在外界大政治气候渐趋恶劣的情况下,陶行知也得以在校内这一特殊的政治和文化的"安全岛"上修习自己的学业,完成人生观的奠基工作。

以下材料可见金大校园内的政治和学术空气的一斑。1913年,友好人士艾迪到校演讲《中华民国之将来》,由陶行知担任翻译。演讲破题就称"中国近日所处之境遇,实自有历史以来最危难之境遇",但同时又大有进

---

① 郭孝成:《安徽光复记》,《辛亥革命》(七),上海人民出版社1957年版,第179页。
② 民国《歙县志》卷三《武备志·兵事》。
③ 程湘帆:《苏宁运动捐助会》,《金陵光》中文报1913年4月第四卷第三期。

步之希望,就如同当年处在跨入现代门槛的欧洲一样。演讲者历论中国面临的问题及青年应担之责任,抨击袁政府腐败,颂祷中华振兴,雄辩滔滔,受到金大师生的热烈欢迎,先后赢得22次热烈掌声。演讲结束时,演讲者出示孙中山的相片并挥舞五色国旗,获得二次鼓掌如雷。金大校园内热烈的掌声正是该校师生爱国之心炽热的表征。就在同年,金大学生举行《中国能否建立民国》的演说辩论,陶行知参赛并获得胜利。在《金陵光》增办中文报的缘起说明中,编者尖锐批评了那种教会学校通常流行的"醉心欧化,蔑视国文"的现象,同时又强调了本刊借西学之长以济己之短的"灌输学术"的方针①。这一批评之声,也正是该校清醒者对"醉心欧化"倾向的自我反省。

在校期间,陶行知不但学习刻苦勤奋,国文、法文、数学诸科成绩都名列前茅,而且热心公益,关心时事,积极参加社会活动。原先金大举行文艺会时只有英语演说,在他倡导下,增加了汉语演说。原先金大学报《金陵光》只有英文报,内容也比较贫乏,在他倡导下,《金陵光》中文报从1913年2月开始行世。他先任中文编辑,当年9月又以才干优异出任中文主笔。陶行知思想活跃,知识面宽,许多同学甚至教授都喜欢与他谈论学问。后任驻华大使的司徒雷登当时正在金大任教,也是常和陶行知论学的对象,在图书馆旁的小房间内常可听到他们高谈阔论的声音②。

金大像当时一般教会大学一样,招收学生不多,每届毕业不过数十人③。而陶行知所在的1914年首届毕业生人数尤少。现在南京晓庄师范陶行知纪念馆内的一帧毕业留影,在影者师生总共16人。由于人数较少,师生间和同学间接触较多,关系比较密切。出类拔萃、德才兼备的陶行知理所当然地受到校长包文的器重,也赢得广大师生的赞誉。因此在毕业式上,他以优秀毕业生的资格被推宣读毕业论文④。随后他之赴美攻读,也

---

① 华中师范学院教育科学研究所:《陶行知全集》第三卷,湖南教育出版社1984年版,第649页。
② 邵仲香:《和陶先生在一起》,《行知研究》1983年第7期。
③ 有材料统计,到20世纪30年代初,金大创办近20年,历届毕业生不过802人,见《第一次中国教育年鉴》丙编,开明书店1934年版,第101页。
④ 据当年10月出版的《金陵光》中文报第六卷第五期所载校事消息报道:"六月二十二日,文科毕业式开幕。先由文科毕业生陶君文濬、徐君则林宣读毕业论文,次由王正廷先生演说……次由本科代理校长文怀恩发给美国纽约大学承认文科学士文凭。"

就是这种事势的合理发展。可以说,没有金大求学的"前因",就未必有留学美国师从杜威等"后缘"。所以,陶行知对金大始终难以忘情。1917年秋留学归国不久,他就积极参加金大校友会的活动,当年10月被选为金大同学会本部会长。1919年10月,又应聘担任金大同学保寿会董事部部长①。尽管他在1923年曾婉辞金大聘为校长之请,但在当时教育界呼声很高的"收回教育权"运动中,却并未随流从众,对教会教育全盘否定②。他这种实事求是的态度,固然与他对教会学校功能比较清醒的认识分不开,同时它又显然是建立在早年的亲身经历和直接感受之上的。

金陵求学,对于陶行知来说,除了在知识才干等方面的极大长进外,更重要的收获则是在思想政治和人生价值方面进入新境,初步成形。

养成民主共和信念,皈信自由、平等、博爱,这是陶行知迈入人生新境的重要标志之一。

陶行知在金大的毕业论文《共和精义》,热情宣传民主共和,歌颂自由、平等、博爱,直可视为他金陵求学时期思想政治的结晶,其中折射了民国初年大起大落变幻不定的政治风云,也积淀了作为亲身参加者对这场失败了的革命的反省。

当共和被袁世凯埋葬之后,很多革命党人懊丧之至:"无量头颅无量血,可怜购得假共和。"陶行知很不以此为然。因此,《共和精义》劈头就批评那些因求共和未得而失去信心的人。这就使文章扑面即予人以鲜明的时代气息。文章把国家喻为金矿,而共和则是矿中所蕴的黄金。专制统治使共和之道不昌明,就像金矿被瓦石所蔽,榛莽所障。民智日开之后,人民追求共和,不惜流血牺牲,犹如民穷财尽之时,知某处有金矿而争先恐后以赴之。然而共和之得不易,如果经过一番努力而仍未得,就"转讴歌而为吐弃,易希望而为失望",那就像探金的矿工因失败而悼然懊悔且半途而废一

---

① 聘书原件现藏南京晓庄师范陶行知纪念馆。
② 在1923年7月中华教育改进社第三届年会期间,有人提出《请求力谋收回教育权案》,态度比较激烈,他则对之提出"修改意见",主张把教会学校的教育功能与宗教功能区分开来。他认为教会办学,"善意帮助与侵略者皆有,不能一概抹煞",还认为教会办大学则"不足以迷惑学生",他以自身为例,"出身教会学校,然自问对国家无愧"。中学以下学校则因学生年幼另当别论,因而他"不希望教会办国民学校,至多可办试验学校"。至于"外人借学校实行侵略经调查确实者,应由政府勒令停办"。见华中师范学院教育科学研究所:《陶行知全集》第一卷,湖南教育出版社1984年版,第465页。

样。陶行知因而认为,"金未获而捐弃者,非金之咎,而矿工之愚昧惰怯耳!共和未建而灰心者,非共和之罪,而人民之愚昧惰怯耳!"正是为了克服国人对共和消极失望的悲观情绪,以启愚昧振惰怯,陶行知把共和的根本精神归纳为自由、平等、博爱三大信条,并根据自己的理解,予以正名,予以界说,从而表明了他在思想政治方面的基本信仰。

确立人的价值观念,强调民本和个性,批评国民劣根性,这是陶行知迈入人生新境的重要标志之二。

陶行知认为,良好素质的国民是构成健康社会的必要条件。《共和精义》指出,"民苟愚劣,社会绝对不能兴盛。社会欲求兴盛,必负改良个人之责"。因此,文章极意强调共和主义必须在三方面正确对待个人。第一,"重视个人之价值"。国民无论贵贱贫富有别,而各自有其价值则一。在共和主义的天秤下,分金是金,两金是金,千金万金也是金,轻重不一,为金则同。智愚强弱不同的个人,作为国家和社会的主人公则同,且其由弱转强,由愚转智的价值则同。第二,"唤醒个人之责任"。个人之有价值,因其对于社会有天职当尽。全体国民群策群力,群运群智,群负群责,方能求群之进化福利。国民明此责任,就不能不"修德养力以为之备",于是共和主义借此养成完善之国民。第三,"予个人以平等机会"。反对种种妨碍个人尽其国民之天职和负其进化之大任的阶级阻阂或强暴压制,共和主义须削其阶级,铲其强暴,不分贫富贵贱,一体予以"自由发展"之机会,使之"各尽其能"。

值得注意的是,在强调个人价值时,陶行知不但把批判的矛头直指以压抑个性为能的封建传统观念,而且对西方流行的张大社会抑制个人的学说颇多批评。《共和精义》认为,"自服从多数之说行,而少数人失良心志愿之自由。多数之横暴,有视君主为加甚;多数之主张,可以定个人之命运。然多数人之主张,非可以尽合天理也。……盖人数之多寡,不能定理由之曲直。……少数为全体之一部分,多数人苟不能均润其福利于少数,则多数政治已耳"。文章尤其批评"伪领袖"煽动群众,"以脑感而不本于公理",造成"多数横暴"的暴民政治。在这里,陶行知对维护少数人自由意志的坚持,充满独立的理性精神,是自由观问题上比较深刻的一种看法。它很容易使人们联想到辛亥革命前几年,章太炎、鲁迅师徒二人在这个问题上的著名观点。章太炎痛斥"公理之说"徒为"以众暴寡,以强凌弱"文饰张目,鲁迅则秉承师说,力主"任个人而排众数"。陶行知痛挞"多数横暴",正是对这两位思想文化界先驱人物的响应。

同样值得注意的是,陶行知还对共和政体下的政党问题加以详尽的审察。他认定,政党出现是共和国必然的现象。因为国民既对政治产生自觉心,就必定发生政治问题。无论主张急进,还是主张保守,但凡政见相同者必成聚合之势,结为政党以利共同意志之发表并施行。同时,他又认为政党为祸于共和政体也绝不容忽视。比如,政党仅国家之一部分,而非其全体,但党人往往为一党自画,而忘全体之福利;由此党见,产生偏忠,误把忠于一党当作忠于全国;而反对党为本党将来夺权起见,必尽其所能以妨碍执政党政策之施行,使失民心,政党间的妒忌倾轧必定难免;强调党的意志和纪律,党人有违无赦,妨碍个人自主精神。陶行知在此抨击西方政党政治之弊,既同上述他之强调个人价值,反对多数横暴和压抑个性相联系,反映了他对西方政党政治的理性认识,又预示他日后坚持自由派知识分子的立场,在相当长一段时间内拒绝与政党政治发生直接关系,并且坚决反对政党之祸在教育领域的具体表现——"党化教育"。

金陵求学时期,在迈入人生新境的同时,陶行知又分别探得了两条借以实现民主共和和确立人的价值观念的途径。

途径之一:政治上的改良主义。

在近代中国,政治上的改良主义通常指主张局部改革而非全部变革的思想,也通常指采用缓进和秩序的方法,而非激烈破坏的手段。陶行知当时的思想正在此种范畴之中。他认为实现民主共和有其过程,不能一蹴而就,躐等而达,因而必经过渡,必经中介。辛亥革命数年来,共和民主所以产生如许弊病,主要原因即在这一变革过于激烈,"发动太过"。也就是说,发动这场变革的领导者未行缓进,而行躁进,背离了中国的国情。《共和精义》结束部分在总结这一教训时,不无遗憾地指出:"专制人民,不能一跃而至共和。其间有一定之顺序,不可强求,不可速长。否则,妄解自由,谬倡平等,秩序紊,伦常乱,公理昧,权利争,祸患所中,烈于洪水猛兽。吾国共和初建,人民莫不以为成功之速,超越全球。不及三载,福利未享,而纲纪瓦裂殆尽,民生日趋艰窘。非共和之不足救国,发动太过之咎耳!"

那么,怎样才能矫治上述弊病呢?"吾国当发动太过之后,不能不利用开明专制……易言之,则开明专制,为当今护持纲纪之要具。"开明专制论是辛亥前数年间梁启超等立宪改良派人士所大力鼓吹过的一种理论,因此,粗一看来,陶行知似是"药方只贩旧时丹",但稍作分析,又可发现陶行知的"药方"与梁启超的"旧时丹"颇有不同。梁等当时坚决反对中国行共和立宪,而陶则是共和制的礼赞崇信者。梁等以开明专制作为政治目标,而陶则只把它当作一种补救手段。他特别强调自己鼓吹开明专制并非目的,只是把它当作权宜之计,当作向共和政治进化过程中的一个过渡环节。"然只可当作透达共和之一种手续,断不可视为政体之目的。"为什么呢?因为在他看来,当前共和之弊既是"发动太过"的反动力所造成,如若把厉行专制视为目的,势必又会走向另一极端,"而起反动之反动"。正是出于这样的考虑,他才在"开明专制"的名义下倡导一种保证社会秩序的权威主义,力求使国民"遵循法纪"而民其为民,官吏"视民如伤"而官其为官,从而力避"民思革官命,官思革民命"的恶果。对于陶行知的改良主义思想和"厉行专制,而实欲养成共和"的开明专制的手段论,我们不必惊诧而严谴。统观近代思想政治的启蒙运动,大抵总有主张激进和缓进的两类人物活跃其间。既然在西方持温和政治观点的伏尔泰作为开明专制的颂扬者,人们并不因此减少对这位启蒙思想家的敬意,那么,在东方的人们也完全可以并完全应该以宽容和公正的态度看待那些精神生产者的。

在如何具体入手推行这种缓进的政治改良方面,陶行知也像许多改良主义的前驱人物一样,高张起教育至上的大旗。西方学者把"教育"和"生计"二者列为共和的两大要素。他以为此说犹可修正,因为二者之中"教育"更为重要。《共和精义》指出,"教育苟良,则人民生计必能渐臻满意。可见教育实建设共和最要之手续,舍教育则共和之险不可避,共和之国不可建,即建亦必终归于失败"。在他看来,中国要改变贫弱面貌,克服政治上的种种弊病,渐臻民主共和之至境,都须臾不能离开教育。在他笔下,教育是中国人民避害趋利适彼乐土的宝筏。"人民贫,非教育莫与富之;人民愚,非教育莫与智之;党见,非教育不除;精忠,非教育不出。教育良,则伪领袖不期消而消,真领袖不期出而出。而多数之横暴,亦消于无形。况自由平等,恃民胞而立,恃正名而明。同心同德,必养成于教育;真义微言,必昌大于教育。"总之,在这里,他第一次全面表达了对教育社会功能的看法。改良政治,改善民性,发展经济,推进文化,培育理想的共和领袖和共和国民,教育所肩负的种种重大责任,使它在宏大的社会系统工程中,既要充当积极持久的社会进步的动力,也要成为渗透维系各方的强固的凝聚力量。可以认为,正是此时对教育认识的升华,才奠定了他日后终生从教的思想基础。

途径之二:哲学上的"知行合一"。

据陶行知自称,他之开始攻研并信从王阳明"知行合一"学说是在1911到1912年间。1934年7月发表的《行知行》一文介绍过自己改名的缘由,"在二十三年前,我开始研究王学,信仰知行合一的道理,故取名知行"[1]。核其1913年初在《金陵光》上发表文章署名已为陶知行,当知这一回忆无误。陶行知对王学产生兴趣,是同王学在当时思想文化界的流行分不开的。人所共知,王阳明以"致良知"与"知行合一"为核心的哲学思想,在明清时期具有重要影响,进入近代更成为新一代思想家们反对传统理学的借资材料。从戊戌到辛亥,思想政治界的一部分先行者,无论是较为温和或较为激进者,都极其推崇王学。康有为以王学为"直捷明诚,活泼有用",汲引来作为构筑自己思想体系之用。宋教仁、陈天华等革命党人则相信日本明治维新得力于王学的说法,因而把王学视为道德修持的利器,改造中国的精神力量所在。同时值得注意的是,王学不但在日本被奉为显学,而且美国学术界头面人物也对之很有好感。如著名教育家孟禄认为,"中国王学甚好,在美国亦有相似之哲学,杜威一派的实验主义,即注重实行之哲学,与王学知行合一之说相同"[2]。孟禄把王学同风行一时的杜威实用主义哲学相提并论,很容易引起美国在华设置的教会大学对王学刮目相看。所以难怪司徒雷登也对王学十分倾心,称王阳明为自己"特别喜爱的一位哲学家"[3]。可惜我们无从知晓,在当年与陶行知论学时,王学是否为一中心论题。

陶行知迎受并宣扬王学,是因为他深信王学具有利世的功效。王阳明"知行合一"原本是对朱熹"知先行后"思想的继承和改造。他所谓"知是行的主意,行是知的功夫;知是行之始,行是知之成",说明了知对行具有指导作用,行是知的表现和检验,强调了知行的统一关系,有其合理方面。这一学说,对于20世纪初有意积极入世济世的知识分子来说,不啻

---

[1] 华中师范学院教育科学研究所:《陶行知全集》第二卷,湖南教育出版社1985年版,第687页。
[2] 王卓然:《中国教育一瞥录》,商务印书馆1923年英文版,第145页。
[3] 司徒雷登:《留华五十年记》,1954年英文版,第85页。

是一种指导行动的哲学,是召唤人的主体意识,有助于人的自我实现和自我解放的理论。《共和精义》在论述人的价值问题时,把阳明子请来作为理论支撑非为无因。"阳明子人皆可以为圣贤之义,实隐符近世共和对于个人之希望。夫人皆可以为圣贤,则人安可不勉为圣贤乎?"①这一高度赞赏,确切表明了他对王学利世功效的认识。

  不过,陶行知迎受并宣扬王学,主要还是为了自身道德修持所需。有材料表明,他是在基督教"道学"无法彻底解决道德修持问题后才转向王学求助的。《伪君子篇》曾谈到,初到南京之时,专心学业而"未暇在受用学问上加功","入大学后,暇时辄取《新约》展阅之,冀得半言片语以益于身心而涤其伪习。读至耶稣责法利赛人徒守旧俗假冒为善一节,恍然自失……自后乃痛恶己之为伪,视为伪之我如贼,如法利赛人。自呼为真我,呼为伪之我曰伪我,或曰贼,或曰法利赛人。吾圆颅不啻为真我与伪我之战场,真我驱伪我不遗余力。伪我虽有时退听,然我之大病根,在喜誉恶毁。名之所在,心即怦然动,伪言行即不时因之而起。事后辄痛悔不安,因思不立定宗旨,徒恃克治,终少进步。龙溪先生曰:'自信而是,断然必行,虽遁世不见是而无闷;自信而非,断然必不行,虽行一不义而得天下不为。'小子不敏,窃愿持此以为方针。……率此行后,纵未能一时肃清伪魔,然较前颇有进步"②。这一段坦陈的思想历程是研究早年传主的重要材料。"龙溪先生"即王畿,是积极传播王学 40 载的王门高足。陶在此称引其恪守"知行合一"的人生信条,下文又论及王阳明本人"致良知"克服自身乡愿余习的经历。它清楚表明,陶是在修身过程"宗旨未定"的情况下,经由基督教"道学"的中介,才与王学结下深缘的。以王学为修身"方针"后,在祛伪过程中颇见成效,于是豁然开朗,万分欣喜于眼前顿现的一片新天地。他以"知行"为名 23 年,复以"行知"为名 12 年,也就是说,从 1911 年取名到 1946 年去世,整整 35 年中,"知"、"行"二字与他须臾不离,尽管前后变化,却始终是他立身行事的准则。只要考虑到这一点,也许就不难理解"知行合一"这四个字在他一生事业中的分量了。

---

  ① 华中师范学院教育科学研究所:《陶行知全集》第一卷,湖南教育出版社 1984 年版,第 46 页。
  ② 华中师范学院教育科学研究所:《陶行知全集》第一卷,湖南教育出版社 1984 年版,第 27—28 页。

新的文化环境是造就文化新人的基本条件。金陵求学生活在整个思想文化观念方面对陶行知产生的影响实在不容低估。在这里,广泛接受以近现代人文科学为主的西方文化,迅速提高的外语水平,崭露头角的写作能力和社会活动能力,都促使他加速蜕变,加速成熟。在未入金大之前,他还只是头角峥嵘于徽州这一比较偏僻地区的一名普通学生。在离开金大之时,他却已是国内名牌学府毕业的高才生。从崇一学堂到金陵大学到哥伦比亚大学,是青年陶行知连续递进的"三级跳远"。各级之间随着势能的加强,跃进的速度和弹跳力也越见可观。金陵求学数年间,在德才方面的蓄积涵育,在眼界方面的开阔扩大,无疑为他成功地完成"第二跳"准备了条件。处于人生黄金时期的陶行知,多亏了金大的培育。

金陵求学,使他从早年的徽州文化圈上升到金陵文化圈,从而结束了中西文化兼摄的初级阶段,为进入更高一级的哥伦比亚(大学)文化圈作了重要准备。在这里,对民主共和的理性追求,是崇一学堂学习时期对社会现实的不满情绪和立志救国救民的朴素感情的理论升华,对王阳明"知行合一"的皈信和对朱熹"知先行后"的扬弃,是对程朱理学源远流长的徽州文化传统的价值重估。同时,吸摄王学那种一变"我注六经"为"六经皆我注脚"的思想和治学方式,那种研究问题时的强烈主体意识,有力地突破了程朱的藩篱,具有思想解放意义。可以说,民主共和思想和"知行合一"学说是他日后留美师从杜威,进入哥伦比亚(大学)文化圈的两大基本铺垫。纵观陶行知求学阶段,他先后出入于三个螺旋式上升的文化圈,中西文化交光互摄,不断交融吐纳,不断消长变化,逐步完成了自身早年的文化建设。金陵求学,承前启后,其中介地位使它在陶行知文化观研究上处于重要位置。

金陵求学,使他初步规定了自己今后服务社会的方向。民国初年急剧动荡变迁的时事政治以及由此而更加明显暴露的国民劣根性,为他提供了一个就近审察国情剖析民性的大好机会。而金陵大学相对宽松的政治学术环境,又为他创造了一个得以从容思考并发表见解的场所。他那谋求稳步渐进的改良主张和发展教育提高国民素质的设想,正是这个特定时代特定环境的产物。虽然他此时提出的还只是一个最简略粗放的社会改良方案,其具体内容及施行方式还有待设计充实,但就是这一社会改良方案,成为他日后服务社会并为之不懈奋斗的人生目标。千里之行,始于初悟。如果说,家乡那些爱才若渴多方提携的恩师予他走上教育之途以直接的榜样的力量,那么,金陵求学时期便初步解决了一个理性认识的问题。

金陵求学,又使他基本铸就了自己的道德风范和人生信仰。中国固有的优良传统道德和人生信念在他身上可说是根深蒂固,他也对此颇为自豪,以至日后自称为"最中国化"的留学生。但同时又须指出,金陵求学时期基督教的道德教化对他影响不浅。他在亲朋心目中被普遍视为具有宗教般牺牲精神的人①。他自称,"因受包文博士和亨克博士的教诲,且深受詹克教授'教会教育的社会意义'观点的影响,我于1913年成为一个基督徒"②。许多事实表明,基督教要人去伪心存真心,自我牺牲,爱人如己等有关道德教化,在他身上确实都留有深浅不等的痕迹。如前所述,在去伪立真自我道德修持过程中,他真诚地向《圣经》借取过精神力量。可以说,他在日后的事业中,热心任事,勇毅不屈,无私无我,"为一大事来,做一大事去","捧着一颗心来,不带半根草去",这种种感人至深的道德风范和人生信仰,都是采择熔铸了中外古今的优良传统而成。而他之所以富有魅力,赢得社会各界的高度信任,成为青年一代的师表楷模,也未始不与此密切相关。

金陵大学是陶行知早年智悲双修、悟证光明的菩提树。自度自觉自证光明之后,便以度他觉他光明于他作为己任。在《〈金陵光〉出版之宣言》中,他曾预祝该刊如"旭日东升之晓光"。在今天读来,这篇文章与其说是出版宣言,倒不如说是主持者的入世宣言。所以,宣言对刊物的祝祷,直可视为主持者的自志自勉。《金陵光》被喻之为冬日可以"御寒振衰"的暄阳,专治那些"昧爱人之宗旨,忘牺牲之大道"的"厌世之流,悲观之派"。《金陵

---

① 陶宏在《我和我的父亲》一文中回忆,20世纪20年代家中客房的墙上挂有耶稣像,"表示我们大家对于耶稣舍己为人的自我牺牲精神的景仰"(江苏省陶行知教育思想研究会:《纪念陶行知》,湖南教育出版社1984年版,第210页)。1923年,他的朋友蒋梦麟(时为代理北京大学校长)称他为"很有传教的精神"(华中师范学院教育科学研究所:《陶行知全集》第五卷,湖南教育出版社1985年版,第59页)。在他去世后,美国驻华大使司徒雷登在接受记者采访时,对这位昔日高足印象最深的即是其宗教精神:"在学生时代,坚信基督教。陶氏一生从事教育,坚信博爱,后主张小先生制,均为基督教精神之最大发挥。"(《美大使痛悼陶行知逝世》,《联合晚报》1946年7月27日)

② 陶行知:《为申请利文斯顿奖学金致哥伦比亚大学师范学院罗素院长的信》,1916年2月16日。

光》又被喻为昏暗中可以发人天良的雷电,专治那些"惑于外物,狎于弗义,大道不明,天良澌灭"之徒。《金陵光》复被喻为可以佐渡迷津的灯塔,可以探病原和施针砭的"爱斯之光"。种种比喻,无一不是他追求光明传送光明自觉觉人的现身说法。纵观其一生,对于"光",尤其是"晓光",他始终怀有一种亲切而热烈的感情。他为一个儿子取名"晓光",立校名曰"晓庄",都非偶然。而作为绝笔作于逝世前4天的《祭邹韬奋先生文》中,仍以"给了我们光,给了我们热"来赞颂先逝的民主战士邹韬奋、李公朴和闻一多。他一生著述数百万字,以发扬蹈厉《金陵光》始,以赞光颂热终,这是相当具有象征意义的。终生以普罗米修斯自任,以传布光热祛除黑暗愚昧为职志,艰苦奋斗数十年,陶行知终于把一小片"金陵光"从紫金山下扩展开来,引动四海注目,成为中国现代教育文化史和民主政治史上的一大奇特景观。推源溯始,探究其金陵时期的采光聚光过程及其光谱光带特征,对于研究这位光彩照耀千秋的人民教育家和民主战士来说,正是必不可少的前期工程。

负笈游美:走向崭新的世界

从金大文科毕业后,陶行知面临谋职就业和继续深造两种选择。结果,他选择了自费留美学习的道路。通过多方告助,虽然"十叩柴扉九不开",但他还是得到金大师友帮助,筹得一笔费用可以成行。目前我们尚未见到传主所以作此选择的具体材料,但从社会背景上看,下面两重原因或许是他决意暂缓就业而出洋游学的主要原因。

第一重原因,令人极度失望的国内社会政治生活。金大求学处在比较特殊的环境之中,风发议论,意气激扬,自是舒心快意。但一旦走出校门,面临的就是荆天棘地黑幕密匝的畸形社会,令人伤心惨目气短神消。远的不说,即以生身之地的安徽和寄籍之处的江苏来说,就已经无法使人作安居乐业之想了。

江苏的变化最令人感到反差对比的强烈。民初孙中山在此建立临时政府,作为一度的首善之区,这里的政治空气比较活跃,呈现了一定的新气象。可是二次革命时期,南京一些政界和商界人物的作为却令陶行知大失所望。当讨袁军事很快转入不利之际,宣布独立不数日的江苏都督程德全很快转向,向袁世凯陈明"被胁独立"情况。而南京商会为保全身家财产,公然要求讨袁军让城别走。当南京被攻陷之后,袁军大肆抢掠。金陵精华,可怜一炬①。这是继半世纪前曾国藩弟兄破城纵兵大掠之后,金陵又一浩劫。紧接着,程德全下台,"火将"冯国璋继任江苏都督,北洋势力日益深入,袁世凯淫威日甚一日。陶行知作为这场战乱劫难的目击者,要他在离开金大颇为有利的特殊环境后,遽而进入这样一个令人感到窒息的大环境中,确有种种难忍之处。

安徽的情况比江苏更加恶劣。二次革命失败后,袁党倪嗣冲窃取了全省军政大权,大量任用私人,安插亲信,组成了一个封建色彩特浓的家族统治集团。这位土皇帝如何横征暴敛、强占工矿企业以及如何在稍后成为与"筹安会"诸人齐名的帝制派健将姑且不论,单就他在本省文教方面的劣迹而论,已使人发指齿冷。他是1913年8月窃得全省大权的,9月下旬即以财政支绌为由训令徽州地区的重要学校省立第五师范学校停办半年,次年更通令全省中小学1914—1915年停办一年。这位土皇帝不仅以"停办主义"闻名全国,1913年其派驻安庆的军队两次夜侵安庆省立蚕桑学堂,集体强奸该校女教师和女学生,致使被奸者愤而自杀有十余人之多。报端披露后,全国舆论哗然,他仍包庇祸首不予究办。这名秀才出身的土军阀对封建教育感情独深,公开主张办私塾,赞成科举考试制度,攻击新式学堂"误人子弟",男女同校"鲜廉寡耻"。在其摧残下,民国前安徽近代教育一度发展较快的势头顿然失落②。故乡河山,满目疮痍。此情此景,满怀共和思想的陶行知又怎能自投这专制的樊笼,甘受这压迫束缚呢?所以,他在1914年夏天与汪纯宜结婚后,断然把全家迁到南京,除了其他原因,远离倪嗣冲的淫威当是主因之一。

但是,国内社会政治生活的极度令人失望,还只是一种斥力。除此而

---

① 张勋的辫子兵在太平门抢,雷震春部在南门抢,冯国璋部在下关抢,重演辛亥武昌之役焚烧汉口之故伎,"在下关纵火焚烧,全埠化为焦土"。见《时报》1913年9月21日。

② 据有关统计表明,1906年安徽有3所高等学校,与江苏等同。1909年全省专门学堂学生数位居全国第六。民国以后,安徽大、中、小学学生数,在华东地区六省(苏、鲁、浙、赣、闽、皖)中,排列都在最后一名。1923年全国26个省市学生数统计,安徽高校学生数居21位,中学生数居15位,小学生数居19位。但若以全省人口与小学生数百分比作比较,安徽小学生数仅占全省人口总数的0.49%,在全国位居25位,仅比新疆略高。见王鹤鸣:《安徽近代经济探讨》,中国展望出版社1987年版,第236—238页。

外,还有一种吸力,即对赴美深造的热烈向往。这种向往之情就成为陶行知金大毕业后暂不谋职的第二重原因。

选择美国作为留学深造之地,当然与金大为美国教会系统所办学校有关。美国文化教育的影响在金大既深且厚,对美式教育制度、教育内容和方法的长期感受,同美籍校长和教师的接触交往,无疑是促成这一选择的基本原因。而与此同时,进入20世纪后的美国在政治、经济方面的迅速扩展,业已成为全世界瞩目所在。这一块"新大陆"自从世纪初梁启超游历归来著文揄扬之后,久已成为中国青年学子向往之处。不过,更为直接的原因则是因美国退还庚子赔款,一个留美热潮正在此时兴起。

人所共知,当年美国在总数4.5亿两的庚子赔款中,获得7%强。1908年5月25日,美国国会通过以一部分赔款退还中国的议案,咨请总统酌定以何时与何种方式交还中国。当年12月28日,总统西奥多·罗斯福下令,除扣去实应赔偿之款外,均行退还。经清政府外务部与驻华美使商定,此款用于资助中国学生赴美留学之用。由于庚款关系,留学美国的吸引力陡然大增。考入留美预备学校清华以待选派出洋和自费出国然后争取庚款奖学金,同时成为游学美国的主要途径。根据有关规定,自费生"由驻美出使大臣,或部派驻美留学监督查照,确系在大学正班肄业实习,已入第二年班以上,功课实有成绩,景况实在困苦者"①,可以申请奖学金。在陶行知赴美之时,自费留学已相当热门,逐渐上升为留美学生中的主体部分②。而自费留学生中,教会大学毕业生又因其种种方便之处,占有相当大的比重③。在这样的现实状况下,陶行知采取自费留学,然后争取庚款奖学金的办法,正是一时风尚所趋。

在解决了必备的一笔款项后,1914年8月15日,他在上海招商局码头登上了"中国号"邮船启程。与他作伴同行的是近百名清华派遣生。据陈鹤琴称,他们当中有10名女生,10名优秀幼年生,1913和1914两届毕

---

① 舒新城:《近代中国留学史》,中华书局1933年版,第77—78页。
② 据统计,1914和1915两年度留美学生总共1248人,其中320人为庚款所派,160人为各省各部所派,其余760多人均为自费生。见黄炎培:《1914年度至1915年度留美学生统计表》,《教育杂志》1916年第八卷第6期。
③ 在陶归国的1917年,386名学成归国的留美学生中,原教会学校出身者为174人,占总数的45%。见任鸿隽:《教会教育与留学生》,《留美学生季报》1918年第五卷第2号。

业生 70 余人。除此之外，还有自费生数人，陶即在此"数人"之中。

当年这批远渡重洋的青年学子在别离亲人并走出国门时究竟心态如何，陶行知当年亲属是否相送，他在与父母和妻子作别时，是否想到那位千载以上的"诗圣"在《垂老别》和《新婚别》中的有关名句，我们都不得而知，未敢臆断。但好在陈鹤琴后来有一段很精彩的回忆文字，把当日启程之际船上船下的总体气氛描绘得淋漓尽致，使人如临其境。我们不妨借来供读者一读，并借此把本书的传主送入那种氛围之中。

在中国招商局码头送行的，人山人海，拥挤不堪。第一次汽笛刚吹过，船上送客的纷纷下船，在船上的乘客拿了许多红绿纸圈，拼命地向码头上抛。在码头上送客的，也买了许多红绿纸圈向船上抛。船上的乘客拿着码头上送客的纸条。码头上的送客拿着船上乘客的纸条。几百条红红绿绿的纸条把送客的和乘客的热烈情绪暂时连系着，交流着。汽笛又吹了，送客的、乘客的把红绿纸条儿拉得更紧一些，更牢一些，好像热烈的情绪像电流似的在纸条上可以加速的交流着。第三次汽笛大吹了，轮船开动了，慢慢儿离岸了。乘客和送客还是把纸条儿紧紧地拉住。船离开愈远，纸条放得愈长，电流似的热情交流得愈快。船终于离得更远了，纸条儿不够长了，断了！断了！"再会！再会！"一遍喊声，从船上、码头上发出来。有的纸条儿还捏在送客的手里，有的纸条儿还捏在乘客的手里，两方口里虽连喊"再会！再会！"而手中的纸条儿还是紧紧地捏住，不肯放掉，好像这一根寄情的东西比什么都要宝贵呢！船愈离愈远了，乘客和送客都拿出雪白手巾来互相挥着，几百条雪白的手巾好像几百面小国旗在空中飞舞着，多么美丽！船愈离愈远了，人面模糊了，但是雪白的手巾还能看得见呢……

作者接下来还有一段介绍这一学生群船上生活状况的文字，我们仍不妨借来参读。

海上旅行原是一桩最愉快的事，早晨可以看旭日东升，傍晚可以看红日西沉,海涛像山似的白涌碧翻,飞鸟像箭似的冲浪排空。还有海鸥成群,翱翔上下,似有欢送我们的意思。……船中生活,也是非常快乐。一日六餐:三餐大菜,三餐茶点,我们百余人吃得胖胖的。……船上不但吃得痛快,玩也玩得起劲。白天在船板上可以掷绳圈,抛圆板(shuffle board)。晚上弹琴唱歌,着实热闹。①

前途如锦,青春似花。完全可以想象这批青年学子在乘长风破万里浪横渡太平洋之际,情绪是如何昂奋欢愉。天性乐观开朗的陶行知自不难感染并融入这欢乐的人群之中,共享青春的欢乐,共受现代工业文明的福祉。在船出吴淞口时,他曾作《海风歌》。这是他生平创作的第一首诗,当与船上生活有关,可惜失传,使我们无从知道他是否拉过那寄情的纸条,挥过那雪白的手巾,赞叹过那自在快乐的旅途生活。但我们却知道,船中所见的另一番天地曾给他留下了另一种印象,产生过另一种情绪。他在船上的火舱内看到:"几个赤膊的活人像天津鸭子在那儿烤着,烤出一身的黑油!身上、脸上、手上黑得如同他们所烧的煤炭一般黑!这是我与火夫们第一次见面所得的印象,简直像硝强水刻到我的心窝里。我明白了:乘长风破万里浪,代价是火夫们的泪和血!"②舱上的欢乐生活与舱下的艰苦环境,二者反差如此强烈,不能不使他深深感到,自己和同伴的适彼乐土是以另一批人置身炼狱般的烤熬作为代价的。这种强烈的震撼之情,可以视为他东渡求学所上的第一堂生活教育课,是他走向崭新世界途中所见的另一个世界。他的老师便是那几名赤膊的火夫。这是他终身受用的一课。难怪他事隔17年后写出来,还是那样充满歉疚之情。

"中国号"经过3个星期的航行,终于在9月7日到达旧金山。在那里,全体留学生受到了领事、华侨代表和青年会中西干事的欢迎宴请。宴会之后,参观斯丹福大学。第二天又乘火车前往芝加哥。到了芝加哥后,这一批留学生就根据各人所入之校,分道而行各奔前程去了。大部分人往纽约、新英格兰诸州,陶则向中西部的伊利诺伊州而去,他约在9月14日

---

① 陈鹤琴:《我的半生》,华华书店1947年版,第129—132页。

② 华中师范学院教育科学研究所:《陶行知全集》第二卷,湖南教育出版社1985年版,第387页。

或15日抵达①。

伊利诺伊大学是该州的重点大学,时有男、女学生各6000人。陶得以直接在该校研究院注册学习,一方面由于金大在美国立案,其学位为对方所认可,毕业生可无需经过考试手续直升研究院。另一方面又同该校吸引中国留学生的积极态度有关。该校校长詹姆士对罗斯福总统利用庚款培养中国学生留美学习的做法十分赞赏。他曾向总统送过一个备忘录,其最后的结语为:"哪一个国家能做到教育这一代年轻的中国人,哪一个国家就将由于在这方面所付出的努力,而在精神的和商业的影响上取回最大可能的收获。"②所以该校1906年时尚无中国学生,到1910年时已有37名③。陶行知到校前,已有竺可桢和穆藕初等后来知名一时者从该校毕业。他们的感觉是,校方"对于我国学生,尤为关切","勉励训诲,殷勤肫挚"④。

陶行知在该校研究院攻读政治学研究生学位,所修课程如下:在1914—1915学年度,第一学期修习课程为"政治学和公法研究"、"市政"、"美国的性质"、"教育管理";第二学期则为"政治学和公法讨论"、"欧洲大陆政体"、"美国的外交"、"美国对外贸易和殖民地贸易"。1915年夏,又修习了"单位、等级与规范"、"教育研究方法"、"中学课程"和"教育心理学研究"⑤。

由上述课程内容可知,陶行知修研的范围相当广泛,既有一般的政治学、公法和市政问题,也有欧洲大陆政体问题,而更多则偏重于美国的内政、外交、外贸问题。以一年时间修习十余门课程,其学习之紧张可以想见。但他仍忙里偷闲,适当从事社会工作,从第二学期开始,被选为学生俱乐部干事。按照当日有人对留学生的分类,一为文士派,只知读书,不管其他;二为尚外派,以为外国的一切皆好,中国的一切皆不足论;三为流学派,

---

① 这一行程,证之位朝公当年10月14日给陶行知信中所述,可知无误。该信述及陶在船上曾写过3封家书(8月16日、8月31日、9月6日),下船后,9月11日有信寄自盐湖城,13日有信寄自芝加哥,15日有信寄自伊利诺伊。可见他到校时间当在9月14日或15日,该信原件现藏南京晓庄师范陶行知纪念馆。

② 斯密士:《今日之中国与美国》,陈景磐:《中国近代教育史》,人民教育出版社1983年版,第218页。

③ 见1910年12月《留美中国学报》所载 Should We Not Have Only One Chinese Students' Alliance in North America?

④ 《藕初五十自述》,商务印书馆1926年版,第42页。

⑤ 朱宕潜:《新兴国家的教育型》,夏长安译,《行知研究》1983年第8期,第66页。

随波逐流,染于苍则苍,染于黄则黄;四为名誉派,沽名钓誉,滥竽充数,以为留学镀金,即可声价十倍;五为求学派,具改良之思,抱救国之念,专心向学,务求实得①。陶行知显然属于最后一类人。因此他仅用一年时间全部修毕这些课程,顺利获得该校政治学文科硕士(简称政治学硕士)的学位。

这些学位课程无疑为他奠下了相当坚实的知识理论基础,为日后广泛的社会政治活动提供了必要的条件。就此而言,他之攻读政治学直接为其政治活动作前导,就如同他之攻读教育学而为其教育活动奠基是具有同样意义的。但他显然不满足于这些学位课程,也并不满足于既得的硕士学位。他的目光早已瞄准更高一级的目标。在夏季加习的几门学位外的课程表明,他已决意转攻教育学,争取更高一级的学位。

据陶行知自称,早在1913年,"就选择哥伦比亚大学作为我在美国的最终目标,终因缺乏准备而未能入学。我终生的唯一愿望是通过教育途径来建立民主共和,而非军事革命。目睹我们骤然出现的共和国的严重缺陷,我坚信没有真正的共和教育,就没有真正的共和国"。而这一目标的最终确定,便在1915年夏季,用他自己的话来说则是,"去年夏季,我毕生献身于教育管理的想法更为具体化了……在我查阅了我所知道的所有学校的资料之后,我再次确定哥伦比亚大学师范学院对我来说是最为合适不过的"②。因此,在他戴上标志取得硕士学位的黑色方顶帽,与伊利诺伊大学不多几位同窗学友合影之后③,便又匆匆前往设在纽约的哥伦比亚大学师范学院,开始在一个新环境中进行新的奋斗。

陶行知在向该校申请攻读获取师范学院毕业文凭和更高级学位得到批准后,于1915年9月进入该校。哥伦比亚大学1754年设立时名为皇家学院,1912年改称现名,是一所在学术界和教育界享有盛誉的综合性私立大学。该校经费充裕,陶在校期间,年预算均在400—450万美元之间,"此与吾国全国之教育年费相去无几矣"④。而师范学院则是世界上研究教育的最高学府。教授声誉之隆,学科设置之丰,学生人数之多,都是其他师范院校无

---

① 陈克明:《留学生对于祖国之责任感》,《留美学生季报》1921年第八卷第2号。
② 陶行知:《为申请利文斯顿奖学金致哥伦比亚大学师范学院罗素院长的信》,1916年2月16日。
③ 该影现藏南京晓庄师范陶行知纪念馆,在影者共8人。
④ 《胡适留学日记》第四册,商务印书馆1947年版,第1099—1100页。

从比肩的。在这里,一批学有专长驰名国际的学者和各种各样的教育专业课程令人目不暇接,学生中"男女老少,各种人类,一应俱全"。1917年转此学习的陈鹤琴后来回忆说,来此学习者大半是有教育经验的,做过督学、中学校长或小学教师的不在少数,青年虽有,而大半都是中年,白发苍苍者也有不少,甚至有祖孙同学的。学生来自世界各地,美国之外,有从英国、法国、西班牙、墨西哥来的,也有从非洲和亚洲来的[①]。师范学院简直就是一个缩小了的国际社会。这种规模和气派,显然就不是伊利诺伊大学所能比拟的。陶行知之所以力求进入这样一个美国第一流的名牌大学,确实非为无因。

著名高等学府对于青年学子的巨大吸引力总是无声无息而又无从抗拒的。用一句中国的成语来说,或可称为"桃李不言,下自成蹊"。中国留学生每年进入哥伦比亚大学的,经常有300人之多。据称,从民国初年到解放前夕,30多年中,在该校毕业的有上万名中国留学生[②]。这些人学成回国之后,大多成为中国政界和学界有一定影响的人物。即以陶行知转往攻读前后,一批日后著名的人物也相继进入该校。胡适从康奈尔大学研究院结业后,进入哥大哲学系研究部,主攻哲学,与陶同时受业杜威门下,彼此颇为相得。《胡适留学日记》中收有陶与天津张彭春的照片,并在1916年7月5日的日记中品评陶、张二人,"皆为今日留学界不可多得之人才"[③]。陶和胡这两位同乡同学在此结下30年有起有伏的交谊。孙科则后他一年从加利福尼亚大学毕业后转入哥大研究院,主修政治、经济及理财。与他1917年同时从该校学成归国的,则是宋子文和蒋梦麟等人。后他而往哥大师范学院的还有张伯苓和陈鹤琴等。陶行知因缘时会,在此结识一批日后在中国学界或政界崭露头角的人物,预贮了若干很要紧的社会人事关系。

据有关材料介绍,陶行知在此两年间修习的课程如下:1915—1916学年的第一学期,修习"美国公众教育管理"、"学校与社会"、"教育史"、"教育哲学"和"财政学"五门,第二学期除继续修习以上五门中的前四门,还增修"进步社会的教育"和"中学原则"。1916—1917学年的第一学期,修习"教

---

① 陈鹤琴:《我的半生》,华华书店1947年版,第153页。
② 据陈鹤琴在江苏省第一届人民代表大会第二次会议上的发言,见《文汇报》1955年2月28日。
③ 《胡适留学日记》第四册,商务印书馆1947年版,第939页。

育史"、"教育社会学实习"和"国外学校系统的社会基础"三门,第二学期除继续修习以上三门中的前二门,还增修"教育社会学研究"①。

有材料表明,陶行知在此很得导师欣赏。他与杜威往来较密,《胡适留学日记》中载有一张杜威与安庆胡天潪的合影,胡适在 1916 年 6 月 16 日的日记中特予注明,此影为陶"所摄",杜威为"今日美洲第一哲学家",而"胡陶二君及余皆受学焉"②。尤其必须指出的是,师范学院教育长保罗·孟禄教授对他的热心提携扶掖③。先是在经济上,陶行知按照退还庚款办理大纲规定,在美国自费留学期满一年之后,即在进入哥大不久,就获得了一份奖学金。但因为父亲 1915 年 1 月去世之后,陶行知必须挑起国内"家中所有负担",同时"纽约的生活费用比我预计的要高得多。在住了半年之后,我便发觉囊中所有远不足以应付开支"。窘困之际,经孟禄教授惠意介绍,复蒙师范学院罗素院长同意,陶行知得以申请在美国很有一定影响的利文斯顿奖学金,此事足以表明他获得导师的器重和厚爱。后是在学术上,由于缺少资料,陶行知在完成其博士学位论文过程中遇到困难。为此,他在 1916 年底曾致书黄炎培,告以论文"命题涉及中国教育,属搜集材料"④。但黄显然也不能对他有具体帮助,他因此无法在回国之前完成论文。当他处在这一进退两难境地之时,孟禄再度伸出援手。1917 年 7 月 26 日孟禄特地为他写信给哥大哲学博士学位评议委员会主席伍德布里奇博士(政治学院、哲学院和纯科学学院院长),"建议为 W. T. 陶能得到博士学位安排一场初试"。他特为说明:"这属于特殊情况,陶业已完成了学术性的研究工作,并正在撰写一篇题目被认可的论文,除非他回到中国,搜集有关这论文主体的注释资料,否则这篇论文不可能完成。鉴于他将要从事中国政府教育工作,不可能再从中国返回美国,我建议,任命一个特别委员会来主持一场考试,以便当这论文主体完成后对其进行审定。我谨提议,定 8 月 2 日星期四为考试日期。"⑤从陶回国后确有继续撰写博士学位论

---

① 朱宕潜:《新兴国家的教育型》,夏长安译,《行知研究》第 7 期,第 66 页。
② 《胡适留学日记》第四册,商务印书馆 1947 年版,第 935 页。
③ 保罗·孟禄(Paul Monroe,1869—1947),著名教育史权威,中美文化基金董事会董事,1920—1930 年间常来华讲学。著有《中国,一个发展中国家》(1927)和《比较教育学论集》(1927),还编有《教育学百科全书》(五卷,1910—1913)。
④ 许汉三:《黄炎培年谱》,文史资料出版社 1985 年版,第 35 页。
⑤ 朱宕潜:《新兴国家的教育型》,夏长安译,《行知研究》第 7 期,第 67 页。

文一事来看,这个提议是被采纳了。只因意外事故,他终究没有获得哥大的博士学位①,他在离校之际得到的是一个"资格凭"②。尽管如此,师恩难忘。他与孟禄终生结下很深的情谊。而这一情谊对后来孟禄在华的影响,或陶在 30 年代在美的活动,都很有关系。

为了探讨 3 年留美生活对陶行知的总体影响,现在让我们略去若干细节,转而把目光放到他当年呼吸生息其中的两个大环境,即威尔逊总统倡导的美国新自由政策和以杜威为代表的美国进步教育运动中去。它们作为具有美国社会特色的政治、文化环境,给陶行知以直接的感受和至深的印象,为他此后相当长远的一段人生道路校订了方向和立场,扩充了从中摸索跋涉的勇气和力量。

威尔逊是以著名的普林斯顿大学校长身份竞选成功而于 1913 年 3 月就任总统,复于 1917 年连任。威尔逊入主白宫那几年,刚好处于美国重定国策奠立执掌国际事务牛耳的关键历史时期。他倡导的新自由政策即是适应国内和国际形势发展需要的一种对策。陶行知留美期间正在他的任期之内,新自由政策不能不引起陶行知的注意。

在南北战争结束后的半个世纪中,美国的变化令全世界惊叹不已③。但是,如同一切发展膨胀得过快的国家难免会产生与原有的格局和体制不相协调之处,美国社会也面临新现实与旧传统的巨大矛盾。旧的格局和体制像一件窄小的衣服束缚住这个国家,威尔逊的任务就是尽量用新自由政策给以调节松动。为此,在经济上,他要求降低关税,1913 年通过了安德

---

① 由于南京高等师范教习楼失火,博士学位论文稿子不幸被焚。后来他被人们称为"博士",是因为 1929 年 12 月接受上海圣约翰大学荣誉理科博士。他之所以得此学位,是因为他在中华教育改进社任主任干事期间,为在中国推行科学教育作出过贡献,还因为他所领导的晓庄学校与中国科学社合作,对生物科学的研究成绩卓著。

② 1918 年 9 月 25 日《南京高等师范日刊》所载专件中,他的简历被提及此事:"美国哥伦比亚大学师范学院给都市学务总监资格。"

③ 随着向西海岸拓荒移民时代的结束和一个种族、国别和语言极杂的共和国完成其疆域和人口的基本规模,在美国,一个拥有无限特权的富豪统治集团渐次形成,而中产阶级也渐巩固其地位。以作为现代工业重要支柱的汽车工业为例,1914 年时,美国已拥有 150 万辆汽车,并以每年生产 50 万辆的速度激增。福特建立的装配线生产制度,使生产成本大大降低,著名的 T 型汽车成本价格从 950 美元降至 360 美元,使中产阶级和工人大都可以驾着汽车去上班。农业方面由于农业机械和化肥的使用,农产品供应远远超过消费需要,面向当地的小农经营已为面向世界市场的工业化经营所替代。

伍德-西蒙士关税法案。同年又建立了联邦储备制度，改革银行业务。次年又通过克莱顿反托拉斯法案，禁止订立任何有助于建立垄断或减弱竞争的价格协定等。在国际事务方面，威尔逊力图推行一种"道义的"外交政策。第一次世界大战爆发后，他虽偏向协约国，却仍努力保持中立形象。直到1917年4月他宣布参战之前，在大众传播媒介中，他一直以"争取和平的无私战士"和"和平的公断人"的面貌出现。他在国内造成一种浓厚的争取和平民主的氛围，使自己出任总统前在普林斯顿大学得到的"民主政治斗士"的光荣称号倍增光彩。

较威尔逊新自由政策给予陶行知以更深刻印象的则是以杜威为代表的进步教育运动。

19世纪后期工业时代的新形势，同时对欧美国家的学校教育提出了新的要求。原来据有统治地位的传统教育理论和方法显已不能适应这种要求。为此，欧美许多有远见、有创造性的教育家相继探讨新的教育理论并试验新的教育形式、内容和方法，教育改革一时蔚然成风。这一改革在欧洲通称为"新教育运动"，在美国则称为"进步教育运动"。

欧洲新教育运动首先在19世纪90年代的英国兴起。1889年，英国教育家塞西尔·雷迪(Cecil Reddie)率先在阿博茨霍尔姆创建了一所乡村寄宿学校。该校反对用知识压抑学生的正常发展，强调学校的主要任务在于促进学生个人的自由发展——良好的身体和心灵的健全发展。该校的出现标志新教育运动的开始。接着德国教育家赫尔曼·利茨(Hermann Lietz)和法国教育家埃德蒙·德穆林(Edmond Demolins)循此办学路线，相继在19世纪末和20世纪初开办类似的学校。再接着，德国的凯兴斯泰纳(Georg Kersechensteiner)，比利时的奥维德·德可乐利(Ovide Decroly)，意大利的玛丽亚·蒙台梭利(Maria Montessori)，各以自己的理论和实践补充并发展了这一运动。到1913年，注册加入设在日内瓦的"国际新学校局"的欧洲新学校已有100多所。1914年，一批新教育家在英国集会讨论教育的新理想，此后每年举行一次年会，到1921年欧洲各国新教育家成立"新教育联谊会"(New Education Fellowship，简称NEF)，表明这一运动已很成气候。

美国进步教育运动起步之始，受惠于欧洲教育革新运动，被称为"进步教育之父"的帕克(Francis. W. Parker)在19世纪70年代曾赴欧考察教育革新情况,回国后倡办了马萨诸塞州的昆西学校实验。他根据"教育要使学校适应儿童,而不是使儿童适应学校"的原则,放弃固定课程,用教师自己设计的材料代替教科书,并强调儿童自己的活动和对周围事物的直接观察,注意培养儿童的自我表现能力。受他影响的许多教师大多成为进步教育运动的热情支持者和积极参加者。杜威在与帕克的交往中,也受到他的教育思想的影响。

在1896到1904年间,杜威以芝加哥大学哲学、心理学和教育学系主任的身份,指导芝加哥实验学校的教育试验。他把该校喻为"教育学的实验室",而实验的目的则在"改良旧有的制度"。在此期间,他撰写了一批重要的教育专著,在论述教育过程、教育组织形式和教育方法等方面,都提出了很多合理的富有启发性的见解,他那部被译成12种欧洲和东方语言的名著《学校与社会》即作于此时。实验学校的课程是以杜威关于儿童的四种本能(社交、制作、探究、艺术)的理论为基础制定的。基于使儿童本能适当表现出来的原则,采用灵活多样的教育方法。在教育过程中,儿童始终处于中心地位,一切活动都从儿童的生活中引出,儿童的经验成为课程和教材的依据。

由上所述,可见杜威不但是美国进步教育运动的先驱人物,而且还是这一运动的理论导师。他那高度理论化的有关教育问题的一批论著,使美国教育改革的理论蒙上一层哲学色彩。他是一名全面多能的运动领导者,他切切实实把对传统教育的批判、教育调查、教育实验、理论思维和社会调查诸种职能一身担起。他是进步教育运动的灵魂和核心。运动中的其余知名人物,大多受过他的启发和帮助。约翰逊(Marietta Johnson)1907年创立一所费尔霍普学校,试验其有机教育理论,杜威在访问该校后曾对之大加揄扬。葛雷市教育局局长沃特(Wliam Albert Wirt)是杜威的学生,1907年他根据乃师教育理论进行有名的"葛雷计划"教育实验,经杜威品评后,名闻遐迩。稍后1919年华虚朋(Carleton Wolsey Washburne)在芝加哥郊区文纳特卡学校进行的儿童个别化的教育实验,1920年柏克赫斯特(Helen Pakhurst)在道尔顿市道尔顿中学施行以个别教育为特色的教育实验室计划(世称"道尔顿制"),莫不受惠于杜威的教育理论。

以威尔逊和杜威为代表的美国社会政治、文化新潮对陶行知的影响极为深远,它至少反映在以下三个方面。

第一,它在政治上为陶行知展现了一个民主主义和自由主义的新世界。

在陶行知赴美之际,美国高度发达的物质文明及其相对开放的政治制度,常常赢得他国人民特别是来自东方专制国家的人民的好感。美国政治制度中使总统、国会、参议院、最高法院等权力单位互相制约和互相平衡的运转机制,无疑会使长期生活在专制腐败的官僚政治制度下的人们不胜歆羡。美国人民厌恶绝对权威和热爱自由平等以及富于理想勇于开创的乐观务实精神,也常使致意于国民性改造的忧国忧民之士不胜向往。

站在不同政治立场的人,尽可对威尔逊的施政路线和策略作出不同的评价。但是,威尔逊毕竟通过锐意改革,使美国作为自由民主国家的形象在世人面前得到了加强。也正因为此,他才得以使自己跻身于美国历史上杰出总统的行列。当所有这一切几乎全都直接发生在游美的陶行知面前之时,对于曾因中国共和政治失败而痛心疾首,又专在伊利诺伊大学修习过政治学的人来说,其感受自非一般游学者的泛泛印象可比。可以认为,在陶继续保持金大时期所形成的共和民主基本观念,或继续迎纳伊利诺伊大学所传授的有关美国政治学的一般原理之时,也就是说,在他尚未找到一种新的观察分析美国社会政治的有效工具之前,威尔逊的所作所为,那颇具魅力的自由民主主义的政治风格,对陶行知的影响无论如何是不容低估的。陶行知一生坚持自由派知识分子立场为时不短,究其原因,当不能忽略这番留美经历。

至于杜威,他更是一位典型的美国式的民主主义和自由主义者。他不但在自己众多的论著中不懈地宣传以自由、平等、博爱为主题的思想政治观点,而且身体力行投入这方面的实践中去。比如,他对大学的民主管理感兴趣,1915年就与朋友积极创立了美国大学教授联合会。次年他又成为纽约市第一个教师联合会的创始者。这个联合会的座右铭"为了民主的教育和教育的民主",即摘自他的著作。但一旦当这个联合会被利用来提倡一种特定的政治观点,而不是为教育目的服务时,他又断然退出。他还长期积极支持妇女为争取选举权的斗争。正是杜威在这些方面的言教和身教,给陶行知以深刻的影响。陶行知在20年代以自由派知识分子的形象现身,不能说与乃师影响无关。而30年代和40年代他多次就中国的自由民主问题请求杜威仗义执言,也正是基于对乃师在这方面的了解。

第二，它在教育上为陶行知展现了一个教育革新运动的新世界。

陶行知在哥大攻读时期，正值杜威杏坛说法积极鼓吹并推动进步教育运动最力之时，也正值哥大师范学院成为美国进步教育理论重镇所在之时。无论在校园内外，陶行知几乎无处不感受到这个正在勃勃兴起的教育革新运动的巨大存在。

哥大校园内，一批教育理论界的学术带头人会聚于此。许多大师级的学者早已名播海外，国界不但不复成为有碍他们学说传播的樊篱，反倒成为他们破关夺隘的胜利标志。群星灿灿的哥大师范学院，简直令人目眩神迷，不知所从。陶行知对许多名归实至的学界巨子怀有很深的敬意。前已述及他与孟禄有深缘，在下面的章节我们还要专论，此处不赘。另如主授教育心理学的桑戴克，陶行知归国后不久在介绍发明"教育新理"的名人轶事中，曾多次对他加以介绍[①]。至于克伯屈(William Heard Kilpatrick)，他是杜威最得意的学生，也是哥大最受学生欢迎的教授。他那"独出心裁而能刺激思想的方法"，常常引得数百名学生竞相选修他的课程，使教室变得拥挤不堪，无怪乎听过他课的人要交口赞叹"他的思想有魔力，他的教法有魔力"了[②]。陶行知对这位名师也十分敬钦，结下了克伯屈后来参观并高度评价晓庄试验的前缘。当然，在哥大群星之中，杜威是当然的北斗宸极。就在陶行知受教绛帐时期，他的两本名著《明日之学校》(1915)和《民本主义与教育》(1916)相继问世，很快风行四海，传诵一时，为正在上涨的进步教育运动极尽推动之功。在上文所述陶行知主修课程中，"学校与社会"与杜威一本名著的名称全同，另一"进步社会的教育"，又似综合杜威这两本新著的内容而开设的课程。由此看来，陶行知确确实实在此接受了杜威的正宗之学和嫡传之法，把握了进步教育运动的指导思想。

在校园之外，进步教育运动所施行的种种教育实验无疑给他很深的印象。所以他归国后有一段时间经常向中国教育界宣传鼓吹。他认为，30年前的美国教育专事模仿欧洲大陆，经过进步教育运动的推动，这种局面已经改变。而今美国"凡著名大学，莫不设教育科"，"其试验机关与从事

---

① 华中师范学院教育科学研究所：《陶行知全集》第一卷，湖南教育出版社1984年版，第60、75页。桑戴克(Edwafd Lee Thorndike，1874—1949)，美国心理学家，致力于研究遗传与智力、教育的关系，主张天才教育，著有《教育心理学》等。

② 陈鹤琴：《我的半生》，华华书店1947年版，第153页。

实地试验教育之人,几无处无之;其试验精神之充塞,可谓盛矣"①。他赞扬葛雷学校,认为是"办学而最合于经济学理者"②。对沙力方夫人研究教育多方试验,成功地把集聋、哑、盲三残于一身的海伦·凯勒培养成闻名全世界的盲哑女教师兼作家,他更称为"大有功于教育界"③。他在哥大师范学院附属小学参观见习,一位教师利用学生的生日蛋糕,进行分糕寓教的二段教学法,使他因此引发很多感想。他随马萨诸塞州的农业教育司官员乘车周游三日,参观全州农业学校,由此深慨美国乡村教育之普及有赖于道路的发达④。

生活和学习在这样一个进步教育运动氛围特浓的环境之中,进步教育运动很自然地成为他吸取西方现代教育最现实、最真切的来源。在他归国后所进行的种种教育革新工作中,我们都不难看到这个运动的影子。

第三,它在哲学上为陶行知展现了一个实用主义思想的新世界。

如所周知,实用主义发轫于1871—1874年间在哈佛大学所建立的"形而上学俱乐部",后经詹姆斯发展成为一个比较系统的理论体系⑤。杜威1894—1904年任教芝加哥大学时,和一些朋友组成了美国实用主义的一个主要派别——芝加哥学派,随后在哥伦比亚大学主讲哲学时,使这种学说影响进一步扩大,成为美国当代哲学中的显学。实用主义哲学体系包括经验论、真理论、实践观和方法论、社会历史观等子系统。在经验论方面,杜威是一名经验自然主义者,认为经验和自然、主体和客体、精神和物质是一个"统一整体",他强调上述对应双方的相互作用,又特别强调经验和认识的发展性、能动性。在真理论方面,杜威是一名工具主义者,他通过对工具概念的重新解释和强调真理有用有效的普遍性,为詹姆斯提出的"真

---

① 华中师范学院教育科学研究所:《陶行知全集》第一卷,湖南教育出版社1984年版,第61页。

② 华中师范学院教育科学研究所:《陶行知全集》第一卷,湖南教育出版社1984年版,第75页。

③ 华中师范学院教育科学研究所:《陶行知全集》第一卷,湖南教育出版社1984年版,第76页。

④ 华中师范学院教育科学研究所:《陶行知全集》第一卷,湖南教育出版社1984年版,第100页。

⑤ 詹姆斯(William James,1842—1910),美国哲学家、心理学家,实用主义和机能心理学创始人。主要著作有《心理学原理》《信仰的意志》《实用主义》等。

理＝有用"论作了一些修补。在实践观和方法论方面,杜威标榜实用主义是一种指导人们的生活、实践和行动的科学方法论,还具体提出了"实验—探索"的五步说。在社会历史观方面,杜威主张多元的历史观,也鼓吹社会改革,但他站在庸俗进化论的立场赞赏点点滴滴的改良,强调社会历史的进步是"今天一点,明天一点,从各方面各个地进步的,是拿人力补救它、修改它、帮助它,使它一步步往前去。所以进化是零买的,不是批发的,是杂凑的,不是整包的"①。

由于杜威实用主义包含上述丰富内容,所以它具有很多别名。从经验论角度言之,它被称为经验主义;从真理观角度言之,它被称为工具主义;从实践观和方法论言之,它又常被称为试验主义。陶行知在金大求学时所初步形成的社会改良主义思想和判别善恶、是非、真伪的"致良知"都可以在上述杜威实用主义哲学体系中相应找到更具思辨性的深化了的理论。不过,他似乎更多地在实践观和方法论方面受益。出国前倾心相与的王阳明"知行合一"学说,在杜威学说的烛照之下,他发现了不足,增长了见识,从而豁然开朗,陶冶融贯,进入新境。他把杜威实用主义通常称译为"试验主义",当非偶然,它正好表明他在实践观和方法论方面对杜威学说的更多采撷。

明乎此,也就不难理解他归国后向国人贡献的第一篇学术论文就是《试验主义之教育方法》了。该文历叙"实验—探索"的方法在西方近代教育史上的赫赫功绩,"试验之消长,教育之盛衰系之"。值得注意的是,他就在此文中对素所钦服的朱熹和王阳明缺乏"格物之法"提出了批评。朱熹在格物方面提出"即物穷理"之说,王阳明欲补其不足,"格物不成,归而格心"。他认为朱、王欲"致知"而知仍不可致,根本原因就在于缺乏一种科学的方法,并且由于这种科学方法的缺乏,使得近代中国科学发明文化发展大大落后于西方。"使阳明更进一步,不责物之无可格,只责格之不得法,兢兢然以改良方法自任,则近世发明史中,吾国人何至迄今无所贡献?故欧美之所以进步敏捷者,以有试验方法故;中国之所以瞠乎人后者,以无试验方法故。"他认为,科学的试验方法应该是:"设统系,立方法,举凡欲格之物,尽纳之于轨范之中。远者近之,微者大之,繁者简之,杂者纯之,合者析

---

① 杜威:《社会哲学和政治哲学》,《时事新报·学灯》1920年4月2日。

之,分者通之,多方以试之,屡试以验之。更较其异同,审其消长,观其动静,察其变化,然后因果可明,而理可穷也。"[1]赞佩之情,溢于言表,以至在下半年所作另一重要论文《智育大纲》中,陶行知再度复述上引文字。即此一端,也可见得陶行知当年对展现在自己面前的那个哲学新天地的顶礼皈依之情了。

人们通常认为,中国新知识群体的孕育产生和成长壮大,是西方近代工业文明的冲击和中国农业文明回应的结果,也是中国社会不断向现代化推进的结果。人们又普遍认为,20世纪负笈海外的留学生是这个新知识群体的上层和核心部分。尽管在划分和归纳几代留学生的历史特点和历史地位问题上,论者见仁见智,意见不一,但辛亥革命前后分别以留日和留美为代表的两大潮流,实可视为这个群体得以奠立的基础所在,是五四新文化运动的动力所在。陶行知以自身在美留学的经历清楚表明,正因为在政治见地、学术专业和哲学观念等方面有了一个巨大的跃进,他才能在归国之后,因时乘会,在新文化和新教育运动领域,成为登高而呼的先觉先行者。

按照发生认识论的原理,任何认识都首先建构在一个由主客体综合作用的格局之上。这个格局随着环境的刺激和主体的成长,逐渐丰富、变迁和复杂化,由低级格局形态向高级格局形态发展。但低级格局与高级格局在本质上和现象上都是相通的。在升华到高级形态后,低级形态的某些成分被扬弃,而另一部分残片、因素或颗粒则作为遗传物还继续存活;而另一些原先仅作为征兆、胚芽和细胞的东西又会发展成为具有充分意义的高级形态。当陶行知在1917年秋天结束留学生活时,通过当时所能得到的最严格正规的高等教育,在才、学、识诸方面都已向高级格局形态方面前进了一大步。他完成了从信仰朱熹、王阳明到皈从杜威的超越,也完成了从传统的徽州文化圈到金大文化圈再到哥大文化圈的超越。陶行知早年在三重文化圈中的超越跳跃,就其一生思想文化历程而言,当然还属于低级格局形态的东西。但就在这个格局中,它又蕴藏了日后进化发展的许多重要的成分。

---

[1] 华中师范学院教育科学研究所:《陶行知全集》第一卷,湖南教育出版社1984年版,第59—61页。

在归国的海轮上,他以"使全中国人都受到教育"为自己的职志。誓宏愿大,却又无权无势。他所有的凭恃主要就是游美学来的试验主义的屠龙之技。一介书生,三尺龙泉,他要用教育之光去启蒙启昧。但是,在茫茫彼岸的贫弱祖国,等待他的又是什么呢?

第三章 世界教育革新运动的传应人

促使中国教育汇入国际教育运动的求索

陶行知返国后,1917年9月应聘担任南京高等师范学校教育学专任教员兼教务助理。次年5月该校成立教育专修科,他被聘为主任教员,并代理教务主任。1919年10月,原教务主任郭秉文升为校长,陶行知被正式聘为教务主任。南京高师是在原两江师范的基础上于1915年成立的,设有二部(国文史地部和理化部)六专修科(教育科、农科、工科、商科、英文科和体育科),为当时与北京高等师范学校齐名的两所国立高等师范。陶行知以27岁英年之身登上讲台,先后主讲教育学、教育行政和教育统计等课程,并独当一面主持教务工作,从此开始其长达30年的教育生涯。

在南京高师,陶行知从一开始即以一位热情的教育改革者现身。他支持学生建立教育研究会,出任该会指导员。他又担任"工读协助研究"、"改良考试"等委员会主任,以及"学生自治"、"暑期学校"和"女生研究"等委员会委员。他主持教务工作后,反对狭隘的课堂教学,主张扩大知识面,实行了一系列改革,如实行学分制和选科制,提倡各系科参观实习。他特别重视体育和文艺,特聘美国专家为体育主任,倡行校际球赛和各项竞赛,支持戏剧研究会在校内外演出新剧等。1919年10月,他又联合南京政法专门学校和金陵大学等校,组织南京学术讲演会。这样,南京高师便成为陶行知教育改革事业的发轫之地。

与此同时,他又把目光投向全国。1919年1月,他参加了由江苏教育会、北京大学、南京高师、暨南学校和中华职业教育社等著名教育团体和高等学校共同组成的新教育共进社,并以南京高师代表身份参加该社主办的《新教育》月刊编辑工作。次月,他在该刊创刊号上发表《试验主义与新教育》一文,清晰地把他立意沟通以试验主义教育为代表的美国教育革新运动和中国新教育的意图展现出来。从此之后,他便以张扬新教育为职志,不断把世界教育革新运动的新风新潮输送进来。

在"五四"之前,来自内外两方面的束缚,阻碍了中国教育革新运动的开展。一为封建传统教育的束缚。1912年颁布的民国教育宗旨和各类学校的有关条令以及随后颁布的《壬子癸丑学制》,对清末教育作了较多改革,是民国新人物草绘的一张建设现代教育的蓝图。但是随着政治形势的逆转,这一蓝图很快被袁世凯1915年颁布的以"法孔孟"为核心的教育法令所取代。于是封建教育重新盛行,中小学校恢复读经。正是封建传统教育的复活,激起"五四"新人物奋起反击,喊出了"打倒孔家店"的口号。二为德国-日本教育模式的束缚。戊戌变法时期康有为等人考虑的教育改革就以"远法德国,近采日本"为方针。后来出台的《壬寅学制》(1902年)和《癸卯学制》(1903年)也循此方针,从而使中国教育走上现代化之始就打上了德、日教育的深刻印记。清末民初在中国颇有影响的军国民教育运动和国民教育运动,也莫不咀嚼德、日教育的余英。值得一提的是,德国教育家赫尔巴特的教育思想也经由日本传入中国,在课程设置、分科教学和教学方法方面都为中国教育界所迎受。"五四"前的中国教育界就处在内外双重的束缚下欲进不得。

对于外来束缚,中国教育界先进人物早就要求有所突破。"五四"准备时期,他们的目光就越过德、日教育模式,另有寻求,于是考察欧美教育革新运动以借石他山,成为一时所尚。1914年江苏教育司司长黄炎培派郭秉文、陈容、俞子夷3人赴欧美考察,归后乃有南京高师之产生。1915年黄炎培游美,归后所著《东西两大陆教育不同之根本谈》在教育界颇有影响。1917年南北方各派3人考察菲律宾教育,促进了中国的职业教育。其后袁希涛(观澜)又组织欧美教育考察团,回国后极力介绍欧美教育革新运动的情况。如此蓄积酝酿,终于在第一次世界大战之后,导致中国教育界先进人物产生一种新认识:世界教育潮流业已发生一大转折,从偏重国家主义转为奉行世界主义。因而战前流行西方的军国民教育、绅士教育、宗教教育和资本教育等共同犯有不合世界潮流的缺失,更何况在他们看来,德国和日本君宪制下的军国民教育,给世界带来的是第一次世界大战的巨灾,给中国带来的则是"二十一条"的奇耻。为此,当所谓"公理战胜强权"和"民治主义打败了军国主义"的第一次世界大战结束后,他们很自然地要以民主主义的眼光重新审察世界和中国的教育。这样,与欧洲传统教育相对立的欧美教育革新运动落入他们的眼底。蔡元培吁请中国教育界"积极借鉴各国教育界的改革,努力奋勉"①,表现了一代教育界先进人物的良知。陶行知等具体着手介绍世界教育革新运动,则表现了一代教育界先进人物的良能。

陶行知首先昭告国人,欧战之后,各国教育改革的最根本点即在共和民主教育日益壮大,正在取代以军国民教育和阶级制度为代表的传统教育。而其中变化最大的便是素以传统教育中坚著称的德国。"德国自从拉撒尔、马克思提倡社会主义以来,五六十年间,社会民主党就逐渐膨胀。"欧战之后该党更一跃而为"全国政治的中枢",执掌政权。他们颁布了一系列新的教育政策,在教育宗旨、教育行政、学校组织、教员、课程以及社会教育诸方面都实行大刀阔斧的改革,从而把军国民教育和阶级制度的旧传统"一阵狂风拔得干干净净"。此情此景,激起陶行知无限希望。他祈求这股教育改革的"狂风"也能东来,使得照搬照抄德国-日本教育模式的中国教育出现新机:"我很希望他在东亚的枝叶,不久也就要凋落了;我更希望当这军国、阶级两主义凋落的时候,那抄袭德国精神的国家,也能回心转意,培植那平民主义的教育,使他能够开花结果,为东亚放一异彩。"②

在一意迎新的同时,陶行知又力言只有挣脱旧教育的束缚,中国教育才能顺应世界教育改革的潮流,迎头赶上。为此,他专用从杜威那里学来的实用主义教育思想针砭旧教育,召唤新教育。旧教育"依赖天工",则可以"役物而不为物所役,制天而不为天所制"之试验精神战而胜之。旧教育"沿袭陈法",则可以试验精神"养成其自得之能力。能自得,始能发明,能发明,则陈法自去,教育自新矣"。旧教育"率任己意",则"必使所思者皆有所凭,所断者皆有所据"的试验主义,正是救弊的良方。旧教育"仪型他国",则实行试验主义,"特别发明,足以自用,公共原理,足以教人。教育之进步,可操左券矣"。旧教育"偶尔尝试",彼"计画不确,方法无定,朝令暮改",则试验主义讲究计划、方法和勇气,足可救此弊病。总之,在他看来,试验主义是中国教育破旧立新之最佳工具,"既能塞陈旧之源,复能开常新之道,试验之用,岂不大哉! 推类至尽,发古人所未发,明今人所未明,皆试

---

① 高平叔:《蔡元培全集》第三卷,中华书局1984年版,第339页。
② 华中师范学院教育科学研究所:《陶行知全集》第一卷,湖南教育出版社1984年版,第108—109页。

验之责任也"①。

为了证实这一观点,他更从近世科学文明和教育发展方面广泛取证。近世科学文明皆受试验主义之赐,"试验之法,造端于物理、生物、生理,浸假而侵入人群之诸学,今则哲理亦且受其影响矣。盖自培根用以格客观之物,笛卡儿用以致主观之知,试验精神遂举形而上学、形而下学而贯彻之。穷其结果,则思想日精,发明日盛。欧美之世界,几变其形"。近200年来欧美教育界的进步也莫不受赐于此。瑞士教育家裴斯泰洛齐和德国教育家赫尔巴特、福禄培尔的教育理论,乃至美国詹姆士的教育心理试验、杜威的教育哲学和桑戴克的教育心理学说以及全部发育、自动教育、兴味教育、习惯法等教育学说的提出,"无不根源于试验"。总之,"举凡今日教育界所视为金科玉律者,何莫非昔贤屡试不爽之所遗留哉?是故试验之消长,教育之盛衰系之"。站在皈信皈依的立场上,陶行知认为,中国"教育之不振",即因缺乏试验主义这一科学方法,中国欲谋"教育之刷新,非实行试验方法不为功"②。

那么,怎样"建设试验的教育"呢?他向中国教育界提出了四种办法。

办法之一,注意试验的心理学。心理学是一切教育的根据所在,要求得教育上的进步,必须在心理学上注重试验。可是中国各级师范学校所教的心理学或偏重于书本知识,或偏重于主观经验,缺乏必要的科学试验的仪器设备。只有有了试验的心理学,依据心理学的教育也就不致蹈空了。

办法之二,设立试验的学校。现行学校都是按一定的格式办理的,绝少变通余地,即使是师范学校的附属学校,也仅为实习而设,与实验教育原理和实行课程、管理、教学、设备等改革无关。为今之计,凡师范学校及研究教育的机构,都应注重设立试验学校。

办法之三,注重应用统计法。发明教育原理,必须按着一个目的,将千万的事实征集、分类并列表,然后发现其真相,作出判断。这种方法,就叫统计法。试验教育是很繁复的事情,有了统计法才能以简御繁。所以,统计法是辅助试验的一种利器,也是建设新教育的一种利器,研究教育的个

---

① 华中师范学院教育科学研究所:《陶行知全集》第一卷,湖南教育出版社1984年版,第93—95页。

② 华中师范学院教育科学研究所:《陶行知全集》第一卷,湖南教育出版社1984年版,第60—62页。

人和机构,都应注重应用此法。

办法之四,注重试验的教学法。试验的教学法重要之处在于养成学生独立思想的能力。通用的赫尔巴特五段教学法(预备、提示、联想、总括、应用)却过于偏重形式,只有按照杜威的"实验—探索"方法,才利于养成学生试验的精神和独立思想的能力。

以上四种方法,陶行知认为,前三种为改造教育家所应有的手续,可使他们得了一种精神方法,能够发明教育的原理。第四种为改造国民应有的手续,可使普通国民得了一种精神方法,能够随时随地随事去做发明的工夫。总之,"会试验的教育家和会试验的国民都是试验教育所要养成的"[1]。

在归国后的一年多时间内,致力于宣传欧美教育革新,尤其是试验主义教育,使陶行知站到了中国教育革新的前沿阵地,以新人新姿在五四运动前夕的教育界初露头角。不过,严格而言,作为一名新教育家,他还未能赢得全国性的声望。以鼓吹试验主义教育而论,则慧眼洞识的蔡元培、黄炎培早有见于欧美教育革新运动和试验主义教育的兴起,有所鼓吹揄扬。蔡1915年即把"实验教育学的建设"列为20世纪以来世界教育进步的两大"标识"之一[2],特别荐介给中国人民。黄则在1913年和1914年相继撰成《学校教育采用实用主义之商榷》《小学校实用主义表解》和《实用主义小学教育法》等文发表于报刊,引起一定反响。以杜威门下高足而论,胡适任教北京大学,身居中国学术重枢,且又倡导白话诗文,成为文学革命的主将,发表专著《中国哲学史大纲》(卷上),开学术研究之新风,因而登高而呼,应者颇众。陶行知任教南京,其地理与学术环境既不足与北大抗衡,又不曾像胡适那样归国不久即"暴得大名",他的学术地位不如胡适显赫,他那试验主义教育的宣传成绩也不如胡适的试验主义哲学那样显著。

但是,这种情况很快因杜威等人亲临中国讲学而改观了。

1919年1月,杜威在哥伦比亚大学休年假时应邀到日本讲学。2月间有消息传到中国,称杜威将在东京帝国大学充任交换教授。陶行知原拟在两三年后邀请乃师来华讲学,闻讯后不无遗憾地认为借重杜威推进中国教育

---

[1] 华中师范学院教育科学研究所:《陶行知全集》第一卷,湖南教育出版社1984年版,第110—112页。

[2] 高平叔:《蔡元培全集》第二卷,中华书局1984年版,第405页。

革新之事让日本捷足先登了。因此,他当即与郭秉文商议,决定由郭赴日面邀杜威来华,同时又于3月12日飞函胡适,与胡相约彼此同时函恳其来,准备把杜威来华讲学之事一南一北"统一起来""合办"①。在陶、郭等奔走推动下,杜威不但允于4月结束在日讲学后即来中国,而且主动表示可在华讲学一年。得此消息,他兴奋异常,复于3月31日写信给胡适,建议由北大、南京高师和江苏教育会三家各举代表一人,以具体负责杜威到华有关接洽事宜。他告诉对方,自己已被南京高师推定担任此事,并拟就接待办法数条寄上,希望胡与蔡商量推举一人,且及时就接待办法进行磋商②。北京方面接信后,当即按计划进行,先由蔡元培以北大校长名义致电哥大校长巴特勒,敦聘杜威主讲北大一年。哥大复电同意,这样,就正式落实了邀请杜威来华讲学事宜。由此看来,陶行知实为杜威来华的始发倡议并积极筹备推动者。

当杜威来华之事一确定,他就在3月31日《时报》"教育周刊·世界教育新思潮"专栏发表专稿《介绍杜威先生的教育学说》。该文称杜威既是"当今的大哲学家,也是当今的大教育家"。他"素来所主张的,是要拿平民主义做教育目的,试验主义做教学方法。这次来到东亚,必定与我们教育的基本改革上有密切关系"。文章在介绍杜威简史后,重点介绍其16种著作,其中尤其推重与教育最有关系的四种书(《民本主义与教育》《将来的学校》《思维术》《试验的论理学》),称为"教育界人人都应当购备"之物③。

杜威来华讲学,是中国现代文化教育史上的一件大事,也是"五四"时期中西文化交流的一大节目。对此,许多当事人当时就颇有所见及。尽管后来参加邀请杜威来华讲学的团体有所增加,并因此有种种说法,迄未统一④,但陶行知在其中积极发挥作用,南京高师是主要发起单位的基本事

---

① 华中师范学院教育科学研究所:《陶行知全集》第五卷,湖南教育出版社1985年版,第2页。

② 华中师范学院教育科学研究所:《陶行知全集》第五卷,湖南教育出版社1985年版,第4页。

③ 华中师范学院教育科学研究所:《陶行知全集》第一卷,湖南教育出版社1984年版,第102—104页。

④ 如《晨报》1919年5月29日报道,称杜威来华由北大、南高和浙江各专门学校、浙江教育会公聘;由浙江教育会所编《教育潮》一卷二期(1919年6月)则称为北大、南高及江浙两省教育会;《胡适的自传》则称为北大、南高、江苏教育会和北京尚志学会筹集基金邀请杜威来华的。

实则是无疑的。尽管后来各报各刊发表介绍评论杜威生平及其学说的文章多至难以胜数,但陶行知以入室弟子身份所撰,却是最早发表且颇中肯要的文字。尽管在发议邀请时,寄望于乃师传法中华,以利中国"建设新教育",但结果却大大超过原先的预期,杜威思想对整个中国思想文化界产生了广泛持久的影响。

杜威讲学期间,陶行知积极奔走协助宣传。1919年4月30日午后,杜威偕其夫人爱丽司和女儿罗茜到达上海,陶作为南高代表和北大代表胡适、江苏教育会代表蒋梦麟等前往码头迎接。次日,又陪同杜威夫妇参观申报馆,与主人史量才等合影。杜威在上海、杭州游历并讲演后,5月18日到26日到南高讲演,由陶等翻译。此后杜威北上讲学。1920年4月北大再电哥大,要求续聘杜威一年得到同意,于是杜威复又南下讲学。陶行知先在南高安排讲席一个半月,请杜威主讲《教育哲学》《哲学史》与《试验的论理学》。接着,杜威又到各地讲演,由陶和郭秉文及金陵大学教务主任刘伯明"轮流任翻译"①。同年冬,邹韬奋(恩润)译成杜威《民本主义与教育》一书,陶应请为之校阅并改译部分,然后介绍给商务印书馆作为大学丛书出版,以帮助"为了解除经济上的困难"而"卖稿救穷"的邹韬奋。他还把南高所办的那所实验学校命名为"杜威学校"。

杜威1921年7月11日离华,总共留华两年两个月又十二天。有人统计,杜威此行除在北京和南京两所高等师范作系统学术讲演外,还到处巡回讲学,足迹遍及京、津、沪、辽、冀、晋、江、浙、赣、鲁、鄂、湘、闽、粤等14省市,大小讲演200余次。杜威在华期间,京、沪各地报刊几乎无日不有他的消息报道或讲演记录。后来这些讲演以《杜威五大讲演》为名结集,由北京晨报社出版,两年内印行十余版之多②。

可以说,在五四运动发生后中国文化教育领域发生深刻变化的两年多非常时期中,杜威的哲学和教育基本思想理论异常迅速地被广泛传播。中国文化教育界在此期间饱聆杜威主教,深受杜威影响。胡适在其离华之际

---

① 上海《民国日报》1920年4月22日,第10版。
② 杜威"五大讲演"总共58讲,其内容和范围包括:关于现代教育趋势问题(3次),关于社会哲学和政治哲学问题(16次),关于教育哲学问题(16次),关于伦理学问题(15次),关于思想流派问题(8次)。他在南京高师所作讲演为:有关教育哲学10次,有关哲学史10次,有关实验科学3次。

发表的送行文字《杜威先生与中国》，曾对此有一评价："我们可以说，自从中国与西洋文化接触以来，没有一个外国学者在中国思想界的影响有杜威先生这样大的。"又说，"杜威先生最注重的是教育的革新，他在中国的讲演也要算教育的讲演为最多"。胡适所言并无夸张。此后，杜威成为中国文化教育界尽人而知的名人，有关译介实用主义哲学和教育的书籍和文章多至不可胜数。在实用主义教育随着杜威赫赫声名成为中国教育领域显学的同时，陶行知也以此机缘而在全国报刊上名字出现频率骤增，开始跻身于文化教育界名流之列。

从另一方面说，此次访华对杜威本人影响也十分重要。1939年他的女儿简·M.杜威，根据杜威本人所提供的材料写成的《杜威传》，可视为杜威的自传，其中这样写道："不管杜威对中国的影响如何，杜威在中国的访问对他自己也具有深刻和持久的影响。杜威不仅对同他密切交往过的那些学者，而且对中国人民，表示了深切的同情和由衷的敬佩。中国仍然是杜威所深切关心的国家，仅次于他自己的国家。中国是世界上最古老的文明国家，正在为使它自己适应新的形势而斗争。杜威从美国到中国，环境的变化如此之大，以致对他的学术上的热情起了复兴的作用。这就为社会教育作为一种社会进步工具的重要性，提供了一个生动的证据。"①杜威后来因陶行知之请而领衔发表抗议"七君子事件"和反对日本侵略中国的声明，可说都是以这次访华所建立的对中国人民的深切友好感情为基础的。

如果说杜威来华可视为中国教育被纳入欧美教育革新运动之始，那么接踵而来的孟禄就使中国教育更进一步地靠拢这一运动。

孟禄来华，在其中积极发挥作用的仍是陶行知。1921年夏，他与范源濂、蔡元培、张伯苓等在北京组织实际教育调查社，推范、蔡分任正、副社长，议定聘请孟禄来华进行为期4个月的教育调查，以期"诊得我们教育症结之所在，以定医法方案"②。与杜威来华接待工作有所不同，此次孟禄来华，其调查和讲学活动几乎由陶行知全程陪同。下面是一张简单的日程表：

9月5日，孟禄抵沪，陶与黄炎培、郭秉文前往码头欢迎。次日，与孟

---

① 简·杜威：《杜威传》，单中惠编译，安徽教育出版社1987年版，第52页。
② 华中师范学院教育科学研究所：《陶行知全集》第一卷，湖南教育出版社1984年版，第247页。

禄交谈教育问题。

9月7日,随孟禄参观沪江大学并游览吴淞。

10月7日,孟禄在南京江苏省教育学会讲《共和与教育》,他任口译。

10月21日,陪至苏州。次日孟禄在苏州第一师范讲《旧教育与新教育之差异》,他任口译。在苏参观时,有一女士因翻车落水溺死,由孟禄和他领衔发起一游泳社以表纪念。

10月下旬,又陪孟禄由上海至香港,转赴广州参加全国教育联合会第七届会议。会议期间孟禄发表讲演及参加有关座谈,均由他担任口译。

11月13日,陪孟禄由广州到福州。次日,孟禄在省教育会讲演《科学教育》。

11月23日,同至杭州,孟禄又在省教育会讲演。

11月24日后,陪至北方,在北京、天津、太原和东北各地调查讲学。

12月7日,随同参观熊希龄及其夫人朱其慧主办的香山慈幼院。

12月23日,在北京中央公园参加中国教育界同仁为孟禄所办的饯别会。

12月27日,偕同抵沪。次日又随赴南通讲演。

1922年1月4日,同至南京,参加南高毕业同学公宴。

1月7日,孟禄离沪回国,他复与黄、郭到埠送别。相别之际,反映其此行主要成果的《孟禄的中国教育讨论》一书,也已由他和胡适等着手编辑。

孟禄此行对中国教育的影响,他曾作如下评价:孟禄"以科学的目光调查教育,以谋教育之改进,实为我国教育开一新纪元"[①]。应该承认,这一称扬非无根据。孟禄作为国际驰名的教育史专家,他有相当开阔而又深刻的学术见解,对中国传统教育之弊也知之甚明[②]。他1913年首访中国,此次重来对正在兴起的中国教育革新运动印象颇佳,认为中国教育"此次改

---

① 华中师范学院教育科学研究所:《陶行知全集》第一卷,湖南教育出版社1984年版,第173页。

② 孟禄在其1905年出版的《教育史课本》第二章《东方教育、复古式教育:中国为典型》中,尖锐批评中国的儒家思想体系,"毫无感人的教训和毫无理想的气息",使中国几千年的文化教育踏步不前,成为"复古式教育"的典型代表,使中华民族成为"一本书(指儒家的四书五经)的民族"。

革与欧美各国正在进行之改革,极相类似,诚足注意。所以如是类似者,殆由各国共通之民主主义、国家主义及实业主义之根本势力,相与酝酿而成此改革欤"①。站在西方的民主立场,他对中国传统文化教育的批评,同"五四"时期的批判精神是相应一致的。他希望中国教育改革朝共和民主方向发展,更是对中国教育事业充满友好同情。中国新教育倡导者对他钦敬不已。在他访华期间,好几家著名的刊物为他出版了《孟禄专号》,在文教界掀起了一股孟禄热。在他归国前,由新教育共进社、《新教育》杂志社和实际教育调查社三大教育团体合并筹设"中华教育改进社",聘请孟禄出任该社名誉董事,非为无因。而这个标示"教育改进"并在随后数年间活跃一时的教育团体,即在为孟禄饯别的会上宣布成立,也可视为中国新教育倡导者的一种精心安排。

不过,最能说明问题的是,1921年12月下旬专为孟禄此次教育调查在北京召开的中国教育调查讨论会。出席会议者为自教育总长以下各省教育行政负责人、各省教育会负责人和教育学术团体代表,并指定有关大学校长、教育系主任和特邀代表共1000余人出席。陶行知代表中华教育改进社主持讨论会,孟禄报告调查所得并参加讨论,其内容相当广泛,包括中小学校教育、教授法、课程、教育行政、教师职业、成人教育、特别教育、学校建筑与卫生、私人兴办教育与政府承认问题等等。为一名外国专家专门举办如此大型的讨论会,在中国现代教育史上是不多见的。它足可证明孟禄此行的重大影响。如果说,杜威以其精邃的理论使中国文教界人士大开眼界,指明了中国教育的发展方向,那么,孟禄便以其深刻的洞察,发现中国教育的病源所在,并开出医疗方案。这两位教育大师互相配合,有效地把中国教育改革引向美国的教育模式。

就陶行知个人来说,此次全程陪同孟禄,除进一步使他广泛接触各地教育界知名人士,密切了他同中国教育界的联系,还在实际调查过程中,进一步了解了中国教育的现状。对于陶行知今后的教育活动来说,这次全面调查是一项很有价值的基础投资。

紧接着,根据孟禄的推荐,由陶行知担任主任干事实际负责社务的中华教育改进社出面邀请,美国俄亥俄州立大学推士教授和哥伦比亚大学师

---

① 孟禄:《评新学制草案》,《教育杂志》1922年5月第十四卷号外。

范学院麦柯尔教授又在1922年下半年相继来华。孟禄曾认为，中国教育的薄弱部在中学，而中学的薄弱部又在科学教育。因而推士来华的使命即是从事科学教育的调查，而麦柯尔的使命则在帮助拟订一个科学的智力与教育测验计划。来华后，推士调查了很多地方的很多学校，麦柯尔则与中国教育界新人物合作拟订了供中小学应用的20套标准化的教育测验，从而推动了中国教育测验运动，使得作为美国实用主义教育工具的统计法很见声势地移植中国。

这样，以杜威开其端，孟禄为中坚，推士和麦柯尔殿其后，美国哥伦比亚大学实用主义教育学派以坚强的阵容和崭新的理论，井然有序地在20年代之初把美国进步教育运动的新风潮输来中国，从而推进了中国教育汇入国际教育运动的行程。

与此同时，中国新教育倡导者又极力主张走出国门，迈向世界。他们较前更强烈地渴望了解世界教育的情况，同各国教育家交流经验，参与国际教育运动。而陶行知又在其间充当了一名重要角色。

1921年8月在檀香山召开的太平洋各国教育会议，中国因准备不足，赴会未能取得满意结果。

次年2月在菲律宾召开远东教育会议，中国复因准备不足未能成行。

这些挫折都使陶行知深以为憾。"我们以后若再懒惰，不早些从事准备，那世界真要以为中国没有教育了。世界以为中国没有教育犹事小，若中国真无教育可说，那就更可惭愧了。"所以，等到1922年5月要在布鲁塞尔召开第五次万国家庭教育大会，1923年要在旧金山召开世界教育联合会成立大会和在日内瓦召开万国成人教育会议的消息传来，又使陶等兴奋不已。他们预测，以后此类国际会议必不在少，参加得好，"从小的方面看，可使到会各国交换知识；从大的方面看，或可解决些国际教育的问题，以谋世界文化的改造"。基于这样的认识，他们对于参加由美国发起的世界教育联合会成立大会，更是关注异常。陶行知特撰《对于参与国际教育运动的意见》，鼓吹中国教育要作出"第一流的贡献"，要"彻底自明"并使"别人晓得自己"，就必须以积极的姿态投入国际教育运动。

为参加这次会议，他一面以中华教育改进社的名义着手准备有关赴会材料，一面又与社内诸董事商讨与会代表的名单。为准备赴会材料，他做了大量工作：一、用了一年多时间调查汇编成《中国之教育统计》，共得表格

56 种；二、编辑有关中国教育之报告 17 种；三、组织专家学者研究赴会的提案①。如此丰富翔实的赴会材料，反映了前阶段中国教育革新运动的成绩，也表明了陶等新教育倡导者对参加国际教育运动的高度重视和高涨热情。为推举赴会代表，他组织南北诸董事分别在上海、天津开会，推定蔡元培、郭秉文和陶行知等为代表。虽然他自己后来因事繁不能赴会，但郭则在这次会上被选为世界教育联合会副会长。这位曾获哥伦比亚大学师范学院师范科博士学位的中国新教育家的当选，刚好是中国新教育运动借助哥伦比亚大学实用主义学派之力而跻身国际教育运动的一种象征。后来陶又被社内诸董事推举为参加第二届和第三届世界教育会议的代表，他都因事忙而未能成行，但他为准备第二届会议而写的《民国十三年中国教育状况》，被收入哥大师范学院国际教育出版社出版的权威性刊物《世界教育年鉴》，成为向世界展示正在改革之中的中国教育状况的代表作。可以认为，陶等新教育运动的倡导者对国际教育运动的强烈参与意识，正是欧美教育革新运动在中国唤起的一种信心的外露。

应当指出，中国教育在"五四"之后汇入国际教育运动并非孤立和偶然的现象。在 20 年代前后，国际教育界的交流来往进入一个相当活跃的时期。只要把眼光推扩一点，就不难发现，就在中国教育汇入世界教育潮流的同时，亚洲诸国和苏联也程度不等地受到美国进步教育运动的影响，而在其中推波助澜的为首者还是杜威本人。

在日本，杜威来华前两个多月的居留，对素来德国教育思想流行的日本教育界的影响巨大。如同在中国一样，他的到来为自己的信从者所掀起的教育改革运动添注了动力，引起了一股"杜威热"。许多学校按照欧洲和美国进步教育运动的模式建立起来了，道尔顿制和设计教学法也在日本流行一时。一位日本历史学家甚至说，"教育理论家们几乎人人都参加到当

---

① 华中师范学院教育科学研究所：《陶行知全集》第一卷，湖南教育出版社 1984 年版，第 381 页。有关中国教育之报告，陶行知初时准备编辑 25 种。除《中国之教育统计》外，尚有《中国近年教育之进步》《和平主义之中国教育》《中国近年教育思潮之变迁》《中国学制改革史略》《中国之新文化运动》《中国之教育行政》《中国之高等教育》《中国之中等教育》《中国中学课程之改造》《中国之初等教育》《中国之职业教育》《中国之农业教育》《中国之商业教育》《中国之工业教育》《中国之师范教育》《中国之国语运动》《中国之体育》《中国之女子教育》《中国之图书馆》《中国之社会教育》《中国之教育心理测验》《中国之教会教育》《中国之童子军》《教科书中之国际问题》。见《教育杂志》1923 年 4 月第十五卷第 4 期。

时流行的教育思潮之中"。而一位日本教育学者则认为,"在第一次世界大战结束之后的一段时间里,日本的进步教育运动一度达到了顶点。杜威的思想几乎掩盖了德国的教育思想"。

杜威在 1924 年应邀赴土耳其考察教育制度。在停留两个月后,他向土耳其政府提交了一个备忘录和一份分析报告。他在报告中建议土耳其教育部门研究采用进步学校的做法,以求促进教育改革。他还对教育制度问题和学生自治体制等问题提出了建议。这些建议备受重视,以至有人在 20 年后的一篇论文中还说,"今天在土耳其的教育目标和体制的性质为杜威的建议被采纳的程度提供了证明"。

十月革命胜利后的苏联教育界,也在努力寻求全面改造教育制度的理论。杜威的教育思想以及道尔顿制和设计教学法等,都因其破除书本、教师和课堂的"三中心"而被认为符合苏维埃的政治目的。因而第一任教育人民委员卢那察尔斯基以及舒里根、布朗斯基等教育界领导人,都对杜威及其理论不胜钦仰。美国著名记者安娜·路易斯·斯特朗在访问苏联后写于 1924 年的《进步教育》一文中曾指出,早期苏联教育的改革,"在对待杜威教育思想上,比我们美国尤为突出。他们在任何地方都是按照杜威的教育思想来进行改革的。他们对杜威的每一本书都不放过,并及早地译成俄文作为参考,然后他们又加上自己的东西"。

此外,杜威的许多代表作如《儿童与课程》(1902)、《伦理学》(1908)、《学校与社会》(1915)、《民本主义与教育》(1916)和《哲学的改造》(1920)等,除流行于中、日、土等国外,还被译为朝鲜语和印度的泰米尔语、乌尔都语、旁遮普语和印地语,在那些语言区域产生广泛影响[①]。

显然,历史赋予杜威以重任,历史也赐予杜威以恩宠。杜威及其同事以哥大师范学院为基地,吸收许多国家的大批留学生,普传大法。这些人归国后,其中很多在国内文化教育界据有相当地位。他们鼓吹译介师说,最为直接有力。据有人统计,杜威的论著至少被译成 35 种文字。他的教育理论被广泛引用和讨论,成为当时世界教育革新运动中的一股主流。

作为一名教育家,陶行知对于"精神上的传应"问题很有见地。他清楚

---

① 以上有关杜威对日本、土耳其和苏联等国教育的影响,参见哈利·巴森:《约翰·杜威对世界教育的影响》,《外国教育研究》1984 年第 3 期。

地认识到,历来的英雄豪杰的精神"可以一代一代地向下传",而社会"各方面的精神传应"也是无休无止的①。因而,杜威等顺应时代发展,在教育上努力破旧立新,他都作出热情反响,广泛传应。可以说,欧美教育革新运动在中国产生回应是事理之必然。而在此过程中,师门假弟子之力,扩大教育革新运动之范围,弟子借师门之光,推进中国新教育运动,师生传应,可谓相益相彰,各得其所。但因杜威等的教育理论是建立在实用主义哲学、渐进温和的民主主义和生物本能论的心理学的基础之上,因而也就必然存在许多片面的、极端的和错误的观点。对这些不足之处,陶行知在日后的教育实践中渐次发现并努力克服,于是就有他自称的"翻了半个筋斗"之说。将乃师学说"翻了半个筋斗",是一种扬弃,也可说是站在更高层次上的一种全新意义的传应。

  过去人们往往站在民族的或阶级的立场,从狭小而孤立的文化教育观出发,对于欧美教育革新运动的东渐,难免投之以怀疑或否定的眼光。但如果跳出狭隘的民族文化圈,克服封闭的文化心态,站到历史的高处,从国际教育运动立场对20世纪初的世界教育潮流作一纵观,那么,我们就不难发现,东西方社会的教育都面临着一个如何适应各自变化之中的社会的巨大课题。如果说,从19世纪后期开始,欧美工业化进程的相应加快,经济的迅速发展和新的社会需求,促使欧美教育革新运动率先兴起,向传统教育理论和方法提出挑战,那么,在工业化步伐和社会生活变革方面相对落后的东方各国,却是在进入20世纪,特别是在经过第一次世界大战后,社会生活的节奏才日渐加快的。众所周知,中、日、印这三个亚洲大国,国情虽各不相同,却都因第一次世界大战的特殊机缘,各自的社会经济、民族民主运动和科学民主思想得到程度不同的发展。至于苏联,十月革命的成功使整个国家立即面临实施政治、经济、文化、教育全面改革的巨大课题。变革中的东方诸国共同迫切需要一种与之相适应的教育改革,而欧美教育革新运动又正值蓬蓬勃勃外铄外扩力量极强之时。于是,两情相投,欧美教育革新运动叩关而入东方,而东方诸国的教育则顺理成章地纳入其中。一施一受,恰似历史老人精心安排的一种优化的双向选择。

---

① 华中师范学院教育科学研究所:《陶行知全集》第一卷,湖南教育出版社1984年版,第186—187页。

如果再考虑到,人类进入 20 世纪后,科学技术的飞跃进步,造成了一个空前灵通的信息社会,思想文化的交流日益变得切近。交通工具的巨大更新,远渡重洋的巨轮和划破空间的飞机的问世,更使这个世界日益变得狭小。越来越多的事实使越来越多的人相信,随着人类文明的加速发展,不同国家和社会的人们正自觉或不自觉地进入一个世界一体化的历史阶段,彼此交流对话的可能性和必要性也变得越来越大。在这个地球大系统内,任一子系统中发生的重大事件都会波及旁系统并反过来影响大系统。既然在萨拉热窝暗杀了一位奥匈帝国的皇储就能点燃世界战争的烈焰,既然在这场战争中一名幸存的普通士兵日后能登上德意志第三帝国元首的宝座并点燃又一次世界战争的烈焰,那么,在此同时,以杜威为代表的实用主义教育学派风动一世,使得自身内部蕴含变革因素的中国教育革新运动乘此风潮,鼓荡前进,勃然沛然,终于风云际会,汇入世界教育革新的大潮之中,也就不是难以理解之事了。

对于以杜威为代表的欧美教育革新运动在中国的影响,50 年代以来一直受到不公正的评价。在今天,历史终于为人们提供了一个相对优越并超越前人的观察省思的机会,使研究者得以从容地把长期包围它的厚重的政治外壳剥去,从而能从不同的视角对之详加审谛。我们认为,只有具备这样的前提,并且把"五四"新教育运动放在世界教育革新运动的大系统中观照,人们才能更确切地把握"五四"时期陶行知的教育活动,见及其蕴含既深且广、兼容国情与世情于一身的本来面目。

争取中国教育和政治民主化的尝试

人们熟知,北京大学成为新文化运动的发源地是同蔡元培以民主精神治校分不开的。北京大学由于其前身京师大学堂所聘教师、所收学生均以官僚和准官僚为主,因而官僚衙门习气和封建腐朽学风的浸淫一直很深。1917 年初蔡元培长校后,致力于以民主精神从事教育改革。在教师中,他淘汰庸劣,广延饱学之士,倡导思想自由和学术自由,各派学说兼容并包,从而网罗众家,使北京大学成为一个人才荟萃的高等学府。在学生中,他同样本着思想自由和学术自由的民主精神,鼓励学生自由结社结会,自由参加政治活动,从而使北大学生思想特别活跃,精神特别焕发,成为全国学生的先进。可以说,民主精神治校—教育改革运动—新文化新思想发皇,这就是蔡元培创造的北大模式。

如果说,蔡元培在不长的时间里以民主精神成功地改造了北京大学,为中国教育民主化树立了一个榜样,那么,杜威和孟禄来华就从理论上扩大了教育民主化的影响。

杜威莅华之始,开头几次讲演就揭橥教育民主化的主旨。

1919年5月3日至4日,作为来华第一场讲演在江苏教育会举行,讲题《平民主义与教育》,力申世界社会问题之最后解决,在于普及平民教育。中国将来进入幸福之途,完全有赖于教育家。5月7日第二场讲演在浙江教育会进行,讲题《平民教育之真谛》,讲演中谓"教育之精神何在?曰在民主,在共和","共和主义的教育,其宗旨在使人人有被教育之机会,其方法则在尊重个性"①。

6月初,杜威在五四运动进入高潮之际到达北京。6月8日首登北京学术讲坛,讲题为《美国民治之发展》,中谓"美国的趋向要把民治主义和教育合在一块,民治就是教育,教育也就是民治。凡是教育都是为民治设的,必须有这种政治,才可让教育格外发展;也必须有这种教育,才可让政治格外改良。我很盼望中国将来也能做到这个地步"②。

杜威从南到北一路宣讲,恰好同五四运动从北向南迅速扩展成为一种对流。西方学者有关教育和民主问题的理论阐述同中国学生的实践活动相逢相会在神州大地,而冷静庄重、语态平和的学者讲演复同热情奔放、行动激烈的学生运动相映相衬在各大报刊。综观杜威在华讲辞累累不下百万言,但教育民主化问题却是他此行始终执而不释的主题。而杜威对中国教育现代化的影响,主要也就在于推进了中国教育民主化的进程。

孟禄来华的使命虽然主要在于教育调查,以帮助中国寻求教育改革的途径和方法,但他用以度量中国教育利弊得失的基本准尺则是民主和科学。他到华的首场讲演《共和与教育》,劈头就把民主的和非民主的两条教育发展途径摆在中国教育界面前③。接着,他又在题为《旧教育与新教育的差异》的讲演中,把民主精神具备与否作为判别新旧教育的基本标志。

---

① 《教育潮》第一卷第六期。
② 《北京大学日刊》1919年6月18日—26日。
③ 华中师范学院教育科学研究所:《陶行知全集》第六卷,湖南教育出版社1985年版,第738—739页。

"旧教育注意少数领袖人才,不顾平民的智识开通与否,也不顾平民的教育普及与否。"因此,旧教育只是"少数人的教育",新教育则与之相反,它是:"人民公共的,个个有相当的机会,发展他们各个的道德、技能、学识,所以新教育的真精神,是德谟克拉西主义。德谟克拉西要求普通人民都得相当的教育,这是中国当今之急务!"①孟禄把民主精神的建设当作中国现代教育发展的基本任务,确是抓住了要害。

蔡元培的教育改革实践和杜威、孟禄的民主教育宣传,二者里应外合,并力鼓荡,使发扬民主精神成为"五四"时期新教育者的共识。陶行知也就在当时这样的特定环境中,对中国新教育在理论和实践方面引入"德先生"作了一系列有益的尝试。

1918年6月,在南京高师学生所组织的教育研究会成立大会的讲演中,他强调新教育是建设共和长城的根本,共和国领袖和国民都由共和教育所培养②。一年后,他进一步强调共和民主精神是新教育的根本所在,并在"新教育的需要"的小标题之下,对前此新教育造成共和国领袖和国民的双重任务的说法有所修正,更加强调造成共和国民这一方面。"怎样能够造成这新国家呢?固然要有好的领袖去引导平民,使他们富,使他们强,使他们和衷共济;但是虽有好的领袖,而一般平民不晓得哪个领袖是好的,哪个领袖是不好的,也是枉然。所以现在所需要的,是一种新的国民教育,拿来引导他们,造就他们,使他们晓得怎样才能做一个共和的国民,适合于现在的世界。"这一修正,显然是对传统双轨制教育强调阶级制度的否定,也是他共和教育思想进一步加强的证明。在"新教育的目的"的小标题下,他又把养成具有改造利用自然界和在人类社会"讲求共和主义"、"谋共同幸福"两大能力的共和国民,作为新教育的根本目的。而在"新学校"、"新学生"、"新教员"和"新课程"诸小标题下,他更大力发挥杜威民本主义教育的学说,强调新学校即是"造成共和国民的根基"的"具体而微"的"小共和国",新学生即在此接受有关"人生之道"的训练,新教员也就必须"要有共

---

① 华中师范学院教育科学研究所:《陶行知全集》第六卷,湖南教育出版社1985年版,第754页。

② 他指出:"方今教育家之天职,在考察吾国共和之长城造乎未造,所造者完乎不完;何者应改弦更张,何者应补苴修正。"见华中师范学院教育科学研究所:《陶行知全集》第一卷,湖南教育出版社1984年版,第65页。

和精神"才能引导学生去学此"人生之道",而新课程则理所当然地要"合乎世界潮流"、"合乎共和精神"①。由这篇讲演可见,陶行知已确定无疑地把民主精神作为自己鼓吹新教育的基调,从而对杜威、孟禄来华传送的教育民主化宣传作出了积极的回应。

传统教育机械划一,压抑学生个性自由发展,欧美教育革新运动倡导崇尚个性自然以抗。陶行知对此也作出了自己的反应。1919年,他在担任南高教务主任时,就提出"改良课程案",计划将本校课程改为"选科制",规定"一科之学生可以选择他科之学程",以利学生自由发展。他还将原先必修的"拳术"一课改为选修,理由即为各人"体质及兴味"不同,硬性规定通习则"违反个性,徒耗光阴"②。他还强调儿童教育必须以儿童的心理、需要和能力作基本出发点,教育者必须揣摩其心理,根据其需要,顺导其能力,"按着时势而进行,依合着儿童的本能去支配"③。

他坚信民主教育有赖共和政治,也有赖学生自治。所以,他在南高力赞取消活动范围有限的校友会,而改组成立学生自治会,以放手学生自治。1919年10月,他发表《学生自治问题之研究》,强调"共同自治是共和国立国的根本","学生自治,是共和国学校里一件重要的事情"。文章论证学生自治一则适应共和国体的需要,二则适应"时势所趋",三则为"陶熔"共和国民的需要④。对学生自治的积极态度,是他追求教育民主的具体反映,也是他支持五四学生爱国运动的思想基础。

在"五四"时期,陶行知有一基本观点,即认为中国教育缺乏民主,集中反映在人民不能平等享有受教育权方面。统计材料表明,当年全国在校学生总数仅540万,只占全国4亿总人口的1.5%,也就是说,100个中国人中只有一个半学生。陶行知认为,这一特低的比例最能真切地反映中国教育缺乏民主精神。站在教育民主立场,他的同情目光很自然地落到那些未

---

① 华中师范学院教育科学研究所:《陶行知全集》第一卷,湖南教育出版社1984年版,第122—129页。

② 华中师范学院教育科学研究所:《陶行知全集》第一卷,湖南教育出版社1984年版,第142页。

③ 华中师范学院教育科学研究所:《陶行知全集》第一卷,湖南教育出版社1984年版,第180页。

④ 华中师范学院教育科学研究所:《陶行知全集》第一卷,湖南教育出版社1984年版,第133—141页。

能享有受教育权的大多数中国人民身上。他把中国历来男女不平等、城乡不平等和贫富不平等视为教育不能平等和普及的主要原因。为了改变这种情况,他从"五四"时期大力倡导女子教育始,随后又推行平民教育运动和乡村教育运动。整个 20 年代,他致力于此,一一努力实践,从而在"五四"教育民主化的时代课题面前写下了自己的答卷。有关他从事平民教育和乡村教育,下文另有论述,此处专就其倡导女子教育加以略述。

中国封建旧教育固然完全无视女子接受教育的权利,而现代中国教育改革之始也没有认真考虑此事。他指出,1902 年制定的《壬寅学制》没有女子教育的规定,次年制定的《癸卯学制》仍将女子教育包括在家庭教育之中,并无独立地位。1907 年 3 月颁布的《女子师范学堂章程》和《女子小学堂章程》,虽"为女子教育在学制上占领位置"之一大标志,但这一"占领位置"极其有限,女子教育若同男子教育相比,仍处于不平等地位。1915 年袁政府所颁教育宗旨还强调"女子则勉为贤妻良母,以竞争于家政",整个女子教育依然处在极为不利的地位[①]。对于女子教育艰难发展的历史回顾,寄托了一位追求民主的教育家的深忧。

他认为,女子教育不但有助于女子独立成人,实现个性,而且对提高国家和民族的素质具有十分重大的意义。他把女子教育的社会价值和功能归纳为三个方面,即使在今天仍不无启发作用:只有改造和提高占国民总数之半的女子的素质,才能使她们和男子共同担负社会的责任,女子教育显为强盛国力之根本要图;富有感化性的好女人,能溶化男子的性情和人格,女子教育又显然是改造社会细胞——家庭之根本要图;读书明理的女子有条件照顾儿女的成长,女子教育又是巩固子孙教育的根本要图[②]。在这里,陶行知的认识已十分接近时下人们所常常称述的说法,即妇女的解放程度是衡量社会民主的重要指标,而妇女受教育情况更是测量教育现代化的基本依据。

基于如上认识,他积极致力于女子教育。他整理归纳了一份当时女子教育亟待解决的问题的清单,呼吁人们予以注意,合力解决。

一曰女子教育发展过慢,且在各省发展极不平衡。为此,他把"如何使

[①] 华中师范学院教育科学研究所:《陶行知全集》第一卷,湖南教育出版社 1984 年版,第 197—199 页。

[②] 华中师范学院教育科学研究所:《陶行知全集》第一卷,湖南教育出版社 1984 年版,第 258 页。

各省都有女学生,使个个女子都能得到教育的机会",作为新教育倡导者首先应负的责任。

二曰各级学校女子教育不平衡,越向上去,人数越少。他呼吁,"使各级教育女子所得教育之机会,都能平均"。

三曰女子教育的内容和方法,不能适应变化很快的社会生活。他因之要求改良女子教育的内容和方法,"使能适应进化社会之需要"。

四曰从事女子教育的待遇偏低。他为此要求服务女校和服务男校者得同等待遇,以促进女子教育的改良。

五曰中国至今未有人出而研究女子教育问题,或出而组织倡导女子教育的社会团体。他为此吁请各界"群策群力,组织团体","当仁不让"地出来担负此责[①]。

在积极倡言的同时,他还奋起力行,脚踏实地从事铲平男女教育不平等的鸿沟的工作。

首先,他起而向大学不能男女同学的旧习发起冲击。虽然教会办的岭南大学和上海大同书院已实行男女同校多年,但中国自办的大学尚未破此旧习。1919年9月,胡适写成《大学开女禁的问题》,主张大学招收女生,并提出办法三条。陶行知迅即作出响应。当年12月在南京高师校务会议上,他提出"规定女子旁听办法案",有实行办法六条[②]。次年2月,胡适作为北大代理教务长,招收女生2名入学,开中国高校男女同校之先声。陶作为南高教务长紧紧跟上,同年4月在校务会议上报告秋季招收新生问题时,他明确定下原则,"学生有应试资格来校应试者,苟能及格,不论男女均可录取"[③]。6月,在校务会议上报告招收特别生办法时,他又明确规定各科各学程男女均可招收的宗旨[④]。到该年9月,他终于促成南高首次招收女生入学。由于北大和南高是"五四"时期推行新教育运动的重镇所在,所

---

① 华中师范学院教育科学研究所:《陶行知全集》第一卷,湖南教育出版社1984年版,第243—245页。

② 华中师范学院教育科学研究所:《陶行知全集》第一卷,湖南教育出版社1984年版,第143页。

③ 华中师范学院教育科学研究所:《陶行知全集》第一卷,湖南教育出版社1984年版,第146页。

④ 华中师范学院教育科学研究所:《陶行知全集》第一卷,湖南教育出版社1984年版,第147页。

以两校开放女禁影响巨大,很快推动各大学继起开放。1921年至少有女大学生35人,1922年至少增至50人,以后逐年增加。陶行知终于和其他新教育倡导者合力冲破了高校女禁的铁门,在中国现代高等教育史上写上了值得纪念的一页。

紧接着,陶行知及其倡导新教育的同志又起而为中学开放女禁而努力了。1922年制定的《壬戌学制》对于男女同学不再限制,但反对中学男女同学的保守势力仍极顽固。为此,陶行知在1923年1月发表《为反对中学男女同学的进言》,表明了自己的态度。他认为,在社会无法大量设立女子中学的情况下,中学男女同学势在必行。民主的立场使他以求取精神食粮为喻,怒斥那些反对者:"既不为女子另外开饭,又不许男女同桌吃饭,是不是要看他们饿死呢?"[①]

为了实际推进女子教育,他又率先创立提倡女子教育的社会团体。出任中华教育改进社主任干事不久,他便在社内创设女子教育委员会并兼任该会副主任委员。该会成立不久,适逢清华学校决定停送女生赴美学习,该会两次向清华和外交当局提出抗议。1922年12月27日,他参加该会会议商讨办法,随后代表改进社向北京英文报纸《导报》记者发表谈话,支持该会抗议[②]。及至1925年8月改进社第四届年会上,他又与人联合发起并筹备中华女子教育促进会,以求在更大范围内促进女子教育。

陶等新教育倡导者在推进女子教育方面获得的成绩十分显著。也许只需把美国当年发展女子教育的情况拿来作比,就能加深这方面的印象。虽然早在1833年俄亥俄州奥伯林学院就已成为美国第一所男女同校的高等学府,但是直到1914年前后,也即经过80年之久,美国东部的学校仍然墨守男女分校制,特别是一些历史悠久的大学坚持只招收男生,而把女生摒之门外[③]。中国只经过20年时间,主要还是"五四"之后数年间,就在各级学校打开女禁,其进展之快,用陶行知的话来说则是"进步的敏捷,实可

---

① 华中师范学院教育科学研究所:《陶行知全集》第一卷,湖南教育出版社1984年版,第300—301页。

② 华中师范学院教育科学研究所:《陶行知全集》第一卷,湖南教育出版社1984年版,第298页。

③ 安德烈·克鲁瓦:《美国史——从威尔逊到肯尼迪》,上海人民出版社1977年版,第40页。

令人惊叹"①。应该说,"五四"时期争取女子教育权利,既是争取教育民主化的重要内容,也是同整个时代发展的民主趋向相应一致的。

教育民主化问题同国事国运关系最为紧密。陶行知曾对教育脱离政治而无补国事的情况提出过尖锐批评:"教育自教育,国运自国运,其间关系觉得太薄弱。我们办教育,竟无补于国家之大局,岂不是最要令人反省的一件事?如何办理教育,使他与国家命运息息相关,是我们教育界的根本问题。"②正是基于这种认识,他和一批新教育倡导者在改革中国教育的过程中,自觉把争取教育民主同争取政治民主结合在一起。而五四运动和随后的学生运动作为这两者天然合理的接合部,刚好为陶等提供了一个参与的机会。

五四运动一发生,陶行知不但像自己的同乡胡适、陈独秀等一样,以新思想新文化鼓吹者的身份竭尽推进引导之功,而且还以一名进步教育家的姿态积极投入,同爱国师生一起站在运动的前列。于是,人们看到,他的身影出现在群众集会的讲台和游行队伍的前头;人们听到,他的教育民主的呼声中添入了反帝爱国的高昂音调。

北京学生反帝爱国活动的消息传到南京后,他立即动员南高和全市爱国师生热烈响应。5月9日上午,南京各校6000余人集中在小营操场召开国耻纪念大会。他和刘伯明等发表演讲,讲述国耻历史并表明誓雪国耻的决心,痛斥卖国贼和日本帝国主义,强烈要求拒签《巴黎和约》,取消"二十一条"。大会推举陶行知等为代表,向英、美领事要求电告该国,对中日交涉主持公道。会后率队游行,赴省军民两署请愿。当日下午,江苏省省议会举行国耻纪念大会。他又代表南高赴会,在会上发表演说,强烈要求归还青岛,拒绝各种密约③。

5月10日,陶行知等往见英、美领事,表明了中国人民反对《巴黎和约》、强烈要求归还青岛的严正立场。

5月13日,南京20多所中等以上学校各选代表4人,参加南京学界联合会成立大会。大会通过会章,以"提倡服务社会,发挥爱国主义精神"为

---

① 华中师范学院教育科学研究所:《陶行知全集》第一卷,湖南教育出版社1984年版,第199页。

② 华中师范学院教育科学研究所:《陶行知全集》第一卷,湖南教育出版社1984年版,第365页。

③ 《时报》1919年5月12日。

宗旨。陶行知被推选为会长。联合会成立后,组织学生散发传单,进行露天讲演,社会影响很大。

次日,陶行知复参加南京绅、商、学各界万余人召开的国民请愿大会。在学生爱国运动的推动下,中旬以后南京商界抵制日货,下关码头工人拒卸日货①。

面对学生爱国运动不断高涨,南京高师内部意见分歧渐趋尖锐。当时校长郭秉文正在美国考察教育,校务由陶和学监主任陈容代理主持。陶支持学生罢课,陈则反对并阻挠学生游行和罢课。双方争辩,陈不得理,因此羞愤辞职。南京各校学生因陈等顽固立场,遂脱离学界联合会,独立组成学生联合会,于6月2日正式成立。由于陶行知坚决支持学生运动,被该会聘为顾问。

在运动期间,南高学生祝其祥等2人因忧愤国事,致劳病故。是年10月中旬举行追悼会,他特地到会作详切讲演,勉励学生②。

11月7日,在全国各界联合会筹备会的推动下,由南京学生联合会发起的南京各界联合会筹备会成立。陶行知以欧美同学会代表身份被推为会长③。

12月8日,南京各界召开抗议"福州惨案"的集会,到会万余人,他被推为大会副主席,复被公推代表教育界与另一商界代表向苏省军民两长请愿,抗议日军在福州枪杀中国学生和警察的暴行④。

1920年1月23日,参加巴黎和会的中国代表陆征祥等顺应民意拒绝签字,返国途经南京,学生联合会组织欢迎,他率南高队伍前往车站⑤。

1月29日,天津学生游行示威为反动当局血腥镇压,消息传来,他又于2月1日支持南高学生约集各校学生分队示威游行,并作反帝讲演之宣传⑥。

---

① 《申报》1919年5月28日。
② 陈训慈:《陶行知早期在高教的实践和贡献——我对陶师在南高、东大任教时期的回忆》,《行知研究》1987年第4期,第59页。
③ 《申报》1919年11月12日。
④ 陈训慈:《陶行知早期在高教的实践和贡献——我对陶师在南高、东大任教时期的回忆》,《行知研究》1987年第4期,第59页。
⑤ 陈训慈:《陶行知早期在高教的实践和贡献——我对陶师在南高、东大任教时期的回忆》,《行知研究》1987年第4期,第59页。
⑥ 陈训慈:《陶行知早期在高教的实践和贡献——我对陶师在南高、东大任教时期的回忆》,《行知研究》1987年第4期,第59页。

在此期间，陶行知的爱国深情，是被当年爱国青年所深深感觉体察到了的。在"一·二九惨案"发生后，天津有一学生领袖奉派南下，到沪、宁等地宣传呼吁，发动各地支持天津的学生运动。到南京后，她去拜访陶行知，陶给她留下的印象是："冷静、沉着、诚挚、亲切、正直。他满怀着对青年热爱的真情，并给以正确的指示。"访问者的切身感受，尤足为陶行知交汇教育民主与政治民主的印证，"当时行知先生所执行的教育，就是为求民族解放，而培植青年的民族正气，为要争取民主自由而鼓励青年有作主人的毅力。……所以当时陶先生掌教的精神，实堪与北京大学的蔡孑民校长，遥相呼应"①。

还应指出，陶行知不但是南京学生运动的领导者，同时还是安徽学生运动的积极支持者。

五四运动爆发后，安徽进步师生日渐觉悟。在反对倪嗣冲摧残安徽教育的斗争中，他们首先把矛头对准倪嗣冲手下一批腐败无能的校长。为此，他们一方面揭露军阀统治下的安徽教育界的黑幕以争取舆论，一方面又敦请在外省工作的皖籍名人返乡任教以壮声势。陶行知在这两方面都给予热情支持。他曾在1919年11月致书胡适，对在北京出版的《安徽旬刊》在揭露皖事黑幕时一度出现的偏差，提出积极的批评意见②。他又建议改革皖省教育不必定用皖人，"借才异地亦无不可"。为此他又与胡适函商荐介"主持皖省教育"的具体人选③。在陶、胡等人的关心支持下，安徽进步师生经过斗争，将一部分倪嗣冲的爪牙从教育界驱逐了出去④。

安徽教育界进步力量的发展，引起反动当局的极度仇视。1921年以教育经费问题为导火线，终于爆发了震动全国的"六二惨案"。省议会为迎合军阀倪道烺（倪嗣冲之侄）和马联甲的意图，提议削减业已决定略有所增

---

① 刘清扬：《纪念陶行知先生逝世两周年》，江苏省陶行知教育思想研究会：《纪念陶行知》，湖南教育出版社1984年版，第166—167页。

② 华中师范学院教育科学研究所：《陶行知全集》第五卷，湖南教育出版社1984年版，第6页。

③ 华中师范学院教育科学研究所：《陶行知全集》第五卷，湖南教育出版社1984年版，第11页。

④ 如当时皖省唯一高等学校公立法政专门学校，于1919年冬和次年秋，先后两次驱去倪嗣冲派来的校长，迎来进步教育家光升长校。在安徽第一师范和芜湖第五中学也由学生发动风潮，迫使当局改任进步教育家李光炯和刘希平长校。安徽教育界由此形成了以光、李、刘为核心的进步力量。

的教育经费，用以移作军费。6月2日，安庆各校学生结队前往省议会请愿。马联甲悍然下令卫兵开枪，学生当场受伤50余人，2人伤重致死。惨案发生后，学校罢课，商店罢市，工厂罢工，一致表示声援，安徽各界进步人士组织"六二惨案"后援会，推定代表起诉，申请依法审判倪、马。与此同时，全国学联和京津文教团体及安徽旅外同乡会也纷纷通电声援。陶行知得讯后，不但与皖籍旅外知名人士联名通电以示声援，而且还在当年暑假专程前往安庆暑期讲习会，以《民权初步》为题，宣传民主，鼓舞斗志[1]。

《民权初步》的讲演同时也是针对安徽第三届省议会换届选举的。当时反动当局把持选举，营私舞弊，贿买选票，伪造选册，企图继续炮制一个唯命是从的省议会。为了挫败当局这一阴谋，1921年暑假安徽进步学生利用当时省议会选举法中的一条规定，即省议员选举有一县无效，则全部选举作为无效，进行合法斗争。在此过程中，陶行知旗帜鲜明地站在进步学生的一边。他鼓励在南高读书的芜湖籍学生在暑假返乡时投入此项工作，推动成立了芜湖旅外同学会，分头到各地调查出不少舞弊情况，提出选举诉讼[2]。在安徽进步师生的共同努力和陶行知的推动帮助下，全省起诉者达40余县。虽然各县法院均以案件太大，互相观望，终因证据确凿，无法拖延，但无为县首先有为，判决该县选举无效，消息传出，各县纷纷援例判决，从而迫使反动当局一手炮制的第三届省议会宣告无效[3]。

由上可见，陶行知在"五四"时期响应杜威、孟禄有关教育民主化的教育思想，在崇尚学生个性、倡导女子教育和主张学生自治等方面作出了积极的反应，同时，又全力支持南京和安徽的学生爱国进步运动，把争取教育民主同争取政治民主的事业合成一体。争取教育民主和政治民主是中国走向现代化的基本主题，也是志士仁人输心输身全力以求的目标。陶行知在"五四"时期的初步尝试是投身这一艰巨事业的开端。而中国现实社会政治状况，又注定他要在此后的岁月中，为此理想历尽坎坷曲折。

---

[1] 李云鹤、李仲宾：《五四与安徽学生运动》，《五四运动回忆录》（下），中国社会科学出版社1979年版，第812页。

[2] 章柳泉：《忆行知师在南京高师时的几件事》，江苏省陶行知教育思想研究会：《纪念陶行知》，湖南教育出版社1984年版，第336页。

[3] 周新民：《五四时期的安徽学生运动》，《五四运动回忆录》（下），中国社会科学出版社1979年版，第795页。

参与中国教育科学规范化的构思

现代自然科学从其诞生之日起,就同民主革命的要求结合在一起。可以说,"赛先生"问世之后就义不容辞地充当了驱除封建意识形态的战将。"五四"新人物飞檄请将,借重"赛先生"的大力,纵横驰骋,为中国新文化的传播开辟了一块新天地。人们至今犹颂"赛先生"的功业非为无因。但是,"赛先生"在中国新教育创建过程中的劳绩以及由此而巩固并发展新文化运动的成果,却似不为很多人注意。

其实,"五四"新人物非常注意在教育领域迎入"赛先生"。他们把发扬科学精神视为办好新教育的关键。陈独秀批评死气沉沉的旧学校,"所教的非是中国腐旧的经史文学,就是死读几本外国文和理科教科书,也是去近代西洋教育真相真精神尚远"。原因何在?就在于旧教育徒有躯壳,缺乏科学精神的灵魂,因而"教的人和受教的人,都不懂教育是什么"[①]。对于这位同乡所言,陶行知很以为是,认为无论是教的人还是受教的人,都应把科学精神放在首位。"学生求学,第一步就要有科学的精神。"[②]办学者则须根据杜威所谓"教育是继续经验的改造"之理,"用新的学理,新的方法,来改造学生的经验"[③]。

要在教育领域贯彻科学精神,就必须揭露并矫治旧教育缺乏科学精神的弊病。为此,陶行知首先借助欧美教育革新运动的理论与经验,用为烛照并诊疗旧教育之具。

他认为,缺乏实证性的科学研究是中国旧教育的重大弊病之一。

他师承杜威之说,认定教育科学是实证的科学。在教育发达的欧美诸国,办教育"是一种专门科学,非专门人才不能去办"。在中国,那些旧人物却把办教育视为简单易行不学可成之事。"对于教育问题都是囫囵吞枣,犯了一种浮泛的毛病。各个人都会办教育,各个人都可作教育总长,都是

---

① 《新青年》第二卷第六期。
② 华中师范学院教育科学研究所:《陶行知全集》第一卷,湖南教育出版社 1984 年版,第 570 页。
③ 华中师范学院教育科学研究所:《陶行知全集》第一卷,湖南教育出版社 1984 年版,第 123 页。

教育专家。"①在此等人物手下,教育不知办成何物。陶行知认为要克服浮泛笼统缺乏科学实证的弊病,必须输入在欧美教育革新运动中取得巨大成功的"科学的方法"和"科学的工具"。

所谓"科学的方法",其实就是杜威的实用主义研究方法。1919年4月,即杜威来华前夕,他就在《试验教育的实施》一文中,把杜威的"思想分析"方法作为重要的"精神方法"介绍给国人,以求推动教育界"发明教育的原理",推动全体国民"随时随地随事去做发明的工夫"②。后来,他复以《教育与科学方法》为题,把杜威的"思想分析"方法归为五步:第一步,"要觉得有困难",第二步,"要晓得困难的所在,就是要找出困难之点来",第三步,"想出种种办法来解决",第四步,"有了这些法子然后再去选择",第五步,"必须实验一番"。这里的五步方法,同胡适当时在《实验主义》一文中的说法基本一致,都是转述杜威《我们怎样思维》(1910)一书第六章所提出的"实验—探索"的五步方法论。陶行知称此五步方法论为"科学的方法",并特别强调这一方法必须具备"客观的"和"量化的"两大要素。他真切地认为,办教育只要学习并实践这一科学方法,就必能迅速改变中国教育的面貌。"每人都存用科学方法去办教育的决心,每人都去研究或解决一个小的问题,我敢说不出三十年,中国教育准有好的成效。"③

所谓"科学的工具",主要指教育统计和教育测验。陶等新教育者特别注重教育调查工作,他们创立"实际教育调查社",特邀孟禄、推士和麦柯尔来华进行教育调查,均基于如下认识:就像砍木需斧和裁衣需剪一样,办教育也不能没有工具。教育工具可从中国自找,也可从外国输入。而统计法和测验法则是欧美教育革新运动中被证明为行之有效的工具。科学的教育统计是制订教育方针、政策和规划教育发展的依据。"有了统计法,我们可以比较,可以把偶然的找出个根本原理来,如同望远镜可帮助我们眼睛看得清楚,在材料中可找出一定的线索。"而科学的教育测验则是评估学生

---

① 华中师范学院教育科学研究所:《陶行知全集》第一卷,湖南教育出版社1984年版,第293页。

② 华中师范学院教育科学研究所:《陶行知全集》第一卷,湖南教育出版社1984年版,第172页。

③ 华中师范学院教育科学研究所:《陶行知全集》第一卷,湖南教育出版社1984年版,第296页。

发展和学校办理状况的依据。"测验是看学生先天的聪明智慧怎样,使学校有个好的标准,由此可晓得某级学生有什么成绩,如治病的听肺器一样,可以看出病来。"①

陶行知同时认为,缺乏坚实的科学教育是中国旧教育的重大弊病之二。

坚实的科学教育是现代教育的基本标志。新教育倡导者历来重视科学教育的宣传和实践。胡适、任鸿隽等留美学生 1915 年 10 月即发起"科学社",并出版月刊《科学》。1918 年该社迁回国内,蔡元培出任董事长并为之征募基金。随着五四新文化运动的展开,该社影响逐渐扩大,在社会上对普及科学知识、发展科学教育和推动科学发展都起了相当作用。陶行知也是留美学生中倡导科学教育之人。他在 1925 年 11 月致友人信中说,"科学教育应从儿童时代下手",并称自己"十年前即怀此见解"②。"十年前",即 1915 年。1917 年 3 月,他还在《留美学生季报》上发表《遗传论》一文。返国之后,他在南高任教,更以大力加强教育科的科学教育为己任。据 1919 年秋入学的学生回忆,科学教育是教育科的基础课,它广泛包括遗传学、心理学和教育统计、教育测验等课程③。开设这些课程,显然承袭杜威和桑戴克等人建立在遗传学和生物本能论的心理学基础上的教育学说。

与此同时,他又特别重视提高中小学校的科学教育水平。他仿效欧美各国举办暑期学校培训在职教师的做法,利用南高的师资设备等有利条件,倡设暑期学校,在中国首创了教师进修的新形式。1920 年第一期招收来自全国各省市的学员 1300 余人,次年第二期复招收学员 1000 余人。陶行知这一努力,颇受孟禄赞赏。孟禄来华调查后,有关"科学之重要与中学

---

① 华中师范学院教育科学研究所:《陶行知全集》第一卷,湖南教育出版社 1984 年版,第 295 页。

② 华中师范学院教育科学研究所:《陶行知全集》第五卷,湖南教育出版社 1985 年版,第 114 页。

③ 据章柳泉:《忆行知师在南京高师时的几件事》称:科学教育是教育科学生的基础课。陶行知在一门介绍科学常识的课中亲自为学生讲遗传学,从达尔文到德弗里斯,孟德尔的杂交试验更是讲授重点。第二学年,又开设"科学发展史"和"生物学"。心理学作为教育科学生的重点学习课程,又分设普通心理学、教育心理学、儿童心理学、实验心理学以及心理学史等具体内容。此外,还要学习教育统计学、测验之编制与应用等课程。见江苏省陶行知教育思想研究会:《纪念陶行知》,湖南教育出版社 1984 年版,第 332—333 页。

教授法之不良",是其"反复叮咛剀切申说之点"。他特别强调中国教育改革必须加强中学科学教育,为此,他主张"高等师范须先注重科学教学的改良",又肯定暑期学校可"使教师得利用假期余暇,增进教学效率"①。陶行知敬谨受教之余,又发挥道,"我们的教育害病最厉害的是中学,中学中尤以科学教育为最不良,所以中学教育造成的人才,都不能控制环境,号令环境,管理环境"②。在孟禄的鼓励之下,1922年举办的第三期暑期学校,他再接再厉以科学教育为主体,内分7组90余科目,并举行特别讲演18次。此后,他在中华教育改进社不懈地推进中小学科学教育,30年代初又倡导"科学下嫁运动",都是继续高举"五四"时期科学教育旗帜的表现。

在揭露旧教育缺乏科学精神的同时,他复以科学精神致力于教育改革,从而为中国教育建立自身的科学体系贡献了许多宝贵的意见和构想。

关于学制改革

众所周知,学制作为一国教育制度的重要组成部分,它规定各级各类学校的性质、任务、入学条件和学习年限以及它们之间的衔接关系,是办学的根本所在。因而学制改革,总是教育改革的重点所在。陶行知以科学精神致力于此,很快成为当时教育改革中的先行先导者。

1913年颁布的《壬子癸丑学制》经过多年的教育实践,其缺点逐渐显露。因此,自1919年由当时教育界代表性最广的民间教育团体全国教育会联合会发起修订。1921年10月底到11月初,全国教育会联合会第七届会议在广州召开,第三次讨论学制问题。作为成果,会议提出了一个《辛酉学制草案》,广泛征求意见。陶行知被推为学制起草委员之一,所以在会内外都对学制改革问题发表了不少评论性和建设性的意见。

首先,他肯定新学制草案的制定是时势发展的产物。"一切制度都是时势之产物,学校制度,亦不违反这原则。时势如此,学制不得不如此;时势如彼,学制不得不如彼。时势变迁,那应时势需求而来的学制亦不得不变迁。"那么,当前时势变迁的要点何在?从世界教育发展情势而言,他确

---

① 华中师范学院教育科学研究所:《陶行知全集》第一卷,湖南教育出版社1984年版,第223页。

② 华中师范学院教育科学研究所:《陶行知全集》第一卷,湖南教育出版社1984年版,第250—251页。

定无疑地指出欧美教育革新运动是一大要点。德国和日本教育在华影响渐弱,"近年美国教育在中国很占势力。有好多教育的运动,都带了美国教育的色彩。这次新学制草案有好几处是表现美国教育的新趋势的"。从中国教育发展情势而言,他又肯定民主主义的教育潮流逐渐加强。民国成立后,虽有袁世凯教育政策的反动,但以"平民主义为本"的"单轨的平等学制"终于确立,男女两性的双轨制教育也正在被打破,从"男子独享的教育而变为男女共有的教育"[①]。

其次,他又提出了对待新学制草案应持的理性态度。他主张以"虚心讨论,研究,实验"的态度进行学制改革,防止对于外国教育"不适国情之抄袭"和对旧学制不加分析全盘摒弃。他特别强调,"今当改革之时,我们对于国外学制的经验,应该明辨善择,决不可舍己从人,轻于吸收"。"大凡改制之时,非旧制遭过分之厌恶,即新制得过分之欢迎。这两种趋势,都能使旧制中之优点,处于不利之地位。"所以,应当在欢迎新学制出现之时,回过头来看看是否把旧学制中"有宜斟酌保留之处"轻弃了[②]。

再次,他对制订新学制草案的有关标准加以品评。他认为,学制应包含三种要素,即社会之需要及其设学之能力,个人之需要及其求学之能力,生活与事业本体之需要。据此衡量,新学制草案对于第一和第二要素均已顾到。唯独对于第三要素"无显明之表示",则是其不足之处。因为适应生活与事业本体的需要是适应第一和第二要素的出发点之一。只有先依各种生活与事业的需要,规定各种学问的分量,再就社会与个人的能力酌量变通,才能适应社会和个人的需要。以学医为例,社会需要医生,也有力开办医学,某生需要学医也有力学医,但是社会应办几年之医科大学,某生应学几年之基本学问方可学医,应学几年之医道方可行医,这都是要由生活及事业本体的医道自身的要求决定的。学医如此,准备其他生活与事业的基础也应如此[③]。在这里,陶行知主张把学科置于个人与社会之间,沟通

---

① 华中师范学院教育科学研究所:《陶行知全集》第一卷,湖南教育出版社 1984 年版,第 194—197 页。

② 华中师范学院教育科学研究所:《陶行知全集》第一卷,湖南教育出版社 1984 年版,第 189—191 页。

③ 华中师范学院教育科学研究所:《陶行知全集》第一卷,湖南教育出版社 1984 年版,第 192—193 页。

联成一体，显示了他对教育功用的整体认识，也预伏了日后生活教育的一大基本出发点。

1922年9月下旬，教育部召开学制会议。他积极参加了这次有各省区教育行政机关和教育会代表及各大学校长和教育部有关人员出席的重要会议。在会前，他就根据改进社在当年7月济南年会上讨论的有关意见，于9月6日备文向教育部提出有关学制改革的8条议案，供部采择。会后，他又撰《教育部学制会议经过情形》，对会议要点及其得失加以评论。他认为教育部会议所拟学制，较《辛酉学制草案》有其优点，也有不足。因而当年10月，在济南召开的全国教育会联合会第八届年会继续讨论学制修订问题。在会上当《辛酉学制草案》与部拟草案发生冲突之际，经他和胡适等出面调处，终于在折中双方的基础上重提一个方案，经会议审查通过，11月以大总统名义公布施行，世称《壬戌学制》。

《壬戌学制》的要点在于将原来的小学七年制改为六年制，中学四年制改为六年制（三三制），取消大学预科，大学本科为四至六年，按各科性质决定；中等教育分普通教育和职业教育两途，师范教育六年，也可单设后三年，置在职业教育内。这样，该学制结束了长期以来学制上的混乱状态，反映了"五四"以来教育改革的一些基本要求。从总体看，该学制在"六三三制"（小学六年、初高中各三年）和"纵横活动主义"（各级学校之间的纵向联系，各类学校之间的横向联系）方面，确如陶行知会前所称，表现了美国教育的新趋势，是美国教育影响中国教育的重大标志之一。该学制后来虽在南京政府时期作过某些修改，却一直沿用到解放前夕，是20世纪前半期在中国影响最巨大最持久的一个学制。

新学制之所以较旧学制有了长足的进步，显然同陶等新教育倡导者的努力分不开。在长达3年之久的讨论过程中，广大新教育倡导者兢兢业业，从各自的专长出发，为新学制谋划甚多。《新教育》和《教育杂志》等著名教育刊物分别出版有数十万字的"学制研究专号"和"学制课程专号"足为证明。由于新学制吸收了较多的民间专家学者的意见，明显不同于前此官办色彩较浓的旧学制，也使它包含较多的民主和科学精神。

关于教育行政改革

在中国教育现代化起步之始，教育机构同教育行政机关是经过一系列调整才逐渐明确职能的。根据1898年5月颁布的《京师大学堂章程》规定,当时的学堂不但是教育机构,而且还兼有行政机构的职能①。由于学务繁杂,教育与行政势难兼顾,1903年11月会奏改订章程时,张之洞等奏请专设总理学务大臣,以统辖全国学务,别设大学总监督,奉旨颁行。从此大学及全国学堂才纯粹从事教育,不再兼具教育行政职能。1905年清政府正式成立中央教育行政机关——学部。次年,各省统辖教育事务的正式行政机关——提学使司成立,该司下置学务公所,另置省视学巡视各府厅州县学务。各府厅州县则于同年设立劝学所,掌理地方教育行政并劝导地方人士建立学堂。各所设总董一人,由各府厅州县视学兼充。

进入民国以后,清末制订的这一套教育行政系统除个别的名称和职能有所变更外,基本都被沿袭下来。但是由于政治上和教育转型过程中的原因,"五四"时期的教育行政机关又出现了新的混乱情况。南北政治分裂,使得在法律上全权管辖全国教育事务的教育部的号令受到极大限制。政局不稳、内阁不断更迭,教育行政首脑的短促任期势必严重影响教育部的行政效能。同时,政治的分裂和混乱也使得各省教育行政组织各不相同,有采用教育司、教育科和教育参议会三种形式。它们或由省长任命,或由省议会选举产生,或由教育总长推荐、民国总统任命。由于各省政治格局不一,各教育行政负责人在其中的地位不一,因而各省教育行政组织的权力和效能也就很不一样。至于县级和学区两级地方教育行政,则其职能发挥很成问题。县级教育行政在不少地方变成了三足鼎立式的管理体制,即在劝学所长之外,县知事另有教育秘书和县视学同时协助管理教育。一县教育政出三门,常使县教育行政陷于混乱之中。学区作为最基层级的教育行政组织,一个县划分成几个学区,各有一名特派员负责。但学区并未被授予足够的管理权力,因此,它又是一个约束力很小、效率很低的组织。

鉴于以上情况,陶行知把教育行政的改造视为事关教育改革的大事,主张"把科学应用到教育行政上去"②,以利对之加以整顿改造。在当时政治分裂军阀专权的局面下,他明智地认识到,要从中央和省当局那里谋求

---

① 章程规定:"今京师既设大学堂,则各省学堂皆当归大学堂统辖。""各省府州县学堂训章,应由大学堂总教习总办拟定,请旨颁示。"
② 华中师范学院教育科学研究所:《陶行知全集》第一卷,湖南教育出版社1984年版,第294页。

中央和省级教育行政组织的改造是不现实的,因而他避难就易,致力于市县以下的地方教育行政组织改革。这种温和渐进的态度也是同他当时主张点点滴滴的社会政治改良的思想一致的。

1920年11月,南高教育研究会组织"教育厅长由民选抑由官委"的辩论会,他被聘担任评判员。在双方辩论之后发表评判意见时,他却未就论题直接正面表态,倒是对市县地方教育行政改革问题发表了明确的意见①。次年3月,他更发表专文《地方教育行政为一种专门事业》,鼓吹地方教育行政的改革问题。文章一面就体制问题发表意见,强调都市和乡村的人口密度不同,经济能力不同,环境性质不同,由此影响课程编制、教学方法和行政组织的不同,因而主张将地方教育行政划分为都市教育和乡村教育两大部门分别办理。同时文章又就地方教育行政人才的培养问题发表意见,认为发展中国教育事业,努力培养合格的师资固为要务,而大量具有科学知识、科学态度和科学方法的教育行政人才尤为迫切。为此,他具体论述了一名合格的地方教育行政人才所必具的优良品性和知识结构②。随后,他又强调"一学校的好坏,和校长最有关系。一地方的好坏,和学务委员最有关系。……今后教育界应有一种觉悟,对于一般学务委员当有相当的重视"③。

在陶等鼓吹促进下,有关教育行政机关的改革问题成为1921年10月在广州召开的全国教育会联合会的重要议题。会议对此作出相应决议,从而推动一年后教育部召开的学制讨论会议,把地方教育行政改革问题与学校教育制度改革问题并列为大会两大议程,并通过了《县教育行政机关组织大纲》和《特别市教育行政机关组织大纲》这两个很重要的议案。可以看

---

① 华中师范学院教育科学研究所:《陶行知全集》第一卷,湖南教育出版社1984年版,第150页。

② 陶行知认为,一名合格的地方教育行政人才在专业知识方面必须具有"普通学问"、"工具学问"和"专业学问"。"普通学问"包括文、史、哲、经、科学精神与方法、社会问题及美术等。"工具学问"包括外语、统计法和科学管理等。"专业学问"则包括教育哲学、教育概论、教学法、教育心理学、中小学之组织及行政、地方教育行政问题、学务调查及报告法、学校建筑与卫生等。见华中师范学院教育科学研究所:《陶行知全集》第一卷,湖南教育出版社1984年版,第160—164页。

③ 华中师范学院教育科学研究所:《陶行知全集》第一卷,湖南教育出版社1984年版,第169页。

出,议案在不少地方吸取了陶等在会前所提建议,如改劝学所为教育局,实行市乡教育分治以及裁撤县视学,改为指导员等。

尽管教育部学制会议关于地方教育行政改革方案只限于组织一方面,还未曾把陶行知全面考虑的有关人才、经费和计划等方面加以讨论,并且妥协折中的色彩也较浓厚。但它毕竟从现代教育行政职能的角度出发,以民主和科学精神为指导,对地方教育行政组织作了一次幅度较大的调整。从此后,现代性质的教育局替代了传统性质的劝学所,注重发挥现代教育行政机构的职能,市乡教育分别治理,强调教育指导和教育董事会的参议作用,都在一定程度上有助于地方教育行政的改进,克服新旧交替时期的混乱状态。因此,我们有理由把它视为中国现代教育行政史上一次很有意义的改革尝试。

关于师资培养和教学方法的改革

师范学校是培养教师的基地,陶行知向来对之极为重视。他认为,作为立国之本的教育,就是要培养共和国的公民,而"要造成适当的公民,须有适当的教员"。因此,"师范学校负培养改造国民的大责任,国家前途的盛衰,都在他手掌之中"[①]。

1921年10月所发表的《师范教育之新趋势》集中反映了他试图用科学的态度和方法将师范改革导向新途。文章认为,当前师范改革的根本,一言以蔽之,当以数量上求"够用"和质量上求"合用"为目标。就后者而言,如何"改进不合用的,变成合用的;改进合用的,变成更合用的",则现行师范教育有八个方面的问题应当考虑。

一、中国教育重城轻乡,师范学校大都设在城市。师范教育如何适应乡村教育,"使乡村的儿童受同等的知识,享同等的待遇"?

二、现行师范学校大都是中学的变形,只是在学习中学教材的基础上稍加些教育学和教学法罢了。师范教育如何"一方面要学'学',一方面要学'教'"?

三、时人常要求师范生全能通才,这要求既不合理也不科学。但师范

---

① 华中师范学院教育科学研究所:《陶行知全集》第一卷,湖南教育出版社1984年版,第166页。

教育如何考虑"发展各人的特长,以适合社会上的需要"?

四、现行师范学校规模太小,平均一校只200人左右。怎样发展较大规模的学校以适应社会需要?

五、现行师范学校的课程不能适应社会的发展、科学的发达和教育的进步,怎样增设新课程以为适应?

六、师范附小不但是师范生实习之处,更是试验教育原理的实验室,怎样使师范和附小的关系"格外密接"?

七、许多师范学校对于毕业生工作情况不甚关心,怎样通过各种形式(如调查访问、讲演会和巡回指导等)对他们负起"继续培养的责任"?

八、师范学校如何致力于培养校长和学务委员等专门的教育行政人才?[①]

以上关于师范教育的多方位的改革意见,从实际出发,从国情出发,从教育规律和需要出发,显示了陶行知的求实精神,也勾勒了他随后从事师范教育改革的初步构想。

广州会议制订的《辛酉学制草案》,对改革师范教育提出若干具体意见。对此,陶行知又根据上述基本观点加以评述。他肯定这些意见注意到适应当前教育发展的趋势,如六年制师范教育和初中毕业生就读的三年制师范教育与中学"三三制"的学制相应,中学和大学可兼办师范科以及设立职业教员养成科的规定,都为适应现状的可取之举。但他仍从"合用"的准则出发,提出3条"普通原则"作为补充修正。

原则之一,"教育界要什么人才,就该培养什么人才"。教育界需要四种人才,即教育行政人员,各种指导员,各种学校校长、职员及各种教员。可是往日师范教育只限于各种教员的培养,而对于前三种人才的培养训练都没有加以相当的注意。即以培养各种教员而言,高等师范在培养中学和师范教员方面并无区别,中等师范在培养初小和高小教员方面也很少分别,并在市乡情况不同和学科性质不一方面也很少注意。因此,应该提倡一种广义的师范教育,扩大培养对象,克服现行师范教育的片面性和狭隘性。

原则之二,"教育界各种人才要什么,就该教他什么;要多少时候教得了,

[①] 华中师范学院教育科学研究所:《陶行知全集》第一卷,湖南教育出版社1984年版,第167—169页。

就该教他多少时候"。他认为,教育界各种不同的人才,他们各自应学什么,须学多少时间,以及先学缓学等问题,都应采用科学的分析方法。在这种科学的分析做到之前,要想规定教育界各种不同人才的养成时期总很勉强。

原则之三,"谁在那里教就教谁"。他认为,现在实际上在教育岗位的,除少数受过师范教育外,大多数都没有受过师范特别训练。因此,对那些科举出身任教私塾的教师以及从大学、中学或高等小学出来任教者施行训练,实为当务之急①。

循此三条普通原则,他把《辛酉学制草案》有关师范教育方面的不足之处归纳为7个问题,从而具体提出12条修正补充意见。他反复申述,力图引起人们的重视。但师范教育改革工程非小,要想有所作为,还需要付出更大力气,而日后的晓庄试验可以说正是目前这一改革构想的具体实践和合理发展。

陶行知又向来重视教学法的改革。旧教育以施教者作为本位和主体,而把受教者当作被动灌输的对象。陶等新教育倡导者共同认为这是颠倒事实的谬见。从发展个性崇尚自然的立场出发,他们批评旧教育墨守成法追求划一,阻碍了学生个性的自由发展,主张施教者应该不自存成见,要站在受教者的地位,了解其情况,尊重其个性,实行科学的教学方法。他公开宣称,孔子所说的"不愤不启,不悱不发"还非尽善,并认为赫尔巴特的"五段教授法"也"不大适用"了②。

但陶行知首倡科学的"教学法",还经过了一番斗争。归国未久,他就率先提议把当时通称的"教授法"改名为"教学法"。他有一回忆专谈此事:"我自回国以后,看见国内学校里先生只管教,学生只管受教的情形,就认定有改革之必要。这种情形以大学为最坏。导师叫做教授,大家以被称教授为荣。他的方法叫做教授法,他好像拿知识来赈济人的。我当时主张以教学法来代替教授法,在南京高等师范学校校务会议席上辩论二小时,不能通过,我也因此不接受教育专修科主任名义。"③

---

① 华中师范学院教育科学研究所:《陶行知全集》第一卷,湖南教育出版社1984年版,第215—220页。
② 华中师范学院教育科学研究所:《陶行知全集》第一卷,湖南教育出版社1984年版,第125页。
③ 华中师范学院教育科学研究所:《陶行知全集》第二卷,湖南教育出版社1985年版,第41—42页。

1919年2月,他专撰《教学合一》,继续鼓吹教学法,并抨击教授法之失当主要在于"重教太过",因而将教与学二者分离。"先生只管教,学生只管受教,好像是学的事体,都被教的事体打消掉了。论起名字来,居然是学校;讲起实际来,却又像教校。"他指出,教师的责任"不在教,而在教学,而在教学生学"。据此,他批评了两种认识有误的教师。第一种只会教书,只会拿一本书要学生来读它记它。于是学生就变成书架子和字纸篓,教师则成为书架子和字纸篓的制造家,而学校则成为书架子和字纸篓的制造厂。第二种教师不是教书,而是教学生,他所注意的中心点已从书本转移到学生身上了。他不但拿书本来教学生,凡是学生需要的,他都拿来教他们。这种办法固然较前一种好得多,但学生毕竟还是处在被动地位。显然,陶在此所说的两种情况,前一种是中国旧教育的常用教法,后一种是欧洲传统的赫尔巴特教法。他两皆不取,认为优秀的教师应当把教和学联络起来,切实负起指导的责任,并使学生负起学习的责任。对于一个问题,不是教师拿现成的解决方法来传授给学生,而是应该"把这个解决方法如何找来的手续程序,安排停当,指导他,使他以最短的时间,经过相类的经验,发生相类的理想,自己将这个方法找出来,并且能够利用这种经验理想来找别的方法,解决别的问题"。掌握了这种"自得"和"自动"的方法,学生就能"探知识的本源,求知识的归宿,对于世界一切真理,不难取之无尽,用之无穷了"①。

由此看来,教学法和教授法并非名词上一字之争,而是教学思想上两种不同的格局和模式。作为教学规律和科学概念,教学法显然比教授法更能反映教学过程的实质,也更有利于教学效果的提高。因此,这一主张很快得到教育界有识者的响应。"继而五四事起,南京高等师范同事无暇坚持,我就把全部课程中之教授法一律改为教学法。"②接着,"教学法"之称为教育界普遍接受,通行全国。后来出版的教育书刊,一般都不用"教授法"这个词。从此,由陶行知发明的教学法之名取代了教授法,为"五四"时期教学方法的改革留下一重纪念。

在教育的科学规范化方面,除了致力于上述那些总体性的改革,新教

---

① 华中师范学院教育科学研究所:《陶行知全集》第一卷,湖南教育出版社1984年版,第88页。

② 华中师范学院教育科学研究所:《陶行知全集》第二卷,湖南教育出版社1984年版,第42页。

育倡导者的目光还注视到有关教育领域。著名的《教育杂志》从1923年后陆续推出的一系列"教育专号",足为他们的辉煌成果:《性教育专号》《小学各科教学法专号》《职业教育专业》《中等教育专号》《青年教育专号》《儿童心理专号》《幼稚教育专号》等。此类专号长者有60余万字,少者也有20—30万字,作者大多为教育界知名之士,各论文深入该具体领域进行科学探索,最能反映该领域的科学化推进状况。

近些年来,有一种批评意见,认为"五四"时期实用主义的思维方式具有很大的局限。那种证伪式的情绪型的否定,同西方建立在形而上理性精神的历史基础上的科学相比,在认识上是朦胧和模糊的,带有本体论意义上的不足。我们认为,科学精神的淡薄,确实常常会使现代化的进程偏向情绪型,而偏离理智型。在中华民族现代历史发展过程中,我们不难在有关重要历史阶段和重要领域发现这种令人扼腕再三的教训。但相对幸运的是,陶行知等新教育倡导者大都受过正规的科学实证方法的训练,因而他们能比较理性地省察传统教育,比较注意防止机械照搬全盘西化的弊病,比较注意追求自身的创造。在"五四"科学精神的烛照下,他们所从事的教育理论创造,丰富了中国教育理论的宝库,他们所从事的教育改革实践,呈现了前所未有的广度和深度。

从20世纪开始的中国教育现代化历程是以五四运动为一大台阶的。"五四"之前,中国教育虽经10余年的改革而颇具成绩,但受旧传统的羁缚仍深。"五四"之后,中国教育历经数年的蜕变、转型,方才以一种更新的姿态和面貌出现在世人面前。在"五四"涨潮期间,陶行知同其他新教育倡导者作为世界教育革新运动的传应人,顺应世情,根据国情,以"五四"的批判精神、民主精神和科学精神推动中国教育的革新,在中国教育汇入国际教育运动和争取教育民主化和科学化方面作出了贡献。尽管其中许多构想的实现还缺乏相应的社会现实基础,但新教育运动毕竟以其成就载入了史册。

应该说,"五四"时期的陶行知是一名幸运儿。文化教育大变革的时代环境和作为杜威、孟禄的高足弟子,使他占尽天时地利人和的优势。归国不过5年,他已名满全国,登上了中国教育现代化初期工程的主要设计师和施工者的重要位置。

教育革新,其路漫漫。知也无涯,行也无涯。在教育界成名后的陶行知,他又将怎样继续前进呢?

第四章　中国新教育运动的弄潮儿

运筹力行于中华教育改进社

五四新文化及新教育运动,本是进步知识分子在相邻目标下联合作战。在形势发展下,它之发生分化和重新组合本来都是题中应有之义。有关其分合原因及其成败得失,论者已多。我们只想指出,作为分化的标界,不妨以1922年5月《努力》周报的创办为准。它标志着以胡适为代表的一批英美派知识分子与《新青年》团体的分道,开始从事各自同中有异的文化教育运动。陶行知也就在此之后继续留在以英美派知识分子为主体的新教育运动中奔走探路,并渐次从运动的诸多倡导者之一进升为相当突出的前驱者。

"五四"涨潮时期陶行知在教育界卓有影响的活动,使他赢得了一定的声名。1922年12月,南高并入东南大学,他被聘为教授、教育科主任和教育系主任。不久,北洋政府任命他为武昌高等师范(武汉大学前身)校长,母校金陵大学复又聘他出任校长。对这些礼聘,他一一婉辞,却十分愉快地接受了中华教育改进社主任干事的职务。他显然认为,接受后者要比前者来得重要。事实表明,这一抉择是明智的。中华教育改进社工作,给刚过而立之年的陶行知提供了一个崭新的活动舞台,使他得以更开阔的眼界审视教育领域的问题,以更大的步幅迈向既定的目标。

中华教育改进社的成立,是"五四"新教育运动正常发展的产物。中国现代教育的发展长幕中需要这样一个崭新的演出团体出场暂领风骚,而这个演出团体又需要一位干练的管事者。陶行知之参与改进社工作,可谓适逢其时,适得其所。

1921年12月初,陶行知陪同孟禄调查各地教育后返回北京。适因《新教育》主编蒋梦麟赴美,陶行知被聘为该刊主编。当月中旬,实际教育调查社邀集各省教育界代表70余人到北京开会,讨论教育改进问题,到会有奉天、广东、福建、四川、浙江、江苏、山东、河南、山西、直隶等省代表。与会者深感各教育团体分散活动的状况不能适应中国教育改革的新形势和新任务,因而颇有谋求联合之意。用陶行知的话来说则是,"那时大家痛恶门户之见、派别之分,都愿意牺牲己见,力谋合作。社会团体如新教育共进社、《新教育》杂志社、实际教育调查社的当事人都自动的要把三个机关合并为一个机关,结果就于二十三日产生了中华教育改进社"[①]。由于才干出众,也由于同三个机关的密切关系,陶被委以负责具体筹组工作。他同马叙伦、朱经农等被推为社章起草委员,社章通过后,推定范源濂、蔡元培等9人为董事。1922年2月上旬,董事会在上海开会,范被选为董事长,聘陶担任主任干事。根据董事会议决,陶行知在3月底即赶赴北京,着手组织总事务所。社址先借前京畿道美术学校,不久迁石驸马大街。按社章规定,董事会职权主要在于决定进行方针,筹募经费及审核聘员和社员资格诸方面。而主任干事的职权则为,编拟计划、编拟预算决算、推荐聘员任免雇员、执行董事会议决事项、总理本社一切进行事务。社内分学术部(内又分调查、研究、编译和推广四科)和事务部(内分会计、文牍和庶务三科)。各部科均有专人负责,而陶行知则总司其职。这样,身为主任干事的陶行知成为20年代初中国最有影响的一个民间教育团体的实际负责人。

改进社的成立,从一定意义上说,是中国新教育倡导者一次很重要的力量集结。只需对三个组成单位稍作剖析,人们就不难发现,教育界的先进人物几乎大部分被囊括在内了。新教育共进社在1919年1月由江苏省教育会、北京大学、南京高师、暨南学校和中华职业教育社共同组成,实力雄厚,声望很高。由黄炎培、袁希涛等主持的江苏省教育会(1915)和中华职业教育社(1917)雄踞东南,素以积极推进教育改革而蜚声教育界。由蔡、胡等主持的北大和由郭、陶等主持的南高,则是相互呼应从事教育改革的北南两大重镇。《新教育》杂志主编蒋梦麟与胡、陶为哥伦比亚大学同学,杜威的高足弟子。实际教育调查社的主要人物与以上团体有所交叉。其中胡、陶、郭、蒋等崭露头角的少壮派都与哥伦比亚大学教育学派有很深关系固不待言,而蔡、范、袁、黄、张(伯苓)等教育界资深人物,在教育革新方面也基本赞同少壮派的意见。因此,改进社的成立可视为中国教育界热

[①] 华中师范学院教育科学研究所:《陶行知全集》第一卷,湖南教育出版社1984年版,第597页。

心任事、锐气方盛的少壮派和思想进步、志在革新的元老派两股进步力量的会合。"中华教育改进"的名号，则可视为"欧美教育革新"在中国传应的新标志，是英美派知识分子独力弄潮于新教育运动的起始。

陶行知对于肩负的新使命显然充满信心。在被聘为主任干事前夕所作《放爆竹》一诗，可视为他喻志述怀之作，把当日勇猛进取立意改革的心愿表达得十分酣畅："一个个的放，一声声的闹。/它把新的惊起，把旧的吓跑。/放，放，放，/放到旧的不敢再来到。/放，放，放，不住的放，/放到新的不会再睡觉。"①陶行知此后在改进社所为，也就犹如诗句所云，"一个个的放，一声声的闹"，意在振聋发聩，除旧布新。

陶行知在担任改进社主任干事工作之初，仍兼东南大学教务。大约三分之一精力在校，三分之二精力在社，每月在北京和南京之间往返一次，"渐觉精疲力倦，难于支持"。为了全力搞好改进社工作，经多次向校方提出辞职请求，1923年7月终获同意，辞去该校教育科主任、教育系主任之职，保留教授名义，给予无俸之长假。之后，他举家迁往北京，全力从事社务。

改进社以"调查教育实况，研究教育学术，力谋教育进行"为宗旨，因而确定两种办事精神，即互助的精神和分析的精神。用陶行知的话来说，所谓互助的精神为：教育界有人做的事，改进社即让旁人去做；教育界有人做而需帮助的事，改进社即去帮助他们；教育界无人做的事，改进社即努力去做；等到有旁人做了，则改进社又去做旁的事。所谓分析的精神为：力矫过去教育界研究教育问题笼统、宽泛之弊，将大问题分析为数十数百个小问题，用客观的方法研究解决它。循此精神，改进社成立后，确有一股积极进取的锐气，做了不少人所未做的实事。如仍沿用上文之喻，那么，陶行知在改进社就连放了四个反响很大的"爆竹"。

一为调查。调查分全面调查和专题调查两类。前者通常规模较大，如1922年度和1923年度的全国教育调查，以及对北京、南京、无锡和济南等地的教育调查；后者通常就某一具体专项问题，如各学科教育调查，由各委员会专人负责，写出调查报告，提出解决办法。

---

① 华中师范学院教育科学研究所：《陶行知全集》第四卷，湖南教育出版社1985年版，第5页。

二为研究。改进社延聘中外专家研究中国教育问题,为此,分科分类设立了 31 个专业性质的研究委员会,承担这方面的工作①。

三为编译。改进社延聘中外专家 42 人担任社刊《新教育》编辑,并特约各国教育界代表报告各国最新教育消息。此外,改进社又独办或与人合办《中等教育季刊》和《初等教育季刊》,编辑《中华教育改进社丛书》。

四为推广。改进社积极从事科学教育、女子教育和职业教育的推广工作以及年会有关议决案的推行工作。

如果把以上四项工作视为改进社的四重奏,那么,陶行知便是一名技艺娴熟、调度有方的总指挥。他在社内担任许多兼职(如女子教育委员会副主任委员、国家教育改革委员会及促成宪法中制定教育专章委员会委员等),更以科学的领导管理方法,调动社内 50 名工作人员从事面广量大的高效率工作,取得了卓异的成绩②。

不过,在他主持社务期间,最值得一提的还是由他一手操办的四届年会。四届年会情况,列简表如下(见表 4-1),以见概况:

表 4-1 改进社四届年会情况

届次	时间	地点	出席人数	会议分组	提案数	重要议案
一	1922.7.3—7.8	济南	366	20	119	推广女子教育案 推行平民教育案 接洽调查有关庚款用于教育案
二	1923.8.20—8.25	北京	570	32	120	修订社章和年会规程 参加世界教育会议案 推进义务教育和科学教育案

---

① 它们是:教育行政、高等教育、中等教育、幼稚教育、义务教育、师范教育、职业教育、农业教育、工业教育、商业教育、医学教育、女子教育、成人教育、童子军教育、公民教育、科学教育、数学教学、生物教学、国语教学、外国语教学、历史教学、地理教学、美育、体育、图书馆教育、教育统计、国际教育、全国教育经费等研究委员会。

② 陶行知亲自为社内工作人员讲演《办公原则》,倡导唯事、科学、效率等八大原则,要求工作人员以科学的方法和态度处理事务,强调精确的计划和合用的工具。因此,在他领导下的各项工作,虽然头绪纷繁,却都能有条不紊地展开。许多在他手下工作过的人,都深感改进社是一个很有活力的教育科学研究单位。

续表

届次	时间	地点	出席人数	会议分组	提案数	重要议案
三	1924.7.3—7.9	南京	600	24	127	力谋收回教育权案 促进蒙古教育案 推进平民教育案
四	1925.8.17—8.23	太原	700	24	78	要求宪法内制定教育专章案 抵拒日、英以庚款行其侵略主义之教育文化办法案 组织国家教育政策委员会案

改进社年会规模宏大，足称一时。在这里，我们不妨把它同另两个著名的教育团体作一比较。全国教育会联合会由各省教育会于1915年4月联合组织而成。该会存在期间自1915到1925年，11年间每年都举行年会，与会者最多一年56人，最少一年24人，平均每年不足40人。提案议决者，11年总共252件，平均每年不足23件。成立于1917年5月的中华职业教育社虽以其宏大的年会规模著称，却无甚议案，如1919年第二届年会有代表300人，1922年第五届年会有代表1000人，均无议案记载，1923年第六届年会有代表1300余人，议案仅4件，1924年第七届年会有代表300余人，议案仅5件，第八届和第九届年会代表数分别为400余人和220余人，均无议案记载。在当时的社会条件下，尽管许多议案根本无从实施，徒供覆瓿之用，但作为教育会议来说，它毕竟就许多重大问题讨论研究，提出对策，在当时造成一定的社会舆论，加深人们对有关问题的印象。对于后来，其中一部分议案仍不失其可资借鉴的作用，足以当教育遗产之称。

上述差别，也许正是这三个著名教育团体各有侧重的组织结构和立社宗旨所决定的。从组织结构而言，教育会联合会是各省教育界领袖人物的集会，职业教育社则是一部分职业教育工作者和热心此事的实业家团体。改进社的社员分机关社员和个人社员两种，广泛吸收高等学校和中等学校作为机关社员，吸收各类学校的教职员为个人社员。1922年底时，已有机关社员119人，个人社员479人。以地区论，这些社员又相对集中在教育比较发达的省份。这样的组织构成，往往能从教育第一线迅速反映中国新教育运动的前沿情况,发现新问题,探求新方向。从立社宗旨而言,教育会联合会"以体察国内教育状况,并应世界趋势,讨论全国教育事宜,共同进行为宗旨"。它的任务一在于体察情况,二在于协商进行,作为各地教育界领袖人物交流情况协调意见的特定方式,它不像改进社那样更多地致力于调查研究以为改进教育的务实之举。职业教育社则如社名所示,以推广和改良职业教育,改良普通教育使之更能适合于生活的准备,辅导职业之改进为宗旨,任务比较集中,它不以整个教育事业的改进作为自己的任务。

再从议案的处理情况来看,改进社也有自身优长之处。教育会联合会的议案虽也有许多重大教育问题的提出,但它所议多限于普通教育方面,不像改进社那样有种类很多、专业性很强的分组学术会议,也不具备一个比较干练的办事机关以处理或执行有关议案。据我们统计,该会第十一届年会252件议案中,上呈教育部等政府机关请其采用者为86件,函告各省教育会等有关单位请其参考施行者为88件,上呈函告相兼者为16件,三者总数占全部议案的75%强。与之相比较,改进社的议案并不限于普通教育,有关平民教育、女子教育、乡村教育等问题都是它所关注的对象。也许这就是改进社立意践行自己所称的"教育界没有人做的事,本社即努力去做"。同时,改进社的议案虽也有相当一大部分有赖于政府或有关方面接受并施行,但改进社并不以此为满足。陶行知清醒地认识到,议案固然是改进社"发表正当舆论之责",而"最重要的"还是依靠自力来贯彻有关议案精神。"凡我们本身单独或共同可以改进之事,似应得到我们最优先之注意。"[①]这种自主自立的精神,尽管时遇挫折,但它毕竟是改进社不断推出新成绩的原因之一。

改进社所拥有的群众基础和潜在的实际力量,无疑使它在当时全国性的教育团体中居于重要地位。时人大都对其崛起投以赞叹之声。无怪乎颇有权威性的《第一次中国教育年鉴》在评价教育会联合会活动情况时,仅称"开会结果,对于全国教育之改进,不无相当之影响"。而对改进社的活动则称扬为"对于中国教育之改进,功绩甚大"[②]。如果我们把眼光再放开一点,那么,改进社实在称得上是当时国内影响最大的民间学术团体之一。

---

① 华中师范学院教育科学研究所:《陶行知全集》第一卷,湖南教育出版社1984年版,第547页。

② 《第一次中国教育年鉴》戊编,开明书店1934年版,第157、163页。

虽然进入民国以后,现代文化学术团体有了一定的发展,但直到20年代中期,仍处初创时期。试看五四运动前后10年间的情况。

表4-2　1917—1926年间全国学术团体统计表①

年度	教育	文哲	医药	普通	工程	理科	政法	农	总数
1917	5		4	3	1			1	14
1918	5		4	3	1			1	14
1919	5		4	3	1			1	14
1920	5		4	3	1			1	14
1921	5		4	3	1			1	14
1922	5	1	4	3	1	2	1	1	18
1923	5	3	4	3	1	2	1	1	20
1924	5	4	4	3	1	2	1	2	23
1925	7	4	4	4	1	3	1	2	26
1926	10	4	4	5	2	3	1	2	31

表4-2表明,教育团体在全国学术团体总数中始终保持三分之一左右的比例,在各类团体中一直居于领先地位。这种情况同知识分子相对集中在教育界为多的现状是相应一致的。改进社在教育团体中居重要地位,它在国内各学术团体中的影响也不难确立。

改进社是教育界有志教育革新者的一个松散组织。在它身上,自由主义的气息较浓,而党派政治的色彩较淡。在推进教育革新的目标下,对各种思想主张兼容并包。有人在问及改进社的"色彩"时,陶行知"郑重宣告":"本社是透明的,不是白的,不是黑的,不是红的,不是灰的——是透明的,水晶样透明,使各种光、各种颜色都能透出真面目。"②可以说,以自由主义的超然态度,保证在改进社内"各种光、各种颜色都能透出真面目",正是陶行知努力追求的一种境界。

改进社的生气和活力是同陶行知的组织操作分不开的。但同时我们也不能忘了,改进社赐予他者也多。改进社为他提供了一个施展身手的广阔天地,使他得以在实际工作中锻炼才干,在教育界更上一个台阶。主持

---

①《第一次中国教育年鉴》丁编,开明书店1934年版,第172页。
② 华中师范学院教育科学研究所:《陶行知全集》第五卷,湖南教育出版社1985年版,第148页。

改进社工作对他未来事业的影响不容忽视。

主持改进社工作使他得到一个进一步全面了解国内教育状况的机会。其中尤应一提的是,陶行知亲自领导了教育统计和教育测验这两项基础工作。科学的教育统计本是制定教育方针、政策,规划教育发展的依据。可是历来政府当局却对此十分忽视①。改进社成立后,竟以民间教育团体之力承担这项工作。从1922年5月开始到次年4月结束,他们向全国各省和各高等学校分发调查表格,根据反馈回来的信息,在《中国之教育统计》的总题下,制成56种表格。其统计范围之广,表格制作之精,在中国教育史上都是空前未有的。当时教育界有识者如杨贤江就曾给予高度评价:"这种调查是教育用科学研究的初步,最足以供给实际教育的参考,所以认为是我国教育实际改进的先声。"②改进社还依靠一批中外专家的合作,编制出了40余种供中小学使用的教育测验法③。推出这一大批统一标准的测验法,目的在于为教育界提供一种了解教育情况和指导教育改进的工具。这些统计和测量虽然难免有机械烦琐之处,但对于素来缺乏现代统计和测量标准的中国来说,却是一种首倡。如果说,1921年陪同孟禄进行为期4个月的调查是陶行知全面了解国内教育状况之始,那么,改进社4年的社务则进一步深化了这方面的工作。广泛深入的调查研究使他对中国教育的实况有一比较翔实清醒的了解。可以毫不夸张地说,陶行知日后为中国教育改革不懈探路,改进社时期的调查研究正是其起步之始校正方向的罗盘。

主持改进社工作还使他得到了一个广泛接触社会各界迅速提高社会活动能力的机会。改进社作为一个人员众多、影响巨大的教育团体,他在主持繁忙的社务工作中,必然要同各色各样的人事发生关系。即以举办年会而言,从决定会期、商借会址、征集议案、办理交通食宿、编辑会议印刷品、编制预算、延聘工作人员、接洽游览娱乐事宜,乃至会商开会办法、组织分组讨论,都是主任干事分内之职。他在其间总筹一切,指挥若定,使纷繁

---

① 从1907年开始的中国教育统计时作时辍,到1917年后,因南北对立,教育部无法搜集到北京政府统治力量所不及的有关各省材料,故这一工作完全停止。

② 《教育杂志》第十四卷第八期。

③ 如"理解测验"、"智力测验"、"自我理解测验"、"非语言智力测验"以及语、数、史、地等各科测验。

的会务进行得有条不紊,从而显示了出色的组织领导才能。他个性活跃,善与人处,因改进社工作广泛结识各界人士,也加强了与外国友人的联系。这里仅就年会特邀名人讲演便可见其一斑。赴会讲演者,不但有梁启超、章太炎、蔡元培、范源濂、马寅初、马君武、叶恭绰等人,还有推士、麦柯尔、德尔满、日本佛学家木村泰贤和"道尔顿制"发明者柏克赫斯特等一批外国知名学者。广泛有效的社会联系,本来就是现代社会事业成功的必要条件。可以说,如无改进社,陶行知就不能如此迅速地结交众多人士。就此而言,他日后事业有赖于此者正不在少。

当然,更为重要的是,主持改进社使他得到一个从容研究并实践教育改革的机会。研究教育学术和力谋教育改进,本是改进社的两项基本任务。在主持社务过程中,他始终把它们放在首位。他在历届年会上所作提案,如《地方教育行政机关应编教育概况统计案》《关于〈请求力谋收回教育权案〉的修改意见》《请组织国家教育政策委员会案》《请发起并筹备中华女子教育促进会案》等,无不紧扣这一中心。他在第三届年会期间主办的全国教育展览会,展品琳琅满目,按改进社下属几十个研究委员会分类陈列,成为空前的新教育成绩展览。可以说,"五四"时期他所构画或倡导的种种教育革新主张,在改进社时期先后得到了试验推行并丰富提高的机会。年会把蒙古教育和西藏教育问题列为重点议程,并设立专门的分组会议。历届年会还十分重视到会代表所属省区和所属民族,全国各省区和五大民族都有代表赴会,曾被视为改进社年会值得庆贺之事。凡此种种,无疑都是对"五四"时期陶行知开辟边疆和内地教育主张的一种呼应。改进社延聘中外专家从事科学教育情况的调查,致力于研究如何提高中学科学教育水平,并创办科学教员暑期研究会,在科学社等团体的赞助下,1924年和1926年在清华学校举办。凡此种种,无疑也是"五四"时期陶行知强调科学教育的一种延伸。改进社从第二届年会开始大力推进平民教育,第四届年会又开始大力推进乡村教育,这些都是陶行知过去想干而又个人单枪匹马无法干的大事业。现在以改进社为依托为后盾,他终于可以放手去攻打这几重教育不平等的关口了。

不容讳言,改进社从其活动内容到方式,都存在着许多历史局限性。但仍不掩其对推进中国新教育运动所作出的巨大贡献,在20世纪20年代中期的中国教育界具有不容低估的历史地位和作用。可惜在很长一段时间内，人们对它的认识却很不足。在部分流行的现代教育史论著中，要么对改进社之类在实际生活中发生过重大影响的教育团体一略而过，语焉不详，仿佛现代教育领域不曾存在过这样重要的团体，要么对之颇加苛责，认定其右倾落后的阶级本质。人们通常在其中读到同义反复的如下陈述：资产阶级知识分子的代表人物，在"五四"之后便退下阵来，投降旧文化旧教育，反对新文化新教育，走向自己的反面。但是，严格说来，这一论纲却缺乏足够必要的科学论证。近几年来，随着学术界对五四新文化新教育运动的深入研究，开始出现若干突破旧藩篱的新论，向传统的文化论纲提出了许多坚实有力的反证。这就为人们重新认识这一段历史打开了新思路，也为我们重新评价改进社等教育团体提供了有益的启示。

奔走发动于平民教育运动

陶行知认为，一个好的教育者应有灵敏的手去抓机会，且具千里镜去找机会。在改进社时期，他抓住机会，很有声色地发动了一场全国性的平民教育运动，为新教育运动在深入民众、普及城乡方面作出了重要的探索。在具体主持这一运动过程中，他使教育面向社会，努力实践自己"五四"时期有关教育民主化的主张。

平民教育运动发端较早。还在20世纪初，一些热心的教会人士编写了一种由浅入深的课文，而少数知识界人士则推行简字运动，本意都在试图解决普及教育于平民的问题。但它们范围有限，影响也不大。"五四"新人物在拥护"德先生"的口号贯彻到位于教育领域的过程中，迅速推动了平民教育运动的发展。1915年，陈独秀在《今日之教育方针》中，呼吁以广大民众为施教对象，提出了教育的"唯民主义"。李大钊则要求贯彻教育的"庶民"方向，倡导"纯正的平民主义"①。1919年3月，邓中夏发起北京大学平民教育讲演团，以"增进平民知识，唤起平民之自觉性"作为宗旨。毛泽东在湖南省立第一师范学校时，1917年秋和1920年夏两度组织平民夜校，从事群众性的普及教育，并亲自主持夜校教学工作。

过去不少论著通常对陈、李之言和邓、毛之行给予很高评价。不消说，

---

① 李大钊：《李大钊选集》，人民出版社1962年版，第427页。

这些先觉先行者理应受到后人的尊崇。但是,平心而论,他们的影响仍然是局部的、地区性的。陈、李是导师型的思想理论的先觉者,邓、毛身体力行却又因其当时社会地位不足以号召全国。因而,要发动一场全国规模的平民教育运动,还需要新的组织领导力量。于是,揭开中国平民教育运动新的一页的历史任务就落在以陶行知为代表的改进社诸人身上。

中国平民教育运动真正成为气候,是在杜威平民教育思想在中国广泛传播之后。杜威来华前,胡适就发挥乃师所说,宣称平民教育是实行平民政治的先决条件。杜威来华后,更就此意大加宣传鼓吹,很受人信从。北京高师部分师生很快联合组成"平民教育社",主张:"不先有了平民教育,哪能行平民政治?哪能使用平民政治的工具?"①1920年夏,陶行知在南高举办暑期学校时,曾组织学生教附近平民识字。不过,对于究竟采取何种形式推行平民教育,他当时心中仍无定准。他觉得,以学生为主体所从事的平民教育,缺乏一个周密的计划和组织,比较片段零星,办法也不尽妥善,但它毕竟引起了人们对如何改善平民教育问题的兴趣。有如他所评述的,"'五四'以后,学生由爱国运动进而从事社会服务,教导人民,自动开设的平民学校遍地都是。虽办法不无流弊,却能引起我们对于平民教育改善的兴味"②。

环顾当时国内各种平民教育试验,他对晏阳初的做法较感兴趣。1923年6月,他专赴嘉兴考察后,认定晏的试验方法较切实用③。这时刚好熊希龄夫人朱其慧到沪,他们夫妇对于推广社会教育夙具热心,陶与朱一谈,她即愿以全副精力来倡导平民教育。复经陶介绍,晏、朱会见,一致认为有建立一种组织之必要。于是,邀集黄炎培、胡适、袁希涛等人在上海开了几次会议,遂成立中华平民教育促进会筹备会。筹备会推朱为筹备主任,陶为筹备干事,议决先在南京和北京两地试办,然后渐次推行各省。筹备会并

---

① 《发刊词》,《平民教育》1919年10月10日第一号。
② 华中师范学院教育科学研究所:《陶行知全集》第一卷,湖南教育出版社1984年版,第489页。
③ 晏阳初1918年在美国耶鲁大学毕业归来后,受基督教青年会的派遣前往法国,专为第一次世界大战中赴法的华工办平民夜校,很有成绩。1920年归国后,他又受青年会派遣,先后在长沙、烟台和嘉兴这三个人文环境不同的地方继续试验。前两处,他采用单班教学法和挂图教学法作实验,后一处,他又采用少数教师教多数学生的幻灯教学法,将图画、课文和生字用幻灯放映出来,学生易记易学,效果显著。

推举陶和另一位从美国留学回来的胡适好友朱经农共同编辑平民课本。6月20日,南京平民教育促进会成立,发表宣言,募得经费15000元,试办了3所试验学校(2所男校,1所女校),每校招生50人。在北京则办了4所试验学校(2所用挂图教学,2所用幻灯教学),以便吸取经验,供别处参考。

借助改进社的力量,陶等登高一呼,应者甚多,人们对于平民教育逐渐投以更大的注意。8月,乘改进社第二届年会之期,在清华学校举行中华平民教育促进会总会成立大会。会前以改进社名义致电各省,请各省教育厅和教育会各派代表一名列席成立大会。8月26日上午改进社年会闭幕,当天下午举行促进会成立大会,有19个省区的代表参加,会议讨论通过了组织大纲和宣言。按照会纲,中华平民教育促进会总会为全国总机关,有董事部总其成。董事分两种,一为省区董事,每省区二人;二为执行董事,一共九人,推举在京之朱、陶、张伯苓、晏阳初等担任。会议公推朱为董事长,晏为总干事,陶被推为董事会执行书记兼安徽省董事。促进会总会即附在改进社下,为改进社事业之一部分。总会之下,有省、市、县、乡分会,分管当地平民教育事宜,城市中各街巷和乡村中各村庄都要设平民教育委员会,从而试图从上到下组成一个全国范围的平民教育网络。

平民教育促进会成立后,晏阳初拟成会徽,即一"平"字,提经董事会通过。其涵义为:最上横条代表头脑,意谓一个人必须具备有训练的思想、有规律的理性;横条下两"点",很像两眼,一眼代表平等,一眼代表公正;两点中间是十字架,意谓要用耶稣基督之心,舍己为人。合起来成为投身平民教育者的信念:用自己学术上的头脑,用自己的双眼,为平等和公正而张望,用自己的同情怜悯的心为受苦难的人去奋斗①。

平民教育促进会总会经费来源拟募集基金。在创始之初则全赖朱其慧维持。办事处先借其居宅两间小房,最初没有预算,第一年支用3600元,包括部分职员工友的薪金及邮费纸张文具等,也都是向朱其慧支领的。

推广平民教育,这是陶行知多年来的奋斗目标。他明确指出,"现在的平民教育运动,是平民读书的运动。目的在使平民一面读一点书,一面得一点做人做国民的精神"②。几乎同时,在写给其妹文渼的信中,他又指

---

① 吴相湘:《晏阳初传》,台湾时报文化出版事业有限公司1981年版,第96页。
② 华中师范学院教育科学研究所:《陶行知全集》第一卷,湖南教育出版社1984年版,第411页。

出:"平民教育的宗旨是要叫种种人受平民化。一方面我们要打通层层叠叠的横阶级。如贫富、贵贱、老爷小的、太太丫头等等,素来是不通声气的,我们要把他们沟通。纵阶级的最昭著的是三教九流七十行,江南江北、浙东浙西、男男女女等等都有恶魔把他们分得太严。这种此疆彼界也非打通不可。……我要用四通八达的教育,来创造一个四通八达的社会。我这几年的事业,如开办暑期学校、提倡教职员学生之互助、提倡男女同学、服务中华教育改进社,都是实行这个目的。但是大规模的实行无过于平民教育。我深信平民教育一来,这个四通八达的社会不久要降临了。"①尽管上述有关"阶级"的概念与我们今天所称者并不一致,但陶行知要求通过平民教育来争取社会的进步和国家的安宁,则表达得十分强烈。

这层意思,在陶行知参加起草和审定的平民教育总会宣言中,作了进一步的表述:"一个共和国的基础稳不稳固,全看国民有知识没有。国民如果受过相当的教育,能够和衷共济,努力为国家负责,国基一定稳固。如果国民全未受过教育,空空挂了一块民国的招牌,是不中用的。请大家仔细想想:现在中华民国的国民到底有多少人是受过相当的教育的?倘使大多数的人还一字不识,民国的基础能够稳固吗?现在国内乱机四伏,工商业不能发达,推其原因,皆缘多数国民未受相当的教育,无职业、知识以维持生活。不幸者,即流为盗匪。同属人类,苟非全无知识,谁肯轻易牺牲?倘使人人识字读书,有了做国民的常识,自然不至做那危及生命的事业。大家勤勤恳恳谋生做事,各种乱源也就消弭于无形了。所以,我们如想挽救全国不安的景象,除了设法把平民教育推行全国之外,决无第二个好方法。"②

平民教育促进会总会从上述认识出发,拟订了一个宏大的规划。这个规划很带有陶行知的风格色彩。

规划规定了三项方针:一为聘请专家对平民教育各种问题分工研究,包括对推行方法、平民学校之组织及教学管理、教材教具诸问题、乡村和蒙藏边疆及华侨之平民教育问题等的研究。二为办理平民教育的各种试验,

---

① 华中师范学院教育科学研究所:《陶行知全集》第五卷,湖南教育出版社1985年版,第55—56页。

② 华中师范学院教育科学研究所:《陶行知全集》第三卷,湖南教育出版社1985年版,第665页。

包括在各省区、蒙、藏及华侨所在地设立试验学校,在北京、南京等地试办,培养推行人员分赴各地襄助试验等事项。三为与各地各界全力合作推行平民教育,包括开展平民教育运动,倡设平民教育促进会,进行各种宣传活动①。

规划又从当时中国12岁—25岁之间有1亿文盲的实际国情出发,拟订了一个普及教育的计划。陶等拟以每人花费6角钱的经费,使他们受4个月的教育,得到以1000个基础单字所代表的共和国民的基本教育。他们准备在5至10年内完成这项1亿人的普及教育。具体进行则逐渐由城市转到乡村,在以识字教育为主体的第一期平民教育完成后,再转入以职业教育为主体的第二期平民教育上来,有关经费及师资来源则由各地自行设法解决。

根据事先商定的意见,他和朱经农着手《平民千字课》的编撰工作。为了做好这项工作,他们十分郑重②,也十分抓紧。到1923年8月,该书第一册由商务印书馆出版,11月第四册也已发行。全书96篇课文,供每日一小时,96天或16周教完之用。在书前,编者特加说明,编辑目的有三:一、培养人生与共和国民必不可少之精神及态度;二、训练处理家常信札、账目和别的应用文件的能力;三、培养继续读书看报和领略优良教育之基本能力。

平民教育促进会总会成立以后,由于长江中下游各省要求先在那里提倡,因此,从1923年秋季开始,陶行知便风尘仆仆奔走于苏、皖、赣、鄂诸省。而从次年开始,他又注力于北方。下面是他整整半年宣传行程的概况。

1923年10月上旬,南京。与教育行政当局和教育界人士会商办法,赴各校各界宣传讲演,扩大本地平民教育运动声势。

10月中下旬,安庆。在1周内,讲演13次,推动省平民教育会成立。并两次参加董事会讨论,研究进行办法。

11月上旬,南昌。会见地方当局,与各界接洽,到处讲演。

---

① 华中师范学院教育科学研究所:《陶行知全集》第三卷,湖南教育出版社1985年版,第668—669页。

② 为编写该书,他们曾先请文、史、哲、政治、科学、教育各方面专家如刘伯明、任鸿隽、王云五、郑宗海等会商并厘定目标,并请陈鹤琴及其助手编订常用字。在确定内容及文字之后,他们才正式动手编撰。编撰时随设一试验班,朱其慧、晏阳初、王伯秋、陆志韦等人均对编辑工作给予了很多批评帮助。

11月下旬,武汉。与从北京赶来的朱其慧会齐,到处宣传讲演,推动湖北省平民教育会成立。武汉事毕,又前往湖北襄樊、沙市、宜昌等地活动。

12月初,芜湖。宣传讲演。

12月上旬回到北京后,又组织改进社总部工作人员推动北京的平民教育运动。

1924年元月初,张家口。与地方政、学各界商定办法,成立察省平民教育会。中旬,蒙古平民教育第一先锋队开往蒙古包中进行平民教育。

2月下旬,赴沪、宁办事。

3月下旬,开封。以旋风式的速度,在3天内广泛会见河南各界领袖,加推各界各县平民教育会董事,从而扩大了平民教育会的活动范围和影响。

在上述活动中,陶行知善于大规模制造舆论。但凡足迹所到之处,他总是广泛联系各界头面人物,争取他们的同情支持,推动成立或扩大平民教育会组织。与此同时,他也没有忽视深入下层宣传。他讲演的对象广泛包括在校师生、商人、工人、农民、警察、和尚,乃至在狱的犯人。上层下层并举,每每使他的宣传鼓动如响斯应。当他走在安庆有17000余人参加而在汉口有20000余人参加的集会游行队伍中时,他心中一定会浮现出一种不虚此行的快慰。

陶行知等的奔走很快奏效。就在他此行结束时,全国已有15个省区成立了平民教育会,30万人受《平民千字课》教育。当年6月,平民教育运动更推行到20个省区,有50万人受《平民千字课》教育[①]。据后来的统计,《平民千字课》的总发行量为300万册[②]。即此也可见这一运动的规模。在江苏,全省60多县中绝大多数成立平民教育分会,开办平民学校。在河南,有73县开办平民学校,其中64县议决使本县人民于一定时期内受《平民千字课》教育,陶行知估计全省当有30万人可受平民教育之惠[③]。在湖南,长沙成立94个平民学校和22个平民读书处,全省26县成立平民教育分会,设有356个平民学校和140个平民读书处。此外,广东、吉林、四川、山东、浙江、山西、直隶等省都有程度不等的运动推行。

---

① 华中师范学院教育科学研究所:《陶行知全集》第一卷,湖南教育出版社1984年版,第489页。

② 钟买秀:《四十年来中国之识字运动》,《教育通讯》(复刊)第四卷第三期。

③ 华中师范学院教育科学研究所:《陶行知全集》第五卷,湖南教育出版社1985年版,第91页。

为了说明问题,不妨以平民教育运动与稍后的识字教育运动作一比较。南京政府成立后,识字运动被列为七项贯彻地方自治措施的首位,因而尤为见重。根据国民党中央宣传部和教育部所设计的纲领,各地从上到下都要成立识字运动宣传委员会,由各地政府和教育部门的主管负责人领导。虽然在目标方面双方颇有不同,识字教育运动特别注重公民训练,以《三民主义课本》作为教材,因而使党化教育的气息十分浓厚。但在具体施行办法上,它仍借鉴沿用了平民教育运动的许多成功做法,如推行识字学校和平民读书处,训练高小以上学生和私塾先生以解决师资问题,主张由政府拨款与民间资助解决经费问题,主张实行动员识字和强迫识字相结合的做法。从1929年开始,各地照章组织机构推行识字教育运动,尽管依仗政府之力,公家出款出人,广泛动员,但收效并不显著。即以首善之区南京而言,到1932年3月为止,三四年间大张旗鼓的宣传活动共有七次,但七次兴师动众才总共设立识字学校311所,入学15040人①。而陶等在南京推行平民教育运动,从1923年6月到年底第一阶段结束,即办成平民学校126所,入学5000余人。由此也可见得民办的平民教育运动实还略胜一筹于官办的识字教育运动。如果考虑到响应识字教育运动比较热烈的江苏、安徽、河北、河南、浙江等省,又大都是当年平民教育运动基础较好的地区,那么,又几乎可以说平民教育运动是其先导和范式了。

在这一段时间内,为推广平民教育运动,他公而忘家,逢年过节往往都在旅途之中。《车上过年》所说,"上车过旧年,下车过新年。年年车上过,也算是过年",反映的就是这种不遑宁处南北奔走的生活。他被一种强烈的使命感所驱策,发愿以平民教育作为普度众生的宝筏,以佛入地狱的精神作此慈航:"凡我脚迹所到的地方,就是平民教育到的地方……要叫黑暗的地方大放光明。佛不入地狱,谁入地狱!"②在写给妹妹文渼的信中更称,"我们生在此时,有一定的使命。这使命就是运用我们全副精神,来挽回国家的厄运,并创造一个可以安居乐业的社会交与后代,这是我们对于

---

① 如第一次宣传活动即组织万人大游行,80队演讲队分赴各街区,飞机散发传单,拍摄电影,印发各种宣传品11种,总计15万份。见《第一次中国教育年鉴》丙编,开明书店1934年版,第580—581页。

② 华中师范学院教育科学研究所:《陶行知全集》第五卷,湖南教育出版社1985年版,第42页。

千万年来祖宗先烈的责任,也是我们对于亿万年后子子孙孙的责任"①。这种感受和认识,在他奔走途中写成的诗中表达得尤为明确。《自勉并勉同志》写道:"人生天地间,/各自有秉赋。/为一大事来,/做一大事去。/多少白发翁,/蹉跎悔歧路。/寄语少年人,/莫将少年误。"②

强烈的使命感最易激发可贵的创造精神。在推行过程中,他勇于试验,勇于创造,及时发现并推广了许多行之有效的方法。在平民学校试验过程中,他发现虽然平民学校近在咫尺,但店家住户大多数人却因店务家务关系不能前往上课。这一情况促使他寻求解决办法。他由家中孙儿教祖母、大儿教小儿得到启发,认为可以随处用识字的人教不识字的人,我教你,你教他,他又教他,一家一店用不了多少时间便可使全家全店读书明理。开始他把这种方法叫做"连环教学法",最后定名为"平民读书处"。他把平民学校喻之为开饭馆给人饭吃,而平民读书处便是在自己家中弄家常便饭吃。他不但出任自家读书处的处长,还促使梁启超、胡适、熊希龄、蒋梦麟等京中名流都在家中办起读书处并出任处长。此风一开,使平民读书处流行一时。他总结归纳平民读书处六条成功要素和四项忌讳,对后来者不无借鉴意义。六条要素:主人要肯负督促之责,至少须有一名识字者做助教,助教要有专责感,指导要有定期,全体要一律读书,读书要与饭碗发生关系。四忌:一忌在陌生的地方推行,二忌招外面陌生的学生,三忌引生人参观,四忌带政治宗教色彩③。在平民教育运动取得相当进展后,他除随《申报》发行副刊《平民周刊》,同时又着手编辑《平民丛书》并推动中华职业教育社编辑《平民职业小丛书》,文教界知名人士钱玄同、郁达夫、赵元任、陈鹤琴、裴文中被他邀约组织到平民文学委员会来。

强烈的使命感又最能激发出可贵的"碰钉子"精神。陶行知一向认为,在社会上做事就要预备碰钉子。碰钉子原因之一是来自社会的阻力。对此有两个解决办法:一是硬起头皮来碰,以钢头对铁钉,把它碰弯了;二是

---

① 华中师范学院教育科学研究所:《陶行知全集》第五卷,湖南教育出版社1985年版,第56页。

② 华中师范学院教育科学研究所:《陶行知全集》第四卷,湖南教育出版社1985年版,第27页。

③ 华中师范学院教育科学研究所:《陶行知全集》第一卷,湖南教育出版社1984年版,第452—456页。

用自己的热心架起火来,把它烧化了①。1924年初,他自称为推行平民教育,碰了四五个钉子。对这些钉子,他基本是以"钢头"和"热心"来克服的。碰钉子的另一个原因则是自己的主观意见不切实际。他自承在推行过程中,"自从亲自到民间去打了几个滚,觉得我们有好多主观意见都是错的,没有效验"。因此,就有必要不断修正原先的方案,使之适应实际需要。他清楚地看到,各地情况不一,推行平民教育很难采用一种整齐划一而行之各地皆有效的方法。就像一盏灯不能照到几间屋里的人读书,一个火炉不能暖到邻居家里人身上去一样,"各处平民教育的影响,一百分之九十九只限于本地。他们对于别的地方的影响,微乎其微!我们要想普遍的影响,就须普遍的办,就须放弃模范的偶像"②。

强烈的使命感又最能激发出可贵的平民精神。在留学归来后,他担任大学教授,出入上层社会,交接各界名流,学者风度俨然。但在推行平民教育运动中,他很快发现自身留洋学生的气派是深入民间开展工作的一大障碍。为此,他深自反省,"我本是一个中国的平民。无奈十几年的学校生活,渐渐的把我向外国的贵族的方向转移。学校生活对于我的修养固有不可磨灭的益处,但是这种外国的贵族的风尚,却是很大的缺点。……经过一番觉悟,我就像黄河决了堤,向那中国的平民的路上奔流回来了"③。他自称"中国性、平民性"很丰富,朋友们也承认他是一个"最中国的"留学生。因此,当他脱下西装革履,穿戴上中式衣帽,出现在平民教育运动中时,他确实走上了向"中国的平民的路上"回归的第一程。平民精神也促使他努力与平民为友,结交了很多下层群众。轮船上的茶房夫役,公署里的轿夫公役,南京夫子庙的说书人和栖霞寺的和尚,三教九流都是他的宣传对象,也都是他的朋友。在百忙中,他也不忘情意恳挚地给他们写信④。

---

① 华中师范学院教育科学研究所:《陶行知全集》第五卷,湖南教育出版社1985年版,第68页。

② 华中师范学院教育科学研究所:《陶行知全集》第五卷,湖南教育出版社1985年版,第65—66页。

③ 华中师范学院教育科学研究所:《陶行知全集》第五卷,湖南教育出版社1985年版,第55页。

④ 在现存的书信集中,还有他给为自己当过向导的栖霞山农民和为自己拉过车的武昌人力车夫的信,以及给芜湖两名学徒的贺年信。见华中师范学院教育科学研究所:《陶行知全集》第五卷,湖南教育出版社1985年版,第45、62、63页。

但陶行知等热心倡导平民教育也引来了社会各方褒贬不一的反响。在这里,最值得我们注意的是,以《中国青年》为核心的一批青年共产党人对此的争论。

争议之一,平民教育运动是否有助于社会改造事业。批评者认为,平民教育运动是一条行不通的"教育救国"之路。"主张教育救国的人,他们以为中国的国民,若是都能认识字、念念书,中国即可得救了。……其实,在我们看来,救中国的方法,绝没有这么简单。……所以设平民学校和平民读书处的普及教育的理想,在现在经济制度之下,不免有许多行不通的缺点。"①但有人很快提出不同意见:"平民教育运动是值得我们努力的。虽然我们对于主持这种运动的方法,与采用的材料,不能完全满意。然而这种运动,越普遍越有力量,对于中国改造的前途,间接有很大的帮助。"②恽代英更称平民教育为"有益社会的事",而且多次劝导要求革命的青年参加平民教育运动。他特别赞赏陶行知把平民教育送到农村去的做法,"我以为最好的农村运动,仍是平民教育","我们可以为了国民革命而进行乡村运动,然而只要能切实作乡村运动的人,他纵然还不赞成革命,我们亦很应当诚意的与他在这一方面合作"③。他建议毛泽东,"我们也可以学习陶行知到乡村里搞一搞"④。

争议之二,《平民千字课》的优劣得失问题。批评者曾一一论析该书内容消极,"违反了平民教育的精神和民主政治的原则",纯为反动统治说教⑤。但很快又引来了不同的看法。反批评者高度评价《平民千字课》,指出该书不但在印刷的精美和定价的低廉方面为不可多得,并且"关于编纂的方法,如字句的排列均匀,教材的趣味丰富,千字课更多可赞美处"。反批评者劝告那位严厉的批评者,不要把别人的成果说得一无是处并企图自编有关课本以谋取而代之,"我们的知解经验,比那些编过此类书籍的人还不如得多。我们若编课本,对于他们的缺点未必便能补救,或者反会把他

---

① 敬云:《平民教育的真意义》,《中国青年》1924年1月第14期。
② Y.C:《平民教育运动的几个意见》,《中国青年》1924年3月第24期。
③ 恽代英:《预备暑假的乡村运动》,《中国青年》1924年5月第32期。
④ 中共中央文献研究室编辑委员会:《学习毛泽东》,《周恩来选集》,人民出版社1980年版,第333页。
⑤ 典琦:《评〈平民千字课〉》,《中国青年》1924年1月第15期。

们所有的优点都抹煞掉了。……我们最好是就所见到的缺点,量力补救亦便够了"①。

以上争议实际上反映了中共早期对教育运动的不同意见。恽代英等是从教育领域走上革命道路的,对旧教育的批判立场和对新教育的追求探索②,无疑使他对陶行知和平民教育运动的观察和了解要比党内其他成员来得贴近真切一些,看法也比较公允平实一些。可惜的是,恽等比较成熟稳健的意见未被更多的人接受,以致此后数十年党内始终存在对陶及其教育运动的偏激批评。

在推行平民教育运动期间,陶行知鼓吹社会改良的言论确实较多。在一篇题为《社会改造之出发点》的文章中,他认为,改造社会的范围很广,大之世界,小之一国,再小就是一省一县,再小就是自己身边的环境。"从事社会改造的人,要远处着眼,近处着手。""一个人,一个时候在一个地方,干一件事,是社会改造的不二法门。"联系实际,搞好一所平民学校或一个平民读书处,就是改造社会的出发点。可惜真正懂得这层意思,脚踏实地"肯在近处着手的人还是太少"③。因此,他希望有志于社会改造者各尽所能,从自己做起,从身边做起。在一封致小友的信中,他劝导对方:"各人所处地位不同,爱国的方法也不能尽同。小孩们用心读书,用力体操,学做好人,就是爱国。今天多做一分学问,多养一分元气,将来就能为国家多做一分事业,多尽一分责任。……学生在学习服务社会的时候,就可以从自己的家里学起,做起。一面学,一面做;一面做,一面学。我们在家里服务的事也很多,把不识字的家庭化为识字的家庭,就是这许多事当中的一种。……家里办好了。再推广到左右邻居,这事就是治国平天下的入手办法。"④

在我们看来,陶行知此时同胡适所鼓吹的点点滴滴的社会改良理论互相呼应,都是未脱杜威社会改造理论的表现。这种社会进化观自有其不足

---

① Y.C:《平民教育运动的几个意见》,《中国青年》1924年3月第24期。
② 在1920年10月少年中国学会会员终生事业调查表中,他在"终生欲从事之事业"栏下,同毛泽东一样,填的是"教育运动"。
③ 华中师范学院教育科学研究所:《陶行知全集》第一卷,湖南教育出版社1984年版,第430页。
④ 华中师范学院教育科学研究所:《陶行知全集》第五卷,湖南教育出版社1985年版,第67页。

之处。绝对化地片面强调改良或革命在社会进化过程中的历史作用，都是一种有局限的认识。改良与革命二者本是社会进化过程中相辅相成不可或缺的两种基本形式，它们并非两极对立，更不互相排斥。也许汇融二者的"改革"一词，最能体现改良与革命二者的一致性。在社会进化过程中，革命或暴力革命属非常规形式，而改良或改良主义属常规形式。在一个社会需要暴力或迅疾的变革作为助产婆时，渐进渐变的局部改良固然不能代替革命的果敢行动，但当一个社会变革的阵痛尚未迫临之时，渐进渐变的局部改良仍较合乎时宜切乎实际。回顾历史，欧洲的文艺复兴运动和工业革命，当前的所谓第三、第四次浪潮，中国的汉唐盛世，清初繁荣乃至五四新文化运动，这些有资格称为人类文明史上的里程碑，都是在常规形式下铸就的。对于积弱积弊已久的中国来说，振兴之道决非一蹴而就，尤非单用一种形式所能济事。在推翻旧政权旧制度的过程中，固然有赖于两种基本形式一张一弛互相协调配合，在建设新政权新制度过程中，更有赖双方取长补短，联手将事。

作为教育家，其职业特点在于从事人的教育改造工作。因教育本身的特殊规律，即使是"最革命"的教育家，他们在完成自身的职业使命时，通常也只能从事所谓的"社会改良"，日积月累，循序渐进。批评者断言平民教育的倡导者一厢情愿地"以为中国的国民，若是都能认识字、会念书，中国即可得救"，却是主观不实之词。即以陶行知而言，他就没有把事情看得如此浅易。他有一段话，似乎就是专门回答这种责难的。"我们倘能把种种问题用大刀阔斧来同时解决，岂不痛快！世上做这种梦的人确实不少。无如天下事没有这样容易，我们的精力也很有限，要想把一切问题同时解决，结果必定是一个问题也不能解决。倒不如按着自己的能力，看准一件具体的事，会精聚神的来干他一下。"[①]

可以认为，在宏大的社会改造工程中，所有进步的教育家同真正的革命家原本就应是天然的同盟者。他们的共同敌人应是阻碍社会进步的种种有形无形的落后势力，他们的共同追求应是一个和谐的民主社会及这个社会的物质文明和精神文明的极大发展。陶行知和诸多"五四"新教育运

[①] 华中师范学院教育科学研究所：《陶行知全集》第一卷，湖南教育出版社 1984 年版，第 430 页。

动中的优秀代表人物,他们所以在日后的爱国正义事业中逐渐融汇到人民的阵营,除了他们顺应时代潮流,发扬光大"五四"教育民主化的优良传统等主观努力,恐怕也同进步的教育事业同革命事业具有天然同盟的客观"基因"不无关系。

思想生灭于政海恶波澜

"五四"以后,中国知识分子若按党派趋向大致区别,则可分为党派型与非党派型两类。前者分别与国民党、共产党、无政府主义、国家主义等政党派别发生组织的或思想的联系,后者则以较为超然的态度游离于上述政党派别之外,通称自由主义知识分子。在20年代的陶行知身上,呈现着相当典型的自由主义知识分子的基本特征。

蔑弃专制权威,要求尊重民权,尊重民意,这是特征之一。

对于民国以来横行一时的军阀,陶行知深表痛恨。军阀拥兵自重,凭借军队争夺地盘筑成自己的实力地位,是当代中国的祸根所在。他却偏偏把批判的笔锋直指被他们视为命根的"通灵宝玉",要求裁撤那些"实在不能打仗,更不能保护国家"的军队,"我们希望带兵的要把无用的兵化为有用的工,更希望当兵的放下刀枪,拿起锄头去谋独立的生活"[①]。直系头目吴佩孚倡议用各国退回的庚款建筑道路,他除用连珠炮式的急电饬外交当局对外交涉,复派专人常川驻京,责成教育部疏通教育界,逼迫教育界让出庚款筑路。对于这位风云一时却又私心自用的"吴大帅",他针锋相对提出一个反倡议:与其主张庚款筑路,何如实行裁兵筑路[②]。曹锟贿选总统的丑剧发生后,他虽然身处北洋军阀统治的淫威下,无法直言,却仍在《平民千字课》中编撰了《选举议员》《选举省长》和《选举总统》(一、二)这一组系列性的课文对于贿选者痛加抨击。课文中那个"大用金钱收买国会议员"以竞选总统的故事,打上了时事政治的鲜明印记,使人一眼就看出编者的用心所在。他不但对贿选者投之以刀匕,对那些以选票为商品的国会议员

---

① 华中师范学院教育科学研究所:《陶行知全集》第一卷,湖南教育出版社1984年版,第485页。

② 华中师范学院教育科学研究所:《陶行知全集》第一卷,湖南教育出版社1984年版,第461页。

也未曾轻轻放过。1924年7月,颜惠庆被提名为总理,提交国会征求同意,国会却迟迟不决达20余天。在《国会议员又做买卖》的文题下,他直揭议员们拖延的缘故,是双方"讨价还价"的"价钱没有说成","一个庄严的国会,变成了一个官吏和议员的交易所"[①]。

与此相对应,陶行知对于尊重民权和尊重民意问题特别表示关注。他沿用美国总统林肯的解释,把民权问题说成为民有、民治、民享。他认为只有具备了这三方面功能的政府,才是真正的民国政府,也只有获得了这三方面权利的人民,才是真正的民国国民。因此,民国国民必须时时反省检讨民权问题:"我们国民已经做了政府的主人翁吗?我们国民是真正掌权的人吗?我们国民受了政府什么幸福,受了政府什么害处?"如果现在的政府"不能合乎"民有、民治、民享的条件,国民就应当万众一心地去谋改造[②]。根据西方民主政治的基本原理,他不但十分强调民意,把民意视为民国的立国基础,还把民意区分为被动的和主动的两类。前者是对政府已做之事加以批评和反对,后者就是人民自己出主意出题目给政府去做。真正的民主国家,必定是由主动的民意指挥国家政治,而中国的民意大都是被动的而非主动的[③]。基于上述认识,军阀政府蔑视法律、无视民意、践踏民权的做法,常常激起他的强烈愤慨。1924年8月,北京大学抗议政府随意拘捕公民,他当即著文响应,表示同情声援:"中央或者省政府近来往往不依法律随便发布通缉令拘拿人民。这是共和国所不能容的。……人权不保,何以为国?我们希望政府反省。"[④]

向往民主政治,要求专家治国,好人治国,这是特征之二。

1922年5月,由胡适起草、蔡元培领衔、包括陶行知等16人联名发表的《我们的政治主张》,是表明这一特征的代表作。据胡适日记所载,他在5月11日半夜写成此文后,考虑到如只作为一般政论发表影响不会很大,

---

[①] 华中师范学院教育科学研究所:《陶行知全集》第一卷,湖南教育出版社1984年版,第470页。

[②] 华中师范学院教育科学研究所:《陶行知全集》第一卷,湖南教育出版社1984年版,第506页。

[③] 华中师范学院教育科学研究所:《陶行知全集》第一卷,湖南教育出版社1984年版,第507页。

[④] 华中师范学院教育科学研究所:《陶行知全集》第一卷,湖南教育出版社1984年版,第481页。

因而决定邀约一些朋友作公开的宣言发表。他先用电话与李大钊商定第二天到蔡元培家中会议,接着又在电话中征得陶行知同意。次日上午10余人在蔡宅讨论之后,对文字略作修改,与会者共同列名为提议人①。由于列名者基本上都是留学欧美归来取得较高社会地位的知名人士,因而宣言发表顿成举世瞩目之事。宣言以"好政府"作为改革中国政治的现实目标。所谓"好政府",消极而言,即是要求正当的机关可以监督防止一切营私舞弊的不法官吏;积极而言,则是充分运用政治的机关为社会全体谋充分的福利,充分容纳个人的自由,爱护个性的发展。宣言提出了改革政治的三项基本原则,即要求一个宪政的政府,要求一个公开的政府,要求一种有计划的政治。宣言还对当前的政治问题如南北和谈、裁兵、裁官、选举制度和财政问题发表了意见。

  应该指出,这一宣言反映了知识分子要求参政和要求政治改革的良好愿望。过去不少论著大多批评其为不切实际的政治空想。平实而言,这一宣言虽有不足之处,却并非一无是处。宣言强调政治改革的"第一步"在于"好人须有奋斗精神",在于"优秀分子""为自卫计,为社会国家计,出来和恶势力奋斗"。宣言以西方共和民主政府为楷模,要求以实现"好政府"为当前中国政治改革的"最低限度的要求"。这些意见,对于反对军阀统治来说,不无积极意义。正因为这样,业已信仰共产主义的李大钊对之认同而签名,也正因为这样,宣言在当时中国知识界引起了较大的反响。

  还应该指出,宣言的主张与陶行知素来的政治观念完全契合。《共和精义》早就极力呼唤那些具有"政治智识"和"社会阅历"的"贤能"和"君子"出而治世,认为共和政治的好坏,全由人民托付的政治领袖的贤愚所决定。《我们的政治主张》则把"好人自命清高"而不问政治视为中国政治败坏的重要原因。宣言追述民国初年政界状况,"好人"因"厌倦政治",或走或退或隐,给官僚军阀政客纷纷登场提供了条件。这一观点与《共和精义》中反复强调的"君子不出,小人斯出"的意思相同。陶行知认为,君子所以不出,"或阻于人事之纷扰,或夺于来生之修证,或视官司为藏污之所而引身自

---

  ① 胡适:《胡适的日记》下册,中华书局1985年版,第352—354页。16名发起人中,陶和王伯秋均为东南大学教授,丁文江和汤尔和分别为地质学家和医学博士,王澂为美国新银行团秘书,余11人均为北大教授,除蔡、胡、李外,他们是王宠惠、罗文干、梁漱溟、陶孟和、朱经农、张慰慈、高一涵、徐宝璜。

洁,或惮案牍为劳神之魔而躲闲避事",结果便造成"共和之险象"。对照这些内容,人们有理由推测,宣言中这部分意思很可能为集体讨论时陶行知所提出。

追求思想自由,崇尚个性自主和人格精神,这是特征之三。

自由主义知识分子向往民主,而尤其珍视自由。在他们看来,西方民主政治的精髓在于自由。他们信奉西方思想家所言,侵人自由与放弃自由同为天下第一大罪。他们坚信倡导自由的目的在于使人自知本性,不受制于他人,但同时又必须尊重异己者的自由,能容忍异己的意见与信仰。这些便是自由主义知识分子最基本的自由观。他们对"五四"时期自由空气弥漫的情境怀念不已,而对思想界那种偏狭的不容忍性很有反感。胡适在1925年底致陈独秀信中的抗言,最能表明这一观念。他深恐陈主张的"阶级专制"将造成一种"不容忍的风气",使这个社会"变成一个更残忍更惨酷的社会",使得"爱自由争自由"的知识分子无立足容身之地①。

他早年所作《共和精义》强调真正的自由贵在自制自克,贵在个人鞠躬尽瘁以谋社会进化。这一思想经历了五四运动的洗礼,更升华为对思想独立、个性自主和人格精神的高度崇尚。在他心目中,相当程度的自由和宽松的氛围以及相当独立的人格精神和生存凭借,是成为一名自由主义知识分子的基本条件。在一次题为《学做一个人》的演讲中,他把具有"独立的思想"、"健康的身体"和"独立的职业"并称为一个完整而健康的人所必备的要件②。另在《学生的精神》的演讲中,他又把"坚强不摇的人格和不屈不挠的精神"与科学的委婉的精神,称为学生当具的精神③。

自由主义的批判态度,使他坚信理性,坚持主体意识。众人所是未必即是,众人所非未必真非,是他恪守的思想原则。他钦佩孙中山,却并不因此迷信。1924年8月,孙中山与广州商团发生冲突后,下令扣压商团军械并通缉其首领陈廉伯,后者则以组织罢市以示反抗。事情发生后,陶行知将自己

---

① 中国社会科学院近代史研究所:《胡适来往书信选》(上),中华书局1979年版,第356—357页。

② 华中师范学院教育科学研究所:《陶行知全集》第一卷,湖南教育出版社1984年版,第595页。

③ 华中师范学院教育科学研究所:《陶行知全集》第一卷,湖南教育出版社1984年版,第571页。

的同情放在商团一方,而不以孙中山的处置为然。他肯定国民组织商团的合法性,因而希望以"提倡民生主义"为己任的孙中山"爱护广州的商团"①。在随后孙中山被陈炯明从广东逼走后,他又委婉而不指名地批评孙中山:"刚性的领袖,缺少度量,自取失败,丧失国家元气,至为可惜。"②在这里,撇开孙中山与二陈等的矛盾的是非而言,陶行知坚持以自由民主为准尺衡量人事,一旦认为尺寸不合,有所欠缺,他就直言所感,不稍隐讳。这种绝不放弃自由批评的民主权利的做法,同胡适当时所为正在伯仲之间。胡曾驳斥陈炯明反孙中山为"悖主""犯上"之说,"我们试问,在一个共和的国家里,什么叫做'悖主'?什么叫做'犯上'?"③胡在随后说过的一句话,代表了自由主义知识分子的共同心声,或许也可作为他和陶行知当时批评孙中山的一条注脚:"我们所要建立的是批评国民党的自由和批评孙中山的自由。上帝我们尚且可以批评,何况国民党与孙中山?"④

  陶行知崇尚自由自主精神还直接反映在他所献身的教育事业上。他素来主张中国教育应超然独立于党派之外,因此,当以汪精卫为代表的国民党人刚刚鼓吹"党化教育"之时,他就公开奋起反对,致电教育当局:"国家教育经费出于各党人民共同担负之赋税,断不能视为一党之武器。""大学为研究学术之机关,对于各党党纲政策,均应抱持虚心研究审查批评之态度,与党化运动绝对不能两立。既是大学,即不能党化,既受党化,即不成其为大学。"⑤同时,他虽然认为中国教育应由中国人自办,但在收回教育权问题上,却又自有主张,不肯盲目从众。1924年在两次全国教育会议上,激情高涨的教育界强烈要求收回教育权,批评部分持反对意见的留学生偏护自己所留学的国家。面对众多的批评,他却认为对教会办学应作具体分析,其中"善意帮助与侵略者皆有,不能一概抹煞";认为持反对意见的留学生是放弃祖国利益,则"此言不确"。他表示自己也是教会学校出身,"然自问对国家无愧"。因此,他坚持原则对得到教育界不少人附议的《请

---

① 华中师范学院教育科学研究所:《陶行知全集》第一卷,湖南教育出版社1984年版,第486页。
② 华中师范学院教育科学研究所:《陶行知全集》第一卷,湖南教育出版社1984年版,第503页。
③ 胡适:《这一周》,《努力周报》1924年7月23日第12号。
④ 胡适:《人权论集·小序》,《人权论集》,新月书店1930年版。
⑤ 《陶行知致教部电》,《申报》1925年1月16日。

求力谋收回教育权案》提出修改意见,理智地把"善意帮助"中国教育者与"侵略者"加以区别对待①。

  自由主义思想在"五四"以后的一段时间里相当流行。到1928年国民党统治逐渐"定于一"为止,差不多10年的时间里,中国政治处于失控状态,南北政治对立,军阀割据混战,各地政令不一,无暇顾及对思想文化施以强有力的管制。这种情况无疑为各种思想各种主义的流行提供了一块合适的土壤。就教育领域而言,混沌无序和无政府状态似乎更为突出。教育总长的频繁更换可以视为这种状态的突出外现。我们统计,从1916年6月袁世凯死后到1928年6月北京教育部结束,12年间出任或代理署理总长者,总共39人次,总长在任长者不过年余,短者不足1月,平均任期3个多月。那些走马灯式上任而又下台的总长,几乎人人都是"五日京兆",个个都难久安其位。中央政权对教育的控制力量相对薄弱放松,无疑为自由主义知识分子的活动提供了一个宽松的环境。前所述及的民间教育社团的异常活跃和各种教育思想的相竞相争,也都是这一特定历史环境的产物。

  不过,自由主义知识分子在中国仍然缺乏可以扎根发荣的沃厚土壤。一般说来,思想自由有赖于经济自由,而自由主义知识分子则必须以相当实力的中产阶级为依托。20世纪20年代中国的中产阶级及其经济实力,虽因第一次世界大战的难得机会而乘时得到一定的发展,但仍不足以成为自由主义知识分子的强大后盾。因而,在中国知识分子群中,他们虽然颇占风光,却仍居于少数地位,尚难大有作为。更何况,随着北伐声浪的高涨,在日渐强化的党化政策下,他们很快成为妨碍国民党一统全国的异端力量。当局的无情压迫,使他们渐处在一个不利的政治环境中,而自由主义知识分子自身暴露的许多弱点,也常常有损于他们的形象。面对来自内外的压力,陶行知的自由主义思想不能不受到影响。

  最先使他受到思想震动的是"好人政府"主张的迅速破灭。《我们的政治主张》发表后不过4个月,1922年9月,由于北洋内部矛盾,直系吴佩孚等支持王宠惠组阁,由王署理国务总理,罗文干任财政总长,汤尔和任教育总长。王、罗、汤都曾列名于《我们的政治主张》,因此这届内阁被称为"好人政府"。加

---

① 华中师范学院教育科学研究所:《陶行知全集》第一卷,湖南教育出版社1984年版,第465页。

上出任外长的顾维钧是哥伦比亚大学毕业的博士,一届内阁网罗4名留洋博士,是中国近代政府中不多见之事。但这些有学问的"好人"上台后的作为,却并不令人满意。陶行知亲历的一件小事,使他深有所感。当年11月初,他受东南大学校方委托,为学校经费事请托上述诸人相助。在进行过程中,他发现王宠惠"近来牢骚满肚",而王、罗诸人"均不甚满意于汤"。他专程拜访直接掌握钱袋的罗,谁知罗竟官气十足,短暂的接谈给他留下了十分恶劣的印象:"这几分钟的谈话,令我气极了。我曾见过他三次,一次比一次坏,好好一个罗钧任,于今竟变成这样。可惜,可惜。中国如同急水滩头的一个船,这般把舵的人和水手,都只晓得手忙脚乱的瞎急瞎叫,怎样得了啊!"①

罗文干等进入官场以后迅速异化的事实表明:在官僚系统中,权力的逻辑与知识的逻辑存在根本的冲突。官僚机构的特点是"等因奉此",照章办事,下官服从上官,只计手段不问目标。在整个官僚机器运转中,个人完全是一个不能具有独立思想和行动的工具。知识分子即使不乏良知良能,也很难在其中有所作为。倘若那个官僚系统业已腐朽,那就更如一片大沼泽,谁陷入之后都休想干干净净地抽身而出。恐怕正因为冷眼观照深鉴于此,所以在此后相当长的时间内,陶行知一直对直接从政保持一定距离,采取一种间接的政治参与方式:决不抛弃自己的专业,始终在自己的专业领域内发挥政治作用。可以说,保持人格独立,不与当局作政治上的合作,这就是陶等自由主义知识分子从这一回"好人政府"的"尝试"中得来的深刻教训。

不过,尤使陶行知忧虑不已的,还是越来越令人失望的国事。

内乱方殷,各派军阀争城夺地的大混战愈演愈烈。1924年的日历是以北洋军阀谋分兵五路进攻广东揭开的。此后,南与北争,北与北争,南与南争,兔起鹘落,变幻莫定。著名的两次江浙战争、第二次直奉战争、胡(景翼)憨(玉崐)河南大战、陕皖鲁各省争督风潮、四川各派军阀混战、川滇军与湘军之战、冯(玉祥)孙(传芳)反奉战争、冯军与直鲁联军之战等等,都发生在1925年底以前。国事一片混乱,人民处在刀兵之下,用上"水深火热"一词绝非夸张。

外患堪忧,来自标榜"民主""自由"国家的压迫欺凌令人悲愤。1924年4月,驻京外交使团密议组织联合舰队,企图干涉中国革命。7月,法国

---

① 华中师范学院教育科学研究所:《陶行知全集》第五卷,湖南教育出版社1985年版,第17页。

领事制造借口,阻挠中国接收俄租界。震动全国的"五卅惨案"发生后,接踵而来的是汉口英军对市民的屠杀和广州沙基的大流血事件。在以上武力逞暴的同时,英、日等国更在退还庚款问题上利用财力逞威。他们在退款过程中常常提出若干附加条件,以谋继续伸张其权益于中国。

面对如是时局,陶行知深有感触。在1925年8月召开的改进社第四届年会上,他回顾上届年会以来的情况时说:"这一年是近来中国最不幸的时期,也是中国教育最不幸的时期。全国国民简直是在天灾人祸、内乱外患里翻筋斗,大家弄得个朝不保夕。"①

时局给教育事业带来的直接影响是,使原本极其支绌的教育经费更加支绌,使教育濒临难以维持的窘境。据1919年统计,主要用于负担高校的国家教育经费还不足全年预算的1%。省、县教育经费用于负担中等和初等学校,主要来自地方附加税,其数额也少得可怜。连年内战使军费不断膨胀,教育经费不断被挤占,各地教育经费无有不积欠的,各地为欠薪而罢教之事也越来越多。据报道,1925年春节前北京高校欠薪12个月,中小学欠薪4个月。教师无法度过年关,群赴典当抵押衣物以救燃眉。记者称所识各国立学校教职员中"十之六七"有抵押之举②。1926年春节到来之际,《教育杂志》用《啼饥号寒之全国教育界》为题全景式地报道了这方面的情况。各地教师或则坐索于教育行政部门,或则罢课游行于寒风凛冽之街头,或则发表驱逐有关教育当局之宣言。连那些教育部的中下级部员们也忍无可忍起而索薪了。他们在索薪会议上议决将京师图书馆珍藏的《四库全书》和唐人写经等善本书一律查封,以为欠薪的抵押品③。此举较年前各国立学校教职员抵押私物显然大有"进步"。年中,教育当局为罗掘经费,曾有发行教育国库券的打算。而这一剜肉补疮的计划,理所当然地引来教育界的"至死反对"④。当年暑假过后,因经费无着无从开学,北京大学等八所在京的国立大学校长于10月向教育部集体提出辞职⑤。北京之外的情况,也许只要摘录一下

---

① 华中师范学院教育科学研究所:《陶行知全集》第一卷,湖南教育出版社1984年版,第546页。
② 《新闻报》1925年2月3日。
③ 《教育杂志》1926年2月20日第十八卷第2号。
④ 《教育界消息·全国教联会对于发行教育国库券之反对》,《教育杂志》1926年8月20日第十八卷第8号。
⑤ 《新闻报》1926年10月8日、10月12日。

有关报道的标题便知端底:《皖省校长总辞职之实现》《鄂省中等以上学校之停办》《不堪回首之南昌教育》《势将断炊之开封教育》①。

不良政治造成教育经费的支绌,而教育经费的支绌所酿成的教育危机又总是集中表现为教育界的人心涣散。教师工资原本微薄,尤其是小学教师。有人在1921年对6个省的小学教师工资情况做过调查,结论是被调查者的年平均工资为160.25元,还不及一名人力车夫的收入。在不断上涨的物价面前②,在越积越多的欠薪面前,生活清苦的教师更清更苦,成为名副其实的枵腹从公者。日益恶化的经济生活像石磨一样消磨众多教师忠于专业的精神。教育界悲苦怨愤之情从边陲偏僻之地到首善之区的北京无不弥漫。有人在参观北京部分中小学后产生如下感受:"看见了那衰颓的气象,听见了那诉苦的哀声,使我大为吃惊,教育界的苦脸将永远留在我不灭的记忆中。"③对于无法忍受但又无法可想的教师来说,许多人采用混日子应付的方针。对于有法可想的教师来说,或是千方百计离开穷酸入骨的教育界,另觅别界较好的栖息,或是通过兼课兼差以增加额外收入。这是多灾多难的中国教育界在进入民国以后首次面临教育经费冲击所造成的教育危机。

当教育经费问题业已成为中国教育生死攸关的大问题时,陶行知曾从内外两方面作过努力,以求有所补救。

从内来说,他参加了段祺瑞召开的善后会议。1925年2月中旬,他被安徽省教育会公推为列席善后会议教育委员会的代表④,下旬又当选为该委员会理事。对此会议,他曾有所希望。在未被推选之前,他就写信给已被邀赴会的胡适,要其在会上特别注意边疆少数民族问题⑤。在被推选之后,他多次参加会议,直接推动有关争取教育经费独立、指定教育基金专款和小学教育由国家补助薪金等议案成立。这些努力,同当时新教育者在改进社年会上的呼吁是完全一致的。但是,善后会议本身只是大小军阀的分赃会议,会议主持者关心的是地盘和军费的重新分配,教育等委员会之设

---

① 《教育杂志》1926年第十八卷第11、12号。
② 据陶行知统计,1922至1925年间,大米上涨24%,白面上涨5%,猪肉上涨25%,煤球上涨81%。见华中师范学院教育科学研究所:《陶行知全集》第一卷,湖南教育出版社1984年版,第598页。
③ 赵演:《教师的自救》,《教育杂志》1927年1月20日第十九卷第1号。
④ 吉兮:《皖教育会委员会议记》,《申报》1925年2月13日。
⑤ 耿云志:《胡适年谱》,四川人民出版社1989年版,第136页。

立不过是一种摆设,他们根本不屑一顾。因此,吵吵嚷嚷数月之久的善后会议竟无从善后,不了了之,给曾经寄予若干希望的陶行知留下一大失望。

从外来说,他投入到有关庚款问题的活动。1924年2月,中日政府订立了一个不平等的《日本对华文化事业协定》,他同任鸿隽、杨杏佛和丁文江等一批朋友商议后,决定以改进社名义拟一公文送致政府,"请求与日本人废除协办文化事务的协定"①。1925年5月,英国国会通过有关庚款的议决案中,并无"抛弃"或"退还"字样,他又与人联名发表宣言,要求英国"无条件放弃庚款"②。同时致函各省教育会和英国专门派来中国调查庚款问题的威灵顿子爵,建议在英国无条件退还庚款后,组织一个"主权在我,国体无伤"的行使保管和支配款项之权的董事会。由于陶等力争,英款处理差如人意。又由于他在庚款问题上赢来的信望,使他在当年7月被处理美国退还庚款的机构中华教育文化基金会董事会聘为干事部执行秘书,参与美国庚款的分配工作,对穷蹙的中国文教事业聊有裨补。

政局动乱和经费支绌造成教育不振使他感到焦虑,而因经济压迫和政客播弄造成教育界上层核心力量的分裂,尤使他感到痛心。他认为,自1924年下半年后,教育界上层固有的一派祥和、融洽的气氛渐被争夺倾轧所取代,内讧事件"一波未平,一波又起"。所以,在1926年元旦,他以异常痛惜的笔触慨叹教育界"私欲暴露的凶相":"现在教育界的四分五裂是无可讳言的。一校之内,同事变成仇敌;顷刻之间,朋友变成冤家,那疏的远的泛的所谓教育界同人更不必说了。大家拼命的夺饭碗,争地盘,斗意气,那真正从事于主张之争的实已如凤毛麟角了。"③

在他感喟不已的教育界内讧事件中,当推东南大学易长风潮予他刺激最多、印象最深。当第二次直奉战争以直系失败告终后,与直系关系较深的郭秉文的地位连带发生动摇。1925年初,段政府派出胡敦复前来接替其校长职务。校内拥郭派认为当局这一任免未与校董事会洽商,因而极力

---

① 中国社会科学院近代史研究所:《胡适来往书信选》(上),中华书局1979年版,第255页。

② 华中师范学院教育科学研究所:《陶行知全集》第三卷,湖南教育出版社1985年版,第676页。

③ 华中师范学院教育科学研究所:《陶行知全集》第一卷,湖南教育出版社1984年版,第597页。

抵拒。校内反郭派则极力鼓动风潮以驱郭迎胡。两派明争暗斗,矛盾扩散开来,使得社会舆论尤其是相关的教育界上层也顿成水火之势。以江苏教育会为代表的地方教育实力派全力支持郭,而以北方研究系为代表的势力则尽量扶胡上台。他们各有背景,相持不下,通电宣言,报章腾布,成为轰动一时的学界新闻。

陶行知身在北京虽未直接卷入,但东南大学是他工作所在之地,他虽辞系科主任之职而专任改进社工作,也只是获准长假并未脱离该校。校内台柱人物如拥郭的刘伯明、秉农山、任鸿隽、陈鹤琴等人,反郭的丁文江、杨杏佛,以及在双方周围的骨干人物,大多是他十分相熟的朋友。现在这些人感情交恶,尽管他鼓吹"超然精神",劝导双方恢复"善感",却又谈何容易?就连他自己也是难脱干系之人。由于他公开反对教育部撤掉江苏教育会台柱人物蒋维乔的江苏教育厅长之职①,被人目为郭派人物。

可以认为,东大风潮是原本以胡适为核心的一批英美派自由主义知识分子的中坚人物发生分化的一个标志。用他们自己的话来说,当年的《努力》周报同人,已难共同努力,有的在"此刻已成了生死对头"②。胡适与高一涵因事伤了和气③。他十分亲信的傅斯年对江苏教育会一派芥蒂颇深④。留美归来的生物学博士秉农山(志)在东大风潮中拥郭,后在厦门大学任教,便与胡适弟子顾颉刚颇不相得,而在科学社又与杨杏佛有矛盾⑤。

说到陶行知本人,他也在这一阶段尝到了友情变化的滋味。先是与晏阳初发生误会,从而在这两位教育家身上投下一抹终生为憾的不快。物色

---

① 《陶行知致函政府援助省教育厅长》,《申报》1925年2月15日。
② 中国社会科学院近代史研究所:《胡适来往书信选》(上),中华书局1979年版,第416页。傅于1927年到粤后,请胡为中山大学招聘教授,特别声明凡"与江苏教育会有关系之人,则须斟酌"。杨称秉为"T党"。今案陶秉关系甚好,这里的"T",是否指陶,有待查考。
③ 中国社会科学院近代史研究所:《胡适来往书信选》(上),中华书局1979年版,第263页。
④ 中国社会科学院近代史研究所:《胡适来往书信选》(上),中华书局1979年版,第453页。
⑤ 中国社会科学院近代史研究所:《胡适来往书信选》(上),中华书局1979年版,第514页。

并荐介晏担任平民教育会总干事的是陶,但他们很快因一小事发生误会①。彼此分歧扩大,先使陶决意不再过问平教会工作,到 1925 年秋,陶又建议改进社董事会,将平民教育会从改进社分立出去,不再从属于改进社事业范围,也不再合署办公。从此,陶和晏虽在教育领域都以普及教育为己任,并在不少做法上相近相通,却往来不密,这不能不同这一回友情受损有关。

但是,更为重要的是此时他与素称莫逆的胡适渐生歧见和间疏。在前,双方声气相通趣味相投,情如弟兄。在事业上携手并进既如前述,而在日常交往中也时见雅渊之意②。可是 1924 年之后,情况渐生变化。1925 年 8 月,教育总长章士钊出动军警强令停办北京女子师范大学,陶对章颇为不满③,而胡则有所偏袒。在对待英国庚款问题上,陶主张无条件退还,胡意则与之相左。在看待冯玉祥问题上,双方距离也相去甚远。陶对冯颇多好感,1924 年曾作《同水打仗的军队》,赞冯部在京郊抗洪救灾事迹。当冯在 1925 年 11 月把溥仪驱出紫禁城后,胡责其"逼宫"为"欺人之弱,乘人之丧",而陶仍著文赞冯关心教育④。从此后,陶在同这一文一武两位著名同乡的关系中,与冯交情渐厚而与胡交情渐薄,它预示其日后的人生行程即将发生微妙变化。

教育界零落飘摇而又人事多舛,陶行知不能不一度陷入烦恼之中。1925 年元旦所作的一首述怀诗,很能反映此际的心境:"好也不算好,/坏

---

① 据晏在《平民教育运动的回顾与前瞻》一文中忆称:"记得有一天熊夫人和陶行知二人来到会所,要审阅全部工作文件。原来他们得到会内打字员的报告(该青年为陶行知外侄),说是我寄外国信件中有 Russian 字样,其实是那个打字青年之误认,后经熊夫人侄儿将所有英文信件全都译为中文,误会始告冰释。我当时想'士可杀而不可辱',打算马上辞职,后经熊夫人的鼓励与自己的慎重考虑,为了平教工作,决定仍忍气吞声地干下去。"(见《晏阳初文集》,教育科学出版社 1989 年版,第 207—208 页)事隔多年,愤愤之情犹溢于言表,则当时情绪之激动可以想见。

② 如胡适 1923 年秋在杭州烟霞洞养病,陶特于中秋专程前往探视,共赏明月,2 日后又偕同汪精卫、徐志摩等同往海宁观潮。

③ 陶曾作《女师大与女大问题之讨论》,批评"教育当局前以政治势力和主观意见将女子师范大学一改而为女子大学"。《驳特定学区议》更是直接反对章氏拟在京西建立中央学区的主张。见华中师范学院教育科学研究所:《陶行知全集》第一卷,湖南教育出版社 1984 年版,第 576、585 页。

④ 冯条陈治国方针十二事中有强迫教育一条,陶赞其"能注意到国家万年大计之义务教育,确系难得的"。见华中师范学院教育科学研究所:《陶行知全集》第一卷,湖南教育出版社 1984 年版,第 583 页。

也不算坏。/好好坏坏随人讲,/心中玉一块。/恩怨有偶然,/毁誉多意外。/翻手作云覆手雨,/朋友我不卖。"①也许,不愿陷入种种人事的纠缠,却又无法摆脱这种纠缠,事业受挫折,友谊受误解,就成为这首情绪颇见低沉的诗作的心理背景。

20世纪20年代中期的教育衰败,对"五四"新教育运动来说是一种退潮。归国10年,陶行知历经这一回教育盛衰,从风光独好的峰峦跌入光景黯淡的低谷,个中况味自然铭心刻骨难以忘怀。但他并未因此气馁,因此却步。于是,我们看到他着意做了两件事,继续在衰败零落的教育领域跋涉前进。

1925年9月,他推动改进社与北大、北师大、东南大学、清华学校等单位创办《新教育评论》。在创刊号上,他明文宣示,办此刊物是要为"在万难中奋斗"的中国教育界做一点鼓动和沟通工作。中国教育界固然有不能尽如人意者,"有的经不起过分的压迫,归于破裂;有的经不起世俗的诱惑,归于萎靡",但毕竟还有"愈败愈战,愈见其卓绝之精神"的战士。《新教育评论》就是要为奋斗者提供一个"交换经验,沟通思想"的场所,以便"把个各干各的教育界渐渐地化为一个通力合作的教育界"②,重振旗鼓,以利再战。

同时,他又根据改进社第四届年会精神,开始倡导乡村教育运动。1925年12月,在北师大发起成立的"乡村教育研究会"成立大会上,他鼓吹以乡村教育作为改良乡村生活的中心。次年1月,他又称赞江苏5所省立师范在乡村设立分校以培养乡村师资的做法,誉之为"正当的方向"③。这样,在城市教育陷入啼饥号寒的低潮声中,他又开始把目光转向广大农村,认真思考乡村教育问题。显然,这是前此教育民主化的合理延伸和必然发展。

然而,中国教育界苦海无涯,这一回劫数未尽晦气未消。还未容他从

---

① 华中师范学院教育科学研究所:《陶行知全集》第四卷,湖南教育出版社1985年版,第37页。

② 华中师范学院教育科学研究所:《陶行知全集》第一卷,湖南教育出版社1984年版,第572—573页。

③ 华中师范学院教育科学研究所:《陶行知全集》第一卷,湖南教育出版社1984年版,第601页。

容部署,1926年迎面而来的恶劣时事形势,使他不能不作易地而处的打算。

1926年春发生的"三一八惨案",最使人触目惊心。段政府屠杀示威游行的群众,死伤达200余人。惨案发生后,当局反诬手无寸铁的群众为"暴徒",说他们"闯袭国务院,泼灌火油,抛掷炸弹,手持木棍,丛殴军警",并下令通缉李大钊等5名教育界知名人士。20世纪反动政府用有声的子弹和墨写的谎言屠戮并诬陷人民群众和爱国师生,在此首开纪录。所以,当鲁迅将惨案发生之日称为"民国以来最黑暗的一天"之时,陶行知也奋起控诉当局"杀人如虎",呼吁国人"民蠹国贼,相期共锄"[1]。惨案之后,在"扫除赤氛"和"澄清畿辅"的名义下,当局又有计划地对文教界进步人士加以捕杀。据称,在内定的黑名单上列名达百人之多,其中学界占十之七,新闻界占十之二,接近冯玉祥及共产党之政界人士十之一。4月26日,进步记者邵飘萍被捕杀,接着北大、北师大和女师大被搜查,中俄大学师生逃避一空,民国大学校长被军警监视,东方大学校长据闻被捕[2]。全国注目的北京教育界,在军阀的刺刀下一时肃杀,无复生意。文教界知名人士顷刻风流云散,纷纷南下。他们或则前往广州等地投效革命(如鲁迅、蒋梦麟、朱家骅等),或则前往沪、宁等地暂避凶焰(如徐志摩、闻一多、梁实秋等)。

在杀机四伏的情势下,株守北京显非明智之举。于是,我们看到陶行知也在此时冲出"围城",加入到南下的文教人士行列之中。

风雨如晦,鸡鸣不已。在大革命的洪流开始从珠江流域向长江流域推进之时,中国社会政治处于一个方生未死的转折阶段。中国历史即将谱写自己的新篇章,怀抱着乡村教育的理想而相迎大革命洪流南下的陶行知,也从此开始谱写自身历史的新篇章。

---

[1] 《哀辞》,《新教育评论》第一卷第17期。
[2] 《教育界消息·奉直联军铁蹄下之京华教育》,《教育杂志》第十七卷第6号。

第五章　现代乡村教育史上的明珠

晓庄诞生与生活教育理论的形成

　　数年来接踵而至的碰壁和每况愈下的情境,使身处夹缝中勉力支撑的陶行知对中国教育的前途十分忧虑。但他决心继续为中国教育寻找曙光,探求生路,致力于乡村教育运动。

　　目标一旦明确,行动便有所遵循。从1926年7月开始,他先后在南京、无锡等地参观考察,努力筹划乡村教育运动。为在南京燕子矶创设试验乡村幼稚园,他致函江苏省省长。他参加江苏省教育会召开的有关讨论乡村标准学校的会议。10月底,他以改进社名义发表《创设乡村幼稚园宣言书》。11月下旬,他又以改进社名义在南京发起特约乡村试验学校第一次研究会暨乡村教育研究会。会后,发表《改造全国乡村教育宣言书》,明确宣告改进社今后的主要使命即在厉行乡村教育政策,为三万万四千万农民服务,宣布改进社以实现四个"一百万"为既定目标:筹集一百万元基金,征集一百万位同志,建成一百万所学校,改造一百万个乡村,"一心一德的为中国乡村开创一个新生命"[①]。

　　在他设计的方案中,中国乡村教育运动须分三个时期。第一为试验期,即设立各种试验学校,以试验关于乡村教育种种方法和材料。第二为训练期,即根据试验所得结果,训练许多合于乡村生活的教师和其他有效的人才。第三是布种期,即依据受训人才的多寡从事推广,使乡村教育可以布满全国。三个时期中,尤以试验期为最重要[②]。因此,他全力以赴,投入试验。

---

　　① 华中师范学院教育科学研究所:《陶行知全集》第一卷,湖南教育出版社1984年版,第646页。

　　② 华中师范学院教育科学研究所:《陶行知全集》第二卷,湖南教育出版社1985年版,第27页。

同年12月中旬,他邀集改进社在沪社员,召开乡村教育讨论会,并按照改进社的乡村教育政策,成立乡村教育同志会,并拟订乡村教育计划。会后正式筹备试验乡村师范学校。12月27日,他通宵写成《试验乡村师范学校答客问》,就有关办学宗旨、培养目标、办学方法、开设课程、学校组织、招生名额、考试科目、修业年限、交纳费用诸多事项作了系统的解释。在1926年的最后一天,他得到江苏省教育厅复函,准允设立试验乡村师范学校第一院。从此,他开始了紧张繁忙的开学准备工作。

1927年元旦,由改进社乡村教育同志会主办、陶行知主编的《乡教丛讯》创刊。同日,他在南京安徽公学召开了试验乡村师范学校筹备会,议决了包括筹款、聘请教师及招生考试等具体事宜。经勘察,校址设在神策门外老山脚下的小庄。

从1月10日起,试验乡村师范学校的招生广告在有关报章杂志广为刊出。广告确定3月10日为投考期,3月15日为开学期。这一有别于一般学校的招生广告对投考资格作了特殊规定:凡初中、高中、大学末一年半程度学生;有农事或土木工经验;有相当程度并愿与农民同甘苦,有志于增进农民生产力发展农民自治力的在职教师;倘有志兴办乡村小学,为预备师资而选择合格学生保送来校学习,则尤所欢迎。广告特别声明,"小名士,书呆子,文凭迷,最好不来"。

1月下旬,他在上海奔走筹款,月底赶回南京用筹得之款买下建校所需之地。2月5日适逢立春,举行学校奠基礼,城乡男女来宾约500人,主宾相继演说。陶行知在演说中宣布,老山改为劳山,小庄改为晓庄,意为在劳力上劳心,日出而作。2月10日,他又赶往上海,主持召开试验乡村师范学校董事会,向董事们报告筹备经过,讨论通过了乡村师范组织大纲、董事会章程、会计章程及计划预算书等。章程规定学校为改进社所设立,以试验乡村师范教育制度和办法为宗旨,由董事会主持学校进行方针,董事会董事则由改进社聘任。校内设三部,即执行部(部长为校长)、研究部和监察部,执行部下又分设第一院(小学师范院)和第二院(幼稚师范院)。袁希涛被推为董事长,王云五为司库,陶任书记兼校长,赵叔愚任第一院院长兼研究部部长(后董事会改选,蔡元培和王云五分任正、副董事长)。由他主持拟订的改进社全国乡村教育运动计划预算书,具体规划了"在全国各部中心地点创设省钱的平民的符合国情的"乡村幼稚园、乡村小学和乡村师范,预算拨款购置图书、调查研究、举办讲座、派人出国考察、邀请专家来华等。

就在陶行知风尘仆仆于沪宁道上之际,北伐的革命军正挥麾直向东南而来。盘踞南京的孙传芳部下褚玉璞准备负隅顽抗。一时间,南京地区战云密布,人心不宁。2月27日,陶行知一回南京就立即召开校务会议,传达董事会议决精神,决定原定之招考及开学日期不变。他发表声明:"本校誓与村民共休戚,村民既须在枪林弹雨之下耕种,吾校断不因时局不靖而辍学,故投考开课均照公布之日期办理,决不变更。"①

办学者的果敢不移坚定了从学者的决心。在通往南京的"三路交通,俱已断绝"的情况下,仍有13名青年学生冒着枪林弹雨冲破重重阻难而来,还有20多人请假补考。他们之中,近者来自上海、苏州、镇江,远者来自安徽、浙江、湖北、江西及北京。

3月11日,中国教育史上别开生面的一场入学考试在晓庄举行了。国文试题为"孟子说:'劳心者治人,劳力者治于人',这句话对吗",演说的试题有20个,内容包括社会问题、家庭问题、教育问题、时事问题、自然科学问题、农村生活问题等,由考生临时抽题,准备3分钟后,用国语向请来的农民、小学生等演讲3分钟,由指导员当场评分。次日,考试劳动。考生脱下长衫棉袍,脚穿草鞋,在事先划好的一方方荒地上挥锄开荒。

3月15日,在中国现代教育史上是值得一书的。在这一天,陶行知如期举行开学典礼。师生们在劳山脚下的一块空地上布置了一个十分简朴的会场,前来参加祝贺的有附近几个小学的师生,城里的来宾有江问渔、陈鹤琴等教育界知名人士,更多的是附近的农民群众。他们敲锣打鼓,燃放爆竹,恰与当日向南京发动总攻的北伐革命军的枪炮声汇成一片。

学校成立伊始,陶行知立即组织师生奋身投入大革命的洪流之中。由晓庄师生组成的红十字救护队,经过训练后,赶赴战事激烈的南京城外救护那些无家可归的战乱灾民。3月24日,北伐军进入南京,晓庄师生又和南京市民一起走上街头热烈欢迎。当英、美、日、法、意等国猬集长江的军舰借口"保护外侨",炮轰南京,造成中国军民死伤2000余人的

---

① 华中师范学院教育科学研究所:《陶行知全集》第二卷,湖南教育出版社1985年版,第9页。

"南京惨案"后,晓庄师生又走上街头,宣传反帝。晓庄师生不但参加省学联和全国学联会,还在学校周围发动和组织农民协会,开展反对土豪劣绅的斗争,"把和平门外的大小土劣和号称五虎的劣绅,统统逮捕了","打倒土豪劣绅"、"减租减息"和"农民起来革命"等口号响彻晓庄周围的农村①。

高涨的大革命洪流,使陶行知兴奋异常,充满希望。1927年4月2日,也即北伐军攻克南京不到10天,他就热情洋溢地表示,晓庄要以"增进农民之生产力与自卫力,以为全世界农民解放之准备"为己任。实现这一目标,当分三步:"第一步要谋中国三万万四千万农民之解放,第二步要助东亚各国农民之解放,第三步要助全世界农民之解放。这个学校不但要做中国教育革命之出发点,而且要做世界教育革命之中心。"②

这所被陶行知付托以中国和世界教育革命重任的学校,确实有许多"特异于平常的学校"之处。

一是校舍特异。开办之初没有校舍,用陶行知的话来说,校舍上面盖的是青天,下面踏的是大地。但他却认为这是世界上最伟大的学校,要师生们以宇宙为学校,奉万物作宗师,求得丰富的教育。在校舍没有建成以前,大家或住帐篷露营,或借住农民家中。陶行知就曾借住在一农家牛房之中,和"牛大哥"同睡。在建造过程中,全体师生人人动手,头戴草笠,脚穿草鞋,或抬石头,或做土坯。他们首先盖起了宿舍、厨房和厕所等生活用房,接着又盖起了图书馆、大礼堂、科学馆、艺术馆、办公室、教室、陈列室等。这些多数由指导员朱葆初设计的校舍,以茅草为顶,以泥土做成矩形砖块砌墙,外面再抹上石灰。这些外形各异而又一色金黄屋顶、白色屋墙的校舍次第竖立在高低不一的山坡上,不但经济、实用、美观,还同周围的山野和农民的草屋配合得十分和谐协调。而陶行知为这些校舍所题名称,如犁宫(大礼堂)、食力厅(膳厅)、书呆子莫来馆(图书馆)和黄金世界(厕所)等,也都充满了一种革命精神。晓庄校舍质朴简陋,绝无当时一般正规学校那种屋舍俨然的气派,而师生在建校过程中赤手空拳开辟榛莽的艰苦生活,更是一般学校所不敢想象的。

---

① 戴伯韬:《陶行知的生平及其学说》,人民教育出版社1982年版,第11页。
② 华中师范学院教育科学研究所:《陶行知全集》第五卷,湖南教育出版社1985年版,第178页。

二是教员特异。在晓庄,没有老师之称。陶行知宣称,晓庄没有专能的教员,只有经验稍深或学问稍多的指导员。因此,他一方面把那些富于实践经验的劳动者视为学校的师资来源,"农夫、村妇、樵夫都可做本校的指导员"①。把普通劳动者纳入学校师资的一大来源,这一不寻常的做法在当时中国确是首倡。另一方面,他又延聘了一批名师来校分任各科专任或兼任的指导员,其中有许多是他志同道合的朋友,如兼任第一院院长的是留美攻读教育,归国后任东南大学教育科教授、乡村教育系主任的赵叔愚,兼任农艺指导员的是金陵大学教授邵仲香,兼任生物指导员的是留美8年的生物学博士秉农山,专任卫生指导员的是北京协和医学院获得博士学位的陈志潜。此外如陈鹤琴、江问渔、姚文采、吴研因、许士骐、杨效春、张宗麟等,也都是一时之选。以一乡村师范学校而具如此雄厚的师资力量,显然又为当时国内所罕有,足令世人刮目相看。

三是学生特异。以学生数量而论,晓庄当列入小规模学校之列。晓庄先后招生四期,第一期13人入学,第二期(1927年9月)7人,第三期(1928年2月)30余人,第四期(1928年8月)60余人,全校总数不过120余人。但若以质量而言,这些颇有抱负和经历的学生却又不是一般学校所能罗致。晓庄学生的中坚骨干是一批立志乡村教育的优秀青年,他们受陶行知办学思想和办学精神的感召,来奔门下。操震球原是清华学校大学部二年级学生,他放弃了在名牌大学深造的机会,"决意从事乡村教育,创建中心学校,鞠躬尽瘁,死而后已"②。程本海也因发愿追随陶行知,不顾家庭和朋友劝阻,放弃上海中华书局编辑所图书馆主任的职务,毅然投奔晓庄。方与严曾在安徽中小学和教育行政部门工作近20年,已届不惑之年,齿长于陶,他却携来一子一女投考,一门三人同学,成为晓庄美谈。除慕名而来者,还有一部分青年是由支持乡村教育的知名人士荐介而来。这些被荐介者通常均非凡庸之辈③。待到晓庄办学实绩渐著,更有各地知名人士和教

---

① 华中师范学院教育科学研究所:《陶行知全集》第二卷,湖南教育出版社1985年版,第10页。

② 华中师范学院教育科学研究所:《陶行知全集》第五卷,湖南教育出版社1985年版,第153页。

③ 如暨南大学历史系二年级学生王琳由文化人曹聚仁介绍前来,已在上海爱国女校任教过的李楚材和季时贤由该校校长季通介绍而来。金陵大学教授邵仲香则介绍本校农科工作人员陈昌嵩和裴志发就读晓庄。

育团体出资保送学生前来就学①,以便学成之后为乡梓效力。这一群充满理想朝气蓬勃的青年,有一定学历,又有相当的实际工作能力。他们来到晓庄,是一种同志的结合。他们既是陶的信从者,又是合作者。晓庄之所以成绩斐然,风动一时,实为师生目标一致共同致力的结果。

  四是经费特异。晓庄开办之初就面临经费奇窘的局面。由于时局等诸种原因,原由改进社负担的事业经费几乎完全断绝。按照学校董事会章程,筹款事宜本应由董事会负责。但实际筹款工作还是落在陶行知身上。他利用各种社会关系,争取各界支持赞助,终于在学校经费来源项下载上了一长串名号②。来自社会各界的支持,保证了晓庄的经济基础,使得一系列学校设施很快建置起来。晓庄经费成功地获得多渠道来源,也使陶行知初尝集资办学的经验,为日后私人办学筹集款项作了必要的准备。

  1928年8月1日,根据业已发展扩大了的学校实际情况,陶行知将晓庄试验乡村师范学校正式改名为晓庄学校。

  晓庄的创立,是中国现代教育史上民办学校的一大辉煌实绩。中国教育自走上现代化的道路之后,民间办学蔚然成风。一方面,它与中国传统教育即崇尚"学在民间",私人设学授徒历史悠久有关;另一方面,它又与民国以来教育进化原理及共和主义的长足进步的现状相联。孟禄当年考察中国教育之后,曾慨叹:中国办得最好的是私立学校,而办得最坏的也是私立学校;办得坏是由于漫无标准滥竽充数,办得好则是因为自由试验办学得人。现在晓庄的问世,使得驰誉国内的天津南开学校不再孤立,造成北张(伯苓)南陶互相辉映的局面,树立了私人办学自由试验的又一大旗。

  晓庄的创立,又是"五四"新教育运动在经历了20年代中期的消沉伏歇之后,再度变换形态,向乡村教育深入的一大标志。新教育运动的倡导者在历经挫折之后,开始目光向下,转入新的探求。他们在当

---

  ① 如宝山袁希涛,无锡蒋仲怀,云南缪云台,江苏许帆秋,太仓王企华,吴县章伯实,上海黄警顽、朱少屏、霍丘、向弼五都曾资送学生来校。安徽同乡会并通告本省60余县,请选送优秀学生报考晓庄。

  ② 其中私人捐款,少则数百元,多则3000元(霍守华),最多者为13000元(程霖生)。其公费捐助者,既有全国大学院和江苏大学区,也有安徽教育厅、南京教育局、浙江大学。其社团支持者,则有中华教育文化基金会、中华职教社和江苏义务教育期成会等。此外,中华书局、商务印书馆和中华科学仪器公司等捐助图书、仪器,冯玉祥捐建陕西馆和河南馆等,吴蝶卿捐建艺术馆,潘哲人捐建乡村疗养院,等等。

时自觉倡导"教育的革命"和"革命的教育"两个口号,前者强调教育制度的根本改革,力求普及扩充民众教育,后者则直指农民教育。他们业已认识到解决中国问题的根本在于解决农村问题。农村问题千头万绪,而对广大农民施行有效的教育,乃是提高农民素质改造农村的要端。基于这一认识,陶行知奋勇当先,最早投入乡村教育运动,而在他前后左右相继投入运动的则是晏阳初、黄炎培和梁漱溟等人。

几乎就在晓庄问世的同时,晏阳初也把平民教育的工作重心转向农村。1926年,他以河北定县作为乡村平民教育的实验区,网罗了一批留学欧美和日本归来的有志者共事①,构建了一套"乡村建设"的理论,创立了以"三种途径"(学校式、社会式和家庭式)和"四大教育"(以文艺教育救愚,以生计教育救穷,以卫生教育救弱,以公民教育救私)为标志的定县教育改造模式。

1926年秋,以黄炎培为首的中华职教社也把职业教育推向农村。职教社与东南大学农科、改进社、平教会等联合组织江苏昆山徐公桥乡村改进试验区,以推行其"富政教合一"改造农村的计划。此项工作开始从派遣一名教员、一名医生下乡发放无利贷款和施诊给药入手,此后在联系农民改进农业生产和教育、筑路、公共卫生、医疗救助、文娱活动等方面做了不少工作。徐公桥区试验工作有所成效,附近地方如江苏镇江县黄墟镇、吴县善人桥、浙江长兴县渡口镇、余杭县诸家桥等,均由职教社代办乡村改进工作。1933年徐公桥试验期满交回地方自办后,职教社又在上海近郊赵家塘试验,名为沪郊农村试验区②。

梁漱溟也在1928年倡导以"乡治"作为社会改造的入手之途,拟订开

---

① 参加定县实验者有:留学日、美11年曾任北京法政专科学校校长的陈筑山(平民文学部主任),留学日本10年曾任北京艺术专科学校校长的郑锦(视听教育部主任),留学法国归来后任教北大并主编北京《晨报》副刊的孙伏园(平民教育总会《农民报》主编),哈佛大学博士、曾任国立戏剧学校校长的熊佛西,哈佛大学教育学博士、曾任法政大学教授兼教务长的瞿世英(平民文学部干事),美国康奈尔大学农学博士、曾任东南大学教授的冯锐(生计教育部主任),哥伦比亚大学教育学硕士、曾任法政大学教授的汤茂如(城市教育部主任),哥伦比亚大学社会学硕士李景汉,美国依阿华大学博士曾任北师大教授的刘拓(乡村工艺部主任)等。定县实验人才之多,可与晓庄试验媲美。这也是留学生归国从事乡村教育的一大佳话。

② 黄炎培:《八十年来》,文史资料出版社1982年版,第81—82页。

办"乡治讲习所"的方案。次年,他在河南辉县百泉村倡办"河南村治学院",自任教育长。不久,他又到山东邹平办理"山东乡村建设研究院",并以邹平和菏泽两县为实验基地,研究乡村建设的理论和方案,设立研究部和训练部,以乡农学校作为乡村建设的组织形式①。梁漱溟的乡农教育运动曾吸引国内 600 余个团体加入,在山东 17 个县推行过。

大江南北次第出现的各种不同类型的乡村教育试验工作,使得乡村教育运动在国内盛行一时,在世界新教育会议上也被广为介绍,引起国际教育界的注意,从而标志"五四"新教育运动转入一个新的历史阶段。

对中国乡村教育运动的历史评价,20 世纪后半期以来流行的一些著作大多予以政治性的批评,难以持平。确实,当年乡村教育运动的发展同当时政府当局的鼓励推动不无很大关系。刚刚执掌政权的国民党政府,对于大革命高潮时期中共在农村成功地发动轰轰烈烈的农民运动,显然印象至深。在目下"清共剿共"过程中,如何抚剿并用,与中共争夺农村争取农民,显然又是与巩固政权相关的一件大事。因此,他们迫切需要在施行训政的名义下,把农村教育纳入"党化"范围。当局之所以对晏、梁等人颇为优容,非为无因。论述中国乡村教育运动的历史背景,不能讳言这一点。但是,我们又必须把当年投身这一运动的知识分子同政府当局加以区别,也必须对投身运动的那一群知识分子加以具体分析。应该说,那些怀着真诚的愿望深入农村改造农村的知识分子,其爱国济民的思想行动都不是简单的批评所能贬抑抹杀的。从长远的历史眼光来观照,当年那些立志通过教育改造农村的知识分子在政治倾向方面的若干差异,无论其表现为相对保持独立,抑或与当局发生某些联系,都应淡化,甚或略而不计。

对于陶行知来说,晓庄学校的创立无疑在他人生道路和教育思想两方面同时划出了一条新的起跑线。他昔日经办的事业,无论是在高等学府中

---

① 乡农学校分村学和乡学两级,村学是乡学的基础,乡学是村学的上层。它们根据两条原则组织:一、"政教合一","以教统政"。梁认为不依靠教育,乡村的政治建设和经济建设都无从措手,所以他把教育机构和行政机构合并称为乡农学校,村学代替从前的乡公所,乡学代替从前的区公所。二、"融和归一",以"社会式"教育为主。梁认为学校教育和社会教育两系统有合一之必要,而在"非常时期"则应着重成人教育,以社会教育为主,因为成人是解决乡村问题的主力。

设帐讲学,还是在改进社中运筹安排,都可以说是非常风光的"大"事业。与之相比,区区晓庄只能算作"小"事业。但陶行知自有其独特的事业观:"事业并无大小,大事小做,大事变成小事;小事大做,则小事变成大事。"①"人生为一大事来,丈夫志在探新地。"②现在他正是抓住区区晓庄,做乡村教育运动的大事,探生活教育理论的新地。

生活教育理论是陶行知教育思想的根本所在,也是晓庄试验的理论依据。在晓庄时期初探而形成的生活教育理论,不但使他高明于当时一般教育家而突出于乡村教育运动,而且也奠立了他此后近20年教育思想不断发展变化丰富完善的基础。因此,有必要以一定的篇幅加以评述。

生活教育因瑞士著名教育家裴斯泰洛齐的提倡而为世人瞩目③。19世纪末,杜威继承发展了这一学说,倡导"学校即社会,教育即生活"。陶行知师承杜威,却又从一开始就融入自己的看法。1918年归国不久,他就一反"教育即生活"的提法,力主"生活即教育":"生活主义包含万状,凡人生一切所需皆属之。其范围之广,实与教育等。"④1921年,他更明确把生活教育的概念确定为:一、生活的教育;二、为生活而教育;三、为生活的提高、进步而教育。待到晓庄创办后,他更把生活教育进一步明确定义为:一、人民的教育;二、人民教育人民;三、人民为自己生活的提高、进步所希求的教育⑤。

陶行知倡导生活教育,何以从一开始就同其所溯所源的杜威学说有所不同?简言之,一方面由于遵循中国实际国情所致,另一方面则由于他对传统教育和西方教育思想的理性批判态度所致。

以前者论,他痛感过去中国教育脱离以农立国的国情和脱离实际生

---

① 华中师范学院教育科学研究所:《陶行知全集》第五卷,湖南教育出版社1985年版,第219页。

② 华中师范学院教育科学研究所:《陶行知全集》第四卷,湖南教育出版社1985年版,第54页。

③ 裴斯泰洛齐(1746—1827)曾从民主主义和人道主义出发,致力于贫苦儿童教育,并力图通过教育来改善农民生活。他认为教育的目的在于促进人的天赋力量的和谐发展,主张一面教儿童学习识字和计算,并进行道德教育和宗教教育,一面教儿童从事手工业和农业劳动。

④ 华中师范学院教育科学研究所:《陶行知全集》第一卷,湖南教育出版社1984年版,第78页。

⑤ 华中师范学院教育科学研究所:《陶行知全集》第三卷,湖南教育出版社1985年版,第623页。

活,"完全走错了路"。他历数中国教育因双脱离而歧途彷徨的病状:"他教人离开乡下向城里跑,他教人吃饭不种稻,穿衣不种棉,盖房子不造林。他教人羡慕繁华,看不起务农。他教人有荒田不知开垦,有荒山不知造林。他教人分利不生利。他教人忍受土匪、土棍、土老虎的侵害而不能自卫,遇了水旱虫害而不知预防。他教农夫的子弟变成书呆子。他教富的变穷,穷的格外穷;强的变弱,弱的格外弱。"①因此,他热切呼吁教育必须为农民服务,为生活服务。"我们要向着农民'烧心香',我们心里要充满那农民的甘苦。"②正是基于如上认识,他才把那位曾经大魁天下扬名政坛而后又以返乡兴办实业和教育著名于世的张謇,尊为自己搞生活教育的"第一个先生"。他赞赏张謇适应国情深入农村实际的工作作风。张謇常常来往农村,密切了和农民的关系,懂得了不少农民的生活,因而大大有助于他在南通的实业建设和教育建设。张謇曾亲口给他传授过深入农村的不二法门:要替农民做事,第一就得和农民打成一片,不然的话,农民就怕你,什么真心话也不同你说。他自觉这一经验之谈"对我的生活,影响不浅"③。

  以后者论,他清楚地意识到生活教育理论同传统的和西方的教育思想之间存在着尖锐的冲突。他以挑战者的姿态主动地理直气壮地把矛盾揭开,从而表现了在理论探索方面的可贵勇气。他认为,传统教育和传统文化的要害即是高张天理,尊崇礼教,扼杀人性,戕害人生。它"以天理压迫人欲,做的事无论怎样,总要以天理为第一要件","害生之礼"则是"要把人加上脚镣手铐"。生活教育则与之相反,它以"解放人类"为目标,因此它反对以天理压迫人欲。在生活教育中,不但承认人欲的地位,而且要"把天理与人欲打成一片","要用教育的力量,来达民之情,顺民之意"④。他又指出,传统的和西方的教育文化有一很大缺陷,即把文化抬高到不适当的地位,反把生活本身贬低轻视,颠倒了二者的位置。在他看来,文化教育虽是人类创

---

  ① 华中师范学院教育科学研究所:《陶行知全集》第二卷,湖南教育出版社 1985 年版,第 1 页。
  ② 华中师范学院教育科学研究所:《陶行知全集》第一卷,湖南教育出版社 1984 年版,第 651 页。
  ③ 华中师范学院教育科学研究所:《陶行知全集》第三卷,湖南教育出版社 1985 年版,第 609 页。
  ④ 华中师范学院教育科学研究所:《陶行知全集》第二卷,湖南教育出版社 1985 年版,第 184 页。

造的宝贵财富,但人类之所以代代相传孜孜不倦地继承发扬并努力创造,并不是为了文化教育而文化教育,归根到底,无非是为了"满足我们人生的欲望,满足我们生活的需要"①。生活教育理论同西方文化中心论的原则区别,就在于它坚持强调以生活为中心,一切文化教育统统是为生活服务的工具。

循此思路,陶行知进一步从哲学和历史的高度,分别就教育与知识和文字的关系问题以及劳心与劳力的关系问题,阐述自己的基本观点。

教育与知识传授的关系密切,不言而喻。因此,如何看待知识,就成为一个重大的教育哲学问题。在这方面,他曾以两项命题加以研讨。命题之一,知识有真有伪。凡思想与行为结合而产生的知识为真知识。真知识扎根在经验之中,从经验里发芽抽条开花结果的是真知灼见。不是从经验里生发出来的知识便是伪知识。倘若对于某种知识,自己的经验上无根可寻,那么,这些知识即使背得熟透,也是与己无关的伪知识。善求真知识者,就能把别人经验发生之知识接到自己经验发生之知识上去,使自己的知识格外扩充,生活格外丰富。由于知识的大部分是藏在文字里,因而陶行知随即提出命题之二,文字知识有真有伪。他1928年发表的《"伪知识"阶级》是一篇声讨伪知识及其据有者的檄文。文章指出,经验与文字的关系犹如准备金与钞票。钞票是准备金的代表,就如文字是经验的代表,它们都不可滥发。只有从经验里生发出来的文字才是真的文字知识,反之便是伪的文字知识。伪文字知识较之没有准备金的钞票还要害人,还要不值钱。

既然伪知识和伪的文字知识是如此害人而又不值钱,它们在中国又何以能够长期顽强存在并到处泛滥呢?于是,陶行知又把读者引入历史领域加以检讨。

他认为,伪知识和伪的文字知识所以能在中国长期盛行不衰,是因为得到封建统治者的保障拥护。封建帝王为了维护自身的统治,总是采用愚士和愚民政策。帝王的大批收买和士人的不能抵抗收买以及整个社会对此的赞许鼓动态度,终于造成了一个势力雄厚的伪知识阶级。该阶级中之上焉者,即钻伪知识圈套幸而成功者,则为达官贵人,下焉者则为土豪劣绅、讼棍、教书先生一流。而教书先生又成为统治者推行愚士和愚民政策

---

① 华中师范学院教育科学研究所:《陶行知全集》第二卷,湖南教育出版社1985年版,第186页。

的自觉或不自觉的帮凶,把国内中才以上的人都勾引进伪知识阶级,其害更广更深更切。在西方的大炮轰开中国的大门之后,统治者因伪知识足以"安内"而不足以"攘外",故而废八股兴学堂,向西方教育文化寻觅苟延续命之方。唯因他们从私利出发,只能目光如豆,专袭皮毛,专拾唾余,实际上还是换汤不换药。于是,书院变学堂,土八股换成洋八股,旧功名被套在新学历上。结果,在各级各类新学堂中辛辛苦苦引进的还是一大堆与中国国情接不上的外国的伪知识。从此,中国知识界内土八股派与洋八股派相与共存,伪知识的种子绵绵不绝。

陶行知痛切地认为,20 世纪以后的世界属于努力探获真知识的民族。凡是执迷不悟继续崇拜伪知识的民族,都要越加衰弱,以至于灭亡。将来地球上绝没有"中华书呆国"的立足之地。个人和民族都必须认准,救亡图存必以真知识为基础。伪知识是流沙,万万不可再在其上流连往返。及时醒悟,便是及时离开死路,走向生路。当前正处生死关头,再也不能徘徊迟疑。中国人民应该认清目标,坚决放弃一切固有的和外来的伪知识,果断地制止自己不再把伪知识传与后辈,坚定地陪着后起的青年共同努力去探真知识的源泉。

如何才能探得真知识的源泉?回答是:贯彻在劳力上劳心的教育是获得真知识的唯一法门。他专撰《在劳力上劳心》一文申述此意。文章认为,在劳力上劳心,即是用心以制力。事事在劳力上劳心,便可得事物之真理;人人在劳力上劳心,便可无废人无阶级。在劳力上劳心,是一切发明之母,也是造就理想新人的教育哲学基础。当人间所有的劳心者、劳力者和劳心兼劳力者,有朝一日都化为在劳力上劳心的人时,万物之真理便将豁然呈露,人间之阶级便将泯然化除,人类便可征服自然,创造大同社会①。

"在劳力上劳心"的提出,是陶行知对自身固有教育哲学理论的一大突破。

一是突破了杜威思想。在认识论上,杜威一向认为"知识"是认识的结果,"知"则是认识的过程,是知和行相互作用的过程。因此,他把人类分析反省的思想过程归纳为五个步骤。一、困难之感觉;二、审定困难之所在;三、设法解决;四、在许多方法中选一最有效者;五、屡试屡验之后再下断语。对于此说,陶行知过去十分信从,可是现在却提出怀疑了。他声称在体验此说 10 余年

---

① 华中师范学院教育科学研究所:《陶行知全集》第二卷,湖南教育出版社 1985 年版,第 45 页。

后,发现杜威只强调了思想过程,"他没有提及那思想的母亲。这位母亲便是行动"①。由于缺少前提,杜威描述的思想过程就像是一个单极的电路,通不出电流。他认为正确的完整的思想过程应该在五个步骤之前加上行动的步骤,这样方能形成一个科学的思想认识过程:行动生困难,困难生疑问,疑问生假设,假设生试验,试验生断语,断语又生行动。如是演进,人的思想认识过程便不断深化,至于无穷。这种"行—知—行"的认识论运用到教育上去,就成为"在劳力上劳心"的理论依据,就成为生活教育理论的认识论基础。

二是突破了王阳明学说。王阳明"知是行之始,行是知之成"的名言,曾与杜威五步之说同时为他所倾服。至此,他又在修正杜威之说的同时,对王阳明之言加以订正。他指出,王阳明虽然倡导"知行合一",但仍未摆脱传统知识论的影响,所以把知和行的位置摆错了。现在自己"愈研究愈觉得这种见解不对"②。按照王阳明的说法,人们必"先要脑袋里装满了学问,方才可以行动"。王阳明这两句话,实际上集中"代表中国数千年的传统教育的思想"③。中国的学子被这种先知后行的学说所惑,一误再误,由"知是行之始"更误为"读书是行之始",再误为"听讲是行之始",因循保守,驯至不肯行,不敢行,终于不能行。为破此惑,他大声棒喝,先知后行必至一无所知,即有所知,也不过是知人之所知,非我之真知。"先知后行的土壤里,长不出科学的树,开不出科学的花,结不出科学的果。"④为破此惑,他更引用《墨辩》有关"亲知"、"闻知"和"说知"的说法,强调"亲知"为一切知识的根本,它是亲身从"行"中得来,作为别人传授的"闻知"和由自己推想得来的"说知",也都必须安根于"亲知"之中方能发生效力。由此,他提出了一个与王阳明刚好颠了一个倒的科学命题:"行是知之始,知是行之成。"⑤

---

① 华中师范学院教育科学研究所:《陶行知全集》第二卷,湖南教育出版社1985年版,第404页。
② 华中师范学院教育科学研究所:《陶行知全集》第五卷,湖南教育出版社1985年版,第210页。
③ 华中师范学院教育科学研究所:《陶行知全集》第二卷,湖南教育出版社1985年版,第611页。
④ 华中师范学院教育科学研究所:《陶行知全集》第二卷,湖南教育出版社1985年版,第208—209页。
⑤ 华中师范学院教育科学研究所:《陶行知全集》第二卷,湖南教育出版社1985年版,第152—153页。

以上思想文化批判表明,陶行知是一位创造性很强的教育理论家。一种新的教育理论的创造,本身就意味着旧有的教育理论的破坏和一系列新的教育思想的组合序列。破旧才能创新,而创造性的破坏又必依赖创造性的建设才能巩固其成果。陶行知所以能胜任这一双重使命,其中有很重要的一点:他既是热情奔放的理想主义者,又是脚踏实地的实际工作者。他乐观开朗,充满排难解困的信心,天生成一副在理想的阳光下埋头工作的性格。因此,理想鼓舞他勇敢地向传统的教育理论挑战,并用自己的理论力量捣碎它。而务实精神则保证他在混乱无序充满不确定因素的理论创造过程中,坚持精粹,追求完美。人文科学无数事实表明,理论创造者深刻的个性特征,每每鲜明地渗入而映现在其理论之中,从而成为其理论风格的有机组成部分。在生活教育理论中,人们也不难发现陶行知的个人风格特征。

在我们看来,晓庄时期初步形成的生活教育理论,是由扬弃了杜威的基本教育思想从而具有陶行知自身鲜明风格的三大基石组成的。

基石之一,生活即教育。

"教育即生活"是杜威著名的教育思想之一。他认为,学校是一种和社会生活密切联系的特殊环境。教育不是为生活作准备,而是最完全的现实生活。陶行知在深入研究之后,断然否定此说。他把教育和生活的关系划分为三个历史阶段。第一阶段,生活归生活,教育归教育,两者分离。第二阶段,教育即生活,两者沟通。第三阶段,生活即教育,也即社会即学校,这是教育进步到最高度的时期①。陶行知站在历史的高处,力主超越杜威,向教育发展的更高阶段迅进。因此,他认为只有把"教育即生活"翻半个筋斗,改为"生活即教育"才符合历史发展规律。

与此同时,他又强调"生活教育是以生活为中心之教育。它不是要求教育与生活联络。……生活与教育是一个东西。在生活教育的观点看来,它们是一个现象的两个名称,好比一个人的小名与学名"。在他看来,生活教育是生活所原有、生活所自营、生活所必需的教育。教育的根本意义,在于促使生活的变化。生活无时不在变化,即生活无时不含有教育的意

---

① 华中师范学院教育科学研究所:《陶行知全集》第二卷,湖南教育出版社 1985 年版,第 183 页。

② 华中师范学院教育科学研究所:《陶行知全集》第二卷,湖南教育出版社 1985 年版,第 288 页。

义。所以,生活教育与人的关系是与生俱来,与死同去。生活教育的内容至广至大,并非限于衣、食、住、行的教育,举凡个人的思想言行、文化知识、专业训练、社会活动、家庭生活,乃至国家及国际大事,皆可包含在生活教育的范围之中。生活教育是一种供给人生真实需要的教育,不是作假的教育。人生需要什么,教育就提供什么。人生需要面包和恋爱,就得受面包和恋爱教育。依此类推,则是哪样的生活,就是哪样的教育,过好生活,便受好教育,反之,过坏生活即受坏教育。因此,生活即教育承认一切非正式的东西都在教育范围以内,它叫教育从书本的到人生的,从狭隘的到广阔的,从字面的到手脑相长的,从耳目的到身心全顾的。

基石之二,社会即学校。

杜威在提出"教育即生活"的同时,又连带提出"学校即社会"的命题。该命题主张,学校应通过发挥社会生活模式的作用,向学生提供他要努力解决的问题的情境,从而使其今后能更好地适应环境。据此,杜威虽然强调教育与社会的联系,却只要求学校设置相当的环境,如在学校开办商店、银行、农场、车间,使学校成为社会的雏形或缩影。陶行知则并不限于乃师那样只要求学生适应社会生活,而是进一步要求学生从小养成改造自然与改造社会的精神与能力。因此,他又把乃师的命题翻了半个筋斗,力主"社会即学校"。

他认为,"学校即社会"的主张,就好像把一只活泼的小鸟从天空捉来关在笼里,它要以一个小小的学校去把社会上所有的一切东西都吸收过来。这样,一方面由于学校里面的东西太少,校外不少有价值的东西学生都无法领教,所以实际上做不到;另一方面,由于做不到就容易弄假。而"社会即学校"则不然,它以生动而丰富的社会环境作为学校,就像把笼中的小鸟放到天空中去,使它能任意翱翔,把学校的一切都伸张到广阔的社会和大自然中去。这样做,不但教育的材料、教育的方法、教育的工具和教育的环境可以大大扩增,而且教育者和受教育者的范围也都可以尽量拓展。循此方针,他提出了著名的"二亲原则",即与人民和万物亲近。"与人民亲近是'做人'的第一步,与万物亲近是'格物'的大门口。"[①]从这样的教育思想出发,实际上是继承发扬"五四"时期的民主和科学精神,克服学校

---

① 华中师范学院教育科学研究所:《陶行知全集》第二卷,湖南教育出版社 1985 年版,第 131 页。

教育的狭隘性,把学校教育扩展到改造社会和改造自然的大环境中。

基石之三,教学做合一。

"在做中学"是杜威的又一基本教育思想。杜威认为,所有的学习都是行动的副产品,所以,教学方法也应该出自行动和操作,建立在对学习者有意义的直接的具体的经验之上。教师通过"做"促使学生思考,从而学得知识。在杜威那里的"做",指的是"适应环境"的"自我活动"。陶行知受此启发,在1922年制定新学制时,主张事怎样做就怎样学,怎样学就怎样教;教的法子要根据学的法子,学的法子要根据做的法子。1925年冬,他到南开大学演讲"教学合一",张伯苓建议改为"学做合一"。陶行知受此启发,径称为"教学做合一",从而缔建了生活教育理论的方法论。陶行知对此十分重视,认为有了"教学做合一","生活即教育"和"社会即学校"这两个命题才能落到实处,生活教育的内容和方法方始相辅相成脉脉贯通。

在他意中,"教学做合一"实际包括三层意思:一是指方法,事怎样做就怎样学,怎样学就怎样教;二是指关系,对事说是做,对己说是学,对人说是教;三是指目标,教育不是教人,不是教人学,而是教人学做事[①]。他同时强调,教学做是一件事,不是三件事,而"做"在其中尤为重要,它是根本,又是中心。在他那里的"做",业已不同于杜威所说的"做"。因为它不但包括如何运用书本和别人的经验以及如何改造用得着的一切工具,而且还要想到事物间的联系,从具体想到抽象,从我相想到共相,从片段想到系统。实际上,这一"做"已广泛包含征服自然和改造社会的丰富的社会生活实践内容。陶行知强调"做"的主张异常明确,他反复申述此意:生活教育必须在做上教,在做上学;在做上教的是先生,在做上学的是学生;从先生对学生的关系说,做便是教,从学生对先生的关系说,做便是学;先生拿做来教,方是真教,学生拿做来学,方是真学;不在做上用功夫,则教不成教,学不成学;古今中外所发现的第一流的真知灼见,莫非由做中得来;等等。如此热烈地为"做"争地位并阐明它与教和学的联系,这就必然使"教学做合一"同"在做中学"作了原则的区分。

[①] 华中师范学院教育科学研究所:《陶行知全集》第二卷,湖南教育出版社1985年版,第208页。

生活教育理论是陶行知为适应中国现代社会生活需要而力图在中国土壤上试验栽种的一种教育学说。它源于生活,而又服务于生活,因而充满浓厚的中国特色。同时,生活教育理论又是在教育改革的实践中逐步形成的,也必将在随后的教育改革中不断完善发展。他本人一再申明,生活教育理论决不应看作完成的东西。事实也正是如此,他日后一直致力于充实丰富这一理论体系便是证明。

我们很欣赏陶行知把生活教育称为"生活工具主义之教育"的说法。"生活教育教人发明生活工具,制造生活工具,运用生活工具。空谈生活教育是没有用的。真正的生活教育必须以生活工具为出发点。没有工具则精神不能发挥,生活无由表现。观察一个国家或一个学校的教育是否合乎实际生活,只需看他有无生活工具。倘使有了,再进一步看他是否充分运用所有的生活工具。"①后来,他把这一思想浓缩为一副对联,经常书以赠人:"认清问题研究问题解决问题为好教育;发明工具制造工具运用工具是真文明。"②

既然教育是"生活工具",那么作为具体的生活教育理论及其试验自然也是一种"生活工具"。在陶行知亲自设计的晓庄校旗上,这种"生活工具"的象征意义被展示得明白无遗:旗的中心有一等边三角形,代表教学做合一;三角上面有一个心在当中,表示关心儿童生活和与农民同甘苦之意;左边有一支笔,右边有一把锄头,表示手脑双全的教育之意;三角之外有一大圆圈如太阳放射光芒,表示寻觅光明之意;四面有100个金星布满全旗,代表100万个学校,改造100万个乡村,使各个乡村都得到光,合起来造成中华民国的伟大的光③。

晓庄问世了,生活教育理论诞生了,从此,陶行知高擎这一新锻的工具,开始其新的探求,新的生活。而随着他的身影从繁华的都市转入僻野的乡间,他的教育活动开始发生深刻变化。前此无论是主持改进社社务,还是奔走平民教育运动,他虽都是主要角色,但那毕竟是"集体创作"群体

---

① 华中师范学院教育科学研究所:《陶行知全集》第二卷,湖南教育出版社1985年版,第77页。

② 华中师范学院教育科学研究所:《陶行知全集》第四卷,湖南教育出版社1985年版,第752页。

③ 华中师范学院教育科学研究所:《陶行知全集》第一卷,湖南教育出版社1984年版,第669—770页。

出场。晓庄试验则是他主编、主导、主演的一出新剧,从头到尾都烙上了他个人风格的教育革新活动。

生活教育理论的晓庄试验

在晓庄建筑群的核心所在——犁宫的墙上,高悬着著名的"十八信条"。它原是陶行知在乡村教育研究会所作讲演《我们的信条》,现由蔡元培以每字六寸见方的楷书抄录,成为晓庄全体师生以为仰止的座右铭。在通往晓庄的道路两旁标语牌上分条出现的同样内容,时刻提醒生活在这里的人们牢记这些信条:

一、我们深信教育是国家万年根本大计。
二、我们深信生活是教育的中心。
三、我们深信健康是生活的出发点,也就是教育的出发点。
四、我们深信教育应当培植生活力,使学生向上长。
五、我们深信教育应当把环境的阻力化为助力。
六、我们深信教法学法做法合一。
七、我们深信师生共生活,共甘苦,为最好的教育。
八、我们深信教师应当以身作则。
九、我们深信教师必须学而不厌,才能诲人不倦。
十、我们深信教师应当运用困难,以发展思想及奋斗精神。
十一、我们深信教师应当做人民的朋友。
十二、我们深信乡村学校应当做改造乡村生活的中心。
十三、我们深信乡村教师应当做改造乡村生活的灵魂。
十四、我们深信乡村教师必须有农夫的身手、科学的头脑、改造社会的精神。
十五、我们深信乡村教师应当用科学的方法去征服自然、美术的观念去改造社会。
十六、我们深信乡村教师要用最少的经费办理最好的教育。
十七、我们深信最高尚的精神是人生无价之宝,非金钱所能买得来,就不必靠金钱而后振作,尤不可因钱少而推诿。

十八、我们深信如果全国教师对于儿童教育都有"鞠躬尽瘁，死而后已"的决心，必能为我们民族创造一个伟大的新生命。①

以上信条，可以说是陶行知生活教育基本思想原则的系统揭示。人们知道，杜威1897年发表的名著《我的教育信条》，是其教育思想的纲领性论述。时隔30年，陶行知也通过若干纲领式的条文表达自己对教育革命，尤其是乡村教育运动的热烈的信念、理想的目标和设计的途径。它们是反对旧教育的檄文，又是探索新教育的宣言。其中的大部分内容，在今天仍不失为治事之要、精辟之论，可供当今教育改革之参考。至于在当日，则陶行知试验教育改革的种种部署，便不消说都是在这些信条之下展开的。

对于试验教育改革，陶行知曾作过认真的思考。立足于发展的历史观点，他清楚地认识到，教育只有不断地改，不断地进，方能适应变动不居的社会的需要。大而言之，教育改革主要当从教育方针和教育方法两大方面入手。教育方针改革随思潮转移，有因个人兴致而偶然变更者，亦有因社会大势所趋而不得不变更者。教育方法则随方针之指挥约束，举凡学制、组织、行政、教师之训练、教材之选择与编辑、教学法之研究、校舍教具之设备、经费之筹措等，都包括在内。从事这两方面的改革，兹事体大，是一宏大的系统工程，非少数人、非短时间所能完成，改革者必须持虚心态度，以调查研究为入手办法，沟通经验，求得精神一致，并同时谋求种种学术（哲学、心理学、生物学、生理学、社会学、经济学等）之改进，谋求政制、风俗、农业、工业、商业、交通、水利等之改进，方能达到。教育改革的繁难复杂，使陶行知特别重视试验学校的作用。在创办晓庄前，他就强调试验学校为一切教育改进的根本。"试验学校是教育上新知识的来源；一般学校是应用此种新知识之场所。……试验学校好比是泉水，一般学校好比是用户。"②待到晓庄创办有年初见成效，他更肯定："改进教育之原动力及发现新理之泉源，乃属试验学校之功能。"③

---

① 华中师范学院教育科学研究所：《陶行知全集》第一卷，湖南教育出版社1984年版，第651—652页。

② 华中师范学院教育科学研究所：《陶行知全集》第一卷，湖南教育出版社1984年版，第572页。

③ 华中师范学院教育科学研究所：《陶行知全集》第二卷，湖南教育出版社1985年版，第227页。

晓庄学校是陶行知的试验基地。在这里,他精心安排了一系列实践生活教育理论以实现改革教育信条的试验,从而取得了丰硕可喜的试验成果。

在晓庄,陶行知首先进行以中心小学为师范学校中心的教育试验。

人们通常把师范学校自办的小学称为附属小学。陶行知不同意这一习惯说法,力主打破附属小学是师范学校附属品的旧观念,所以改称为中心小学。他认为两者的正确合理关系应当如下:"中心小学以乡村实际生活为中心,同时又为试验乡村师范的中心。……中心小学是师范学校的主脑,不是师范学校的附属品。中心小学是师范学校的母亲,不是师范学校的儿子。中心小学是太阳,师范学校是行星。师范学校的使命是要传播中心小学校的精神、方法和因地制宜的精神。"①

有关中心小学的重要地位,可见他当时所作"中国师范教育建设图"(见图5-1):

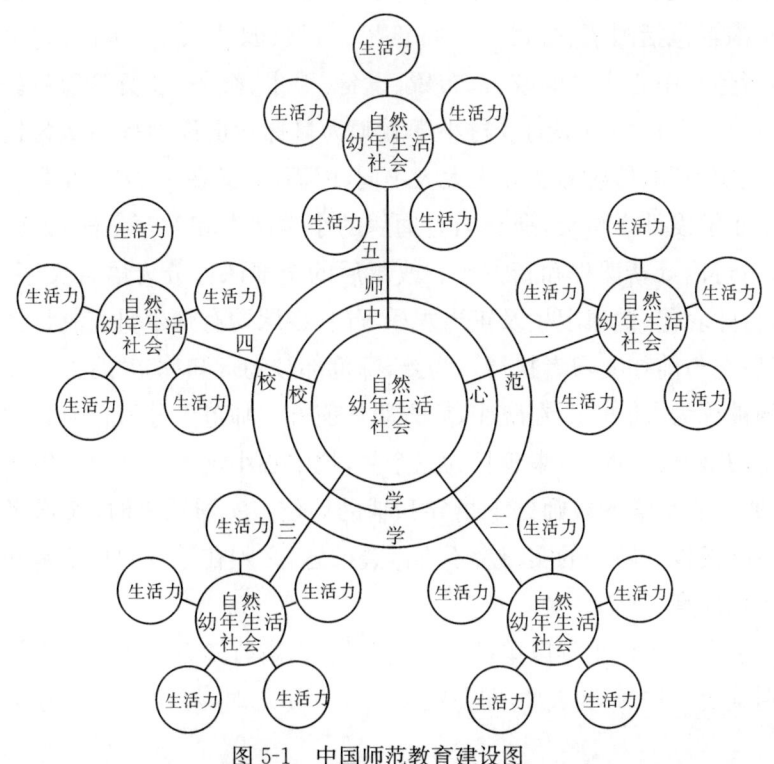

图 5-1 中国师范教育建设图

---

① 华中师范学院教育科学研究所:《陶行知全集》第一卷,湖南教育出版社 1984 年版,第 666 页。

在图下,他又特作说明:"自然、社会里的幼年生活是中心学校之中心。中心学校是师范学校之中心。一、二、三、四、五是师范毕业生办的学校。生活力代表师范毕业生所办学校培养之学生。"①

鉴于中心小学在晓庄试验中占有如此重要地位,因此,如何办好中心小学曾被视为晓庄创办初期"最困难的问题"。陶行知毫不讳言,"一年来我们尝试了好多办法,都没有满意的结果",晓庄"试验的成败全在这一个问题上"②。

按照陶行知的构想,创办中心小学有两条途径。一为寻找具备条件的学校加以特约改造,二为另起炉灶从头创设。陶行知齐头并进,具备改造条件的燕子矶小学和尧化门小学先后被冠以第一、第二中心小学,而晓庄中心小学即在晓庄师范开学前夕成立。第一批中心小学确定后,他规定,中心小学活动教学做和中心小学行政教学做是晓庄学生列在首位的重点课程。前者包括国语、公民、史地、算术、自然、园艺农事、体育、艺术等科目,后者包括中心小学的校舍、布置、设备、卫生、教务、经费等项目。它们共同以培养合格的新型的乡村小学教师为目标。也许陶行知认为这样做与"师范实习"的传统做法并无太大不同,因而,他又在1927年6月专门组织晓庄小学设计委员会,摒弃当时通用的小学课本和教育方法,大胆改革创新,另行设计新课程和新方法。改革后的全部课程分为语言文字、公民训练、自然农艺、健康卫生及正当娱乐五门,各课均有师生研究制订详细计划,然后交与前往实习者执行。为此,师范部被陶行知称为"后方",而中心小学则被称为"前方"。在晓庄,后方服从前方。师范生分组轮流到中心小学工作,开始仅两周,后来延长为三个月,把中心小学的全部教学做活动包下来,原中心小学的教师处于指导和辅助地位。实习结束时,实习者都要写出总结报告。后去的实习者不准因袭旧题,必须在原有的总结基础上有所创新和提高。

由于全国乡村小学以单级形式居多,所以陶行知对单级中心小学的试验特别重视。1928年3月,即在晓庄建校一年之时,经由晓庄指导会议议

---

① 华中师范学院教育科学研究所:《陶行知全集》第一卷,湖南教育出版社1984年版,第642页。

② 华中师范学院教育科学研究所:《陶行知全集》第二卷,湖南教育出版社1985年版,第60页。

决,由五位指导员各指导一名学生,负责因地制宜用最少的经费去创办一所单级小学。这一试验很快获得成功,五所单级中心小学次第出现在晓庄周围。师生在办校过程中受小学同化,真正从事单级小学活动教学做,从中学到了建设中心小学的真本领。这一试验,陶行知非常满意,称为"乡村师范教育最有关系的一着",是一年来摸索中找到的"一条光明之路"①。

"前方"的战线扩大了,"后方"的服务也须紧紧跟上。同年9月,陶行知又在上述八所中心小学的基础上成立了小学指导部,统筹中心小学的试验指导事宜。规定该部任务为办好各中心小学、指导师范生的小学教学做活动。该部下设总务、交通、统计、编审、文书等股,并附有《儿童生活》编辑部、中心农场和儿童图书馆等。该部每周召开一次小学教学做讨论会,在各中心小学轮流举行。至此,中心小学的试验已初具规模。

在大力创办中心小学的同时,陶行知又致力于乡村中心幼稚园的试验。他主张改革时下幼稚园"仿洋"、"化钱"等弊病,用科学的方法广设省钱的、平民的、适合国情的乡村幼稚园。因为在他看来乡村幼稚园是中国农村最急需的一种教育,它是"乡村儿童教育的基础,乡村妇女教育的大关键"。乡村教育运动断不可轻忽了这一重要阵地,决心向农民"烧心香"的晓庄师生更不可不认真试验,以求掌握这方面的真本领。

1927年11月11日,在张宗麟、徐世璧等人的协助下,陶行知创办了中国历史上第一个乡村幼稚园——燕子矶中心幼稚园。作为献给晓庄周围和全国小朋友的礼物,接着他又相继创办了晓庄中心幼稚园、尧化门中心幼稚园、万寿庵中心幼稚园以及和平门中心幼稚园。他还雄心勃勃地计划把中心幼稚园普及中心小学所在的村庄。

在试验中心幼稚园的过程中,他又把解决师资问题当作试验的重点所在。燕子矶中心幼稚园采用徒弟制的成功,使他找到了一条培养师资的合理途径。他相信办理得法的乡村幼稚园每年训练两三名徒弟,教学做合一,既省了钱,又能培养合格的师资②。后来他更主张通过办乡村夫妻学

---

① 华中师范学院教育科学研究所:《陶行知全集》第二卷,湖南教育出版社1985年版,第60页。这五所中心小学是:三元庵中心小学、吉祥庵中心小学、万寿庵中心小学、和平门中心小学和黑墨营中心小学。

② 华中师范学院教育科学研究所:《陶行知全集》第二卷,湖南教育出版社1985年版,第81—83页。

校的办法来解决问题,即由乡村小学教师办小学,夫人办幼稚园,夫妻共事,既减少乡村教师之寂寞,又树立乡村家庭之模范①。为适应试验需要,他成立了幼稚园指导部,专司研讨幼稚园计划并组织师生幼稚园教学做活动。

上述试验使他取得了幼稚教育改革的发言权。所以,在1928年5月召开的全国教育会议上,他一共向大会提出了5项有关幼稚教育改革试验的系列提案②。这一系列提案分别就幼稚教育尤其是乡村幼稚教育的普及问题、师资培养问题以及课程设置和教材编辑问题提出了许多具体的改革意见。透过那些程式化的公文,我们仍然觉察到了蕴含其间的晓庄试验的诸多甘苦。

为了进一步加强乡村教育试验,陶行知又在1929年7月将原有各中心小学和中心幼稚园改为学园。规定由一位园长(指导员)率领若干志趣相同的园丁(师范生)去作更具体深入的教育试验。他自兼和平学园园长,以艺术教育(包括文学、戏剧)为试验中心。各中心幼稚园合为蟠桃学园,继续进行乡村幼稚教育的平民化、经济化和儿童化的试验。

但是,从不满足现状的陶行知并没有停留在已经取得的成绩上。他的目光始终瞄准那个既定的目标:晓庄试验的根本宗旨在于改造乡村社会。然而试验过程中他又深感,以乡村小学做改造乡村社会的中心方向固然正确,事实上却因单个的乡村小学或幼稚园力量过于薄弱分散,所以收效很慢。为此,他又主张相对集结改造力量,组成"集团的中心"。集结之法有二:一为乡村中心小学的教师将小学生以及好村民都团结在自己的身边,成为合力作战的同志;二为把一县或一区的中心小学团结联络起来,而以一乡村师范总其成③。同陶行知所酝酿的这一以进步的中心小学——师范学校作为乡村社会改造的龙头的大胆设想相呼应,在上述那次全国教育会议期间,他提出过一项引人注目的提案,《请大学院呈请国民政府,划出

---

① 华中师范学院教育科学研究所:《陶行知全集》第二卷,湖南教育出版社1985年版,第103页。

② 它们是:《调查全国幼稚教育案》《各省各县各市实验小学设立幼稚园案》《推广乡村幼稚园案》《各省开办试验幼稚师范案》和《审查编辑幼稚园课程及教材案》。

③ 华中师范学院教育科学研究所:《陶行知全集》第二卷,湖南教育出版社1985年版,第131—132页。

地方数处献与人类,俾抱有改造社会理想之学者,得以运用科学方法,实现极乐世界,俟试有结果,再从事推广,以收大同之效》。在提案中,他拟定的具体办法包括:每个实验社会以不超过一县范围为宜;对内对外应有完全无上之主权;应严守中立;实验期暂定为一百年;发起人应将实验计划书征得本社会内大多数成年人民之同意,送请大学院转呈政府核准成立[①]。虽然此项议案以"不在教育会议范围之内"为由,为会议议决保留,"供内政部推行自治之参考",但我们仍不难从这一充满理想色彩的提案中,看到陶行知集结进步教育力量以为一区一县社会改造的核心力量的基本思路。

在生活教育理论的晓庄试验中,如果说,上述有关中心小学和中心幼稚园的试验比较偏重于进行方法和入手途径的话,那么,以下有关乡村教师基本素质的培养问题的探索,就更接近于教育方针和培养目标的改革事宜。

晓庄以培养乡村人民和儿童所敬爱的导师为总鹄。而为达此总鹄,在办学过程中,陶行知逐步明确从而增补有关分项目标。学校初创时,分目标仅三,即养成农民的身手、科学的头脑和改造社会的精神。1929年增加了养成康健的体魄和艺术的兴趣二项。到1930年又增加了养成有计划的生活。这次第确定的六项分目标是晓庄全体师生努力践行的方向,也是晓庄种种教育试验的标准所在。按照陶行知后来的排列,晓庄师生就是要在生活教育的总纲领、总目标下,过康健的生活、劳动的生活、科学的生活、艺术的生活、改造社会的生活和有计划的生活。六种生活有机相融,贯彻在晓庄师生的全部活动之中,从而使得晓庄成为生活教育理论的集中试验场所。

康健的体魄被列为生活教育目标的首位,是同陶行知对体育在生活和教育中的重要地位的认识分不开的。从小喜欢体育活动的陶行知深切地感到,人生健康,生活方有乐趣,教育方有基础。在晓庄试验中,培养康健的体魄被放在异常突出的位置。晨间体育锻炼,全体登山运动,是晓庄生活一日之始。为了"以国术来培养健康的体魄",在晓庄严格控制的专职指导员中,专聘一位武术家指导师生习武。为了推动学校及周围乡村的体育运动,也为了密切师生与周围农民的关系,晓庄每年春秋两季举行联村运动会。1928年4月举行

[①] 华中师范学院教育科学研究所:《陶行知全集》第二卷,湖南教育出版社1985年版,第120页。大学院,1927年南京政府仿法国教育制度大学区制,改教育部为大学院,取消省教育厅,分全国为若干大学区,规定每区设大学,以大学校长总管所在区的教育,隶属于大学院。该政策未及全部实行,次年即废止。

的第一届联村运动会上,比赛项目别开生面,既有农民拿手的挑柴和挑粪竞走以及举石担、玩石锁等,也有学生擅长的跳远、短跑、掷球等田径项目。陶行知则挑着一担粪桶参加竞走。这些因地制宜的农民化的比赛项目不但吸引了周围各村男女老少,还有一批社会名流也应邀前来莅会,并豪兴勃发地参加了竞赛。在举行登山比赛时,大学院院长、晓庄董事长蔡元培因足疾不便参加,大学院副院长杨杏佛和吴稚晖都加入了登山的行列。

为了锻炼身体,也为了保障学校及其周围乡村的社会治安,防御土匪的骚扰袭击,晓庄又在1928年8月组织了联村自卫团。陶行知兼任总指挥,学生刘季平任副指挥,有晓庄学生及附近青壮年农民百余人参加自卫训练。在时任军政部长冯玉祥的支持下,自卫团获得旧枪数十支,并由冯派来的军官指导军训,学习队列操练、拆装枪械、打靶、野战战术等。陶行知非常欣赏这种寓强身保乡救国于一体的军训活动,认为学到的"不是武八股,乃是真本领",是与晓庄试验"提倡真知识,打倒文八股"的一贯宗旨并行相辅的①。

农夫的身手被列为生活教育目标之二,是同陶行知对教育与农业的关系以及乡村教师的职责的认识相联系的。陶行知向来认为,"教育与农业携手"是中国教育改革取得成功的基本保证。过去中国教育没有实效,就因为二者脱节,各不相关。教育脱离农业,便成为空洞的分利的消耗的教育。农业脱离教育,就失去了促进本身发展的媒介②。乡村教师要在这"携手"过程中克尽自身的职责,就必须具备农夫的身手。因为只有有了农夫的身手,他们才能了解农民的艰难困苦和种种问题,容易成为农民的朋友,同时,也才能利用闲暇从事园艺农作,以补助低薪之不足,并因在乡间有用武之地而添了办学之乐、减了办学之苦③。正因为农夫的身手对于从事乡村教育是成败相关的大事,所以晓庄开学不久的一次晨会上,陶行知以发蒙振聩之言谆谆告诫全体师生:"倘要感化农人,必须自己先受农人感化。"但凡从事乡村教育革命者,"对于农事懈怠,简直是反革命",而"反对

---

① 华中师范学院教育科学研究所:《陶行知全集》第五卷,湖南教育出版社1985年版,第222页。

② 华中师范学院教育科学研究所:《陶行知全集》第一卷,湖南教育出版社1984年版,第654页。

③ 华中师范学院教育科学研究所:《陶行知全集》第二卷,湖南教育出版社1985年版,第28—29页。

农夫的身手，就是反革命"①。

在晓庄，"农事教学做"是最重要的课程之一。它的课堂便在试验农场。按规定，每个学生承包耕种菜地一分，普通农作物地五分，荒山地一亩。学校负责供应种子、肥料和畜力等，并建立两个委员会担任技术指导。一是顾问会，请农村里富于农事经验的老农做顾问；二是设计会，请中央大学和金陵大学的农学教授帮助设计安排。农产品收获后，由学校收购，学生也可得到一定的收入。农场之外，晓庄还辟有果园、苗圃和林场，专供师生来此教学做。在晓庄的生活日程表上，每天下午4至5时是农事活动。到那时，师生们脚穿草鞋，头戴草帽，挽袖口，卷裤管，忙碌于田间山坡。犁宫门上有一副陶行知撰制的对联："和马牛羊鸡犬豕做朋友，对稻粱菽麦黍稷下工夫。"明白表示了晓庄师生对农事教学做的感情。

为了适应今后从事乡村教育的需要，晓庄特别重视培养学生在农村独立生活的能力。晓庄只有一名工友，校内一应杂务，包括清洁卫生和炊事工作，都由师生轮流值日。在校务劳动中，晓庄尤重烧饭做菜，专设一门"烹饪教学做"的课程。陶行知把这门课程提到教育改革破洋八股的高度，指出过去封建时代因科举考试需要，士子们大多数会烹饪，现在讲究洋八股反把这些实用的本领拒之门外，简直比科举还坏。他强调烹饪是一种美术的生活，实用的本领，人生须臾不能离身。晓庄因此响起一个口号："不会种菜，不算学生"，"不会烧饭，不得毕业"。

为了适应今后从事乡村教育的需要，晓庄还注意培养学生多方面的劳动能力。陶行知倡设勤工俭学会，购置缝纫、织袜、织毛巾等机器，开办商店、饲养场、小吃部等，承包学校有关土木工程、印刷、编织、缝纫等。千方百计致力于实用的生活能力的培养，其间确实包含了陶行知的一番苦心。

科学的头脑被列为生活教育目标之三，既同陶行知关于乡村教师应有的本领的认识相联系，又同他"在劳力上劳心"的原则主张相一致。在他看来，乡村教师只有具备了现代自然科学和社会科学知识，才能称职地服务于乡村，在以科学方法指导农民种田，增进农业生产的同时，以现代科学知识教育儿童，培养一代新农民。作于晓庄时期的著名的《手脑相长歌》，把

---

① 华中师范学院教育科学研究所：《陶行知全集》第二卷，湖南教育出版社1985年版，第13页。

"在劳力上劳心"的原则作了十分通俗的解释①。勤劳的双手与科学的头脑,是他心目中一代新人所必具的基本条件。

在晓庄,用来训练学生科学的头脑,主要是教学做活动。所以,在课程设置上,没有一般学校所设的那些国语、数学等科目,晓庄的全部课程都包括在中心小学活动教学做、分任院务教学做、征服自然环境教学做、改造社会环境教学做和学生自动的教学做之中。这五方面的教学做活动包括了晓庄的全部生活。按照生活教育理论,全部的课程包括了全部的生活,全部的生活也就是全部的课程。晓庄的课程安排作这样的试验正是十分自然的。

晓庄没有教室。按照生活就是教育,宇宙就是教室的观念,烹饪在厨房,则厨房就是教室;耕种在田间,则田间就是教室;去民间调查宣传,则民间就是教室。根据陶行知有关求取真知识、摒弃伪知识的主张,学生只用书,不读书。他们做什么事,读什么书,为生活而用书,不为读书而读书。他们在图书馆里看书,遇有疑难才去问指导员。凡读书无目的者被称为书呆子,图书馆即取名"书呆子莫来馆"以为警策。在建设晓庄过程中,图书馆是陶行知注力尤多之处。该馆先后购置两万余册图书,古今中外名著颇多,既有大批自然科学著作,也有许多进步的社会科学书籍。学生读书分两种,一为学校规定的必读书,每月布置一次②;二为课外自由阅读书籍,由各人根据爱好特长选择,但阅读时须做好笔记,月终进行检查考核。

晓庄十分重视科学教育。科学馆的筹建、科学指导员的增聘和科学仪器设备的添置,都是陶行知建校过程中的大事。晓庄得到中国科学社的支持,每周派专家来校担任讲演及指导。晓庄师生成立晓庄科学社,该社以"晓庄科学化"为口号,下分生物、物理、化学及数学四个研究组,而尤以生物为重点。因为在陶行知看来,生物学是诸学科中与乡村教育关系最密切者:"生物学是乡村学校培养科学头脑最简便、最省钱、最有趣味的学科。不注重生物,便不成其为乡村学校,便在改革之列。"③在教学做过程中逐

---

① 这首歌的歌词为:"人生两个宝,双手与大脑。用脑不用手,快要被打倒。用手不用脑,饭也吃不饱。手脑都会用,才算是开天辟地的大好佬。"

② 如1927年5月所列必读之书为:《设计组织小学课程论》《明日之学校》《医学常识》,6月为:《高中心理学》《乡村教育经验谈》。

③ 华中师范学院教育科学研究所:《陶行知全集》第五卷,湖南教育出版社1985年版,第226页。

渐建成的晓庄生物室，制成动植物标本3000余件，可供学生和农民参观学习，成为学校改革的一大成绩。

艺术的兴趣被列为生活教育目标之四，是同陶行知对艺术的社会教育功能的认识分不开的。陶行知能诗善文，也喜爱音乐和戏剧，丰富的艺术情趣和多方面的文艺素养，使他服膺于革命的艺术与革命的教育互相携手。他深信由此产生的精神力量是乡村教育运动的巨大动力。

在晓庄，陶行知身体力行倡导艺术的兴趣。他的诗作因与农民的接触和生活内容的丰富，风格为之一变。他自称"一闻牛粪诗百篇"，创作的诗歌通俗易懂而又别有韵味，耐读耐唱，很受晓庄师生和周围农民的欢迎。《锄头舞歌》和《镰刀舞歌》以南京地方山歌调配以歌词，可供农夫和农妇载歌载舞，后来又创作男女合演的蓑衣舞，把歌舞从少数人专享的殿堂搬到了平民活动的田野，为歌舞艺术开一新纪元。这些寓教育于文艺的歌舞很快从晓庄传遍各地，成为流行国内经久不衰的群众性文艺节目。

在陶行知影响下，晓庄师生的文艺兴趣十分浓厚。他们结合中心小学和中心幼稚园的教学做活动，从事儿童文学创作，写出了不少儿歌、童话、寓言、故事和戏剧作品。有的作品如叶刚的《红叶童话集》后经陶行知帮助得到正式出版。许多文艺创作经由自编自演每每在周末和节假日的同乐会（联欢会）上同大家见面，成为晓庄活泼泼的艺术生活的有机组成部分。

不过，在晓庄最受推重的还是戏剧。在陶行知看来，戏剧感人的力量较之歌舞更伟大，更适宜向广大民众进行宣传教育。同时，戏剧又具有综合多种艺术的特点，在参加编演过程中，师生对于音乐、美术、文学、歌舞、国语以及种种人生艺术都可得到相应提高。为此，他明确主张"以戏剧来培养艺术的兴趣"。1929年初，田汉率领南国剧社莅临演出，风靡了石头城的观众，也赢得了陶行知的高度注意。他写了一封热情洋溢的邀请信，田汉接信后非常感动，不顾严冬腊月，踏着厚厚的积雪率团来到晓庄①。因为南国剧社的公演，激起了晓庄师生对新兴话剧艺术的强烈兴趣。一个

---

① 在欢迎会上，陶行知称晓庄是为种田汉办的教育，所以自己以一名"种田汉"代表的资格欢迎田汉。田汉在答词中自称为"假田汉"，来此能受到陶行知这个真田汉以及在座的许多真田汉（农民）的欢迎，不胜荣幸之至。这一番真假"田汉"的致词，表明了中国教育界和戏剧界的两位先进人物对于自己所献身的事业的精识，他们从此缔交并在随后的峥嵘岁月中互相扶持自在情理之中。

有30余人参加的晓庄剧社应运而生,并逐步建立了剧务、导演、化装、布置等一套班子。自任社长的陶行知,不但为剧社创作了多出独幕剧,而且还亲自粉墨登台①。1929年11月下旬,他率领剧社到镇江、无锡、苏州、上海、杭州等地巡回演出。一个多月演出30余场,当时报章称"晓庄剧社赚了许多观众的眼泪"。在这些通都大邑的成功演出,扩大了晓庄的影响,而晓庄这一闪光之处又回过来辉映衬托了生活教育理论。于是,陶行知更拟订了一个在次年5月环行全国各大都市及其附近乡村公演的计划②。

改造社会的精神被列为生活教育目标之五,是建立在陶行知有关办学与社会改造关系的认识基础之上。"办学和改造社会是一件事,不是两件事。……办学而不包含社会改造的使命,便是没有目的,没有意义,没有生气,所以教育就是社会改造,教师就是社会改造的领导者。"③

为了培养学生从事社会改造的能力,晓庄设有"改造社会环境教学做"。按照"社会即学校"的基本思想,放手让学生在实践活动中具体掌握这方面的工作能力。作为指导中心,晓庄又成立社会改造部,全体师生均须参加,陶行知自兼部长。该部根据乡村改造的实际需要,下分总务、教育、卫生、农林、交通、水利、自卫、经济、救济、妇女、编辑、调查12股,分别进行规划和指导。该部又划定学校周围和平门、上元门、观音门、尧化门、太平门以内数十平方千米为改造区域,具体着手了不少改造事业,其荦荦大者如下:

以农村扫盲和普及教育为任务的民众学校。晓庄开办之初,校本部就设有平民学校,随后又在各村设立平民读书处。1928年初,晓庄学校又与中央大学合办实验民众学校。接着,又在神策门、三元庵和万寿庵办起民众学校。1929年7月,以上4所民众学校合为蟠桃学园,并以神策门民众学校为基地,进一步着重研究民众教育问题。

---

① 陶行知创作过《香姑的烦恼》《爱的命令》《生之意志》和《死要赌》等剧,并在《苏州夜话》中饰演老画家,在《生之意志》中饰演老父。

② 陶行知在《晓庄剧社十九年全年计划书》中规定,剧社北路经京津至沈阳、哈尔滨等地,南路经厦门、福州至广州、香港等地,中路经芜湖、九江至武汉、重庆等地。他希望通过这一规模宏大的巡回演出"宣传乡村教育及考察各地乡村"。见生活教育研究丛书《为中国教育寻觅曙光》,四川教育出版社1989年版,第80—81页。

③ 华中师范学院教育科学研究所:《陶行知全集》第二卷,湖南教育出版社1985年版,第128页。

以丰富农民业余生活、倡导健康的文化娱乐活动为任务的中心茶园。晓庄师生先后在余儿岗、黑墨营、神策门和万寿庵等地开办中心茶园。茶园内备有乒乓球、围棋、象棋、胡琴、笛子、图书、画报等文体用品,供农民闲暇时使用。根据农民喜欢听说书的特点,师生轮流到茶园开讲《三国演义》《水浒》《岳传》等改良新书,寓教于乐。通常在说书前先进行有关卫生常识和时事新闻的通俗演讲,说书中则结合识字教育,把故事中的人名、地名、物名写成字块,教农民识字,并及时复习。

以免费治病推进乡村卫生运动为任务的乡村医院。由学校卫生指导员负责的晓庄乡村医院同时承担医疗和教育双重任务。在为师生和周围农民看病时,学生便从旁观摩学习,以掌握一般常见病的诊治方法,这就是"卫生教学做"专业课。乡村医院在防治农村常见的沙眼症、天花,开展以消灭蚊蝇为重点的卫生运动方面,都很有成绩。1928年夏,南京霍乱流行,死亡数百人,晓庄师生出动宣传,帮助农民做好预防,有效地控制了霍乱在晓庄周围的蔓延。同年下半年,陶行知又与卫生部接洽,在晓庄设乡村公共卫生实验区。因成绩显著,1929年2月,晓庄及其周围农村被定为乡村卫生模范区。

此外,晓庄师生还通过前已述及的联村运动会和联村自卫团等形式,推动农村体育活动,维持农村社会治安。1928年冬,联村自卫团发起禁烟禁赌活动。在查抄烟馆打击赌博的同时,晓庄乡村医院内又附设戒烟局,一面筹备戒烟药品,一面募集款项临时救济那些戒烟期间生活困难的瘾君子。

在脚踏实地改造社会的过程中,晓庄赢得了很高的威望。周围农村很快形成了一个以晓庄为中心、唯晓庄之马首是瞻的局面。1928年2月,陶行知主持召开了晓庄附近30余村的村长会议,4月更主持召开了有160余村村长参加的会议。1930年3月,他向江苏省民政厅正式呈请"组织试验乡,以谋村治研究之精深,并图乡村工作人才训练之切实"。申请很快获准,当局同意将江宁县北固乡"完全划作试验区,归该校指导进行"[①],初遂了陶行知前此提出的划区实验的愿望。在他手拟的1930年晓庄工作计划大纲中,

---

① 华中师范学院教育科学研究所:《陶行知全集》第二卷,湖南教育出版社1985年版,第216—218页。

社会改造的计划更是内容丰富①。只因晓庄迅即被封,这一计划未及实施。

有计划的生活被列为生活教育目标之六,是为了保证以上五项目标的切实贯彻执行。生活教育讲究实效,讲究科学规划,认为"是有计划的生活就是有计划的教育,是没有计划的生活,就是没有计划的教育"②。在晓庄,有三张生活计划表,一是当天的工作,二是本周的工作,三是本月的工作。除了学校统一规定的生活内容外,各人还自订计划,由生活部考核股随时检查落实情况。计划完成之后,各人还要把情况填在表上效果栏中,作为评定成绩的依据。在上述试验基础上,陶行知又进行整理归纳,于是1928年乃有"因时施教"的"生活历"的提出。

所谓"生活历",即是一种生活日程,也是实施生活教育的切要工具。按照学生的定期生活,加以序列安排,"组成系统,以为因时施教之依据。故生活历系有定期生活之系统,亦即有定期教育之系统"。生活历与一般学校所通用的学校历不同。学校历之出发点是学校行政,而非学生生活。它规定有关招生、开学、考试、毕业、放假诸行政事务,仅能充当办学者的备忘录。而生活历则"将学生生活分为社会的、自然的、农艺的、健康的、欣赏的五方面,再依据此五方面考订其定期事项,编为生活历,再依据生活历搜集教材,规定方法,制造工具,力谋学生生活之充分实现"。陶行知高度评价生活历的作用,称为改造传统教育的有力武器和开创未来新教育的基础,"建设生活教育最重要之引导","未来之学校,未来之教科书,未来之教学,必须建立在生活历上,始可谓为活的学校,活的教科书,活的教学"③。

从这样的认识出发,在1928年召开的全国教育会议上,他专门提出《编制小学生活历案》,要求将有关人类和全国以及各省、区、县的切要或特殊生活,

---

① 与各界广泛合作改造社会的内容有:与工程研究所和水利局等单位合作,引长江之水以灌北固乡之田;与卫生部合作,提倡开井水以裕饮水之源;与源盛布厂合作,设立织布厂;与农学院合作,以谋本乡农林之改进;与教育部合作,以谋本乡教育之普及;与省政府合作,以谋本乡村治之试验;与卫戍司令部合作,以谋本乡秩序之安全;与省农民银行合作,以谋信用合作社之发展;与市政府合作,以谋本乡交通之便利;与党部合作,提倡减租运动。见华中师范学院教育科学研究所:《陶行知全集》第二卷,湖南教育出版社1985年版,第194页。

② 华中师范学院教育科学研究所:《陶行知全集》第二卷,湖南教育出版社1985年版,第181页。

③ 华中师范学院教育科学研究所:《陶行知全集》第二卷,湖南教育出版社1985年版,第231—232页。

依照时令,编为生活历颁行。而在晓庄,他更要求全体师生拟订1930年的一年计划。晓庄各团体(从晓庄学校到各学园、剧社、《晓庄战报》等集体单位)则订有团体事业计划。师生各自拟订适合于自身各得其所地自由生长的计划。在今天,只要翻检这些计划,人们就不能不为半个多世纪前这许多生活教育的信从者们编织的教育理想所打动。也许可以说,正是这些充满理想而又经纬秩然的生活计划,构成了晓庄那张色彩绚烂的生活教育的网络。

统观以上晓庄有关生活教育理论的试验,对中国现代教育史而言,无疑是一寻觅曙光的创造性工作;对陶行知本人来说,则这一理论试验又是与他一生的教育思想关系非比寻常的一大转折,具有里程碑式的意义。

在晓庄试验中,人们不难发现"五四"新教育运动中那种充满激情和理想色彩的社会教育试验的印痕。但是,我们却认为晓庄试验仍在很多方面吸收了欧洲新教育运动和美国进步教育运动的若干创新做法。例如,晓庄的有关课程设施和有关改造社会教学做活动,很容易使人想起雷迪所创办的欧洲第一所乡村寄宿学校[①]。晓庄的校舍建筑和内在的六种生活目标所构成的和谐融洽气氛,又很容易使人想起利茨创办的乡村教育之家[②]。此外,帕克在昆西学校实验中对生物科学的极大重视[③],沃特在葛雷计划试验中对礼堂功能的强调[④],也都能使人想起晓庄的某些特色。

可以说,晓庄试验精心采撷了欧美教育革新运动中累积的许多有效做

[①] 英国教育家雷迪在其所办的阿博茨霍尔姆学校中,从提供一种全面教育的目的出发,学校课程包括五个部分:(一)体育活动和手工劳动,要求学生在进行体育锻炼同时,参加学校所设的农场、木工和金工间的劳动。(二)艺术方面的课程,要求学生学习最好的传统艺术和现代艺术,进行唱歌和戏剧表演等活动。(三)与古典主义课程不同的文学和智力方面的课程。(四)社会教育,整个学校与一个社区密切联系,要求学生在晚上或周末参加社区的社会娱乐活动或俱乐部等。(五)道德和宗教教育。

[②] 德国乡村教育之家运动的奠基者利茨,把校舍建筑在大自然环境中,师生共同治校,学生分成一个个小组进行学术、体育和艺术活动,以及参加手工劳动和实际的工作。利茨力图把智力活动与广泛的体育活动、社会教育和艺术欣赏协调地结合在一起,使学校中充满一种亲密友爱和互相信任的气氛。

[③] 美国"进步教育之父"帕克曾说过:"每个儿童热爱的自然:鸟、花和动物是他们用之不尽的好奇心和惊讶的一种源泉。我们应该把这种热爱带到教室里去。"见F.伯茨:《美国的公共教育》,1978年英文版,第202页。

[④] 沃特作为杜威的学生,他的葛雷学校试验以社会化的学校为特色,学校一般包括四个部分,一是设备齐全的体育运动场,二是教室,三是工厂与商店,四是礼堂。礼堂是学生聚会的场所,经常举行各种讲演、辩论、演戏和各种游艺活动。

法,然后加工制作,化为己用。也应该认为,在改革教育以适应民主主义和社会发展的根本问题上,在坚持以人的合理发展为中心的教育目标上,晓庄试验同西方的教育改革仍然保持许多相同之处。但是,生活教育理论扬弃杜威教育思想的事实,又清楚表明一种相对独立完整的教育理论体系业已初步形成。它已不是杜威教育思想的附庸,而是自立门户自有主张,在诸多原则问题上与乃师相颉颃抗衡。在教育的认识论方面,他强调"行是知之始"和"在劳力上劳心",把乃师知行并重的看法一变而为"行—知—行",完成了认识路线上的一大改造。在教育的目的论方面,他强调培养适合社会需要的新人,订有具体的价值指标和发展趋向,修正了乃师"教育即生长"、"教育即生活"的含糊说法。在课程论和方法论方面,他以大胆的创新破除传统的课程设置和教学方法,以"教学做合一"打通了生活、课程、教材、作业、教师和学生诸方面的割裂状态,发展并丰富了乃师"在做中学"的理论以及循此而生的"设计教学法"等。

生活教育理论同以杜威为代表的西方现代教育思想既有联系又有区别的事实,又很容易使人想起19世纪末以来世界教育潮流的发展变迁历程。杜威以自己的"进步教育"取代了以赫尔巴特为代表的传统教育,用实用主义的经验论打通了教育与生活、学校与社会的隔绝,冲击了"三中心"(教师、书本、课堂)的陈旧模式,无疑是教育上的一大进步。但杜威仍难逃脱人类思想文化史上的通例:当一种学说和理论进入它的成熟期后,它就必定会激发或孕育出修正或批判自身的新学说和新理论。如果说,从二三十年代开始,在西方兴起的要素主义、永恒主义、新托马斯主义,在苏联兴起的凯洛夫教育学说,它们大多以兼收并蓄杜威和赫尔巴特学说的优长合理之处为特色,因而人们常称其为新的传统教育流派。那么,陶行知对杜威的扬弃并不求助于传统教育,不取调和乃至回归的形式,而是自出机杼,自辟蹊径,成为自杜威以后的世界教育大潮分流中的独异一支。

生活教育理论从杜威实用主义教育流派中脱颖而出分道扬镳,就使它同马克思主义的教育学说取得了诸多接近之处。其中最重要的是,在作为教育工作的出发点和归宿的培养目标问题上,生活教育理论已与马克思主义所说的关于人的全面发展的学说十分接近。

教育的对象是人。人作为一个实体与价值的统一体,就使得教育具有二位一体的不可分割的任务。从人作为一个社会实体来说,则要求体、智、德的全面发展；从人作为一个价值存在来说，又要求真、善、美的和谐人格。人的社会价值离不开社会的存在和社会的需要。教育过程就是提高人的价值过程。一个全面发展的新人，才是一个有很高社会价值的人。马克思主义认为，一个全面发展的人的基本特征是体力劳动和脑力劳动相结合，或者说是智力和体力充分而自由的发展。而实现这一全面发展的唯一途径便是教育与生产劳动相结合。生活教育理论坚持通过手脑并用、教学做合一等途径培养一代新型的乡村教师，晓庄的六项培养目标确也十分接近一名全面发展的新人的要求。可以说，在旧中国众多的教育理论中，生活教育的培养目标同马克思主义关于人的全面发展的学说最靠拢。恐怕也因为此，在毛泽东确定的教育思想中，无论是强调"教育与生产劳动相结合"，培养德、智、体全面发展的劳动者，还是倡导"学校是工厂，工厂也是学校，农业合作社也是学校"[1]，鼓吹青年学生到农村这一广阔天地去锻炼红心，走学农、学工、学军的"五七道路"，在毛泽东为一代中国青年指明的培养目标和铺设的教育之途上，人们不难找到同陶行知生活教育理论的若干交会接应之点。

不过，对于在晓庄试验的这一套生活教育理论及方法，陶行知并不自满自足，自封为是普遍通用的公理公法。他清醒地认识到，"中国地方广阔，民情各异，必须多立试验中心，以资研究，方能推行无弊。若以一种方法施之全国，便难免削足适履之讥"[2]。因此，他不以晓庄为唯一不二的试验中心，主张一省至少应有一试验中心，大一点的情况复杂的省，如四川要真正适应川东、川西、川南、川北的需要，安徽要适应皖南、皖北的需要，浙江要适应浙东、浙西的需要，江苏要适应苏南、苏北的需要，就都必须分别设立试验中心，方能无违于各地实际生活，生活教育理论方能推行无弊。对生活教育理论初步试验取得的成绩采取相当冷静客观的态度，就为这一理论在今后生发许多新的生长点提供了必要的条件。

晓庄精神与晓庄影响

陶行知除因晓庄试验而引起教育界普遍重视外，还以其卓异的办学精

---

[1] 毛泽东：《毛泽东同志论教育工作》，人民教育出版社1958年版，第45页。
[2] 华中师范学院教育科学研究所：《陶行知全集》第五卷，湖南教育出版社1985年版，第215页。

神赢得人们的广泛称扬。

博爱精神是晓庄办学的基本精神之一。

博爱主义是人类文明史上一个古老而又年轻的永恒主题。它通常主张无差别的爱,把利他主义作为最高价值准则,把无竞争的、绝对平等的大同世界作为最高理想境界。但陶行知在晓庄时期的博爱精神,却已有别于上述那种抽象而又空泛的博爱主义了。

博爱思想曾是陶行知青年时代所奠的人生基石。在创办晓庄过程中,他更倾注了自己的全部爱心。可以说,正是这种博大深厚的爱,成为推动晓庄在艰难困苦中不断发展前进的精神力量。

作为一名留学生,作为一位知名人士,陶行知如此毅然决然地"抛闪"了荣华富贵,一头扎到乡下办学,显然不是那种出于冲动性的感情行为或"体验生活"式的功利目的,而是一种人生有所悟彻之后的选择,一种情感升华之后的超越。少年时期的贫困生活和青年时期的民主理想,使陶行知始终把感情的指针偏向下层社会。所以,他从不像一般的留学生或上层知识者那样,站在庙堂高处用悲天悯人的眼光去看待社会下层,而是真正立志走进底层,亲自动手去探求解决问题的办法。在这里,不妨引用他说过的一段话作为印证:"我本来无产阶级出身,后来出洋回来渐渐变成了中产阶级中人。现在却由中产阶级渐渐地流落到无产阶级了。所以我对于中产阶级与无产阶级的情形都知道一点。我有一种信仰和决心:要从中产阶级不爬上去,而要爬下来。"①而"无产阶级"又往往只会用手、不会用脑,他正是从"无产阶级"往往只会用手、不会用脑的事实,痛切地认识到,只有普及手脑相长的教育,才能使陷在贫困深渊中的"无产阶级"都接受良好的教育,才能实现强国富民的理想。于是他放弃了每月500元高薪的优裕的中产阶级生活,主动来干月薪只有100元,且连一名听差和斋夫(校工)都没有的穷校长。

在晓庄成立3周年之际,他进一步坦陈了这一博大深厚的爱国爱民的炽热心怀:"晓庄是从爱里产生出来的。没有爱就没有晓庄。因为他爱人类,所以他爱人类中最多数而最不幸之中华民族;因为他爱中华民族,所以他爱中华民族中最多数而最不幸之农人。他爱农人只是从农人出发,从最

---

① 华中师范学院教育科学研究所:《陶行知全集》第二卷,湖南教育出版社1985年版,第604页。

多数最不幸的出发,他的目光,没有一刻不注意到中华民族和人类全体。"因此,他很自然地把晓庄3年来的奋斗史,称为"这颗爱心要求实现之历史"。千方百计找路线,寻方法,造工具,是这一爱心的流露和实现。而在遇到阻力之时,与内外各种阻碍如土豪劣绅、外力压迫、传统教育、农民的封建思想以及自己带来的伪知识进行奋斗,同样也是这一爱心的流露和实现。爱心的流露是晓庄生生不已的生命力之所在。"晓庄没有爱便不能奋斗,不能破坏,不能建设,不能创造。个人没有爱,便没有意义,即使在晓庄,也不见得有贡献。所以晓庄和各个同志的总贡献——破坏与创造——如果有的话,都是从爱里流露出来的。"①

必须指出,陶行知的博爱思想是建立在平等基础上的。他一秉早年《共和精义》中有关平等的观点,进而欣赏孙中山晚年在《民权主义》中所阐述的有关平等问题的说法。孙中山认为,人类天生不平等,到了人类专制制度发达以后,不平等的情况就更严重。在推倒专制帝王后,民众往往深信人类天生平等之说,很容易流于平头的平等。实际上,由于各人立脚点高低不同,因此这种硬压的平头的平等只能是假平等。只有在各人政治上立足点都平等,然后任由各人天赋的聪明才力去造就不同的结果,这才是真平等②。陶行知称孙中山上述有关不平等、假平等和真平等的论析"有很大贡献"③。因此在《锄头舞歌》中专写一节歌词肯定孙中山以平等精神唤醒农民("锄头")革命,后来更用孙中山之意,以"在立足点上求平等"之句撰成联语。晓庄试验始终把建立在这种平等观念上的共同生活作为立校原则。在共同生活中,"大家由相亲而达到相知相爱,自然可以造成和乐的境界"④。师生中有人把他称为学校的指南针,他坚辞此称,恳切声明"我只是你们当中的一个同志,最多不过是一个年长的同志"⑤。

---

① 华中师范学院教育科学研究所:《陶行知全集》第二卷,湖南教育出版社1985年版,第207—208页。

② 孙中山:《孙中山选集》,人民出版社1981年版,第725—727页。

③ 华中师范学院教育科学研究所:《陶行知全集》第二卷,湖南教育出版社1985年版,第22页。

④ 华中师范学院教育科学研究所:《陶行知全集》第二卷,湖南教育出版社1985年版,第59页。

⑤ 华中师范学院教育科学研究所:《陶行知全集》第五卷,湖南教育出版社1985年版,第180页。

基于这种既深又广的爱,陶行知全神贯注、全力以赴于晓庄的事业。爱化作巨大的动力,赋予他充沛的精力。只要浏览一下他所拟订的1930年晓庄工作计划大纲,人们就不能不赞叹他的实干开拓精神。该大纲洋洋大端分为9个方面,包括学校组织、方法改进、扩充建筑设备、增聘人员、工具制造、编辑书刊、离校同学之进修、改进社会和筹集款项等。以扩充建筑设备一项而言,其中即包括完成各学园之建设,完成生物馆、卫生馆、艺术馆、农艺馆之陈列,新建理化馆、小剧场及电影院,扩充图书馆并将教育图书另辟成教育图书馆,修建校内道路,以及开辟中心农场等具体内容。以编辑书刊一项而言,即计划出版晓庄乡村师范用书10种,晓庄乡村幼稚园和乡村初级中学用书各5种,晓庄乡村小学和民众用书各20种,《乡村教师》周刊出48期并推广到2万份,《乡村教育研究》丛刊出3种,《晓庄剧社》丛刊出20种,此外还要出《晓庄概况》[①]。除此之外,他还自定下列任务:进行中华教育改进社及乡村教育同志会之会务,赞助义务教育方案和成人补习教育方案之实现,编定《知行诗歌集》《知行白话文集》和《知行演讲集》,著成《农人传》和《大同之路》,译书30万字,看书1400万字,偕同晓庄剧社赴全国巡回演出,种园1分,学骑马,学烧菜4样,书写《锄头舞歌》100幅以赠各地乡村师范或乡村小学,研究面包问题和恋爱问题,研究如何引导农业文明过渡到工业文明及大同之治,研究生活教育理论如何彻底实现,等等[②]。

尽管上述计划因学校被封而未能全部落实,但人们不难从紧张而又丰富的生活节律中,从拼命的干劲和超人的效率中,看到一颗无私奉献的爱心。

自由精神是晓庄办学的基本精神之二。

如果说,在平等观念上,陶行知信从孙中山所说,那么,在自由观念上,他却坚持独立思考。孙中山强调国家的自由和团体的自由,在国民革命成功之后,"个人不可太过自由,国家要得完全自由。到了国家能够行动自由,中国便是强盛的国家。要这样做去,便要大家牺牲自由"[③]。对此说

[①] 华中师范学院教育科学研究所:《陶行知全集》第二卷,湖南教育出版社1985年版,第192—193页。

[②] 华中师范学院教育科学研究所:《陶行知全集》第二卷,湖南教育出版社1985年版,第190页。

[③] 孙中山:《孙中山选集》,人民出版社1981年版,第722—723页。

法，他颇为不满，认为孙中山解释自由没有解释平等那样清楚。他不同意革命成功之后个人必须牺牲自由的观点，恰恰相反，为了革命的深入发展，应该充分容许个人尽自己的力量自由成长。在这里，他鲜明地表达了尊重个人自由和尊重个性发展的基本观点。同时，他又强调人为的主观努力是争得自由的保证。"个人能否得到出头的自由，是在乎个人之反抗与努力；国家能否得到出头的自由，那就非靠民众之努力与奋斗不可了。"①他那与"在立脚点谋平等"相对的著名下联"于出头处求自由"，就是以如上认识为根据的。这样，对绝对平等的否定和对个体自由竞争的肯定，命题一正一负，合起来完整表达了他的人权观念，即在承认人的先天权利的绝对平等和先天能力的绝对差异的前提下，主张每个人天生具有自我保存、自我发展和自我实现的平等权利，同时又主张通过自由竞争来决定和确立每个人的社会地位。由这样的观念出发办学，晓庄弥漫一种浓郁的自由精神也就不足为怪了。

晓庄充满一种"试验自由"的空气。创办晓庄本来就是一项教育试验工程，因此，试验自由被称为立校的"础石"。在晓庄，"大部分的生活都是供大家自由的选择"。陶行知立意要把学校建设成为"自由之园"。所以，各学园成立在充分自由的基础之上，园长与园丁彼此可以双向选择，自由组合，绝不勉强，以期"格外合乎自由的意义"。学校虽然希望师生对于集体共同的志愿和计划要有所贡献，但仍然保证师生以个人的志愿为志愿，以个人的计划为计划，以个人的贡献为贡献。他向全体师生公开宣称，个人的计划及其实现，"都是个人的自由"。个人自由是理想社会的标志。"在理想的社会里，凡是人的问题都可以自由地想，自由地谈，自由地试验。"晓庄虽未达到此种境界，却愿意朝此方向努力。因为这种自由试验"含蓄着进步的泉源"，"蕴藏着人生的乐趣"②。正是基于这样的认识，他深愿把晓庄的教育试验推扩为范围更大的社会试验。前述那个呈请政府当局"划出地方数处，俾抱有改造社会理想之学者"自由试验的议案，并非凭空而来突然而生，它恰是晓庄自由试验思想的表露。

---

① 华中师范学院教育科学研究所：《陶行知全集》第二卷，湖南教育出版社1985年版，第24页。

② 华中师范学院教育科学研究所：《陶行知全集》第二卷，湖南教育出版社1985年版，第213—214页。

晓庄还充满着对个性的充分尊重。陶行知喜欢把晓庄比作一个花园。"晓庄不是别的,只是一个'人园',和花园有相类的意义。"花园之美在于万紫千红,各有其美。花园的伟观是由各形各色大不相同的众多花草构成的。园丁的责任便在于将这些各不相同的花草分别栽种,使之各得其所,及时发荣滋长,呈现出一种和谐的气象和生命的节奏。他希望晓庄也能成为一个使人各得其所的环境,使人的个性充分自由发展,从而"现出各人本来之美,以构成晓庄之美"。他反对抹杀个性,用一个统一的模式培养人才,认为如果硬要用一个"人中模范"去规范他人,无疑是教桃花、榴花拜荷花做模范和榜样[①]。但是,对个性自由发展的尊重,陶行知最终又归结到人最可贵的创造能力的充分发挥上来。他强调,晓庄师生离校之后,如果只会照样画葫芦,只会办一个像晓庄一样的学校,那便算本领没有学到家,便算在晓庄学习的失败。事理至明,世上决无两个完全相同的环境,又岂能照搬照抄晓庄的办法?个性发展而终于缺乏创造能力,便非成功的发展。

晓庄对青年学生的浪漫情调常取理解和宽容态度。每当月上柳梢或晨光熹微之时,结成情侣的男女学生常常出没在山坡树林间。对此,守旧的当地农民和卫道的教育当局都很不以为然。陶行知却从乡村教育事业的需要出发,全力维护学生的恋爱自由权利。1924年他写过一首《村魂歌》,提倡男女学生恋爱结婚后,同去乡村任教。这首歌由赵元任谱曲,广为传唱[②]。可以说,鼓励青年男女学生合铸新村魂以改造旧乡村,正是陶行知没有列入乡村教育信条的信条。因此,他一面告诫学生,自由恋爱是对的,只是不能妨碍自己的学习和整个学校的工作,尤其要注意当地农村还是一个封建环境,一面则以亦谐亦庄亦嘲亦讽的态度答复教育当局的质询:所谓男女学生合骑一匹驴的浪漫事情确与晓庄校誉有关,但他们骑在驴背上,上见得天,下见得地,中间还可以见人,比起那些大人先生在汽车里偷偷摸摸,上见不得天,下见不得地,中间见不得人

---

① 华中师范学院教育科学研究所:《陶行知全集》第二卷,湖南教育出版社1985年版,第213—214页。

② 歌词为:"男学生,女学生,结了婚,做先生。那儿做先生?东村或西村。同去改旧村,同去造新村。旧村魂,新村魂,一对夫妻一个魂。"见华中师范学院教育科学研究所:《陶行知全集》第四卷,湖南教育出版社1985年版,第34—35页。

要好多了①。

在晓庄,在紧张繁重的工作同时,陶行知依然保留了自由洒脱的个性。有人问他:什么是艺术?他径直回答:能自慰慰人的,就是艺术。他怀着田园诗人式的质朴与潇洒,在校内盖了一座茅屋以供家居。茅屋的周围是山林、田场和自种的菜圃,风景非常美丽幽雅。他在屋旁植了五株垂柳,取名五柳村,并以当代的"五柳先生"自居,宣言种柳只为借柳手,"要招诗人与酒友"②。应该说,追求冲澹宁远的乡居情调与奔走乡村教育运动在本质上是相通的。而宽容大度自由洒脱又最能使身边的学生产生一种如沐春风的感受。所以,难怪一位对他知之甚深的学生把他称为一位"怀着雄心的田园诗人"和"美国派的自由主义者":"富有风趣和诗意的陶氏,实际上是美国派的自由主义者,什么时候你和他在一起都不会感到拘束,任何事情,你爱干就干,他不会勉强你。那时候,他对组织和纪律的态度是可有可无,认为最好不妨碍个人自由。"③兼容中西文化中的自由因子,这就是陶行知自由精神的一大特征。

当然,晓庄的自由精神又必须受到纪律的约束。学校规定"团体行动有一致遵守的纪律"。但制定这些纪律,"无非也是为了增进团体生活的幸福,防止个人自由之冲突"④。归根到底,制定纪律还是为了保障自由。

超然的党派政治态度是晓庄办学的基本精神之三。

在晓庄,当时国内影响最大的三大政治派别国民党、共产党和国家主义派都相当活跃,彼此各不相下,或明或暗的斗争有时很激烈。对此,陶行知采取了超然而不介入的态度。

对于孙中山及其三民主义,陶行知十分敬仰。他确信当今只有三民主义及其真正的信徒,才能生发力量救得中国。但他却对已经执掌政权的国民党始终保持一定的距离。蔡元培同他的关系非比一般,但当蔡敦

---

① 戴伯韬:《陶行知的生平及其学说》,人民教育出版社1982年版,第34页。
② 华中师范学院教育科学研究所:《陶行知全集》第四卷,湖南教育出版社1985年版,第131页。
③ 戴伯韬:《陶行知的生平及其学说》,人民教育出版社1982年版,第30页。
④ 华中师范学院教育科学研究所:《陶行知全集》第二卷,湖南教育出版社1985年版,第213页。

劝他参加国民党时,他却断然婉言谢绝了。"我过去没有参加,现在来参加,不显然是投机吗?"①蒋梦麟与他同为杜威高足,双方往来素密②,但陶行知每逢争执,却从不对这位党国要员假以辞色。蒋曾劝他把艺术的生活和改造社会的生活从晓庄试验中除去,以避免政治上和社会舆论上的"伤风"和"咳嗽"之麻烦,他却以五官齐备才像一个完人为答,坚决拒绝为避免"伤风"、"咳嗽"而"割鼻"、"封嘴",以可悲的自残求可怜的自保③。对于自己身在国民党政府治下办教育,而偏能采取一种超然于现行执政党之外的态度,他显然引以为豪。所以,当克伯屈1929年10月访问晓庄时告诉他,夏弗斯基在苏联搞教育试验,却没有参加执政的共产党。他当即高兴地对克伯屈说:"这一点倒又和我相合,我在国民党政府之下办教育,而我也不是一个国民党党员。"④尽管如此,在办学过程中,他仍与当局保持一定联系。上述与有关各部、省市政府等的合作计划便是证明。至于在校内,国民党区分部的招牌公开挂在冯玉祥留置不用的住宅——冯村内。对国民党员个人如赵叔愚,他更不因党派关系而影响私谊。

国家主义派在20世纪20年代相当活跃,尤其在高等学校和留学生中赞成者颇不乏人。时人甚至认为,它在中国已与三民主义和共产主义"鼎足而峙"⑤。在教育领域,国家主义更因其振奋国民精神和谋求国家独立统一的理论宣传而颇有市场。著名国家主义者余家菊和李璜合作之《国家主义与教育》一书在当年曾风行一时。陶行知早年对普鲁士国家主义教育的崛起也颇有好感,因此,国家主义派在晓庄不但不受到歧视,它的两名成员杨效春和张宗麟还是陶行知最为信任和重用的助手。尤其是杨效春,办事干练,能力不凡。晓庄创办之际,赵叔愚极力推荐,以得此人"胜得黄金

---

① 操震球:《和陶行知先生在一起的日子里》,《行知研究》1981年第3期。

② 1928年6月,他为家乡匪患事曾请蒋转呈当局设法平定,一个月后,盛传蒋将出任教育部部长时,又有陶将任次长以相助之风说。见中国社会科学院近代史研究所:《胡适来往书信选》(上),中华书局1979年版,第482、487页。

③ 华中师范学院教育科学研究所:《陶行知全集》第二卷,湖南教育出版社1985年版,第701页。

④ 华中师范学院教育科学研究所:《陶行知全集》第二卷,湖南教育出版社1985年版,第183页。

⑤ 吴文藻:《民族与国家》,《留美学生季报》1927年1月第十一卷第3号。

百万"①,促请陶行知聘其来校。杨到校后,果然不负所望,在担任生活指导部主任和社会学科指导员的岗位上十分活跃,影响很大,实际掌管学校教务和训育工作,成为晓庄的第二把手。陶对他器重异常。杨后于1929年初离开晓庄前往邹平、梁漱溟处协助乡村建设试验,陶仍对这位全力襄办晓庄的同志终生怀有好感②。即此可见,晓庄办学始终没有禁锢在党派之见的狭隘圈子里。

晓庄的中共地下党组织是在1928年夏建立的。1928年春季招收的晓庄第三期学生中有十几名江浙一带被缉捕的共产党员和共青团员。他们慕陶行知自由办学之名,辗转来校。同年夏季,在晓庄建立了党团支部,由刘、石相继担任书记。其后一年多时间里,又先后由北平、湖南、福建、河南等地转来数名党员,并在晓庄同学中发展了一些新的党团员,从而使得晓庄支部成为南京比较活跃的中共地下组织之一③,同时也成为校内最有实力的政治组织。在当初,陶行知虽然并不知道校内有中共地下组织,但这些地下党员以进步面目出现所搞的一些活动,他都是知道的。"有些事他是公开支持我们的。像联村自卫团是他出面搞的,他自己也参加进来了。有些行动他本人虽然没有参加,但也不反对,有时还说句话来支持我们。"④1929年5月,中共地下党员马纯仁因搞地下活动被南京公安局逮捕,并移交江苏高等法院。他专门派人前往探监,并致函法院负责担保,使该生不久即被释出狱。

陶行知对各党派的超然态度,还表现在无所偏倚和不加干涉这两方

---

① 华中师范学院教育科学研究所:《陶行知全集》第五卷,湖南教育出版社1985年版,第157、192—194页。1927年10月,杨因母病突然离校,似有不归之意。陶得讯后,立致一情词恳切之信,将其去留提高到"危及学校精神"的高度,要杨继续返校工作。半月后写信续催,并附《催效春先生回校歌》一首。同时又嘱赵叔愚积极设法挽留,称杨是一难得的人才,"本校不可一日无,须全校用力始能挽留回来"。

② 抗战初,杨在安徽被桂系所冤杀。陶时在海外,得讯后"至为悲恸"。1939年在重庆,他与梁漱溟一起为之洗雪沉冤,并以"完成效春未竟之志"勉励杨弟。见华中师范学院教育科学研究所:《陶行知全集》第五卷,湖南教育出版社1985年版,第447—448页。

③ 据刘季平:《1928年至1930年南京地下工作片断回忆》中称,刘季平、石俊、马晓天、汤藻、马名驹从江苏如皋师范转来,叶刚、徐明清、郭凤韶等由浙江台州地区各校转来。见《党史资料丛刊》1984年第4辑。

④ 江苏省委党校:《南京晓庄师范学校党史》,朱泽甫:《陶行知年谱》,安徽教育出版社1985年版,第140页。

面。在教师中,他信用人才不分党派。在学生中,他欣赏的高足弟子也来自各党各派,无所偏倚。方与严、程本海、王琳等是国民党员,王洞若、戴伯韬则信奉国家主义①,是杨效春从镇江中学带来晓庄的,刘季平、叶刚则是共产党员。所以戴伯韬称他,"对这些党派一视同仁,不偏不倚",他认为"只要是诚心来为农民服务,我们应该宽宏大量,常以'无所不包'引以为荣"②。当年孔子以"有教无类"著称,千载之后的陶子以"有教无派"相应,在中国教育史上,这两个口号都是值得后人留存纪念的。

晓庄是一个自由的小天地,同其他许多学校里的政治气氛完全不同。陶行知对师生中的政治思想,从不横加干涉。对师生中一些不满国民党统治的言行表现,他"常取放任的态度,或作幽默的解释"。即使校内党派斗争趋向公开,如中共争取其他力量,利用壁报、座谈会等方式批驳国家主义派的理论并联系到杨效春的一些言行并最终迫杨辞职离校,对此他始终采取不加干涉的态度③。与此同时,他坚持一个基本的原则立场。有一次在与几名中共学生谈话时,他指出,"你们各方面的政治主张我不干涉,看你们谁说得有道理,你们可以自由竞争"。但再三告诫,"不能害人,你们可以争论,可以讲道理,不能吵,不能告密"④。读此,一位立心宽厚良善循循诲人的教育家的音容笑貌宛在眼前。

陶行知对党派政治的超然态度是建立在他对从政问题的基本信念之上的。在他看来,从政者的基本素质是至关重要的,上者可为政治家,下者沦为政客。在一次晨会上,他专就两者的区分加以剖释,对部分热衷政治的学生进行忠告:"政治家的存心,只是一个'诚'字,一伪就变为政客了。政治家的动机是为公众谋幸福的,有所私就变成政客了。政治家的进退以是非为依据,若随利害转移,就变为政客了。政治家的目光注射在久远,若贪近功,就变为政客了。政治家为目的而择手段,政客只管达他的目的而不择手段。政治家是'富贵不能淫,贫贱不能移,威武不能屈';政客就不然,他的主张,随富贵而变,随贫贱而变,随威武而变。孔子说:'政者正

---

① 方与严、王洞若、戴伯韬和张宗麟后来在30年代先后都参加了共产党。
② 戴伯韬:《陶行知的生平及其学说》,人民教育出版社1982年版,第30—31页。
③ 刘季平:《1928年至1930年南京地下工作片断回忆》,《党史资料丛刊》1984年第4辑。
④ 中央教育科学研究所:《陶行知年谱稿》,教育科学出版社1982年版,第39页。

也.'政治家以'正'为家;政客是'正'之客,自外于正的人。政客只怕天下不乱,政治家一心只求天下之治平。"①上述比较虽然依稀还存留着对"好人"政治家的若干希望和对"伪君子"的鄙弃,但褒贬取舍如此鲜明,无非是为了向那些涉世未深的青年学生说明:在党派政治中,固然会涌现若干出色的政治家,却必定同时会孳生不少政客党棍。因此,有心从政者,立志不可不谨慎,无意从政者,处世不可不超然。

陶行知以博爱、自由和超然政治的精神办学,在晓庄开辟了一块兼容并包、自由竞争的教育园地。可以毫不夸张地说,它无疑是继承并发展了"五四"时期北京大学发扬蹈厉的优良传统的最有代表性的学校。晓庄精神保证并促进了晓庄试验,而晓庄试验又反过来印证并加强了晓庄精神。它们互为因果,相与补辅,从而使晓庄影响度覆盖大江南北,赢得了国内外的广泛赞扬。

晓庄树起教育革命的大旗后,很快吸引了一批志同道合者。乡村教育同志会创办半年,已发展会员 1000 人,会刊《乡教丛讯》销数达 2000 份。国内参观访问者络绎于途②。国内名流要人也纷纷慕名而来,除前已述及之蔡元培、杨杏佛、吴稚晖外,还有教育界名流蒋梦麟、高鲁、沈定一,军政部长冯玉祥。最引人注目的是,国民党军政主席蒋介石偕宋美龄于 1928 年下半年两度来到晓庄。

为了满足参观访问者的学习需要,同时也为了寻求扩大晓庄试验的有效途径,陶行知又创造了"艺友制师范教育"的新形式,即用朋友之道教人学做教师③。1928 年初,晓庄与南京市立实验小学、鼓楼幼稚园等五校联合招收艺友,消息在《申报》及《民国日报》等报刊出,中华职教社很快予以

---

① 华中师范学院教育科学研究所:《陶行知全集》第二卷,湖南教育出版社 1985 年版,第 39 页。

② 以下是我们随手记下的一份十分简略的参观来访者名单:1927 年 6 月底,厦门大学参观团来访;8 月中旬,南京市教育局局长及各校长来校参观;1928 年初,江苏宝山县立师范校长率学生 40 余人来校参观学习共同生活多日;1 月下旬,四川有数人来校参观;5 月,在南京参加全国教育会议的代表来校;1929 年初,贵州老教育家黄齐生到晓庄做"参观生",留居考察;同年,时任广东第一中学校长的梁漱溟前来参观,返粤后向本校学生详尽介绍在晓庄的见闻感受。

③ 晓庄艺友制规定:凡大学四年级以上程度或现任中学教师,经考试可为师范部艺友;凡中学毕业程度或现任小学教师,可报考小学部艺友。晓庄及有关中心小学和中心幼稚园都设有铺位,供艺友来校作较长时期的研究。

积极响应,拟筹艺友贷金以为推广,更使艺友制突破了师范教育的范围。

在晓庄试验的影响下,安徽、福建、广东、江西、山东、河南、江苏、浙江等省,在1927年后增设了许多乡村师范。在筹设过程中,他们或则响应仿办,或则求教求援。陶总是对之伸出援手①。而在热诚帮助过程中,又无形扩大了晓庄试验的影响。

学校名闻遐迩,学生广受欢迎。据当事者回忆,"每到寒暑假,全国各省、市、县的教育单位,邀请晓庄同学前去服务的函电,好似雪片纷纷飞来。只见事来找人,没有人去找事"。他们有的去担任乡师校长,有的去做教育局长,更多的人去担任各县、市增设的中心小学的教师、校长,或从事乡村教育的辅导研究工作②。据统计,先后百余名晓庄学生,除分布邻近的江、浙、皖、赣诸省外,还有深入豫、鲁、冀、甘、川、黔、闽等地的。确如陶行知后来在晓庄被封闭时所说,晓庄的"种子已遍撒全社会,在人所不到的地方,已经有了晓庄的生命"③。

晓庄试验还直接影响到全国教育行政领域,促使教育行政当局对于乡村师范之推广与改进比较注意,比较尽力。作为全国教育行政当局的大学院在1928年5月召开的第一次全国教育会议上,次第通过《提倡乡村教育设立乡村师范案》《请大学院明令各省注意训练乡村教育师资案》等议案。同年8月,大学院公布全国教育会议议决乡村师范学校制度及办法。在次年4月政府所公布的中华民国教育宗旨中,明确指出"师范教育……使其独立设置并尽量发展乡村师范教育"。1930年4月第二次全国教育会议议决全国教育方案,其第三章"各级师资训练机关"规定了初、中、高三级乡村师范。同时教育部通令各省、市教育厅局,从1931年度起,各县立中学

---

① 1927年底,四川铜梁县立农村师范根据晓庄办法,在小学内附设师范讲习所,要陶代聘一名指导员前往襄办。同年,陶又受邀为杭州市教育局创办西湖中心小学拟订计划书。次年,又受托创办浙江省立乡村师范,他派操震球、程本海和王琳前往具体负责有关建校事宜。这所后来以湘湖师范闻名的学校,实际上是晓庄的姐妹学校。1929年春,安徽旅淮同乡会请他帮助办校,他又派出三名学生前往,很快在淮安创办了一所后在抗战时期名噪一时的新安小学。

② 陈宏韬:《忆晓庄,念陶师》,安徽省陶行知教育思想研究会:《陶行知一生》,湖南教育出版社1984年版,第167页。

③ 华中师范学院教育科学研究所:《陶行知全集》第二卷,湖南教育出版社1985年版,第221页。

应逐渐改组为职业学校或乡村师范学校。当年的研究者就确认,教育行政当局在推行乡村师范教育方面采取如此比较积极的态度,造成如上的形势,"一部分由于晓庄师范的努力所引起,也可说是公认的事实"①。

晓庄试验的影响还波及教育界外。有材料表明,"甚至军人政客亦互相告语,盛称晓庄师范,如某军人在中央大学说'教学做是新发明的最好教育法',又四川某军人翻印《中国教育改造》数千部,分送其防区内各教育机关"②。冯玉祥在参观晓庄后,十分欣赏师生自己动手做饭的办法,马上打电报给所辖第二集团军总司令部,命令官兵一律自己做饭,不用伙夫。这一来每月可省好多万元的军费,而于部队战斗力并无损失③。

与此同时,晓庄在国际教育界的影响也逐渐扩大。

为了迎接不久将于加拿大召开的世界教育会议,1927年9月,陶行知为中国代表起草撰写了赴会专题报告《中国乡村教育运动之一斑》。报告着重介绍了以晓庄为代表的乡村师范学校和中心小学、中心幼稚园的试验工作,首次把晓庄教育试验展示给国际教育界。不久,有两名国际自由平等同盟会特派来华的代表来校参观。她们非常赞赏晓庄试验,认为晓庄的"宗旨和办法,实在很适合现代潮流","将为新中国创造一种新的教育制度出来"④。晓庄创办不过一年左右,日本教育界"已在注意晓庄学校的理想和办法,文字方面如《支那之理想学校》等,已有几篇发表"⑤。

不过,在揄扬晓庄方面最有力者还推哥伦比亚大学的克伯屈教授。1929年10月中旬,在亲临参观之后,他高度评价晓庄"依照实际生活的方法来实现生活的教育",自称多年来一直在到处寻找这一种试验学校,现在在晓庄找到了:"他的实施的方针和办法,以及发动的理想,进步的过程,都

---

① 金海观:《论吾国的乡村师范》,《湘湖生活》第二卷第1期。

② 金海观:《论吾国的乡村师范》,《湘湖生活》第二卷第1期。引自《为中国教育寻觅曙光》(上册),辽宁教育出版社1989年版,第452页。《中国教育改造》为陶行知自编教育文集,上海亚东图书馆1928年出版。

③ 华中师范学院教育科学研究所:《陶行知全集》第二卷,湖南教育出版社1985年版,第167页。

④ 程本海:《在晓庄》,陶行知:《为中国教育寻觅曙光》(上册),辽宁教育出版社1989年版,第224页。

⑤ 华中师范学院教育科学研究所:《陶行知全集》第二卷,湖南教育出版社1985年版,第126页。

合乎我的标准。这也可以代表中国整个民族的精神。"他预言晓庄"作为教育革命的策源地",必将在历史上留下自己的地位,"过了一百年以后,大家要回过头来,纪念晓庄!欣赏晓庄!"他还自告奋勇表示,今后"无论到什么地方,都要宣传在中国的晓庄有一个试验学校,把这里的理想和设施,宣传出去,使全世界的人知道"①。为此,此行他在晓庄拍了不少活动影片,把师生的学习和生活——摄入镜头。他还把《锄头舞歌》的中英文歌词也带回美国,这首歌后来由美国著名低音歌王、黑人歌唱家罗伯逊演唱并灌制成唱片,进一步扩大了晓庄在国际上的影响。

应该指出,克伯屈对晓庄不遗余力地揄扬,绝不仅仅是囿于师生私谊而有所偏倚,它实在是建立在对世界教育发展趋势的宏观了解基础上的。杜威教育思想在20年代后半期由盛而衰,逐渐被各种新的教育流派批评、修正的事实,使他对陶行知青出于蓝而胜于蓝,变化乃师成法,"依照实际生活的方法来实现生活的教育",分外感到亲切,容易怀着一种亦惊亦喜的心理来迎受它,表扬它。

晓庄风动四海,陶行知也随之名重一时。有人誉他为"中国之杜威",而晓庄则是"中国的明日之学校",有人赞他为"乡村教育运动的总司令",更有崇拜者给他的教育主张加上了"陶知行主义"的称号,各种荣誉也踵随而来。第一次全国教育会议上,他被聘为会议分组审查委员会普通教育组委员和初等及中等学校教学组提案预备委员会委员,会后又被教育部聘为教育方案编制委员会常委,并担任该委员会的义务教育组主任、师范教育组委员。随后他又受教育部委托草拟一个20年内完成普及教育的计划。在官方授予荣誉的同时,金陵大学于1928年夏第二次敦聘陶行知为校长,他再度婉辞母校的盛意。不过,1929年12月上海圣约翰大学特颁理学博士的荣誉学位,他却接受了。从此,在正规的社交或外事场合,人们往往在他的名字上添上博士的称衔。

晓庄学校的夭殇

正当晓庄以蓬蓬勃勃的生命力向国内外展示自身的价值时,1930年

---

① 克伯屈:《我对晓庄之感想》,《陶行知研究》,湖南教育出版社1986年版,第449—451页。

4月12日,它突然被南京卫戍司令部查封,从而结束了刚刚3年出头的教育试验。晓庄横被摧折,可谓为中国教育界的无服之殇。

晓庄被封,为事出有因,且是积渐而来。

自由主义与文化专制主义不共两立。在文化专制主义盛行之处,自由主义决无苟全幸免的可能。国民党掌握政权后,全力谋求党政军和思想文化"大一统",这就注定那些不肯俯首归顺新政权的知识分子必遭"整肃"。南京政府建立不久,当局给知识界的"见面礼"就是一份通缉令。1927年6月16日,国民党上海特别市党部临时执行委员会呈请中央"通缉学阀"。一批曾经或先或后这样那样开罪过国民党的学界著名人物,首当其冲地成为打击对象。列名通缉令上的基本都是陶行知或熟或识的朋友,他们中既有盛名久负的章太炎,也有异军突起的张东荪和张君劢,"艺术叛徒"刘海粟,更引人注目的则是江苏教育会黄炎培、沈恩孚、蒋维乔、袁希涛等人①。在骤然而至的打击下,江苏教育会被撤销,中华职业教育社被捣毁,亡命者亡命(黄炎培),退隐者退隐(章太炎),谔谔不屈者则被绑架(张君劢)。

但是,对于一个急欲树立权威的新政权来说,它在知识界扬威仅此还是不够的。于是,继续惩办那些敢于藐视或抗命新政权的自由主义者乃为必至之事。这里略举二例。1928年受聘担任安徽大学筹组工作的刘文典,早年参加过辛亥革命,后赴英国得到文学和哲学双重博士学位。在蒋介石召见时,不称对方"主席"而仅称"先生",在引起对方不快后,复又以"老革命"自居:当初本人参加革命时,尚未听说足下姓名。这样,这位心高气傲不甚恭顺的自由派知识分子便以"治学不严"的名义被拘留软禁。接着,1929年春胡适与罗隆基、梁实秋等又在《新月》杂志上挑起一场有关人权问题的讨论,引来当局衔骨之恨。在讨论中,这批自由派知识分子不但公开批评孙中山只讲"训政"不讲"约法",是其"根本大错误",还尖锐批评政府侵犯人权和以党治国,强烈要求以法治代替党治:"不但政府的权限要受约法的制裁,党的权限也要受约法的制裁。如果党不受约法的制裁,那就是一国之中仍有特殊阶级超出法律的制裁之外,那还成'法治'吗?"②此论一出,各地党部纷纷呈请政府"严予惩办"。只是由于震于胡适的地位和

---

① 《市党部申请通缉学阀》,《申报》1927年6月17日。
② 《"人权与约法"的讨论——胡适答诸青来》,《新月》第二卷第4号,《人权论集》,版本不详,第18—19页。

影响，当局只能以胡适之论适为胡说，"不谙国内社会实际情况，误解本党党义及总理学说，并溢出讨论范围，放言空论"云云，轻描淡写，强为轻减，但胡适还是受到"奉令警告"和查封《新月》杂志及《人权论集》的处分。晓庄被封前这两起文化罪案很能说明自由派知识分子的处境。

  为了把国民党的政策贯彻到教育领域，当局公开宣称："我们的教育方针要建筑在国民党的根本政策之上。国民党的根本政策是三民主义、建国方略、建国大纲和历次全国代表大会的宣言和议决案，我们的教育方针应该根据这种材料而定。"①在"矫正从前教育上放任主义之失"和建立"有条理秩序之教育"的名义下，南京政府采取种种措施加强对教育的控制。除了全力整顿教育内容，严格审查课程标准和各种教科书，严禁出版与国民党党义和政策有背的教育出版物之外，当局更不惜暴力镇压学校中的进步运动，对有"赤化"嫌疑的学校或封或停，对有"赤化"嫌疑的师生则或捕或杀。湘、赣二省1927年下半年明令停办全省中学，1928年上半年云南停办中等以上学校，上海先后查封了上海大学、大陆大学、华南大学和建华中学等。此类情况各地均有。至于教育界的"党祸"、"党狱"更是层出不穷。所以，晓庄被查封以及十余名学生以"赤化"被杀，只是教育界这股"反赤"潮流中的一个波段罢了。设法用公开或秘密的手段控制学校行政，又是加强党化教育的重要措施。对私立学校的管理有所新规定，凡公立学校校长非与国民党有密切关系者皆在罢黜之列，各校每每选派经过审查的忠实党员担任训育主任、党义教员或公民教员，借以管束、"匡正"并调查师生的思想和行动，重点教育单位更派特务进行监视。晓庄也曾有人派来监视，在未能奏效后，一名叫余仲篪的学生被收买充当内线，直接受南京卫戍司令谷正伦指挥。

  如果考虑到，江浙地区是南京政府的命脉和腹心所在，就不难理解当年江、浙两省省党部何以推行"党化教育"和"三民主义教育"如此尽心尽力了。谚曰：卧榻之侧，岂容他人鼾眠。更何况舒身展体自由放任鼾息如雷于严重失眠高度警觉的卧榻主人之侧？所以，在当局厉行文化教育高压政策的大环境下，晓庄毕竟在劫难逃。

  晓庄还因同冯玉祥的密切关系，不期而然地卷入到20世纪20年代末

---

① 《教育界消息》，《教育杂志》第十九卷第8号。

30年代初变幻不定的中国政治风云的漩涡之中。

陶冯交情始于平民教育运动时期,创办晓庄后,双方关系更趋密切。1927年6月,冯玉祥在南北对立和宁汉相峙的错综复杂的局势中,居间得当,助蒋成功,使他成为据有中原数省地盘的军政界实力人物。当年冬天,他邀陶出任河南教育厅厅长。陶虽然坚辞不就,但仍前往开封、郑州等地考察教育,协助制订普及军队教育计划,指导晓庄学生为西北军编写《军人千字课》。作为回报,冯捐款在晓庄建造河南、陕西、甘肃三馆以及一处取名为"冯村"的私宅。1928年6月,奉系退驻关外,北伐告成,冯到南京任行政院副院长兼军政部长。他虽然很少到冯村休息,但陶行知每有所求,他总是尽力帮助①。

采用各种方法独揽大权并排除异己,是古今中外一切专制集权者必行之事。在冯等帮助下"统一"了全国的蒋介石也莫能例外。1928年在"整理党务"和"强化反共"的名义下通过的诸项决议,使他得以集党、政、军大权于一身②。到次年3月召开的国民党第三次全国代表大会上,他在继续强化反共的同时,进一步加强自身对中央大权的控制,通过了一系列打击非蒋派别的决议,其最重要者则为确认全国编遣会议决定的裁兵方案,以保存蒋系实力而裁并非蒋系的军队。由此,迅速激化了蒋与冯、阎、桂各非蒋派系的矛盾。于是,一方以"护党救国"为名义,一方挟中央号令以讨伐的大混战,从1929年到1931年接连展开。

三全大会尚未闭幕,蒋桂战争已经爆发。同年5月,蒋桂战争未了,蒋冯战争又起。蒋运动兵力,又飞洒金钱与官职,使桂系和冯系内部发生剧烈分化,到6月已结束这两起战事。当年10月上旬,冯经过秘密策划,重组力量,第二次树起反蒋大旗,经激战后于11月底又告失败。在第二次蒋冯战争进行之际,又发生了第二次蒋桂战争和蒋唐(生智)战争。这两场战争又很快在当年底和次年初以蒋军的胜利而告结束。各地方实力派分散反蒋而又次第失败的教训,终于促使他们联合起来一致反蒋。1930年

---

① 如帮助联村自卫团购置旧枪械和派军官指导军训,转请卫生部(部长薛笃弼为冯系人物)为晓庄物色人才来校担任卫生指导员。

② 1928年2月国民党二届四中全会议决,蒋出任国民党中央执行委员会主席和中央政治会议主席,并兼国民党军事委员会主席,恢复国民革命军总司令职务。同年8月五中全会上,蒋更被国民党中常委任命为国民政府主席兼海陆空军总司令。

3月中旬,反蒋派联名通电,拥阎锡山为中华民国陆海空军总司令,李宗仁、冯玉祥、张学良为副总司令。4月1日,阎、李、冯通电就职。至此,著名的中原大战(又称"蒋冯阎战争")拉开历时七个月的战幕,蒋、冯、阎三家百万大军即将厮杀在中原千里战线之上。在冯已成为蒋实现集权的主要障碍时,陶之受到株连几乎是必至之事。

更何况,在上述政治风云急剧生成翻腾过程中,与陶冯交谊形成明显对比的,则是陶对蒋及其政权所持的淡漠和批评的态度。

1928年秋,蒋介石偕宋美龄参观晓庄时,陶行知正在犁宫对全体师生讲话,没有出来专门接待,仅由值日学生陪同参观。在参观过程中,联村自卫团拥有部分枪械之事也为蒋所知。不久,蒋又在燕子矶碰到秉农山在给晓庄生物组学生上生物课。师生照常上课不误,未曾特表欢迎。"后有人与陶行知谈起此事,陶大笑。"①这笑声显然是同他对假三民主义的鄙薄不屑相联系的。

1929年3月12日为孙中山逝世四周年纪念日,此时适为冯秘密离宁筹划反蒋以"护党救国"之时。因而,陶在对学生讲演中大发其感慨之言,就决不能以无的放矢视之。他说:三民主义有真有假,国民党员也有真有假。只有三民主义的真正信徒,才是真的国民党员。"真的三民主义只有一本,只有中山先生所遗留的一本,其余什么人解释的都是假的,都是靠不住的。"对那些了解蒋曾驾临晓庄的学生来说,讲演中的下列说法也显有所指:如果一个国民党员来到乡下,"若果你问他来干什么,他说来参观;你问他为农民兴办了几件有利的事,解除了些什么痛苦,他说正在计划。那么,他就是个假党员,就是个妖怪,就是来揩国民党的油,就是挂羊头卖狗肉"②。

当第二次蒋桂战争和蒋冯战争胜负已判,而蒋冯阎大战即将拉开战幕之时,他又在1930年3月15日纪念晓庄成立三周年的讲演中含蓄地宣称,"凡是凭着特殊势力以压迫人民,致使民之欲不得遂、民之情不得达的,都是我们的公敌"③。

---

① 中央教育科学研究所:《陶行知年谱稿》,教育科学出版社1982年版,第36页。
② 华中师范学院教育科学研究所:《陶行知全集》第二卷,湖南教育出版社1985年版,第140—141页。
③ 华中师范学院教育科学研究所:《陶行知全集》第二卷,湖南教育出版社1985年版,第212页。

第五章　现代乡村教育史上的明珠

在一个政权全力加强思想文化诸方面的控制之时,一位知名的持不合作态度的自由主义知识分子,肯定是落在当权者眼中非清除不可的沙尘。如果他居然还同当权者的重要政敌有所交好,那就简直是一根须臾不能容忍的目中之刺了。偏偏在蒋冯阎大战迫在眉睫之际,晓庄事端迭起,不断给当局造成麻烦,这样,当权者也就找到了下手的借口。

先是"自由大同盟"分部的出现。1930年2月,由鲁迅等领衔发起的"中国自由运动大同盟"(简称"自由大同盟")在中共支持下于上海成立。同盟以争取言论、出版、结社、集会等自由,反对政府当局在文化思想领域的高压政策为目的。消息传到南京后,中共南京地下党市委发动晓庄、中央大学、金陵大学和东方中学等校部分进步师生,组织了该同盟的南京分部。成立大会在晓庄附近的一个小山头上秘密举行,到会百余人。晓庄学生刘季平被选为分部负责人,石俊等人在会上发表激烈讲演,叶刚还在会上唱《国际歌》,高呼"打倒蒋介石"等口号。分部成立后,成为中共的外围组织,各校地下活动更趋活跃。晓庄学生作为这一组织的中坚骨干力量,对此,业已有特务安插晓庄的当局不会不引起严重注意。

接着是"坐火车不打票"事件。1930年3月下旬,晓庄各中心小学要往南京郊区栖霞山春游旅行修学,采集标本。有许多小学生无钱买票,开会讨论解决办法时,有人倡议小朋友坐火车不打票,因而就由地下团支部拟就一份《晓庄学校小朋友为争取旅行上学坐火车不打票宣言》①。3月31日清晨,晓庄各中心小学师生200余人不打票从和平门车站上车,下午又从栖霞山站不打票回来。在车上,还散发印成传单的宣言。这件事很快成为南京的新闻。次日,铁道部部长孙科派专人送信并附传单给陶行知,要求审查此事并严加管束。陶将来信公开张贴在校,并随即回信老同学,直承所为,仍将传单封还,要求铁道部拟定《小学生免费旅行条例》,通告全国小学试行。信上还不无调侃地对这位孙中山的哲嗣道:"此亦实现孙总

---

① 《宣言》贯穿火辣辣的阶级观念和共产思想:"火车,是我们人民的火车!火车,是我们小朋友的火车!父老们,小朋友们,火车是我们人民的血汗创造成功的。我们应当享有火车上一切的权利,因为我们是火车的主人。父老们,小朋友们!我们要起来,一致的起来:实行旅行上学坐火车不打票!打倒火车上的阶级——头等、二等、三等、四等。铁路归人民所有。"原件藏中国第二历史档案馆。作者访问徐明清时,承告此宣言为地下团支部所作(徐时为书记),而陶则事先不知此事。

理民权主义之一具体措施也。"①在当局看来,晓庄和陶行知此种行为,不但是明知故犯目无法纪,简直就是在军事倥偬之际,有意扰乱心腹要害之区的交通治安。

偏偏就在此时,"四五事件"接踵而来。1930年3月下旬,日舰10余艘以实习航路为借口,无视中国主权,擅入长江停泊下关。中共南京地下党发动抗议活动,同时又发动下关英商和记洋行的蛋厂工人发动罢工。政府当局以调解为名,与厂方联合镇压,工人受伤多人,并有2人失踪,造成"四三惨案"。地下党又发动各校师生组成"四三惨案"后援会,以反对英商压迫工人和反对日舰停泊下关为斗争口号。4月5日上午,有五六百名学生集合在中央大学操场,然后整队前往下关。当局关闭了通往下关的挹江门,阻断交通数小时。待到城门打开,积压在城门口的大量群众也随游行队伍涌向下关,原先规模不大的队伍顿时扩展为一条浩浩荡荡的万人长龙,到达洋行旁边的码头广场时已是人山人海。这情况不但为游行组织者始所未料,更使当局如临大敌,严阵以待。尽管游行队伍在作了一些宣传鼓动后也就散去,并无异常举动,但因这次游行总指挥刘季平是晓庄学生,100余名晓庄中小学生是游行队伍的基本群众,加以他们多数赤脚穿草鞋,在队伍中特别显眼。因此,久已侧目怒视的当局,很自然地要把晓庄视为主要的肇事者,要对之施以毒手了。

4月7日上午,蒋介石在"纪念周"上报告说:"前天和记洋行发生工潮,随着学生游行,此事教育界同市政府是要负责任的。现在共产党造谣,如果学生轻信谣言,为共产党来做工作,有越轨行动,政府要当他反革命一样处置。……如果哪一个学校,哪一个团体,无故煽动风潮,政府必要严加制裁。"②这里所指的学校,首当其冲的当然就是晓庄。蒋介石在讲此话的同时,已密令晓庄停办,于4月8日凌晨执行。

4月9日,陶行知立即撰成《护校宣言》,以示抗议。宣言首述晓庄被当局越过教育部而直接勒令停办,"乡村教育之发祥地停办在乡村教育没有普及之前","革命的教育摧残于所谓'革命政府'之手,是何等的令人难解,而又是何等的令人失望啊!"次述当局"以迅雷不及掩耳的手段"停办晓

---

① 华中师范学院教育科学研究所:《陶行知全集》第五卷,湖南教育出版社1985年版,第232页。

② 朱泽甫:《陶行知年谱》,安徽教育出版社1985年版,第178—179页。

庄的原因,"远因近因虽多,归总起来只是因为我们不肯拿人民的公器,做少数人的工具,不肯做文剑子手,去摧残现代青年之革命性"。接着,宣言又直接引用最高当局在"纪念周"上另外几句声色俱厉的警告:"国家的事有政府管,学生好管闲事,便是捣乱后方,便是反革命。教员不能制止,也是反革命。这样学校,非封不可。封闭几个学校不算什么。"宣言以无所畏惧的态度回答这一警告:"晓庄的门可封,他的嘴不可封,他的笔不可封,他的爱人类和中华民族的心不可封。"宣言最后呼吁,"晓庄的同志,晓庄的朋友,大家一致起来爱护晓庄,爱护人权,爱护百折不回的和平奋斗,爱护教人做主人的革命教育,爱护向前向上进之时代革命,爱护自由平等的中华民国之创造,爱护人人有工做,人人有饭吃,人人有水仙花看的理想社会之实现"①。

这篇充满愤慨之情的宣言,是对政府当局摧残革命教育的抗议书。宣言由晓庄师生组织成立的护校委员会大量印刷,由学生入城广为散发。由于沪、宁一带报纸奉令不准刊登,即有晓庄学生携带北上,接受北平《京报》记者采访,介绍晓庄被封经过,宣言相继在华北、东北各报刊出,引起强烈反响,为战云密布迅即爆发的中原大战添上一条引人注目的京中最新时事新闻。

4月11日,护校委员会派出学生代表前往教育部请愿,责问教育当局为何停办晓庄。由于停办之令是最高当局越过教育部直接颁下的,所以教育部部长蒋梦麟避而不见,由次长朱经农代见,以为应付。

4月12日,当局以晓庄师生组织护校委员会和散发《护校宣言》为"执迷不悟"、"不可救药"的"反革命思想与行为",为继续"希图扩大反动风潮",因而对晓庄的处理由"勒令停办"升级为"勒令解散",并正式下令通缉陶行知。

由卫戍司令部出具的查封公告如下:"查得晓庄师范学校违背三民主义,散发反动传单,勾引反动军阀,企图破坏京沪交通,本部为维持首都治安计,曾饬令暂行停办,以待整理,并商同教育部查照办理在案。此乃爱护学校之至意,原冀该校员生等悔悟前非,静候教育部办理。乃迭据报告,该

---

① 华中师范学院教育科学研究所:《陶行知全集》第二卷,湖南教育出版社1985年版,第219—222页。

校师生等竟执迷不悟,于教育部接收整理之际,竟敢非法组织委员会,发布宣言,四出诱惑,希图扩大反动风潮,实行破坏京沪交通,扰乱社会秩序,似此目无法纪,充满反革命思想与行为,实属不可救药。兹奉明令,将该校勒令解散,并查拿首要反革命分子,以肃法纪而遏乱萌,除饬军警遵照执行外,合行布告周知。"

以国民政府名义出具的通缉令如下:"为晓庄师范学校校长陶知行勾结叛逆,阴谋不轨,查有密布党羽,冀图暴动情事,仰京内外各军警、各机关,一律严缉,务获究办。此令。"

陶行知早一日从上层朋友处得到消息。他异常镇定地来到城内成贤街某处晓庄师生临时集合地点,向大家告别,然后在通缉令正式执行前数小时悄然前往上海。12日清晨,五六百名宪警荷枪实弹,如临大敌,搜查封闭了晓庄,从而结束了晓庄问世以来三年有余的光荣历史。

晓庄被封,余波却仍荡漾在中原大战的密云之下。对陶的通缉令,同4月5日免去阎锡山等本兼各职,并着令"一体严拿归案"以及随后"永远开除党籍"的公告相映;对晓庄的武装查封,又同紧锣密鼓调兵遣将部署决战相衬。晓庄被封作为京中重大时事新闻,不失为中原大战开幕时一段插曲,它之引来各方的评论也是十分自然之事。

查封晓庄的罪名重大,却又未曾查出确凿证据。由此,它在政府内部显然引起了不同的反响。于是,时任立法院院长的胡汉民,乃在4月14日该院"纪念周"上特作解散晓庄的原因和经过的报告。胡蒋当时正携手合作,所以在报告中竭力为蒋辩护,声称解散晓庄和缉拿陶氏,均系政府"为巩固党国基础,保障社会安全"之"必要的正当的举措"。虽然报告中充满攻击之词,却仍难抹煞晓庄试验和陶行知的办学精神"未尝不足为现代中国教育者的法式","教学做合一"等教育方法"在理论上,总不能算没有相当的根据"[①]。

公正舆论则对晓庄被封大抱不平,批评政府所为。通缉陶行知令中有所谓"勾结叛逆"之说,有人即指出,所谓"勾结",大抵指冯在京时与陶私交颇好,赞许陶之办学宗旨,但此时"冯犹在京与蒋主席等互称同志",何能定罪? 作者进而讥嘲政府当局:陶氏私人办教育确有成绩,其教育确能深入

[①] 胡汉民:《解散晓庄师范学校的原因和经过》,陶行知:《为中国教育寻觅曙光》(上册),辽宁教育出版社1989年版,第440—441页。

人心,"如政府当局之为政,亦能如陶氏办学之得人心,则天下何患不治?"今晓庄被封、陶氏被缉,"此后将何以慰热心办学者之心也?彼年耗国家或地方巨款所办之学校,往往毫无成绩,对陶氏能无愧色?"作者认为,"晓庄为国内良好之学校无疑。倘查无反动确据,自应早日启封……庶几当局勿致蒙摧残教育之恶名耳"①。

晓庄被封了,但其精神不可封;陶氏被缉了,但其风骨铮铮强项不屈如故。

尽管"坐火车不打票事件"和"四五事件"发生之时,陶行知都不知情。但在当局严厉查究之时,他毫无怨尤,不顾高压,挺身而出,卫护学生。在《护校宣言》中,他鲜明地表示了同情和支持的立场。宣言就"坐火车不打票事件"责问当局:火车上富人和穷人的座席等级森严,"这种人为的等级在'革命政府'之下,应当不应当存在?"又就"四五事件"责问当局:和记洋行是英国资本家在华施行经济侵略的机构,该行镇压工人,"这种惨无人道的情形,在'革命政府'之下,应当不应当纠正?"日本军舰擅入长江,"这种侮辱主权的行为,在'革命政府'之下,应该不应该忍受?"

对于朋友,他更表明了道义之交不可屈折的原则立场。4月13日,他从报上看到一段消息,说是冯玉祥"曾汇巨款"给晓庄,意若自己为所收买。他不顾自己身处被缉捕的险境,愤然致书报社辟谣,具述自己与冯建立在晓庄教育革命基础上的道义之交。他不畏继续"附逆"之罪,公开宣称冯是自己的朋友,就如同梁启超、胡适、陈独秀、蔡元培诸人是自己的朋友一样②。朱经农在接见晓庄学生代表时,对陶行知支持学生颇不以为然,讽之为"一丘之貉"。他听后,赋诗回敬这位当年一起推行平教运动的朋友:"劳山有牛,好用其角。朱先生说:是一丘之貉。牛变为貉,这事可确?纪常听之,磨刀霍霍。天下的老牛,生来都有角。只因受训育,有角如无角。无角令人爱,有角令人愕。平常当非常,老牛竟成貉!用力耕田,应敌用角。天下的牛联合起来哟!谁敢剥削?"③诗中,是非分明,憎爱强烈,公道

---

① 谢豹:《论晓庄师范被封事》,原载《铁报》,转引自陶行知:《为中国教育寻觅曙光》(上册),辽宁教育出版社 1989 年版,第 443—444 页。

② 华中师范学院教育科学研究所:《陶行知全集》第五卷,湖南教育出版社 1985 年版,第 233 页。

③ 华中师范学院教育科学研究所:《陶行知全集》第四卷,湖南教育出版社 1985 年版,第 204—205 页。诗中的"纪常",即当时南京卫戍司令谷正伦。

正义驾乎朋友私谊之上。

身处厄境的陶行知,在人们心目中,他那往昔十分鲜明的自由主义色彩至此忽然变得飘忽不定了。也许自由洒脱我行我素的姿态最容易造成扑朔迷离之感,不少人在当时似乎都对他的立场不甚了然。因与冯玉祥有关,而西北军的制服为蓝色,通缉令下,南京就有"蓝色知行"的封号。胡汉民在立法院讲演时,又独具只眼,称为国家主义派,于是他又被披上一件国粹党的黑衣服。再过不久,晓庄学生中有一批共产党人被捕,黑衣服顿时变为通红,而"陶知行赤化"之风声又传遍都下。一些知交朋友屡屡问他,究竟是什么政治色彩,是蓝色、黑色,还是红色?对此,他回答:"我一样也不否认。我的静脉是蓝的;我的头发是黑的;我的血是红的。"①俏皮的回答,确切无误地表明了他兼容并蓄的政治态度和自由主义的政治立场。这一回答,也很容易使人想起当年他对改进社色彩问题的回答。当时他宣称改进社是一非白、非红、非黑、非灰的透明体,能使"各种光、各种颜色都能透出真面目",显见二者前后一贯相承。

可惜这一政治立场被误解了②。其实,陶行知在晓庄时期尚未从根本上改变自己的自由主义原则立场。尽管我们在某些场合可以找到若干高出于此原则立场的言行,却不能认为他已从整体上完成思想的蜕变转化过程。一名政治思想业已成型且又独立不倚者,要进入政治思想的新境并非易事,非有重大事件重大变故,不足以使其从故道转入新途。而今学校被封身、被通缉,则提供了这一转折的有利契机。《护校宣言》结束部分那段自志自励的话,颇能反映思想即将跃入新境而又未脱旧藩的特殊状态:"我们要用和平奋斗的精神来创造自由平等的世界,捣乱后方、反动暴动种种恶名加到我们身上来,是不伦不类的。我们尊重人类的理性,我们承认凡是人类都是可以救的,就是以武力来压迫我们,我们还是一样的教他们去济弱扶倾。我们奋斗的工具是爱力不是武力,爱力如同镭之第三种射线,

---

① 华中师范学院教育科学研究所:《陶行知全集》第二卷,湖南教育出版社1985年版,第376页。

② 在近年所见的一些论著中,此时的陶显有被"拔高"的趋向。他同中共地下党的关系,被说得越来越近乎。他在"四五事件"中的作用,也被不真实地夸大为"发动者和组织者"。有人甚至把当年的谣传当作事实,说他派人连送三封信通知晓庄师生进城参加游行云云。在一些人的笔下,晓庄时期的陶行知似乎已是一名红色或准红色的革命者了。

不是任何射线,不是刀剑所能阻碍住的。照这样说来,那么就没有方法可以克服晓庄吗？有,有,有。晓庄所干的是顺着时代革命的革命教育,真自由可以消灭我们不自由之呼声,真平等可以化除我们不平等之要求,更大的爱可以包含我们的爱,站在时代革命更前线的是我们的导师。"从此,追求"真自由"、"真平等"和"更大的爱",追随"站在时代革命更前线"的"导师",以求继续推行"顺着时代革命的革命教育",便成为陶行知在思想转折点上极目所望的目标了。

当南京卫戍司令部派军警查封晓庄时,曾遇到一个难题,晓庄没有校门,不知该把那朱笔大封条贴在何处。这件事很有象征意义。它表明,一场以社会为学校的生活教育试验,是难凭一纸封条把它从社会生活中驱除出去的。陶行知及其追随者有理由相信,只要有生活,就有生活教育存在的必要,晓庄精神是封闭不了的,教育革命的火种是扑灭不了的。在逃亡前夕,他坚定地向学生表示"我们还要干",正是基于这一信念。

但是,作为教育实体的晓庄学校毕竟无法存在了,劳山脚下升起的一片教育革命的曙光毕竟被乌云所遮了。四年前,他失意南下,而今又成为栖皇的逋客。在中国怎样才能找到一块可供自由试验教育革命和大同理想的安乐净土？陶行知对此作何感想呢？也许千载前陶渊明《拟古》一诗非常切近他此时的心境。"种桑长江边,三年望当采。枝条始欲茂,忽值山河改。柯叶自摧折,根株浮沧海。春蚕既无食,寒衣欲谁待？本不植高原,今日复何悔。"诗中显含隐喻,读者可按各自的理解体会品味。但树木与树人,山河之改与政局之变,本是人们惯常把它们联系在一起的。因此,诗中关于种桑江边,三载辛苦,却因山河之变遭受挫折,致使"春蚕"无食,"寒衣"无着,很容易使人想起晓庄试验的夭折,造成乡村教育革命的受挫和众多乡村儿童衣被最起码的现代文明机会的受阻。树木于低卑之江滨,不得其地,故易受风浪摧折。如果植本于干爽的高原,所托土壤得其所宜,那么会不会发生不幸的变故呢？

经此挫折之后,陶行知怎么办？

人们看到,他不屈不挠,无悔无尤,继续寻求教育革命的曙光,继续执著于一项新条件、新环境下的树人计划。在筹划这一计划时,他显然更多地注意到了社会政治和历史土壤的选择问题。而在此后新的人生行程中,他又因种种始所未料的生活际遇,逐渐修正前行方向,终因民族危机的巨大压力,使他从自由派知识分子的营垒中离析出来。

第六章 民族危机压力下的转向

亡命日本前后：中国教育出路的新思考

晓庄查封后，陶行知避居在上海一位富有的同乡家中。不久，一批晓庄师生相继撤至上海。师生患难相聚，共同陷入事业受挫后的反思反省之中。

1930年的上海之夏似乎比往常来得早。在燠燥难耐的长夜，他常常借用同乡友人的汽车，带上几名学生到郊外去兜风，去看海潮，借以驱遣心中的烦闷。也许庄稼的清香和田间的蛙鸣足以重温晓庄的乡村气息，澎湃的浪涛仿佛可供冲洗胸间堆积的块垒。

在夜游时，师生无所不谈。有一次在法国公园乘凉时，他在闲谈中表示了对南京政府的憎厌之情。一名学生突然问他：愿不愿加入到这斗争的队伍——共产党里去？对此，他没有正面回答，只是说：要我像青年学生、工人那样走到街上贴标语、散传单、游行示威、喊口号，我要考虑，我以为要做的斗争很多①。

这是目前所知陶行知第一次被正面问及是否愿意参加共产党。他之婉言谢辞表明，尽管他同情中共对国民党的斗争，却对斗争中流行的"左"倾幼稚做法颇不以为然。从4月开始，"左"倾冒险主义者要把南京暴动作为长江下游一系列暴动的信号。在此过程中，陶行知目睹晓庄学生牺牲惨重②。一大批英年有为的学生被杀被捕，无疑在陶行知心头留下深刻的伤痛和对"左"倾盲动路线的怀疑。同时，他之婉辞还表明了一位知识分子对参与直接政治行动的审慎态度。它很容易使人想起当年留学日本时同情

---

① 戴伯韬：《陶行知的生平及其学说》，人民教育出版社1982年版，第47页。
② 先是刘季平在"红五月行动"中因散发传单而被捕，接着是石俊在6月下旬的夫子庙飞行集会上被捕，7月叶刚又因在驻晓庄的军队中进行秘密策反工作而被捕。到9月为止，共有30余名晓庄学生被捕，其中有10余人先后在南京雨花台被杀。

革命而又婉拒参加暗杀暴动等事的青年鲁迅。一般而言,近代中国知识分子投笔从戎驰骋疆场者固然大有人在,但更多的人出自对自我行动能力优长短绌的估量,往往继续立足于本职本业而效力于国家和人民。除非巨大的时代震动把他们从原来的生活轨道上抛出,迫使他们另择新途。因此,陶行知此时乃至日后始终坚守在教育岗位上,从事自己"要做的斗争",我们也不必对之苛求过责。

不过,陶行知虽对中共"左"倾做法表示异议,却又同时对自身前此从事点点滴滴的乡村改良工作有所动摇。当年夏天,他在上海租界的孟渊旅馆召集部分师生举行座谈,重点检讨晓庄工作。据当事人回忆,座谈中激进者主张在中共领导下,进行反帝反封建的斗争,求得民族解放和人民解放,这样才能保证晓庄新教育事业的健康发展。稳健者仍持乡村教育以求乡村改造的固有目标,反对采取过火的行动。两种意见相持不下。在这决定今后去向的大问题上,陶行知始则保持沉默,倾听双方由平稳而趋激烈的辩论,继则在讨论者的催问下,发表了一番十分重要的讲话。在肯定教育革命同整个反帝反封建斗争相联系相一致的前提下,他认为在教育战线艰苦奋斗的晓庄师生就是"实际的革命者"。这一看法显然支持了稳健者的意见。但他接着又认为,晓庄被封是这场实际革命打了一回败仗。因此,"我们今后不能再静坐在书房里计划或理想什么,也不能再一点一滴地从一个村、一个乡来做试验工作了。我们要联合更多的人来做这件工作,我们的基本队伍就是农民,中国革命要得到成功,非三万万四千万农民起来不可!现在工人已经有了红色的政党——共产党,我想农民也应该有一个绿色政党(意思是农村到处是青枝绿叶的世界)"。当有人问他,这番话的意思是不是"我们不再办学校,用教育来救国了?""也不再做实验新教育的美梦了!你是说,我们得组织农民党来领导农民革命?"他回答,"我的意见,真是这样,教育不过是达到农民解放的一个工具,这个工具是主要的,但最重要的还是武器。……列宁革命之所以成功,就靠他有一支劲旅,可以打败敌人"[①]。这番话却又显然同情激烈者的意见,因而同开始所说在逻辑上有所矛盾。但这一矛盾刚好表明处在彷徨途中的思想已有一定归向,表明他对前此教育实验的重新思考重新估价工作已有一定眉目。同时,这番话尽管高度评价了"红

---

① 戴伯韬:《陶行知的生平及其学说》,人民教育出版社1982年版,第49—50页。

色党"的武器批判,却仍然致意于"绿色党"在组织农民方面的作用。尽管实验新教育的理想有所幻灭,但教育既然仍为农民解放的"主要的""工具",那么,这番话也就表明他决不会轻易放弃本来的事业。

但是,时局的发展却不容许陶行知继续留沪从事这方面的反省。中共在长江下游谋密城市暴动的失败,9月中旬东北军进关拥蒋,10月中旬以冯、阎通电下野宣告中原大战的胜负分晓,都使当局对陶行知的追捕日迫。于是,陶行知只能带着他那正处在矛盾中的教育思想悄然东渡日本,暂避凶锋①。

临行之时,秋风萧瑟,秋月融融。对此情景,他赋诗《伤别》:"皎皎天上月,今夜又团圆。吾念岁寒友,都在离恨天。"②面对政治上的寒流,挥手劳劳,离恨重重,只能以松柏自志,告别这个"故乡如醉有荆榛"的地方。

此番东渡,前后有半年之久。遗憾的是,有关这段生活的材料目前所见甚少。我们只知道,他在日本坚持潜心读书,东京两所规模最大的图书馆(东京帝国大学图书馆和上野图书馆)内时有他的身影。而他孤身旅居时颇有穷愁之忧,后来复又久病,因而自吟"我遇三大盗,名叫穷病愁"。我们只知道,他身在域外依然轸念国事民生,冷眼注视着那些盘踞要津以屠戮为业者,唱出了"如今嗜肉多君子,屠户难容种菜才"的嗟叹。但他毕竟是一位坚强的乐观主义者。无论是客中的穷愁疾病,还是孤寂忧愤,都不能消磨他的意志。他曾以野性未消不受羁缚的"山中虎"自喻:"野性未消磨,森林自可娱。……归来明月下,卧对白云语。"③复又以"独立苍茫"的太阳自励:"一腔热血,化作光芒。大千世界,共此辉煌。"④

陶行知返国时间,一般认为是1931年春,据我们考订当在此年3月底4月初。因他2月生病,"拖了个把月",待到病愈写诗自贺已是3月15日⑤。

---

① 有一些著作都认为陶氏东渡曾得内山书店主人内山完造的帮助,但这一说法至今尚未见到确切证据。
② 华中师范学院教育科学研究所:《陶行知全集》第四卷,湖南教育出版社1985年版,第97页。
③ 华中师范学院教育科学研究所:《陶行知全集》第四卷,湖南教育出版社1985年版,第106页。
④ 华中师范学院教育科学研究所:《陶行知全集》第四卷,湖南教育出版社1985年版,第104页。
⑤ 华中师范学院教育科学研究所:《陶行知全集》第四卷,湖南教育出版社1985年版,第124页。

3月25日致诗"相间三千里,几月无音信"的友人,尚称"人病笔亦病"①。而4月7日他已在上海同弄堂中摆山芋摊的小贩闲谈了②。故此可以推定归国时间在3月底4月初之间。

　　至于何以能悄然归来,则又同当时时事政治的变化有关。原来在战胜冯、阎以后,胡汉民一派已成为蒋介石进一步扩张权力的主要障碍,蒋胡两大派系间的矛盾也就骤然激化起来。1931年2月28日,蒋以宴请议事为由,非法将胡扣押软禁,从而直接导致国民党内又一次大分裂。反蒋的国民党中央执、监委员纷纷南下广州,筹备召开国民党非常会议,酝酿成立另一个"国民政府",以与南京政府相抗。当此国民党各派系的反蒋大联合迅速集结形成之际,巨大的反蒋波澜显然已使蒋系统治发生动摇,南京政府遂相对放松了对陶行知等的查缉。

　　踏入国门不久,他即被《中华教育界》杂志就"中国教育出路"一题约写专论。原本以为竟数日主力即可交卷,岂料举笔沉重,经过整整一个多月的苦苦思索方才完成,署名何日平,发表于当年7月。这篇题为《中华民族之出路与中国教育之出路》的论文,长达二三万字,征引大量材料,制有19种统计表格,是他精心撰写着力颇巨的扛鼎之作。所以,成文之后,他自己也甚感满意,称此文是"建造在活的事实上"的"和谐的系统","一方面镇压自己的成见,一方面排除别人的断语"。

　　平实而论,这篇文章确实既含有对自己固有教育理论的总结反省,也不乏对他人已有论断的重新估价。在我们看来,陶行知在经历了晓庄被封闭、自身被缉捕的巨大挫折,在经历了匿居上海、逃亡日本的冷静思考,他的思想正渐转渐深。对一位乐观主义者来说,人生的磨难和事业的挫跌并非都是坏事。转入反思反省,常常会使人变得更加聪颖敏悟,理解深刻。《中华民族之出路与中国教育之出路》正是陶行知思想升华后的结晶。这篇文章把中华民族的出路同中国教育的出路视为一个并行不悖相互依存的统一体,双方各自的三条出路休戚相关不可分离。中华民族最根本的出路是"少生小孩子",这一出路也就是中国教育最根本的出路,所以中国现

---

　　① 华中师范学院教育科学研究所:《陶行知全集》第四卷,湖南教育出版社1985年版,第130页。

　　② 华中师范学院教育科学研究所:《陶行知全集》第四卷,湖南教育出版社1985年版,第134页。

代教育者的最大责任是"教人少生小孩子"。中华民族的第二条出路是"创造富的社会",所以中国教育的第二条出路是"教人创造富的社会,不创造富的个人"。中华民族的第三条出路是在政治经济上的平等互助精神,所以中国教育的第三条出路是"教人建设平等互助的世界"。这一论述是晓庄时期生活教育思想阐述中所少见的,它表明陶行知已站在新的认识起点上观照历史和现状。论文对中华民族和中国教育的出路问题进行总体思考,既是晓庄被封之后陶行知思想转折阶段的重要文献,却又是长期以来备受误解并因而被十分轻忽的著作,因而有必要对它加以适当介绍。

关于中国教育第一条出路的理论思考,陶行知建立在对国情相当深入了解的基础之上。

他认定现代中华民族正从农业文明走向工业文明,探求教育的出路就必先探求广大民众的教育出路,因此,他的目光主要放在农民问题上。在普及乡村教育的多年实践中,他清楚地知道最大的难题在于农村人口太多。有限的教育力量对于农村如此众多的教育对象来说,犹如杯水车薪,无济于事。而源源不断出生的农村人口更使问题堆积得越发严重。要摆脱这一困境,就必须有效地减少农村人口。为此,农村人口与教育的相互关系成为他重点研探的新问题。

揭示多生之害是他的基本主题。他批评中国农民的传统观念,他们同时崇拜送子观音和土地菩萨这两种矛盾的神。他们一方面希望多生儿子,一方面又要保存固有的土地不被分散。然而,送子观音一来,土地菩萨的领土便要破碎,无法两全。他以一个6口之家、耕种30亩地的自耕农作为例证,指出由于多生,这个家庭的经济状况势必严重恶化,无法保持固有的30亩土地,逐渐沦为半自耕农、佃农、雇工,以至完全破产。倘若加上各种天灾人祸的压迫,则这种沉沦崩溃便如江河日下,进行得格外快。他认为,这位相信多生主义的老农是具有代表性的。他的错误,是绝大多数中国农民的共同错误。他的命运,受制于他的土地和所生子女的数目。他更进而分析,这位老农如家中人数为3人,则其子可受中等教育;家中人数为4人,便仅可受初等教育;家中人数5人时,无力受教育;至于6人、7人时,则衣不能暖食不能饱。

由此假设的个案论析,他进而推论中国的土地和人口的相互关系以及由此给教育带来的决定性影响。根据中国总耕地、总人口以及由人均耕地数所规定了的生活状况,他依次为中国教育划分五个层次。一、创造线,人均耕地10亩,总人口控制在1.83亿以下,则可创造文化;二、教育线,人均耕地7.5亩,总人口控制在2.43亿以下,则可普及初等教育,在以上便有文盲;三、无衣线,人均耕地6亩,总人口控制在3.08亿以上,则无力换新衣;四、无食线,人均耕地5亩,总人口控制在3.65亿以上,则食亦有缺;五、大乱线,人均耕地4.3亩,总人口控制在4.25亿以上,此线一到,必有乱事,7人中死1人。据此,陶行知认为中国唯有厉行少生,才能从大乱线退到教育线和创造线,求得教育和民族的共同复兴。尽管人们可以对上述统计数字和生产能力的估算加以批评,也可以对五个层次的提法表示怀疑,但巨大的人口压力给国计民生和教育事业带来的严重影响,在这里却被揭示得异常具体而触目惊心。如此棒喝,在中国现代教育史上称得上还是第一回。

在喝破迷津的基础上,他又大力鼓吹中国"人口总退却",即在提高生产技术未著成效以前,一对夫妻只生两个孩子,从而使人口数渐渐退回到教育线和创造线上来。为达此目的,他为教育制定了如下七项任务:

一、大声疾呼唤起全民族,发一人口总退却之紧急命令,教男子满二十五,女子满二十岁始行结婚。结婚后服务五年,可生第一子。俟第一子入小学,可生第二子。以二子为限。子为男子女子之通称。一胎生二子或三子者,以一胎为是。

二、中央研究院在开创时期内之第一重要工作是,设避妊研究所。要发明一个铜子的避妊法,使全民族都够得上实行。

三、避妊之普遍的宣传,应成为民众教育最大之职责。医院及注册的医生,对于国民避妊之询问,应免费指导。

四、宣传结婚前配偶之科学的选择,以为改良人种之准备。

五、女子常以多生为苦,必赞成这种合理之主张。那最大之阻碍,便是男子之兽性。故一方面由教育劝导,一方面用法律限制。生孩多于二人,宜处男子以危害民国之罪。

六、宣传科学上男女有同等之遗传力,故有女即有后。

七、大声疾呼,唤起全民族组织一永久人口升降委员会,随时调查耕种土地面积之消长,生产技术之进退,生活程度之高下,容纳人口出路之多少,以改定人口升降之比例,公布全国,共同遵守。[1]

应该指出,陶行知在此奠立的人口统制论的教育思想从此成为他生活教育的重要组成部分。过去他只是强调"是合理的生活就是合理的教育,是不合理的生活就是不合理的教育",生活教育"就是建设适合乡村实际生活的活教育"。现在他终于抓住了中国现代乡村实际生活中最不合理最有碍教育的人口问题,统制人口遂成为生活教育极为丰富的内涵之一。在此之后,我们可以不断看到他在这方面的申论发挥。1931年8月,在《教学做合一下之教科书》中,他提出了创造"五生世界"("少生"、"好生"、"贵生"、"厚生"、"共生")的主张。1932年,在《乡村工学团试验计划》中,"普遍的生育训练"被列为乡村工学团实施的六大训练之一。同年发表的《古庙敲钟录》中,除继续宣传生育训练,特别提出"生得少,生得好,以再造未来更优良的民族"。1935年,在《攻破普及教育之难关》一文中,他更以"攻破多生关"为小标题,相当完整地重申了统制人口的教育思想。这些意见包含了许多合理因素,是积极进取适合中国国情的。我们只要把他当时的主张同半个世纪后中国所执行的人口政策相比较,就不难发现二者之间有很多共同相通之处,我们便不能不叹服他的远见卓识。

同时还应指出,陶行知的人口思想不但同马尔萨斯主张以酷烈手段来减少人口的理论有本质的不同,而且它还同当时孙中山的权威意见相左。1924年,孙中山在其逝世前不久所作的《三民主义·民族主义》这一著名讲演中,从增强国势国力避免被人口急剧增多的列强吞并的角度出发,主张中国增加人口,反对减少人口。陶行知却径直对之批驳,"有人怀疑,人口减少国势怕要越加懦弱。我说:中国之弱,弱于人多;如果减少,便要发生很大力量"。以一家为例,多生子女造成衣食不足,如又不知礼义,自必兄弟阋墙,外人施行挑拨,坐收渔翁之利,难免两败俱伤。以一家推至一国,四万万人争衣争食,相抵相消,力量几乎等于零。所以,是多生主义把中国人弄得田不够种,工不够做,饭不够吃,衣不够穿,求生不能,求死不得,酿成了种族自杀的悲剧。把近代中国国力的衰微全部归之于多生主

---

[1] 华中师范学院教育科学研究所:《陶行知全集》第二卷,湖南教育出版社1985年版,第266页。

义,当然难免偏颇之诮。但在偏颇之中,人们仍不难体察到他的忧患之深。以如此峻切的批评直指包括"国父"孙中山在内的多生主义者,却没有受到来自官方理论家的强烈压制和驳斥,就此而言,陶行知较之马寅初在20多年后因相近的人口论主张而被问罪,还是幸运的。然而,来自同一营垒中的朋友和学生所加予的"新马尔萨斯人口论"的帽子,陶行知却整整戴了半个世纪,直到1981年后,一些加帽者在历尽人间沧桑后,方才幡然憬悟,产生一种新认识,把这项帽子连同"改良主义"和"实用主义"两项帽子一起抛弃。陶行知苦心焦虑所筹划的有关国家民族长治久安的至理要策,不但长期为国人所漠然置之,就连身边受过"亲炙"的学生也不能理解,以为谬误,这又是陶行知个人的不幸,民族的不幸。

关于中国教育第二条出路的理论思考,陶行知同样是建立在对国情深入了解的基础之上。

陶行知认为,中国不应走西方各国发展的老路,中国教育也不应当走西方各国发展教育的老路。"资本主义国家的教育,只是做了创造富翁的工具,以致贫富阶级因教育而愈隔愈远。"因此,他为中国教育设计的第二条出路,就是"教人创造富的社会,不创造富的个人"。为达此目标,他规定教育有如下七项任务:

一、教人创造富的社会,便是教人创造合理的工业文明,便是引导人民在合理的工业上出头。

二、教人创造合理的工业文明,便是教人创造合理的机器文明,合理的机器文明,便是要人做机器的主人,不做机器的奴隶。

三、科学是工业文明的母亲,我们要创造合理的工业文明,必须注重有驾驭自然的力量的科学……

四、农业对于富力之增加,有两种方式:一是使全国无荒废之地;二是把科学应用到农业上来,使地尽其利。最后等到工业吸收了一大部分之农人,即可使农业变成工业化的农业。

五、教后起青年运用双手与大脑去做新文明的创造者,不教他们袖起手来去做旧文明的安享者。

六、教人同时打破"贫而乐"、"不劳而获"、"劳而不获"的人生观。这三种人生观,都是造富的心理上的最大障碍。

七、教人重订人生价值标准。农业社会与向工业文明前进之农业社会是不同的。纯粹的农业社会的一切是静止的。向工业文明前进的农业社会的一切是变动的。我们要有动的道德,动的思想,动的法律,动的教育,动的人生观……①

在这里,陶行知对于当时中国社会性质的认识,虽然没有直接下以半殖民地半封建社会的科学断语,但他从人类文明发展的角度着眼,肯定中国处在向工业文明和机器文明过渡的重要历史阶段,并且反复强调要向"合理的"工业文明和机器文明发展。而所谓"合理",他解释为"要人做机器的主人,不做机器的奴隶"。这一解释又流露出他没有把中国今后的社会发展目标系之于西方已有的资本主义上。我们可以把他这一谨慎而又不确定的说法,视为民族危机尚未到达"九一八"这一新标度之时,他对中国社会发展问题的宽泛理解。这种理解所包含的对不合理的工业文明和机器文明的批判精神,又是他随后接受马克思主义学说的内在因素。

在这里,陶行知对于科学的高度重视十分引人注意。科学被他称为"工业文明的母亲",是推动农业文明向工业文明发展的杠杆,是"驾驭自然"抵达富强彼岸的宝筏。由此出发,当年改进社时期对科学教育的倡导,而今被进一步明确概括为上述第三项任务中的如下三个分项任务:"一、任何教师必须擅长一门自然科学,没有自然科学训练的,不配做现代的教师。二、科学要从小教起。三、不做无学,不学无术。科学实验要在做上学,在做上教。读科学书籍,听科学讲演,而不亲手去做实验,便是洋八股而非真科学。"一以贯之的对科学教育的热情倡导,深刻反映了一名教育家富国强国的拳拳之心。而"教学做合一"之被融贯,又明白映衬出而今倡导科学教育打上了陶行知个人生活教育的印记,已非复改进社时期那种泛论的科学教育,也较之晓庄时期"以生物学培养科学的头脑"的单一做法来得丰盈。

在这里,陶行知创造富的社会的目标更因人生价值问题的思考而深化。他把传统的农业社会同正在向工业社会过渡中的农业社会加以严格区分,从而强调二者人生价值的截然不同,批评那些陈腐落后静止不动的

---

① 华中师范学院教育科学研究所:《陶行知全集》第二卷,湖南教育出版社1985年版,第269页。

人生观是造富的心理上的"最大障碍"。这就使他的人生价值问题的思考落在时代的土壤上。在强调"变更"并"重订"人生观的过程中,他又把求知欲和发明欲作为人生适应时代需要的要件特予标列。若无求知欲,则不能运用科学结果以促进人生的幸福。若无发明欲,则不能探入未知的境界,开发科学之源泉。他深信,只要教育者能努力培养这样的人生态度,使学生将求知和发明"化在一炉而治之",就必能产生爱迪生那样的大科学家和大发明家。陶行知本人一贯就是求知精神和创造精神的不懈追求者和忠实践行者。可以认为,他在此热情鼓吹这种与时俱进、积极向上和渴求知识、努力发明的人生态度,正是他自励励人的基本信念,人们不难从中发现他本人的人生风格。

关于中国教育的第三条出路的理论思考,陶行知更是建立在对世情和国情深入了解的基础之上。

在他看来,中国教育仅有以上两条出路还是不够。因为,教人实行少生,决不只能少数人做到。少数人可以发起倡导,要真正见效还须全民族家家实行节育。教人创造富的社会,也要全社会的共同努力。只有政治立在民众的基础上,才能发生伟大的力量。在寡头政治下,民众非积极地对抗,则消极地不合作,必不能充分发挥力量。只要工人处在"机器的奴隶"的地位,则"劳资纠纷,永无宁期",无从创造富的社会。所以,"整个民族在政治经济上有平等互助的精神",是实现上述两条出路的保证。推而广之,还须由中华民族而及于整个世界,教人建设平等互助的世界,方是第三条出路。这样,陶行知的眼光又从中国转向世界,以更广阔的政治经济的平等互助问题来返照中国的教育出路。

他认定控制人口问题不只是中国的当务之急,也是世界各国共同面临的紧急问题。他从世界人口和耕地的统计数字出发,证明现在已经人满为患,再要人口膨胀,便势必降低人类的文明水平,剥夺别人的生存机会。他从人口角度论证国际关系,指出战争与和平都与人口的增长密切相关。无论是成为人类浩劫的第一次世界大战,还是在此之前和之后的大战,莫不因为人生得太多,不够吃,导致"武装劫粮",爆发战争。人类应当彻底觉悟,共同协商控制人口的办法。少生可共荣,多生必俱亡,少生则相友,多生则相仇。存亡友仇只在各民族念头之一转。少生主义是民族自救救人的原则。如果各民族都抱定少生主义的宗旨,国际间许多纷乱难解之事都可迎刃而破了。各国在人口控制方面互助，就是自助。如果继续听任人口失控，结果必至相杀，相杀便等于自杀。就此而言，竞生即竞死。为此，他向全世界的农民、工人、青年、民族主义信徒和社会改革家发生强烈呼吁：共同一致实行少生主义，多生是战争的祸根，少生为创造理想世界之不二法门。他呼吁运用全世界的力量来规定某个时代的人口出生率，使各民族一律遵守，有超过这法定出生率的，以扰乱世界和平处分。

他还认定世界各国控制经济发展上的无政府主义，是同控制人口一样重要的问题。从1929年开始的世界经济危机给他感受极深。这场自资本主义问世以来最严重、最深刻和破坏性最大的经济危机直到1933年才告结束，因此，当他写作本文之时，漫长的危机还处在中期，远未到达它的尽头。出现在他笔下的全球经济是一片萧瑟荒凉。从1929到1931年初主要资本主义国家因生产过剩造成物价降落、金货集中和大量失业的严重事实，被他用冷峻客观的统计表格罗列得一清二楚。因为直接关系到中国的安危，他对于卷在世界经济危机漩涡中不能自拔的日本尤为关注。他指出，日本全国的富力指数急剧下降，失业人数高达150万，知识分子失业率在40％以上，大学毕业生不能就业者更达82.8％。这些数字都是危险的信号。他从中预感到战争灾祸的迫临。为此，他强烈呼吁人们对这种无政府的物品的过剩生产与无政府的小孩的过剩生产，同时痛加反省，努力纠正，从而使人口和物品的增长共同归纳在一个"和谐的系统"之中，由此建立一个平等互助的世界。

陶行知对于世界局势的理解仍有其自身认识的局限性，他对国际和平的祈求也难免不染有理想主义的色彩。但他把人口和经济的失控列为导致战争的两大祸源，则是非常有见地的看法。既然控制人口增长和经济发展问题，依然是今天世界各国政治家和社会活动家梦魂萦回百计探求迄无最佳方案的课题，并且注定在今后漫长世代中人类仍将继续寻找反复论辩，那么，他在当年把教育的出路问题同人类的命运联结在一起，无疑表现了一位关心国家和人类命运的大教育家的忧患深思，反映了他合国情和世情于一体的圆融开广。

陶行知对日本国内局势的理解仍有其不足之处，他对日本统治集团蓄谋侵华的动机论析也稍嫌简浅。但他毕竟异常清醒地看到来自日本的战争威胁。居留日本半年多的生活，使他实地观察到日本的国势国力及其扩张的必然趋势。因此,他一方面承认日本是一个很可钦佩的民族,它在极端困难中具有极大的建设的本领,在各文明国中成为努力发展生产并取效甚大的国家。同时,另一方面他又清楚地看到人口压力对日本军国主义的强烈刺激,告诫那些热衷鼓吹向中国东北地区"移民"的日本人:"移民"扩张决非解决日本问题的良策,只有少生主义才是最大的出路。当日本军部紧急开动战争机器密谋策划侵华和中国当局妥协空气正浓之际,陶行知平和温良的呼声当然不会引起很多人的注意,更不用说会产生轰动效应。但痛定思痛,在反省总结日本对华非正义战争的历史教训时,这一呼声仍有资格作为人类良知的表现之一而被载入史册。

陶行知在以上苦思苦索所设计规划的三条出路,在当时的反响又如何呢?

在近代中国,启蒙和救亡或并时而作或交替而兴的双重变奏不绝于耳。启迪暗昧稚弱的民众和挽救危急存亡的国运,始终成为令众多的思想家和教育家心力交瘁的两大难题。从戊戌变法到辛亥革命,再到五四运动,世易时移,而难题高悬未解依然如故,启蒙的主题每每在时势急蹙之际不得不让位于救亡的主题依然如故。"九一八"之后,呼啸而至的时代的急风暴雨很快淹没了知觉在先者未雨绸缪的有益建言。"救亡"从此成为中华民族压倒一切的中心,高过一切的出路。因此,《中华民族之出路与中国教育之出路》详予指点的三条出路,虽有发蒙振聩之力,点破迷途之功,却未能及时受到知识界和教育界足够的重视,收到应有的效果。对此,人们自不必为怪。

直到以"一·二八"淞沪抗战为标志的第一阵救亡高潮过去,一直处在呼吸急迫目光焦灼中的人们,方才稍得从容,回眸相顾。有意思的是,最先对此作出反响的还是他的学生和朋友。晓庄学生刘季平以"满力涛"(马列主义浪涛之谐音)为笔名,著文批评包括此文观点在内的生活教育思想。对于这位系身狱中尚不忘教育的革命者,豁达大度的陶行知一如平常对待那些激进的青年学生那样,宽厚地笑而不论,仍将其文章发表在自己主编的《生活教育》杂志上。对于朋友,陶行知便据理力争。北京大学教育系主任尚仲衣以"子钵"为笔名,1934年10月在天津《大公报》教育副刊上以"陶知行主义是中国教育的出路吗?"为题,在此之下又以"陶知行主义人口统制论的教育之批判"为小标题,发为长文,指摘颇厉。陶行知应声而起,著文相驳。《答复子钵先生之批评》在择要驳斥之后,指出子钵形而上学的批评方法很不足取,不见生活教育的全貌,便以偏代全,抓住一两篇文字,断章取义,歪曲人意,然后施以攻讦。陶行知把这种论战之术喻之为捉虱:吹毛求疵而又无疵可得,则把身上带来的虱子放一个进去,然后指示于众曰:陶知行主义者生虱!子钵是一位在现代教育史上有定评的进步教育家,但他形而上学的"左"的观点却不足取。陶行知对他形象而又幽默的反批评很有先见之明,完全可以移用于后来那些继承子钵衣钵的"孙钵"们。

在我们看来,《中华民族之出路与中国教育之出路》这篇文章不应该落在现代教育史的视野之外,更不应该落在陶行知研究者的视野之外。晓庄时期形成的生活教育思想在此获得长足的进步。陶行知从宏观和辩证的角度来思考生活教育问题,给人以很大的启迪。他站在理论的高处,把中国教育置列于国内和国际两大社会系统之中。在前一个系统中,中国教育的出路同国内的人口控制问题、经济发展问题和政治民主问题,构成一个互相依存不可割裂的整体。在后一个系统中,中国教育的出路又同世界的人口控制问题、经济发展问题和国际平等互助问题发生联系,休戚相关。在此之前,陶行知虽有中国教育纳入国际教育运动的想法,却都不如现在阐发得那么明确,那么系统。他站在逻辑的科学立场,又把中国教育三条同时并进的出路互相沟通为一套连环的出路。少生孩子便可多做一点创造的工作,造成一个富的社会,多做一点创造的工作以造成一个富的社会,便可多得一点平等的地位与人互助,而这种平等的互助又可叫你放心大胆去少生几个孩子。据此,我们有理由认为,陶行知以恢宏的思路构筑了一个大生活教育观,在深度和广度方面同时拓开了晓庄时期所形成的生活教育思想。

我们还有理由认为,这篇文章又是陶行知在20世纪30年代前期从事教育活动的理论依据。此后,他致力于科学教育的倡导,创办"自然学园",编写"儿童科学丛书",建立儿童科学通讯学校,开展了一个很有声色的"科学下嫁运动"。所有这些,我们都可视之为他身体力行于探求中国教育的第二条出路。从"九一八"到"一·二八",日益深重的民族危机又使他在倡导普及劳苦大众教育的基础上,明确提出了国难教育的主张,创办工学团,鼓吹"小先生制",教育被切实规定为大众争取解放的工具。所有这些,我们又可视之为他孜孜不倦地探求中国教育的第三条出路。

"九一八"事变：政治立场的加快倾斜

就在陶行知为中华民族和中国教育的出路问题苦思焦虑之时，震惊中外的"九一八"事变发生了。当局的不抵抗政策造成10余万东北军不战而溃，东北大片土地沦于敌手。"九一八"事变是日本帝国主义狂妄地要变中国为其殖民地阶段的开始，也是中国人民局部地英勇抗击侵略的开始。陶行知前不久对日本侵华的忧虑不幸而中。

"九一八"事变发生后，民族矛盾上升为主要矛盾，全体中国人都要在是否"抗日救国"这个检验民族良心的巨大问号面前作出自己的回答。一股抗日救亡的热潮迅速在全国兴起。仅上海一地，从事变发生之次日，即1931年9月19日到该年年底，百余日中，各界团体纷纷发表抗日通电和宣言，据《申报》统计即有532篇之多①。就在这一席卷全国汹汹而来的救亡热潮中，陶行知把自己的主要精力一度从教育界暂时转移到舆论界，以《申报》顾问的身份，在指导舆论推动救亡运动的同时，加快了自身政治立场向爱国救亡方向的第一度倾斜。

陶行知出任《申报》顾问，与他同该报主人史量才的交往有关。曾经当过小学教师的史量才对于教育事业素来相当关心，同江苏教育会的关系十分密切。陶、史早在1919年迎接杜威来华时即已相识。陶推行平民教育运动时创办的《平民周刊》也曾作为《申报》副刊而扩大影响。在1929年从美商福开森手中购进《新闻报》的大部分股权后，史已成为上海报界的第一号人物。他主张政治民主和新闻自由，同当局新闻检查制度和干涉民办报纸的政策日益抵触。为此，他希望得到进步人士的帮助办好报纸。1931年1月，他开始实行革新《申报》的计划。因而陶行知和刚刚解除通缉令而返沪的黄炎培同在延聘之列。陶被聘为《申报》总管理处顾问（因通缉令未除，此职未公开），黄和戈公振则被聘主持该报设计部，三人便同为该报的智囊决策人物。

担任顾问之后，陶行知为《申报》革新出力颇多。

---

① 上海社会科学院历史研究所：《"九一八"——"一·二八"上海军民抗日运动史料》，上海社会科学出版社1986年版，第112页。

有关办报的大政方针,他颇多建言。他曾向史提出三项建议:一、《申报》言论态度必须鲜明,尤其是每日一篇社论为报纸灵魂,必须精心撰写;二、增辟"读者通讯",读者来信是人民自己的声音,可以发扬民主,使《申报》真正成为人民的喉舌;三、副刊必须和《申报》整体密切配合。这三项有关办报方向和方法的建议都为史所接受。为推动革新,他还向史引荐人才。他介绍李公朴主持《申报》流通图书馆并创办《申报》业余补习学校,支持黎烈文主持《申报》副刊《自由谈》的编辑工作,还参与筹备出版《申报》丛书,约请学术界进步人士写稿。平时陶每星期去史家一两次商议报社事务,每逢重要事件,史另派专人开车接来商谈。在《申报》改革过程中,陶的种种参与顾问,无疑起了一定的推动作用。

有关重要社论时评的发表,他参与决策讨论。据一位十分知情的当事人称:"在 1931 年至 1934 年间(特别是 1932 年),《申报》的时评大都由陶先生出点子、命题、列纲,或由陶先生修改写成的。可以说《申报》的政治态度与陶先生的政治态度是一致的,从某种程度上讲《申报》支持进步势力和救亡运动,是由陶先生掌舵的。"[①]1932 年"一·二八"淞沪抗战时,陶行知参与撰写了全力支援十九路军的社论,成为当时由史量才出任会长的"上海市民地方维持会"的行动纲领。当年 6 月,蒋介石置"攘外"于不顾,而倾全力于"安内"——发动对红军的第四次"围剿"。据上述当事人忆称,当此之时,史量才与宋庆龄、杨杏佛、陶行知、黄炎培等分头商谈后,一致认为《申报》应对此表示鲜明的反内战立场。最后,又经史与陶深夜长谈,拟定若干要点,派人写成文章,再由陶修改成时评。修改时,宋庆龄也在场,并提出修改意见。最后以《剿匪与造匪》《再论剿匪与造匪》和《三论剿匪与造匪》为题,刊载在 6 月 30 日、7 月 2 日和 7 月 4 日的《申报》上。由于《申报》在舆论界执牛耳的特殊地位,这三篇文章引起当局异常震惊。蒋介石亲批"《申报》禁止邮递"的手谕,由上海警备司令部派员驻上海邮政总局监督执行,《申报》因此被禁邮达 35 天之久。同时,蒋又派人与《申报》谈判,指名迫令撤销陶、黄等人在报馆的职务。报馆表面同意,却未真正执行。由最高执政直接指令禁邮和惩戒报馆工作人员,这在当时舆论界尚不多

[①] 马荫良:《陶行知与〈申报〉》,北京市陶行知教育科学研究会:《陶行知研究》,湖南教育出版社 1987 年版,第 70 页。马为当时《申报》经理,参与报社重要事务,常与陶在史宅见面。

见。也许在当局看来,切断陶等与《申报》的联系是最稳妥见效的釜底抽薪之举。

更为重要的是,陶行知为《申报》撰写了一系列重要的时评文章。从 1931 年 9 月 2 日开始,他以"不除庭草斋夫"为笔名,在《申报》副刊《自由谈》上开辟"不除庭草斋夫谈荟"专栏,逐日刊发文章。据统计,到次年 1 月 31 日止,也就是在"九一八"到"一·二八"这一重大历史时期内,他一共写了 104 篇文章,其中相当一部分是批评当局内外政策的时评文字。这些文字不仅成为《申报》内容革新的重要标志,同时也展示了陶行知自身政治立场朝爱国救亡方向倾斜的情况。

在这些时评文字中,对日本帝国主义侵略的谴责相当突出。《战神前的对话》怒责日本侵华,对日本侵华在国内面临的困境加以具体论析,从而提出了对日久战的主张。日本不能久战,中国则利久战。久战,则日本的旧势力不与我议和,必被新势力打倒。中国抗战是对日本新势力一种很大的帮助。值得注意的是,该文还揭露日本占领东北后"向苏俄挑战",以诱使英美站到日本一边,达到其掩盖侵略中国东北之目的,使中国东北成为帝国主义对于日本之一种"慰劳品"[①]。与此同时,对于奋起抗日的中国军人,他极力表扬歌颂。马占山在黑龙江奋起御侮,他作诗敬赠曰"神武将军天上来,浩然正气系兴衰"[②]。锦西义勇军在日军即将合围决战前夕发出《绝命宣言》,他读后感奋不已。十九路军刚刚打响淞沪抗战,他便以顺从国民公意的"国民的军队"相称[③]。

在这些时评文字中,对当局不抵抗政策的批评尤为尖锐。陶行知自称,凡遇事变,素以解决数学问题之态度相待,所以绝少愤慨,也少悲观。唯有"九一八"后每见张学良充满不抵抗主义的电报,不禁怒发冲冠。因而他在《屡败屡战》中严厉申斥那位奉命不准抵抗的将军,"战而败,国民原谅你。败而战,国民敬重你。不战而败,败而不战,国民终有一天要和你算

[①] 华中师范学院教育科学研究所:《陶行知全集》第二卷,湖南教育出版社 1985 年版,第 421—424 页。

[②] 华中师范学院教育科学研究所:《陶行知全集》第四卷,湖南教育出版社 1985 年版,第 171 页。

[③] 华中师范学院教育科学研究所:《陶行知全集》第四卷,湖南教育出版社 1985 年版,第 469 页。

账。因为你所失掉的不止是土地,而且是立国之精神"①。对那以"未"字推诿坚持不抵抗政策的最高当局,他更投以无情的嘲讽:"听说日攻马占山,日军未入山海关。……听说日军将入关,日军未上紫金山。紫金山下满江水,船夫袖手看船翻!"②他又把那些袖手当国怕人抵抗的最高当局称为"人类正在排演"的"一出空前的历史剧"中的三花脸(丑角),为其写成几句定场诗:"老夫也曾革过命,于今懒动怕人动。谁要大胆动一动,俺就断他是反动!"③

在这些时评文字中,对党国要人勇于内战、怯于御侮的批评也极为引人注意。1931年11月,蒋介石提出了"攘外必先安内,统一方能御侮"的国策,孙科则附和发挥曰"救国必先救党"。对此,陶行知以《颠倒的逻辑》为题,直称他们将中国的国事弄颠倒了,而国事的颠倒则是由于逻辑的颠倒,因而力主把颠倒的事情再颠倒过来,鲜明地提出了"安内必先御外,救党必先救国"④。《军阀的镜子》则专为那些僭主自立而又开门揖盗的新军阀写照:"压倒主人自作主,挥霍兵饷如粪土。强盗进门不抵抗,主人赶贼他不许。"⑤他还称当局对外奉行不抵抗,是做了托尔斯泰的信徒,而对内则崇奉穆罕默德的策略,一手持经一手持剑以"部勒同胞"⑥。另一篇《新年三问三答》复为当局滥杀行为立一存照,当局这些年来全力诛杀"抱有不同信仰之政敌",尤其是进步青年,"砍下的头可以砌成一座山,山上坐着几个伟人,正在那儿喝酒团拜咧"⑦。

---

① 华中师范学院教育科学研究所:《陶行知全集》第二卷,湖南教育出版社1985年版,第346页。

② 华中师范学院教育科学研究所:《陶行知全集》第四卷,湖南教育出版社1985年版,第146—148页。

③ 华中师范学院教育科学研究所:《陶行知全集》第四卷,湖南教育出版社1985年版,第146—148页。

④ 华中师范学院教育科学研究所:《陶行知全集》第二卷,湖南教育出版社1985年版,第447页。

⑤ 华中师范学院教育科学研究所:《陶行知全集》第二卷,湖南教育出版社1985年版,第451页。

⑥ 华中师范学院教育科学研究所:《陶行知全集》第二卷,湖南教育出版社1985年版,第337页。

⑦ 华中师范学院教育科学研究所:《陶行知全集》第二卷,湖南教育出版社1985年版,第444页。

在这些时评文字中,也未曾放松对国民党内各派政治力量交讧的挞伐。由蒋、胡矛盾激起的宁、粤、沪各派争斗,经多次较量,达成妥协。1931年底,南京政府改组,由孙科主政,蒋、胡和汪精卫三人为国民党中央政治会议常务委员而不负实际行政责任。对于这一形式上的"统一"和"合作",陶行知看得分明。《新政府小影》讽刺蒋、胡、汪三人貌合神离道:"一个鼎儿三只脚,三只脚儿不合作。眼睛望穿北极阁,国府成了一个大空壳。"①三人中后有二人称病不问国事,他又以"病人当国"、"国将不国"相讽②。对于那些原本各欲置对方以死命的政敌,忽又称兄道弟故作姿态高唱"合作"和"统一",他写道:"今天说合作,昨天说合作。到底不合作,东北缺一角!东北缺一角,合作不合作?哥哥说统一,弟弟说统一。再要不统一,江山去半壁!江山去半壁,统一不统一?"③

在这些时评文字中,当然也未曾放过对误国殃民醉生梦死者的挞伐。《"长"忙玩忘完》把文鞭无情地抽打那些号称委员长、院长、部长的衮衮诸"长"。这些"长"们忙得很:会客忙,讲话忙,看信忙,签字忙,听电话忙,坐汽车忙,赴饭局忙,开会散会忙……忙了必须玩,玩扑克,玩麻将,玩舞厅,玩妓院,玩西湖,玩庐山……玩得什么都忘:忘党忘国忘人民,于是党也快完,国也快完,人民也快完,自己也快完,可还是希望着"长"不完,忙不完,玩不完④。《史督师对国民的训话》更借古喻今,用史可法对在朝诸臣的话,痛斥当今"晏处东南,不思远略,贤奸无辨,威断不灵"的当局者。"明朝之亡原因很多,主要的是主庸臣贪,史可法太少,而魏忠贤、吴三桂辈太多;魏忠贤、吴三桂辈起得太早,而史可法起得太迟。中华民国之史可法有几位?还要等到什么时候才出来呀?"⑤

---

① 华中师范学院教育科学研究所:《陶行知全集》第二卷,湖南教育出版社1985年版,第462页。
② 华中师范学院教育科学研究所:《陶行知全集》第二卷,湖南教育出版社1985年版,第456页。
③ 华中师范学院教育科学研究所:《陶行知全集》第二卷,湖南教育出版社1985年版,第452—453页。
④ 华中师范学院教育科学研究所:《陶行知全集》第二卷,湖南教育出版社1985年版,第393页。
⑤ 华中师范学院教育科学研究所:《陶行知全集》第二卷,湖南教育出版社1985年版,第354—355页。

报纸作为时代的晴雨表,它之升降变迁主要取决于时代风云。《申报》革新也主要是时代的推进力量使然。但我们仍应充分估量陶行知等人在《申报》革新中的作用。

人们知道,《申报》作为历史悠久盛名卓著的大报,在国内各界,尤其是中产阶级和知识界中据有很高地位。该报的舆论导向作用对国内政治生活的影响也绝不容低估。但素以稳健的"民众喉舌"自居的《申报》,从总体来说是近于保守的。在其发展史上有过两次革新,使它大放异彩。第一次是1915年史量才独资接办之后,锐意改革,主张民主,反对袁世凯称帝,报纸面貌因之一新。第二次便是这一回引进陶、黄襄佐处理全馆事务,淘汰少数反对革新政治保守的高级职员,从而使颇呈暮气的《申报》振奋起来,重执舆论界的牛耳。

《申报》在"九一八"之后的进步立场,对政府当局内外政策的公开批评,使它赢得了读者的广泛欢迎。到1932年,该报发行量达15万份,在国内报界名列前茅[1]。不消说,史量才是《申报》革新的关键人物。评价其建树是中国现代新闻史上无法跳越的重要章节。在民族危亡之际,他不屈不挠争取舆论自由,讲正义,重气节,坚持"三格"(人格、报格和国格),也是值得从今而后的报人乃至全体知识者钦敬的。但如若论析史量才革新事业的诸多推动力量,则聚集在他身边的那些进步人士的作用必须充分估计。否则,就难于解释黄炎培晚年所忆的一件故事:"九一八"事变之夜,他从报馆赶到史宅。"史正和一群朋友打牌。我说:电报到了,日本兵在沈阳开火了,沈阳完全被占了,牌不好打了。一人说:中国又不是黄忍之独有的,要你一个人起劲!我大怒,一拳打牌桌中心,哭叫:'你们甘心做亡国奴吗!'别人说:收场罢!"黄回忆这一往事,自称只是为了说明,在"九一八"之前,"史量才这一群朋友,对爱国抗日思想热诚的高度",并不"怎样"[2]。而后来史量才在爱国抗日思想热诚的高度方面,突飞猛进,迥异于前,原因种种,陶、黄等人的激励促进之功当不可没。史死后,陶等风流云散,《申报》主持无人,重又趋向保守,这又从反面证明了陶等襄佐革新的重要作用。

人们也知道,《申报》副刊《自由谈》是20世纪30年代前期国内各大报

---

[1] 《申报》在舆论界举足轻重的地位,使史量才招致当局异常忌恨,直接种下了1934年11月13日在沪杭公路上遭狙杀的祸根。

[2] 黄炎培:《八十年来》,文史资料出版社1982年版,第94页。

副刊中最能荟萃精华吸引读者的翘楚。只要打开这时期的《自由谈》目录，人们常常为其五光十色、绚丽多彩所倾倒。杂感而外，散文、随笔、速写、游记、读书札记、小说考证、文艺评论、科学小品等，应有尽有。配称于如此丰富的内容，则是来自各方阵容强大的作者队伍。鲁迅集结在《伪自由书》《准风月谈》和《花边文学》三书中的文章，大多先行刊发在《自由谈》上。茅盾、郁达夫、柳亚子、叶圣陶、林语堂、陈望道等名家，以及巴金、沈从文、胡风、徐懋庸、唐弢、周扬等一批新人，纷纷在此发硎试墨。他们在专栏"花边"之内，各抒所见，论争丛生，从而使得正反左右的社会景观，一时都缩压到兼容并包的《自由谈》中，使得《自由谈》无愧为30年代前半期中国社会生活的一面聚光镜，一个高度灵敏的感应点。

但是，学术界常常习惯于把《自由谈》最光彩的历史定格于1932年12月1日由黎烈文主编后的那二三年中，并且常常注目于以鲁迅和茅盾为代表的左翼作家在其上所留下的痕迹。在我们看来，这显然是偏而不全的。至少，研究黎烈文主编后的《自由谈》不能数典忘祖。刷新副刊面目本是陶行知革新《申报》的基本意见，而其关键则在主编得人。刚从法国留学回来、时年28岁的黎烈文缺乏编辑副刊的经验，虽由其父好友介绍前来，史量才开初在是否录用问题上尚颇踌躇。当此之时，当事人所忆称的，陶行知"积极支持黎烈文参加《自由谈》编辑工作"，显然便起了决定性的作用。因为"史量才对陶先生提出的意见，十分重视，几乎无不采纳"[①]。陶、史慧眼识才，而黎确也不负所望。他以大刀阔斧的改革赢得了人们的赞赏。

若从黎主政后的《自由谈》的方针和风格而言，人们也不难发现陶行知的前驱之功。《自由谈》副刊从1911年创刊后，长期以来一直掌握在所谓"鸳鸯蝴蝶派"之手，其内容和格调都不高，刊载的无非是有关"言情""哀艳"的文字，散发着"奇闻异事猎奇"和"茶余酒后消遣"的趣味主义的气息。可以说，陶行知在"不除庭草斋夫谈荟"专栏中，发表内容丰富，广泛包括政治、经济、哲学、历史、科学、教育、文学诸方面的文章，随后（1932年5月至8月）又在其上发表以文艺体裁表达一种教育理想的长篇连载《古庙敲钟录》，都是一种具体的革新实践，为《自由谈》增添了亮色。在黎烈文主编前

[①] 马荫良：《陶行知与〈申报〉》，北京市陶行知教育科学研究会：《陶行知研究》，湖南教育出版社1987年版，第71—72页。

一年,陶行知以自己近20万字的文字冲刷了"鸳鸯蝴蝶派"的陈腐气息,实为不可磨灭的劳绩。人们常称1934年5月继黎主持《自由谈》的张梓生,一秉其前任的编辑方针,是"萧规曹随"。实际上,我们倒可说,在某种程度上,是"陶规黎随"。

"九一八"事变后,在参与《申报》革新事业的过程中,陶行知自身的政治立场也渐次发生变化。

这种变化的标志之一,是原先的自由观念有所变动。

前已述及,他对孙中山所说,革命成功之后,"团体能自由,个人不能自由",曾有不同看法。他主张个人应与团体、国家一样获得自由,为此,专门提出了"于出头处求自由"的口号。他早先的自由观,明显偏重于讲求个体的出头,争个体的民主平等权利,争自我的合理发展。"九一八"后,国难当头,我们则发现他已把个体和群体的出头并重。当有人问他,为什么要向《自由谈》投稿?他回答:"我就是爱他那'自由'两字。我见了《自由谈》便联想到儿童的自由,妇女的自由,被压迫民众的自由,世界弱小民族的自由。我在这里要开自由之炮,破奴隶之城,缴奴主之械,解奴隶之镣,不使民间再有奴隶,人人都成为自由人。"为此,他高吟:"谁有自由笔?一起来扫地!扫到那一天?地上无奴隶!"① 显然,他在这里清楚地表明,没有国家和民族的自由,就无从保障个人的自由。他在当时自命"自由诗人",把扫除奴性和解放奴隶作为己任,以争取妇女儿童的自由和所有被压迫民众、世界弱小民族的自由作为目标,正是建立在这一认识之上。

他还强调,个体不能独善,个体的自由与群体环境的优劣密切有关。"九一八"事变后,爱国学生掀起抗日民主运动的浪潮。素以青年导师自居的考试院院长戴季陶出而干涉,公然宣称树人如树木,"树苗自由,不能成长;青年自由,不能成人"。陶行知力言其非,断言:"失掉自由,不能成人。"强调树苗要伸出头来呼吸自由的空气和感受自由的阳光,才能存活成长。青年成长也同此理,他们只有在自己处身的社会环境中不受干扰摧压,才能自由成长,成为栋梁之材②。

---

① 华中师范学院教育科学研究所:《陶行知全集》第二卷,湖南教育出版社1985年版,第350页。

② 华中师范学院教育科学研究所:《陶行知全集》第二卷,湖南教育出版社1985年版,第429页。

为了保证个体和群体的自由,他更进而认为,必须向自由之敌开战。反对压迫民众的自由,就势必要向压迫者抗争,反对压迫弱小民族的自由,就势必要向侵略者抗争。可以说,他在"不除庭草斋谈荟"中抨击日本侵略和政府当局种种倒行逆施的文字,都是这种放大了的自由观的反映。他之自号"不除庭草斋夫",显然也与此意相联。他自称,这一取名源于曾国藩"不除庭草留生意,爱养盆鱼识化机"一联。他批评下联,认为鱼的自由世界在于江河湖海,狭小的鱼盆只是鱼的监牢,要从中求其造化之机,不但违反自然,而且表示度量狭隘。但他欣赏上联,认为闲庭芳草,留而不除,自在生长,生意盎然。这一方面固然反映了他对自然对人生对社会的一种理想,另一方面也多少含有对素来服膺曾国藩的最高统治当局的嘲讽意味在内。在交代这一取名由来的文章结束处,他曾有意把"你要除草,我不除草"两相对立的态度点出,那"除草者""不留生意"的心态和做法,很容易使人联想起国内时事:在"剿匪"过程中,响彻一时的"宁可错杀一千,不可放过一人"的口号和"杀人如草不闻声"的血腥现状。

不过,对于这一时期陶行知在政治立场上的移动幅度还不能评价太高。论者有以为此时的陶行知已成为一名马克思主义者。事实表明,至少在自由观这一重大问题上,他同马克思主义尚有一定距离。对于列宁教育政策的批评便足证明。著名西方作家孚勒普密勒所著《列宁与甘地》一书,1931年由伍光建译成、华通书局出版。书中在论述列宁的教育政策时有如下一段评论:"他所定的教育,意在使人不能超过当日政府所许的知识教育,这样一来,无产阶级国里的百姓们便不会受太多的智识所激动的反省的危险。列宁一方面攻打不识字,一方面却压制自由科学。"对此评论,陶行知颇生共鸣。1931年10月22日在《自由谈》上发表《读〈列宁传〉》,内称:"列宁对于民众求知的自由是不肯放心。天下唯有空气与智识是不可受人限制。我读了这段话,不能没有抗议。当时随手写了几句不平鸣,现在给它发表出来吧:民愚不可用,大声发其聋;将明惧难制,忽欲闭其听。好比乡下亲家婆,又要送礼又眼红。"这篇文章,湘版《陶行知全集》未予收录。其实,文中的"不平"和"抗议",清楚表明了作者在自由观问题上的基本倾向,不失为研究陶行知思想发展行程的宝贵资料。

这种变化的标志之二,是在朋侪交游方面有所调整。

陶行知善与人处，兼容并包，讲求恕道，因而朋侪来往无党无派，乐与相归。但是日渐严重的民族危机却使他在交游方面素来较淡的政治色彩有所变化。一种分明的是非观念跃然而起，推开了昔日待人处世敬奉的原则，"义则居先，利则居后，敬其所长，恕其所短"，端居主位。在他看来，是非本来只是判断行为的一种符号，这种判断的能力是在实际生活里学得的本领，不是与生俱来的良知良能。这种判断又大都含有时代性、地域性和阶级性。身处困难时期的中国，以"中国大众一分子"的身份，他提出了判断是非的三项标准："（一）公者是；不公者非。增进大众福利者是；损害大众福利者非。大众福利与小集团福利冲突时，拥护大众福利者是；拥护小集体福利者非。（二）真者是；不真者非。（三）推动时代前进者是；阻碍时代前进者非。"[1]这三条判断是非的标准，实际上也同时就是判别朋友价值的标准。昔日的友人都要在这三条标准面前接受检验。无论他们过去怎样交深，如何受到尊崇，只要他们在时代的大变动中有违这三条标准，变成不公、不真和阻碍时代前进的人物，陶行知都会不假情面地对之提出批评，重新排定他们在友谊圈中的位置。

在这里，他同蔡元培、吴稚晖的一段交往是很好的证明。蔡、吴在1927年"清党"时，都是列名于弹劾共产党文件的国民党中央监察委员。在晓庄创立至被封阶段，陶行知与他们过往颇密，未有异言。但在此时却发生变化。1931年5月召开的国民会议，是蒋介石在"训政"名义下，强化党治和排斥异己的重要步骤。会议通过的《训政时期约法》以国家"根本大法"的形式，将国民党一党专政的国家政治体制固定下来。在这次会议上，吴稚晖作为会议代表资格审查委员会委员长，并参加由11人组成的约法起草委员会，全力帮助蒋介石建立高度集权的政治体制。当时有人写公开信责问他，300多名国民代表中，究竟有几名工农的代表可以真正代表工农大众？要他公布名单。吴稚晖装聋作哑，不予回答。当年10月中旬，传说吴将出洋，陶故意旧事重提，再次诘问，要他"把这笔账结一结"[2]。在这次会议的开幕时，蔡元培曾写过一篇颂词，内有"消弭众歧"、"主义实现"以

---

[1] 华中师范学院教育科学研究所：《陶行知全集》第二卷，湖南教育出版社1985年版，第459页。

[2] 华中师范学院教育科学研究所：《陶行知全集》第二卷，湖南教育出版社1985年版，第373页。

及"济济一堂,农工商士"等句。陶行知异常不满,批评对方不分是非,"令人失望":"该说公道话的人,不说公道话而说敷衍话,则是变为非,非反为是,而是非消灭了。"为此,他站在大众的立场上,另作了一篇四言"颂词",纠蔡之失:"公仆当国,僭主人翁。国之大本,忍付东风。异己信徒,亡命西东。青青年少,伐若枯松。民入地狱,自造天宫。口谈革命,主义失踪。己不受训,训人谁从?"同时委婉相劝:"蔡子长者,后学所宗。恕持异议,言出由衷。愿公登高,发聩振聋。念头转处,画蛇成龙。云霓在望,草木重荣。"这首"颂词"有批评有希望,表现了陶行知磊落光明的友道。在当时登不出来,但到当年年底发表时,他仍强调二篇颂词"谁是谁非,听读者自判吧"①。

与此相对,他又从自己所定的择友标准,结交了许多进步人士。宋庆龄自1931年7月为奔母丧返国居沪后,与史量才接触较多,从而使陶步入了以宋为核心的进步民主运动之中。当年8月,著名进步人士邓演达在上海被捕,不久在南京被秘密杀害。史量才态度坚定地带头在报上刊登宋庆龄宣言,以示抗议,陶行知也坚决支持这一正义行动。"九一八"事变后,反对内战、争取民主和一致抗日的共同政治立场,使得他们在很多重大政治问题上进行商讨,采取一致行动。1932年12月,宋庆龄同已对蒋介石专权产生矛盾的蔡元培、杨杏佛等组织发起中国民权保障同盟。在酝酿成立时期,陶"经常与宋庆龄在史家会面,讨论时局、政治"。陶、史虽未参加同盟,但"同盟的活动,宋庆龄、杨杏佛同陶、史都曾作过长谈研究"②。这种经常在史宅举行的非正式政治聚会,无疑是这批进步人士协商国事的重要途径,也是陶行知介入政治的一架引桥。参加此类聚会,显然使他朋侪交游中的政治色彩渐显。

这种变化的标志之三,是对中共愈益趋向于同情帮助的态度。

在晓庄,基于政治思想自由的原则,他对校内的中共活动采取放任态度。晓庄被封后,他既痛惜党员学生的被捕杀,又不赞同中共的"左"倾做法,因而有组织"绿色党"的想法。"九一八"事变后,当局勇于攘内而怯于

---

① 华中师范学院教育科学研究所:《陶行知全集》第二卷,湖南教育出版社1985年版,第440—441页。

② 马荫良:《陶行知和〈申报〉》,北京市陶行知教育科学研究会:《陶行知研究》,湖南教育出版社1987年版,第72页。

御外，倒行逆施误国殃民，使他对中共的态度愈益趋向同情。他在著名的"伍豪事件"中的表现便是证明。

伍豪是周恩来曾用名。周恩来时为中共中央政治局委员、中央军委书记和中央组织部部长并兼管中央情报保卫工作。他在中共党内的重要地位及杰出作用，使他成为当局企图破获当时设在上海的中共中央领导机关时必欲得之的对象。尽管周恩来已于1931年12月离沪进入中央苏区，但当局还是采用造谣伎俩，在1932年2月中旬到下旬，在上海各报登出《伍豪等二百四十三人脱离共党启事》，借图在中共内部制造混乱[①]。2月16至18日，《时报》和《新闻报》相继刊登。19日，上海新闻检查处派人到《申报》质问何以不登启事。《申报》遂于20至21日刊登，却又于22日刊登了一个由《申报》广告处出面的辟谣性质的启事。

据当事人回忆，《申报》有意拖压及刊登广告处启事，都同陶行知有关。原来《时报》《新闻报》刊登所谓"伍豪启事"后，中共上海地下组织迅即研究对策，拟请《申报》刊登《伍豪声明广告》以辟谣。但《申报》原有规定，凡重要广告必须有个人或店铺担保，这一声明广告，手续不合，不能刊登。广告处函告后，中共地下组织再次研究决定，拟请《申报》用广告处名义将复函作为广告刊出，由地下组织支付刊费。广告处将此事请示史量才，史因"受到陶行知影响的结果"，"决定刊登广告处启事"，并不收取广告费[②]。这一题为《致伍豪先生公开信》的广告处启事内谓："伍豪先生鉴：承于本月十八日送来广告启事一则，因福昌床公司否认担保，手续不合，致未刊出。"当"伍豪事件"沸沸扬扬之时，广告处启事却间接说明伍豪有一个否认并揭穿当局造谣的声明，只因担保关系不能刊出，从而很巧妙地起到了辟谣作用。

接着，中共地下组织又采取了更加明确有力的公开辟谣措施，聘请著名法国律师巴和出面[③]，以周恩来另一别名周少山的名义，在3月

---

① 现已查明，这个所谓"启事"，是当时国民党中央党部调查科情报股总干事张冲与该科驻沪调查员黄凯合谋伪造，由张执笔，黄派人送上海各报刊载。

② 马荫良、储玉坤：《关于"伍豪启事"的一些背景材料》，《〈申报〉介绍》，上海书店，第47页，出版时间不明。

③ 巴和律师为法国法学博士，1917年应震旦大学之聘来沪，并兼北京大学法科教授。因教学成绩卓著，1919年被聘为北大名誉教员。巴和在沪兼办律师业务，蜚声一时，时为《申报》常年法律顾问。

4日的《申报》上以醒目的大字标题登出《巴和律师代表周少山紧要启事》。内谓:"周少山撰文曾用别名'伍豪'二字,未用作对外活动;近日报载'伍豪脱党启事',实与本人无关。"这一启事又巧妙地利用当时法律,一扫满城风雨,澄清事实真相,揭露了造谣者的阴谋。巴和代表周少山发表声明,其间是否与陶、史相助有关,虽然未见确切材料,但《申报》以醒目位置登此启事,却不能不说与陶、史等对中共的同情帮助态度有关。

举凡对20世纪30年代初上海异常复杂的政治环境有所了解的人,也许不难理解陶、史以充分的勇气和机敏的技巧,帮助中共妥善处理这一棘手问题的重大意义。举凡对"文革"历史有所了解的人,也许还记得江青等人旧事重提,使"伍豪事件"再度闹得沸沸扬扬①。只要联系到前前后后这许多情况,人们也许就不难理解,何以从30年代末开始,周、陶二人相逢后会一见如故,倾心相与。可以说,"伍豪事件"正是促成他们订交的预伏的媒介。

1932年2月陶行知被当局解除通缉令,这已是在1931年11月当局宣布恢复冯、阎等312名党政军要人的党籍以标榜团结内部抵御外侮之后数月之事。在晓庄被封后的两年左右时间内,潜逃、亡命他国,返国后再度匿居,是陶行知一帆风顺踏上社会之后所经历的最为艰难的一段生涯。在失去正常的自由生活之后,他曾经苦闷和彷徨过。但"九一八"以后日益高涨的抗日救亡形势,使他从焦虑抑郁的心理状态中逐渐解脱出来。满目盈耳是广大民众和青年学生的游行呼号,是爱国心热的知识者的泣血宣传,是舍身报国的军人拉开淞沪抗战的壮烈一幕。重大的突发事件常常能迅速改变一个人的心理流向。升华了的人生价值目标常常更能激起一个人承担更大的社会责任。在民族救亡的血与火的强烈刺激下,我们发现,高昂亢奋的情绪已成为陶行知的思想主流。

纵观中国近代历史,每当国家和民族出现严重危机之际,国利民福总

---

① 在"文革"中,"伍豪事件"乃至迫使包括毛泽东在内的一批高层领导人物出来作证表态以澄清事实,迫使周恩来本人在有关重要会议上再度郑重说明原委。及至1975年9月病重进入手术室前,周恩来还特将这一说明原委的会议记录调来补上亲笔签名,充分表现了这位久经沧桑的政治家对此事不同寻常的关切程度。见《"伍豪事件"的前前后后》,《中共党史资料》第五辑,中共党史资料出版社1983年版,第16页。

被当作最现实最迫切的问题而置于首位,而有关民主启蒙则退居次位。中国知识界一再面临救亡和启蒙两大主题冲突的两难选择。而今当"九一八"和"一·二八"的枪声压倒其他声音之时,当国家和民族的政治重心倾斜到救亡之际,固有思想政治立场相应发生位移是知识界的普遍现象。陶行知只是其中具有代表性的一员罢了。

从科学教育到国难教育:中国教育出路的新探求

在发表《中华民族之出路和中国教育之出路》后,陶行知很快就从有关中国教育出路的新思考转入具体的探索工作之中。于是,人们看到,从1931年春到1936年春,整整5年,他以上海为基地,不断进行教育试验,不断提出新的口号,次第发动了科学下嫁运动、工学团运动、小先生运动、大众教育运动和国难教育运动,五大运动循序而生,纠连互结,极大地丰富了陶行知早先的生活教育思想,并与他此时政治思想的发展呈平行状态。

科学下嫁运动

从日本返沪之初,由于处于匿居状态,无法从事公开的教育活动,他只能致力于科学教育的试验和倡导。

在有关中国教育出路的新思考中,他曾强调自然科学是从农业文明过渡到工业文明的最重要的知识技能。如若没有真正可以驾驭自然势力的科学,则农业文明必然破产,工业文明也无从建设。教育必须把自然科学放在极为重要的位置,方能教人创造富的社会,找到中国教育和中华民族的出路。可是,现行的中小学自然教科书却根本不能适应这一任务。它们只是一些"科学的识字书"或"科学的论文书"。它们不教人试验,也不教人创造,只能造成"自然科学的书呆子",学生即使读到胡子变白,也不能从中"得着丝毫驾驭自然的力量"。为了改变这种状况,虽在基本人身自由都不具备的困难条件下,他仍试图以自身有限的力量促进中国的科学教育。

1931年夏,凭借史量才的资助,他在上海西摩路创办了一个"自然学园",从事自然科学的实验并研究科学普及创作。他网罗人才,以新从法、美留学归来的丁柱中和高士其以及原晓庄学生方与严、戴伯韬、董纯才等为核心,组成一个"自然科学团"。他拟以此为依托,主编一套数达三五百种的《儿童科学丛书》,内容广泛包括近代各方面的自然科学知识。丛书旨在培养儿童动手实验的能力,从"做"中把儿童引导到近代的新奇发明、科学原理以至推及到日常生活和环境的改造上去。为此,丛书要求作者吸收和消化前人的科学成果,并亲自动手"玩一下"科学实验。丛书还要求作者注意就地取材,多找中国例子和中国材料,克服过去同类书本偏重于举外国例子和引外国材料的缺陷,以增强民族自信心。丛书还特别要求内容通俗有趣,文字浅近明白,以增强可读性普及性。陶行知希望这套丛书将来能代替那套无用的自然科学教科书。

在陶行知领导下,自然学园在不长的时间里就结出了很丰硕的成果。丁译《巴士德传》,高写《微生物大观》,董译苏联著名科普作家伊林的《十万个为什么》《五年计划的故事》等,他自己与长子陶宏一起编了《儿童科学指导》《儿童天文》《儿童卫生》和《儿童数学》等书,这些书先后交与儿童书局出版。与此同时,他又带领这一班人开始为中山文化教育馆编译《大众科学丛书》,图文并用。第一批交稿五六种,可惜这些书稿由于种种原因未能出版。自然学园还培养了一批科普作家。高士其便是其中的著名代表①。

"一·二八"事变后,因战事影响,经济困难,史量才停止了对自然学园的经费支持,但陶行知并不因此而却步。1932年6月,他又率领自然学园一班人,在上海爱文义路小沙渡路永裕村创设了一所儿童科学通讯学校,继续推广科学教育。该校以"造就科学的儿童与科学的民众成为科学的民族,以适应科学的世界"为宗旨,以补充小学教师、师范生、儿童家长及识字青年和儿童的科学知能为具体任务,聘定各科指导员,从事儿童科学活叶指导②。学校每月按时发讲义,学员可据此动手试验,遇有疑问可随时来问。学校没有经费来源,陶行知等不但纯粹义务工作,还要贴上自己的稿费收入用来维持讲义印发。学校创办时招生100余名,以后每年招生,直

---

① 高士其原在美国研究细菌,在试验时受病毒感染,得了脑炎后遗症,久治不愈,贫病交迫。归国后经李公朴介绍进自然学园,从此走上科普创作道路。事隔半个多世纪后,他仍以充满感情的笔触忆念陶行知对自己的巨大帮助,以及自然学园那一段美好的学习和写作生活。见高士其:《陶行知先生对我的鼓励和帮助》,《人民日报》1981年10月18日。

② 该活叶指导范围包括:科学工作指导、儿童科学丛书及其他参考书运用的指导,最近科学新知的介绍,儿童科学问题的解答。课程内容则包括儿童的生物、物理、化学、天文、气象、地球、工艺、农艺、生理卫生和科学指导10个方面。

到 1935 年因经费实在无法维持方才停办。以推广儿童科学教育为职志的学校,在中国现代教育史上是一首创。难怪《时事新报》在 1932 年陆续报道该校消息,而高士其则在回忆中称其为陶行知"一生的杰作之一"。

在创办推广科学教育实体同时,陶行知丝毫没有放松有关舆论宣传。除利用各种机会到学校演讲或做科学把戏给儿童看,他把《自由谈》当作主要宣传阵地。"斋夫谈荟"总共发文 100 余篇,其中宣传科学和科学家的就有近 20 篇,其总数仅次于时事评论。在这些文章中,陶行知特别颂扬那些出身贫困的自学成才者。他认为近代人类文明的进步是同那些"小徒弟""在知识之最前线领导"有密切关系。他列举那些有出息的"小徒弟"的事迹[①],用以证实有关"行动是思想的母亲"和"科学是从把戏中玩出来的"教育理论,从而使他有充分的理由建议中小学生学习科学要手脑联盟,要劳心与劳力结合。也使他有充分的理由建议从小培养儿童的科学兴趣,发展他们在科学上的天才,从而要求中国的父亲都学做富兰克林之父,中国的母亲都学做爱迪生之母。在这些宣传科学教育的文章中,又始终贯彻着一种民主精神。陶行知反复申述,科学发明是人类的公器,不应保守,据为己或一集团所有;科学发明应做养人保人的工具,不该做害人杀人的凶器。由此出发,他对于发明炸药著称于世的诺贝尔持有保留看法,而对依附墨索里尼的意大利无线电科学家马可尼则不屑一顾。

需要指出,陶行知这一回倡导科学教育,既是前此"五四"时期高张科学教育的继续和发展,也是时事政治的刺激使然。日本之强,强在其科学发达。流亡日本时所得这一深刻印象,更因"九一八"事变而加深。事变发生不过十来天,他考虑的即是如何以 20 年为期,厉行小学科学教育,以造就科学的儿童,建成科学的中国,使中国"永远立于不败之地"[②]。尽管他对中国实现科学化的想法过于简单,认为中国"只要在孩子们中培养出像爱迪生那样的几个科学杰出人才,便不难使中国立刻科学化"[③]。但他谋

---

① 他赞扬"小徒弟"瓦特发明蒸汽机推动了产业革命,"小徒弟"富兰克林用风筝取电是人类从天上夺来电气的先驱,发明发电机的"小徒弟"法拉第是"电化世纪之开山祖师",而发明电灯、电车、电影等的"小徒弟"爱迪生则是电化世纪的"电力驾驭者"。

② 华中师范学院教育科学研究所:《陶行知全集》第二卷,湖南教育出版社 1985 年版,第 348 页。

③ 华中师范学院教育科学研究所:《陶行知全集》第二卷,湖南教育出版社 1985 年版,第 577 页。

求国富民强以御外侮的拳拳之心却不可没。

然而政府当局仍不准他在这方面有所作为。1932年2月22日,南京政府内政部宣布取消对他的通缉令。5月19日又由教育部训令南京市教育局发还晓庄学校。陶行知恢复自由后的第一个公开反应,就是派专人前往南京恢复晓庄各中小学校及幼稚园,并在报上登出广告,定于7月15日至8月15日在晓庄办理儿童科学暑期学校,培训1000名在职中小学和师范的教师。他希望经由晓庄带头,一年后各地都能举办此类学校,以利短期内训练出大批儿童科学教育人才。但这一计划很快夭折。如此大张旗鼓卷土重来,"啸聚"于"卧榻之侧",显然令高卧者深为不安。而《申报》当年6月底7月初所发表的三论有关《剿匪和造匪》的文章又令当局极度震怒。于是,当局在指名把他逐出《申报》的同时,不惜自食其言,立即命令禁止暑假学校招生,拒不发还仪器、图书、设备,加派军警进占晓庄。这样,进一步推行科学教育和晓庄复校的计划被扼杀,陶行知无法回到晓庄继续从事这方面的探索,只能留在上海另辟新径。

工学团运动

有关工学团的构想,出现在1932年夏。在《古庙敲钟录》的最后部分,他把工学团作为自己的教育理想提出。他认为"工以养生,学以明生,团以保生"的基本主张,是改造旧教育和"培养合理的人生"的要件。工学团可以创造一种富有人生意义的集团。如果全国的家庭、商店、工厂、学校、军队、乡村一个个都变成工学团,人人生产,人人长进,人人平等互助,人人自卫卫人。那么,工学团便可成为"中华民族的救生圈","中华民族的新生命"也就"在工学团的种子里潜伏着"。他又认为,广大乡村既是中国新教育之"新大陆",也是工学团的"最好的育苗场"。只要开辟一个苗圃,就能培养一批园丁,这些园丁便可带着幼苗到处栽培,使它繁殖到天尽头。所以,在乡村试验工学团,前途不可限量[①]。为此,他很快发表《乡村工学团试验初步计划说明书》,正式向社会宣布试验工学团的打算。

---

① 华中师范学院教育科学研究所:《陶行知全集》第二卷,湖南教育出版社1985年版,第559—561页。

在这一计划中,陶行知既成的教育探求被充分归纳集成并引申发展。前此倡导的生活教育基本理论,如社会即学校、生活即教育和教学做合一,统统沿用为工学团试验的指导思想;前此依靠当地农民因陋就简、少花钱多办事等乡村办学经验,仍被列为办理工学团的基本方法。但是,计划中提出要施行"普遍的六大训练",却是前所未有的。六大训练为军事训练、生产训练、科学训练、识字训练、民权训练、生育训练。它旨在将工场、学校、社会打成一片,使工学团同时成为一个小工场,一个小学校,一个小社会。它完全服从"产生一个改造乡村的富有生命力的新细胞"的要求,以求"已经到了生死关头"的中华民族"起死回生"①。

工学团计划的拟订,是陶行知中国教育出路新探求新试验的又一开始。它标志着学校教育的根本改造,普及教育的崭新途径,民族救亡的强烈愿望。

计划方针一经确定,随即采取行动。分路派人外出寻觅地址,最终在沪太(仓)公路孟家木桥找到相宜之所。由陶行知、丁柱中与当地农民陈立廷等联合申请立案,经地方教育当局同意,一所对外名为"山海实验乡村学校",世称"山海工学团"的新型教育团体,于1932年中秋节后总部开始活动。取名"山海",包含两层意思:一是地处宝山县和上海市之间,二是日本侵占东北进攻上海,"天下第一关"山海关已无险可守。"山海"取名,语意双关,凝聚了陶行知在国难之际创办工学团的一番苦心。

山海工学团中最先成立的是孟家木桥儿童工学团。该工学团自10月1日建立之后,迅速开展如下工作:一、工读结合。设有木工、袜工、籐工三个手工工场,聘请工匠作技术指导,师生学手工,工匠学文化,自己动手制作课桌椅、简易教具、玩具及实验器具。同时还在生物教师指导下,学习养蜂、养兔、种菜等农副业生产。工学团通常上午学习文化科学和政治知识,下午参加劳动。二、防治疾病,普及医药卫生常识。工学团设立小诊疗所,聘请医生担任医学指导,免费为农民治病,送医治药上门,辅导农民家庭卫生。三、开展文娱活动。每星期五晚上举行同乐会,师生农友欢聚一堂,演节目、讲故事、玩科学把戏。

---

① 华中师范学院教育科学研究所:《陶行知全集》第二卷,湖南教育出版社1985年版,第593页。

孟家木桥儿童工学团影响所及,使得山海地区周围近10里内的各村如肖场、沈家楼、红庙、夏家宅、赵泾巷、侯家宅等相继办起工学团。按年龄性别分则有青年工学团、儿童工学团、幼儿工学团和妇女工学团,按生产性质分则又有棉花工学团、养鱼工学团、养鸡工学团、缝纫工学团和纺织工学团。

继踵山海而创办的是晨更工学团和光华工学团。它们设立于沪西周家桥工业区的边沿,分别由晓庄学生徐明清和朱泽甫负责主持。选择这一城乡交接的结合部作为办学地点,显然是陶行知的精心考虑。此后在上海创办的工学团,还有晓庄学生孙铭勋、戴自俺主办的劳勃生路劳工幼儿团,陶行知倡办的中国普及教育助成会,工读生方明主办的静安寺报童工学团和流浪儿童工学团,在徐明清启发引导下英美烟厂女工朱冰如主办的浦东女工读书班等。上述单位,尽管有的名称不叫工学团,但其实质都是工学团组织。借用当事者的话来说,它们都是山海工学团的姐妹团或兄弟团,都是环绕着山海之光放出来的卫星,循着山海的轨道在运转。它们都是在陶行知的直接指导下创办起来,试验其工学团的教育理想。

在陶行知的推动下,工学团试验不久便取得了可喜的成绩。在这一新型的教育组织中,陶及其弟子和当地群众同甘共苦,并力奋斗。他们在做中教农民科学种田,发动农民修桥铺路抗旱救灾,发展生产,移风易俗。他们为工人开办夜校,举办文艺体育活动。1933年10月,为庆祝山海工学团成立一周年所办的展览会上,展品琳琅满目,前来祝贺的本地及外地来宾济济一堂。此后,有关工学团试验情况经常出现在报刊上,也出现在电影中,成为进步教育运动的一面旗帜。人们常常怀着浓厚的兴趣前来参观,上海文化界知名人士也常常应邀来此讲课或演出[①]。

不过,在当时历史条件下,要进一步推广乡村工学团运动困难还是不小。因为按照陶行知的主张,乡村工学团的主体是农村中那些靠自己动手种地吃饭的真农人,村外同志只处于推动、赞助和辅导的地位。因此,首先要找到一个群众基础较好,足以将"养生"、"明生"和"保生"主张付之实行

[①] 山海工学团曾接待过美国进步作家史沫特莱和由马莱率领的世界人民反战大同盟代表团等。上海文化界来此讲课的有邹韬奋、钱亦石、薛暮桥、艾思奇、钱俊瑞、聂耳、吕骥、冼星海、张曙等来此教歌,田汉率领的剧团以及金山、金焰、崔嵬、安娥等来此演出。

的试验环境。可是中国农村具备这种条件的试验环境并不多。至于能够推动并促进工学团运动的"村外同志"为数也不多。留在陶行知身边的一批晓庄学生也只能在小范围内做规模有限的试验,难以进一步扩大。况且这些学生中又有一部分是以中共地下组织和工学团的双重身份进行活动的。他们中有些人认为工学团是一种乌托邦。因而他们往往更热衷于借助陶行知和工学团的名义作为地下活动的庇护①。

恐怕正是出于进一步发展工学团运动存在诸多限制的考虑,在试验工学团一年多后,他又发明了"小先生制",此后,普及教育工作也就主要转到这一新的试验上来。

小先生运动

"小先生制"是在1934年"一·二八"淞沪抗战两周年之时提出的。这一天,山海工学团除举行纪念会外,还举行儿童自动工学团小先生普及教育队授旗典礼及宣誓,宣告"小先生制"正式问世。

在推行普及教育的实践过程中,善于观察善于总结的陶行知屡屡发现小孩子能做先生的证据。晓庄佘儿岗农民自办的农村小学,其校长、教师都由小孩自己担任,所以又称"自动小学",陶行知称赞他们是"小孩自动教小孩"。山海工学团有两位13岁的小孩子,都在组织儿童工学团方面表现出才能②。他还发现,小孩不但能教小孩,而且还能教大人。倡导平民教育时,年仅6岁的小桃(陶晓光)刚读完第一册《平民千字课》,就能做小先生教祖母读书。上述"小孩自动教小孩"之句,前一"小孩",他原作"大孩"。该校小朋友读后提议改"大"为"小",他深有所感,称其为自己的"一字师"。

但是,小先生足以担当普及教育大任的证明,还数1933年10月发生

---

① 这种情况在晨更工学团尤为突出。地下活动既不隐蔽,也不注意方法,以致素来宽容为怀的陶行知也不得不正色提醒他们:"我愿意做篱笆保护你们,但你们不要搞得我站不住脚啊!"(见张癸:《陶行知与中国共产党》,《行知研究》1987年第1期,第52页)事实表明,这一忧虑不为无因。晨更过露过"左"的做法,引起当局严重注意,终于在1934年2月被封,过早结束了自己的历史。而活动比较隐蔽的山海,则一直坚持到抗日战争和解放战争。相比之下,不难看出"左"倾路线对工学团运动发展的影响。

② 侣朋应邀到宜兴和无锡交界处的西桥,第二天出席一个300多人的农民大会,立时组成一个儿童工学团。张健在萧场帮助其哥哥张世德(劲夫)创办儿童工学团,成功地领导40多名小学生把教育送到100多名不能上学的小孩那里去。

的两件事最有说服力。一是所谓张健"舌战"马莱。马莱率反战同盟代表团参加山海工学团一周年纪念活动,陶行知派张健负责接待座谈。马莱当时曾说英国是支持中国抵抗日本的,张健却据理具体分析,英国人民支持中国人民反对日本侵略是对的,但英国政府不一定支持中国人民,而是支持国民党政府镇压中国人民的革命活动。为此,他向马莱介绍了当时上海英租界工部局协助政府当局捕杀中共和爱国人士的事实。二是新安儿童旅行团来沪旅行修学。7名来自江苏淮安新安小学的学生,没有教师领导,也没有父母照应,跑到上海到各工厂、学校、机关参观,并到处讲演,通过"卖讲"取得旅费。他们不但出现在中小学讲台,还登上大夏、光华、沪江各大学讲台。这些孩子的突出表现,增强了陶行知依靠小先生推行普及教育的决心,而陶行知的高度评价又激起他们走向社会走向生活的更大信心。可以说,正是陶行知的鼓励,使该校学生在两年后再度组成旅行团,宣传抗日救亡,走遍全国22个省市,行程5万多里,从而谱写了中国现代史上举世闻名的光辉一页。

"小先生制"一经问世,陶行知就全力以赴到处奔走,宣传推广。1934年3月16日,他撰写《小先生歌》,热情歌颂小先生粉碎知识私有,是划分时代的伟大力量。这首歌由赵元任谱曲,随小先生运动的广泛开展而广为流传。随后,他发表《怎样指导小先生》和《小先生解》等文章,为小先生运动提出若干方针原则。1934至1935年,他先后赴杭州、安庆、凤阳、天津、济南、南京、九江、武汉等地推广,又向来沪参观的甘肃、广西、山西和山东等地教育代表团介绍并商讨推广事宜。在此期间,他主编"小先生丛书"《老少通千字课》(1934)和《民众学校教科书》(1935),编选出版论文集《普及教育》(1934)和《普及教育续编》(1935),还创办了无线电广播学校,进行"三十分钟普及教育"(1935)。

在推广小先生运动的过程中,他不断总结归纳,很快提出许多有价值的理论要点。

他坚定地把推行小先生运动同实现国家现代化联系在一起。普及教育运动的最大最终使命,就是把现代文明的钥匙从少数人手里拿出来交给大众。小先生运动正是一种能把失去教育机会的人"一起赶上时代的前线"的有效办法。

他又坚信,小先生运动是适应中国国情的普及教育方法。在中国这样一个文盲充斥的穷国中,只有用"小先生制"这种穷办法才能少花钱多办事。

他还深信,中华民族致老致衰原因虽多,但教育上的失误总是一大原因。大人跟小孩学,可以无形中恢复其"赤子之心",有助于整个民族"返老还童",恢复活力。

在他看来,"小先生制"还是推行生活教育的理想途径。"生活即教育"、"社会即学校"和"教学做合一"等基本原理,都可以在"小先生制"中得到贯彻。一般的学校要和社会联系有不少困难,"小先生制"就如一根根活动的电线四面八方伸展到社会底层,又如一条条血管,将学校与社会联接起来,充分发挥这一新型的文化细胞在整个社会文化网络中的作用。

在推广实践"小先生制"的过程中,他还总结归纳出不少在普及教育中很有实用意义的原则和方法。

即知即传,是最主要的原则和方法。与即知即传相对立的是守知奴,那种大头鬼式的守知奴同那种大肚鬼式的守财奴都是社会上的怪物。即知即传才能收伏守知奴,做到知识公有,使中国人聪明起来。能够即知即传的成人,可称"传递先生",小孩便称为"小先生"。小先生的职务,不但是教人,更重要的是教人去教人。小先生的成绩并不在直接所教学生的人数,而在间接所传代数之多。等到小先生所教的学生也能教人,像滚雪球一样越滚越大,小先生工作的意义也越见其大。

非班级常规,是第二条原则和方法。如果不从实际出发,硬要小先生做起传统先生,把一个班级的小学生交给他去领导,那便是摧残小先生,必定一败涂地。所以,克服贪多的野心,把小先生所担任的人数减少到两三个,是保证小先生成功的基本条件。

开门教人,是第三条原则和方法。关起门来由优秀的大同学教小同学,这种外国流行过的"蓝喀斯特制"①,同"小先生制"毫不相干。"小先生制"不但要把在校和不在校的小孩都变成小先生,而且要开起大门去找学生。不论是家中不识字的父母兄嫂姐弟,还是隔壁邻居不识字的大人小孩,都是他的对象。只有开门,1000万小先生才能变为3000万,才能体现"小先生制"的力量。否则,关起门来教来教去,1000万人还是原数,终与

---

① 蓝喀斯特制,亦称导生制。此制由教师先择年龄较大的优秀学生进行传授,然后由其转教其他学生。

"小先生制"无关。

与生活连在一起教,是第四条原则和方法。文字是生活的符号。在现实生活中,符号与生活可以很自然地联系在一起。教一位不识字的妻子识字,可帮她读丈夫的来信;教一位不识字的母亲识字,可帮她认医生为其病儿所开的药方;山海工学团进行电化教育,会读入场券的可以半价入座。

要有指导和考核,是第五条原则和方法。小先生在完成自己使命的过程中,会遇到种种困难,如找不到学生和不明自己职务,导师都应随时指导。导师还应加强考核,考查小先生所教学生所干出的成绩。在山海用计分法考核,凡小先生教会一人读写一册《老少通千字课》者得一分,教会二人读写一册书或教会一人读写二册书者则得二分,余可类推。小先生团员证上有一个金星,教出一代小先生则加一个金星。

在陶行知的积极倡导下,"小先生制"在普及教育运动中充分显示了自己的力量。一重重过去传统的普及教育方法难以攻克的关口,如先生关、课本关、纸笔关、灯油关、文字关、城乡关、会考关、划一关、饭碗关等,在小先生手持现代文明钥匙直叩之下,纷纷开关启门,迎纳普及教育的阳光。尤其在攻克女子教育关方面,"小先生制"更显示了自身的优长。年轻女子接受普及教育,常常受到来自家庭和社会习惯势力的各种阻碍。小先生却灶前、屋角、新娘房都可做自己的课堂,失学的女子在他面前不用害羞。小先生像热烈无比的太阳,他一出来,女子教育的许多障碍就像冰雪一样化掉了。

在陶行知的积极倡导下,"小先生制"在普及教育运动中充分展现了自己的成绩。到1934年底,也即"小先生制"问世11个月,它已经推行到全国19个省、4个特别市。湖北江陵和浙江鄞县全县开始普遍采用"小先生制",安徽教育厅视小先生制为普及全省教育之要图。在上海及其四郊已有小先生万余人。在宜兴西桥,晓庄佘儿岗,无锡河埒口,淮安之新安,歙县之王充,山东之邹平和泰山,河北之南开和定县,河南之百泉、洛阳和开封,广东之百侯,山西之舜帝庙等地,都有小先生活跃的身影。

与此同时,"小先生制"在国外也迅速引起反响。日本著名实验学校东京池袋儿童之村小学的教师译述陶行知有关"小先生制"的论文。他们表示要深刻反省日本教育过去照搬照抄德国和美国教育的弊病,更多地"注视邻邦中国的动向",考虑"在教育运动方面的相互协力"①。在东南亚地区,"小先生制"也引起人们重视。1935年新加坡《星洲日报》刊发了陶行知介绍小先生运动的文章。

大众教育运动

陶行知一直认为,国难当头,只有通过教育才能真正调动人民大众的力量:把少数人的力,变成多数人的力;把空谈的力,变成行动的力;把散漫的力,变成组织的力;把被动的力,变成自动的力;把仅用脑或仅用手的力,变成脑手并用的力。因而在推行工学团和小先生运动之后,随着国难日益严重,他又提出了大众教育的口号,力图通过大众教育运动来造成伟大的民族力量。

陶行知还一直认为,普及教育运动之最大使命,便是把活用的文字符号和求进的科学方法这个现代文明的钥匙,从少数人的手里拿出来交给大众。因而在倡导大众教育运动过程中,凡是有违于此原则的教育,都被他称为"小众教育",施以严厉批评。他把传统教育称为"跑狗式的赌博教育",又称为"拉夫教育"。对那种变相科举的会考制度和专为上层小众服务的特殊教育,他反感尤深②。特别需要指出的,对政府当局以"义务教育"为名,文饰小众教育的做法,他更是不能容忍。

南京政府成立后,屡屡以"普及国民教育,提高民众智识"相标榜,通令各省市组织"义务教育委员会",推行义务教育。1930年公布的《约法》还规定"已达学龄之儿童,应一律受义务教育"。当年春召开的第二次全国教育会议还据此专门拟定了《实施义务教育方案》,以20年内使全国学龄儿童都受4年义务教育为目标。可是到1932年,工作毫无进展。当局乃降低4年义务教育的要求,颁发《短期义务教育实施办法》及《第一期实施义务教育办法大纲》,通令各省市斟酌地方情形,拟具计划,督促试行。在把推行义务教育的责任推给地方当局后,仍无多少进展。于是1935年当局又重拟《实施义务教育暂行办法大纲》,再度降格以求,将义务教育分三期推行,第一个五年和第二个五年分别使学龄儿童受1年和2年的义务教

---

① 牧野笃:《陶行知与日本》,《行知研究》1989年第3期。
② 华中师范学院教育科学研究所:《陶行知全集》第二卷,湖南教育出版社1985年版,第845、776、676、773页。

育,到第三个五年开始才搞 4 年的义务教育。

对当局一再推诿退缩的立场,陶行知公开批评这个大纲。他批评义务教育的范围太狭。义务教育只限于学龄儿童,不包括那些不识字的成人,大纲未能将儿童教育与成人教育通盘考虑,显然是顾此失彼,片面不全。他又论证大纲所规定的三期推行计划缺乏现实基础。在天灾人祸压迫之下,要筹集数以亿计的教育经费,几乎是梦想。如果硬性摊派,则义务教育推行愈紧则人民痛苦愈深,只能"促农村破产"[1]。对于大纲中肯定的"短期小学"、"二部制"和"保学"等义务教育的组织形式,他也提出批评,指出它们仍未跳出学校式教育的旧模式。一保设一学校,全国当设 100 万所"保学",以可怜之极的教育经费又何能普设? 二部制把一个学校当作两个学校用,又至多只能加倍收录学生。短期小学叫学生学了 1 年、2 年至多 4 年便停学,不啻给大众以一个"短命文化"和"短命教育"的暗示[2]。

同时需要指出,在尖锐批判当局的小众教育做法时,陶行知并没有放松自我批评。1930 年春天他参与拟订过两个普及教育计划。前一个成人补习教育计划拟成之后未能实行,是因为"被一不懂事的官剪去一段重要的办法,成了一个残废的计划,所以失了效用"。后一个由全国教育会议通过的 20 年完成的普及教育计划之所以失败,却是自身的错误。他反省道,一则自己对中国每年工业进展能否应济教育普及率逐渐增高之需要尚存奢望,对中国幼稚的工业在帝国主义压迫下的艰难发展估计不足,二则自己对儿童和大众的力量的估定偏低,对于学校式传统教育尚未彻底看破。为此,他郑重表明,大众教育运动务须从中国国情出发,时刻记住提倡劳苦大众的教育建筑在中国"极困难的农业经济的基础上,它是一个农业国的普及教育方案",同时务须不忘对中国儿童和大众的力量的新估计和对传统学校的彻底看破[3]。

在倡导大众教育的过程中,他又积极参加到有关语文如何接近民众的

---

[1] 华中师范学院教育科学研究所:《陶行知全集》第二卷,湖南教育出版社 1985 年版,第 846—849 页。

[2] 华中师范学院教育科学研究所:《陶行知全集》第二卷,湖南教育出版社 1985 年版,第 857—860 页。

[3] 华中师范学院教育科学研究所:《陶行知全集》第二卷,湖南教育出版社 1985 年版,第 718 页。

大众语讨论中去。众所周知，1934年春中国文化教育界出现了一股倡行读经和文言的逆流，激起进步人士的强烈反对，从而以上海为中心展开了一场"文言—白话—大众语"的大讨论。陶行知密切关注并直接投入其中，从当年6月开始，在将近两年的时间里，他先后撰写了近10篇文章[①]，表达了一位大众教育的倡导者对提倡读经和文言这股逆流的严正反击立场，也表达了一位不断探索中国教育新出路的教育改革家对改革繁难的汉语汉文以适应劳苦大众需要的坚决主张。

在那些文章中，他强调大众语应是代表大众前进意识的话语，大众文应是代表大众前进意识的文字。只有当大众语与大众文在程度上、需要上、意识上都能合一之时，大众语文才是大众所高兴说、听、写、看的语言文字。据此，他批评"五四"以来的白话文与大众的需要仍有隔阂，不少白话文只是把文言文的"之乎者也"换了"的吗啊呀"，再夹杂一些外国文法和一些少爷小姐新士大夫的意识。这种白话文，势必写出来大众看不懂，读出来大众听不懂。

他认为，知识分子在大众语文运动中有两项任务，一是参加大众生活，在大众语演进基础上努力写作语文合一的大众文，二是将生活符号普及于大众，使大众自己创造出语文合一的大众文。为达前者，知识分子必须钻进大众生活中去，与大众的生活打成一片，和大众取得相通的思想感情。只有这样，才能写出大众喜闻乐见的大众文，否则，仍只能写只有小众能懂的小众文。为达后者，他主张汉字、注音字母和拼音文三管齐下，主张连带提倡俗写简笔汉字、印写字体合一和国音字母正草合一，主张把时代的落伍意识和麻醉的毒质以及古典和西洋的文法统统滤清[②]。

与此同时，他还参加了不少普及大众文的实际工作，如参与创立中国新文字研究会并被推为理事，参加《上海话新文字方案》的起草工作和《上海话新文字课本》的编辑工作，1936年春又与蔡元培、柳亚子等600余名文化教育界知名人士联名发表《我们对于推行新文字的意见》，主张汉字拼音化。

[①] 这些文章题目为：《文言白话又一战》《大众语文运动之路》《谈文字符号》《新文字创造之商榷》《怎样写大众文》《白话文与大众文》等。

[②] 华中师范学院教育科学研究所：《陶行知全集》第二卷，湖南教育出版社1985年版，683—685页。

为了普及为劳苦大众的教育,他还积极倡导有关大众文化。

他高度评价大众歌曲和大众唱歌团。大众歌曲从大众心里来,再到大众心里去,最能以强烈的节奏喊出大众最迫切的内心要求。而在救亡运动中出现的由数百人组成的大众唱歌团,面向大众高唱战斗的歌曲,把民族自救的声浪打到每一个听众的心里去,是大众音乐最正确的表现形式。为了大众歌咏运动的健康发展,他专撰《大众歌曲与大众唱歌团》一文,从内容、方法、名称、规模、创作、推广诸方面一口气提出 14 条建设性的意见。从此时开始,他的身影一直活跃在大众歌咏活动中,更表明他是力行其所知。

他积极主张大众诗歌。作为一位"五四"以来一直坚持写作白话诗的诗人,他深刻反省了"五四"白话诗的不足之处。内容充实的作家则技术未免幼稚,技术熟练的作家则内容又常流于空虚。那些内容苍白害了贫血症的诗歌,不应是新诗的发展方向。新诗只有与大众的命运联在一起,才有生命力和战斗力。诗人只有与大众站在一条战线上,才能写出感动大众的诗歌[1]。他自身就是在大众教育运动中加深了对大众诗歌的认识,致力于大众诗歌的创作,奠定了大众诗人的地位。

他热情鼓吹大众图画。他把连环画视为初级民众教育的重要工具。只要连环画能画得像大众所爱看的戏剧和电影一样成功,就能成为大众教育运动中最有意义和趣味的读物。他更把编辑出版一种真正的大众画报作为一项重要建议向作家和出版界郑重提出。大众画报只要具备五项条件(灌输现代知识,培养前进思想;用大众语写,要趣味胜过正经;用连环图画写,要图画多于文字;编排清楚;价钱便宜),则无论其为日报或周报、月报,都会受到大众的欢迎,都能在大众教育运动中发挥良好作用[2]。

他还亲自倡办流通图书馆。这种图书馆以劳苦大众为服务对象,以借书手续尽量方便劳苦大众为原则。山海工学团总部设有一个有书万余册的流通图书馆,专备流通图书车送书到附近各村服务,普及教育助成会也特备这种车辆,由工读生送图书下乡。陶行知认为,此类流通图书馆,从拯救文化饥荒的地位看来,无异于一个文化小饭馆。它可以一镇一个,一村一个,

---

[1] 华中师范学院教育科学研究所:《陶行知全集》第三卷,湖南教育出版社 1985 年版,第 96 页。

[2] 华中师范学院教育科学研究所:《陶行知全集》第二卷,湖南教育出版社 1985 年版,第 912—913 页。

也可以一街一个,一弄堂一个。花上一二十块钱,就可以办成一个①。

总之,在推行大众教育运动过程中,他千方百计把各种有助于教育大众的工具和手段都调动起来。他心思之所在,无一不与服务大众这一主题相挂相联。

国难教育运动

日益深重的国难,迫使全国人心目光再度集注到"救亡"这两个大字上。面对斯时斯局,教育怎么办?回答是:教育必须迎头跟上。前此种种教育运动,在迫在眉睫的生死存亡的民族危机面前,都显得有点缓不济急。"现在是教育与国难赛跑。我们必须叫教育追上国难,把它解决掉。"②于是,以国难教育社的成立为标志,倡导多时的"大众教育",又被"国难教育"的新口号所替代。

自陶行知恢复自由后,每年寒暑假,散处国内各地的晓庄师生都要来沪聚会。他便利用这个机会办假期讲习会,相互交流经验,邀请上海文化界人士做有关时事、政治、经济、文化等方面的报告。后来许多上海的中小学教师也参加这一活动。在"一二·九"运动后的寒假讲习会上,他提出组织"国难教育社"。1936年2月23日,该社正式成立,到会有工、农、商、学、科学、文化、新闻等各界人士400余人。大会通过了陶行知主持拟订的该社简章、宣言和工作大纲,宣告了国难教育运动的开始。

其实,国难教育的提出,正是陶行知多年来倡导救亡的大众教育的合理发展。在上述国难教育诸文件中,规定了国难教育的目标为推进大众文化,争取中华民族之自由平等,保卫国家领土与主权之完整;其任务为教育大众联合起来解除国难,教育知识分子将民族危机之知识向大众传播;凡前进的大众、小孩、学生、教师、技术人员都可担任教师;凡国难教育的非常课程应集中在解决国难所需要的知识上;其方法为在行动上取得解决国难的真知识,立刻把它传给大众,使之在解决国难上发生力量;国难教育的文字工具则为易认易写易学的拼音新文字和大众文。

---

① 华中师范学院教育科学研究所:《陶行知全集》第二卷,湖南教育出版社1985年版,第914—915页。

② 华中师范学院教育科学研究所:《陶行知全集》第三卷,湖南教育出版社1985年版,第19页。

在上述国难教育社诸文件中,他还重点申述了如下认识:中国已到生死关头,只有民族解放的实际行动才是救国的行动。中国只有武力抵抗才是生路,中国不但可以抵抗,并且可以久战,获得最后胜利。中国的国难必须教育大众共起挽救,还须联合世界弱小民族及世界上以平等待我之民族共同奋斗。必须争取集会、结社、言论之自由,才能发挥国难教育①。

在同时所作的一篇题为《民族解放大学校》的文章中,他更把国难教育用一连串形象的比喻写出。"一二·九"救亡高潮的出现被称为民族解放大学校的开学之日,全部中国国土为校园,人群工作、学习、生活各种活动所在则是课堂,而全体国民则同时兼具校长、教师和学生三种身份。"民族解放教学做"则是这所学校的唯一功课,这门伟大的功课又可分成许许多多的细目,如政治、经济和军事等之讲演,作战防卫技术、医药救护及交通工具等之操练,戏剧唱歌之演习,国防科学之研究,大众教育之推进等等,都是这门功课应当包括的细目。等到一切失地收回,主权恢复,中华民族完全得到自由平等,就算考试合格,举行毕业典礼。进入这所大学所要交纳的学费,不是金钱,而是生命,得到的不是标志什么学位的方块帽之类,而是整个中华民族的自由平等②。

国难教育的提出,又是生活教育理论发展的一个新阶段。1936年3月,陶行知先后发表了《国难教育方案之特质》和《生活教育之特质》两篇文章。两篇文章在各自概括有关的"特质"时,基本上是重合的。前一篇文章称国难教育方案的特质有五,即"单一的"、"大众的"、"联系的"、"对流的"、"行动的"。后一篇文章称生活教育的特质有六,即"生活的"、"行动的"、"大众的"、"前进的"、"世界的"、"有历史联系的"。若把双方在有关特质项下所作的具体阐释略作对比,给人的印象也就更加清晰了。

生活教育特质所称"生活的",即强调"生活与生活一摩擦便立刻起教育的作用。摩擦者与被摩擦者都起了变化,便都受了教育"。国难教育特质称为"单一的",即强调以保卫国家领土主权之完整和争取中华民族之自由平等,在争取民族解放斗争胜利的生活中,激起生活的火花,引发生活的变化。

---

① 华中师范学院教育科学研究所:《陶行知全集》第三卷,湖南教育出版社1985年版,第9—11页。

② 华中师范学院教育科学研究所:《陶行知全集》第三卷,湖南教育出版社1985年版,第15—17页。

生活教育特质所称"行动的",行动产生理论发展理论,并且行动所产生发展的理论,还是为的要指导行动,引导整个生活冲入更高的境界。"为了争取生活之满足与存在,这行动必需是有理论、有组织、有计划的战斗的行动。"国难教育特质所说的"行动的",具体强调"实际的救国的行动","我们所需要的是有理论的行动、有组织的行动、有计划的行动、有纪律的行动"。

生活教育特质所称"大众的","生活教育是大众的教育,大众自己办的教育,大众为生活解放而办的教育"。国难教育特质所说的"大众的",具体强调"民族之命非'小众'所能救。国难教育的任务,在唤醒大众组织起来救国。教育大众是当前的国难教育之第一件大事"。

生活教育特质所称"有历史联系的",一指经生活滤过的宝贵的历史教训,我们必须用选择的态度来接受,从而促使我们的生活更加丰富起来,二指争取大众解放的生活教育,必须在国难时期担负起自己的历史使命:为着争取大众解放,它必须争取中华民族的解放;为着要争取中华民族的解放,又必须教育大众联合起来解决国难。国难教育特质所说的"联系的",除指上述"历史的联系",还包含"内容的联系"(一切科目活动都以解决国难为中心而取得联系)和"组织的联系"(各界各团体都以救亡工作为中心而取得联系)。

除此之外,生活教育特质所称"前进的"("要用前进的生活来引导落后的生活,要大家一起来过前进的生活,受前进的教育")和"世界的"(社会即学校,整个中国和整个世界是我们真正的学校),在以上称引过的《民族解放大学校》中,也不难看到这方面的论述。

由上可以清楚看到,当初的生活教育理论,在倡导国难教育过程中得到了长足的发展。教育与现实的大众需要和大众斗争被紧密结合在一起了,深刻的时代印记使这一理论更具现实意义。教育又与横向的世界和纵向的历史紧密联系,更从时空两方面拓开了前此生活教育的理论视野。尽管他的有些提法如"生活的摩擦"和"前进的生活",还不能使那些坚定站在阶级斗争立场上观察问题的学生和朋友全部称意,以致有人还以"实验主义教育"相视[①]。但陶行知既已明白地说明生活教育是大众在生活斗争中

[①] 如庶谦的《对于〈国难教育方案〉的意见》(发表在《大众生活》一卷 14 期上)就对陶行知有此批评。陶曾作《答复庶谦先生》相辩,见华中师范学院教育科学研究所:《陶行知全集》第三卷,湖南教育出版社 1985 年版。

求自己解放的一种行动,把教育明确地规定为大众求解放的工具,这就表明他已站到前所未有的高度,已完全跳出了旧教育的圈子。这是他生活教育理论上的一大飞跃,也是他不断探求中国教育出路的一个小结。

自1931年春从日本归国后,整整5年,陶行知始终没有停止过事业的追求,坚持不懈地为中国新教育探路。他进行了诸多有关科学教育的有益试验,发明了工学团和"小先生制"这样具有生命力的文化细胞,更在大众教育运动中奔走呼号。可以说,这5年既是他竭蹶尽瘁探求最频的一段教育生涯,也是成绩累累颇可纪念的一段生活行程。但是,生死存亡迫在眉睫的民族危机,迫使中国劳苦大众无暇安心追求他们应得的求知权利,也打断了陶行知在中国教育出路方面的继续探索。在此之后,他的很多精力都倾注到伟大的抗日救亡工作中去。抗日救亡运动因此增添了一名奋不顾身的英勇战士,而中国教育探索工作却因此相应减速暂缓,这是中华民族的幸抑不幸?

"一二·九"运动:政治立场的再倾再斜

在"九一八"和"一·二八"之后,中国上空抗战的热流和妥协的寒潮彼此激荡,交相消长。1933年初,日军进攻热河,中国军队在长城要塞喜峰口、古北口等地浴血奋战。年中由冯玉祥、方振武、吉鸿昌等领导的察哈尔民众抗日同盟军英勇抗敌,震动全国。年底第十九路军李济深、陈铭枢、蒋光鼐、蔡廷锴等爱国将领在福建发动抗日反蒋事变。与此同时,南京政府继续执行对日妥协政策。《塘沽协定》的签订,事实上承认了日本占领东三省和热河省的"合法"。而《何梅协定》的签订,又使日本事实上控制了冀、察二省。紧接着,在侵略者加紧策动华北五省"自治运动"的紧锣密鼓中,南京政府又尽量满足其"华北特殊化"的要求。华北地区即将变成第二个"满洲国"的危急局势,终于激起抗日救亡的新高潮。

面对如火如荼的爱国运动,耳闻青年学子"华北之大,已安放不下一张平静的书桌"的悲愤呼唤,一名爱国的教育家又怎能使自己的一腔热血不随救亡运动的热潮一起涌动呢?于是,人们清楚看到,在"一二·九"运动前后,与教育思想的大踏步前进平行一致,陶行知的政治思想迅速发展。从外观而言,他开始由一位著名的进步教育家一跃而成为抗日救亡运动中的一名风云人物。从内观而言,他身上原有的那种超党派的自由主义气息,在救亡浪潮的冲刷下逐渐淡化,他同时也逐渐疏远了自身原先所属的那个自由主义知识分子圈子。

"一二·九"运动爆发后,他热情歌呼,高度评价。有人仅从学生运动这一形式着眼,把"一二·九"运动称为五四运动的复演。他认为"一二·九"运动是民族解放运动的先锋,具有划时代的意义,绝非五四运动的简单复演。为此他归纳了两者诸多不同之处:五四运动是德谟克拉西(民主)向旧礼教斗争,现在是大众的真正的德谟克拉西和反大众者流的对垒;五四运动要打倒卖国贼,现在是要把卖国贼和帝国主义一起打倒;五四运动参加者当时并不知道会发生什么危险,现在的参加者个个都知道参加的危险,他们的勇敢精神较前者起了质的变化;五四运动得到资产阶级的拥护,现在的运动迟迟未见他们作有效的表示,它的唯一后盾只是被压迫的大众;五四运动请出的"赛先生"只是自然科学,现在请出的"赛先生"包括社会科学与自然科学,并且从民族解放运动的目光来看,还是社会科学重于自然科学;五四运动产生了少数人的新文化运动,可称为小众的新文化运动,现在所酝酿的是绝大多数人的新文化运动,可称为大众的新文化运动①。他明确认为,"一二·九"运动冲破了学校的围墙,"整个的社会是不知不觉的成了一个伟大无比的学校,整个的民族解放运动是无形无影的成了一个伟大无比的课堂"②。

陶行知对"一二·九"运动的高度评价,表明一位站在时代前列的教育家较一般人更能深刻理解并同情学生爱国运动。在近代中国,青年学生是民族的生气所在,精华所在。学生爱国运动内反反动统治,外反帝国主义,体现了中华民族求生存求解放的大方向。当他们前仆后继迎向水龙和警棍,而又换来当局诬陷和惩罚之际,那一定是自负管教和训育之责的那架权力机器出了毛病,或是操作运转者有了失误。此番陶行知冷静的理性思考和热情置身救亡运动前列,同十年前"三一八惨案"发生时的激愤心理和抽身南下以示与当局不合作的态度比较,显见他已确切地把握了时代潮流的流量和流向,深度和广度,明确表明了他与时俱进的决心。有人认为,他

---

① 陶行知:《十二月运动与五四运动》,《大众生活》1936年第一卷第10期。
② 华中师范学院教育科学研究所:《陶行知全集》第三卷,湖南教育出版社1985年版,第2页。

是在"晚年"方始克服"知识分子自由主义者的通病"的①。我们认为,"一二·九"运动便是他进入辉煌的"晚年"的标界。这个标界也就奠定了此后10年学生和知识界的民主运动勃兴之际,他在其中的导师地位。

陶行知"一二·九"时期政治思想的迅速发展,除了时事政治的直接刺激外,还由下述诸端原因复合而成。

第一,阅读马克思主义著作,迎受一种崭新的社会科学理论体系,从而突破了自身固有的社会价值观念。

据有关资料表明,他是在1933年春节开始比较系统地学习马克思主义的。他发起了一个秘密的读书会,在自己借住的上海同乡友人家中请密友讲解马克思列宁主义,并约王洞若、戴伯韬等一同听讲,按进度系统学习马列著作②。另有材料表明,田汉(时为中共领导的"左翼文化总同盟"负责人之一)之弟田源(时为中共领导的"剧联"成员)被派到晨更工学团工作,他曾介绍陶行知阅读英文版的《资本论》。陶有时在汽车上也孜孜不倦地读这本书③。

学习之后,对马克思油然而生敬仰之情。1933年3月14日为马克思逝世50周年,他与蔡元培、叶恭绰、李公朴、章乃器、陈望道等100余人共同发起纪念会。纪念会缘起称:马克思逝世以来,其学说"所给予世界之影响至为重大。而五十年来,世人对于马克思,无论其为憎为爱,为毁为誉,而于马克思为一伟大之思想家,为近世科学的社会主义之始祖,则殆无人否认。迩来我国以反对共产党之故,辄联而及于马克思之思想与学说。寝且言之有罪,研究者亦有罪,此种观念,极应打破"。"同人等今基于纯正研究学术立场上发起纪念马克思逝世五十周年会,一以致真挚之敬意于此近代伟大之思想家,同时亦即作研究自由、思想自由之首倡,并打破我国学术界年来一种思想义和团之壁垒。"④在当局全力推行文化"围剿"之时,陶等发起纪念活动,倡导"研究自由"和"思想自由",不但反映了他们的胆识和勇气,更表现了他们对马克思学说的景仰之情。正是基于这种感情,陶行知随后在《妨害进步无罪?》中,痛斥那些"享着特权的人,不许别人进步,不

---

① 戴伯韬:《陶行知的生平及其学说》,人民教育出版社1982年版,第66页。
② 朱泽甫:《陶行知年谱》,安徽教育出版社1985年版,第230页。
③ 张癸:《陶行知与中国共产党》,《行知研究》1987年第1期,第52页。
④ 《申报》1933年3月14日。

许别人引导别人进步",抗议在中国"马克思的书不许看"的种种怪事①。

　　学习之后,对列宁缔造的苏联油然而生向往之情。当塔斯社1936年6月传来苏联宪法草案之后,他称此草案为"人类所写的最伟大的文章"。草案中有"公民有受教育权"的条文,他更欢欣鼓舞称为世界宪法史上"一件破天荒的事",因为"现在承认受教育是公民之一种权利的只有苏联一国"。印证邹韬奋实地考察后写在《萍踪寄语》中的苏联情况,他深赞苏联为大众谋福利的优越性为那些只为小众谋福利的西方国家所不及②。作为深受西方影响的留美学生,陶行知对西方国家视若洪水猛兽的苏联如此赞叹,这不能不说是一大变化。如果考虑到1931年他还对列宁的教育政策加以批评,那么,这种转折之大反差之强就越见明显。

　　不过,更能反映他思想变化的,还在于阶级意识的逐渐确立。在先他只是笼统地追求教育民主,而今则确信阶级社会中,统治阶级"把教育当作商品做买卖",教育"只被少数有钱人霸占",追求教育的民主和平等是一种幻想③。在先他只是笼统地鼓吹博爱精神和主张爱的教育,而今则把无原则的爱称为妨碍中华民族战斗力的"无形的麻醉品",深自反省。"我从前认为他们需要爱。我也曾经给他们一些神秘的爱。我现在知道他们不需要这种歪曲的爱。爱的教育是不能兑现的。爱的教育容易捧,容易哄。……小孩所需要的不是爱,而是了解。"④

　　大体说来,上海文化界一部分爱国知识分子是在进入1935年后,才以举行各种各样的读书会、报告会、聚餐会和时事座谈会等形式,结合学习马列著作,探求挽救国家危亡和寻找民族出路的方案。因而,陶行知通过研读马列著作而进入思想认识的新境,在当时进步知识分子中具有一定的代表性和先行性。这一学习,使他获得了一件观照剖析社会的利器,又使他在政治立场上加强了同劳苦大众和中国共产党的思想联系。

---

　　① 华中师范学院教育科学研究所:《陶行知全集》第二卷,湖南教育出版社1985年版,第675页。

　　② 华中师范学院教育科学研究所:《陶行知全集》第三卷,湖南教育出版社1985年版,第147、12页。

　　③ 华中师范学院教育科学研究所:《陶行知全集》第二卷,湖南教育出版社1985年版,第743页。

　　④ 华中师范学院教育科学研究所:《陶行知全集》第三卷,湖南教育出版社1985年版,第33页。

第二，深入劳苦大众，感受一种深厚宏大的社会力量，从而改变了自身固有的政治信念。

"一·二八"后，他失去了来自《申报》馆的固定经济资助，陷入学成以后从未有过的经济窘境。在继续倡办许多教育事业的同时，他不但有老母病妻弱子这个"小家"需要负担，更有追随自己的一批穷学生这个"大家"需要帮助。为了维持和支撑这个"小家"和"大家"，他拼命工作。除编辑教科书和教育刊物外，他还公开"卖艺"。1932年12月下旬出版的《涛声周刊》上登载他的"三卖"启事①，同时载出他的朋友陈子展亦悱亦愤的两幅贺联，对这位同穷神奋斗的教育家深表同情："三卖主义不骗人，货真价实文字讲；五柳先生宁乞食，今是昨非归去来。""先生只三卖，卖讲卖字卖文，何如卖国为有利；大家争一吃，吃党吃粮吃教，焉知吃粪便无人。"这一时期，出现在陶行知笔下的，是《大饼油条》《豆腐浆》和《我的袜》这类实写穷窘生活的诗篇。出现在他朋友和学生回忆中的，则是虽以大饼油条充饥，不穿袜布鞋行路，而仍不稍减其洒脱乐观的形象。

贫困的生活最能使知识分子在接近下层社会的过程中改变原有的思想观念。尽管在晓庄就已脱下西装穿上草鞋，但他过的仍是有保障的中等以上的生活。而今失去固定生活来源，成为在中国最缺乏基本保障的自由撰稿者，这一变化就促使他更加贴近工农大众的思想感情。

在推行普及教育的过程中，他不断奔走在上海的工厂和郊区农村，通过广泛接触工人农民，较前更深刻地感受到了工农大众的巨大力量。在先，他认为文明社会无处不渗透工人的血泪，1931年所作的诗中还说："工人不是主人翁，如此人间即地狱。"②而今，他已从同情升华为歌颂。曾经配之以上海码头工人曲的《工人歌》热情赞扬工人的团结、奋斗和创造精神，而《思梅曲》则悲壮地歌颂为反抗日本资本家而牺牲的一位梅姓工人。它们都反映了陶行知在此时期对工人的新认识。同时，对农民的认识也有一跃进。晓庄时所作《农人破产之过程》和1931年所作《农夫歌》，都是同情农民的苦难生活，作为晓庄校歌的《锄头舞歌》的主题，也在于强调"锄头

---

① 启事称：卖文（儿歌、故事、小品文等登载权）每篇10元，卖字（写《自立歌》《锄头歌》《手脑相长歌》等）每幅10元，卖讲，大学30元，中学20元，小学10元。

② 华中师范学院教育科学研究所：《陶行知全集》第四卷，湖南教育出版社1985年版，第119页。

底下有自由"和"革命的成功靠锄头"。而今,他通过歌词的增补,鲜明地表现了认识的变化①。亡命日本之前,他还企望在中国出现一个代表农民的"绿色政党",现在明确主张"锄头"同"机器"二者联合,应该认为这是他思想认识的一大进步。

在感受工农巨大力量的同时,他进一步认识了自我。在先的自我,崇尚个性自主,而今却强调自己只是广大民众中的普通一员,不但"必须拜大众做老师",还"必须钻进大众生活里去与大众共生活,共甘苦"②。在民族斗争的大熔炉里,他自承只是"一块烧得通红的煤",自己的使命也只是使身边的煤"都一块块的红起来",从而烧毁"人间的围墙"、"奴隶的锁链","重新造出一个地球来"③。有一次在基督教女青年会的讲演中,他借用《圣经》故事自勉勉人。他称《圣经》中的保罗和雅各为根本对立的两派。前者主张人人无条件地顺服在上有权柄者,凡抗拒者必自取惩罚。后者认为是劳动者养活了有钱人,所以有钱人亏欠劳动者。他认为,"保罗是右派,是有产阶级的绅士派,雅各是左派,是无产阶级派"④。他希望听讲者都做雅各,无疑他自己也是以此相许的。所以,他对汇融到工农大众之中充满热望。他曾对学生说过自己在这方面的深切感受:"工人力量伟大,你只要坐一路公共汽车从杨树浦走过,当工厂放工的时候,马路上的工人群众像人海似的从各个工厂里涌出来,那数万人的队伍多么雄壮伟大,你要是和他们在一起,就会感到很大的勇气和力量。"为此,"他劝每个知识分子都要常到那些地方去,和工人在一块,对他们

---

① 《农夫歌》在1935年增补的歌词中加上了如下句子:"走途无路谁是仇?谁是仇?联合奋斗才能得自由!""人面蝗虫飞满天,飞满天!联合奋斗才能活在天地间!"(见华中师范学院教育科学研究所:《陶行知全集》第四卷,湖南教育出版社1985年版,第265—266页)《锄头舞歌》在1933年增补一节歌词,内有"光棍的锄头不中用呀!联合机器来革命呀!"他自称增补后的该歌,"之所以赶得上时代的精神,最重要的还是后头这一段"(见华中师范学院教育科学研究所:《陶行知全集》第四卷,湖南教育出版社1985年版,第198页)。

② 华中师范学院教育科学研究所:《陶行知全集》第二卷,湖南教育出版社1985年版,第684页。

③ 华中师范学院教育科学研究所:《陶行知全集》第四卷,湖南教育出版社1985年版,第345页。

④ 华中师范学院教育科学研究所:《陶行知全集》第二卷,湖南教育出版社1985年版,第626页。

进行教育"①。

他用"生产分子"一词概括了以工农群众为主体的劳动者,并且归纳了智识分子与生产分子相结合的三步过程。第一步,智识分子借助自己掌握的科学知识的力量帮助生产分子,使自己"变成参加生产分子的集团之成员";第二步,"把农人变成智识分子,智识分子全变成农人";第三步,双方"变成同一的分子"②。这一归纳,同日后毛泽东所倡导的知识分子劳动化和劳动群众知识化的提法,颇有接近相通之处。

第三,王明路线的结束和抗日统一战线政策的提出,从而密切了他与中共的关系。

在山海、晨更、光华等处工学团内,"教联"(左翼教育工作者联盟)和"中青"(中国青年反帝大同盟)等中共外围组织十分活跃,陶行知对之依然采取默默保护和支持态度③。但他自己在多次动员劝说之下,仍未明确表态要求参加中共及其外围组织。看来,其中很重要的一个原因,即是他对"左"倾路线继续持有保留意见。晓庄被封不久,他曾对"飞行集会"等做法持有异议既如前述。但事隔数年,王明路线继续在中共中央占统治地位,关门主义倾向相当严重。发生在陶身边的若干情况,使他不得不采取慎重态度。在当时,中共外围组织吸收对象要求过高,活动过"左"。对上层知识分子缺少尊重,缺乏统战工作的经验。如年长而很有社会地位的邓初民教授参加了"社联"(中国社会科学家联盟),但基层党员也要他去散发传单,"左"倾路线时时对他不满,批评他,还要开除他。如"左联"有些负责人盛气凌人,所以难怪鲁迅有"四条汉子"之讥。在"教联",这种情况也很突出。"教联"虽有百余名成员,却都是由上海地下党各区委介绍来的赤色群众和部分党员。它的活动与地下党组织无甚差别。小组会有一套框框,先是形势报告,其次是汇报和布置活动。成员之间的联系都用暗号。据当事人忆称,这个组织"调子唱得不低,工作却多半限于在亭子里开开会,有时

---

① 戴伯韬:《陶行知的生平及其学说》,人民教育出版社1982年版,第97页。

② 华中师范学院教育科学研究所:《陶行知全集》第二卷,湖南教育出版社1985年版,第671页。

③ 1932年冬,时为"教联"负责人的刘季平被捕,他在得讯后短短数小时内便筹借了500银元,代请律师出庭辩护,使其幸免被害。次年冬,徐明清身份暴露后,他又设法把她介绍到上海女青年会所设的浦东女工补习学校工作。不久徐被捕,他又设法营救并派人到狱中送钱送物。

出去偷偷地贴贴标语,一直冷冷清清。除有事向'文委''文总'请示外,一般只和'左联''社联'等左翼文化团体有些联系。不单同广大教育界没有发生什么联系,和陶行知先生的关系也没有处理好"①。陶行知头上的三顶著名的"帽子"(改良主义、实用主义和新马尔萨斯主义),也就是在此时一些受"左"倾思想影响的年轻党员给扣上的。

可是,从1935年开始,这种情况渐有改变。年初召开的遵义会议结束了王明路线在中共中央的统治。同年7月在莫斯科召开的第七次共产国际大会,又鉴于法西斯的崛起,号召建立国际反法西斯战线,要求中共联合国民党,建立抗日民族统一战线。中共驻共产国际代表团据此起草了《为抗日救国告全国同胞书》(即《八一宣言》),于当年10月1日以中共中央和中国苏维埃中央政府的名义,先在巴黎创办的中文刊物《救国报》上公开发表。12月下旬,中共中央政治局在陕北瓦窑堡举行扩大会议。毛泽东会后又在党的活动分子会议上作了《论反对日本帝国主义的策略》的报告。这两次会议根据共产国际指示精神,确定了反对日本帝国主义的新策略,即建立最广泛的抗日民族统一战线。新的策略方针要求彻底改变过去那种关门主义的错误做法,放手大胆地团结一切可以团结的力量,尤其是那些有影响的社会知名人士。

正是在中共政治路线发生重大转折的契机下,陶行知密切同中共的关系。1936年初,上海地下组织为贯彻中共中央的策略方针,"文总"领导下的八大联组织("左联"、"剧联"、"教联"、"社联"、"记联"、"音联"、"美联"、"语联")或自行解散,或停止活动,其成员大都转入各界救国会,为建立抗日民族统一战线而继续活动。"教联"也就在此转变过程中逐渐克服过去的"左"倾关门主义,积极谋求与陶行知的合作。1936年2月成立的国难教育社,就是"教联"和"中青"同陶行知合作的产物。国难教育社成立后,借用上引文章中的观感,则原先"教联"那些负责人"紧密结合当时的抗日救国运动,贯彻执行党的抗日民族统一战线政策,和陶行知先生等抗日救国人士建立了团结合作关系"。

由于以上三方面的原因,"一二·九"运动发生后,在救国运动的前列,

---

① 刘季平:《陶行知与新文化运动》,北京市陶行知教育思想研究会:《陶行知研究》,湖南教育出版社1987年版,第324页。

人们不难看到陶行知那活跃的身影,听到他那高亢的声音。

"行是知之始",奔走救国运动之行必定开启救国思想之新知。这样,在"一二·九"运动发生不过半年多的时间里,他的政治思想继续进步,从而通过两步跃进相继到位。

推动全国各界救国会成立,是陶行知政治立场再倾再斜的一大标志。

上海各界民众救国运动的序幕,他是出力拉开者之一。1935年12月12日,他和沈钧儒、马相伯、邹韬奋、胡愈之、章乃器、王造时、李公朴、周建人等280余人,联名发表《上海文化界救国运动宣言》,表达对国事的深切忧虑和奋起救国的决心。陶行知是这一著名宣言的主要发起者和组织者。据沈钧儒回忆,宣言"最初是陶先生、胡愈之先生和我同在昌班路胜利饭店约会上海各大学教授及文化界人士广泛签名发表的。这一文件发表之后,我们救国运动才一天一天扩大发展"①。

宣言的发表和"一二·九"运动的推动,促使上海文化界救国会很快在12月27日召开成立大会,参加者有教育、出版、新闻、电影、戏剧、法律各界知名人士300余人。陶行知与上述马、沈、邹、章、李、王等35人被推选为执行委员,陶并兼教育委员会主任委员。大会发表第二次救国运动宣言,对当局镇压爱国运动提出抗议,并提出"停止内战"、"开放民众组织,保护救国运动,迅速建立起民族统一阵线"等主张。

在上海文化界救国会成立前后,上海妇女救国会、大学教授救国会以及复旦大学等一些大中学校也成立了学生救国会。1936年1月28日,在"一·二八"抗战4周年纪念日正式成立上海各界救国联合会。当日举行的纪念大会有各界代表800余人,陶行知与马相伯、何香凝等10余人被公推为主席团。在陶与李公朴、史良等演说后,全体代表整队出发,由主席团领导步行至庙行,公祭无名英雄墓,计程40余里,沿途参加者万余人。当年过六旬鬓斑长髯的沈钧儒率领一长列中年书生和男女青年,悲歌慷慨地行进在上海街市,聚观的群众莫不感动。对这次纪念活动,陶行知感受很深。他不但作诗《纪念一·二八》等以志其事,还对走在游行队伍最前列的沈钧儒留下了难忘的印象,后在出国途中一再怀念这位爱国老人,称他为

---

① 沈钧儒:《一切着眼于救国》,生活教育社:《陶行知先生四周年祭》,新北京出版社1950年版。

"中国的大老,少年的领头"。

根据上海各界救国联合会关于进一步扩大组织以筹备全国救国联合会的精神,在此期间陶行知除领头组织国难教育社加入上海各界救国联合会外,还积极投身各项组织宣传工作。3月8日,上海妇女界发起组织的万人反日大示威,他特作《妇女大众战歌》以颂之。4月16日,为反对当局破坏救国运动,他又签名于上海文化界救国会和各界救国联合会的抗议宣言。4月20日,他致函在宁就任军事委员会副委员长的冯玉祥,推荐南京救国会孙晓村、千家驹和王昆仑等进步人士,说他们"对于民族自救之途径,皆有正确认识,可以深谈"①。由此荐介,后来冯常常通过孙、千来家讲学的机会,"经常告诉'南救'一些重要消息,并对当时政治局势作出分析"②,从而使南京救国会和全国救国联合会及时了解上层情况,作出自己的对策。

1936年5月31日,经过几个月的酝酿筹备,全国各界救国会(以下简称"全救会")在上海成立。到会代表50余人,代表18省市60余救国团体。大会选出31名执行委员和候补执行委员,陶行知和宋庆龄、马相伯、何香凝、沈、章、王、沙、史等15人被推为常务委员③。大会通过的各项文件,阐明了全救会的宗旨、纲领及其任务。全救会以"团结全国救国力量,统一救国方案,保障领土完整,图谋民族解放为宗旨"④。它在现阶段的主要任务是促成全国各党各派团结合作,共同抗日,要求各党各派立即停止军事冲突,派遣正式代表进行谈判,"以便制定共同抗敌纲领,建立一个统一的抗敌政权"⑤。陶行知因在当年4月有广西之行,没有出席这次会议。但他仍是积极推动这一组织成立的关键人物。有材料表明,在离沪之前,他已参加上述有关文件的讨论。据前引沈钧儒忆称,"当时救国会前后的

---

① 华中师范学院教育科学研究所:《陶行知全集》第五卷,湖南教育出版社1985年版,第299页。

② 孙晓村:《回忆南京救国会》,周天度:《救国会》,中国社会科学出版社1981年版,第479页。

③ 沙千里:《漫话救国会》,文史资料出版社1983年版,第15页。

④ 《全国各界救国联合会章程》,周天度:《救国会》,中国社会科学出版社1981年版,第106页。

⑤ 《全国各界救国联合会成立大会宣言》,周天度:《救国会》,中国社会科学出版社1981年版,第90—91页。

文件在内容上、在词句上有好多都经过陶先生逐句参酌决定的"。对照全救会"政治纲领",可知沈说有据。该纲领"教育"部分中,倡导国难教育的基本内容显然是陶前此所拟国难教育方案的浓缩;该纲领"外交"部分中,主张建立太平洋集体安全制度,陶则早在一个月前就在广州中山大学讲演时鼓吹这一主张①,5月1日发表在《生活教育》上的文章题目便是《太平洋集体安全与中国民族解放》。

全救会的政治主张同《八一宣言》的基本精神相呼应。上海地下组织时遭严重破坏,与陕北中央失去联系。在沪的一批地下党员根据国外传来的《八一宣言》,把有关建立民族统一战线的主张带进救国会。中共党员胡乔木、周扬、钱亦石、柳湜、钱俊瑞等相继参加各界救国会,成为其中的骨干,并从中成立秘密党内组织②。

但救国会毕竟只是一个群众组织。凡主张抗日并赞成抗日民族统一战线的都可参加。所以,除共产党外,还有国民党、国家社会党、第三党、中华民族革命同盟的成员参加,而更多的是无党无派者。由于救国会是这样一群人的结合,除了抗日救国这一大目标外,在抗日的方法和其他问题上,都很难趋于一致。因此,热心任事而又交游广泛的陶行知,在组织内刚好可以发挥其善于调处人事之长。而向来对中共采取同情和支持态度,又成为地下组织考虑中的理想人选。这样,在主客观条件俱备的情况下,陶行知很自然地成为救国会的核心人物。这时期,他的爱国精神和民主精神全部汇融在如火如荼的救国会事业之中。

如果说,推动救国会成立是他在"一二·九"之后政治立场再倾再斜的一大标志,那么,随即发表著名的"团结御侮"文件,公开表明反蒋抗日到联蒋抗日的主张,便是他政治立场再倾再斜的更大标志。

如前所述,宁与桂、粤矛盾由来已久。华北事变后,倾向抗日的两广实力派对蒋介石的不抵抗政策更加不满,而蒋欲收拾不听命的两广实力派之

---

① 上海市陶行知研究会等:《陶行知佚文集》,四川教育出版社1989年版,第94页。

② 全救会成立后,钱俊瑞担任党团书记,王翰、张劲夫、钱亦石等人均参加。全救会除通过钱等贯彻地下党意图,后又有潘汉年、冯雪峰等分别与救国会核心人物沈钧儒、章乃器等直接联系。见钱俊瑞:《救国会内的党组织情况》和吴大琨:《党和救国会》,引自中共上海市委党史资料征集委员会:《"一二·九"以后上海救国会史料选辑》,上海社科院出版社1987年版,第387、408页。

意也越加明显。1936年5月12日两广派元老胡汉民突患脑溢血而死，蒋介石乘机欲撤销"国民党中央西南执行部"和"西南政务委员会"，并扬言将"对桂用兵"。于是酝酿多时久有起事之意的陈济棠、李宗仁、白崇禧等认为，与其坐以待毙，不如起兵反蒋抗日。遂于6月1日通电全国，要求南京政府对日宣战，并将两广部队改称"中华民国国民革命抗日救国军"，由陈、李分任正副总司令，"北上抗日，收复失地"。是即为著名的"两广事变"。

中共对两广实力派反蒋抗日的立场，鲜明地采取支持态度。事变前，即在5月18日发出《中共中央关于两广出兵北上抗日给二、四方面军的指示》，明确指示，"首先是加速西北的发动，来响应和配合这一发动"，"反对蒋介石一切破坏这一发动的阴谋诡计，反对他制造内战，拦阻两广北上抗日"①。在另一题为《我党在两广的任务》的文件中则表示，"号召民众拥护李宗仁的抗日主张，可能时与李宗仁订立正式合作的协定，推动李宗仁在广西范围内即刻执行抗日反蒋的各项纲领"②。事变发生后，6月9日，毛泽东又在《关于西南事变的谈话》中提出，"准备在军事上及其他方面给西南以各种可能的援助"③。

陶行知两广之行，名义上是应邀前往宣传普及教育，然后取道香港赴伦敦参加国际教育会议。事实上却是代表救国会对两广实力派进行秘密联络工作。启程之际，恰在两广方面发动事变紧张准备阶段，所以虽值病妻汪纯宜去世，他也不及亲理后事，公而忘家，匆匆就道。他一到广州，即捐弃前嫌，与胡汉民商谈抗日救国之事④。4月30日在中山大学讲演，公开表明此行为"代表上海文化界救国会"前来⑤，在广西多次讲演中又公开表示此行是来"连接抗日救国的线"，要"把所有要抵抗的人联络起来，有兵权的人联络起来"⑥。在讲演中，他还公开抨击不抵抗的南京政府为汉奸政府，尖锐讽刺那位"对国人始终说假话，不承认不抵抗"的"军事领袖"蒋

---

① 王功安、毛磊：《国共两党关系史》，武汉出版社1988年版，第354页。
② 王功安、毛磊：《国共两党关系史》，武汉出版社1988年版，第354页。
③ 王功安、毛磊：《国共两党关系史》，武汉出版社1988年版，第354页。
④ 上海市陶行知研究会等：《陶行知佚文集》，四川教育出版社1989年版，第117页。
⑤ 上海市陶行知研究会等：《陶行知佚文集》，四川教育出版社1989年版，第89页。
⑥ 上海市陶行知研究会等：《陶行知佚文集》，四川教育出版社1989年版，第117页。

介石①。事变发生后,他公开表示同情和支持,6月16日,两广方面致电南京政府,要求保障爱国言论和解放人民团体。他即在19日的香港《生活日报》以《一件大事》为题,称扬此电是"一件空前的大事,是一件比出兵还要大上几十倍的大事"②。

但是,不到一个月,陶行知反蒋抗日的政治态度一变而为联蒋抗日。

7月11日《生活日报》发表了一篇他同该报记者的谈话稿,其中提出了一个中国"三大实力系统"(南京政府、西南方面和红军)拉起手来结成联合战线的主张。他表示,"联合战线也就是缩短战线,是把自己内部的矛盾消除,使过去政治上有怨仇的人,甚至汉奸,都给他们一个悔过回头的机会","大家共同对付强盗"③。在这里,联蒋抗日的意向已表明无误。

在谈话中,他还向记者表示,自己愿意在促成三方"拉手"的过程中,出来做一个和事佬。这实际上是预告一个重要的政治行动即将出台。果然,7月15日的《生活日报》发表了由他和沈钧儒、章乃器、邹韬奋联名的公开信《团结御侮的几个基本条件与最低要求》,具体阐明了联蒋抗日的政治主张。

公开信详尽阐明了关于"联合救亡"的立场。指出:抗日救国是关系整个民族生死存亡的大问题,决非任何党派任何个人所能包办,只有集合一切人力、财力、智力、物力,实行全面总动员,才能得到最后胜利;各党派各方面共同联合抗日救国,并不是把某党某派消灭,在联合战线中的各党派只要在抗日救国方面求得一致,其他方面尽可以有不同的意见;在联合战线中,不仅要大家互相宽容,而且要公开,要坦白;联合战线的主要目的,是扩大抗日救国的队伍,这队伍越广大越好,除了汉奸,不应摒斥一个人;以热诚参加联合战线,坚定抗日救国必胜的信念。

公开信对南京政府、各党派提出了希望。对于蒋介石,它批评其"攘外必先安内"的政策,要求他联合各党各派,开放民众运动以纾国难。"动员

---

① 上海市陶行知研究会等:《陶行知佚文集》,四川教育出版社1989年版,第112—113页。
② 华中师范学院教育科学研究所:《陶行知全集》第三卷,湖南教育出版社1985年版,第84页。
③ 华中师范学院教育科学研究所:《陶行知全集》第三卷,湖南教育出版社1985年版,第123—124页。

全国一切人力、财力、智力、物力,发动神圣民族解放战争。"对于国民党,公开信希望其"赶快起来促成救亡联合战线的建立"。在联合各党各派过程中,尤其要与共产党携手。对于共产党,它赞同其《八一宣言》及团结抗日政策,表示"我们赞成中国共产党和中国红军这一个政策,而且相信这一个政策会引起今后中国政治上重大的影响"。对于西南方面,它同情陈、李、白出兵北上抗日的宣言,希望他们"推动中央政府出兵抗日,避免和中央取对立的态度"。

公开信在《生活日报》上刊出后,很快为上海所有进步报刊所登载,并印成单行本,在国内广泛传播。它的"最低要求",主要是对国共两党提出的,实际上又是指向国民党的。它所阐述的包括联蒋在内的"联合救亡"的主张,提出了抗日救亡运动的新方向新任务,对团结全国人民开展抗日救亡运动起过很大作用,曾被人称为救国会具有纲领性的文献。

文件发表后,陶行知曾作一诗:"大祸已临头,萁豆忍相煎。摩登万言书,我名最先签。"诗后自注:"团结御侮一文件,由胡愈之先生起草,经我修改,与邹韬奋先生在港先行签字,再持至上海作最后修正,并由沈钧儒、章乃器先生加入签名发表。"①

陶行知在此所说,基本符合实情。但也许因为某些内情在当时未便公开,也许是他匆匆离港不及了解情况,所以还有一个相当重要的事实没有反映出来。那便是这一文件还有一位幕后的发踪指示者,还直接关联到共产国际和中共中央政治路线的悄悄转移。

这位幕后的发踪指示者便是在中共党史上富有传奇色彩和悲剧色彩的潘汉年②。潘汉年于1935年1月遵义会议结束后,奉中央之命赴苏。他以中共代表团成员的身份参加了当年7月召开的共产国际"七大",亲历了中共代表团根据"七大"精神,由"反蒋抗日"向"联蒋抗日"方针的转移过程。1936年春夏之际,东西方两大战争策源地在反对共产国际的旗帜下

---

① 华中师范学院教育科学研究所:《陶行知全集》第四卷,湖南教育出版社1985年版,第367页。

② 潘汉年(1906—1977),江苏宜兴人,1925年加入中国共产党,参加北伐,大革命失败后,一直在中共中央文化宣传部门工作。抗战时期任中共中央华中局情报部长。解放战争时期先后在东北、香港等地担任情报和统战工作。建国后任上海市副市长等职,1955年以所谓内奸罪被捕,1977年4月逝世,1982年9月中共中央为其平反昭雪,恢复名誉。

加紧勾结。为了避免东西夹击,争取在中国迅速形成一个强大的全国性的抗日民族统一战线,借以牵制日本之力使其无力进犯苏联,就成为共产国际世界战略格局的一个重要组成部分。当年6月,共产国际总书记季米特洛夫撰文《中国共产党十五周年纪念》,强调中共应当"系统地为进行与国民党建立民族统一战线而斗争",强调中共在反对牺牲红军政治上和组织上的独立性的机会主义投降派同时,也必须克服关门主义①。

就在共产国际政治方针发生重大转折之际,潘汉年奉派与胡愈之(中共特别党员)于当年5月取道香港归国,拟转赴延安,向中共中央传达共产国际的指示精神,促成国共两党直接谈判合作抗日的问题②。据胡愈之忆称,到了香港之后,潘汉年一面与国民党代表张冲商谈有关国共两党直接谈判的准备事宜,一面布置胡愈之分管救国会方面的事情。他们认为当时救国会"提的口号比较左,对蒋介石和国民党不能起作用",因而决定根据共产国际的新精神加以纠正。潘说服了陶、邹,由胡"帮助起草"了一个文件,"站在中间派的立场写的"。陶、邹签名后,潘、胡再去上海找沈、章签名。沈很快同意了,但章却"嫌文件过右,坚决主张修改"③。对照章的回忆,可以印证无误。章忆称当潘等"以代表党中央的名义"提出那个在香港草成的文件初稿时,章等即认为"初稿的调子太低了,我们接受不了",深感潘等"负着纠正'全救'文件左偏的使命"④,即尽量转变前此救国会反蒋抗日的基本主张。当时思想上转不过弯来的还颇有人在。如公开信在8月1日出版的《生活教育》上一发表,半个月后出版的下一期上即有署名文章《对于四个救国领袖的〈团结御侮的几个基本条件与最低要求〉的意见》,批评公开信调子太低。由此可见,在公开信酝酿问世过程中,陶较章等更为

---

① 《季米特洛夫文集》,解放出版社1950年版,第241—245页。
② 在国际国内要求国民党联共抗日的压力下,也为了实现其"收编"红军的方针,从1935年底开始,蒋介石派人通过多条渠道与中共接触,探索意图。其中驻苏联大使馆武官邓文仪同中共驻共产国际代表团团长王明的秘密联系便是最主要的一条渠道。邓王多次会谈后,王决定派潘回国。行前,邓又与潘会谈,具体研究潘回国后同国民党中央党部联系的办法。
③ 胡愈之:《伟大的不平凡的斗争的一生——忆潘汉年同志》,《人民日报》1983年7月14、15日。
④ 章乃器:《我和救国会》,周天度:《救国会》,中国社会科学出版社1981年版,第444、438页。

自觉地顺应并配合了中共方针的转变。

潘汉年在与国民党方面商定下一步国共代表会谈安排后,即通过秘密交通线前往陕北。8月8日到达保安,向中央报告与国民党方面接触情况①。由于四人签名的公开信是潘汉年根据共产国际新精神一手安排的,因此,毛泽东在8月10日专门书写了致四人及全体救国会员的信函,当同潘的汇报有一定联系。在信中,毛泽东热情称赞救国会的宣言纲领及公开信。他说:"这些文件引起了我们极大的同情和满意,我们认为这是代表全国大多数不愿意作亡国奴的人们的意见与要求。……我们同意你们的宣言纲领和要求,诚恳的愿意与你们合作,与一切愿意参加这一斗争的政派的组织或个人合作,以便如你们纲领与要求上所提出的一样,来共同进行抗日救国的斗争。"信中还明确表示接受公开信对中共和红军的要求,指出中共党员"应当参加各地方的救国组织和各种形式的救国运动。……无条件地服从这些组织大多数所通过的规则、纲领和决议"。"我们诚恳的愿意在全国联合救国会的纲领上加入签名。"②

复信后不久,中共中央便正式提出了"逼蒋抗日"的新方针。8月25日《中国共产党致中国国民党书》中明确表示,愿同对方"结成一个坚固的革命的统一战线"③。这是中共首次发表的主张第二次国共合作的正式文件。9月1日中共中央又向党内发出《关于逼蒋抗日问题的指示》,内称"目前中国人民的主要敌人,是日本帝国主义,所以把日本帝国主义与蒋介石同等看待是错误的,'抗日反蒋'的口号也是不适当的","我们的总方针应是'逼蒋抗日'"④。"逼蒋抗日"较之"联蒋抗日"是一大进步。"联蒋抗日"容易强调蒋的力量而忽视人民的力量。"逼蒋抗日"则强调了中共在抗日民族统一战线中的主动主导地位,更符合当时国内实际斗争形势,有利

---

① 杨云若:《共产国际和中国革命关系纪事》,中国社会科学出版社1983年版,第124页。

② 毛泽东:《致章乃器陶行知邹韬奋沈钧儒及全体救国会员函》,原载巴黎《救国时报》1936年10月30日。引自周天度:《救国会》,中国社会科学出版社1981年版,第128—136页。

③ 中国人民解放军政治学院党史教研室:《中共党史参考资料》(七),人民出版社1979年版,第426页。

④ 《中共中央抗日民族统一战线文件选编》(中),档案出版社1985年版,第251—252页。

于团结广大的中间势力,共同督责催逼蒋介石走上抗日道路。正因如此,在这一方针决定之后,毛泽东在决定由潘负责与国民党商谈合作事宜的同时,用了不少精力来做国民党左派、各地爱国人士、救亡团体和地方实力派的统战工作,推动他们共起逼蒋。他在此时亲手撰写了相当数量的书信①,而复陶等之信洋洋 6000 余言,在同类信件中显列前茅。9 月 18 日,他再函陶等,并委托潘汉年负责与他们就中共所执行的新方针与实际行动交换意见②。

在这里,顺提一事。四人公开信上的签名次序是沈、陶、章、邹③,而毛泽东复函上的列名次序则变为章、陶、邹、沈了。按年齿,64 岁的沈钧儒最长(次则为陶、邹、章),且在救国会活动中一直署名在前。精敏过人并且富于政治和社会人生经验的毛泽东,一般不会在中国社会传统十分重视的年齿和地位问题上产生疏误,反以颠倒的年齿地位致书对方。我们认为,可以解释这一序名变化的一条理由,便是毛泽东因潘汇报之故,得知公开信在港、沪两地的两段修改定稿过程中,陶和章出力尤多。特别是在救国会中素有"宣言专家"雅称的章乃器,对潘等带来的信稿反复斟酌,"多次的修改才定稿",对文件的形成起了重要作用。或许正因为此,毛泽东落笔之际才从实而不从年位。

特殊的历史条件常常提供特殊的历史机遇。在中共政治方针从"反蒋抗日"到"联蒋抗日"到"逼蒋抗日"的重大转折关头,陶等风云际遇,恰在某种程度上充当了先传先感的导体作用。"一二·九"之后,陶在政治思想上与中共的距离越加接近。"团结御侮"文件的发表则表明,他日益向中共倾斜的政治立场终于到位。

---

① 在复四人信后,从 1936 年 9 月到年底,毛泽东先后致信邵力子、朱绍良、宋庆龄、蔡元培、李济深、李宗仁、白崇禧、蒋光鼐、蔡廷锴、于学忠、张学良、傅作义、许德珩、陈公培、冯玉祥等。
② 中共中央文献研究室:《毛泽东书信选集》,人民出版社 1983 年版。
③ 公开信原件署名为沈钧儒、章乃器、陶行知、邹韬奋,有些资料误列为沈、章、陶、邹。根据习惯排列,应为沈、陶、章、邹。

第七章　卓越的国民外交使节

登临欧洲讲坛：鼓吹世界和平的号筒

1936年7月11日,在香港尖沙咀码头,陶行知登上"哥夫号"海轮,由此开始了他两年有余的环行世界宣传抗日活动。

开头他并没有作此长行的思想准备。行前在与《生活日报》记者谈话时,他只打算出访半年,即赴伦敦参加世界新教育会议后,先访英、法、德、意、土、苏诸国,再赴美国。他为此行规定了两项任务,一是向国际报告中国有关大众文化运动和救亡运动等方面的实况,让世界了解中国,同时考察欧美新教育、新文化;二是准备鼓吹太平洋集体安全问题,以求与世界各国关心这一问题的人士交换意见,共谋其成①。但在出访期间国内政局出现的一连串新情况,促使他不断修订调整自己的出访任务,使他终于以一名卓越的国民外交使节身份现身于国际舞台。

此行肩此重任,这位童心未泯的教育家却在家人面前故作轻松之态。登轮次日的家信中,他面对浩瀚的大海,自觉仍是一个十足的大孩子,此次远行便是钻到世界这个大学校里去做学生,去看看世界,认识世界,改造这个"出了毛病"的世界②。一向关心世情的陶行知当然很清楚这个"出了毛病"的世界的病情。在他主编的《生活教育》杂志上,从1935年春第二卷问世之后,就改版辟有"世界大势"专栏,加强对风云变幻的国际形势的评述,从而使这份教育杂志以一种眼界更开阔、思想更进步的面貌出现。他把这一专栏交给操震球和王洞若负责,其中既有时事评述的专论,也有综合性的"半月大事汇编"。也许只需略为撮录其中部

---

① 华中师范学院教育科学研究所:《陶行知全集》第三卷,湖南教育出版社1985年版,第122—123页。

② 华中师范学院教育科学研究所:《陶行知全集》第三卷,湖南教育出版社1985年版,第128页。

分题目,便足以说明作为主编的陶行知对于远在千里万里之外的国际政治情势还是洞若观火的①。配合这些文章,刊物封里封底的照片则有埃塞俄比亚人民抵抗意大利侵略,德国出兵进驻莱茵非军事区,希特勒与墨索里尼的相会,西班牙反法西斯人民阵线以及法国调兵边境防御德国等内容。

通过这些文章和照片,陶行知把德、意法西斯势力的扩张危险明白地展示在读者面前。希特勒极权统治确立后,积极扩军备战,退出日内瓦国联裁军会议,出兵进驻莱茵非军事区,撕毁《洛加诺条约》,公开破坏第一次世界大战后形成的凡尔赛体系,造成了欧洲的紧张局势。墨索里尼则全力扩张在东非的殖民地,公然侵略地处红海南端战略要地的埃塞俄比亚。猖獗的德、意法西斯业已成为欧洲的两大战争策源地。但是,怯懦的英、法统治集团却采取了旨在祸水东引的绥靖政策,纵容侵略者玩火。在《生活教育》的有关文章中,不乏对英、法、美等国"不干涉政策"的批评谴责。

20世纪30年代中期欧洲政治风云急剧变幻。在陶行知眼中,一片不祥的战争乌云已经出现在欧洲上空。当他启程前后,更以接连发生的两起大事,使这片乌云变得更浓更大。第一起大事是意大利不顾国际舆论的谴责和国际经济的制裁,继续悍然进犯,于1936年5月5日攻占埃塞俄比亚首都,5月9日宣布吞并该国。第二件大事则是德、意公然支持西班牙右翼叛乱势力,反对1936年2月上台掌权的左翼政府,7月30日德、意派兵参加叛军方面作战。在共产国际的号召下,50多国的共产党员和进步人士组成"国际纵队"支援西班牙人民,使西班牙内战成为世界进步力量同法西斯势力较量的一个重要场所。埃、西两国都是陶行知赴英途中必经之地,前者扼红海进地中海咽喉,后者控出地中海之直布罗陀海峡。行经此地,对于扑面而来的战争硝烟自然倍有所感。所以,8月3日船到红海口的吉布提,当无线电中传来埃塞俄比亚人三路进攻侵略军的消息时,他在欣喜之余立写诗篇,向英勇抵抗的埃塞俄比亚战士"致民族解放敬礼",赞

---

① 这些文章有:《经济恐慌的世界》《太平洋上日美的对立》《从罗马协定说到德国恢复强迫军役》《东欧互助条约》《苏联外交的和平政策》《两年半来希特勒的统治》《两年半来美国经济复兴运动》《东欧与远东的危机》《意阿冲突转变为英意冲突之跃进》《意大利的财政危机》《国联制裁与英国的真面目》《法国左翼联合战线的威力》《德国废约后的欧洲局势》《国际反苏联合战线的结合》《日苏冲突和民族危机》《殖民地再分割的酝酿》等。

扬他们的抗战"推动了新世界的出世",痛斥助长意大利侵略的"国际联盟没出息"①。

　　战争危机越迫,和平呼吁越强。当战争与和平两股力量在欧洲紧张地拼搏消长之时,一登上英伦三岛土地的陶行知很快就汇入到奔走呼吁和平的行列中去。在欧洲历时将近3个月,他又马不停蹄而非常有节奏地参与了一系列由欧洲进步力量推进的和平运动。

　　他最先参加的是当年8月7日在伦敦近郊切尔滕姆纳召开的世界新教育联合会第七届年会。参加会议的有50多个国家的1500余名代表。由于世界和平受到威胁,这次会议的主题不再是纯教育科学研讨,而是打上了浓厚的时代印记。会议以探索教育和人类文明的发展为重点,这就势必要就教育在当前战争危险面前,如何为争取自由、民主、博爱、和平发挥作用的问题加以探讨。因此,"自由"和"民主"这些在国际政治生活中被法西斯主义的铁蹄肆意凌辱践踏的名词,却在与会代表的讲演中不断被高扬赞颂②。自由和民主之声不绝于会,清楚表明了全世界进步教育家对法西斯主义的深深憎厌,和向往和平与自由的善良愿望。

　　陶行知和天津南开大学张彭春教授当年同窗共学于杜威门下,而今则是出席这次会议仅有的两名中国代表。作为世界上人口最多并且未受教育的人口也最多的国家的代表,作为正受侵略需要获取国际同情和支持的国家的代表,他们的大会发言很自然地切入会议主题。张的题目为《现代世界的文化交流和创造性的适应》,陶则就中国大众教育运动向与会者介绍。中国在抵抗东方法西斯侵略过程中探索而得的大众教育运动,是争取民族自由平等和劳苦大众解放的战斗武器。一经报告,当然分外容易引起听众的注意。尤其是一些经济不发达和受外来干涉的国家的代表,极其重

---

　　① 华中师范学院教育科学研究所:《陶行知全集》第四卷,湖南教育出版社1985年版,第394—395页。

　　② 以下就是一批对自由和民主充满理想和追求,因而代表了这次会议基调的讲演题目:美国杜威学派的波特·博伊德博士和英国西蒙·沃内斯特爵士相继作了名为《个人自由、民主和社会控制》的同题讲演,美国著名教育管理学家沃什伯恩·卡尔顿博士则作了《科学与自由的人格》的讲演,法国卡罗·马里安的讲题为《艺术和个人的自由》,牛津大学列德哈克莱斯兰教授的讲题为《精神自由和新教育》,世界新教育联合会主席恩索尔·比特阿斯兰的讲题为《教育与一个自由的社会》,此外还有《个人自由与国际专制》《自由与家庭》和《自由个性的形成》等讲题。

视"小先生制"等普及教育的方法。印度代表还坚邀他前去印度宣讲。

但是,肩负全救会宣传联络使命的陶行知没等会议闭幕,便匆匆来到巴黎,同全救会指派的另一名代表钱俊瑞会合,准备出席即将在布鲁塞尔召开的世界和平会议。在钱处,他又遇上了刚从国内来的陆璀。陆受全国学生救国联合会委派,出席在日内瓦举行的世界青年和平大会,并受全救会指示,在会后与陶一起在国外做一个时期的宣传工作。陆告诉他,世界学联负责人从报上得知他来欧的消息后,特邀他列席这次世界青年和平大会。

8月31日,有35个国家700多名代表参加的世界青年和平大会开幕了。他同一群主要由中国留学生组成的中国代表团一起到会。作为列席者,他尽管没有直接登坛发言,但他还是把揭露日本侵华、呼吁世界青年支持中国人民正义斗争的声音,通过种种努力,变成中国代表团的共同呼声。在会前,他首先帮助代表团负责人王海镜确定了一条与会者共同遵守的基本原则,即不把各自不同的政见分歧带到会上,在大会上不批评本国政府当局,从而在代表团内结成了一条抗日统一战线。在代表团推选大会发言人时,他在帮助陆璀赢得了发言资格后,又以自己丰富的讲演经验,指导陆璀利用大会规定的5分钟发言时间,求取最佳的效果。在他的指导下,陆璀的发言激动全场。发言时两次被掌声打断,结束时更获得了长达3分钟的热烈掌声。当晚他又提议,中国代表团在会议期间邀请各国朋友恳谈,使他们更多地了解中国,支持中国。代表团接受这一建议,取得了令人满意的结果。邀来的100多位朋友留下了上百份支持中国青年抗日的意见书。在这些意见书上签名的有美、英、苏、西等国各界青年领袖。短短两天,他就帮助中国青年代表团和世界进步青年建立了一条反法西斯的统一战线。

9月2日,世界青年和平大会还未闭幕,他又匆匆赶赴比利时首都布鲁塞尔参加世界和平大会。世界和平大会是英国著名政治活动家锡西尔勋爵倡导发起的。当1935年意大利侵略埃塞俄比亚时,英国政府当权人物鲍尔温、张伯伦等奉行绥靖政策,锡西尔发起了一次和平投票运动,征集到1200万人签名,从而推动国联通过决议,宣布意大利为侵略者,并对之实行经济制裁。锡西尔深受鼓舞,进一步决心联合各国著名的国际政治活动家,共同把和平运动推向全世界。因此,当9月3日晚上宣布大会开幕之时,4000余名来自世界不同地区、不同肤色、不同服饰而又不同政治和宗教信仰的代表,确实汇成了一股和平的热流。

在组织并带领中国代表团汇入这一和平热潮的过程中,陶行知确实发挥了重要作用。根据列席世界青年和平大会的经验,他首先致力于组建一个统一战线的中国代表团,以代表团内各种力量的联合,进而谋求国际同情和支持。他找到时正侨居法国的指挥淞沪抗战的十九路军爱国将领陈铭枢,又通过陈找到曾为"五卅惨案"而与英政府谈判的著名外交家陈友仁,接着又联络了原在上海相识的旅欧文化人王礼锡和胡秋原。这样一串连,来自欧洲各地的14名中国代表尽管彼此政见不尽一致,但为了显示中国人团结一致联合抗日的共同意愿,组成了一个统一的中国代表团。他被大家一致推选为团长,陈铭枢、胡秋原和王礼锡则为参加大会主席团的中国代表。

接着,他又与大家商讨中国代表团的发言稿。在法、苏、英、美等国著名政治活动家相继发言之后,王礼锡代表中国发言。根据代表团商定的发言稿,王礼锡在发言中强烈谴责日本破坏远东和平、侵略中国的罪行,呼吁国际社会给中国人民以切实可靠的援助。来自东方反侵略前沿阵地的强烈呼声,与世界和平大会的主题如此紧密一致,赢得了与会者的热烈掌声。

大会发言后,他又根据中国青年代表团在世界青年和平大会期间征集签名的成功经验,同钱俊瑞商议起草了一份《告和平与中国之友书》,利用会期征集维护东亚和平的签名。在文稿中,他根据国联的有关盟约条款和锡西尔勋爵在会上倡议的世界和平运动四项基本原则,归纳了几条维护东亚和平的具体意见。它们包括:强调要用国际条约制裁侵略;中国如实行自卫战争,一切国联会员国都有支援中国抗战的义务;提议《九国公约》和《凯洛格公约》的签字国举行会议,采取措施,以遏止侵略,保障这两个国际公约的尊严。文稿还鼓吹太平洋集体安全,主张由英、美、中、苏及其他爱好和平国家共同建立太平洋的和平基础。文稿很快用中、英、德、法四国文字印刷出来,仅两天时间,就征集到了数百名外国朋友的签名。

9月4日,世界和平大会举行分委员会会议。陶行知同时参加教育和总务这两个分委员会。在前一个会上,他作了教育如何为保障和平努力的发言。在后一个会上,他又提议大会常设机构的秘书长中,应有小国的代表。在中国代表团推选世界和平大会理事时,他又从统一战线的需要出发,说服不同意见,使孙科和陈铭枢被一致通过提名为世界和平大会理事。

9月5日,大会举行闭幕式。经由全体代表讨论通过的大会宣言呼吁:和平已到危险关头,一切未曾加入和平队伍的人们应立即加入到这支队伍里来,共同拯救和平。就在这一天,日本在四川挑起事端的消息传到中国代表团。日本政府蛮横无理要求在非通商口岸的成都市设立总领事馆,并要挟中国政府的恶劣行为,激起中国代表团无比悲愤。陶当即以团长名义召集全体代表会商,决定致电国内,要求政府坚决抵制。同时,他又推动陈铭枢捐弃前嫌,致电蒋介石,呼吁团结御侮,合作抗日,并表示自己愿负斡旋宁桂与国共合力救亡之责。

大会结束后,陶又继续做了两件工作,以巩固并扩大中国代表团在会上所取得的成绩。一是进一步与主要的世界和平国家加强联系。9月7日,中国代表团邀请英、美、法和东道国比利时的代表聚宴,在杯酒交欢之中交换意见,加深了解。当晚,他又与钱、陆、陈等会见了苏联代表团。二是敦促世界和平大会同中国反侵略事业加强联系。中国代表团经过讨论,致书世界和平大会的常务会议,希望尽快派遣代表赴华,以期在远东有效地推进国际和平运动。

从踏上欧洲土地一个月来,他旋风式地奔走于伦敦、巴黎、日内瓦和布鲁塞尔等地,接连参加了三次国际会议,为国民外交工作殚精竭虑,极尽非常之劳。紧接着,他又把自己的精力放到在旅欧华侨中开展国民"内交"工作上来。关于华侨工作方针,全救会政治纲领规定得很明确,华侨既是中国在国际上的一支伟大力量,也是民族革命中的一支伟大力量,全救会当"从速加以严密组织,使之能在救国阵线中,成为国际宣传及经济供给的巨力"。循此方针,他努力奔走活动,在不长时间内取得了一定效果。

欧洲华侨主要分布在知识界、商界和劳工界中。日本侵华暴行频频激起这些海外游子的爱国热忱。1936年1月,在巴黎成立了中华民族救亡会。3月,在德国又成立了全德华侨抗日救国会。但是,由于知识界政治观点不一,而商界和劳工界则派别很多,各立门户,常因小集团的利益而发生矛盾。因此,要在华侨中推动建立抗日救国的联合阵线,既有基础,又有困难。陶和钱、陆等根据全救会精神,竭力鼓吹建立全欧抗日救国的总机关,推动各地华侨团体在统一的旗帜下合作。

8月24日,他与王海镜、胡秋原等发表《告海外同胞书》,提议9月13

日在巴黎举行全欧华侨抗日大会,号召全欧华侨不分党派,不问信仰,在抗日救国的大目标下团结起来。鉴于会期过迫,各地侨胞难以按时到会,乃将大会日期延迟一星期,原定会期改为筹备会。在筹备会上,他被推选为13名筹备委员之一。筹备会确定大会之后成立永久性的组织全欧华侨抗日救国会。在他指导下,起草了该会章程,以"不分党派、阶级、职业、信仰,唯以团结华侨抗日救国及增进侨胞福利"为宗旨。9月20日,全欧华侨抗日救国大会在巴黎如期进行,到会有英、法、德、瑞士、荷兰等国的侨胞代表及各地来宾共400余人。旅居比利时、苏联、意大利和土耳其各国的侨胞也纷纷来函来电表示祝贺和拥护。与会者中多有过去素不相识的党派团体人物,而今同聚一堂,《救国时报》因称赞这是"空前盛举",足为海外侨胞进行救国运动之"良好榜样"。而大会宣言一本"团结御侮"文件精神,确认联合救亡的"关键"在于"国民党、共产党以及全国各党各派团结抗日",尤为该报称道,"此种认识及主张,尤属确能把握住救国问题之关键"[①]。

在这次大会上,许多外宾如英中人民之友社和法中人民之友社的代表,世界学联和国际反法西斯大会的代表,都发表了热情洋溢的演说。作为全救会代表,钱俊瑞介绍了国内各界团结抗日的情况,陶则发表《〈团结御侮的几个基本条件与最低要求〉之再度说明》的讲演。讲演以"团结御侮是中华民族当前神圣的任务"为主题,以"求国内国外的抗日救国运动能够发生联系"为目的,对"团结御侮"文件的基本内容作了简明扼要而又通俗易懂的"再度说明"。为了适应讲演的形式和听众的实际,他把原先那些理论性较强的"条件"与"要求",条理为12个听来相当具体的"要点"[②]。每一要点,只有几句话,再辅以一首他所擅长的大众诗。他即讲即诵,亦庄亦谐,把深刻的政治主张解析为通俗易懂的要点,受到了与会者的热烈欢迎。

为了更深入广泛地向华侨宣传,在法期间他除多次参加侨胞的集会,还具体调查华工情况,考察法国穷苦儿童与华侨子弟的教育问题,指导旅法中国学生会工作,协调华侨社会各方关系。在繁忙的活动中,他结交了

---

① 《救国时报》1936年10月5日,周天度:《救国会》,中国社会科学出版社1981年版,第187页。

② 这12个"要点"为:要停止内战,要反对包办救国,要求大众起来,要有真的准备,要救国必须抵抗,要宽容,要防挑拨,要有好意的批评,要根治疑心病,要战斗上取得联合,要以打倒日本帝国主义为中心,要给战士吃饱。

工界和学界许多新朋友，其中既有华工总会负责人王庆元，也有日后蜚声科学界的数学家陈省身和土木工程师方贤旭等。

陶行知此番在欧奔走宣传，给人留下了怎样的印象？当他10月18日离开巴黎时，胡秋原所赠送行诗也许颇具代表性："曾闻奇士陶行知，布袍蒲扇大众诗。海外相逢聆妙语，相别此日聚何时。"①胡在不久前因同鲁迅等论战文艺问题而被左翼人士目为"怪妄"、"反动"，而今他对陶如是钦敬，殷殷推崇，可以想见陶担任国民外交使节"妙语"动人，予人深刻印象。

应该指出，陶行知作为全救会代表，利用各种场合、各种讲坛，传播中国人民保卫远东和平反对日本侵略的有力声音，是同欧洲和全世界爱好和平的人民反对德、意法西斯的呼号完全合拍的。此时他曾有《诗人》之作，自许为"打仗的号筒"："有人说我是诗人，/我可不懂。/唱破了喉咙，/无非是打仗的号筒，/只叫斗士向前冲。"②倘若说，他在国内无愧为一支宣传抗日救亡高亢嘹亮的"号筒"，那么，此番登临欧洲讲坛更无愧为一支呼吁和平音色鲜明的"号筒"。团结御侮的宣传呼号被延伸扩大，在开阔的国际舞台上回响。

应该指出，陶行知此番在欧，不但在主观上自觉贯彻执行了全救会的外交方针，而且还在客观上紧密配合了共产国际七大所制定的反法西斯统一战线新方针的贯彻。共产国际制定这一新方针后，以欧洲为重点，广泛发动各国人民开展各种形式的反对法西斯和反对帝国主义侵略战争的斗争。陶行知参加的日内瓦和布鲁塞尔和平大会，是共产国际所大力支持赞助的。而在此之前在伦敦召开的国际学生大会和有40万群众参加的巴黎圣克罗林和平集会，在此稍后陶、钱等人也都参加了的巴黎数十万人为巴比塞的送葬游行③，都同共产国际既定方针的贯彻有关。因此，陶行知在欧洲的活动，我们不能仅仅视为同救国会相联，还应该把它同共产国际的战略方针相联。只有这样，我们才能在一个宏大的历史格局中具体把握一

---

① 此诗为胡1988年返大陆探访时出示，见周毅：《国民外交的创举》，香港《大公报》1989年4月10日。

② 华中师范学院教育科学研究所：《陶行知全集》第四卷，湖南教育出版社1985年版，第346页。

③ 巴比塞(1873—1935)，著名法国作家和社会活动家，法共党员，曾任国际反法西斯委员会主席。1935年在参加共产国际七大会议期间病逝，1936年9月23日灵柩运回巴黎。

名历史人物的特定位置。

还应该指出,此番在欧,他同中共的关系较在国内又有了新的发展。他不但同钱、陆等中共党员朝夕相处,配合工作,建立了非常密切的私人关系①,还对中共驻共产国际代表团创办的《救国时报》产生了相当强烈的好感。9月21日该报巴黎发行部举行招待会,他应邀参加,即席诵诗赞扬该报"主张联合战线"、"诚心要停内战"、"广播大众呼声"、"主张国共合作"、"还要收复失地"等项②。可以说,这一赞扬不能仅视为对该报所发,而是对中共新路线、新方针的高度评价。

不过,更应该指出的是,他对马克思的一片敬仰之情。1936年10月30日,他在离英赴美前夕,特地同陆璀一起去伦敦市郊拜谒马克思墓。在杂树丛生、秋草萋萋的公众坟场上寻找多时,方才发现那座恩格斯题有墓志铭、代号为"二四七四八"的普通坟墓。这座坟墓没有开阔的墓道,没有高大的台阶,也没有宏伟的墓碑,悄然掩映在错错落落的墓群之中,仿佛表明这位伟人生在大众之中,死也在大众之中。因此,虽然墓中人早在陶行知出生前8年即已安息于此,而陶终其一生也未曾加入墓中人所创建的那个政党之中,但不受时空限制的思想之驹却可以在此尽情驰骋。素以"捧着一颗心来,不带半根草去"为座右铭的陶行知,很容易对这位异域异时的伟人产生一种特殊的敬意。在墓前,他凝思多时之后,摄下一张照片,并题诗一首:"光明照万世,宏论醒天下。二四七四八,小坟葬伟大。"③寥寥20字,却充满"光明"、"万世"、"宏论"、"天下"等具有很强历史感的名词。根据诗人创造性思维的特点,在他写到"小坟葬伟大"之际,一定对应联想到"皇陵埋渺小",从而对于以种种神圣的名号和高尚的主张自封的陵墓主人,生则鼠窃狗偷残民以逞,死则欺世盗名皇陵巍巍,投之以极度鄙藐之心。

---

① 他与陆璀情同父女。他同钱俊瑞关系也非一般,据1939年2月28日日记所载,钱于是时结婚,给友人通知中有希望"时加教勉和鞭策"之言,陶因写小诗以报之。诗曰:"新人要故人,'教勉加鞭策',这使我为难,马鞭何处得。"可惜陶未获"马鞭"以报新人,而钱则在《武训传》批判时,对陶及其弟子颇多"教勉加鞭策"。

② 华中师范学院教育科学研究所:《陶行知全集》第四卷,湖南教育出版社1985年版,第405—407页。

③ 华中师范学院教育科学研究所:《陶行知全集》第四卷,湖南教育出版社1985年版,第414页。

对马克思的崇敬,我们应把它视为陶行知思想观念上的一大进步,是此前政治立场倾斜的必然结果,也是后此种种作为的重要思想基础。不然的话,也就不易解释后来何以又有二谒三谒之举①。缱绻深情,是建立在服务大众献身人类的共同基础之上。吴玉章对此感受很深切,他认为马克思献身于全世界劳苦大众解放事业的精神,"这和陶先生要知识分子站在人民大众之中,为人民大众服务,做人民大众的'人中人',而不是站在人民大众头上做'人上人'的思想,是相符合的"②。情同志近,最易惺惺相惜。对逝者的顶礼,也最易移情赞助其继承者的事业。

正是怀着这样的情愫,他又踏上了新的人生之途。

奔走北美大地:争取国际援助的使者

1936年11月4日,陶行知从英国南安普敦登上"诺曼底号"海轮,横渡大西洋,于11月9日到达纽约,踏上阔别17载之久的旧游之地。

初到美国,自然少不了一番与旧友新知的访晤交接。但就在他与同行的陆璀出入美国社会各界和华侨社团,在频繁的聚会讲演和杯酒言笑中开始其在美第一程工作之时,11月下旬,在传来东西方法西斯加紧勾结缔结《日德反共产国际协定》的同时,国内又传来了"七君子事件"的惊人消息。11月23日晨,全救会领袖沈钧儒、章乃器、王造时、邹韬奋、史良、李公朴、沙千里七人在上海公共租界及法租界被捕,随即引渡,解押苏州。不久,全救会第一领衔人、九八老人马相伯被迫至宁软禁。

其实,当局嫉视救国会,必欲除之而后快,并非始于此时。早在年初国民党中宣部《告国人书》中,即称救国会"反对中央,颠覆政府",扬言将予严厉制裁。又因救国会在当年上海纪念"三八"、"五卅"和"九一八"、组织群众为鲁迅送葬、援助绥远抗战、声援日商纱厂工人大罢工等一系列规模浩大的群众抗日救亡运动中充分发挥组织领导作用,更使当局惶惶不安,遂以"密谋鼓动上海总罢工,阴谋扰乱治安"为由,将七君子逮捕。

---

① 1938年2月,他参加伦敦举行的世界和平大会理事会时,与吴玉章二谒马克思墓。同年6月取道伦敦归国之时,复与友人李信慧三谒马克思墓。

② 吴玉章:《回忆陶行知先生》,生活教育社:《陶行知先生四周年祭》,新北京出版社1950年版,第14页。

七君子被捕的消息顿使举国大哗。各界爱国人士、社会团体纷纷抗议当局倒行逆施。从七君子被捕到审讯再到释放,整整八个多月时间,有关消息、报道、声明、宣言、通电等,充斥国内报刊,引动万众瞩目。整个事件长期成为新闻舆论界追踪不舍的一个热点,成为国人密切关注的一个政治焦点。那些如沸如腾的声援活动,既愤且慨的抗议文字,不断叩击每一个有良知者的心扉。即使在相距半个多世纪后的今天,读来仍使人怦然心动,热血盗涌。

　　七君子被捕在海外也迅速掀起了一个巨大的抗议浪潮。全欧华侨抗日救国联合会、巴黎中国学生会、旅法华工总会、侨商协会及陈铭枢等著名人士纷纷致电南京政府表示抗议。全欧华侨抗日救国联合会响应冯玉祥发起的十万人签名运动,并向引渡七君子的英、法当局提出抗议。英国和法国的中国之友社则由罗素、马莱爵士和罗曼·罗兰等名流出面发电营救。参加世界和平会议的30多名各国代表则从日内瓦联名发电要求恢复七君子自由。如果说,在欧洲形成的这股声援力量间接汇凝着前不久陶行知的奔走之力,那么,在美国出现的救援活动就更多地直接出于陶等的联络推动之功。他先与陆璀联络各界侨领,发布了一份有300余人签名的《旅美华侨告海外同胞书》。接着,他又推动以杜威为代表的美国学界知名人士16人联名致电南京政府:"中国处境困难,至表同情。我们以中国朋友的资格,同情中国联合及言论结社自由,对于上海全国各界救国联合会七位学者被捕的消息传到美国,闻者至感不安,同人尤严重关注。"这一联名致电,主要借助于陶与哥伦比亚大学的特殊关系①。而哥大教授在这份声援电上的引人注目的位置,在美国也并不是一件小事。一般美国人都知道哥大与当时美国政府的不寻常关系:时任总统罗斯福曾在该校就读过,他在1933年上台后推行新政的智囊团主要成员,也主要来自该校②。哥

---

　　① 16位署名者中,有著名的相对论发明者、普林斯顿高级研究院教授爱因斯坦,美国社会党总统候选人诺尔曼·汤木斯,《新共和》杂志主编布鲁斯·布李文,耶鲁大学教授保罗姆·大卫斯,芝加哥大学教授保罗·独孤纳。哥大教授署名最多,杜威之外还有5人,他们或是陶当年的老师,如保罗·孟禄,威廉·H. 克尔巴特烈克,保尔德·罗格,或是后来来华与他同过事的麦柯尔。

　　② 如行政法和刑法专家雷德蒙·莫利教授,不但为罗斯福总统提出许多重要的建议和起草重要的讲演,还向总统举荐了一批有才行的哥大同事,如担任农业问题顾问的雷德斯福德·G. 特格韦尔教授,担任财政顾问的阿道夫·A. 伯利教授。

大在美国政界和学界炙手可热的地位，使得这份声援电在美中两国都会产生不容忽视的影响。

国内外对七君子被捕的抗议浪潮，汇成了一股逼蒋抗日的强大政治压力，也直接推动了西安事变的发生。张学良在1936年12月12日发动事变后的通电中，八项救国主张之一便是释放七君子。而在中共调停下，事变和平解决，当局接受的若干条件中，释放七君子也是其中之一。但当局事后并未全部兑现自己的政治诺言，不但七君子依然在狱，就连张学良也失去了自由。1937年4月3日，当局正式向七君子提出公诉。公诉书按照中国传统惯例，凑成"十大罪状"，以证明七君子"犯罪嫌疑""属实"。同时，公诉书又把陶行知和上海职业界救国会的顾留馨、任颂高等6人作为"共犯"，一并立案侦查提出公诉。这样，陶就在自己的历史上，添上了被南京政府二度通缉的新纪录。

公诉书一开头，就把"在逃之陶行知"紧紧排在七君子名字之后，指控"沈钧儒……等八人""犯罪事实"。在此，当局把陶视为与七君子共谋"不轨"的罪魁祸首之意至明。而具体对陶起诉之"罪状"则有三条：一、与沈等七人"因不满意于现政府，在上海以联合各党各派抗敌御侮为名，倡人民救国阵线口号"，在组织各界救国会的基础上，组织全国各界救国联合会；二、与沈、章、邹等共同发表"团结御侮"文件，毛泽东见此，"具函回答，引为同调"，而陶等"得此响应，自分所愿获偿，乃益图扩展"；三、陶"于《生活》杂志所著论文，亦明认'红军为中国三大集团之一'。其意为共产党张目，并削弱民众对于政府及国民党之信仰，可见一斑"①。

按照《危害民国紧急治罪法》第六条规定，七君子和陶等应判处5年以上15年以下之徒刑。因此，公诉书提出后，很快引来海内外第二阵抗议高潮。中共中央迅即发表宣言，强烈抗议当局"扩大此案而通缉现在美国讲学之爱国老教育家陶行知先生等七人"，强烈要求立即释放七君子及全体政治爱国犯，"立即取消陶行知等及一切政治犯之通缉令"②。6月下旬，宋庆龄等又发动了一个悲壮的救国入狱运动，具状江苏高等法院，要求同时收审，

---

① 周天度：《救国会》，中国社会科学出版社1981年版，第229—231页。所谓陶"于《生活》杂志所著论文"，即前章所述陶与《生活日报》记者谈话内容。

② 《中共中央对沈、章诸氏被起诉宣言》(1937年4月12日)，见中央统战部中央档案馆：《中共中央抗日民族统一战线文件选编》(中册)，档案出版社1986年版，第471—472页。

爱国无罪则与沈等同享自由,爱国有罪则与沈等同受处罚。宋等一呼,各界知名人士纷纷响应①。这种义无反顾、视狱如归的精神,表现了中华民族的伟大族格。

　　七君子案最终以一种不了了之的方式解决。1937年7月7日卢沟桥炮声大作,盖过了国内所有一切不同政见的声音。轰轰烈烈的中华民族全面抗战的历史新场面很快把"七君子事件"从政治舞台上暗转取代下来。沈等并未遵从当局要求书写悔过书以示屈服,而以"申请停止羁押"经法院核准的形式得到开释。7月31日,也就是日军占领平津之时,沈等在民众迎接下走出狱门。沈迅即被最高当局礼聘为国防参议会参议员,其余诸人也分别走上抗战新岗位。尽管他们后来的遭际不尽相同,寿祚不长者(邹、李)则出狱不足十年,先后死于个人或社会机体上的顽症,颇得寿年者则大多在1949年新建的共和国部院中尽力。虽然他们之中穷通情况也颇不一,有安安静静度过古稀之年寿终正寝而生荣死哀者,也有不得其所佗僚而逝然后补行追悼聊为生哀死荣者。不过,对于七君子来说,这些后事都不足以为人生最大的哀荣了。顶顶要紧的是,他们的历史地位早在苏州狱中奠定了。

　　就在"七君子事件"解决不久,又传来了第二次国共合作这一更加振奋人心的消息。7月15日,中共向国民党提交《中国共产党为公布国共合作宣言》,经蒋介石同意,于9月22日由中央通讯社公开发表。次日,蒋发表对此宣言的谈话,从而宣告第二次国共合作正式形成。

　　如果说,20世纪20年代第一次国共合作时,忙于奔走教育事业的陶行知还只是一名旁观者,那么,这一回国共合作,他便是多年呼吁全力助成的当事人了。国共合作抗日不仅使他连年的种种追求暂时打上一个句号,而且使他因被通缉而一度在美处境困难的情况顿时改观②。于是,解除了后顾之忧

---

　　① 顺提一下,沈、陶在上海电影界中的朋友,如赵丹、郑君里、唐纳和蓝苹等均在具状要求入狱者列。尽管当时唐、蓝已经反目,尽管日后人事诸多变化,但他们当时确实做了一个有良知、有热血的文化人应做之事。

　　② 公诉书内对陶罗织的那些"罪状",一度曾对部分不明真相的美国友好人士和热心侨胞产生影响。那些奉南京政府之命而在美从事特殊活动的人,又不时写信和打电话恐吓他。1937年4月底,陶在给国内亲人的信中曾谈及这种情况,"现在有许多人造我的谣言,请你不要信他。从前只有图财害命,现在简直有人要害命毁名"。正是为了不使他回国受到迫害,他在此期间经美国师友和司徒美堂等爱国侨领的帮助,取得了延长在美游历时间的许可。

的陶行知开始得以全力转入以美国各界人士和华侨为对象的抗日宣传。

对美宣传的最大障碍是当时流行于美国的孤立主义思潮①。罗斯福1933年就任总统后,由于法西斯势力日益扩张,国际形势日趋险恶,孤立主义派更进而认为,美国不应干预美洲大陆以外的事务,更不能卷入未来的欧洲战争。这一思潮泛滥于30年代的美国,有其深刻的社会原因。1929—1933年空前的世界经济危机期间,美国经济萧条情况远过于陶行知当年在日本所见所闻。美国国内到处是负债者、破产者和失业者②。这种恶劣处境直到罗斯福第一任总统任期将满之时方始摆脱。刚刚从漫长黑暗的经济危机噩梦中醒来的美国人,一则普遍把这场经济危机直接归咎于当年参加欧战,一则普遍关心国内经济复兴和就业问题。而与德国垄断资本有密切联系的美国大财团及代表其利益的政界人士,形成一个相当强大的孤立主义集团,使孤立主义思潮在国会内外长期盛行不衰。

"七七事变"后,日本全面进攻中国,美国在华利益受到严重威胁,东西方法西斯的猖獗也引起美国朝野民主力量的深深忧虑。很多美国人开始认为,美国只有联合其他民主国家采取集体行动,才能遏止法西斯,并使美国避免战争。这些情况给顺利连任第二任总统的罗斯福以很大推动,使他开始摆脱孤立主义,也使他的对日政策有所转变。1937年10月5日,他在孤立主义势力很强的芝加哥发表了著名的"防疫"演说,不指名地斥责了东西方法西斯国家。他说:"世界上无视法律的疾病在蔓延,这是不幸的事实。当疫病开始流行时,社会上赞成对病人实行隔离,以保护整个社会的健康,防止疫病的蔓延。"他呼吁国际社会中"爱好和平的国家必须共同努力,起来制止目前那些破坏条约、不顾人类天性、制造国际混乱的国家。仅仅依靠孤立或中立是不能避免这种情况的"。同一天,美国国务卿赫尔发表声明,谴责日本违反《九国公约》和《凯洛格公约》。在"七七事变"之后不久,罗斯福主张对侵略者实行"隔离",不失为对

---

① 第一次世界大战后,美国部分政界人士反对威尔逊总统标榜的"国际主义"对外政策,力主美国不介入欧洲纷争,反对批准《凡尔赛条约》,反对参加国际联盟。这个反对派即被称为孤立主义派。

② 据统计,在此时期,740亿美元的股票值消失,13万家工商企业和5000家银行倒闭,工业生产下降45%,农村购买力降低一半,在1.2亿人口的国家里,有4000万人口属于失业者家庭,国民总收入从874亿下降到396亿美元。

中国人民抗战事业的一大政治和道义上的支持。尽管从呼吁"隔离"到实际施行制裁,美国的远东战略受复杂的国内外时局和利害的制约,还有一段相当漫长的路程要走。但"防疫"演说毕竟在孤立主义弥漫的美国上空扫出了一方晴朗的天宇。

对此,陶行知感受特深。他详知美国孤立主义盛行的历史原委:"美国对欧洲的事情向来不大理,但在世界大战时威尔逊总统说是为民主而奋斗而参加进去了。不过还受了些损失,好比小孩子玩火弄痛了手指头,好啦,顶好不要打,要打就你们打好了。……美国在世界大战时,为口号标语所麻醉,说是什么为民主、为世界正义而战。美国人在战后才知道上了军火商人的当。于是乎美国人对远东情形也就很冷淡。"①他还十分赞赏罗斯福的"防疫"演说。罗斯福演说那天早晨,他恰好来到芝加哥。事后,罗斯福的演说遭到孤立主义的攻击,他十分不平,指陈原因:"这个演说引起了许多反对的反响。不过那是跟日本有来往的商人干的。"同时,他深信,中国的抗战是促使"美国舆论变化的最大原因"。南京大屠杀、广州空袭和美舰"巴纳号"被炸沉,"日本的残暴行为一天天增加,美国在远东的利益的损失日益巨大,便慢慢地觉醒了。……后来罗斯福及赫尔在加拿大的讲演,更加具体地说明'孤立政策'定要放弃,必须建立集体安全制度。美国便由'孤立政策'而变到'集体安全政策'了。这是放火的人联合起来,教会了救火的人也应联合起来啊"②。

陶行知显然自许为"救火"者,并显然以鼓动欧美各国人民共同起来"救火"为己任。大致说来,他在此时主要做了如下几件事情。

第一,推动杜威等世界名人发表宣言,谴责日本侵略。1937年12月6日,他代杜威草拟了一份宣言,经杜威同意,发电给在美的物理学家爱因斯坦、法国文学家罗曼·罗兰、英国哲学家罗素和印度民族领袖甘地,征求他们联名致电支援中国抗日,呼吁对日禁运。宣言原文如下:"由于日本肆无忌惮地摧毁东方文化,为了人类安全、和平和民主,我们建议全世界人民自愿地组织起来,拒绝购买日货,拒绝出售日货,拒运战争物资去日本,停止在各方面与日本合

---

① 华中师范学院教育科学研究所:《陶行知全集》第三卷,湖南教育出版社1985年版,第202页。

② 华中师范学院教育科学研究所:《陶行知全集》第三卷,湖南教育出版社1985年版,第203页。

作,不支持日本的侵略政策,尽可能支援中国自卫和救济的物资,直到日本从中国全部撤退武装力量,停止他的侵略政策为止。"13日,得四方回电赞成,宣言正式发表。由于署名者的崇高地位,宣言很快在全世界广泛传播并引起强烈反响。更由于12月12日日军攻陷南京后制造惨绝人寰的大屠杀消息不断传出,宣言适时地表达了各国爱好和平的人民谴责侵略暴行的强烈呼声。

第二,广泛宣传各界,推动抵制日货。他认为,抗日办法既有武力抵抗、文化抵抗,也有经济抵抗。抵制日货,对日本进行经济制裁,是制止其侵略的有效措施,不啻釜底抽薪。"日本打中国的钱从哪里来?一天要用一千多万,从哪里来?很简单,卖日本货赚了钱,那就买军火杀中国人。如各国不买日本货,则日本不能买军火,也就不能打仗,便要回老家去了。"①美国是日本最主要的贸易伙伴,为此,他不断致力于向美国各界广泛宣传。就在罗斯福发表"防疫"演说当天,他在芝加哥起草了一份抵制日货呼吁书,提出了一个极其明快的宣传口号:"你买一块钱的日本货,就是帮日本杀中国人!"他向美国工人呼吁:过去的工人制造汽船、铁路、机器,今日的工人制造工会、民主,甚至永久的和平。他要求美国工人帮助处于患难中的中国人民。在接见记者及美国青年大会代表和英国劳工代表时,又反复宣传"确定对日经济绝交的日期"和"严禁日货进口"等要义②。在他的工作日志中,频频载下的讲演或访问的宣传对象,广泛包括美国教育、宗教、妇女、青年、医护、文化、劳工、科技等各界人士以及名目众多的社会团体。抵制日货宣传成功地使许多同情中国的美国人采取了坚决的行动。他亲眼看到,许多青年和妇女自动将日本的领带和丝袜解下来烧毁掉,以示不用日货的决心。美国许多地方举行群众性的抵制日货大会。在纽约,"大会赞成抵货运动","女青年会、工业部门赞成抵货"。在波士顿,有代表20万群众的41个社会团体发起大会赞成抵货。据他1938年8月估计,抵制日货运动以来,日货在美销数减少了35%③。

---

① 华中师范学院教育科学研究所:《陶行知全集》第三卷,湖南教育出版社1985年版,第205页。

② 华中师范学院教育科学研究所:《陶行知全集》第三卷,湖南教育出版社1985年版,第179页。

③ 华中师范学院教育科学研究所:《陶行知全集》第三卷,湖南教育出版社1985年版,第192、320页。

他在美国的宣传活动很快又与世界进步力量有组织的行动汇合一致。1937年12月15日,世界和平大会执行委员会议决,从1938年元旦开始,在全世界普遍抵制日货,并定于2月12日在伦敦举行国际援助中国抵制日货会议,同时拟组织专门委员会讨论援华办法。他应邀参加会议。2月10日,他出席了有700多名代表参加的在伦敦女修道会花园戏院及阿道夫戏院举行的世界和平大会执行委员会会议。2月12日,他又与34名中国代表一起出席了有21个国家1000余名代表参加的世界援助中国抵制日货大会,并分工参加了技术委员会的讨论。在他的工作日志中载有一系列涉及"对日作战上的经济技术问题"[①]。参加这许多重要议项的讨论,他在贡献自己所知所行的同时,无疑也开阔了思路,丰富了斗争策略。所以,当他在会议上得知爱尔兰自由邦拒绝抵制日货的消息后,会后迅即前往,在当地朋友的帮助下,终以被压迫民族联合起来共同反对压迫民族的大义,说服爱尔兰当局参加到抵制日货的行列中来[②]。接着,他又绕道荷兰、比利时赴美,专程会见当地华侨,推进了当地的抵制日货运动。

　　第三,深入调查研究,推进对日禁运。他认为,单靠抵制日货还不够。日本恃以发动侵略战争的军火原料主要来自国外输入。只有各国不卖军火或制造军火的原料,才能给日本以更大的打击。美国虽然不卖军火给日本,却是废铁、汽油和铜等军需材料的主要供应者。因而推进禁运这些军需材料便成为陶行知的重要使命。

　　1937年10月1日,他从墨西哥回到美国时路过休斯敦,在当地海员工会书记客尼第陪同下,参观了附近海口占地5英亩堆积如山的废铁堆。这些废铁都将经巴拿马运河入太平洋而运往日本。这件事给他印象至深,促使他很快就着手对美国输日军需材料进行调查。11月1日,他通过关系参加了美国石油工业研究会第八届年会,从中获得了美国和世界各国输入日本的石油的确切数字。当月中旬,他又联络了胡敦元等数名在美攻读

---

① 这些经济技术问题包括:"劳工自己处理作战物资"、"英国与荷兰油船与油问题"、"抵制货品,丝与棉织物"、"限制对日贸易,规定那些物品可以买卖"、"存户问题,对于向日本投资的银行如何处置"、"经济封锁与抵制日货"、"调查货物的来源",以及"美国监视巴拿马,英国监视新加坡,其他更快的禁运办法",等等。见华中师范学院教育科学研究所:《陶行知全集》第三卷,湖南教育出版社1985年版,第186页。

② 华中师范学院教育科学研究所:《陶行知全集》第三卷,湖南教育出版社1985年版,第262页。

学位的中国留学生，组织中华经济研究社于华盛顿，正式办理注册手续，同美国有关机构和学术团体交流经济情报。该所很快得出研究报告，1937年从美、英输入日本的军需材料分别占54.5％和17.4％，其中单是由美输日的废铁一项即价值4475万美元，占当年各国输日废铁总数的90.39％。1938年5月4日，在洛杉矶5000人的群众集会上，他揭露了这一事实，并沉痛指出，一船船废铁月复一月年复一年地往日本搬，"结果是美国富翁黄金满堂，中国同胞血花遍地"。当日本在中国杀死100万人的时候，其中有54.5万人是美国的军火帮助杀死的。他的发言引起与会者的热烈响应。参议员司各脱当场站起来，要听众记住这一惨痛的数字，并呼号"凡不愿做帮凶的人，请站起来！"结果全场5000人一致站起，表示了支持禁运的决心①。很快，这个触目惊心的数字不但在美国许许多多报纸上刊登出来，还发表在6月初出版的美国参议院公报上。美国朝野上下，"震动一时，于是美国人很普遍地提出一个口号：'不参加侵略。'"②即使在他归国之后，这个经济研究社依然在美国舆论宣传方面占有重要地位。它的研究报告，"已成为美国对日禁运之中心根据"③。

在宣传抵制日货和对日禁运的过程中，陶行知等打赢了同日本的一场宣传战。尽管日本依仗其在美的雄厚经济实力，宣传力量不弱，但"这次在美的宣传布置总比中国慢一着，中国总比它先一着。中国对美宣传，对各界各阶层都有相当的人去看准对象下工夫"，从而使得日本相形见绌。尤其在劳工界，中国"下了相当的工夫，使美国劳工界团体明了中国的抗战情形"，成为抵制日货和对日禁运的一支重要力量。

第四，鼓吹集体安全，促进各国援华。鼓吹太平洋地区的集体安全，本

---

① 华中师范学院教育科学研究所：《陶行知全集》第三卷，湖南教育出版社1985年版，第270—271页。

② 华中师范学院教育科学研究所：《陶行知全集》第三卷，湖南教育出版社1985年版，第230页。

③ 据胡敦元1939年7月致陶行知信中述及，该社研究统计，1938年由美输日军需材料，又由1937年占54％上升为56％。这一研究报告顿时在美国新闻界掀起波澜：科学通信社先后据此写成联合通信发表在各地100余家大小报纸上；《基督教科学箴言报》和《纽约邮报》则专由其驻华盛顿通信员为该报写特别通信；《纽约时报》在社论中引用研究社名字及其研究数字。美国外交部、农业部、财政部、有关大学和海陆军学校及图书馆纷纷来函索要报告。

是陶行知出访前夕和在欧洲和平讲坛上的基本主题。中日战争爆发后,他在美宣传更未放松这方面的工作。"七七事变"第二天,在准备系列讲演时,他就把日本侵华问题同集体安全、世界和平问题联系在一起了。之后,他不断向美国人民宣传如下内容:"帝国主义者并不要集体安全,他们要的是个人安全","国际安全使战争成为不可能,因为他使战争制造者失其依据"。他同时也对美国人民肯定了福兰克林·罗斯福在"防疫"演说中所说爱好和平的国家共同努力以"隔离"侵略者的主张,"没有福兰克林的集体安全,你们也不会有美国的自由"。他公开斥责那个对交战国貌似公正实则十分有害于被侵略者的《中立法案》:"Let the Neutrality pact go to the Neuter Gender!"①(让《中立法案》见鬼去吧!)

他曾四访加拿大。频繁访问中,集体安全问题始终是他锲而不舍的宣传主题之一。1937年11月19日,他在二访该国应邀赴国会讲演时,向该国政界人士庄重宣告,中国人民需要"自由的和平"、"正义的和平"和"平等的和平"。但和平除了需要中国人民同敌人进行"生与死的斗争、自由与奴隶的斗争"之外,还"必须通过合作才能得到"。而这种国际合作主要包括四方面:"一、统一被侵略者的抵抗力,二、侵略国家内的民主力量不与政府合作,三、世界的民主力量凝合起来,四、东方与西方在两头会合。"他向在座听众提出了"世界一家"的呼吁:"战争培养战争,侵略鼓励侵略",中立政策无助于全人类的自由,"警觉不要帮助和平与民主的敌人"②。1938年初三访加拿大之际,他曾作《和平之威力》一诗献给加拿大朋友。他由"渺小而微细"的水滴汇成浩荡的尼亚加拉瀑布,联想到爱护和平与民主的人们正朝着一个目标团结前进,"这力量大于尼嘎拉之水力,/能阻止侵略战争之加于中华。/等到无奴隶的和平降临在大地,/自然而然地也会繁荣加拿大"③。

他也携此宣传主题访问墨西哥。作为世界文明古国而又受过殖民压

---

① 华中师范学院教育科学研究所:《陶行知全集》第三卷,湖南教育出版社1985年版,第184页。

② 华中师范学院教育科学研究所:《陶行知全集》第三卷,湖南教育出版社1985年版,第181页。

③ 华中师范学院教育科学研究所:《陶行知全集》第四卷,湖南教育出版社1985年版,第445页。

迫奴役的墨西哥,在颇为开明的总统卡尔梯乃斯的领导下,对外反对法西斯,援助西班牙人民阵线,同情中国,反对日本。在会见总统并与各界交往的过程中,他不断呼吁中墨人民团结一致结成兄弟,墨西哥停止以武器、军需材料及港口供给法西斯国家,以与共同的敌人作战为中墨友谊的新开端①。访墨期间,有一次记者为他摄下了一张正在作讲演的照片。照片异常传神,他身穿西服,头微前倾,双手前屈十指奋张作呼唤听众之状。这张照片实可谓为一位代表人类良知的中国教育家热切呼吁世界和平的历史见证。湘版《陶行知全集》把这帧照片置于封面,是很有见地的。

陶行知的宣传鼓吹,取得了一定成效。在美国和加拿大,他的足迹遍及东西海岸数十城市。在各地援华反日大会和各种募捐活动中,在同各界人士频繁往来的过程中,他获得了广泛的友谊和支持。他深感祖国人民英勇抗战是自己在外宣传的强大后盾。广大美国人民对中国的观感随着抗战的展开而发生深刻的变化。在美第二年,"无论到何处演讲中国抗战情形,入场和出场的时候,听众全体肃立,一致热烈鼓掌,表示对英勇抗战中的中国致最崇高的敬意。在讲演的时候,一提到中国反抗侵略的话语,听众即一致欢呼,一致鼓掌,有如山崩海裂似的;一提到日本这个名词,即一致发出怒吼的声音,表示他们极度的愤慨"。他还指出,中国的抗战促成了美国各界各派"统一战线"的形成。"美国自我国发动抗战以来,同情并援助中国的,有右派,有自由派,有左派。他们派别不同,向来各干各的,彼此不相联络,不相为谋,对于中国的抗战虽都是同情,都肯帮助,但在最初也是各不相干。可是近来却有了变动,因为中国的英勇抗战,竟无意中促成了他们的'统一战线'。他们为着援助中国抗战的问题,有了一个共同的目标,居然为着此事每星期派代表开一次联席会议,交换关于此事的意见,渐渐地比前接近了。"②美国朝野对华态度发生变化,当然主要是中国人民英勇抗战所推动促成的,但不可否认,作为国民外交使者的陶行知奔走联络,不辱使命,也应属于与焉有力者。

值得一提的是,在推动加拿大医疗和医药援华过程中,他和著名的国

---

① 华中师范学院教育科学研究所:《陶行知全集》第三卷,湖南教育出版社 1985 年版,第 179 页。

② 华中师范学院教育科学研究所:《陶行知全集》第三卷,湖南教育出版社 1985 年版,第 231 页。

际主义战士白求恩大夫的二度交往。1937年7月30日在美国洛杉矶医疗局举行的欢迎西班牙人民之友的宴会上,他初识了刚从西班牙前线回来的白求恩。次年4月白求恩正欲率医疗队赴华之时,正在加拿大温哥华访问的陶行知随即前往相送。在加拿大医疗援华委员会举行的演讲会上,他向白求恩大夫和加拿大人民表示了真诚的感谢。这或许算得上中国人民在抗战时期向白求恩和加拿大人民最早的当面致谢之词了。这一感谢,倘若借用在某一时期曾被广大中国人熟诵的话,那么,完全可以说是一位具有"毫无自私自利之心的精神",因而是"高尚的"、"纯粹的"、"有道德的"……大写的"人",向另一位同等价值者的诚挚致意。

陶行知在美不但大力争取如上所述的广泛的国际援助,还在华侨中做了大量工作,推动华侨集结成一股热烈支持抗战的重要力量。

此番来美不久,他便发现华侨社会陷于分散混乱之中。中国固有的地方门户之见,加上不同的党派利益的催化和美国的特殊政策,总数不过一二十万的华侨,却"四分五裂,意见既深,又复互相猜疑,简直不易拉拢"。国民党与共产党固然各执一端,而国民党内汪(精卫)派与胡(汉民)派也各不相谋,至于致公堂、安良堂和协胜堂等较大的华侨社团也互不相容。各派各堂都有自己的报馆,平素针锋相对,各持所见,一开笔战,便纠缠难解。以刀枪相见的"堂斗"虽已终止多年,但"堂斗"中死伤印象犹新,彼此积怨难消。陶行知面对的就是这样的现实状况。他深感要做好华侨团结工作,犹如"急水滩头拉船上岸",并非易事。

为了帮助华侨提高认识,团结对敌,他除利用集会讲演和个别交谈外,还通过组织座谈会和读书会等形式打开他们的视野。他所擅长的大众诗,是晓喻文化知识不多的一般华侨的有效工具。《以为歌》在帮助侨胞消除相互间的猜忌方面很见效验:"你以为,我以为,你我之间出了鬼。有鬼掣我的肘,有鬼拉我的腿。灵魂正渡河,桥梁被鬼炸毁,扑龙通儿一齐掉下水,笑煞东洋鬼。"①《好少爷》《告华侨姑娘》和《再到金山》等通俗易懂的诗篇,在劝导华侨抵制日货和多捐款、多买公债方面都有显效。他又当起"拆字先生",一个"春"字被他解为"三"、"人"、"日",释为中国上中下、左中右、

---

① 华中师范学院教育科学研究所:《陶行知全集》第四卷,湖南教育出版社1985年版,第415页。

老中青这三种人联合起来,便可以把日本帝国主义打倒在下。这种大众化的宣传备受欢迎,"华侨是喜欢听我拆字,他们鼓掌是极热烈"①。

不过,最为成功的还是用救亡歌曲来宣传华侨、组织华侨。他不但用自己的歌喉把悲壮的《义勇军进行曲》灌制成唱片,而且还把当年脍炙人口的《毛毛雨》歌词改了三个字,点铁成金,变情人的要求为祖国母亲对海外赤子的要求:要他们无私地贡献出自己的"金"、"银"和"心"。在美洲大地,他自己唱,又教人唱。一路宣传一路歌,从东海岸到西海岸,到处都洒遍了他的歌声。他在旧金山组织部分华侨学唱救亡歌曲,半年后当地华侨已有几千人会唱,他们组织的"叱咤歌咏团"特别有精神。

在国内抗战洪流的推动和陶等奔走努力下,在美华侨的情况发生了深刻的变化。旧金山、芝加哥和纽约是华侨最集中的地方,在一致抗日的口号下,三大埠华侨联合起来了。在洛杉矶,16个华人俱乐部成立了统一的抗日联合会。原先素不往来的社团同仇敌忾合作抗日。广大华侨有钱出钱,有力出力,共赴国难。各埠的捐款和公债都达数百万元,不少侨胞典衣当物购买公债。许多普通侨胞干起默默无闻的国民外交工作。洗衣业的店主和工人在洗净的衣服中放上一张印好的纸片,"请不要帮助日本打中国,不要买日本货",连餐馆老板娘也主动做起国民外交来。面对华侨的进步,他欣喜地把新华侨称为从"旧背景里活跃出来"的"新生的孩子",不无自豪地自比为"接生婆之一"②。

还须指出,陶氏在宣传美国朝野和华侨的同时,未曾放弃对旅美华人的工作。在他的记事日志上记载的一长串赴美留学、经商、工作者的名单便足以证明。在此略述他同一武一文两位中国人的交往,见其工作之一斑。

武的那位是杨虎城将军。西安事变后,他于1937年6月被迫离开军队,以"出洋考察"的名义携妻带子来美。当年8月下旬,陶与之在旧金山相晤。对于"七七事变"和"八一三"上海抗战这一系列风云翻腾的国内近事的轸念,同在异域归国无门的感慨,很快使满怀报国之志的双方,相见恨晚倾盖如故。陶为驰骋沙场的巾帼英雄杨夫人谢葆真题诗,表达对他们贤

---

① 华中师范学院教育科学研究所:《陶行知全集》第三卷,湖南教育出版社1985年版,第257页。

② 华中师范学院教育科学研究所:《陶行知全集》第三卷,湖南教育出版社1985年版,第256页。

伉俪的敬慕之心:"闻说谢家有奇女,单刀夺得机枪回。我在金山几曾见,疑是红拂天上来。"①谢则在陶的记事本上题词,表达他们夫妇对陶的推重之情:"十年奔波的途程中才得到了一个意志想(相)同的同志,望陶先生以后继续奋斗把我们正(整)个的同胞都领导着走上最后的光明大道。"当年11月,杨再三请求准予归国参加抗战。甫入国门未久,即被长期监禁,10余年后全家被害狱中,成为中国现代史上的一重著名冤狱。与陶相交,算得上是杨家失去自由前所结识的最重要的新朋友之一;与陶畅叙,也可视为推动杨家不顾利害断然归国的诸多动因之一。

  文的那位便是胡适。南京政府在中日全面战争开始后,派胡适以非官方身份赴美活动,争取美国朝野的同情和支持。1937年9月26日胡适抵美,随即以委婉批评美国的孤立主义和鼓吹国际集体安全为主题,开始其国民外交工作。10月1日,他在旧金山哥伦比亚电台发表英语广播演说,8日飞华盛顿,12日偕驻美大使王正廷访晤罗斯福。共同的国民外交使命,使得陶、胡这两位前此有所暌隔渐见生分的朋友,在华盛顿再度聚首。因时间不足,未能畅谈,陶遂于10月16日致信,就别后所闻有关胡出国前鼓吹对日"和平方案"和"外交解决"之事提出疑问,十分关心且十分直率地表示:"如果老兄真有这主张和方案,对美国当局交换意见时是否也拟提出?有人说您预备以3000万人之自由来换'和平',我不大相信(但也不大放心),所以特来请教。"②胡适接信后如何回复反应,我们目前未见具体材料。但有一点可以肯定,即胡适对日态度发生重大转变,却正在陶致信期间③。我们当然不必夸大陶、胡此番交往在胡适对日态度转变方面的作用,但素以道义为重的胡适不会漠然无动于衷于来自故人的率直诤言,却是可

---

  ① 华中师范学院教育科学研究所:《陶行知全集》第四卷,湖南教育出版社1985年版,第439页。
  ② 华中师范学院教育科学研究所:《陶行知全集》第五卷,湖南教育出版社1985年版,第322页。
  ③ 胡适基于自身对国内外形势的估量,在较长时间内一直对抗日问题持"低调"态度。"八一三"之后,"和平解决"中日问题的梦想处在将破而又未破之际。9月8日出国前与汪精卫等相见,还以"不要太性急,不要太悲观"劝解;9月26日抵美后第一场讲演,尚对华侨说"算盘要打最不如意的算盘,努力要做最大的努力"。但从10月开始,他的态度日益明朗,在美国和加拿大各地巡回讲演中,宣传日本侵华暴行和中国抗战决心的声音越来越强。如12月9日在华盛顿"女记者俱乐部"讲演称:"南京如果失守,中国将继续抗战。虽战事延长到二三十年亦所不惜。"

以肯定的。如若循此继续申论,那么,当次年9月陶即将踏上国门之际,胡却突被任为驻美特命全权大使,从而完成其由国民外交到政府外交的角色转移。胡适以素无外交经验且素不愿出仕为官的一介书生,在抗战最困难时期毅然走出学术殿堂,当此外交大任,推其肇始,当与他此番在美对日态度转变的经历有重大关系。

自西徂东回国:归心似箭中的考察宣传

1938年6月15日,在20余位朋友的送行下,陶行知离开纽约,前往伦敦西行归国,由此结束了游美宣传的使命。

此次游美,最先打算仅2个月,后因工作需要,又因"七君子事件"被缉,遂一再展期,留美长达20个月。在此期间,他奔走无定,到处为家,长则月余,短则数天。尽管他善与人处,交满天下,称得上前人所云"莫愁前路无知己,天下谁人不识君",但是长期飘泊独处,生活在国难家忧的浓重氛围之中,又焉能不兴深深的家国之思?

对家人的眷念,始终是他心中一根特别敏感最易撩动的神经。对于家庭,无论从新旧道德来看,他都堪称模范。因而在出国前夕妻子新丧,留给他的是深切的哀痛。当"哥夫号"停留新加坡时,一位阔别多年的朋友问起他的家人,无意中触动了他的隐痛,引起无限伤感。在异国他乡,他留下了数行欲哭无泪令人心恻的诗句:"你问吾妹安否,/你问吾母康健,/你问吾妻无恙,/我听了说不出话来,/眼泪要从心头泻。/待我再上坟时,/当诉说你的挂念。"但他并未消沉,笔头一转,又作旷达之语:"他们去了也好,/我率性将家庭眷恋,/化作民族解放宏愿。/将大地走遍,/要同胞把存亡关键,/结成联合战线。"①

死者长已矣,生者待鞠育。早逝的妻子为他留下4个男孩。在他去国之时,桃红(陶宏)21岁,小桃(陶晓光)18岁,三桃(陶刚)17岁,蜜桃(陶城)12岁,他分请在沪、宁的亲友和学生代为监护。由于远隔重洋,鸿雁时误,即有消息传来,离乱之中也没有多少令人开怀之事。所有这些,难免不使他感到挂虑。作为慈父,他挂念孩子的日常生活,战乱中更关注着他们

---

① 华中师范学院教育科学研究所:《陶行知全集》第四卷,湖南教育出版社1985年版,第386—387页。

的安危。"八一三"上海战事方殷,小桃携带蜜桃在兵荒马乱中随难民洪流,辗转前往汉口,复又转往桂林。这一切怎不令人焦念?强烈的思子之情使他有一次为了赶上定期邮船,以抱病之躯在深夜步行半小时把信件送到邮政总局。作为教育家,他更以自己的职业敏感时刻关心着孩子的身心发展。对于年幼的孩子,他用浅近的话进行积极向上的人生观教育。对晓事较多的孩子,他便把话说得更深刻透彻一些:应当根据自己的才干,参加民族解放的大斗争。到最需要最有组织最信仰民为贵的地方去作最有效的贡献。把生命的火药装在大炮里,对准着日本帝国主义轰炸。倘若把生命的火药放在炮竹里玩掉或放在盘子里浪费掉,那是太可惜了①。

除了家中4个"小桃子"时上心头,在他脑海中还常常浮现出一个倩影。她,就是后来成为他夫人的吴树琴。数年前,为了反对父母包办婚姻,吴树琴和两位好友毅然离开安徽休宁老家,持陶行知好友姚文采介绍信来沪求助。陶行知帮她们三姐妹进入上海中法大学药学专修科。一年后,吴因家中断绝经济供给,曾想辍学就业。在陶帮助下,才得继续求学。出国后,除在经济上继续资助,他还多方联系帮助即将结业的三姐妹寻找实习单位。在经过一段书信往来后,1937年4月底,他终于向这位外表娴静端庄而内心倔强的姑娘送去了一个特殊的感情信号。他一反常用的"同学"称呼,以"冰妹"相称而以"水"自称,并在信上直诉思念之情。"你大概是每月给我一封信。照我现在的心理看来,这好比是每天吃一餐饭,是觉得不能满足。你知道,我是每一次船来,总希望能得你一封信,几乎每次都是失望。于是见着Transpacific Mail Due(太平洋信件到)的新闻,应该是兴奋,反而弄得烦恼。"在信中,他还就"七君子事件"后谣言四起的情况告诉对方:"有许多人要毁坏我的名誉。只要你不信他们胡说,我就无忧无虑了。我知道你相信我,你也知道我相信你。好!我们就在互信中得到最高的安慰吧!"②"八一三"上海抗战时,他鼓励她参加红十字会,为中华民族的自由而战。后因战乱关系,三个多月未获来信,使他一直惴惴不安。待到收阅泪痕点点抱病的回信,他借《苏武牧羊》古曲中词向对方表情:"三更同入梦,两地谁梦谁,任海

---

① 华中师范学院教育科学研究所:《陶行知全集》第五卷,湖南教育出版社1985年版,第326、309—310页。

② 华中师范学院教育科学研究所:《陶行知全集》第五卷,湖南教育出版社1985年版,第326、309—310页。

枯石烂,大节总不亏。"①巨大的感情引力,使他在离美之后加快行程,一再写信相邀,热切期望在跨进国门之际先在香港见面。7月中旬途经巴黎,他也无心逗留观光,题写了一首风姿婉约情韵动人的诗篇遥赠在天一方的伊人:"巴黎无雨也留客,独有今宵不可留。抬头仿佛江湾月,屈指惊人已三秋。横贯欧陆我去也,一任铁塔与云浮。只是数月无音问,重逢何日令人忧。"②

不过,那些他曾经为之劳心劳力过的事业则是一种驱使他归心似箭的更巨大的推力。

出国以后,他同国内联系仍十分密切,"几乎每星期左右",他都有信给那些紧密追随他的学生,"长篇大论的写来","报道他在国外的活动",并要对方"把国内的行动不断地告诉他,以便国内外的行动一致"③。但是,严重发展的时局常常使得许多重要的事情不能或不及书写,使他梦魂萦绕难以释怀。"七君子事件"发生后,山海工学团突遭当局盘问和搜查,以后又迭受恫吓和压迫。"八一三"上海抗战,山海工学团正处火线,广大师生奋勇投入④。在事变不断袭来之际,远在海外的陶行知他心中时刻关怀山海工学团的情况。

抗战全面展开后,遵照他的意见,为适应形势,"国难教育运动"改为"战时教育运动"。刚刚出狱的刘季平同王洞若、戴伯韬等主办《战时教育》,以续替已于1936年8月停刊的《生活教育》,还出版《战时课本》和《战时儿童》等书刊。他们努力贯彻陶行知所提出的"把学堂变作战场"和"把战场变作学堂"的指导思想,工作得很出色,开创了战时教育的新局面⑤。

---

① 华中师范学院教育科学研究所:《陶行知全集》第五卷,湖南教育出版社1985年版,第334页。

② 华中师范学院教育科学研究所:《陶行知全集》第五卷,湖南教育出版社1985年版,第347页。

③ 戴伯韬:《陶行知的生平及其学说》,人民教育出版社1982年版,第98页。

④ 在"八一三"抗战期间,山海师生参加难民收容和教育工作,张劲夫等又组织战地服务团,出入火线,为前线作战部队服务。战后,部分师生坚持留在"孤岛"上海继续斗争,部分师生则与生活教育社和杨树浦临清中学学生组成孩子剧团,由王洞若领导,吴新稼任团长,辗转各地演出,成为继新安旅行团之后又一救亡宣传园地中的秀苗。

⑤ 上海战事结束后,刘、戴等撤至武汉。在中共湖北工委领导下,联络当地教育界上层人物,发起组织了一个"抗战教育研究会"。次年1月,该会又联络当时云集武汉的中国教育学会、中华职业教育社、中国儿童教育社、教育短波社等10余个全国性的教育团体,筹组全国战时教育协会。2月12日,这个具有教育界统战性质的协会召开成立大会,通过了一个"共同认识纲领",戴被推选为七名常务理事之一,主持日常工作。

这样，由国难教育社发展为抗战教育研究会，再发展为全国战时教育协会，进步教育运动工作局面越来越大，群众基础越来越广，活动内容则与抗日救国的实际斗争结合得越加紧密，这正是陶行知出国之前馨香以祷并努力以求的。3月15日，为晓庄创办11周年纪念，在汉师生30余人集会纪念。新形势下，他们力图扩大队伍，更加怀念远在海外的导师。为此，与会者通过扩大组织并致函陶行知慰劳案①。令人欣喜的新形势和催人奋发的新使命，无疑成为促使他早日启程的原动力。

最使他感奋的是国内抗战空气渐浓的政治形势。1938年1月下旬，国际反侵略大会中国分会在汉口举行成立大会，大会由陈铭枢主持，宋庆龄被选为名誉主席，宋子文和邵力子分任正、副主席，钱俊瑞为宣传部部长，陶行知和周恩来、董必武、郭沫若等同被选为理事。国共合作不但体现在这个和平组织内，还反映在共同支援西班牙人民反对法西斯的正义斗争中。国共两党协调一致，组织了"国际纵队"中的"中国支队"，赴西班牙参战。这件事曾使陶行知异常振奋，1938年3月他专作《敬赠西班牙之中国战士》一诗以颂之。对于抗战以来国共两党在太原会战和徐州会战中的协同配合作战，取得平型关和台儿庄战役的胜利，他更是欣喜难捺。

不过，更急切等待他回国的则是刚刚召开的国民参政会。在全国团结抗战的新形势下，中共建议国民党组织一个"民意机关"，以动员全民参加抗战。这一提议受到其他党派团体的拥护和支持。1938年3月，国民党临时全国代表大会决议建立国民参政会。4月12日，当局公布《国民参政会组织条例》。6月16日，也就是陶行知离开纽约登上归程的第二天，国民党中央常务委员会通过了总数为200人的参政员名单。当局选定这一名单，还颇费苦心②。按组织条例第三条（甲）项规定，陶行知以省市资格入选安徽省参政员。但实际上他却是以救国会领袖的身份被邀的。因此，在介绍救国会被邀诸人时，邹韬奋笔端颇含感情，如称"为国贤劳"、"忧国忧

---

① 《新华日报》1938年3月17日。

② 据邹韬奋评介与会各党各派代表情况：共产党被邀7人，除毛泽东、陈绍禹（王明）、秦邦宪和邓颖超外，中共著名"四老"中除徐特立外，林祖涵、吴玉章和董必武皆在被邀之列。青年党被邀者，则有人称当代曾（琦）左（舜生）李（璜）"三杰"和余家菊、陈启天、常乃德三位以教育名家者。国社党则有张君劢、罗隆基和梁实秋诸领袖被邀。第三党被邀者为章伯钧。职教派被邀者为黄炎培、江恒源和冷遹诸人。村治派被邀者为梁漱溟。教授派被邀者则有罗文干、陶孟和、傅斯年、张奚若、任鸿隽、钱端升诸人。

民"的沈钧儒,"和平中正"的王造时,"积极奋发"的史良,谈到陶行知时,则称其为"我国最有艰苦奋斗精神的教育家,他的精神始终年轻,他的爱重青年如同沈先生一样"①。

尽管这许多参政员统统由国民党包办"遴选",而非人民直接选举产生,尽管国民党员占据了与会名额的三分之二,而工农代表被一概排斥在外,尽管非国民党的其余各党各派代表都是在"文化团体"、"经济团体"等怪异名义下与会,而不是以党派名义参政,尽管参政会只有建议权和询问权,而并无决议重要方针权,因而,这个参政会并不是一个完全的民意机关。但是,又因它在相当程度内包括了来自各党各派各界中有威信的贤才,是抗战初期国民党开放民主的最主要的表示,所以,又可视为一个相当的民意机关。对此,中共显然表示了认可。用毛泽东等7名中共参政员在会前联合发表的声明来说,这次参政会的召开,"显然表示着我国政治生活向着民主制度的一个进步,显然表示着我国各党派、各民族、各阶层、各地域的团结统一的一个进展"。因此,虽然在其产生的方法上和职权的规定上,尚非尽如人意的民意机关,却并不因此而失去它在今天"进一步团结全国各种力量为抗战救国而努力的作用,企图使全国政治生活走向真正民主化的初步开端的意义"②。中共领袖人物如此乐观,如此高估,其余各党派人士则更怀着一种欢欣鼓舞的心情寄望于这次会议了。在会前,《新华日报》连续采访了数十位参政员,把他们对会议的热切希望一一记录,披载报端,成为当时政坛消息中十分惹人注意的花边新闻。

7月6日到15日,也就是陶行知匆匆途经欧洲之时,第一届第一次国民参政会在汉口举行。在战争环境各种交通工具相当困难的情况下,除因事请假如陶行知等,有162人出席会议。会议期间中共6名参政员(毛泽东请假未到会)"曾经与国民党和其他各党派以及无党派关系的参政员同志们亲密地携手,和睦地商讨了决定抗战建国的实施方案"③。陈绍禹以共产党人资格提出《拥护国民政府实施〈抗战建国纲领〉案》,连署者达67人之多,突破这次会议提案连署人数和范围的纪录,表明了各党派团结抗

---

① 《国民参政会纪实》,重庆出版社1985年版,第69—72页。
② 《我们对于国民参政会的意见》,《新华日报》1938年7月5日。
③ 《解放》周刊,1938年第47期,引自《国民参政会纪实》上卷,重庆出版社1985年版,第218页。

日的决心。会议还通过了拥护《抗战建国纲领》等116件议案,发布了大会宣言,并选出驻会委员继续进行大会闭幕期间的工作。这次参政会的成功召开,标志着国共两党在政治方面的合作进入一个新阶段。

有关这些情况,正在旅途之中的陶行知虽然未必全部了解,但有一点却是异常清楚的,即前此他和沈等在"团结御侮"公开信中呼吁的"最低要求"和"基本条件"正在实现,多年来旦暮以求的全国团结抗日的新局面正在出现。对此,他怎能不如踊如跃,要及时奋身投入这抗日救国历史大剧中去担当角色?

这样,归程被他安排得十分紧促。6月24日离开伦敦前往欧洲大陆后,他在不足一个月的时间内,历经法、意、奥、德、匈、南、保等国,于7月20日到达希腊的雅典,结束了这一段在欧洲旋风式的旅程。

在这段旅程中,他特别注意考察法西斯国家及其扩张的情况。他在德国停留将近10天,结果发现德国政府对中国的态度十分恶劣。希特勒在《我的奋斗》中,公开声称中国人应该被淘汰消灭,而官方报纸对中日战争,则极尽其偏袒日本贬低中国之能事,举凡中国军队在平型关和台儿庄大捷的消息,报纸都以小字刊登在角落。当局还严厉控制旅德华侨的抗日救亡活动,上次在巴黎既已耳闻取缔之事,此次在柏林列席侨胞召开的有关救亡事宜的座谈会,适逢法西斯分子前来捣乱,亲身领略了纳粹的手段。不过,他也亲身领受了德国人民对中国人民的友好情谊。一次他在柏林近郊考察德国农村经济,就遇到一位高度赞扬中国的普通德国农民①。意大利的情况同德国差不多,而民族偏见则"更甚"②。在刚刚被希特勒吞并(1938年4月2日)的奥地利,他看到的是音乐之都的维也纳人,正在纳粹分子指挥下做"旅行操"。在匈牙利,他得知的是该国首脑将去见希特勒,因而该国命运吉凶未卜的消息。他当然更多地注意到捷克的情况。希特勒吞并奥地利后,陈兵捷克边境,有关战争威胁和恫吓的声音越来越高,而英、法当局曲意寻求和平解决的绥靖消息,也频频出现在电波和报端。捷克的命运牵动着每一个关心世界大势者的心,匆匆从它身边走过的陶行知

---

① 华中师范学院教育科学研究所:《陶行知全集》第三卷,湖南教育出版社1985年版,第263—264页。

② 华中师范学院教育科学研究所:《陶行知全集》第三卷,湖南教育出版社1985年版,第312页。

当然还不能知道,张伯伦和达拉第在两个月后就将在《慕尼黑协定》(1938年9月30日)上签上自己不光彩的名字,从而断送捷克。但面对战云密布的欧洲,他痛恨那些姑息纵容法西斯的绥靖主义者却毫不含糊。《张伯伦一派》以"老狐狸信不得"之言直捣其心,最是明心见性之作。

也许正是痛恨张伯伦之流伪言伪行危害世界,在离欧前夕,他在雅典苏格拉底曾经被囚过的石牢中思绪万千,思古之幽情勃发,抚今之痛感丛生。苏格拉底作为伟大的思想家,以唤醒沉溺昔日美景而浑然不觉今日危机的同胞为己任,结果他不但不被国人理解,反以"传播异说,败坏青年"的罪名被囚石牢,最终被自己的同胞处死,成为令无数志士仁人扼腕唏嘘的千古悲剧人物。对于也曾以类似罪名被控过的陶行知来说,很容易同这位前哲产生共鸣。更何况,这位举世闻名的希腊大教育家,善辩而不为人师,创新而不立文字,风貌独特,是陶行知素所服膺的异域教宗。苏格拉底当年以雅典街头市场作为课堂,以同雅典青年进行辩问的方式进行教育,以"自明"作为教育之道,都给陶行知留下了深刻的印象,无怪乎他后来创办社会大学时要引证这些做法,把苏格拉底同孔子并称为创办社会大学的两大历史依据。在石牢中默坐的5分钟间,东西地域数千里的空间和古今相距24个世纪的时间,都被神妙的思维之驹在瞬间越过,一首颇蕴"禅机"的短诗稍稍泄露了其间的行踪:"这位老人家,为何也坐牢?欢喜说真话,假人都烦恼。"①诗中所谓"真话"和"假人",都是他的常用词,而说真话做真人还是说假话做假人,则是他判别善恶的基本道德尺度。了了分明而又确定不移的是非善恶观念,使他很容易在低吟这首《坐苏格拉底石牢》时,让古往今来无数志士仁人因为说真话做真人而获罪的不幸遭际纷纷涌入脑际。也许他会从石牢中的苏格拉底想到出狱未及一载的七君子,从自身两次亡命海外均得安然返国,而想到杨虎城夫妇归国不久即身陷囹圄。在人生的长河中,思想之波无时或尽。但往往是短暂的通澈澄明之思,会对人生今后的流向发生至关重要的作用。这一回5分钟的石牢默思,也可以算得是他一生中值得纪念的思想一瞬。它坚定了他的既有信念,使他在未来的岁月中,不论世事如何狞险,也不论假人如何恼恨,始终卓然而立,铮铮

---

① 华中师范学院教育科学研究所:《陶行知全集》第四卷,湖南教育出版社1985年版,第464页。

而言,保持峭峻的风骨。

离开雅典之后,他在中东的行程加快。在经贝鲁特和海法前往开罗途中,原拟前往宗教圣地耶路撒冷参观访问,却因犹太人和阿拉伯人的战火正炽而未能成行。在留下劝告这两个被压迫民族联合起来共同对敌的诗作后,他带着怅怅之情前往开罗。在开罗,他访问了已有近千年历史的爱资哈尔大学,受到留学该校的 30 多名中国回教徒学生的热烈欢迎。于是,在尼罗河畔夕阳笼罩的金字塔下,出席欢迎会的宾主共同唱起了雄壮的《义勇军进行曲》,他成功地进行了一次促进汉回民族团结抗日的宣传工作。

7 月 27 日,他又从开罗上船,经苏伊士运河,出红海,入印度洋,前往锡兰首都科伦坡。船上有 40 多名中国人,大多是回国参加抗战的留学生,他很快以教育家特有的才能,把大家组织起来。夜晚观星,本是他多年来乐此不疲之事,但在波涛颠簸的海轮上偕众仰望茫茫星空,却别有一番韵味。清晨唱歌,凌晨 4 点半钟,面对徐徐升起的朝曦,他所组织的歌咏团高唱抗日救亡歌曲,较之其他场合下的歌咏又另有一种风情。在白天,他又组织医药急救班,由学医者当指导,让大家学习一点参加抗战的实际本领。8 月 6 日,船到科伦坡,他把整整 10 天的海上生活,安排成丰富的教育生活,或者说,安排成战时的生活教育。

8 月 8 日,他从科伦坡乘船经孟加拉湾,来到马德拉斯,开始了对印度为期一周的访问。对于印度,他很久以来就怀有很深的关切之情。出访之初船过印度洋,他就曾以所见所感写下 7 首有关印度的诗篇。在诗中,他谴责印度的种姓制度和婚嫁制度,同情一贫如洗的印度农民,歌颂甘地领导的非暴力不合作运动,警告英国殖民主义者,表现了中国人民对于近代历史命运同自己有很多相近之处的印度人民的关心同情。所以在伦敦世界教育会议上,他愉快地接受了印度朋友有关前往访问讲学的邀请。在他看来,考察民族解放运动空前高涨的印度,了解它在政治、经济和教育等方面的现状,会对中国很有帮助。在到前写给甘地的信中,他相信自己"可以从新印度中学到很好的一课"①,并非全是谦语。

---

① 华中师范学院教育科学研究所:《陶行知全集》第五卷,湖南教育出版社 1985 年版,第 342 页。

经由印度朋友的热心安排,在短短数天内,他从马德拉斯到加尔各答,到孟买,又到谢岗。他访问了印度著名作家、诺贝尔文学奖获得者泰戈尔,同这位20世纪20年代访华时曾在北京相识的老朋友作了一次十分愉快的会晤。他参加了由印度议会议长包斯主持的欢迎会,会见了许多学生、工人、农民代表以及国大党全印大会的有关领袖。他还出席了由尤索夫博士主持的教育界座谈会,参观了工读结合的教育试验。最使他高兴的是,印度民族领袖甘地在8月14日下午接见了他。在甘地所居的谢岗的茅屋内,主宾席地而坐,友好交谈整整有两小时之久。

　　通过一周的访问,处于历史蜕变期中的印度给他留下了难忘的印象。"印度民族解放运动,是一天一天在成长着,其力量之伟大,已经使人惊讶!"①两年前路过时所感受到的那种"很痛苦"的心情一扫而空。他看到了一个朝气蓬勃斗志旺盛的新印度,"印度以东升的太阳的姿态向人间射出万丈的光芒"。在印度,民众运动"如同潮水一样汹涌而来","它的团结是真正做到了精诚的境界。在一个统一的国民党里面是包含着各宗教、各阶级、各党派之和衷共济。甘地先生在整个的民族解放运动里面好比是一位太上总统"②。他赞扬印度人民坚持斗争所取得的胜利,英属印度11个省中有7个省的政权掌握在国大党之手。"他们的执政非常成功,国大党的威望迅速增长。"虽然英国殖民主义和"左倾幼稚者"对甘地的攻击不断,但甘地仍"在目前全印大会中有最高的权威,每月全印大会的执行委员会议,都在他家里开会,这会议有权免各省省务总理的职。如果你不服从,则将得不到民众的拥护"③。在归国之后,他曾多次畅谈自己对印度人民团结斗争的观感,表达了此番"天竺"求法的愉悦之情。

　　印度人民对于改革教育的关心,使陶行知十分感动。与甘地相晤后,他应邀用英文撰写《中国的大众教育运动》。甘地将此文发表在印度《民族旗帜》上,并亲自为之加上按语:"陶行知博士不久前来访问我时,我邀请他

---

　　① 华中师范学院教育科学研究所:《陶行知全集》第三卷,湖南教育出版社1985年版,第238页。
　　② 华中师范学院教育科学研究所:《陶行知全集》第三卷,湖南教育出版社1985年版,第399页。
　　③ 华中师范学院教育科学研究所:《陶行知全集》第三卷,湖南教育出版社1985年版,第237—238页。

撰文介绍正在中国开展的令人注目的大众教育运动。现在,他寄来下面这篇有指导意义的文章。这篇文章对我们印度一定是很有用的。"向印度人民介绍大众教育运动,是中印两国现代文化教育交流史上值得一书之事。不过,源远流长的中印友谊从来就是相互无私的,印度人民很快对此作出了善意的回报。在同甘地、泰戈尔和包斯等会见时,陶行知曾"请求他们组织一个特别委员会来抵制日货",这一请求得到对方原则上的允诺,因此他在归国后的讲演中宣称"想不久或可实现"[1]。而当他刚抵国门,一支由柯棣华大夫率领的印度援华医疗队也已踏上中国大地。

8月15日离印后,中经科伦坡、新加坡和西贡等地,他都下船在当地华侨中宣传募捐。8月30日,船到香港,迎接他的是一张排得满满的活动日程表。还未上岸,记者已登船采访。登岸后,即在香港渔人协会和平民学校师生组织的欢迎会上发表讲演。第二天,又与邓颖超一起以参政员的身份参加香港文化界人士举行的聚餐会。在会上,他在介绍遍游欧美情况后,又发表"回国三愿",即创办晓庄研究院,培养高级抗战建国人才;办难童学校,收容教养在战乱中流离失所的人才幼苗;在港举办中华业余补习学校,以教育方式发动香港店员起而救国。9月1日,香港各界在青年会举行欢迎会。他在会上作《国际形势与中国抗战》的讲演,具体论析美、英、法、苏的对日政策,强调"苏联的态度对世界政局有举足轻重之影响,又是世界和平的巨大柱石,是反对侵略政策的首倡者及集体安全制度的发起人",盛赞八路军"由锄头镰刀拜日人之赐,而变成机械化部队,这消息外国人知道,大为震惊"[2]。9月2日,宋庆龄接见后,香港四妇女联合会为他举行欢迎会。9月3日,何香凝与他会见。接下来,又在香港女子体育筹委会、中小学教师座谈会等处发表讲演,参加各界同胞献金救国运动,同电影界朋友蔡楚生、金山等访问渔村和渔民小学。在此同时,中华业余补习学校的筹组工作在他指导下迅速展开。

不过,此回在港忙中也有不足。他望眼欲穿地等待前来相会的"冰妹",终于因故滞留沪上,未能成行。9月22日,即离港前一日,他再函对

---

[1] 华中师范学院教育科学研究所:《陶行知全集》第三卷,湖南教育出版社1985年版,第320页。

[2] 华中师范学院教育科学研究所:《陶行知全集》第三卷,湖南教育出版社1985年版,第320页。

方,勾画自己心中那个俏丽而又高贵的身影。"你可记得我所最欢喜的一幅图画吗?那就是——双手把头发轻轻地掳在耳朵后面的你。……这一幅高贵的图画,是多么伟大的杰作啊!"他深情诉说思念之苦:"两三十夜无眠后,两三万里动身前。两三张纸相思信,写不尽万语千言!"他热切希望"冰妹"能辞去工作,在两个月后前来香港相会,然后同自己"一个地方做事,可以互相帮忙"①。尽管他在港还有许多工作要做,然而,来自当时抗日救亡运动中心武汉的召唤,又催他旌鞭北指,兼程而上。

  此次出访,总计行程十万八千公里,他因此戏称自己为"摩登孙悟空"。足迹所至,遍及 26 个国家和地区,举凡七进美国,六进法国,五进英国,四进加拿大,三进德国和锡兰,二进埃及、印度和新加坡,到过一次的为:墨西哥、爱尔兰、荷兰、瑞士、意大利、奥地利、匈牙利、保加利亚、南斯拉夫、希腊、巴勒斯坦、黎巴嫩、吉布提、爱登、越南、柔佛。这样长的出访时间和出访路程,除了出国时救国会朋友们为他筹措的 6000 元川资,其余全靠他在外讲学讲演和稿费收入来支付。在漫长而又艰苦的环球宣传过程中,他广交各国朋友,唤醒海外侨胞,实践了行前的誓诺:"把抗日救国联合战线的种子散布到世界各个角落里去!"难怪有人称此行为"爱国主义的一曲凯歌",也难怪有人称他为"中国历史上唯一不受政府派遣,但正确地代表了中国民意的外交家"。

---

① 据吴树琴提供的抄件。

第八章　含辛茹苦育彼英才

在国共合作的"蜜月"中：初践国民参政会

离港北上后，陶行知1938年9月28日到达长沙。因为往武汉的火车不通，在那里略作停留，先后会见了湖南省主席张治中和正在长沙检阅军队的冯玉祥，次日又赴衡阳对湘省中学以上集中军训的4000余学生讲演，同在该地的上海文化界朋友薛暮桥等10余人茶会。当晚乘船北上，在船上与邓颖超和音乐家任光等相遇，一路颇不寂寞，于10月1日到达汉口。

陶等到达时，武汉已处日军半围状态。在结束徐州会战和打通津浦路后，日军南北会师，气焰正盛。为了尽快占领作为中国抗战初期政治、军事、文化和舆论中心的武汉，以威逼中国政府投降，日军调集包括陆、海、空三军在内的数十万大军，从南北方向合围钳击。中国政府则集中近百万军队，利用武汉周围的山川湖泊作为天然屏障，全力进行防御。武汉保卫战自6月上旬日军从芜湖西上揭开序幕后，经过三个多月的苦战，到9月底10月初，已近尾声。南北铁路被敌切断，长江天险被敌突破，周围要隘相继陷落，战火越来越迫近武汉。

尽管形势十分严峻，而大规模的撤退和疏散工作又明显加重了这种紧迫的气氛，但怀着极为强烈的报国之心归来的陶行知，反因这种氛围而感到十分亢奋。在这座危城中，他情绪高昂、不知疲倦地四处奔走联络，会见各方人士，商讨时事，建言当局。

往日办学和近时出访所具的声誉，加上国民参政员的身份，使他一到武汉便受到新闻界的注意，并且成为颇受最高军政当局加意青睐的对象。10月4日，蒋介石亲自约谈，陶在报告国外情形后，把打算创办晓庄研究院培养高级抗战建国人才的想法向蒋提出，"当蒙面允"。当日，由宋美龄主办的战时儿童保育院举行茶会欢迎。6日，副总参谋长兼军训部长白崇禧"扶病接见"，陶建议以全面教育配合其全面战术，他"甚以为然"。次日，担任守卫武汉任务的李宗仁在其司令部接待,相与"谈至深夜三时"。李时兼皖省主席,前已罗致章乃器出掌该省财政,此番则邀陶"去安徽办教育",因事关个人进退出处,他未表态,"允郑重考虑"。11 日,再访白崇禧,中午赴宋美龄之餐,谈话两个多小时,宋表示相信陶"办教育是真正为老百姓"。晚上又访湖北省主席兼武汉卫戍总司令陈诚,陈表示要在湖北创造三民主义之文化,希望陶"到鄂西来帮助办教育"。14 日,他又应宋美龄之约前往其领导的战时妇女工作团讲演。次日,再访李宗仁于其司令部,婉辞其赴皖之请。在此期间,他还访见教育部部长陈立夫,陈答允晓庄研究院可向高等教育司"办立案手续"①。据有关材料记称,蒋介石曾有邀他参加国民党之举,而宋美龄则有三青团总干事之请,但他都没有接受②。

同军政当局的礼遇相映,中共和进步文化人士则对他表示了更热烈的欢迎。10 月 5 日,他与时任政治部副部长的周恩来"谈关于陕北情形,蒙其指示甚多"③。由周领导并由郭沫若负责的政治部第三厅,网罗了一大批进步文化人,同他们聚首在非常时期的武汉,更是平生快事。所以诗作《赠田汉》称"练出艺术军三千,田汉毕竟是好汉",所赞已不限于田汉个人,当可推及在三厅工作的全体朋友。在武汉,不但救国会诸君子沈、邹、沙诸人以及刘季平、王洞若等高足弟子热烈欢迎他,邓颖超等还同他一起出席了庆祝新安旅行团成立三周年的招待会。但最能体现这种热情的,则是创办未久的中共报纸《新华日报》对他的追踪报道。他到汉那天已是深夜,该报记者还赶至轮次采访,稿件于次日早晨迅即见报。此后他在武汉有关公开活动,该报均有报道。从此,他同该报结下不解之缘。

他在武汉受到国共双方的盛情欢迎是事势发展的必然。武汉既是当时抗战的中心,也是国共合作的最重要场所。中共派出周恩来和刚从苏联回来的陈绍禹等重要人物来此与国民党军政当局合作,协调工作。大敌当前,国共双方不但在各战场配合战斗,更在这里共同组织工、青、妇抗日救亡运动。在"保卫大武汉"和"七七抗战周年纪念"以及"献金活动"一系列

---

① 华中师范学院教育科学研究所:《陶行知全集》第五卷,湖南教育出版社 1985 年版,第 353—354 页。

② 中央教育科学研究所:《陶行知年谱稿》,教育科学出版社 1982 年版,第 80 页。

③ 华中师范学院教育科学研究所:《陶行知全集》第五卷,湖南教育出版社 1985 年版,第 353—354 页。

迭起的宣传热潮中,在苏联政府贷款和援华志愿飞行大队参加保卫武汉的空战的衬托下①,国共双方正处在合作的"蜜月"期间。对于早先颇为双方"携手"奔走尽力的"媒人"表示尊崇,自是政治和人事上的常情。

从政治策略而言,蒋介石对于素来视为"异己"的党派和人士的态度,也因形势所迫,不得不有所改变。这个始终标榜"一党专政"的政党,在民族危亡的严重关头终于不得不承认自己力不从心。就在当年3月在武汉召开的国民党临时全国代表大会上,蒋在开会词中对本党的"严重的缺点"有过一番自责,"最显著的是组织松懈,纪律废弛,以致党的精神衰颓散漫,党的基础异常空虚","多数的党员,大概都是意志消沉,生活松懈,兴趣淡漠,工作懒散……耽安逸,讲享受,甚而至于争权利,闹私见……党员几乎成为一个特殊的阶级"。一党集权仅仅10年有余,便已导致党风不正而多数党员腐化,在历史转折的紧要关头,显然难以独力担当重任。既然以改造党员和国民为主旨的"新生活运动"推行多年无甚实效,那么大量吸收"新鲜血液"以改善成分便成为主要手段之一。所以,在这次会上不但决定组织三青团和国民参政会,以延揽党外才智之士为己所用,还规定在各机关团体和知名人士中大量吸收党员。在著名教育家张伯苓于此年被吸收入党并推为参政会副议长之后,招纳陶行知入党做官理应成为当局"统战"工作的重点了。

但陶行知既未加入国民党,也未出任教育或三青团方面的工作,究其原因,除了在思想上对国共的亲疏倾向早已明确,主要还同中共党内统战工作问题上的新形势、新认识有关。对于蒋介石笼络中共和民主人士的策略,中共党内存在两种对立的看法。陈绍禹(王明)强调在政治上一切经过并服从"统一战线",主张中共党员和一切反日派别中有威望的代表都加入国民政府,在军事上实行八个"统一",主张建立全国统一的国防军。毛泽东则坚决主张中共在统一战线中的独立自主原则。1937年11月,在延安党的活动分子会议上,他就批评党内少数人"以受国民党委任为荣耀"以及章乃器等民主人士提出"多建议,少号召"这种"政治上的投降举动"②。

---

① 据有关资料统计,1938年至1939年间,苏联向中国提供了三笔低息贷款,计2.5亿美元,用于购买苏联军火,价格可低于国际市场。苏联还派遣大批志愿飞行员、军事顾问、各方面的专家和技工来华,直接参与国民政府军委会和各战区的军事指挥、训练、作战,以及从事专业技术的指导和具体工作。在抗战期间总人数达5000余人。

② 《毛泽东选集》合订本,人民出版社1964年版,第382—383页。

1938年9月14日召开的政治局会议和同年6月29日到11月6日召开的六届六中全会上,进一步批判并基本克服了右倾思想,统一了全党步调。10月,由陈负责的中共中央长江局撤销,另立由周恩来担任书记的南方局,从而从组织上保证了右倾路线在国统区的克服。

  陶到武汉,正处于中共党内路线转变关头。他初晤周恩来,周即"谈陕北情形",虽然我们无从知其所谈详情,但陶既称"蒙其指示甚多",则必非泛泛之谈,当与时事政治有关。联系到当时上海对在安徽出任财政厅厅长并提出"少号召,多建议"的章乃器正在批评和纠正,联系到张伯苓作为周恩来当年南开求学时的老校长,他之为蒋所笼络,当不会使周恩来无动于衷,陶是否会成为"张伯苓第二"当是一种合乎逻辑的考虑。陶"允郑重考虑"李宗仁的邀请至一星期之久,恰在与邓相晤于新安旅行团招待会之次日拒复,也许我们可以从中得到某种启示。如果再联系到受周恩来领导的政治部三厅工作人员在当时一拒再拒集体加入国民党的事实,那么,我们即使不作独断之论,也可以谨慎地认为,他之拒绝入党做官当与中共影响有关。

  另外,为了保证站在第三者的立场上有效地促进国共合作,也以保持非党派关系为宜。1939年初,他针对日本鼓吹"共同防共"以挑拨国共关系的谬论时,明确指出:"抗战最后胜利要靠全民族团结,就要靠国共合作。是要大家一起来干,才干得成功。……国共是不可分家,不会分家,日本和汉奸是白费心机。我们老百姓不但是国共合作的媒人,而且是国共合作的天主教神甫,只愿他们齐眉到老,不许他们离婚。……如果我们团结到底,胜利是属于整个中华民族,国民党和共产党都有份。"[①]要站在老百姓立场,做国共合作的"媒人"和"神甫",最基本的条件便是不入党不做官。他和当时一大批民主人士在当时努力保持超然地位,基本原因也就在此。

  对于促进国共合作热心任事,这可从他参加参政会第二次会议中清楚看出。

  他是10月18日溯江西上,前往重庆参加10月28日至11月6日召开的第二次参政会的。同三个月前召开的第一次会议相比,这次会议召开时的局势更为严峻。9月签订的《慕尼黑协定》,改变了欧洲的战略形势,大大

[①] 华中师范学院教育科学研究所:《陶行知全集》第三卷,湖南教育出版社1985年版,第290页。

助长了东西方法西斯的侵略气焰。而日军在 10 月 21 日攻占中国南大门广州，25 日又攻陷武汉，造成中国抗战以来最严重的局面。但这场历时 4 月、大小数百战、双方参战人数之多和战域之广均为抗战中战役之冠的武汉大会战，已使日本竭其全力。它的陆军主力几已倾巢出动，浩繁的军费开支已使其战争经济呈现力不从心之态。攻占武汉并未实现日本侵略者速战速决的战略意图，也未能改变中日战争的全局，倒是标志日本战略进攻和中国战略防御的结束，标志这场战争开始进入战略相持阶段。

对于这一点，中国方面知之甚明。因此第一次参政会以拥护长期抗战国策和《抗战建国纲领》为会议主题，那么，这一次会议便以再度拥护持久抗战的基本国策和打破妥协幻想为最大收获。大会以陈绍禹、张一麐、胡景伊、陈嘉庚和王造时等所提五案合并，一致通过《拥护蒋委员长持久抗战宣言案》为基调，以诸多有关保证实现持久抗战的具体办法为依托，使这次会议较上次会议有所深化。

根据会议议事规则，每一提案须得 20 人之连署方可成立。在这次会上，陶行知正式提交了 3 件议案，它们是《推进普及教育以增加抗战力量而树立建国基础案》《赶快建筑西北大铁道案》和《建立志愿兵区以补兵役法之不足案》。他同时又作为连署人，分别列名于吴玉章和邹韬奋的提案。由以上数件主提或连署的议案内容，相当清晰地反映了他的基本想法。

一为立足教育，增强抗战力量。抗战必须发动并依靠广大民众，而文化教育则是动员民众、组织民众的有力武器。作为一位教育家，他在自己的提案中，一方面强调只有全面教育配合全国抗战，才能造成全面的军民合作与各党派各阶层各民族的全面团结，从而争取最后的全面胜利。另一方面他又强调只有把民族意识的教育普及到敌后去，才能粉碎敌人"以华制华"的阴谋，做到"地失人在"，才能克服敌后抗日力量的互相摩擦抵消。提案还根据既往经验和当前需要，提出了有关普及教育的 10 项具体办法。这一提案颇为与会者重视。因此，会后邹韬奋在评论此次会上几件要案时，特别提及此案，称其为陶行知根据自身"多年的经验与当前的需要而提出的建议，内容非常丰富"[①]。

[①] 《全民抗战》五日刊，1938 年第 35 号。转引自《国民参政会纪实》上卷，重庆出版社 1985 年版，第 381 页。

二为注重军事,改进征兵办法。使数以百万计的优秀新战士补充前线,是进行持久抗战和准备反攻的必备条件。但现行兵役法既多缺陷,各地在征集过程中又存在不少问题。陶行知在归国以后,无论是由穗至汉,还是由汉入川,耳闻目睹"抽壮丁"和"拉壮丁"的悲剧颇为不少。为了改变弊端很多的现行兵役法,他主张试行志愿兵制,使人人愿为中国死,知为中国死,能为中国死。在具备条件的地方,配合改良兵役法之需要,酌建志愿兵区,以资实验示范。待到确有把握,技术成熟,即可推广全国。

必须指出,有关兵役问题的提案是这次会上的热门议题。除他之外,还有梁漱溟、史良等5项提案。这6项提案通过审查会后合并交付大会讨论,历时整整2小时。大会讨论占时如此之长,可见此案所受之重视。梁等提案主题,或为批评现行兵役法之弊病,或为建议优待壮丁及其家属以励兵役,或为奖励士绅协助动员征兵,基本上是就现行兵役法拾遗补阙,陶案另起主题,显然在同类提案中别开生面。还应指出,对于建立志愿兵区,他不但坐而言,而且起而行,积极支持三峡兵役实验区工作。次年春,他发表《兵役宣传之研究》,赞扬该区宣传组织志愿从军的成绩。他致函该区优待委员会,自请月捐50元,由该会发给志愿战士家属,还代为草成《志愿捐简约草案》,供该会参用。在次年9月召开的第四次国民参政会上,他又根据各地动员征集志愿兵的经验,进一步提出《扩大壮丁志愿应征入伍以增加抗战力量案》,建议用政治教育及其他方法使壮丁不但身体入伍,而且"精神也跟着到前线去",成为"一以当十"的"忠勇战士"[①]。

三为重视交通,加强国防力量。武汉和广州失陷后,通往沿海的国际交通要道基本中断。为了保证及时得到国际援助,努力开辟新的国际交通线业已成为有关国运的大事。他认为,分别通往越南、缅甸和通往苏联的西南、西北两大铁道,"实成为国家之两条生命线"。现在前者业已定期开工,而后者尚无定期开工之议,非常令人担心。因为修筑西南铁路有很多不测因素,英、法在慕尼黑的作为很难保证他们援华态度会否动摇,所以西北铁路必须与西南铁路同时兼程赶筑。他提出三条办法,建议政府从速与苏联订立包含建筑中苏联运铁路的交通协定,建议联运铁路由中、苏两国

---

① 华中师范学院教育科学研究所:《陶行知全集》第三卷,湖南教育出版社1985年版,第382页。

各自分段建造至两国交界处,建议中国段所需材料、车辆、车机等,订入协定,以向苏联借款取得。

这一提案显然建立在提案人洞知国际形势的基础之上。抗战开始后,苏联在1937年8月21日即主动与中国签订了互不侵犯条约,随即派出军事顾问和航空志愿队来华助战。同年11月和次年6月,两次向中国贷款1亿美元,供购置军械之用。从1938年开始,苏联援华物资源源运来。在西方国家未有更积极、更富有实效的援助之前,加强中苏联系,争取苏联更多支援,确是抗战初期一个事关紧要的问题。所以,加紧修筑西北铁路的提案,不但具有十分重要的经济和战略意义,而且还有加强中苏同盟关系的政治和外交意义。

四为强调国民外交,呼吁对日经济制裁。国民外交是政府外交的有力辅助,已为第一次参政会所确认。吴玉章作为中共长期驻外代表,对于从事国民外交以争取国际支持推进对日经济制裁深有经验和体会。在《加强国民外交推动欧美友邦爱好和平的民众敦促各该国政府对日寇实施经济制裁案》中,他认为有组织、有计划地选派各界代表及知名人士若干,分赴欧美与各友邦政党、民众团体及国际和平组织、劳工团体等切实联络,实现真正的国民外交,可以扩大国际宣传,收到抗日实效。刚从海外出访归来的陶行知,对此提案自然深表同情,因而不但赞同连署,而且在次年9月召开的第四次参政会上,更提出《由国民参政会酌派国际观光团以加强国民外交案》,对此案作了进一步的补充。1940年7月行政院委他为战时公债劝募委员会委员,他又即函当局表示愿为国民外交使节出国宣传募捐。凡此种种,均与他为国宣劳热心国民外交有关。

综观以上由陶主提或连署的议案,人们不难发现,他同中共参政员的配合相当默契。毛泽东等7名中共参政员在第一次会议前夕发表的《我们对于国民参政会的意见》中,曾把如何动员军力、人力、财力、物力从事抗战,如何改革目前"流弊百出"的征兵制度,而代之以广大的政治动员之征募办法,以及如何确保人民言论、集会、出版、结社之自由和各党派之合法权利诸问题,作为"最紧急而有待于迅速提出方案以求解决"的事项。在第二次参政会上,陈绍禹等更在《关于克服困难,渡过难关,持久抗战,争取胜利问题案》的名下,将上述意见,即求得军力、物力、财力和外援的增加及政治的更加进步,加以综括式的具体说明。对照起来,陶有关志愿兵役问题的提案,则在陈案"增加军力"之五项办法之二;陶有关西北铁路问题的提案,则在陈案"增加物力"之三项办法之三和"增加外援"之二项办法之二;陶连署国民外交的提案,则为陈案"增加外援"之二项办法之一;陶有关普及教育的提案和连署邹韬奋《请撤销战时图书杂志原稿审查办法》,又正是陈案所称推进政治民主,以"动员和组织"千千万万民众的"主要关键"之一。

  双方提案如此默契,如响斯应,并不偶然。我们知道,陶在政治思想上原与中共接近,很容易在会上应和共鸣。值得指出的是,他在会前不久曾主动与中共方面打过招呼。据当事人忆称,他一到重庆就告诉原晓庄学生中的中共骨干:"他准备在那次国民参政会上讲话,要我们给他列个提纲。"[①]显然,在中共学生给他列的"提纲"同毛泽东、陈绍禹等对参政会议题的基本考虑之间,存在着相应的联系。

  国民参政会中极其复杂的政治斗争肯定也给他留下了很深的印象。由于议事规则的限制,要形成提案或通过议决,都要受到在会内居绝对多数的国民党参政员的制约。因而举凡当局愿做之事或无碍大政的议案,常能一帆风顺通过,而若干当局不愿不喜或视为有碍执政的议案,常须经过激烈辩论反复修改,有时会改得失去原案精神。陶所连署的邹韬奋有关撤销图书杂志原稿审查的提案,便是一例典型。此案是针对当局在当年7月底公布的《图书杂志原稿审查法》的。当局这个限制舆论自由的法令一公布,迅即遭到出版界和著作界的强烈反对,坚决要求撤销。邹韬奋在会上提出此案,成为这次会上反映民主化要求的一个焦点性提案。提案在审查会及大会讨论中都引起激烈的辩论。赞附当局者以"战时就要牺牲自由"为理由,一度导致审查会将"撤销"二字改为"改善",以致与原案精神完全不符。在大会辩论时,国民党参政员声言原稿审查办法为王云五向政府所请,邹当即发急电向正在香港的王询问,在大会最后几分钟,王回电否认此事,当众宣布,才以75票对50票,通过恢复"撤销"字样。然而通过归通过,这些议案并无立法作用。按规定,它们还须提交国防最高会议核准,然后方能通令有关主管机关遵行。结果,许多议案常如泥牛入海,而遵行与

  [①] 戴伯韬:《回忆陶行知先生三件事》,安徽省陶行知教育思想研究会:《陶行知一生》,湖南教育出版社1984年版,第11页。

否更无从知晓。

如果说,力主增强抗战力量是陶行知在参政会上的基本主张,那么,有条件地拥护蒋介石,便是他在会前后一段时期的政治原则。

抗战开始后,蒋介石曾多次表示坚决抗战到底。在1938年3月召开的国民党临时全国代表大会,是抗战时期国民党确定指导路线和施政方针的重要会议。会议制定的《抗战建国纲领》,又是国民党掌握全国政权以来最进步的一个政治纲领。国内外进步舆论对这一时期的蒋介石颇多赞美之词。蒋的政治声誉也就在徐州会战和武汉会战过程中隆隆而上。就是在此特定的政治氛围中,陶行知也对蒋有过不少肯定之词。

在武汉受到蒋、宋夫妇及其手下高级军政干部接见后,他产生"一个深刻的印象",即无论前后方的军政当局"对于教育都有很高的兴趣。在军事紧急的时候,他们都是注意国家百年大计的教育"①。在溯江入川时,他写有《川行有感》一诗,中云:"治国如行船,领袖如领江。路线有把握,行人赏风光。"②在11月召开的衡山会议上,蒋提出了有关政治重于军事、民众重于士兵、后方重于前方、游击战重于阵地战诸方针。得知此事后,他高兴异常,深"为中华民族庆幸"③。12月底日本发表第三次近卫声明,公开抛出招降条件。1939年初,蒋驳此声明,陶复认为蒋此番言论同三民主义、《抗战建国纲领》和衡山会议方针一样,"是救国之正道,不容有丝毫出入"④。他相信,三民主义是"领导中华民族解放之最高原则",《抗战建国纲领》是"正确的国策"⑤。他也相信蒋"抗战到底"的决心,因蒋"曾屡次表示得非常恳切、明白、肯定"⑥。他认为,抗战时期种种工作都应围绕增加抗战力

---

① 华中师范学院教育科学研究所:《陶行知全集》第五卷,湖南教育出版社1985年版,第354页。

② 华中师范学院教育科学研究所:《陶行知全集》第四卷,湖南教育出版社1985年版,第487页。

③ 华中师范学院教育科学研究所:《陶行知全集》第三卷,湖南教育出版社1985年版,第305页。

④ 华中师范学院教育科学研究所:《陶行知全集》第三卷,湖南教育出版社1985年版,第289页。

⑤ 华中师范学院教育科学研究所:《陶行知全集》第三卷,湖南教育出版社1985年版,第335页。

⑥ 华中师范学院教育科学研究所:《陶行知全集》第三卷,湖南教育出版社1985年版,第322页。

量这一中心,而"增加我们的力量是为着要在三民主义最高原则,即蒋委员长领导之下帮助争取最后之胜利"①。这种肯定赞扬之声,直到1939年底,即蒋发动第一次反共摩擦前,我们仍可不时听到。

　　同拥护蒋抗战形成明显比照,则是他对叛国投敌的汪精卫的严厉声讨。就在第二次参政会落幕不久,作为正议长的汪精卫却为侵略者的凶焰所吓倒,于12月18日叛离重庆前往河内,开始主演其第一号汉奸的角色。当时正在香港的陶行知,对于这位相识于20世纪20年代改进社时期的"故人"充满鄙愤之情。臭名昭著的"艳电"1938年12月29日一发表,陶行知当即作《除夕除秦桧》以讨伐,接着又在1939年初作《辨奸》,立下五条标准,以帮助烛照鉴别抗战阵营中尚未暴露的汉奸。在香港的讲演中,他还痛斥汪"胡说八道",指出其叛国并非坏事,倒使抗战阵营变得较为清晰,"抗战到底的血是澄清了。这是政治上的进步"②。

　　应该指出,陶在当时对蒋态度并非盲目未见国共"蜜月"期间依然存在的若干阴影。据他工作日志所记,在到达武汉前夕,他就在长沙、衡阳的短暂逗留中,得知不少关于当局压制中共领导的民众抗日运动的情况,如湖北省战时乡村工作促进会"总会恢复,分会解散",抗敌救亡总会"筹备时即散","特务中人逮捕救亡工作人员",文化界抗敌后援会是特务"进来破",职业界抗敌后援会则是"四次解散",湘西常德则封闭新知等4家进步书店,等等。

　　也应该指出,陶在当时对蒋的态度同诸多民主人士相比无多差异。救国会诸人对蒋领导抗战事业寄予很大希望。他们称《抗战建国纲领》是全国人民的"指路牌",全国人民"应该拥护领袖,帮助政府,努力使这个纲领完全实现"③。他们认为,蒋介石被选为国民党总裁,"不但可为国民党庆幸,亦可为全中国庆幸"④。张伯苓就任副议长时对记者谈中国时局的一

---

　　① 华中师范学院教育科学研究所:《陶行知全集》第三卷,湖南教育出版社1985年版,第342页。

　　② 华中师范学院教育科学研究所:《陶行知全集》第三卷,湖南教育出版社1985年版,第323页。

　　③ 《抗战》1938年3月23日第56号。

　　④ 《抗战》1938年4月6日第60号。

番话,很容易使人想起陶的《川行有感》一诗。"如川江木船上滩之艰难,端赖舟子共同努力推拉,方能平安渡过。非服从一个领袖之主张,不能挽狂澜于既倒。"①曾对蒋怀有很大反感的郭沫若,在其亡命日本10年归国之初见到蒋时,"感觉到蒋的精神似乎比从前更好,眼睛分外有神","感觉着蒋的眼神表示了抗战的决心",因而握手时也感觉着他的"手是分外的暖和"②。这种感受很能代表那批民主人士在抗战洪流涌起之时,对蒋怀有的特殊心境。

还应该指出,陶行知等民主人士在拥蒋抗日的同时,并没有放弃有关民主宪政的要求。尽管民族救亡成为压倒一切的主题,但民主人士仍把民主宪政作为仅次于此的副题看待。他们希望参政会能成为通向民主宪政的过渡,因而给它披上了一件件耀眼的外衣:"民主的楼梯"、"走向民主的政治枢纽"、"民主的曙光"、"民主宪政的摇篮"等。陶行知也不例外,呼吁着民主宪政。"我们的政治,若能注重民主,那么我们的军事力量,便能提高,增加好几倍","我们要知道从民主中表现出来的力量,不是封建专制的日本所能克服的"。为此,他赞同毛泽东等中共七参政员关于"改善政治机构,促进省、县、区民意机关的建立"的意见。他也肯定延安的做法,"它是个小小的地区,民众只有几十万",却因实行民主,"它的力量就非日本所能消灭"③。他还认定民主宪政运动必须有一定的宪政教育与之相配合,强调"我们的全部课程是抗战建国。宪政运动是我们的一门重要的功课"④。

中外历史上常常重复出现这种尴尬的政治局面:当统治者不能按原来的样式照常施行自己的统治,而企图以有限的开放来换取内部稳定团结一致对外时,在复杂而又微妙的政治交换过程中,常常会出现"供不应求"的危机。微少的民主"点心",往往刺激更大的胃口。狡黠的合作"手腕",往往招来识者的嗤笑。而不能兑现的民主"支票",反

---

① 《新华日报》1938年6月18日。
② 《沫若文集》第八卷,人民文学出版社1958年版,第475—476页。
③ 华中师范学院教育科学研究所:《陶行知全集》第三卷,湖南教育出版社1985年版,第321页。
④ 华中师范学院教育科学研究所:《陶行知全集》第三卷,湖南教育出版社1985年版,第395页。

酿成严重的信用危机,使统治者及其统治理论、统治机制大受贬值之累。以势利相结的合作妥协,终将因势去利尽而相分:一旦统治者因私利已达或因势如骑虎,而想停止这场"民主游戏"时,温婉的笑容就会被阴晴不定的脸色所更换,亲热的握手也就会被冷酷无情的较力所代替。

陶行知返国之初,幸逢国共合作最为美满的"蜜月"阶段将逝未逝之际。他因此还暂得以一种比较宽松自如的心情行所当行,言所当言。他当然想不到"蜜月"会那么短暂,接踵而来的"勃豀"会把他夹在中间,使他行难所行,言难所言。然而,也正是如许磨难,把他砥砺成一位坚强的民主战士和一位伟大的人民教育家,把他推上了人生最辉煌的一段旅程。

生活教育运动的新发展:生活教育社和育才学校的成立

第二次参政会召开前后,陶行知就为创办晓庄学院之事积极活动。由于已得蒋介石和陈立夫的口头同意,所以在开会期间接受记者采访时,他还非常乐观地把消息透露给记者,此事曾向蒋"详细陈述",并得"深表同情",校址虽"尚未完全决定",大致设于湖南则已初定①。但当局很快寻找借口,收回允诺。他们先是搬出有关部令条规,不许私人办综合性大学,"只许他办农学院",接着又以私人不能办大学为由,"连农学院也不许他办了"。当局不同意他办大学,显然只是一种阻难和推诿。因为稍后晏阳初创办"私立中国乡村建设育才院",向教育部申请立案就得到了批准。在一次交谈中,陈立夫终于向他摊出底牌:"你的学生和朋友中,很多是共产党。"②

既然创办晓庄学院已经无望,他在重庆暂无可为之事,因而他决定取道桂林,前往香港,以另想办法,实现"回国三愿"。

桂林是他旧游之地,但此番重来却大有刮目相看之状。广州、武汉失陷后,桂林的战略地位顿时提高。西南半壁江山同东南粤、赣、闽、浙、苏、

---

① 华中师范学院教育科学研究所:《陶行知全集》第三卷,湖南教育出版社1985年版,第253页。

② 戴伯韬:《陶行知的生平及其学说》,人民教育出版社1982年版,第109页。

皖等省未沦陷地区的联系须经此地,就是经过香港联系国外,也以取道于此为较便捷。而在桂系锐意经营下,广西地区确也有一种抗战气象。因此,中共在此设有八路军办事处和《新华日报》分销处,郭沫若在此留下一批三厅的左翼文化人士,许多进步文化团体应时在此成立①。20世纪30年代末40年代初的桂林,无愧为大后方仅次于重庆的政治、经济、军事和文化重镇。

　　此番在桂,他办成的最重要的一件事情,就是组织成立了生活教育社。

　　他同王洞若、汪达之等一批在桂的晓庄学生相聚,以"检讨过去,把握现在,创造将来"为讨论主题。作为这一讨论的实际成果,也作为生活教育运动加强组织增强力量的具体措施,1938年12月15日,在桂林举行了一个有2000多人出席的生活教育社成立大会。由此表明生活教育运动在抗战新时期进入一个新阶段。

　　生活教育社以"探讨最合理最有效之新教育原理与方法,促进自觉性之启发,创造力之培养,教育之普及,及生活之提高"为宗旨,以"调查生活需要,设计教育方案,编辑教育材料,研究专门问题,试验教育方法,推广探讨所得,介绍社员服务,促进社员互助,指导社员进修"为社务。这一内容广泛多样的宗旨和社务,规定了该社必须切入生活,保证该社活动兼顾专业性和群众性,以组织动员教育领域更多群众投入"生活之提高"的斗争。

　　按照社章,由社员大会产生出理事会和监事会,陶行知被理事会公推为理事长。理事长通过常务干事会领导总务、组织、编辑、服务和调查设计五部,另外还领导一个专门委员会和一个研究所。除调查设计部常务干事杨东莼外②,其余四部常务干事刘季平(组织)、戴伯韬(编辑)、王洞若(服务)和杨寅初(总务)均为晓庄学生。实际工作都由他们负责。社员分赞助社员和工作社员两类。凡各地社员满30人者,得设立分社;不足30人而

---

① 如胡愈之等负责的文化供应社,范长江等负责的国际新闻社,千家驹等负责的中国农村经济研究会,以及欧阳予倩等负责的全国文艺界抗敌协会等。

② 杨东莼(1900—1979),湖南醴陵人。1921年加入中国共产党,大革命失败后去日本,后脱党。1930年回国,曾任中山大学教授、广西师范专科学校校长,是中共联络桂系的关键人物。抗战时期,积极参加救亡运动。建国后历任国务院副秘书长、中央文史馆馆长,1954—1957年任华中师范学院院长。1961年重新加入中国共产党。

在5人以上者,得组织共学服务团;不足5人者,得组织通讯处。总社成立不久,就在四川、浙江、安徽、上海、香港、西北、辰溪、鄂西、襄樊、山西、贵州、福州、甘肃和延安等地成立分社,登记合格社员有2400多人,成为当时国内颇有群众基础的一个教育团体。

综观该社理事(33名)和监事(15名)名单,大都为当时上层知名人士。除6名参政员(陶行知、黄炎培、沈钧儒、杜重远、钱新之、喜饶嘉措)外,既有国民党中央委员(邵力子)和广西省政府委员(李任仁、雷宾南、邱昌渭),也有著名的中共人士(徐特立)和影视新闻文化学术界人士(田汉、任光、蔡楚生、范长江、顾颉刚),既有一批著名的教育家(尚仲衣、林砺儒、崔载扬、俞庆棠),也有以中共党员为主的晓庄师生(张宗麟、张劲夫、方与严、汪达之、孙铭勋、戴自俺、程今吾)。在社员中,当时或后来知名者亦复不少,其中有教育家黄齐生、杨卫玉、姚文采、邵仲香,学者千家驹,演员金山等。从某种意义上可以说,生活教育社是一个中共在其中发挥领导作用的教育界统战组织。

生活教育社成立之初,他就在桂林进行多方面颇有影响的工作。

推行山洞教育。在躲空袭时,他了解到桂林有100多个山洞可供老百姓作为天然的防空洞兼民众校舍,同时又了解到有1万余名本地或外来的知识分子可动员来做教师。为此,他倡导以一个山洞作为一所战时民众学校,组织桂林战时普及教育团。他又亲拟《桂林战时民众教育工作人员须知》,对山洞教育的内容和方法加以具体指导。

促进战时儿童教育。广西推行"小先生制"很有基础,此次在桂,他又建议该省小先生推行委员会,根据战时教育的大目标继续推进小先生运动。他以当时正在桂林的新安旅行团和孩子剧团为依托,组织这两个团的孩子为伤兵服务,为难民服务,为当地老百姓服务。从而推动桂林的十几个儿童团体组织起来,在1939年春成立了"桂林儿童团体星期座谈会",使儿童抗日救亡宣传工作(如献金、募寒衣、慰问抗属、唱歌演剧等)搞得有声有色。

筹设"第二家乡"。他在离桂之前向白崇禧递交了一份"第二家乡意见书"。意见书要求为流亡的文化人士建筑一个可供临时过共同生活的场所。这个场所集旅社、学校、家庭和服务团四位于一体。为便利共学服务起见,该场所应依职业性质创立独立斋舍,如戏剧、歌咏、记者、教师等。各斋舍可自行组织座谈会和讲演讨论会,或敦请专家报告等。他把这一构想称为"推行生活教育之又一方式",且可借此容留那些流离失所的人才,使之"各得其所",为"国家爱护选拔真才之一途"①。从当时桂林浓厚的政治氛围以及写作此信与王洞若、杨东莼、千家驹、范长江诸人相商的情况来看,这与其说是他个人的计划,倒不如说是中共及诸多进步文化人所共同策划。

1938 年 12 月底,他离开桂林来到香港。此次来港,有几件公事要办。

首先是检查中华业余学校的进展情况。成立该校是他归国三愿之第三愿。在他和有关朋友的奔走下,筹备工作进展很快,在 11 月 1 日已正式开学,成为三愿之中最早遂愿者。该校由他和黄泽南分别担任正、副董事长,校长吴涵真,主任方与严。该校教育精神直接承受晓庄理想,先后聘请了一批从沦陷区来港的进步文化人士为教师②。该校学生还积极参加抗日救亡活动。对此,他显然是非常满意的。所以他专在该校作《全面抗战与全面教育》的长篇讲演,向师生详尽论述有关国内外政治、军事、经济、教育等问题。虽然该校因为时局动荡,教师流动性大,具体主持工作的吴、方又相继离港,于 1939 年 9 月停办,但第一、二期获结业证书者各有 200 余人,它的短暂存在不但推动了香港青年运动的进步,也为日后重庆社会大学的创办提供了十分重要的经验。

来港任务之二,即为研究归国三愿中的第一、二愿的落实问题。

1939 年 1 月初,在港召开了原晓庄学院董事会议。鉴于晓庄学院受阻无从办理,董事会议议决创办育才学校,专力于培养难童中的人才。会议通过章程,订出意见计划书。同时将晓庄学院董事会改为育才学校董事会,由张一麐任董事长,董事有许世英、吴涵真、李晋、何艾龄、崔载扬、陶对

---

① 华中师范学院教育科学研究所:《陶行知全集》第五卷,湖南教育出版社 1985 年版,第 358 页。

② 在课程设置方面,该校除设文艺、音乐、绘画诸科,还设新闻、工商、外语等科。为适合在职店员或失学、失业青年的学习,学生按程度分甲、乙、丙三组,可以自由选科,每晚上课,三月为一期。在该校敦聘下,胡愈之、金仲华负责时事讲座,茅盾、楼适夷负责文学,萨空了、王纪元负责新闻,欧阳予倩、陈烟桥负责戏剧和绘画,此外,胡乔木、张明养和陈翰笙等讲授过国际政治和经济问题。

庭、张宗麟和陶行知①,陶兼任育才校长兼研究所所长。从这张名单可知,董事会主要由政界、工商界和教育界三方面人士组成,他们对于保证学校的社会地位和经济来源都有重要作用。以许世英言,育才创办意见计划书送达赈济委员会后,他很快批准4.8万元开办费和每月3000元的经常费,成为育才起步的最早一注巨款②。

  董事会还议决通过筹设晓庄研究所,宗旨"在研究问题,追求新知,以增强抗战建国之力量"。为此,董事会具体讨论了该所拟从事的研究课题。据陶行知1939年1月9日的工作日志所载,提交讨论的课题有21个,广泛涉及同抗战建国有密切关系的诸多方面③。会后,他一面多方筹款,为这个没有"皇粮"的民办研究单位筹集经费,一面亲自组织专家攻研课题④。在他主持下,研究所创立不过一年有余,便已成果累累,"印成学术研究专刊"与文教科学界人士广泛"交换意见"了⑤。

  此次香港之行,创办育才学校和晓庄研究所事宜的具体落实,固然使

---

  ① 张一麐(1867—1943),江苏吴县人,曾任袁世凯总统府秘书长、机要局长和教育总长。抗战开始后,以组织"老子军"抗日而闻名于时,为国民参政会参政员。

  许世英(1872—1964),安徽旌德人,清末任职清廷,民国后曾任段祺瑞内阁内务总长、交通总长和安徽省省长等职,1930年任全国赈济委员会委员长兼全国财政委员会主席,1936年2月至1938年1月任中国驻日本大使。

  吴涵真,浙江绍兴人,新知出版社常务理事。

  李晋,浙江镇海人,六河沟制铁公司经理。

  何艾龄,广东宝安人,香港儿童保育院院长。

  崔载扬,广东增城人,中山大学教育研究室主任。

  陶对庭,广东宝安人,芳泉汽车公司总经理。

  ② 华中师范学院教育科学研究所:《陶行知全集》第五卷,湖南教育出版社1985年版,第362页。

  ③ 如与政治、军事相关的"兵役问题"、"游击战术"、"军用干粮",与宣传、教育相关的"音乐"、"戏剧"、"无线电"、"电影",以及"伤兵教育"、"难民教育"、"难童教育"、"壮丁教育"、"战时民众教育"、"游击区教育"、"华侨教育"、"边疆民族教育"等,还有与广大军民身体健康直接有关的治疟治痢药的研制。

  ④ 如他特邀汪达之主持伤兵教育研究课题,相约潘一尘从事难民教育研究,委托王造时进行兵役问题、难民问题和伤兵问题的研究,聘请胡敦元继续在美研究输日军用材料问题。他还与中国科学社合作研制治疟治痢的特效药,支持内燃发动机和小单位炼钢炉的改进,等等。

  ⑤ 华中师范学院教育科学研究所:《陶行知全集》第三卷,湖南教育出版社1985年版,第416页。

他高兴,而上次因故未能来此相聚的"冰妹"终于姗姗而至,尤使他欣喜异常①。因此,在1月底相携同归重庆后,他便全心全力投入育才学校的开办工作了。

筹备工作首先是勘定校址。他对离重庆30里的北碚区印象颇佳,因此决定在北碚附近找一个风景幽美的地方作为校址。北碚作为战时新兴的一个文化中心,一批迁川的高校和文化单位如复旦大学、国立江苏医学院、中国科学院、博物馆和自然植物园等,都聚居于此。该区区长卢子英比较开明,其兄卢作孚为时任交通部次长的著名实业家,是陶行知的朋友。上次陶入川即在空前紧张的川江运输中得到关照,乘坐其"民生"公司轮船来渝。志愿兵役制实验首先在此进行,而生活教育运动在此也很有影响。这里有小先生1000余人,《锄头歌》也随处可以听到。难怪陶初来此地便产生"像回到故乡一样"的感觉②。在北碚周围四处寻觅,终于在30里外的草街子镇凤凰山顶找到一座名叫古圣寺的庙宇。经商洽立约,租赁该寺部分屋舍为校址。寺院规模很大,坐北朝南建立在一个平坦的山头上,一连三重正殿,后面还有藏经楼。山门南开,东西皆有耳门。整个寺院掩映在林木荫翳之中。自山门纵望,可以看到几十里外的山峰。这确是一个环境壮美幽静的好所在,深符陶行知一贯所持的选择校址的要求。

校址一经确定,育才学校筹备处的牌子便于1939年5月在北碚清凉亭挂出。他分兵四路,同时进行。第一路由王洞若协助自己制订办学计划,第二路由马侣贤修建校舍准备开学,第三路由陆维特、孙铭勋组成选拔测验组,挑选难童入学,第四路由马侣贤和自己出面延请教师和工作人员。

6月份,作为办学蓝图的《育才学校教育纲要草案》已经拟成。《草案》规定了育才的办学宗旨:根据国家教育宗旨及抗战建国的需要,用生活教育之原理与方法,培养难童中之优秀儿童,使之成为抗战建国之人才。《草案》同时强调育才是一所具有试验性质的学校,它既是对具有特殊才能的儿童进行公育的试验,也是以生活教育的原理与方法作为指导方针的试验。它办的是人才教育,知情意合一的教育,智仁勇合一的教育。

---

① 据吴树琴先生函告,她此次到港时间为1939年1月21日。
② 华中师范学院教育科学研究所:《陶行知全集》第三卷,湖南教育出版社1985年版,第311页。

7月20日，从重庆周围各保育院经过严格选拔测验而得的40余名学生，在北碚北温泉举行开学典礼。8月初迁到古圣寺正式上课时有学生71人，到年底增至近百人。据1940年6月底统计，全校学生168人（其中含自费生32人），男、女各有84人，分为六个专科①。后来又增设了普通组和小学部，学生入校先在此经过一段时间的文化基础知识学习后，再根据他们的爱好和特长，分送各专业组培养。育才便以一所新型的少年专科学校的面貌出现在世人面前。

根据专业需要，陶行知自定课程设置，完全突破部规条令。在育才，学生按文化程度编成不同年级，学习语文、数学、物理、化学、历史、地理、英语、哲学常识等文化知识，这些课称为普修课。同时学生又按各自专业学习特修课。特修课内容异常丰富充实②。初办时，普修课和特修课的时间各占一半，后来给各组以自行伸缩之权，随各组进程需要逐年加增特修课时间。

优秀的学生和丰富的课程必须延聘优秀的教师。在陶行知的礼请下，一批著名专家相继来校，从而使育才的师资力量更强于晓庄。他们中有任教音乐组的著名作曲家贺绿汀和李凌，任教绘画组的木刻家陈烟桥，任教文学组的诗人艾青和作家魏东明，任教戏剧组的戏剧家章泯和刘厚生，原东北大学化学系系主任孙锡洪执教于自然组，著名舞蹈家戴爱莲和吴晓邦执教于最迟建立的舞蹈组。另以短期讲座形

---

① 据统计，各组人数如下：社会组39人，音乐组36人，戏剧组36人，文学组26人，绘画组18人，自然组14人。这些儿童分别来自战时儿童保育总会所属直一、二、三院，川一、二、五、七、八院，蓉一、二、四院以及中大保育院、教养院、新安旅行团、孩子剧团、七七少年剧团。从籍贯上分，他们属17个省，分别是江(23)、浙(4)、皖(19)、赣(2)、鄂(62)、湘(4)、川(14)、闽(1)、粤(2)、桂(1)、贵(2)、豫(19)、冀(2)、晋(3)、鲁(2)、辽(1)、吉(4)，此外还有3名朝鲜儿童（分组统计总人数与分籍统计总人数有误差，原文如此）。见《战时教育》1940年8月1日第六卷第1期《育才学校专号》。

② 如文学组开设文学讲话、语法、名著选读、写作练习、文学思潮、修辞、作家研究、文艺批评、古代文学、外国文学等；音乐组设视唱、键盘乐、乐理、音乐欣赏、弦乐、声学、管乐、作曲等；戏剧组设发音、表演、化装、舞蹈、戏剧讲话、舞台技术、剧运史、世界剧史、导演、剧作、心理学等；绘画组设素描、漫画、水彩、木刻、画理、人体解剖学、透视学、美术概论、国画、广告画、美术史等；社会科学组设社会发展史、伦理学、政治经济学、联共党史、哲学、中国问题、国际问题等；自然科学组设物理、应用物理、无机化学、有机化学、应用化学、几何、三角、解析几何、微积分、天文、生物、气象、地质等。

式先后来校主讲者,也大都为当时文化艺术界一时之选①。

在教学方法上,育才与晓庄的做法有所不同。它采用以课堂教学为主的分组分级授课制,但做法比较灵活,不强求一律,而是承认差别。在各专业组学习的学生,如中途发现不适合所在专业而适于另一专业,可以转组。有的学生数学基础较好而英语基础较差,就可随高年级学数学而从低年级学英语。为鼓励学生向多方面发展才能,还准许学生根据自身爱好和条件,在学习本组特修课外,加选别组特修课。在晓庄较多强调教学中学生的能动作用,育才则在贯彻"教学做合一"的过程中,注意学生年龄特征,注重发挥教师的指导作用。教师因材施教,贯彻理论和实践结合及学以致用的原则,培养学生独立思考和解决问题的能力。教学过程中,充分发扬民主,师生之间对问题有不同认识,可以互相争论,彼此都以服从真理为前提。育才学生在日后表现出卓异的才华,是同这种民主而又科学的教学方法分不开的。

开学不久,就像为晓庄亲手设计校徽一样,他又为育才设计了一个别具风格的校徽。校徽图案是三个连锁的红色圆环。他以丰富的想象力对这一特定符号加以解释:红色代表有生命;圆有三种德性,一为虚心,代表学习,二为不断,代表工作,三为精诚团结,代表最后胜利。第一个圆表示全校一体,第二个圆表示全国一体,第三个圆表示宇宙一体;三圆连锁则表示学校、国家、宇宙互相联系,息息相关,决不能把它们彼此孤立起来。此外,三个圆圈还包含如下丰富的内涵,它们是:智仁勇;真善美;工学团;教学做合一;自然、劳动、社会;头脑、双手、机器;迎接困难、分析困难、解决困难;认识社会、适应社会、改造社会;检讨过去、把握现实、创造未来;肯定、否定、否定之否定;等等②。如此丰富的含意,不但充分反映了陶行知的教育观和人生观,也深刻阐明了育才的立校之本。

从他孕育育才的那一天起,直到撒手离开自己的事业为止,7年有余的时光,他同育才结下不解之缘。可以说,他一生教育事业的峰巅

---

① 他们之中有史学家郭沫若、翦伯赞,戏剧家田汉,诗人何其芳,作家夏衍、曹靖华、周扬、周而复、刘白羽、沙汀、邵荃麟、徐迟、艾芜、戈宝权等。著名画家李可染、关山月、吴作人,演员金山,小提琴家黎国荃等,也都先后来校指导绘画、戏剧和音乐诸组学生。

② 华中师范学院教育科学研究所:《陶行知全集》第三卷,湖南教育出版社1985年版,第396—397页。

就坐落在凤凰山头,而凤凰山头的这所学校又因他的名字而增添光彩。彼此相互映照,蔚然成为继晓庄之后中国现代教育史上又一灿烂景观。在育才身上,人们不难看到晓庄精神的继承发扬,也不难看到它的特色之处。

育才涌现在战时空前的难童公育运动中。战争造成大量伤亡,也平添大批难童。据保守的估计,不少于 200 万人。在宋美龄、李德全的领导下,1938 年 3 月在汉口成立了战时儿童保育会,相继开办几十所儿童保育院,收容无家可归的难童近 2 万人。这是中国历史上破天荒的儿童公育运动,是一个伟大的社会运动,也是一个伟大的教育运动。育才的创办,也受到这一运动的推动和促进。陶行知称,育才"怀胎"于武汉失守之前,"诞生"在衡山会议之后,是"难童公育运动之进一步的合乎客观需要的发展"[①],此话当合实情。所以,在创办育才期间,他怀着很大的热情投入运动。他不但多次赴保育院参观讲演,具体指导有关营养、卫生、学习以及调皮儿童的教育问题,还大力呼吁保育人员的补充培养,鼓励有志青年投身保育工作。他不但亲自为妇女指导委员会所办的高级干部训练班上课,热情接待各地保育院院长来育才参观学习,积极支持有关方面试办抗战军人子女教养院,抚养教育烈属子女,还接受战时儿童保育会之聘,担任教育设计委员会委员,帮助保育院制定教育方针、设置课程,编写有关教材。

育才强调人才教育,旨在培养难童中的优秀人才,这是在培养目标上明显有别于前此普及教育之处。他特别注意发现并培养难童中有文学、艺术或科学才能的儿童,"这就是育才常给参观访问者留下'儿童大学'这一印象的部分原因"[②]。但他同时又通过三个"不是"给自己的人才教育作了界定,把它同传统教育中培养尖子儿童的做法严格区别开来。一不是培养小专家,因此在特修课外还开普修课,使他们获得一般的知能和懂得一般做人的道理,同时根据他们的兴趣能力培养特殊才能,引导其将来成为专才;二不是培养人上人,育才的学生从老百姓中来,将来还要回到老百姓中去,以其所学贡献给老百姓,为老百姓谋幸福;三不是丢掉普及教育来干这

---

① 华中师范学院教育科学研究所:《陶行知全集》第三卷,湖南教育出版社 1985 年版,第 437 页。

② 华中师范学院教育科学研究所:《陶行知全集》第三卷,湖南教育出版社 1985 年版,第 551 页。

特殊教育,育才是生活教育运动中的一件新发展的工作,它不但没有丢掉普及教育,而且正在帮助发展并丰富普及教育的原订计划①。

育才重视集体生活的教育性。陶行知认为,集体生活是儿童之自我向社会化道路发展的重要推动力,为儿童心理正常发展所必需。集体生活可以逐渐培养一个人的集体精神,这是克服个人主义、英雄主义及悲观懦性思想的有效药剂。集体生活是用众人的力量集体地创造合理的、进步的和丰富的生活,因此,它必须与社会发展相联系,与整个世界相沟通,并在集体之下发展民主,看重个性②。为此,育才一方面在管理上实行集体自治,在民主集中制的原则下产生学生自治会,实行自我管理、自我服务,并参加学校的民主管理。陶亲自拟订了《育才学校公约草案》14章71条,对于参加集体生活的全体师生的基本权利和义务及其有关组织机关等,都作了十分具体的规定。另一方面,育才在学习上提倡集体讨论,凡不必按班级学习的课程都采用集体讨论的方法。有时还请专家讲学,学生进行讨论小结。学生也可以自行组织各种社团,进行各种学术活动。

特别重视政治教育和文化教育,也是育才的特色之一。晓庄时期鼓吹的六种生活即六种教育(康健的、劳动的、科学的、艺术的、改造社会的、有计划的),而今被浓缩为四种生活即四种教育,它们是:劳动生活、健康生活、政治生活、文化生活,也就是劳动教育、健康教育、政治教育和文化教育。显然,育才的政治教育和文化教育涵盖面更宽,它的地位也更突出,用陶行知的话来说,"育才学校之集体生活在其总的意义上说来,一方面是政治教育,另一方面又是文化教育"。他这样说明:因为劳动生活、健康生活和文化生活之解释、动员、组织的过程都是政治生活,也都是政治教育,因此,学校的政治教育笼罩着整个集体生活。同时,因为劳动生活、健康生活、政治生活在集体讨论与检查中所有语言文字表达能力之锻炼以及思考推理之应用等等,便同时是文化生活,而劳动生活、健康生活、政治生活对于学生精神和品格上之陶冶及锻炼,便同时是文化教育,因

---

① 华中师范学院教育科学研究所:《陶行知全集》第三卷,湖南教育出版社1985年版,第378—379页。

② 华中师范学院教育科学研究所:《陶行知全集》第三卷,湖南教育出版社1985年版,第369页。

此,学校的集体生活从总的意义来说,就又是文化教育①。育才以培养饱含政治热情、政治觉悟并有丰富的专业文化知识的英才为己任,明白宣示了重视政治的办学方向,同当年晓庄超越政治自由办学判然有别。

但育才更显著的一个特点,还在中共在校内的特殊地位。晓庄办学,他对不同政治观点和倾向的师生兼容并包,中共学生的活动得到他的默认允可。育才办学则与中共关系异常密切。校内诸多要职均由中共党员担任,陶行知放手让他们开展工作。育才组织系统为校长之下设三部五组,这些他倚为左右手的各部组负责人,只有个别人非中共党员②。中共组织在校内异常活跃。按照当时常用的地下组织方式,分为领导干部支部和基层群众支部两个互相独立的平行组织③。它们负责积极配合陶行知工作。上级领导对于它们同陶行知的相处关系十分重视④。中共组织在校内的重要地位及其活跃状态,使一些进步人士径称育才为大后方的"小解放区"或"重庆的小延安",使政府当局也清楚知道校内教职员中有不少中共人员。从某种意义上说,育才实是陶行知和中共合办的学校,或者也可说,育才是中共组织保证下的校长负责制。

同中共在校内的特殊地位相一致,陶行知在育才办学过程中也表现了更明显的亲共政治倾向。他不但请吴玉章、秦邦宪等中共高级干部来校讲学,而且同南方局正、副书记周恩来和董必武交往密切。据有关回忆,他是南方局所在地重庆曾家岩50号的常客,与周、邓、董等常就政治形势等问

---

① 华中师范学院教育科学研究所:《陶行知全集》第三卷,湖南教育出版社1985年版,第370页。

② 如生活指导部历任主任帅昌书、白危(吴勃)、方与严、程今吾、廖意林、邹绿芷,研究部(不久取消)主任王洞若,社会科学组主任孙铭勋,音乐组主任贺绿汀,文学组主任魏东明,都是中共党员。

③ 领导干部支部由担任校内各部组负责人的党员组成,王洞若、魏东明等先后担任书记,直属南方局文委领导,任务是保证贯彻党的方针政策,在校内起核心领导作用,支持配合陶行知办学。基层群众支部由校内其他党员组成,先后由林琼、程森等担任书记,属北碚中心县委领导,工作主要对象是青年教师和年龄较大的学生,任务是团结全校师生职工,保证教学和各项任务的完成。

④ 有材料表明,周恩来特别关心育才支部与陶行知的关系。当他了解到领导干部支部内有人思想较"左",影响团结,使陶很不愉快的情况后,迅即指示:"支部在那里,首先要搞团结工作,首先要帮助陶先生把育才办好。如果共产党员在那里闹不团结,那首先找支部书记。"为此,那个不称职的干部被调走,支部重新派人。见戴伯韬:《回忆陶行知先生三件事》,《陶行知一生》,湖南教育出版社1984年版,第12页。

题交换意见。在育才严控入学新生的情况下,举凡周恩来、邓颖超送来的中共烈士子女,他都概予接纳。1940年9月23日,周、邓专程访问育才。他先在北碚自己家中接待,又在北温泉陪同会见并宴请文化界知名人士。次日在校内组织盛大的欢迎会。访问时,周为孩子们热情题词,"一代胜似一代"。访问后,周、邓又为育才学生健康捐款,供购买运动器具之用。根据周对即将来到的反共高潮的预测和育才应当有备无患的劝告,在来访之后,陶即租用一条大木船,准备形势一旦有变,师生即可乘船溯嘉陵江北上广元,再由八路军办事处帮助转入解放区①。

应该肯定,生活教育社、晓庄研究所和育才学校的次第成立并很快取得成效,标志着生活教育运动的长足进步,业已步入一个新的境界。

从理论上说,生活教育的基本理论是在战时这一非常时期的生活中得到印证和补充,从而变得更加丰满成熟。

在抗战前夕,他的学生作为生活教育运动的参加者,曾对运动近10年历史作过回顾和反省。他们觉得乃师的生活教育理论尚有不足之处。刘季平以"满力涛"之名撰文认为,"生活即教育"对于生活和教育这两个事物的自同性一面,固然具有迥异他人的独特把握能力,但对于二者的差别性一面,则犹有所忽视。因而生活教育必须越过那空泛意义的生活,要求教育与劳动的统一,与时代任务和前进的人群相统一。同时,在有些奉行"教学做合一"的地方,取消了教和学的特殊性,教师往往取消了自身教与指导的特殊任务②。如果说上述批评基本站在教育哲学的角度,那么,王洞若便从政治立场对生活教育提出含蓄的希望。他认为,陶之不足在于过去"仅仅滞留"在"生活即教育"的命题上,因而难免会犯"在教育言教育"的老毛病。生活教育者必须进一步探求生活之底蕴和矛盾,探求各式各样生活之相互影响与约束,探求这一生活与那一生活的历史联系,这样才可以"从生活之各方面把握住特定空间与时间之教育任务",才可以与那一群"从心底被解放了的囚徒"采取同一的"活动的态度与途径"③。刘和王作为陶门高才,他们对生活教育理论提出的批评,刚好成为促进生活教育运动在抗

---

① 朱泽甫:《陶行知年谱》,安徽教育出版社1985年版,第417页。
② 满力涛:《教育与生活》,《生活教育》1935年11月16日第二卷第18期。
③ 王洞若:《〈生活教育论集〉引言》,华中师范学院教育科学研究所:《陶行知研究》,湖南教育出版社1986年版,第257页。

战初期适应新生活需要的动力。上述陶行知在此时期的种种新作为、新努力,无论是生活教育社全面展开战时教育的宣传组织工作,还是晓庄研究所一系列具体的研究课题;无论是育才突出集体生活和政治教育,还是注重教师主导作用,它们几乎无不表明生活教育理论正在克服前此的不足之处,正在进一步深入轰轰烈烈的抗战生活,与时代的任务与前进的人群相统一,即同那些"从心底被解放了的囚徒"一致行动。

明白这些,也就不难理解他何以在此时同门下批评者如此契合。实际负责社务工作的刘季平为生活教育社定性定向:它是一个教育界的大家庭,是教育思想者、教育运动者和教育工作者的团体,又是培养教师和一般人学习生活和知能的团体。它应是大众化的,大家共同生活;它应是工厂化的,大家分工合作;它应是学校化的,大家互教共学。对此,他欣然表示赞同,只是补充说:"整个生活教育社应该是一个大的工学团,办教育是我们的工;研究问题是我们的学;共同过有组织的生活是我们的团。"[①]王洞若为他早年所下的生活教育定义("一是生活之教育;二是以生活影响生活之教育;三是为着应济生活需要而办之教育")作解释,他也颇表同意,认为"说得很清楚"。他略加补充的只是,所谓"生活影响生活"这一点,"针对着现在说",就是"要拿抗战的生活来克服妥协的生活"[②]。

成熟丰满的理论总是由坚强有力的批判相翼佐。在此时,他对生活教育的老对头未曾轻纵。1939年3月召开的第三届全国教育会议在宣言中声称,"别寻途径的另创战时教育,则为大错"。对于这种死抱住平时教育不放,不顾国家民族根本利益的传统教育,他直斥为亡国教育[③]。他更直揭党化教育"完全失败"的原因有二,一在于党德不行,带头宣扬党义的党员不能以身作则,不能以人民之利害为利害,不能以人民之视听为视听,己之顽冥不灵,焉能正人化人?二在于认识有误,当局认为只要"教育权教育机关尽握在党员的手中",便可达到党化教育的目的,结果所谓党化教育只

---

① 华中师范学院教育科学研究所:《陶行知全集》第三卷,湖南教育出版社1985年版,第342页。
② 华中师范学院教育科学研究所:《陶行知全集》第三卷,湖南教育出版社1985年版,第292页。
③ 华中师范学院教育科学研究所:《陶行知全集》第三卷,湖南教育出版社1985年版,第349—351页。

变成教育界一些党棍官僚争权夺利的闹剧①。对于来自"左"的方面的批评,他也没有默然。有人来信说,"真正的生活教育的实现,只有在没有人剥削人的制度里存在","生活教育者没有把革命和教育联系起来","企图不经过突变而欲达到质变"。对此,他理直气壮地反驳,没有人剥削人的理想社会,是人类依着历史发展的趋势努力创造出来的,生活教育者并没有为了最高目的而忘了历史发展的过程。水热到沸腾才突变为水蒸气,生活教育者决不幻想着水蒸气而忽视了砍柴、挑水和烧锅的工作。倒是批评者自身陷入了机械的、静态的、等待的形而上学②。

从规模上说,生活教育运动也是在抗战新形势下才获得更广泛的实践和更广大的影响。

在他的观感中,抗战时期的教育发展,大致可以将武汉撤退分为前后两阶段。在前阶段,教育界情绪高涨投入抗战,可称为"中国教育史上最光辉的一页"。后阶段因政治局势的恶化和党化教育的加强,"中国教育界便蒙上了 层阴影"。进步教育界前此所组织的很多社团陆续解散,特务渗入学校监视进步师生,教育界意志薄弱者逐渐消沉,"用扑克代替了抗战,恋爱代替了团结"③。就是在抗战教育转入低谷时期,生活教育运动却以其不屈不挠艰苦奋斗的精神,巍然屹立在沉沉低压的抗战教育空气中。如果说一校一所可谓"点",那么生活教育社通过各地分社有计划有步骤的工作,便构成一个"面"。"点""面"结合,把几万、几十万人次第组织到生活教育试验的网络中来,其信息之相通和声势之浩大,都是过去所没有的。

生活教育运动引人注意的宗旨和规模,使它成为中共在教育界各社团推广统一战线的第一号争取对象。中共中央宣传部在1940年10月20日发布的一个文件中,论析国内各教育社团的情况后,特别指出,"其中尤以生教社和职教社的活动范围较广,影响较大","生活教育社是小资产阶级的革命民主派,有许多前进的青年和革命的知识分子参加在里面,他们今

---

① 华中师范学院教育科学研究所:《陶行知全集》第三卷,湖南教育出版社1985年版,第351—356页。

② 华中师范学院教育科学研究所:《陶行知全集》第五卷,湖南教育出版社1985年版,第474—476页。

③ 《陶行知说要还教育于民》,原载《中国学生导报》1945年9月20日第22期,引自《育彼英才》,重庆出版社1984年版,第66页。

天的教育活动可以说是为民族民主革命,为大众服务的,是新民主主义教育的亲近朋友",因而,"要亲密的同他们合作","应该欢迎他们并帮助他们前赴各根据地"①。与此同时,毛泽东也明确指示南方局,"对生活教育社人员加以联络",鼓励他们前往苏北新四军抗日根据地,去办教育文化事业,或参加苏北的政权工作和民意机关工作②。而中共对生活教育社刮目相待,又大大推进了生活教育运动在中共领导的西北、华北和苏中等根据地的发展。

在中共上层领导那里,陶行知及其生活教育理论与实践,显非陌生疏远。1938年4月11日,陕甘宁边区国防教育会第一次代表大会在延安召开,远在海外的陶行知与宋庆龄、蔡元培等同被推为名誉主席团成员。次年3月15日,在重庆举行生活教育社12周年纪念大会上,董必武作为来宾在发言中说,陕甘宁边区教育"基本上是和陶先生的办法相同"③。同年夏,中共中央宣传部副部长徐特立到桂林作报告,第一天谈马克思主义哲学,第二天谈陶行知生活教育。他介绍延安搞扫盲教育,"小先生制"是个有效办法。还说,将来革命胜利后,陶能当教育部部长④。同年8月29日,毛泽东在边区教员暑期训练班结业典礼上高度评价了陶有关"知和行"的学说,提议把生活教育的内容加进教材中去,"真正做到理论与实际联合起来,这就是抗战教育的知行合一"⑤。

在上述加强对陶和生活教育社统战团结工作的文件发布后,延安不久就成立分社,并且每逢生活教育运动纪念日,文教界常有盛大的集会活动,领导者也以此勖勉督促边区的文教工作。如在1942年3月纪念生活教育运动15周年时,徐特立亲为《解放日报》撰写代论,高度评价生活教育,并要求生活教育者把边区真正看作他们的生活环境,在此实现生活教育。他还同范文澜以延安新教育学会正、副理事长的名义致函于陶,告以本会决

---

① 《中央宣传部关于向全国教育界各小派别小团体推广统一战线工作的指示》(1940年10月20日),《中共中央抗日民族统一战线文件选编》(下册),档案出版社1986年版,第479页。
② 《毛泽东关于争取民族资产阶级问题致周恩来、叶剑英电》(1940年10月14日),《中共中央抗日民族统一战线文件选编》(下册),档案出版社1986年版,第475页。
③ 胡愈之:《关于教育问题的一封信》,《群言》1985年4月创刊号。
④ 《新华日报》1939年3月16日。
⑤ 郑涵慧:《陶行知教育思想在陕甘宁边区》,《行知研究》1987年第1期,第56页。

定编印《行知教育论文选集》，以期与生活教育社携手共进①。在次年3月的生活教育运动16周年纪念会上，吴玉章在讲话中强调边区教育存在缺陷，"原因是教育与生活、与社会脱离了关系"②。1945年生活教育运动18周年纪念之际，边区主席林祖涵到会讲话，肯定运动18年来的劳绩。大会并通过决定，写信慰问陶③。不久，《解放日报》发表《育才学校的新教育》，比较系统地介绍该校经验，称为生活教育理想的创造与实验，是世界新教育史尚无先例的学校④。

与中共上层持续肯定生活教育运动相应，边区教育积极借鉴生活教育理论进行教育改革。对于文盲多、底子薄的边区教育来说，推行"小先生制"和教学做合一等做法尤为切要。因而在1938年陕甘宁边区制定的《国防教育的方针与实施办法》中，明确规定"采用小先生制"。同年，边区教育工作会议决议训练小先生，并规定"发给小先生证章"等奖励办法。1940年，在中共中央《关于开展抗日民主地区的国民教育指示》和边区政府《边区教育宗旨和实施原则》（草案）中，均对"小先生制"和即知即传作了肯定，要求推行。1942年边区政府又在《关于整理边区各直属学校的决定》中，规定"要教学做合一，所教所学都应是要用要做的"。采用生活教育理论进行普及教育，在中共领导的华北和苏中等抗日根据地，大致与此相同。

毛泽东曾经说过，"伟大的抗战必须有伟大的抗战教育运动与之相配合"⑤，但在异常复杂动荡的战争环境中，中共要独力展开"伟大的抗战教育运动"，无疑会有很大困难。因此，借资移植进步的生活教育运动，并对陶行知这样一位所谓"小资产阶级的革命民主派"代表人物表示友善和赞赏，正是中共开展教育工作和统战工作的合理选择。

但是，生活教育运动受到中共如此重视，至少还有如下原因不容忽视。

陶友及陶门弟子在中共那里的影响，可视为原因之一。毛泽东、周恩来等固然对陶印象颇深，在中共党内德高望重的"四老"也同他有相知之谊。据徐特立自称，"我在江西所行与小先生制密合，但我只有行动没

---

① 《解放日报》1942年3月19日。
② 《解放日报》1943年3月19日。
③ 《解放日报》1945年3月13日。
④ 《解放日报》1945年5月5日、6日。
⑤ 毛泽东：《毛泽东同志论教育工作》，人民教育出版社1958年版，第33—34页。

有理论，他发明了理论，他实际上比我高明。我不是他的学生，但我常尊敬他为师，我与故旧通信，署假名常署'师陶'"①。出生在1877年的徐特立是党内资历最深的老教育家，且曾为毛泽东之师，他对陶延誉至此，自不难理解陶在中共那里的声望。另外，抗战开始尤其是皖南事变后，一批陶友或陶门弟子前往延安（如张宗麟、徐明清、董纯才、张健等），另一批则前往苏北（如刘季平、戴伯韬、丁华、陆维特等），他们大都在文教岗位上担任一定领导职务，对于扩大生活教育运动无疑发挥了相当作用。

在哲学思想上的相通相近，可视为原因之二。毛泽东在抗战初期发表的《实践论》和《矛盾论》，系统阐述了马列主义的认识论和辩证法，为中共铸锻了最基本的哲学思想利器。当陶行知的生活教育理论进入延安之后，不少有影响的理论界权威人士，大都对之表示好感，表示认同。特别是他的"行知行"思想被认为同毛泽东所倡导的理论与实践结合有其一致性。徐特立就十分欣赏陶"接知如接枝"的观点。"陶先生说自己的行如接木之砧木，砧木是有根的那部分；别人的行如枝条，是无根的一部分。两者结合，融化成一个整树……这就是毛主席所说的理论与实际相结合。实际是根，理论是从根上长出来的结果，仍是行。陶先生的名字为'行知行'，不是单纯的行，是综合古今中外的行之结论再合上自己的行。"他还十分赞赏陶对立统一的哲学思想，认为他把先生与学生、学校与社会、教育与生活这类常被人们视为二元对立之物，视为一元统一，于是打破先生关就有"小先生制"的出现，打破学校关就是社会即学校，打破读书关就是生活即教育，种种发人未发的高见卓识，都是辩证法的胜利。他最后归纳，边区教育所以能和陶的主张"不谋而合，并加以发扬，就因为思想方法有些相同的地方"②。

适应整风运动的需要，可视为原因之三。延安宣传陶行知及其思想理论，1942年春可谓一大热潮。它同正在兴起的整风运动恰好同步相应。陶反对新老八股教育和反对本本主义与教条主义，足以成为以反对党八股

---

① 徐特立：《再论我们怎样学习》，《解放日报》1942年4月1日。
② 徐特立：《中国教育家陶行知先生的学说》，原载延安《边区教育通讯》1946年9月1日、12月1日。引自华中师范学院教育科学研究所：《陶行知研究》，湖南教育出版社1986年版，第2、8页。

和教条主义主观主义为中心的整风运动的正面典型。所以罗迈在当年生活教育运动的纪念活动报告中,特别强调陶"是我们今天反对教条主义、党八股,整顿三风时应特别学习的"。而徐特立更以陶之实际精神和革命精神为镜鉴,照勘批评教条主义和党八股。在上面提及的《再论我们怎样学习》中,他联系整风运动,赞陶为"极端反主观主义的模范"。"杜威给陶以小本钱,而结果陶竟成了一个富商大贾",马列给自己学生留下"许多财富",不少中共党员却"不能很好的使用",结果产生了思想路线上的诸多不正之风,言下不胜惋惜鞭策之意。

衡量一个社会运动的基本指标,人们无非从时空质量等通常称为深度广度方面着眼。而今生活教育运动因抗战洪流的推送,得到广泛传播响应,得到深入发展完善,理所当然地成为当时正统的官办教育之外一支最富有朝气的教育"异军"。

古圣寺中的今圣:现代的新武训

生活教育运动虽在中共所领导的地区颇受礼遇颇获发展,但在国民党统治地区的遭际就不是那么顺利了。异常严峻而又复杂变幻的国内外政治风云,都会直接间接地转化为一重重困难出现在它面前。

育才开学不久,就因 1939 年 9 月 1 日德国进攻波兰,9 月 3 日,英、法对德宣战,从而宣告第二次世界大战全面爆发。欧战的开始结束了中国孤立抗战的局面,在此鼓舞下,中国政府在当年 11 月开始发动冬季攻势,以反攻武汉为重点,进行了南宁会战和宜昌会战。但随着德军在欧洲的节节胜利和中国迭次会战的失利,国际反法西斯战争进入低潮,中国抗战也面临一个更困难阶段。

这一困难首先使生活教育运动迎受了战火的洗礼。在敌后地区工作的社员积极投入抗战,作出重大贡献,也付出巨大牺牲。在江南一带有 500 余名社员,据 1940 年春统计,在过去一年中即有 40 余人殉国[①]。育才学校虽在后方,照样强烈感受到战争的硝烟。1940 年 6 月日军攻陷宜昌

---

① 华中师范学院教育科学研究所:《陶行知全集》第三卷,湖南教育出版社 1985 年版,第 416 页。

后,得以就近对重庆等地持续多年进行大规模的战略轰炸①。这样,与同年夏秋英国上空德机如云相应,东西方法西斯竞相用炸弹屠杀人民。北碚地处重庆外围,学校机关颇多,常有敌机骚扰,而育才近傍嘉陵江岸,"敌机每一往返,必经上空"②。因此,敌机呼啸而过的噪音以及警报声、炸弹声,就经常袭扰古圣寺内琅琅的书声,而每一次狂轰滥炸过后死伤枕藉的惨象,更强烈震撼他的心灵。在这阶段,陶行知写给亲友的书信中每多谈及有关空袭及其损失的情况③。他不能不把筹款建造防空洞当作学校最重要的事情来抓,也不能不把进行空防疏散等军训教育当作最重要的课程来教。日本法西斯的炸弹,使育才全体师生深切地身临战时生活之境。

育才虽未被敌寇的炸弹所击中,却无法躲避来自政府当局的阳阻阴损。陶及其所办事业,久在当局秘密监视之中。当生活教育社正式成立之际,负有特殊使命的国民党中央执行委员会社会部就予以密切注意。1939年2月,该部在收到广西省党部所转达的生活教育社申请依法重立的呈文后,即以密函批示,要加强监视和渗透。"对于该社活动,应请随时予以密切之指导,并应极力策动党员参加该社工作,以增进党的领导力量。"④当年8月,"中统"从上海获得情报,香港救国会派人联络,召开上海救国会干部会议。议中谈及陶和生活教育社在群众中颇有影响,"众对胡愈之、陶行知还有极大希望,今后须亟力拥护胡、陶二人",并"要推广生活教育社"⑤。社会部得此情报,主管人员即批注"该社分子复杂,组织发展极速,出版之

---

① 据统计,仅1940年日机即空袭重庆80次,4722架次,投弹10587枚,炸死4149人,炸伤5411人。见余凡、陈建林:《重庆大轰炸与日军侵华战略》,《重庆抗战纪事(1937—1945)》,重庆出版社1985年版。

② 华中师范学院教育科学研究所:《陶行知全集》第五卷,湖南教育出版社1985年版,第626页。

③ 在他1940年夏秋的书信中,就提到如下情况:6月30日敌机轰炸北碚,13号防空洞被中,死伤100余人;8月3日,凤凰山育才上空发生剧烈空战;8月9日,重庆大轰炸,他适在城内办事,目击种种惨状;8月中旬,北碚连续3次被炸,"损失綦重,满目疮痍";10月10日,敌机又在北碚投弹数十,育才设的招待所屋瓦多半被震碎;不久,在重庆的生活教育社也被炸毁。见华中师范学院教育科学研究所:《陶行知全集》第五卷,湖南教育出版社1985年版,第589、624、650、677页。

④ 社会部渝字2359号文件,宗卷11/642号,"生活教育社组织及其活动"。

⑤ 社会部渝字5915号文件,宗卷11/642号,"生活教育社组织及其活动"。

《战时教育》亦颇为左倾"①,因密函广西省党部"迅谋对策","应即设法予以防止"②。现存档案表明,该部于次年又以最速件、密电分致福建和浙江省党部,要其"设法限制"生活教育社设立分社之事③。

1941年初,震惊海内外的皖南事变爆发后,陶行知义愤填膺,以"亲痛仇快"评论此事,并即与冯玉祥商谈"中国如何渡此难关"。2月1日,他又与沈钧儒、邹韬奋、史良联名致函蒋介石,"请纠正暗中捕人,以保人权而重法治"④。然而,这样更召来当局的忌恨和打击。救国会诸领袖次第受到政治迫害。事变后,邹韬奋所办的生活书店,除重庆以外的各地分店几乎全部被封;王造时被聘为中山大学法学院院长,因当局反对而被迫辞职。

打击更接连落在陶行知身上。在桂林,当局先是强行解散新安旅行团,接着又把生活教育社总部的牌子摘下。对育才,更是施用种种手段。先由教育部出面,要把育才改为公立,遭拒后又要派人来校担任训育主任,再遭拒后,又以必须建立国民党区党部和20万元立校基金方准立案相刁难。当这一切"打进来"的企图都被陶拒之于门外后⑤,当局便只能乞灵于"抓出去"一法了。但育才一部分被当局列入逮捕名单的进步教员早已转移,或去香港,或去延安等抗日根据地。扑空之余,只剩下时遣军警宪特来校滋扰一途。

也许是当局直接出面骚扰有所不雅,这期间突然冒出了一个土豪,以办理古圣寺中心小学为名,企图侵夺育才校舍,以达到排挤驱赶育才的目的。这名身为草街乡乡长的袍哥大爷经常派出地痞流氓到校寻衅,恐吓师生,破坏学校的正常教育,迫使陶行知不得不花费相当多的精力来应付。从1940年7月直到1942年春天,他有将近两年的时间被这条地头蛇缠住不放。其间曾延请律师诉诸法律,也曾奔走各方请人调停⑥,最终仍以育

---

① 社会部渝字5915号文件,宗卷11/642号,"生活教育社组织及其活动"。
② 社会部渝字5915号文件,宗卷11/642号,"生活教育社组织及其活动"。
③ 社会部渝字7072号文件,宗卷11/642号,"生活教育社组织及其活动"。
④ 见陶行知1941年1月20日、2月1日工作日志。中国陶行知研究会所藏复印件。
⑤ 有关挫败建立区党部一事,据李萱华《冯玉祥北碚纪事》称,此事曾得冯帮助。冯帮助搞来5张国民党空白党证,从而在育才"建立"了一个国民党区党部。见《重庆抗战纪事(1937—1945)》,重庆出版社1985年版,第118页。
⑥ 上至省党部、专员及县党部,下至地方帮会势力,乃至冯玉祥、张一麐、黄兴夫人等知名人士都曾被请出斡旋此事。

才作出一定让步而结束。从某种意义上说,这是一次十分恼人的政治摩擦。现在保存在《陶行知全集》里的十几封信可为信证。

不过,对于育才来说,更长久的折磨和压迫还来自经济方面。战时经济本自艰难,政治的腐败和主政者的无能更加剧了经济的混乱和衰退。在"共赴国难"的神圣名义下,执政者通过统购统销、专营专卖的煌煌大法,也通过囤积居奇、买空卖空的投机活动,横征暴敛,巧取豪夺。其结果,必然走进通货膨胀物资奇缺的死胡同。狂涨的物价使育才无法维持最基本的吃饭问题①。原由赈济委员会所任的经费迅速降为只供学校半数之用,又降至三分之一之用。到1941年初时,因当局有意切断育才财源,威胁华侨和进步人士,阻挠他们捐款,到年底,复因太平洋战争爆发,香港和东南亚华侨对育才的接济也告中断,学校经济已到山穷水尽地步。对此,陶行知采取种种节流办法,如尽量裁减不必需的教师和工友,动员学生自力,一日三餐改为二餐,学生停止体育活动以减少能量消耗,甚至绘画组无钱购买素描纸和炭条笔,就用土纸和桑枝烧焦代替,但他仍然难以维持全校200多人的吃饭问题。

当学校已濒绝境之时,有朋友认为他继续办学无疑是抱着石头过河,劝他停办,另想别法。但经过几天苦苦思考,他终于下定决心坚持办学。在1941年4月6日的工作日志中写道:"我将以武训精神来创造育才,(1)自食其力,(2)叫化兴学。……大水可把学校淹没,大火可把学校烧毁,强盗可把学校抢掉,政府可把学校封掉,我自动把学校解散,决是不可思议。"在当天的朝会上,他又向全校师生报告这一决心,宣称自己"不是抱着石头游泳,而是抱着爱人游泳,越游越起劲,要游过急流险滩,达到胜利的彼岸"。同时宣布,定4月6日为育才兴学节,"我决心要跟武训学,我们要做一个'集体的新武训'"②。随后,他又写下《新武训》一文,号召大家向这位"普及教育之义人"学习。文章直可视为他决心发扬武训精神坚持办学的宣言:

> 让我们大家跟武训先生学吧!学他自食其力,学他贯彻宗旨,学他注意后辈之长进,学他看重先生之负责任,学他苦口婆心

---

① 1939年7月建校之际,米价每斗2.2元,1941年4月涨至每斗53元,到6月底更涨至每斗110元。两年中整整涨了50倍。

② 朱泽甫:《陶行知年谱》,安徽教育出版社1985年版,第426页。

劝人有力出力、有钱出钱共兴义学。今日大敌当前,如果武训复生,他所要兴办的不可能是旧日之义学,而一定是抗战建国之义学。倘使刻板去学武训,那又是武训之罪人了。我们所要学的是武训的真精神,配合新时代之需要,普及新义学,以增加抗战建国之力量。这便是我们的责任。怎样叫做新时代的需要呢?中国不能等待数十年出一位武训。我们大家要合起来做集体的武训,孳生千千万万的新武训来扶助贫苦的小朋友,取得求学机会。我更希望有财富的,有学问的,有青春的都做起新武训来督促自己慷慨出钱,督促自己认真教人,督促自己努力求学,毋须别人来苦劝。这样教育不但容易普及,而真正自由平等幸福的新中国也可以创造成功了。①

倡导"集体的新武训",并非心血来潮之举,而是他20年来一贯宣传武训的必然结果。20世纪20年代初倡办中华教育改进社时,他便以武训为榜样。举行该社第一次年会,他高悬武训遗像,肯定其"办学精神是永不死的"②。在《平民千字课》中,他又编写《讨饭开学堂》一课,内称:"武训虽然死了,他的精神可是要活到千万年的。如果我们个个都有武训的精神,还怕国家不进步吗?"③进入30年代,《老少通千字课》中又直接借用武训劝学歌,编为课文《武训劝学》④。1934年4月4日,在山海工学团庆祝儿童节大会上,他以"要想普及教育,必得学武训"为主题讲演,并边讲边诵了6首武训的劝学诗,"希望每一个农友都做一个武训,每一个小朋友都做一个小武训"⑤。当年12月5日为武训诞辰纪念,他又写长诗《兴学的乞

---

① 华中师范学院教育科学研究所:《陶行知全集》第三卷,湖南教育出版社1985年版,第431—432页。

② 华中师范学院教育科学研究所:《陶行知全集》第一卷,湖南教育出版社1985年版,第252页。

③ 华中师范学院教育科学研究所:《陶行知全集》第六卷,湖南教育出版社1985年版,第54—55页。

④ 华中师范学院教育科学研究所:《陶行知全集》第六卷,湖南教育出版社1985年版,第197页。

⑤ 华中师范学院教育科学研究所:《陶行知全集》第二卷,湖南教育出版社1985年版,第662页。

丐》,"古今来不少奇男子,最难得山东堂邑姓武的人"①。正因为武训是他心中的楷模,当育才办学最为困难之际,从武训那里求取精神支持正是顺理成章之事。从20年代赞赏其办学精神和30年代要求人们做当代的武训,进而到40年代倡导"集体的新武训",也正是合乎逻辑的发展。

倡导"集体的新武训",也并非应急权宜之计,而是他随后数年"配合新时代之需要"的一个开端。立志之后,他的宣传范围便由近而远,逐渐扩大,从育才学校推向社会各界。从1942年开始,他每年都在12月举行隆重的武训诞辰纪念活动,后来又在每年4月增设了一个育才兴学节。他通过音乐会、画展和舞蹈表演等文艺形式,也通过印发武训画册和画像,设立纪念基金等方式,广泛宣传武训精神,表彰武训精神。在去世前不久,他还在上海积极筹建"私立武训补习学校"。

武训精神究竟指什么?他后来用"三无"和"四有"来概括它。"三无"即一无钱,二无靠山,三无学校教育;"四有"即有合乎大众需要的宏愿,有合于自己能力的办法,有公私分明的廉洁,有尽其在我坚持到底的决心②。其实,这"三无"、"四有"精神,恰是艰苦办学的陶行知精神。在不依赖政府而依靠民间力量为穷人办学方面,在摩顶放踵历尽艰难不折不挠方面,双方确实有许多相同之处。身负古圣寺中200余名"活菩萨",挣扎在物价狂涨的恶流中,我们从他竭蹶前行的背影中,不难发现一个武训的隐形。

他像武训那样,"苦口婆心劝人有力出力,有钱出钱"。全校师生嗷嗷待哺的窘急状态,迫使他把主要精力放在募捐上。所幸重庆是战时首富之区,非当年山东穷僻之地可比,所幸他交游广泛,也非当年武训可及。因此,尽管困难重重,他仍设法联络国内外各界人士,发起组织了一个"育才之友"。现据他1941年5月的工作日志所载名单,便有100多人,多为国内军政、文化、工商、教育和宗教等界的知名人士。借助他们之财之力,育才的募捐册上常有收获。而他自己更不断给自己规定具体的募捐指标。可惜现已无法统计这一包含着陶行知无量热心和祈愿的募捐数字,我们只能从目前留存的著作和书信中散乱地见到一份慷慨出钱出力者的名单。他们之中,既有声名颇著的军政界和

---

① 华中师范学院教育科学研究所:《陶行知全集》第四卷,湖南教育出版社1985年版,第252页。

② 华中师范学院教育科学研究所:《陶行知全集》第三卷,湖南教育出版社1985年版,第518页。

工商界巨子,也有一批志同道合的文化界穷朋友,还有许多收入微薄的职员学徒和残疾军人[1]。我们不避烦难,钩稽这一颇多挂漏的兴学者名单,固然意为传主立一存照,同时也颇存褒扬那些急公好义者之心。因为在而今而后的中国,特别在教育领域,实在太需要此等默默奉献的热心兴学者。

他像武训那样,尽管经手捐款成千上万,自己却始终过着十分清贫的生活。出任参政员时期每月360元车马费(在物价未涨时是一个很可观的数字),他全部捐给学校。1939年底结婚后,他连普通房子也租不起,租住在北碚乡下一个旧碉堡里。夫人在附近一家药厂工作,兼理家务。家中别无长物,别无享受,午睡醒来一碗冷饭便是最好的点心。在今天崇尚高消费者看来,简直寒酸至极。然而,《太太做佣人》和《谢冷饭》等诗篇却如实记录了这一段艰苦生活。武训从贫贱中来,保持原来本色。他却自动放弃雍容富态的名流"本色",心甘情愿地向贫困走去。这也就是《自嘲》诗所称"衣服越穿越宽,饭越吃越少;汽车越坐越大,学校越办越小"[2]。一件破旧的晴雨夹大衣裹着他出入于堂皇之衙和富贵之家,真不知他是否有慨于"冠盖满京华,斯人独憔悴"。但我们却确实知道,当一碗面条或两块烧饼成为他奔走山城的家常便餐时,他念念不忘的却是育才孩子们的"饮食的调节与改进"[3]。当他身穿破裤无从更新时(后来还是冯玉祥送了一块衣料给他),他记挂在心的却是孩子们"每人应有一套出客之衣",以为演出或集体行动之用[4]。这位宅心仁慈的教育家含苦如饴,难怪冯玉祥深为之动,把他同武训并称为"古今两大叫化子",赞扬他"乞讨兴学救赤子,利他无我超孔子"[5]。

---

[1] 在捐款者中,军政界人士有冯玉祥、张治中、卫立煌、程潜、杨杰、罗广文等,工商界人士有卢作孚、吴蕴初、范旭东、穆藕初、孙越崎、樊立之等,文化界的穷朋友如李公朴、楚图南、张西曼、张军光等,或则出力组织募捐队,或则撙节微薪聊为杯水之济。在淞沪抗战中失去一腿的残疾军人陈根度,更志愿跋涉各地进行募捐。此外,在政府机关中也不乏好义之士,如缪云台、卢子英等帮助育才取得平价米和平价布盐等物。

[2] 华中师范学院教育科学研究所:《陶行知全集》第四卷,湖南教育出版社1985年版,第553页。

[3] 华中师范学院教育科学研究所:《陶行知全集》第三卷,湖南教育出版社1985年版,第465页。

[4] 华中师范学院教育科学研究所:《陶行知全集》第五卷,湖南教育出版社1985年版,第761页。

[5] 华中师范学院教育科学研究所:《陶行知全集》第四卷,湖南教育出版社1985年版,第727页。

他像武训那样,把历尽辛苦最终归结到办好学校这一根本上来。武训每遇教而不严或学而不勤者,便以苦苦跪求为请。对此他不以为然,但却肯定这种精诚所至、金石为开的办学精神,认为武训努力造成优良的校风,"注意后辈之长进"和"看重先生的负责任",都是值得育才效法的。他自鉴忙于筹款,暂时无法顾及学校教育工作。因此,有一阶段他也像武训那样,以劝人捐钱为己任,而要求师生把认真教人和用功求学的责任切实担负起来。他再三叮嘱代理校务者:"如果遇到教师不认真教人,小朋友不用功求学,就请你发挥起武训的精神,把他们改正过来。"①

武训无财无势无文化,人虽姓武,却毫无武力。为兴学,他所仅有者不过一片温善之心。只因他的温善之心常以屈身贱体的苦行,诸如跌打乞钱和跪求请学等非常形态表现出来,故而难免引来不同看法。建国初江青等批评武训时,总喜欢把他的同乡宋景诗请来作比②。他们有意借用那位黑旗军首领跃马扬戈的威武形象来反衬武训的卑微猥琐,从而突现所谓"武训精神",实为"奴性精神",武训其人,不足为训。

在我们看来,若就性格而言,武训似与鲁迅笔下的阿Q有更多的可比性。中国国民性中柔弱怯懦的一面,在这两位下层农民身上体现得异常清晰。这种"柔"的国民性,因道德教化诸原因而衍化,上行则驯为善良,下行则流为卑怯。在武训和阿Q身上,这两种不同的趋向也表现得特别明显。从国利民福的角度估衡,武训兴学不能贬之为负面效应,而阿Q的作为就恐很难进入正面效应之列。论者常常"哀其不幸,怒其不争"。其实,阿Q即使奋起而"争",从其血管中流淌的千年陈血和向下沉沦的国民劣根性推断,即使事成,恐怕也只是重演"大汉"、"大明"或"闯王"、"天王"的前朝故事。即使得其所"幸",充类至尽,也不过是上焉者封禅封位,中焉者升官发财,下焉者抢来吴妈或小尼姑置之于那张梦魂萦绕的宁式床上。至于"替天行道",则早就置于脑后,而惩艾曾经开罪并强似自己的王胡之类,又是杀伐立威必行之事。闹到底,仍与国利民福不沾分毫。就此说来,同那些空唱"手执钢鞭

---

① 华中师范学院教育科学研究所:《陶行知全集》第五卷,湖南教育出版社 1985 年版,第 711—712 页。

② 宋景诗(1824—?),山东堂邑人。1861 年参加白莲教起义,率领黑旗军转战山东、直隶边界州县,旋被清军包围而投降。次年在淮北攻击捻军并赴陕西镇压回民起义。1863 年从陕西回乡,再举义旗,抗击清将僧格林沁,失败后出走,不知所终。

将你打"的阿Q式"革命家"相比,还是武训这样忍辱负重善良温厚,实实在在为国为民做一点好事的小人物可敬可爱。人们应该理直气壮地把泼在武训身上的"奴性"脏水一洗而净。

不过,陶行知鼓吹的"集体的新武训",又确实自具特点,较武训为高明。

新武训敞开博大的胸怀出现在世人面前。他努力维持育才,却又不仅仅以此为限。他心目中不只有古圣寺中200多位"活菩萨",而以天下千千万万的穷苦儿童和民众为念。在1944年《武训先生诞辰致育才之友及生活教育社同志书》中,他明白宣示:"我们最大的目的不是单为育才,而是推动每一位朋友有力出力,有钱出钱,有智识出智识,以帮助他心里所欢喜帮助之任何学校或任何个人求学,并针对着教育为公的运动作有效之奋斗。"他还向捐募对方表示,如果处境比育才还困难,就请不要捐款并把困难实情相告,育才反过来"愿意帮点小忙"①。他这么说,却早就这么做了。1943年印度发生严重自然灾害,灾民在死亡线上挣扎,得讯后,他当即发动师生以开荒所得折成现金汇往印度救济灾民。同年6月,设在重庆管家巷28号的育才儿童美术馆被烧,损失在10万元以上。面对重大打击,他立志要很快在废墟上重建一个更好的美术馆,并立即电汇1万元慰劳鄂西前线战士,以求"补偿精神上之损失"②。穷则独善其身,达则兼济天下,曾是古圣赞美的至高至美之德。现在陶行知穷而未达,却不但独善其身其校,还真正实行兼济天下,这种襟怀显非旧武训所能及。

新武训自有其高远明确的政治目标,因而他决不以逆来顺受的态度对待恶劣的社会环境,而以高度的社会责任感起而抗争。1941年11月召开的第二届第二次参政会上,针对当局田赋改征实物的新政策,他在联合提案的标题上用上了"弊端百出,苛扰不堪"的字样,严厉批评当局,一反以往提案的平和态度③。他又借林肯总统关心穷苦儿童,邀请他们到白宫厨房进餐的故事,讽喻当政者④。他还写作《谷子在仓里叫》等诗篇,严厉声讨

---

① 铅印原件,藏南京晓庄师范陶行知纪念馆。
② 华中师范学院教育科学研究所:《陶行知全集》第五卷,湖南教育出版社1985年版,第835页。
③ 华中师范学院教育科学研究所:《陶行知全集》第三卷,湖南教育出版社1985年版,第798页。
④ 华中师范学院教育科学研究所:《陶行知全集》第三卷,湖南教育出版社1985年版,第450页。

那些囤积粮食的奸商。如果说，马寅初以经济学家的学识与胆略，及时洞察并揭露了最高当局不择手段发超级国难财，是造成经济混乱的总根源，并主张向那些大发国难财的达官豪门和奸商开征战时财产税，从而赢得了全国舆论的重视。那么，同这位哥伦比亚大学的学长一样，陶行知也称得上是"不屈不淫征气性，敢言敢怒见精神"①。站在教育家的立场上，他为广大教师尤其是小学教师的极度贫困大声疾呼。《乡下先生》一诗为"穿不暖来冻不死"，"吃不饱来饿不死"的教师生活写实②。《小学教师之烦恼》更为教师请命，历数在当局屡屡允诺"改善待遇"之下的教师悲惨境遇。这篇写于1940年春的文章以确凿的数字表明，菲薄的教薪无论如何也赶不上飞涨的物价，积久的欠薪更难望偿清，最使教师心寒的是脑体倒挂的情况越来越严重③。为了改善教师待遇，他还决意继续调查研究，披露事实，以求进一步引起社会重视，求得适当解决。

新武训又以自身特有的文化素养处世待人，从而使他的奋斗蒙上了一层深沉的理性色彩。在中国传统文化中常常作为高尚品格象征的梅花和荷花，就在这时期反复出现在他的笔端。在风刀霜剑严相逼的环境中，弱质凡花能有几多抗拒之力？这样，傲雪凌寒铮铮铁骨的梅花很自然地被用来自喻："我的身体……虽然没有从前胖，但瘦如梅花，骨子里有力量"④，也被当作驱除内心烦恼的灵符："偶萌烦恼，念梅百遍。不急不息，法天行健。"⑤在浊流滔滔污淖遍地的环境中，又能有几多净土能使人质本洁来还洁去？从个人的政治和道德价值观念来说，他极度鄙视官场中那些尸位素餐者，但为了育才的生存，他又非得出入官衙虚与周旋。如他为筹款同当

---

① 这是《新华日报》赠马寅初六十诞辰的寿联。
② 华中师范学院教育科学研究所：《陶行知全集》第四卷，湖南教育出版社1985年版，第565页。
③ 华中师范学院教育科学研究所：《陶行知全集》第三卷，湖南教育出版社1985年版，第411—413页。陶在文中指出，1937年北碚女工月薪约10元，男工约12元，木工约24元，小学教师月薪10元，与女工同列最后。到1939年底，小学教师月薪12元，而女工至少15元，男工至少19元，木工至少30元。工人逢年过节有酒钱，木工可在徒弟头上赚小费，教师则在月薪之外别无进项。
④ 华中师范学院教育科学研究所：《陶行知全集》第五卷，湖南教育出版社1985年版，第703页。
⑤ 华中师范学院教育科学研究所：《陶行知全集》第四卷，湖南教育出版社1985年版，第579页。

时在民间口碑极差的"庸之先生"孔祥熙便颇有往来①。内心的矛盾冲突促使他从出淤泥而不染的荷花中求得自解。为此,他不但把育才学校门口的荷花池取名"周子池",在学校经济难关尚未渡过之时就有在池旁建亭的打算,以纪念那位以写作《爱莲说》闻名千古的哲人周敦颐②,而且亲在1941年中秋作《荷叶舞歌》,以"但开君子花,留芳千万年"和"出身污泥,污泥不能染"的风骨节操勉励师生③。张伯苓曾因南开的捐款有自军阀政客而被人指责,但他有一名言以自解:"美丽的鲜花,不妨是由粪水浇出来的。"对于陶之周旋浊流而又低回颂荷,我们似乎也可循此思路而求得印证认同。

　　新武训更以自身对武训及其精神的深刻认识而自觉地站在思想理论的高处。他没有因自己宣传鼓吹的成功而忘乎所以。在武训及其精神得到社会普遍赞扬之时,他不曾忽视了另一种倾向。有人把武训编入"异行传",说成为一个与平常人不同的异人;有人把武训列入"苦行传",说成为一个刻苦修行者。他身边的人自诩地称武训诞辰为"我们的节日",他身外又有人不屑地称纪念武训为"陶派的把戏"。为此,他专撰《把武训先生解放出来》,把以上看法称为一个封闭的"小圈子",主张克服偏见,正确认识武训及其精神。他强调武训不是"异人",而是一个人人可学的平常人,他一生只做了人人可做的兴学这样一件平常事。他强调武训不是"苦行者",而是一个人人愿做的快乐的人,是一个以兴学为无上快乐的人。他认为把武训硬拉进或强推进我们的"小圈子"都不对。武训不属于"我们",也不属于一党一派,他属于各党各派和无党无派,属于整个中华民族,属于全体中国人中之每一个人④。主张解放被误解的武训,表明了他恢宏的思想境界。他却不曾料到,几年之后自己会同武训一

---

① 在其书信及工作日志中曾有多处记载。如日志1941年10月21日载称,"候二小时,谈一分钟",颇露对孔之不满。
② 华中师范学院教育科学研究所:《陶行知全集》第五卷,湖南教育出版社1985年版,第761页。
③ 华中师范学院教育科学研究所:《陶行知全集》第四卷,湖南教育出版社1985年版,第537页。这首歌后来由音乐组师生集体谱曲,并由舞蹈组、戏剧组师生编为歌舞,成为表现育才精神的一个传统节目。
④ 华中师范学院教育科学研究所:《陶行知全集》第三卷,湖南教育出版社1985年版,第574—577页。

起被再度误解,连同一批朋友和学生被划进一个陶派的"小圈子"中。而从这误解中解放出来,竟整整过去了三分之一世纪。

我们必须指出,陶行知以艰苦卓绝的新武训精神办学,还因贤内助的支持而更加精神抖擞。在清贫的物质生活环境中,他和夫人相敬如宾,相慰以情,过着一种恬美和谐的精神生活。在他们那里,找不到半丝古语所谓"贫贱夫妻百事哀"的气息,倒是处处洋溢着圣门弟子那种箪食瓢饮,"人也不堪其忧,回也不改其乐"的气氛。陶则常年奔走山城或在校理事,常常十天半月方能回到那个四壁萧然的家中与夫人一聚。所以他们平时多以书信互通衷曲。在至今留下的近百封致夫人的信中,可以见到他们爱情生活的一斑。他们交谈工作中的甘苦和生活中的琐事,更常常交谈诗词音乐和小说戏剧。他们互相体贴关怀,还常如热恋中的年轻情人那样赠物表情。那厢方有亲持尺剪裁制新衣之意,这厢马上殷殷致谢,"读到你预备用你的流汗钱为我做衣服,我是忍不住流了几点眼泪。但是让你,忍心的让你为我做一件吧,一年四季都可以穿的,使我觉得随时随地都有你和我在一起,而且觉得光荣、兴奋"[①]。那厢在盛暑期间亲手焙制肉松,这厢不安之心油然而生,"我知道你在那热烘烘的火炉边要站两个钟头才能做成它,这是以你的健康换来我的健康。我一吃到它,立刻就有炉边流汗的少妇之像显在我面前,教我难过。当然,我得了这滋养,是加倍努力工作,以为小孩、大众服务。可是我求求你,等到秋凉再做,现在不要做了"[②]。读此,可使人知道,爱心深厚而又教养良好的人,其待人处事,毕竟不同凡俗。为了职业和学问的需要,夫人要进修英语,他即使在百忙之中,仍决定"用全副力量帮助"她[③]。后来他想出了一个两利两便的办法,即在共同翻译诗歌的过程中帮助她提高英语水平。为此,他"决定每天译诗一首,或从汉译英,或从英译汉,风雨无间,期以卅年,可得一万首,贡献给朋友,现代的、后代的当点心吃"[④]。现

[①] 华中师范学院教育科学研究所:《陶行知全集》第五卷,湖南教育出版社1985年版,第840页。

[②] 华中师范学院教育科学研究所:《陶行知全集》第五卷,湖南教育出版社1985年版,第889页。

[③] 华中师范学院教育科学研究所:《陶行知全集》第五卷,湖南教育出版社1985年版,第728页。

[④] 华中师范学院教育科学研究所:《陶行知全集》第五卷,湖南教育出版社1985年版,第845页。

存《陶行知全集》中几十首汉英交译的名诗①,便是他们妇唱夫随一段佳话的见证。美满的家庭生活使陶行知充满乐趣和生意,浑身洋溢着一种内在的力量。"的确,我是崇拜自己的创造,故能乐而忘忧。近来我觉得还不止此,我崇拜您——妻子兼爱人的夫人,故更为幸福之人。"②

我们必须指出,他以艰苦卓绝的新武训精神办学,赢得了国际友人的同情和支持。美国援华会从1942年底开始来款接济,使育才"经济有了转机","经济基础渐稳"③。次年,每月补助5.8万元④,并另有棉布等专项补助⑤。1944年,该会派专人视察育才后,曾有一详尽报告在美刊登载,被该会"引为补助事业中之最光荣者",因加助款项使学校添招100名难童⑥。英国援华会也对育才有所援手。当年在华工作的英国著名学者李约瑟博士(《中国科学技术史》一书作者)在参观学校后,留下了很深的印象,代育才向英国方面申请科学仪器⑦。他的夫人陶露西·尼达姆更专文介绍育才,热切呼吁国际社会帮助育才。在物价狂涨的情况下,美、英援华组织不断相应增加经费,"从某种程度上讲,这些钱顶住了通货膨胀带来的物价上涨。"⑧可以认为,育才得以维持,国际援助是一个十分重要的原因。但

---

① 中译英诗歌中,既有历代佳作如《木兰诗》《回乡偶书》《静夜思》《月下独酌》《赠别》《征人》《菊花诗》《雪竹诗》等,也有当代名篇如《义勇军进行曲》,民间歌谣如《卖布谣》《小白菜》等,陶行知自作之《镰刀歌》和《锄头歌》等也在内。英译中诗歌则有《箭与歌》(朗费罗作)、《自家人》(斯特森作)、《和气地说吧》(大卫·贝茨作)、《坚强起来》(巴比科克作)、《黄昏》(莎孚作)、《鹰》(狄尼生作)等,其中大都为吴树琴初译,陶修改定稿。

② 华中师范学院教育科学研究所:《陶行知全集》第五卷,湖南教育出版社1985年版,第850页。

③ 华中师范学院教育科学研究所:《陶行知全集》第五卷,湖南教育出版社1985年版,第791、797页。

④ 华中师范学院教育科学研究所:《陶行知全集》第三卷,湖南教育出版社1985年版,第508页。

⑤ 华中师范学院教育科学研究所:《陶行知全集》第五卷,湖南教育出版社1985年版,第903页。

⑥ 华中师范学院教育科学研究所:《陶行知全集》第五卷,湖南教育出版社1985年版,第907页。

⑦ 华中师范学院教育科学研究所:《陶行知全集》第五卷,湖南教育出版社1985年版,第885页。

⑧ 华中师范学院教育科学研究所:《陶行知全集》第三卷,湖南教育出版社1985年版,第552页。

在过去一段时间内,由于众所周知的原因,类似这些正常的国际援助一概成为避讳不谈的内容。那种"不饮盗泉"的理论,恰同当今某些人饥不择食,不顾国格、人格求取美元、日元的做法形成鲜明对照。陶行知地下有知,当作何感想呢?这位宽厚温敦的教育家也会勃然蹩然,喟然于孺子不可教或朽木不可雕吗?

我们还必须指出,他倡导新武训精神曾得到中共和进步文化人士的充分理解和支持。在1943年12月宣传武训高潮中,《新华日报》作了积极主动的配合。社长潘梓年亲撰《武训的人生观》,高度评价武训及其精神。文章指出:"武训的人生观确实值得称颂,是够伟大的。他的人生观,是为人民服务,尤其是为劳苦大众服务的人生观,这正是我们今天所需要,是我们大家都应学习的一种人生观。"这一评价在某种程度上代表中共南方局的支持态度,为武训及其精神的宣传在进步文化人士中开了绿灯。陶逝世后,《新华日报》在1946年7月27日发表的社论中,又肯定"陶行知对中国苦行兴学的武训精神,是推崇的,但有所批判,取其苦行兴学之所长,笃行不倦,而对其屈从于旧势力的一面,则加以扬弃"。尽管这里对潘说有所修正,但它肯定陶扬弃了武训精神而成的新武训精神却是确定无疑的。

艰苦卓绝的新武训精神办学,使他在朋友中获得了"圣人"的称誉。他去世后,曾在学校最困难时期两度前往讲学的翦伯赞,深情地回忆这一段难忘的生活。他说,古圣寺内,"人的奇迹,代替了神的奇迹"。如果自己有权更改寺名,就一定把它改名"陶圣寺",以纪念这位被郭沫若称为"孔子之后的孔子"[①]。即使在一些不同政治立场的人那里,他也受到很高的敬意。政府高级官员熊式辉曾排定过当代教育界"四圣"的名单,他赫然居首,位列黄炎培、晏阳初和陈鹤琴之前。

在中国的传统价值观念中,"圣贤"是非同一般的尊号,是圆颅方趾中的极表。"圣人"与"贤人"相较,则前者犹高于后者多多,为百世难遇的非凡人物。"圣人"的名号被高度神化,以至中国人一般都不愿轻许于人。尽管出类拔萃的优秀人物代不乏人,但在中国历史上膺此封号者寥寥无几。万一有人不自量力,妄求此名,难免贻讥于世。中国人喜欢在"超凡"者面

[①] 翦伯赞:《记古圣寺》,安徽省陶行知教育思想研究会:《陶行知一生》,湖南教育出版社1984年版,第294页。

前布一雷池,使其难以"入圣"。康有为在近代史上也算得一名人物了,可他年轻时自许"圣人为",只落下一个话柄,引来天下哄然相讥"康圣人",至今百年不绝。"枪打出头鸟"本是中华独步的国技国术,而把圣贤悬挂得如此高不可攀,又显含不许冒尖的国粹心理在内。而这样做,徒然自伐自斫民族向上伸展的勃勃生机。

其实,经籍上也只是说,"于事无不通谓之圣","大而化之之谓圣"。所谓圣人,无非是道德智能高超者。被传统神化并放大了的"圣人"一词,理应还原,归还它的本来面目。陶行知早年就赞赏王阳明有关"人皆可为圣贤"之义,认为它实隐含近代社会对于个人的合理希望。圣贤可期,圣贤可修,个体向上之念不断,群体进化发展方始有望。正是在此意义上,我们认同他的朋友所说,径以"古圣寺中的今圣"命题。

纵然如此,我们还是更倾向于把他置于世界文化名人之列。

在这里,我们很自然地想起了列名"四圣"之三的晏阳初。1943年5月,晏同爱因斯坦、杜威等10人被膺选为"现代具有革命性贡献的世界伟人"。在其获得的表扬状上写的是:"杰出的发明者:将中国几千文字简化且容易读,使书本上的知识开放给以前万千不识字的心智。又是他的伟大人民的领导者:应用科学方法,肥沃他们的田土,增加他们辛劳的果实。"晏以其20余年不懈而卓有成效的工作得此殊荣,足以当之无愧。这也是值得中国人民引以为豪的。

但仔细探究晏作为"杰出的发明者"和"领导者"的贡献,则陶无不有之。撇开双方思想政治上的不同见解,仅就教育事业而言,则他们恰似在进行一场旷日持久的竞赛。在很多方面,彼此颉之颃之,各有千秋。在相与共事平民教育运动之后,他们虽在乡村教育运动中分从其事,但晏之定县试验、导生制和识字接力站等,仍密切呼应着晓庄试验、"小先生制"和即知即传。晏在抗战时吸收大学生组织农民抗战教育团,分赴各地宣传,又与以中小学生为主体的新安旅行团和孩子剧团互相辉映。至于他1940年春在巴县歇马场创办私立乡村建设育才院,则不但与育才学校同名同时同地(两校相距不过数十里),而且在办学设施上也颇多相通之处。然而,正当陶行知苦苦维持育才之际,他的竞赛对手恰因有事赴美,逢上为纪念哥白尼逝世400周年,全美纪念委员会决定在纪念会上表扬一批世界伟人。鉴于委员会务期"受表扬人士亲自出席接受荣誉",因而受表扬者只能"就美洲大陆内现在人士中选择"①。这样,到美不久的晏直到会前两星期才被正式确认为受表扬者。

际会时运的晏先行一步,跻身于世界文化名人之列了。但竞赛并未结束,作为教育运动中的"杰出的发明者"和民主运动中的"伟大人民的领导者",在此后不多的岁月中,陶行知还有许多新的建树要向全国人民和国际社会展示。

召唤创造之神:雏凤展翅初翔

在育才面临急流险滩之际,陶行知除求助新武训精神泳回游翔逆流而进,更召唤创造之神相与搏浪击波渡过难关。

大力开发民众和儿童的创造力,本是陶行知生活教育的一个基本出发点和归宿点。从一定意义上说,生活教育理论就是创造教育理论。创造精神大发扬,是育才教育取得成功的根本保证。创造精神与新武训精神,实可谓为育才起飞的左右两翼。

陶行知最先吁祈创造之神临幸,是在宣布1941年4月6日为育才兴学节后不久。在号召全校师生争做"集体的新武训"稍后,他又宣布从6月20日到7月20日为"集体创造月",要求大家有计划地进行四方面的创造工作,即创造健康的堡垒,创造艺术的环境,创造生产之园地,创造学问之气候②。全校师生在集体创造中学习创造,一个月后出现了创造的奇迹:除建造了4个露天讲座、1个舞台和2个游泳池外,还改造了图书馆,建立了自然科学馆和历史地理陈列馆,艺术馆则举行了展览会③。

创造之神初临带来的成功,激起更大的创造愿望。同年8月1日的朝会上,他在总结创造月的经验教训后,宣布育才创造年活动开始。为此,他先后拟订了《育才学校创造年计划大纲》和《育才学校创造奖金办法》,提出

---

① 表扬委员会主席安吉尔博士致晏阳初信,转引自吴相湘:《晏阳初传》,台湾时报文化出版事业有限公司1981年版,第429—430页。

② 华中师范学院教育科学研究所:《陶行知全集》第三卷,湖南教育出版社1985年版,第441页。

③ 华中师范学院教育科学研究所:《陶行知全集》第五卷,湖南教育出版社1985年版,第722页。

了培养幼年研究生和幼年干事的计划。他从全体学生中挑选出 27 名才华初露、潜力较大的学生为幼年研究生,交与各专业教师指导。要求各人选定研究课题,讲究方法,积累资料,课余进行。他又由培养图书馆幼年管理员入手,扩大到幼年秘书、幼年会计、幼年护士、幼年生产干事及幼年烹饪干事,让学生在治事中学习治事。

创造年活动开始后,他以创造精神勉励全体师生。10 月,在致全体师生分析形势的信中说:"学校难关将渡,大家尚须齐心努力,争取最后胜利,以跃入创造之境。我们正在急水滩头挣扎,撑篙的、拉纤的、掌舵的,都要随处留神,在扼要处着力,自能安抵彼岸。"①次年 3 月,他又在信中说:"友穷,迎难,创造。一切为创造,创造为除苦。"②

一年的实践表明,创造年成绩斐然灿然。幼年研究生在不到一年的时间内,利用课余时间,创作出剧本 4 个,歌曲 27 首,撰写研究报告 10 余种,制作仪器 30 余件。即以文学研究报告而言,就有关于《阿 Q 正传》、诗歌创作和剧本创作多方面的。有一名叫朱振华的孩子,在导师指导下研究古圣寺的历史。他从和尚塔冢、账簿、年谱以及挖出的残碑中,细心考辨论析,获得了该寺建立的确切年代。他同时又研究苏德战争,写成 20 万字的论文,与刚从苏联卸任回国的杨杰大使讨论苏德战争问题,对答如流,使对方十分惊异赞叹。

一般的学生也在浓厚的创造气氛中迅速成长,创造出丰硕成果。自然组制作标本,普查凤凰山及其周围的树木和土壤,他们除组织"鸟类迎宾馆"、"昆虫招待所"、"植物园"和"水族馆"外,还组织"谈天会",观测星象,绘制星图,探索太空奥秘。文学组先后组织"佚名社"、"榴花社"、"浪花社"和"鲁迅研究会"等社团,还从事文艺创作,出版了《雏燕草》。绘画组成立"绘画研究会",经常举办"星期画展",对于以鲁迅为旗帜的进步木刻艺术,他们尤感兴趣,在导师指导帮助下出版了木刻集《幼苗》。各组还经常举行各种座谈会、辩论会、讲演比赛和文化晚会。全校百余名学生,编辑出版的大小壁报便有 30 余种,其中有专谈音乐的《小喇叭》,专议时事政治的《形

---

① 华中师范学院教育科学研究所:《陶行知全集》第五卷,湖南教育出版社 1985 年版,第 726 页。

② 华中师范学院教育科学研究所:《陶行知全集》第五卷,湖南教育出版社 1985 年版,第 760 页。

势》，专载诗歌的《榴花》，专论科学的《小科学》……内容丰富多彩，版面生动活泼，很有创造活力①。

但凤凰山头累累的创造之果为社会共认共赏，还在1942年初绘画、音乐、戏剧三组以见习团名义到重庆展示丰采之后。重庆每年10月到次年5月多雾，称为"雾季"。在此期间，敌机空袭较少，各种戏剧文艺活动相当活跃。育才学生来此雾季见习，为从师修业与筹募经费一举两得之事。

1942年1月11日至15日，绘画组在重庆中苏文化协会举办"抗敌儿童画展"。画展分木刻、水彩和油画粉画等三展室，展出作品1000余件。由于展出前《新华日报》和《战时教育》均已刊登有关优秀作品，展出第二天，《新华日报》更特为画展辟一特刊，登载评论文章和三幅木刻，引起社会注意，前来观画者络绎不绝，很多作品被观众购去。

画展刚刚落幕，16日至20日，戏剧组又在重庆中国电影制片厂抗建堂拉开五幕儿童话剧《表》的帷幕。《表》剧是根据鲁迅所译苏联作家班台莱耶夫的小说改编而成的。育才首次公演即轰动了山城舞台，有人在19日的《新华日报》上发表剧评，称道演出"不仅站在儿童演剧的水平上看，是使人惊异的，就是在整个陪都目前的演剧艺术水平上看，也可称是成功的"。评论者甚至断言，在这些"天才的小演员"面前，"光凭着年代的经验而自满的艺术家们，就要渐渐衰颓陨灭了"。

2月14日到15日，音乐组在重庆广播大厦举行音乐演奏会。这两天恰为旧历的除夕和新年的初一，重庆历来很少下雪，演出期间却大雪纷飞，但听众仍不避风雪，不顾行路艰难，前来聆听演奏。演奏会获得异常成功，以至冯玉祥在会后冒雪赶到孩子们的住处表示祝贺，并同大家一起举行除夕联欢。

三组学生在重庆一个多月的创造成绩，不但扩大了育才的社会影响，还在经济上颇有收获②。这一成功极大地鼓舞了陶行知和全校师生。他以6000元的修理代价，抵作5年房租费用，把重庆管家巷28号一所被敌机炸毁的残屋修缮改造为育才驻渝办事处，并进而改造为儿童美术馆。他同时又决定戏剧组前往北碚、合川等地公演，积极开展戏剧运动。留校的

---

① 吕长春、赵义熙：《育才学校大事纪要》，《行知研究》1984年第10期，第16页。
② 各种捐款、演出和画展的收入约8.6万元，除去开销6.6万元，净余2万余元。见华中师范学院教育科学研究所：《陶行知全集》第五卷，湖南教育出版社1985年版，第753页。

文学、社会和自然科学三组学生跃跃欲试,要求轮流赴重庆分别作一至二周的见习,他也同意了。

创造年期满后,育才又举行一系列活动检阅成绩,并部署新的创造计划。

1942年10月16日,音乐组举办音乐晚会,既作为迎接创造之神的欢迎会,又作为该组前往重庆演出的欢送会。会上有独唱、合唱、钢琴独奏、钢琴连弹、小提琴独奏、弦乐三重奏和小花鼓等。学生黄晓庄新作的《你这个坏东西》受到热烈欢迎。这首歌,一人领唱,众人接唱,博得掌声雷动。"你这个坏东西,市面上日常用品不够用(呀),你一大批一大批囤积在家里,只管你发财肥自己,别人的痛苦你是不管的……嘿!你这个坏东西!嘿!真是该枪毙!"这首倾吐国人共讨之声的歌曲,唱完后,全场一致高喊:"再来一个!"再唱完,再喊:"再来一个!"在如此热烈的气氛中,笑逐颜开的校长向大家宣布:音乐组已把创造之神迎接回来了,希望他们到重庆后,在为真理而歌,为老百姓而歌中,把众生普度上彼岸。音乐组赴重庆演出后,《你这个坏东西》风靡山城,不胫而走,很快成为经久不衰的人众流行歌曲,一直流行到那个孳生"坏东西"的政权在大陆崩析为止。它表明了一个极其简单的真理:一个盛产发国难财者的政权是难以长久维持的,因为正是那些大大小小发国难财的"坏东西",使这个政权在老百姓眼中变成不祥之物。

创造年的巨大成功,激起他再接再厉,继续努力。1943年春,绘画、音乐、戏剧三组学生再度赴渝,雏凤展翅鸣翔,又一次轰动并征服了山城。与此同时,他又把1943年规定为育才科学年。在学校经济难关尚未渡过的情况下,他业已雄心勃勃地勾画起科学年的蓝图。在他的理想蓝图中,包括增设新学科,扩充仪器设备,建立科学馆,添置图书资料以及编辑《育才文库》200册等①。他说干便干。1943年春,我们从他书信中得知,他已拟就有关大纲草案,正为筹设工艺组和农艺组紧张活动。与此同时,又开始着手编书。工作异常辛苦,他却自称,"编书吃饭,化缘兴学,乐趣不减当年"②。

在育才进入建校第五年之时,1943年10月13日,陶行知写成《创造

---

① 华中师范学院教育科学研究所:《陶行知全集》第五卷,湖南教育出版社1985年版,第796、810、812页。

② 华中师范学院教育科学研究所:《陶行知全集》第五卷,湖南教育出版社1985年版,第797页。

宣言》，并于10月16日朝会上宣读。这是一篇文情并茂的散文诗，既是对两年半来迎纳创造之神的阶段总结，也是继续召唤的热切呼祈。

宣言宣布创造之神有"三敌"，要求全体师生除敌而迎神。一敌为懒惰，所谓环境平凡不能创造，生活单调不能创造，都是懒惰者的遁辞。走阻力最小路线的懒惰心理，造成阻碍创造的最大阻力。创造者就要以自己的勤奋努力，在平凡中造出不平凡，在单调中造出不单调。二敌为怯懦，所谓年纪太小，所谓自己无能，所谓处境恶劣，统统都是怯懦者的遁辞。怯懦者只见面前的困难，不见自身的力量，最易悲观绝望。他们不愿或不敢以自己的奋斗走上创造之路，实际上是懒惰者的孪生兄弟。三敌为鄙庸，那些目光短浅的教育者，犹如只知收获茅草的"东山樵夫"，他们即使登上泰山，也决不能产生登泰山而小天下的旷达境界。他们鄙庸的眼中根本看不到泰山上创造之神留下的种种奇美景观，泰山给他的依然只是平凡的茅草，而且还没有他原来那个小小的东山多。

宣言又宣布创造之神有"三件利器"，即"大无畏之斧"、"智慧之剑"和"金刚之信念和意志"。三者相辅相成，克服创造之敌，开辟创造生路。古语说，穷则变，变则通。要有智慧，才知道怎样变得通；要有大无畏的精神及金刚的信念和意志，才能变得过来。有了这三件利器，才能渐臻创造佳境：处处是创造之地，天天是创造之时，人人是创造之人。有了这三件利器，才能保证持之以恒：像屋檐滴水一般，滴穿阶沿石，积点滴创造为大创造。

宣言呼祈创造之神降临凤凰山头，给凤凰山头的主人以新的力量、新的理想："创造之神！你回来呀！你所栽培的树苗是有了幻想……你不能放弃你的责任。只要你肯回来，我们愿意把一切——我们的汗，我们的血，我们的心，我们的生命——都献给你。当你看见满山的树苗在你监护之下，得到我们的汗、血、心、生命的灌溉，一根一根的都长成参天的大树，你不高兴吗？创造之神！你回来呀！只有你回来，才能保证参天大树之长成。"

对创造之神的顶礼膜拜，终于促使他确认创造精神为立校的根本精神。这在宣言发表后一个多月所作的《育才学校校歌》中可以得到证实。校歌的主题思想就是创造精神的发扬。校歌用诗的语言，要求"凤凰的儿

---

① 华中师范学院教育科学研究所：《陶行知全集》第三卷，湖南教育出版社1985年版，第483—485页。

女"、"凤凰山的小主人",通过不断的"虚心学习"和"贡献",共同"修练智慧之眼,磨出金刚之喙,展开大无畏之翼,涵养一片向真之赤心"。静观大千世界,啄开未知之门,飞入神秘的宇宙,找出真理的夜明珠。通过真善美的创造,创造新的凤凰山和新的学校,创造幸福的新中国、新世界①。

创造精神被提到如此高度,并不使人难解。创造本是人的天性的最内在本质。它是人的本质的存在方式,又是人生意义之所在。创造是人类的最大骄傲。古往今来无数哲人学者为它奉献过无数美丽动人的桂冠。有人把自由归结为创造,因为只有在创造中才有自由;有人把超越归结为创造,因为创造意味着超越自身和他人;也有人把幸福归结为创造,因为唯有创造才能带给人类真正的幸福。只要不是因循守旧者,几乎人人强调创造,歌颂创造,崇拜创造。但是,在如何实现创造这一根本原则问题面前,不但不同世界观、不同职业学养的人各不相同,即使世界观和职业学养相近相同者也未必一致。作为一名教育家,陶行知更注力注意于教育的创造和创造的教育这一方面,因而在众多的创造之途中给人以心裁别出异样新的感觉。

怎样评价这几年间陶行知对创造精神的持续追求?

首先,应当认为这是生活教育思想的合理发展。

《创造宣言》主张崇拜自己的创造,也主张创造自己的崇拜,因此,教育者不但要"创造出值得自己崇拜的学生",还要创造出"值得自己崇拜之创造理论和创造技术"。在育才,陶行知继续致力于新的教育原理和教育方法的创造,从而使生活教育思想又入新境。

在育才,他强调培养真善美的新人,办"知情意合一"和"智仁勇合一"的教育。在这两个"三合一"中,他融入了许多前所已有或未有的教育思想。他宣称,知情意的教育是整个的统一的。知的教育不是灌输儿童死的知识,而是同时引起儿童的社会兴趣与行动的意志;情育不是培养儿童脆弱的感情,而是调节并启发儿童应有的感情,主要是追求真理的感情。在感情之调节与启发中使儿童了解其意义与方法,便同时是知的教育;使养成追求真理的感情并能努力奉行,便同时是意志教育。意志教育不是发扬

---

① 华中师范学院教育科学研究所:《陶行知全集》第四卷,湖南教育出版社1985年版,第597—599页。

个人盲目的意志,而是培养合乎社会及历史发展的意志;合理的意志之培养和正确的知识教育不能分开,坚强的意志之获得和一定情况下的情绪激发与冷淡无从割裂。育才不但要求培养学生的知情意,还要求通过全部课程达到智仁勇的目标;使每个学生个性上滋润着智慧的心,了解社会与大众的热诚,服务社会与大众自我牺牲的精神①。

而要培养真善美的新人,教师必先认识和发现儿童的力量。在1944年所作的《创造的儿童教育》中,他完整地提出了"五个解放"的口号,即解放儿童的头脑、双手、嘴巴、空间和时间,使他们能用自己的头脑去探求思索,有动手的机会和提问的自由,从鸟笼式的学校和频繁的赶考中解放出来。"五个解放",说到底,就是解放儿童的创造力,让他们在通向"真善美的新人"的大道上迅跑。真正能够这样做的教师,便是创造型的教师。

当年"五四"时期,他心目中的"第一流的教育家",强调的是"敢探未发明的新理,即是创造精神"。据此,他锐意进取,勇猛批判传统教育和洋化教育。而今,他以一种更开阔的眼界和更深刻的见解,强调教育的创造建立在对旧教育的破坏和保存基础之上。宇宙万物生生不息,成毁生灭流转无常。唯有创造,辩证地涵盖并连接着破坏和保存:要创造就必须有所破坏,破坏意味着旧个体旧事物的灾难和毁灭,是创造的必要前提;要创造也就必须有所保存,保存意味着旧个体旧事物的延续和保存,是创造的必要基础。破坏、保存和创造是宇宙人生新陈代谢的必然法则。所以婆罗门教奉大梵天、毗湿奴(维系努)和湿婆为三大主神,它们分别代表宇宙的创造之神、保存之神和破坏之神。在育才建校两周年之际,他总结既往工作时特别指出:"我们生活教育运动,包含育才学校,仔细检讨,便发觉我们缺少保存之神。"为此,他发出对保存之神的邀请:"让我们欢迎维系努加入我们的集团吧。我们不为保存而保存,是为着更高的创造而保存。正如印度故事所说,让更真、更善、更美的创造,从维系努手中之莲花里生出来吧。"②

生活教育一贯主张教育与广大群众的社会生活实践相联系,以培养生活实践创造能力。在生活教育社立社宗旨中,又把"自觉性之启发"和"创

---

① 华中师范学院教育科学研究所:《陶行知全集》第三卷,湖南教育出版社1985年版,第367—368页。

② 华中师范学院教育科学研究所:《陶行知全集》第三卷,湖南教育出版社1985年版,第448—449页。

造力之培养"并提为人才培养的两大基本要求。育才为达此基本要求,特别重视创造的生活环境和生活环境的创造对人才成长的巨大作用。"发挥或阻碍,加强或削弱,培养或摧残这创造力的是环境。教育是要在儿童自身的基础上,过滤并运用环境的影响,以培养加强发挥这创造力,使他们长得更有力量,以贡献于民族与人类。"①育才幼年研究生、幼年干事和见习团等制度的产生和发展,正是这种创造教育思想的具体实践。这些制度有效地把儿童推入一个创造的环境之中,从而最大程度地发挥、加强并培养其创造力。它们有效地解决了师资设备不足等困难,更在生活与教育、社会与学校以及理论与实践的结合上作了进一步的试验。

"教学做合一"是生活教育的基本原理和方法,是手脑联盟培养生活创造能力的有效途径。1933年所作《创造的教育》中称,"手和脑在一块儿干,是创造教育的开始;手脑双全,是创造教育的目的"②。在育才,更注意在日常学习和生活中进一步扩展并深化这种生活创造能力。陶行知先后把"八位顾问"、"六字诀"和"十条原则"介绍给学生。他指出,八位都姓"何"的"顾问"(何事、何故、何人、何如、何时、何地、何去和几何)足为人生途中"指导万事"的"先生"③。而只要依循"一"、"集"、"钻"、"剖"、"韧"和"疑"这"六字诀","就一定能在研究上发生力量,在研究上加强创造力量"④。至于"十条原则"所规定的由近及远、由个体到系统、由具体到抽象、由实践到原理、由用手到用脑等"共学原则",更有助于学生创造才能的发挥⑤。

更值得注意的是,在《创造年献诗》中,他不但把上述有关培养创造能力的精警之处归纳在前半部分,而且在后半部分更把创造教育思想同辩证唯物思

---

① 华中师范学院教育科学研究所:《陶行知全集》第三卷,湖南教育出版社1985年版,第522页。
② 华中师范学院教育科学研究所:《陶行知全集》第二卷,湖南教育出版社1985年版,第612页。
③ 华中师范学院教育科学研究所:《陶行知全集》第三卷,湖南教育出版社1985年版,第480页。
④ 华中师范学院教育科学研究所:《陶行知全集》第三卷,湖南教育出版社1985年版,第468页。
⑤ 华中师范学院教育科学研究所:《陶行知全集》第三卷,湖南教育出版社1985年版,第474页。

想加以整合。他使用了若干对前所未用的哲学范畴,从而相当完整地阐述了有关创造教育的哲学思想基础,丰富了前此"行知行"的思想内涵:"'以为''武断'靠不住,存在从来决意识。解剖内体寻条理,追踪外缘找联系。贯通证据悬断语,屡试屡验验还试。矛盾相生复相克,数量满盈能变质。相推而进正反合,顺治发展觅定律。文化钥匙九十九,开发天人大神秘。愿将真理化大利,润泽众生真仁义。日日月月积成千,努力创造新天地。"①

其次,陶行知对创造精神的持续追求也集中反映了他晚年的人生哲学追求。

20世纪上半叶的中国上层知识界,基本应和19世纪末以来的西方同伴,流行两种对应的人生哲学思想,即浅薄的科学乐观主义和深刻的悲观主义。前者相信科学至上,知识万能,其实只是浮在人生的表面,不能触及人生的根柢,面对人生患难,它通常只能掩盖回避。后者勇于正视人生的患难痛苦,并努力寻求人生真谛,但它终究消极颓丧,败坏了生活的乐趣。陶行知在年轻时多少沾有若干科学乐观主义的色彩。但是,饱经忧患长期磨难使他较早摆脱了科学乐观主义和深刻的悲观主义,脚踏实地地以奋斗奋进的态度对待人生的患难。在育才,他深信"人生与患难有不解之缘","人生是患难与欢乐所织成的"。既然人生是由患难之经和欢乐之纬交织而成的,那么,抽去交织双方的任何一方,就都会破坏这幅绚烂的人生画面。他又深信"追求真理的人以与患难搏斗为乐","患难给有志者以战斗的情绪与战胜之智慧"②。与患难相搏能激发智慧、振奋情绪并磨炼意志,所以未经患难者的幸福每多卑不足道,而伟大的幸福通常是追求真理者战胜巨大患难所得的报偿。

正因为此,热爱人生的人纵然比别人感受到更多更强烈的痛苦,却也能得到更多更强烈的生命的欢乐。患难不是人生的镇静剂,相反,它是人生的兴奋剂和强壮剂。越是深刻敏感的灵魂,就越能体会人生的患难和欢乐,越能勇敢地面对人生。1943年初,由进步戏剧界人士组成的怒吼剧社在重庆演出话剧《安魂曲》。该剧根据奥地利著名作曲家莫扎特的事迹创

---

① 华中师范学院教育科学研究所:《陶行知全集》第四卷,湖南教育出版社1985年版,第587页。

② 华中师范学院教育科学研究所:《陶行知全集》第三卷,湖南教育出版社1985年版,第480页。

作,剧情所表现的莫扎特在患难中奋斗的人生经历,使陶行知从中重新发现了自己,"看见自己的苦难,自己的快乐,自己的创造,自己的命运"。他因此引起一种强烈的共鸣,"看了《安魂曲》而魂不安","有生以来要算这次受的感动最大"。他忍不住称该剧为"万戏之戏",并高呼"莫扎特万岁"。他派特使日夜兼程,从重庆送信到古圣寺,邀全体师生来看此剧。他认为,全体师生宁可省下伙食费,也要"节约身体的粮食来换取精神的营养"①,同受莫扎特奋斗的启示,上这终身受益的人生之课,创造之课。

真实需要巨大的勇气,而认识真实的人生和真实的自我尤其如此。在育才,陶行知不但敢于直面人生的患难,更敢于直面自我的弱点。他信奉"自胜者强"的古诫,把战胜自我弱点视为真正的强大有力。"弱点是最重的担子,肃清弱点才能走得动,否则会使我们半途而废。弱点是最大的敌人,肃清内奸才能无后顾之忧,否则会使自己打败自己。远征的战士,首先要有勇气对着自己的弱点开刀。每一个人都要有这种勇气,才能展开光明的前途,走上十万八千里之长途。"②不断战胜自身的弱点,是内在生命力健旺的基本标志,也是克服人生长途重重难关的基本保证。在育才,陶之所以能在"友穷,迎难,创造"途中不止不息,竭蹶而进,不能不与这一人生信条有关。

成为真善美的新人,不但是对创造对象的要求,也是创造者自身的努力目标。真善美是陶行知晚年一个极其重要的文化价值观念。求真、求善、求美,则是他晚年人生追求的一重新天宇。

求真是他的一贯立身准则。晓庄时期就频频以"千教万教教人求真,千学万学学做真人"自勉勉人。育才校歌中所谓"涵养一片向真之赤心",也就是要求大家以一种真理的追求者的姿态面世。"我们必须认真办学,以求对得住小朋友,对得住国家、民族。毁誉之来,可不必计较。横逆之来,以慈爱、智慧、庄严、无畏处之。我们追求真理,爱护真理,抱着真理为小孩、为国家、为人类服务,社会必有了解之一日。"③求真使他充满勇气和

---

① 华中师范学院教育科学研究所:《陶行知全集》第五卷,湖南教育出版社 1985 年版,第 804 页。

② 华中师范学院教育科学研究所:《陶行知全集》第三卷,湖南教育出版社 1985 年版,第 510 页。

③ 华中师范学院教育科学研究所:《陶行知全集》第五卷,湖南教育出版社 1985 年版,第 709 页。

力量。有所为时,热烈为之,奋勇为之,该抗争处奋力抗争,该进取处全力进取。他努力"涵养一种海阔天空的境界","力所能及者,尽力为之。力所不能为者,修身以待之"①。文天祥题砚铭是他的宝鉴:"砚虽非铁磨难穿,心虽非石如其坚,守之弗失道自全。"②有所不为时,恬然处之,淡泊处之,视富贵若浮云,视贫贱如甘饴。古人《煮粥诗》是他的醍醐灌顶:"莫嫌淡泊少滋味,淡泊之中滋味长。"③求真的人生态度使他在晚年为自己确立了两条治身原则:平时则以"仁者不忧,智者不惑,勇者不惧,达者不恋"要求自己,有事则以"富贵不能淫,贫贱不能移,威武不能屈,美人不能动"督责自己④。事实表明,他确实做到了行其所知。

求善是人生不可或缺的内容。具有良知良能的人不能不对自身行为作出道德评价和道德批准。陶行知视道德为"做人的根本",因而向全体师生提出要用道德来"建筑人格长城"的口号。统观他晚年的道德观,有两点最堪注意。一为强调私德。在他眼中,公德固然重要,但私德更为要紧。因为它是公德之本,只有私德健全,才能扩大公德。凡不讲私德者,每每成为妨碍公德者,也即所谓"不矜细行,终累大德"。在当今,"私德最重要的是廉洁,一切坏心术坏行为都由不廉洁而起"⑤。这一思想显然有别于公德大德不踰闲,私德小德出入可也的传统观念,也明显含有对私德小德出格出规严重败坏社会风气的"党国要人"的批判意味在内。二为高扬智仁勇合一的传统道德。过去被人称为"天下之达德"的智仁勇,仍被他视为"中国重要的精神遗产","今天依然不失为个人完满发展之重要指标"。为此,他就三者的内在联系作过一番透彻的说明:"不智而仁是懦夫之仁;不智而勇是匹夫之勇;不仁而智是狡黠之智;不仁而勇是小器之勇;不勇而智

---

① 华中师范学院教育科学研究所:《陶行知全集》第五卷,湖南教育出版社1985年版,第774页。

② 华中师范学院教育科学研究所:《陶行知全集》第五卷,湖南教育出版社1985年版,第783页。

③ 华中师范学院教育科学研究所:《陶行知全集》第五卷,湖南教育出版社1985年版,第783页。

④ 华中师范学院教育科学研究所:《陶行知全集》第五卷,湖南教育出版社1985年版,第965页。

⑤ 华中师范学院教育科学研究所:《陶行知全集》第三卷,湖南教育出版社1985年版,第471—472页。

是清谈之智;不勇而仁是口头之仁。"他强调,"育才学校不仅是以智仁勇为其局部训练之目标,而是通过全部生活与课程以达到智仁勇之鹄的"①。

求美更是热爱生命热爱文艺的陶行知的执着人生追求。即使育才期间忧患频仍,他并不稍减那种高蹈轻扬充满美感的人生态度。他以自身特有的丰富的审美情趣,步履轻快地越过人生大地上充满险情的沼泽。当政治和经济的愁雾紧笼密罩古圣寺之际,他依然在此发现生命的至高至美至情至理。在一封家信中,他用充满诗意和象征的文字,描绘了大自然在古圣寺创造的杰作,把自己审美的人生观和自然观打成一片,和盘托出。"古圣寺依旧是可留恋。虽然我的人生观是不恋,其实要说一定不恋也不对,更近情理是恋而不恋,不恋而恋。紫薇花是盛开了,被豇豆架包围。好像是几位美人被人群中的高个子遮住,我立刻为它们解了围,还了它们的自由。葡萄藤也长得茂盛,给它造了梯子,使它攀上棚子去完成庇荫的任务,同时长得好些。灯笼草,去岁下了十颗种子,活了四窝,伏在地上像杂草一样,象征一个人倒了霉。我们弄了几根麻绳吊起来,它们不久便可以攀上屋顶,像一串一串的翡翠小灯笼垂下来,那是多么的好看啊。仙人掌也开了一枝花,不知被谁窃去,还有一个小蕊,不久会开的。白荷花也有一两枝像白衣仙子在绿波上跳舞。最美的是,昨夜正要睡的时候,月亮从树林的缝里射出温和的银光,待我出来看时,它已升上树尖,升上半天,显出至善至美的姿态。……"②他天生就不是那种生就一副严肃而愁苦的面孔,惯于正襟危坐教诲天下的教育家。因此,在这一封信手写来诉说家常的信中,却最自然不过地流露了那种恬静平和的求美之心。它使我们想起了乃祖"采菊东篱下,悠然见南山"的诗境,也想起了与此境同存的"刑天舞干戚,猛志固常在"的另一境。

"手脑双挥兮,敲未知之门。岁寒然后知松柏之后凋兮,求仁得仁。竖起几根穷骨头兮,顶天立地。崇拜自己之集体创造兮,虽败犹成。"③这首

---

① 华中师范学院教育科学研究所:《陶行知全集》第三卷,湖南教育出版社1985年版,第368页。
② 华中师范学院教育科学研究所:《陶行知全集》第五卷,湖南教育出版社1985年版,第839页。
③ 华中师范学院教育科学研究所:《陶行知全集》第四卷,湖南教育出版社1985年版,第590页。

1943年秋赠人之作,其实是夫子自道。追求真善美的人生,成为他晚年生命乐章的主旋律。又正是这种不懈的追求,成为他发扬新武训精神和创造精神的巨大动力,同时也成为他在民主运动中奋勇当先的精神源泉。在追求真善美的人生主旋律下,教育和民主两大乐章和谐地协奏交响。

第九章　赴汤蹈火争此民主

在民主运动风起云涌的抗战胜利前夕

在中国现代民主运动史上,抗战胜利前两三年是民主潮流急速奔进的时期。对陶行知来说,这阶段的经历也非同寻常,他在民主运动中的杰出地位在此奠立。

但实际上,前数年间,他已伴随着民主先潮,不断应时而化,鼓呼前进。因此,有必要先就他在抗战前期民主运动中的作为加以简略回顾。

1939年9月,在一届四次参政会上,他曾参加过一场被人称为"晴天霹雳的宪政运动"。在会前,他就对《新华日报》记者发表谈话,透露自己赴会将就"建立各级真正的民意机关"问题发表意见①。在会上,他又积极参加了有关是否"结束党治"这一焦点问题的论战。国民党参政员坚决反对,而中共和其余党派则坚持认为,为保障各抗日党派的合法地位,必须把"结束党治"写进决议案。为此,你来我往,争辩不息。据邹韬奋记述,"当时空气已紧张到一百二十分。唇枪舌剑,各显身手,好像刀光闪烁,电掣雷鸣"。在这场民治同党治的空前大辩论中,陶行知旗帜异常鲜明。当邹韬奋"起立痛陈",愤怒抨击一党专政之后,他立即与之桴鼓相应,"举出许多事实",证明邹之发言完全正确②。

激烈争论的结果,通过一决议,"请政府明令定期召集国民大会,制定宪法,实行宪政"。国民党于1939年11月召开五届六中全会,许诺1940年11月12日召开国民大会,以为实行宪政之始。但是,只要国民党不愿他党分享政权,那么所谓"实行宪政"和"归政全民"统统只能是一块不值分文的政治画饼。因此,当民主人士在各地频频组织宪政座谈会,形成一个颇见

---

① 华中师范学院教育科学研究所:《陶行知全集》第三卷,湖南教育出版社1985年版,第382页。

② 《韬奋文集》第三卷,生活·读书·新知三联书店1955年版,第239页。

声势的民主宪政运动时,当局马上就加以压制。1940年4月18日,国民党五届中常会145次会议上通过的《宪政问题集会结社言论暂行办法》,蛮横无理地压制和取缔民主宪政运动。当年9月,又借口战时交通不便,宣布国民大会延期召开,日期另定。就这样,当局十分轻松自如并毫无愧色地把民主人士奔走呼号多时的民主宪政轻轻撇在一旁了。

于是,从1939年9月一届四次参政会开始的民主运动,仅仅历时一年,到1940年9月为止,逐渐转向低落。紧接着,以皖南事变为标志的第二次反共高潮出现,更给民主运动带来新的政治压力,使民主运动渐见低沉。

但是,在民主宪政运动暂遭挫折期间,陶行知并没有气馁。他对民盟和中共的关注之情,足以证明这一点。

1941年3月19日,中国民主政团同盟(简称民盟)在重庆秘密成立。不久,即派梁漱溟去香港创办机关报《光明报》。当年9月18日,该报正式出版,10月10日公布民盟政治纲领和成立宣言。从此在中国政治舞台上正式出现了一个介于国共两党之间,包括三党(国社党、青年党、第三党)二派(职教派和乡建派)的中间党派。救国会原是民盟发起单位之一,因它同中共关系较密,部分发起人怕它加入后可能会引起蒋介石的猜忌,因而商定救国会缓入[①]。陶行知虽然暂时没有加入这个组织,却依然十分关心它。由于加入民盟的党派领导人都具有双重党籍,既是本党党员,又是民盟盟员,因而民盟内部也时有人事矛盾。当刚办不久的《光明报》内暴露出各党各派门户之见甚深的情况时[②],黄炎培对之很悲观,认为初放光明的《光明报》"大概在月底要黑暗了"。为此,陶行知忍不住在录下如上"光明"中的暗影后,以"呜呼书生"四字表现了自己的深重慨叹[③]。

当年11月中旬,二届二次参政会召开前夕,中共参政员是否仍如8个

[①] 救国会后在1942年正式参加民盟活动,沈、陶等随之成为民盟成员,民盟也因之有"三党三派"组成之说。

[②] 陶行知1941年10月21日工作日志载黄炎培所述《光明报》内情况:有人以为梁漱溟"主观深",他多为报纸撰文,"反对者以为出风头",青年党曾琦为荐人不用而"大怒",国社党徐傅霖因《光明报》压倒了本党所办之报而"不高兴",等等。

[③] 陶行知1941年10月21日工作日志。

月前为示抗议皖南事变,拒绝出席二届一次会议,成为国人共同关心的问题。11月15日,他和沈钧儒"同访周恩来、董必武,劝中共出席"。周、董以实情相告,于是,在他的工作日志上留下了"延安来电,参政员因事请假"的记录,而同时记而又删的"叶挺未释"四字,显然是周等向他们解释请假所"因"之"事"①。两天后,中共代表出席参政会,于是,在这一天的工作日志上,他又兴奋地写下:"中共得张岳军(群)、王世杰先生释放叶挺之保证,由董、邓出席,团结有加,全体为国家庆幸。"②

11月16日,民盟在重庆举行茶话会,趁二届二次参政会开幕之机,向国人郑重宣布民盟成立。茶话会共邀50名各党各派人士,王世杰和周恩来分别代表国共两党,沈、陶作为救国会代表,均在被邀之席。对于这一冲破当局"党禁"的做法,陶行知显然异常高兴。工作日志中不但记上"日前他们已在驻会委员公开,今日则向各党各派公开了",同时还记下了黄炎培在会上的一番独特表现。在几位领导人报告了民盟的宗旨后,黄平静地不带任何感情色彩地讲了一个故事,大意是:上海有两个走街穿巷卖油条的小贩,前面一个用白话大声吆喝:"卖油条!卖油条!"后面的那个却用文言随声应和:"兄弟亦然!兄弟亦然!"讲毕,他不作任何解释即行坐下。在举座愕然中,了解内情的朋友听出了弦外之音,"兄弟亦然"正是表明了自己与民盟的同一身份和同一态度。陶在记下此事时,另有"说文言者,油条卖不掉"的评论③,似在婉转含蓄地批评当时一度颇有怯意,与民盟相对疏远的黄炎培。

参政会开幕后,他在会上积极为民主呼号。他主提《化除青年烦闷,发挥青年精神,以保全民族元气而增加抗战建国力量案》,力申"青年烦闷"由于"环境影响",也即缺乏政治民主所造成。为此,他强烈要求"禁止非法扣留书报",禁止部分教职员和学生"兼任秘密警察"并"私带武器","禁止任何团体强迫他人参加,以尊重本人信仰自由","实行'诬告反坐',以保障人权"④。这一民主呼声,被《新华日报》誉为"以青年师保的资格,替青年们

---

① 陶行知1941年11月15日工作日志。
② 陶行知1941年11月17日工作日志。
③ 陶行知1941年11月16日工作日志。
④ 华中师范学院教育科学研究所:《陶行知全集》第三卷,湖南教育出版社1985年版,第459页。

发出了迫切的呼吁"①。在会上,他又在10件提案上附议连署,其中大多为与民主相关者,如有关开放言论、保障民权、改善考试用人制度、严肃警纪、厉禁走私和严禁非法征粮等案。列名于此,清楚表明当时他心之所系仍在民主。

尽管他和许多民主人士力图在会上推进民主宪政,但仍为当局所梗阻。有两件事,予他印象很深,故而在工作日志上都留下了记载。一是当局操纵参政会选举驻会委员之事。国民党依仗本党人数在会占绝对多数,借用民主选举的形式通过自己内定的名单。这件事碰巧被他发现,与他同坐的国民党参政员陈其采接到一张条子,因视力不佳请他代看,这才发现原来"是党团要选的名单",愤慨之余,"我把自己机械的做成有声电视,读给他听"②。二是当局阉割民盟有关要求民主宪政的提案。民盟领导人张澜、张君劢、左舜生等根据本组织十大纲领,在提案中要求"结束训政"、"成立临时民意机关"、"不以国库供党费"、"勿强迫入党"、"勿在文化机关推行党务"、"保障人民种种自由"等。当局不能容忍此案,因以"保留"为名,另以主席团名义提出《促进民治与加强抗战力量案》相代。该案有四项内容,要义在将民盟提案要求立即结束训政实行宪政的精神抹煞。对此,陶深为不满,因记之曰:"张澜等提《实现民主以加强抗战力量树立建国基础案》,主席团保留,代以四项。"③

中国现代民主运动的道路曲折崎岖。抗战初期颇见活跃的民主空气至此暂告冻结。

在此民主空气骤降阶段,一批民主人士因与中共关系密切以及在参政会中的激进表现,当局终于动手把他们从参政会中除去。陶行知参加第一届参政会,是以安徽省代表遴选。1941年3月第二届召开时,曾修订规则,扩大名额。他与沈、邹、史、王(造时)五位救国会领袖均以知名人士的新资格入选("曾在各重要文化团体或经济团体服务三年以上,著有信望,或努力国事,信望久著之人员")。等到1942年10月换届召开第三届参政会时,尽管三届的代表总名额(240名)较二届(220名)为多,但当局却把上述知名人士的额定数字作了大幅度压缩,从118名减为60名。陶等五名

---

① 《回顾二届二次参政会》,1942年10月25日,《新华日报》述评。
② 陶行知1941年11月25日工作日志。
③ 陶行知1941年11月25日工作日志。

救国会人士在此也同一批民主人士被汰,从一个侧面反映了抗战中期民主运动的曲折经历。

但是,只要产生专制腐败的土壤继续存在,充满生命绿意的民主幼苗就自有生发向荣的充分理由。抗战中期当局在政治、经济、文化、教育诸领域种种反民主的作为,刚好成为民主运动的最好反面教材,促使作为民主运动带头人的进步知识界更加强烈地向往民主,追求民主。

中国现代民主运动通常由学界领袖带头,青年学生追随冲锋。知识分子所以成为民主运动的中坚力量,除了自身特具的政治敏感和忧患意识,对民主的热切憧憬和对国情世情比较清醒的认识等之外,还有一个十分重要的原因,即自身经济地位的日益沦落。抗战期间物价暴涨和货币贬值的情况十分严重[①]。贪官污吏和不法奸商摇身一变成为腰缠万贯的暴发户,而平民百姓则受累无穷。知识分子在其间则感觉痛苦尤深。往日令人眼羡的薪俸,而今所值无几,昔日优裕的生活条件,而今荡然无存。"朱门酒肉臭,路有冻死骨"的现状最易激起他们的反感,而米珠薪桂知识贬值又最能使他们失去内心的平衡。1940年秋,育才教职工的月薪仅可买平价米3斗。即使是名流学者,也过着入不敷出、捉襟见肘的日子。史学家翦伯赞得到陶行知所赠美国香烟,便是难得的享受。剧作家洪深以贫病交迫,演出了1941年初举家自尽轰传一时的人间悲剧。教授兼作家的闻一多和沈从文,口耕笔耕尚不敷家用,前者须刀耕(治印),后者以锄耕("挖土种菜,磨刀生火"),聊补生计[②]。在上层知识界普遍"生活不安"的情况下,被学者们视为第二生命的学术研究也大受影响。他们深叹学术研究之效率低减,渐趋不振。北大教授汤用彤所称最能反映高等学府的萧瑟景象:"学校财政支绌,事业无由发展","同人精神无所寄托"[③]。顾颉刚的感受更是一种普遍性的心态:"治学则材料无存,办事则经费竭蹶,当家则生离死别,触

---

① 据有关材料表明,到1944年7月,国统区物价比抗战前猛涨400倍至1200倍。以100元法币的购买力为例,1937年为二头牛,1938年为一头牛,1941年为一只猪,1943年为一只鸡,1945年为一条鱼。见肖超然、沙健孙:《中国革命史》,北京大学出版社1984年版,第339、391页。

② 中国社会科学院近代史研究所:《胡适来往书信选》(中),中华书局1979年版,第577页。

③ 中国社会科学院近代史研究所:《胡适来往书信选》(中),中华书局1979年版,第553页。

目伤心,弄得一个人若丧魂魄,更无生人之趣。"①

这是必然的:知识分子沉沦到了两袖清风——一袖清贫,一袖清醒——的地步,国家也就进入了"三民"主义——民生凋敝,民怨沸腾,民变蜂起——的境界。同样必然的是:被推入贫困线的知识分子终究要作出反响,为自己,也为国家。于是,当温和畏葸者尚苟容嗫嚅不语之际,激烈敢怒者已拍案而起,走出书斋,直言谔谔,为民请命。如果说马寅初 1940 年怒斥官僚资本,公开批评蒋介石并非"民族英雄",而是"家族英雄",还是一夫作难匹马当先的"过蒋"之论,那么,第二年民主政团同盟公开揭竿而起,在自己的旗号上不顾高压打上了令当局侧目的"民主"两字,便已是上层知识界群马齐驱的集体反抗了。毛泽东喜欢引用逼上梁山的典故,又喜欢称引《老子》所谓"民不畏死"和发挥《周易》所谓"穷则变"的文字。其实,早在 2000 多年前,以温醇敦厚、刻苦好学著称的颜渊已对鲁定公说过:"兽穷则触,鸟穷则啄,人穷则诈,自古及今,欲穷其下能无危者,未之有也。"应该说,这位居处陋巷箪食瓢饮、甘于贫困的圣人之徒对"穷"之危害的认识是非常深刻的。他的告诫对统治者应是一声棒喝:凡是把老百姓逼上"穷途"者,很难使自己摆脱走向"末路"的命运。

然而,对于知识分子来说,上层统治集团的腐败,尤其容易引起他们的愤懑,催发酝酿他们身上的民主酵母。平实而言,作为最高当政者的蒋介石绝非碌碌之辈,他也未尝不想疗治痼疾,以求振作刷新,维护自身统治。但是,特定的政治格局和政治利益,限定了他的行动范围。他只愿也只能治癣疥之患,拍打几个"苍蝇"②,却绝无壮士断"臂"的勇气和上山打"虎"的决心。因为那些炙手可热的权贵,不是他的心腹股肱,就是他的虎臣良将。他决不肯自坏樊篱,自毁长城。万一政治祭坛上定要有牺牲供奉,那么,惩罚之剑也尽可以落在那些没有坚强奥援者或派系倾轧中被抛出的可怜儿头上。因此,对于官僚资本,即马寅初称为"靠做官发财的人所得的资本"③,他绝不以为不义之财而抑制或没收。对于豪门权贵,即那些非亲即

---

① 中国社会科学院近代史研究所:《胡适来往书信选》(中),中华书局 1979 年版,第 563 页。

② 陶行知 1940 年 12 月 23 日的工作日志上曾有他治癣拍蝇的记载:"成都前市长杨全宇囤小麦 500 石被枪决。"

③ 周永林、张廷钰:《马寅初抨官僚资本》,重庆出版社 1983 年版,第 16 页。

故的心腹或虎臣,他更不愿丝毫有所损及。家族统治的特点,就是统治家族的利益高于一切。各大家族间存在着"剪不断,理还乱"的错综复杂的血缘联系和利害关系。他们之间可以勾心斗角,矛盾大作,但在最根本的利害问题上总是保持一致。《红楼梦》所谓"一荣俱荣,一损俱损"的判词,道尽了古往今来封建专制家族统治的秘密。所以,尽管报章曝光,国人切齿,逍遥者依然法网之外施施然为其逍遥之游,发财者依然密室之内欣欣然发其国难之财。

当年那班不学而有术的豪门子弟,倚仗父兄权势横行后方,更常常成为触发知识分子共愤的导火线。曾经轰传一时的孔二小姐"洋狗事件"最能说明问题。1941年底香港沦陷前夕,当局派往香港援救社会知名人士的专机被孔祥熙一家霸用,导致大批知名人士滞港。飞机返渝时,孔家箱笼累累,还有好几条大洋狗从舱门窜出。消息传出后,官方巧为掩饰,诿称箱笼为中央银行公物,并非孔家私产,洋狗为机师所带,并非小姐宠物。当昆明几千学生因此走上街头,揭开反腐败的学生运动序幕之后,官方又反诬张君劢和罗隆基等人为幕后指使鼓动者,向民主人士倒打一耙。他们一厢情愿地认为,只要大张挞伐个别民主人士,就能有效地遏止学生反腐败运动。他们硬是不肯承认一个极其简单的道理:政治腐败是因,学生反腐败是果。

至于当局在财政经济和交通运输方面不可救药的腐败,连那些原本亲附官方的上层知识者也摇头叹息不止。1942年初傅斯年对胡适的牢骚可见其中之一斑。"……经济情形实在不太妙,当局于此似未了其病之所在,乱花钱,越无钱,越多化,弄到人心以为钱必贱而物必贵,普天之下,一个心理,今尚不知收拾。至于管财政者之泄泄沓沓,毫无觉悟,更不待说。即以一件事而论,前年冬到去年夏,不到一年之中,中央银行,中央信托局,业务减了甚多,而人员加了三倍!至于管交通的,无论属于交部与属于军部者,都是奇糟,可为长太息者也。"[①]

太息者自太息,腐败者仍腐败,这是不以人们意志为转移的。当局口口声声要全体国民勒紧裤带,"共赴国难",也常常以"多难兴邦"、"抗战建

---

① 中国社会科学院近代史研究所:《胡适来往书信选》(中),中华书局1979年版,第543页。

国"来教诫国民。但他们似乎忽略了"兴邦"有一个最为要紧的前提,即必须有一个励精图治足以固结民心的领导集团。如果领导集团既不具备励精图治的决心,也不具备固结民心的能力,反倒在大义凛然的名义下,"多难兴家",聚敛无已,那么,局势的演变只能滑向国无宁日、民不聊生的深渊,从"当国合肥天下瘦",进入"天下败",然后在海外多添出几个超级寓公。

最使知识分子感到愤恨的,则是在不断强化的特务统治下人身自由和安全的毫无保障。在极权者手中,军队是公开的武力,特务是秘密的武力。为了维护极权统治,必须利用特务组织来钳制一切反对力量。恶名昭著的"军统"和"中统"相继成立于1938年。这两个被人称为当代"东厂"和"西厂"的特务组织,发展异常迅速。在党政机关、社会团体、新闻界、文化界、大专院校、工矿企业以及乡镇保甲人员中,都有其网络和通讯员,其遍布各个角落的情况,真可用"水银泻地,无孔不入"来形容。在特务统治下,广大人民的言论、集会、结社、出版的自由被剥夺,各党各派和无党无派人士统统被置于严密的监控之下。在政治中心重庆,曾家岩周公馆、红岩村八路军驻渝办事处和《新华日报》社等中共单位固为重点监视对象,上清寺"特园"(民盟机关及聚会之所)、枣子岚垭"犹庄"(沈钧儒寓所)、至圣宫文工会办事处(郭沫若城内住处)以及陶行知所用的管家巷28号和沈钧儒、史良开业的林森路平衡法律事务所,都是特务专门设点监视的所在①。与监视配合的则是电话窃听和邮件检查。中共人士和若干著名民主人士在重庆外出时,常有特务跟踪盯梢。在中共和陶行知等民主人士经常活动的地方,如中苏文化协会、郭沫若领导的文化工作委员会、重庆青年会、冯玉祥组织的利他社以及怒吼剧社等处,特务组织均派专人打入,搜集情报。每当国民参政会召开之时,特务组织就动员所有有条件接触进步参政员的党员、通讯员,利用各种手段(如装扮记者或宾馆服务人员等),事先了解他们的提案或质询意向,然后编成情报送呈当局参考,以便预为应付。

为了禁锢人民的思想言论,摧残进步文化,被邹韬奋雅称为"特老"者又配合"军事摩擦"和"人事摩擦",大搞"文化摩擦"。有如陶行知所称,一

---

① 陈文恭:《抗战时期军统在重庆的活动》,中国人民政治协商会议四川省重庆市委员会文史资料研究委员会:《重庆抗战纪事 1937—1945》,重庆出版社1985年版,第383页。

批以"革命"为职业的佩枪"教员"和"学生"赳赳昂昂进入了高等学校。他们配合校内党团分子,文则载录进步师生言行,武则执行殴打绑架任务,尽其之力变弦歌之地为修罗道场。马寅初因抨击官僚资本,揭露了比资本剥削更野蛮落后的权力剥削,被最高当局遣往西康进行"考察",实即软禁。邹韬奋呼吁取消图书审查,不但设在桂林等地的50多个生活书店分店被封闭或勒令停办,连他本人也被迫出走香港。像马、邹这等知名人士,言论"出格"且不容于当局,务须"投界有北",那么,一般知识分子一旦"越轨",等待他们的便是"失踪"的命运。"失踪"一词包含绑架、囚禁和杀害等多种丰富意义,是一个特用的政治名词,最能表现中国人特殊的语言创造能力。但当它在报端出现过多,终使当局觉得有碍观瞻时,就连"失踪"一词也从报端失踪了。

就这样,经济的严重恶化,驱使上层统治者利用权力谋取巨额收入,一方面增大了广大人民尤其是作为社会良心的进步知识分子的离心力,另一方面又促使统治者加紧收买和豢养官僚、军队和特务。高度膨胀而又严重腐化了的行政机构,在加强人民负担和促进经济破产的同时,又进而加大了人民的离心倾向。于是,经济恶化—政治腐败—特务横行,三者构成一个恶循环,不断加重社会病症。尽管在政治高压之下,人们被迫暂时缄默。但只要恶性循环仍在继续运进,那么,运进到一定程度,并一旦出现适当的机会,人们的离心倾向就会显露出来。而显露的主要标志之一是古今中外通常相同的,即有关政治领袖的急骤贬值。据当时美国驻华使馆特别助理费正清的观察,到了1943年,"蒋介石作为国民党政府的象征,已经失去中国知识界对他的信任与忠诚"①。

像陶行知这样一批头脑清醒的知识分子,他们当然深深懂得目接耳闻的种种社会病症,无论是物价问题、就业问题、粮食问题、知识分子待遇问题,还是官僚腐败问题、贪污渎职问题、特权问题、特务横行问题,都还只是表层的社会问题。它们无不受到各种深层的社会制度的制约,如经济管理制度、考试用人制度、工资物价制度和行政监督制度等。这些深层制度的核心和根本则在民主制度。而实现民主制度的根本障碍则在国民党及其领袖的专制独裁。

---

① 费正清:《中国之行》,《中华民国史资料丛稿·译稿》,中华书局1983年版。

国民党表面采用的是孙中山的"五权宪法"的政治体制,实际上建立的是自下而上的单向走向的二维权力结构。这种权力结构的特点是"上面"向"下面"集权,"下面"向老百姓集权,结果权力最终集中到某几个人甚至一个人手中。由于集权者不受有关制度和规则的制约,完全根据自我意志行事,其本质与"朕即国家"的封建君主专制并无多少区别。因此,只要如邹韬奋所说的,"最高领袖"的脑壳决定一切,主宰一切,大至国利民福,小至某员的黜陟臧否,全系于领袖脑壳的一转念间,只要如张奚若(陶行知哥伦比亚大学同学,著名政治学家)所说的,领袖既可通过煌煌大法堂而皇之地独裁国事,也可通过"手谕"、"条子"随心所欲地解决问题,而名为部长院长者,其实不过是大大小小的听差,只知道喊万岁,只想献九鼎①,那么,上述种种经济恶化、政治混乱、特务猖披的险象,都会继续存在继续发展。只有把"最高领袖"的地位放到法律之下,将其独裁国事的大权交给一个决定政策的机关,也只有撤换"党皇上"之下的那些臣仆,代之以德才兼具的民主人士,也就是说,只有民主制度的确立,才能保证其余各项制度的健全无缺并发挥有效作用,从根本上改变那种国事日非的局面。

这就是中国政治问题最基本的逻辑推演。当中国知识界有越来越多的人确认了这一答案,只要时机一旦来临,暂被阻遏的民主潮流终将冲破专制的闸门,以更大的势能奔突而出,汹涌向前。

这样,到了1943年,这一时机终于来到了。

这一年,国际形势大好。世界反法西斯战争捷报频传,斯大林格勒保卫战的胜利和日本在太平洋战场的败退,标志着民主国家已由防御转入进攻,世界反法西斯战争胜利在望。在此形势下,中国政府的腐败统治及其反共反民主的作为,同它在反法西斯最后决战中应负的责任很不相称。因此,当1943年下半年出现第三次反共高潮,内战危险再度迫在眉睫之时,当即引起美国当权人物对于中国局势的严重关注。罗斯福总统从美国远东总政策和战时对华方针出发②,对蒋介石提出三点"建议":"(一)中国宜

---

① 张奚若:《废止一党专政,取消个人独裁》,《一二·一运动史料选编》(上),云南人民出版社1980年版,第204页。

② 学术界认为,美国远东总政策的目标是保证战后美国在亚太地区取得支配地位,而其战时对华方针则为造成一个强而亲美的中国,使之成为支持美国在远东主导地位的台柱。

早实施宪政；(二)国民党退为平民,与国内各党派处同等地位,以解纠纷；(三)战后建设须自筹经济。"①在当年11月下旬中、美、英三国首脑开罗会议上,罗斯福更要求蒋"在战争尚在继续进行的时期与延安方面握手,组织一个联合政府"②。迫于国内外的政治压力,1943年9月上旬召开的国民党五届十一中全会决议,"于战争结束一年内召集国民大会,制颁宪法"。接着又在同月中旬召开的三届二次参政会上,蒋宣布筹设宪政实施协进会。尽管这些举措仍是敷衍搪塞的幌子,拖延时间的道具,但它还是使一度低落了的宪政空气重又加温升高。

于是,从1944年开始,民主宪政运动以前所未有的程度活跃起来了。民盟首先在重庆发起召集宪政问题座谈会,从年初到5月初,连续举行,影响颇大。与此同时,黄炎培等创办《宪政》月刊,张澜和李璜等在成都发起"蓉市民主宪政促进会",昆明学术界成立"宪政研究会",桂林各界成立"抗战动员宣传委员会",重庆、成都和昆明等地的高等学校更纷纷组织研究民主宪政的团体,召开各种座谈会,讲演会,开设民主讲台。在上述活动中,涌现出了一大批民主教授和民主学生,为随后数年的民主运动准备了骨干力量。

如果说,1944年上半年讨论宪政和要求宪政,是这一回民主宪政运动的前潮,那么,到了下半年,提出并讨论联合政府问题就成为这一运动的强劲后潮。

推进这一运动发展的,仍是国际国内的政治大气候。1944年4月,日军为打通纵贯中国大陆到印度支那的陆上交通线,发动了豫湘桂战役。到12月初,短短8个月中,国民党军事大溃败,写下了抗战史上惨不可言的一页③。严重的局势引起罗斯福的严重不安,从而进一步加强了原先"压蒋联共"的构想。6月下旬,他派副总统华莱士来华,先后访问重庆和延安。华莱士转达了罗斯福愿充中间调停人的口信,一再建议国共取得谅解,"让北方力量发挥充分用途"。与此相应,林祖涵在1944年9月召开的

---

① 黄炎培1943年9月10日记所载,引自《黄炎培年谱》,文史资料出版社1985年版,第152页。

② 伊里奥·罗斯福:《罗斯福总统见闻秘录》,春光新闻社1947年版,第154—155页。

③ 据统计,此役失地20万平方公里,丢弃豫、湘、桂、粤、闽等省大部和贵州一部,使6000余万人民沦于敌寇铁蹄,兵力损失达50余万。

三届三次参政会上,代表中共中央发出了立即召开紧急国事会议,废止国民党一党专政,建立联合政府的号召。10月10日,周恩来更在题为《如何解决》的讲演中,具体阐明中共关于召开紧急国事会议和组织联合政府的实施意见。就这样,中共把罗斯福在开罗会议上提出的有关组织联合政府的主张接了过来,及时地化为我用,取得了政治上的主动权。

为了应付来自国内外的民主压力,蒋政府不得不与中共就成立联合政府问题虚与谈判。因此,当1944年11月赫尔利以美国总统私人代表的身份(到年底出任驻华大使),奔走于延安和重庆之际,成立联合政府似已成为可望可即之事。而毛泽东在次年4月召开的中共七大会议上所作主题报告《论联合政府》,更就联合政府问题加以全面完整的论述,为要求成立联合政府的如火如荼的民主运动添注了巨大动力,极大地振奋了各民主党派和民主人士。这样,在1945年春的中国,出现了一股进言热。各界知名人士纷纷联名上书,要求成立联合政府。广大青年学生更是跑在前列,他们打出"取消一党专政"的横幅,浩浩荡荡地走上了街头。

在这一风起云涌的民主运动中,陶行知奋身投入,以一种前所未有的热情,迎接这一民主新时代的到来。

他把民主视为争取抗战胜利和战后建设国家的根本。在祝贺沈钧儒七十寿辰的会上,他演讲说,抗战、团结、民主,三位一体,民主又是其中之本[①]。1944年6月民主运动广泛展开之际,他又向育才师生和育才之友宣告:"民主的洪流,浪头已经到来,没有力量可以抵抗它。"号召大家"学习民主,帮助创造民主的新中国"[②]。当年9月,在追悼民主战士邹韬奋的挽歌中,他把逝者的健笔称为"自由的火把,民主的炸弹",预言它将燃起熊熊的火海,从而"铸成民主中国","创造自由世界"[③]。在1945年到来前夕,他更在《迎接民主年》的诗篇中吁祈民主运动在新年长足进步。

与之相应,对于阻碍实现民主的反动势力,他又加以无情的挞伐。以

---

① 《新华日报》1943年12月22日。

② 华中师范学院教育科学研究所:《陶行知全集》第三卷,湖南教育出版社1985年版,第513页。

③ 华中师范学院教育科学研究所:《陶行知全集》第四卷,湖南教育出版社1985年版,第613—614页。

"民智未开"作借口,阻挠革命,这本是20世纪初保守势力发明的一种理论。当时代表时代发展方向的孙中山等人曾以无可辩驳的理由痛斥其非。可是40年风云变化,那些自称孙中山的继承者却不期而然地站到了当年孙中山痛斥过的那一方。为了维护执政党一党专政的私利,竟也以此作为继续维持他们"训政",反对实行民主宪政的"理由"。对于这一重新泛起的理论沉渣,他以嘲讽的口吻指出,有人认为人民不会民主,不会自由,因此不可给予民主,给予自由,"这等于说,张三不会游水,不可让他下水。也等于说,李四不会骑马,不可让他上马"①。民主的追求者"必需在民主的生活中学习民主,并帮助老百姓在民主的组织中学习民主,学习管理众人的事,学习怎样做中华民国的主人"②。

他认为,当前中国必须速行民主。民主之途畅通,才能一通百通;民主之制建立,才能一立百立。民主是纲,其余各项社会制度和举措都是大小不同的目,纲举才能目张。民主又是药,它能"救治百孔千疮的政治病","肃清一切政治的病菌",它像当时发明未久的抗菌素盘尼西林(青霉素)一样,"可以神速地治好无可救药的病"。但他同时警告中国人民,必须提防兜售假药的骗子,谨防他们使用"假造的政治的盘尼西林"。他又告诫民主战士,争取民主不是为了修补那个旧世界,"不学女娲炼石去补天",而是要以创造精神革命精神去另辟新天宇,"造成民主的摇篮,开辟自由的苗圃,播种幸福的种籽",从而"建立大众的宫殿"③。

对于中共有关建立联合政府的号召,他更是积极响应。1944年10月,他写诗歌颂共产党领导下的社会各阶级民主合作的政权,希望"内战立刻停止,民主联合政府早日实现"④。次年1月下旬,他又借纪念"一·二八"淞沪抗战,总结历史经验,强调"联合"尤其是"政权联合"的作用。他说,上海之战"证明了联合的力量";"军民联合有力量,党派联合有力量,政

---

① 华中师范学院教育科学研究所:《陶行知全集》第四卷,湖南教育出版社1985年版,第624页。

② 华中师范学院教育科学研究所:《陶行知全集》第三卷,湖南教育出版社1985年版,第513页。

③ 华中师范学院教育科学研究所:《陶行知全集》第四卷,湖南教育出版社1985年版,第625—627页。

④ 华中师范学院教育科学研究所:《陶行知全集》第四卷,湖南教育出版社1985年版,第622页。

权联合更有力量!"①一个月后,在"进言热"中,他又在郭沫若起草的有文化界312位知名人士联名发表的《对时局进言》(人们通称为《民主宣言》)上签了名,坚决响应中共号召,要求当局"立即召集全国各党派所推选之公正人士组织一临时紧急会议,商讨应付目前时局的战时政治纲领"②。

民主潮流,浩浩荡荡。在这样的民主洪流中,作为民主斗士的陶行知,无论在争取民主的实践活动和理论方面,都很具自身特色。有关他倡导民主教育的情况,我们将在以下专节述论。在这里,我们先论前者:在争取民主的实践活动中,他以坚定的亲共亲苏态度而见称一时,从而成为民主人士中公认的左派代表人物。

对于边区,他满怀向往之情。他虽多次产生前往的愿望,却始终未能前行。1944年10月,他写成《民主到那里去》一诗,注明"此系西北一隅农村之写真",也就是说,这是对陕甘宁边区的描绘。在诗中,他赞美那地方"土地革命不流血,民主统治到经济,劳资合作免摩擦,共同创造新天地"。他歌颂那地方的民主新气象:"耕者各有地,大家齐出力。""农人个个成英雄,英雄都向吴满有(边区劳模)看齐。""地主卖地兴工厂","地主都成总经理","少年不做二流子,放弃遗产知大义","工厂也是合作新组织","利依股数算,权按人头计"。他希望共产党领导下的这种各阶级民主合作的边区政权能推广开来,使全国人民"皆能享此幸福"③。

陶行知对于延安方面不胜依依,完全相信中共实行民主的决心和能力。他毫无保留地赞扬毛泽东的《新民主主义论》是"实现真正民主的路线"④。在当局发现《民主宣言》是由文化工作委员会郭沫若等秘密发起,因此强行解散之时,1945年4月9日,在一次重庆各民主党派、文化界人士的集会上,作为原该会的兼任委员,陶行知希望郭沫若不屈不挠再接再厉,筹办民主研究院。他强调指出,如果政府不同意,就"去西北"办,"假如

---

① 华中师范学院教育科学研究所:《陶行知全集》第四卷,湖南教育出版社1985年版,第643页。

② 《新华日报》1945年2月22日。

③ 华中师范学院教育科学研究所:《陶行知全集》第四卷,湖南教育出版社1985年版,第621—622页。

④ 华中师范学院教育科学研究所:《陶行知全集》第三卷,湖南教育出版社1985年版,第567页。

西北又去不成……就是在监狱里,也要办新世界研究院"①。这里的"西北",与上文所指相同。他相信在那边是会欢迎郭沫若的。他对延安方面的高度信任,赢得与会者的"狂烈掌声"。

必须指出,陶行知对中共的倾心态度,同一般民主人士的观望谨慎很不一样。在这里,可作比较的是黄炎培。1945年7月黄炎培访问延安时,虽对延安的民主空气感受很深,但仍有一定疑虑。为此,他专同毛泽东商讨了如何永葆政治清明之法。黄认为,小至一家,大至一国,很少能跳出"其兴也浡,其亡也忽"的周期率的支配。他问中共可有新路"来跳出这周期率的支配",避免"个人功业欲的发生"和"政怠宦成""人亡政息"的历史重演? 当时毛泽东曾充满自信十分乐观地回答,中共已经找到了新路,能跳出这周期率。这条新路,就是民主。只有让人民来监督政府,政府才不敢松懈,才不会人亡政息②。如何全面评论这一饶有趣味的对话,不属本文任务。我们只想指出,黄炎培的发问既是对中共未来政略的摸底,也是对中共实行民主决心的试探,同陶行知的无保留态度有所不同。

对于苏联,他一直怀有充分的善意和理解。抗战前他就参加过"苏联之友社"的活动。抗战后他更热心从事中苏友好工作。他赞扬苏联是一个"伟大的社会主义的国家","它的根本政策是扶植弱小民族"③。他认为,维护中苏友好关系是保证中国抗战胜利的重要条件。为此,他经常参加同增进中苏友谊有关的一系列活动。1940年8月,重庆文化界座谈会,他同郭沫若等同被推为中国文化界苏联访问团筹备设计委员会委员④。同年12月斯大林60寿辰时,他又同重庆文化界知名人士同致庆贺⑤。育才孩子们更在国际电台向苏联播音⑥。1941年6月德国入侵苏联,他很快作出反响,主张中苏"发生更密切之合作",并经由中国的努力,使"英美与苏联

---

① 华中师范学院教育科学研究所:《陶行知全集》第三卷,湖南教育出版社1985年版,第538页。
② 黄炎培:《八十年来》,文史资料出版社1982年版,第148—149页。
③ 华中师范学院教育科学研究所:《陶行知全集》第三卷,湖南教育出版社1985年版,第400页。
④ 《新华日报》1940年8月13日。
⑤ 《新华日报》1940年12月21日。
⑥ 陶行知1940年12月29日工作日志。

的关系加强,四国配合作战"①。在此同时,他又同郭沫若等 200 余名文化界知名人士联名致苏联科学院会员书②,同周恩来等联名发表致苏联红军书③,声援苏联卫国战争。1942 年 11 月,苏德战争处于最紧张的关键时刻,全世界人民密切注视着斯大林格勒城下的大酣战。他又通过《新华日报》发表诗作《向斯大林格勒战士致敬》和《苏联革命二十五周年纪念献词》,表达自己的敬仰之情。次年 11 月,他又与冯玉祥等联名发表《中国文化界给苏联领袖和人民的信》④。

在陶行知的对苏态度中,有两点特别值得注意。一是他对苏联坚信不疑。1938 年 8 月《苏德互不侵犯条约》签订之后,西方舆论大哗,中国也有一批知识分子对苏联所为颇不以为然。当此之时,他却力排众议,在 9 月 10 日对《新华日报》记者表示,中国的外交路线"必须和苏联取得更密切的联系",以求"得到更实际的外援"⑤。如果说,这一表态还在中苏两国关系良好阶段,不足为奇。那么,当抗战中期中苏关系迅速逆转日渐冷淡之后,他之继续亲苏就很不寻常。1940 年 6 月,苏联吞并新疆唐努乌梁海地区和同年 11 月逼签新疆锡矿协定,致使中苏关系开始恶化。次年 4 月签订《日苏中立条约》的消息传出后,更引起中国政府和广大知识界的强烈反响⑥。甚至连一向对苏联怀有好感的救国会领导也发表了一个对苏抗议的声明,沈钧儒、章乃器和王造时等人都在上面签了名。他却坚持亲苏立场。4 月 14 日工作日志载:在沈宅"谈日苏协定",显见是彼此交换看法。但在 4 月 20 日工作日志中,他却特意记载"致苏书,我不签字",明确表明他同沈等在对苏抗议问题上的异趋。

二是他对苏联式民主的欣赏。在出访欧美前夕,他对苏联宪法草案中

---

① 华中师范学院教育科学研究所:《陶行知全集》第三卷,湖南教育出版社 1985 年版,第 437 页。
② 《新华日报》1941 年 7 月 11 日。
③ 《新华日报》1942 年 2 月 23 日。
④ 《新华日报》1943 年 11 月 7 日。
⑤ 华中师范学院教育科学研究所:《陶行知全集》第三卷,湖南教育出版社 1985 年版,第 381 页。
⑥ 论者一般认为,这一条约反映了苏联的民族利己主义,实际上助日而损华。特别是条约附带声明中指出,苏联保证尊重"满洲国"的领土完整和不可侵犯,日本保证尊重蒙古人民共和国的领土完整和不可侵犯,是以中国的领土和主权作交易,与日本互划势力范围。

有关公民工作权、休息权和教育权的高度评价已如前述。现在，他更称赞苏联是"真正的民主精神的港"，对德战争的巨大胜利，就因为民主精神"真正发挥了'人'的力量"①。他称颂苏联是"和平民主堡垒"，批评当初世人目光短浅，害怕革命专政，"只看见熊熊的火，看不见雍雍的你"，并因害怕"大火烧到自己身上来"，"造成了一层层的铜墙铁壁，密不通风的把你封锁在里面"。但欣幸的是，经过20多年的锻炼，这铜墙铁壁奇迹般地反"化成了一道道的民主的堡垒"。他相信，只要努力，世界上一道道各自为战的民主堡垒，可以"化成民主国家共同的长城"，可以"造成民主的脊梁"，成为"民主国家胜利的必要条件"②。

在中国，追求民主同现实政治是一大悖论。投身民主运动，首先有赖于民主制度的保护。但是，现实政治都是一党专政，只准一个主义，一个领袖。党国领袖早把当年先驱者的排满宣传口号"非我族类，其心必异"，改制为"非我党类，其心必异"。党天下的发明者以枪杆为后盾，无兵无勇的民主运动领袖们莫能奈何，只能失望地转而他向，或者继续寻找西方式的民主，或者追求另一种民主。在冲破一党专政的当前斗争中，他们是一致合力的。但在打破一党专政局面后，中国应实现何种民主，或走怎样的社会发展道路，他们又各执所见。陶行知在此时对延安式的民主和苏联式的民主的向往，表明了自己在民主运动中的左派立场。然而，这位西方民主的否定者，却在身后又被人粗暴地推入西方民主的信奉者之列，这真是一个令人深思的"历史的误会"。

当面容惨淡的胜利女神降临之际

陶行知早年最崇拜杜甫。这位当年因战乱流落川中的"诗圣"，在听得唐军收复中原，延续7年之久的"安史之乱"即将结束之际，曾经涕泪满裳欣喜欲狂。在其名作《闻官军收河南河北》中，以跌宕流走的诗思表达了自己放歌纵酒、作伴还乡的强烈愿望。但是，当1945年8月15日天皇裕仁亲自广播停战诏书，从而宣告日本投降之时，素来乐观豁达喜欢以诗言志的陶行

---

① 《中国文化界给苏联领袖和人民的信》，《新华日报》1943年11月7日。
② 华中师范学院教育科学研究所：《陶行知全集》第四卷，湖南教育出版社1985年版，第577—578页。

知,却不但没有他所崇拜者那种热情奔放的表示,反倒忧心忡忡,不胜焦虑。

战争结束了,中国怎样才能走上和平建国之路? 他有一个善良的愿望:"把这次大战所缴之军械及过剩军械之能熔为农具、工具者,一齐改造为利用厚生之器。"①卖刀买牛,熔兵为犁,这一想法与当年孙中山在第一次世界大战后的希望颇为相同。

但是,出现在他眼前的却是无情的事实:凶神恶煞的内战之魔重操武器,粗暴地把胜利女神推到一边。面对面容愁惨的胜利女神,他禁不住痛苦地吟唱,千呼万唤始出来的胜利女神"没有把和平带回来,没有把民主带回来,没有把胜利的果子带回来",也没能"把颠连困苦流离失所的人","带回到他们眷恋的故乡来,带回到他们亲爱的怀抱里来"。胜利女神两手空空,她降临前所有虚幻的"快乐","原来是一个梦"。与此形成强烈对比的是,在胜利大接收的混乱中,黑幕重重,怪影幢幢。久处后方的军队被十万火急地运到前方去抢占战略要地,铁杆汉奸摇身变成了"曲线救国"的"英雄义士",伏蛰川中苦熬出头的各部委大员们更是风风火火地借接收大发其胜利财。收复区有歌谣哀叹:"盼中央,望中央,中央来了民遭殃。"更有一联专赠从天而降的接收大员:"三洋开泰,五子登科。"②

无情的现实使他有满腹的愤怒要一吐为快:"胜利带来了一切:把官运带到汉奸的头上来,把霉运带到工厂的门前来,把金银财宝带到会飞的人的手里来,把三光自由带到敌伪的掌握里来,把内战的隐忧带到每一个老百姓的心里来,把意想不到的一切,带到意想不到的人那里来。"这样的"胜利",只是给那些腐败的统治者带来荣华富贵的新机会,它对千千万万苦撑苦持付出沉重代价的老百姓又有多少好处呢? 它对数百万浴血疆场或死或伤的战士又有多少好处呢? 痛定思痛,如此惨重的牺牲代价,仅仅为这个刚刚赢得胜利的国家民族带来一个必须传给当代和子孙后代的强烈警告:"要提防独裁者侵略者,使他们不再回来,不能把战争带回来。"③

---

① 华中师范学院教育科学研究所:《陶行知全集》第五卷,湖南教育出版社 1985 年版,第 932 页。

② 所谓"三洋",即抢现洋、骂东洋、捧西洋。所谓"五子",即占房子、抓车子、抢金子、玩女子、装孙(中山)子。

③ 华中师范学院教育科学研究所:《陶行知全集》第四卷,湖南教育出版社 1985 年版,第 655—657 页。

这一深忧重虑非为无因。因为就在这首诗写作前后，内战的乌云已经布满中国的上空。1945年8月10日，日本乞降的消息刚刚传出，蒋介石就在次日连下三道命令：命令国民党军队"积极推进，勿稍松懈"；命令中共军队"原地驻防待命"，不得对日伪军"擅自行动"；命令日伪军"负责维持地方治安"，"不得接受"国民党军队以外的"任何部队改编"。蒋介石企图垄断受降权利，中共当然不能默不作声，听任摆布。8月13日，毛泽东亲撰《蒋介石在挑动内战》一文，驳蒋以受降为一己专利的谬论，郑重声明中共军队完全有权接受日伪军投降。这样，抗战才胜利，国共的矛盾冲突便又骤然尖锐激烈起来。

不过，国际国内的政治大气候又在更高层次上暂时制约了它，使那内战的乌云只能在局部地区落下间断零星的雨点，还不至于全面普降滂沱暴雨。

要骤然发动内战，蒋介石是有恃而又有恐。美国对华政策的调整，是其敢于独吞抗战胜利果实的最大依恃。自从赫尔利出任驻华大使，取代了执行现实主义路线的史迪威，就逐步改变了同国共双方都合作的弹性立场。1945年4月罗斯福突然去世后，赫尔利在新总统杜鲁门支持下，更得以无所顾忌地推行扶蒋反共政策。日本投降后，美国不但出动大批军舰、飞机帮蒋运送军队抢占战略要地，而且直接派遣美军在中国沿海登陆。9月中旬，杜鲁门再次向蒋政府表示，美国政府将继续完成此前答应的为国民党军队提供训练和装备的计划。所有这些，无不使蒋充满信心。

然而，中共的强大实力又使他不能无所顾忌。抗战胜利时，中共已不再是皖南事变后一度紧缩的状况了。遍及19个省区的解放区总面积已近100万平方千米，总人口达1亿，其中党员120余万人，而130万军队和268万民兵更是一支不容小视的武装力量。更何况这一武装力量迫近华北、华东及东北地区的大城市和交通要道，使得大部分兵力远在西北、西南地区的蒋介石深有远水难救近火之憾。即使美国帮助运兵，但要充分完成内战部署，仍然需要时间。另外，全国人民要求和平、反对内战的强烈呼声，也使得他暂时不愿冒天下之大不韪，在准备工作未曾就绪之时贸然行事，轻易地把内战祸魁的帽子戴在头上。

就中共来说，对于政治形势的清醒认识，使它在历史的转折关头处于一种警觉而又充分自为的地位。在1945年4月至6月召开的中共七大表明,中共对抗战胜利后中国政治的基本形势及自身的斗争策略极为明确。毛泽东向全党提出了"针锋相对,寸土必争"的方针,强调在努力制止内战的同时,积极做好准备,以便"恰当地应付各种复杂的局面"。既要对美国扶蒋反共政策和蒋介石发动内战的方针有足够的估计和相应的准备,同时又须明察国际国内的大势所趋和人心所向,尽可能使内战限制在局部范围或使内战拖延时间爆发。

同美国扶蒋反共的鲜明态度相比,苏联此时的对华态度就显得比较特殊,从而成为中共估算力量对比时一个暂难确定的因素。1945年2月召开的雅尔塔会议,美苏双方对中国要统一在蒋介石政府下的问题取得一致立场。据此,斯大林在5月发表声明,"蒋委员长是中国唯一有资格能负起统一中国的领袖"[1]。当国共双方在受降问题上尖锐冲突时,斯大林又要求毛泽东赴重庆谈判,寻求维持国内和平的协议。他表示,"我们认为中国发展起义是没有前途的,中国同志应同蒋介石寻求一项暂时的协议,他们应加入蒋介石的政府,并解散他们的军队"[2]。苏联此种态度,在客观上对国共两党来说,其影响显然是完全相反的。因此,当蒋介石从赫尔利处得知莫洛托夫所说的一切后,必然使他"减少向共产党让步的程度,而不是增加这个程度"[3]。对于中共来说,则会产生另一种情况。

这样,抗战胜利后国际国内种种复杂形势的制约,使中国政治生活中出现两件互相联系的大事,即国共重庆谈判和第三大党运动的兴起。

就前者而言,政治气候从密云小雨转为倾盆大雨的可能性较大,但还需一个造雨过程;要从密云小雨转为阴到多云,虽然可能性较小,但也需一个散云过程。国共双方都需要从政治现实出发并借助时间推移以实现自己的目标。于是,蒋介石在调兵遣将进行军事部署的同时,作出和平姿态,接连于8月14日、20日、23日发出电报,邀请中共中央主席毛泽东赴重庆进行和平谈判。而中共也在部署"今后一时期内仍应继续攻势","尽量广

---

[1] 《关于美国对华政策的声明》,《美国与中国的关系》,中国现代史资料编辑委员会1957年翻印,第97页。

[2] 斯大林1948年对季米特洛夫和卡德尔的谈话。见弗拉吉米尔·杰吉耶尔:《铁托传》,生活·读书·新知三联书店1977年版,第118页,又见弗拉吉米尔·杰吉耶尔:《苏南冲突经历 1948—1953》,生活·读书·新知三联书店1977年版,第98页。

[3] 费斯:《中国的纠纷》,普林斯顿大学出版社,出版时间不详,第181—182页。

占乡村和府城县城小市镇"的同时,决定接受邀请,由毛泽东、周恩来、王若飞于 8 月 28 日赴渝,以期"击破国民党的内战阴谋","取得政治上的主动地位","取得国际舆论和国内中间派的同情"和"我党的合法地位和和平局面"。在长达 43 天的谈判后,双方终于签订了一个世称"双十协定"的会谈纪要。在纪要中,蒋承认了中共提出的和平建国的基本方针和避免内战、给予人民若干民主权利的要求,也接受了有关召开各党派政治协商会议的建议。中共则同意退出长江以南的解放区和把军队整编为 20 个师。但在有关军队国家化问题和解放区地方政府问题,在停止武装冲突问题和国民大会问题上,双方并未达成协议,成为随后重开战幕的伏笔。

从后者而言,在国共谈判和国际舆论的鼓舞下,此前在民主运动中十分活跃的一批民主人士,力图调和国共矛盾,推进建立第三大党、实现第三条道路的设想。九三学社、中国民主建国会和中国民主促进会等组织均在此时先后筹备成立。中国民主政团同盟自 1944 年 9 月改称中国民主同盟(仍简称民盟),取消团体会员制,改为盟员以个人名义加入,组织发展较前为快,迅速成为第三大党运动的中坚力量。1945 年 10 月上旬,民盟在重庆召开临时全国代表大会,经大会批准的政治报告中公开提出,民盟应是一个"具有独立性与中立性的民主大集团",主张召集全国各党派和无党派的代表人士共同协商,建立联合政府,并召集国民大会。陶行知也就在这次会上被推为常委兼教育委员会主任委员,并兼民盟重庆市委宣传部部长。

在抗战胜利之初,民盟如此鲜明地亮出自己建立第三大党、实现第三条道路的政治旗帜,这是他们认准了"千载一时的机会",试图在两强对峙的政治格局中取得一种畸轻畸重的制衡地位。他们的政治策略并非全无依据的幻想。有如论者所称,在 20 世纪的前半期,中国一直在对立的两大政治力量中间或隐或现地存在着第三股力量。在清末民初,介于保守的清政府(北洋政府)和激进的同盟会(国民党)之间的,是温和的立宪派(进步党)。随后,国民党取得了政权,也顶替了被取代者的保守角色,从而形成了一个新的政治三角格局:保守的国民党、激进的共产党和温和的中间派。这一说法基本符合实际。虽然在 10 年内战期间,由于国民党内部的倾轧争斗四分五裂,呈现多角政治的外观,政治三角仅仅成为一种隐性结构。但到抗战期间,仍旧复归定型为三角格局,只不过三者力量对比明显失衡,以致犹如一个直角三角形:国民党据有一条最长的斜边,共产党和中间派分别代表一长一短的两条直角边。抗战胜利后的局势表明,三角格局迟早要转变为两军对垒,因此,中间派的依归趋向便显得格外重要。按照政治力学的基本原理:两直角边之和大于斜边。为此,对于那条较长的直角边来说,一定要争取那条短直角边,才能在政治较量中立于不败之地。对于那条斜边来说,争取短直角边同样至关重要。

正是有鉴于中间派的重要地位,中共对之极意联络争取,以厚集己势。如果说,在重庆谈判期间,蒋介石仍继续偏重于铸作其军事"硬件",急于准备以武力摧毁对方,那么,沉稳冷静的毛泽东就显得更有韬略。这位来自延安府的战略家胸中自有雄兵百万,心中早有胜筹定算。他在一招一式地应付对方砸来的"硬件"的同时,继续从容自在地加工制作政治"软件"。因此,当对方力行兵战,斤斤计较于眼前一城一地的得失时,他却在对方腑脏之地进行心战,把自己的力量放在争取并固结民心——主要是民主人士之心上。在这里,他初步展示了他日后的治国风格:一旦大局方针决定之后,"一针一线"的具体工作交给得力的助手去办,自己则退处帷幄,从事二线工作或从事新的决策思考。这样,就在周恩来、王若飞同国民党谈判代表王世杰、张群、张治中等不断就具体内容苦苦争议条文、斟酌字句之时,他却以大量时间同各党各派的领袖人物进行广泛的接触,共商大局。在许多不显山不露水的举杯共饮和握手言笑之间,他以一位政治家的魅力有效地争取了一批中间党派的头面人物,初步实现了赴渝谈判前所制定的取得中间派的同情的政治战略目标。因此,在我们看来,中共重庆谈判的一大收获还是在政治上"赢了理",赢得了各民主党派和民主人士的好感。

然而,民盟作为多党多派的集合体,在政治上内部并非完全一致。救国会和第三党同青年党,分别代表这条"短直角边"的左右两端,各自向那条"长直角边"和"斜边"靠拢,留在中间的则是职教派、村治派和国社党。在政治的震动作用下,它们迟早还要产生位移,发生变化,不可能始终保持中立。如果说,青年党随后在政协代表名额分配问题上为蒋介石笼络,那么,救国会便在新的斗争中更加向左。

在中共看来,陶行知在救国会中的地位很突出。在先章、陶、沈、邹的排列次序,到抗战中期已有所变化。章乃器因在《日苏中立条约》问题上,坚持自由派立场,认为救国会发表对苏抗议宣言是救国会自己的事,共产党无权干涉,救国会也无须对此检讨。他争之不得,就退出了救国会。毛泽东来渝谈判,别人以求得一见为荣,他偏自标清高,不愿从众①。虽然在民主运动中他仍是一员骁将,并在1945年底参与发起中国民主建国会,但他毕竟已非救国会成员。邹韬奋则在1941年皖南事变后出走香港,1943年赴沪治病,次年病逝,未曾再回到政治中心的重庆发挥更大作用。这样,留在重庆既有相当声望,又有足够政治活动能力,足以同当权的国民党要人和其余各民主党派领袖相周旋往返的,陶行知实为不可多得之人。

另一方面,在同美国各方交往方面,陶行知也是不可多得之人。抗战期间,中共通过南方局一直以重庆美国大使馆作为自己外事工作的重点。当抗战结束前美国对华政策发生变化之际,中共尤需力争"美国改变现行错误政策"。为此,中共中央指示南方局要做好对美工作,"必须中国人民及民主党派一致起来批评美国错误政策的必然结果,反对美国专门援蒋助长内战的危险,促使美国觉悟"②。在民主人士中,有条件可以在"促使美国觉悟"方面尽力者,陶行知是屈指可数者之一。他的个人经历和活动能力,使得他足以在各个不同阶层开展工作。在重庆,他在在华服役或工作的美国青年中"认识了好多朋友","在我们中间便存在一种好的友谊"。日本投降后,那些美国青年向他流露出一种想家的心思,他则向他们宣传反对美国介入中国内战,不要在这里"被调遣去打中国的朋友,或给中国的朋友打死"③。他还同美国驻华使馆的文化处、新闻处以及美国援华联合会的工作人员有密切的交往④。更重要的是,他同杜威的密切关系。1944年6月,杜威曾来信向他表达美国上层知识界对于美中关系的友好感情和深切关心。1945年11月,他在写给杜威的信中,批评了美国当权者的扶蒋反共政策,请求杜威和"爱好和平的美国朋友",共同"想法克服"美国当局那种"反和平的趋向"。就像当年杜威邀集爱因斯坦、罗素等人共同号召全

---

① 胡子婴:《我所知道的章乃器》,《文史资料选辑》第八十二辑,文史资料出版社1982年版,第80页。

② 《中央关于对付美蒋反共发动内战的方针给王若飞的指示》(1945年6月17日),《中共中央抗日民族统一战线文件选编》(下册),档案出版社1986年版,第807页。

③ 华中师范学院教育科学研究所:《陶行知全集》第五卷,湖南教育出版社1985年版,第932页。

④ 现在晓庄陶行知纪念馆中还藏有1943—1946年间他同外国(主要是美国)各界朋友的来往书信百余件。实际往来数字肯定比这还要多。

世界人民支持中国抗日一样,他要求杜威再次挺身而出,号召:"一、停止美国过剩军火输入中国;二、停止美国军人参加中国内战;三、停止美国干涉中国内政;四、在完成日兵缴械任务时,撤去美国在中国之军队。"①以上种种都表明,陶行知确实在这方面做了许多有益于中美两国的人民外交工作,他之所以受到中共的特别器重,也是可以理解的。

正因为此,中共对他和沈钧儒的态度迥乎不同于一般民主人士。当蒋介石把他称为"共产党的外围"的救国会方面的参政员次第裁汰出参政会后,中共则力图使之重回参政会,以加强会中民主进步力量。1944年9月5日三届三次参政会前夕,中共中央在给南方局有关成立联合政府问题的指示中,有五条"进行办法",其中之一即是,如四届参政会扩大名额,中共当"提议重新加入救国会(如沈、陶、张、史等),并增加文化人(如郭沫若、茅盾等)"②。次年3月,复指示南方局,"对参政会我们不争名额,听其委派,在发表后,看情形再说。望以此意密告沈、陶,要其不要强调不参加,但亦不要告别人听之为好"③。同年6月16日,即四届参政会召开前夕,《中共中央负责人关于不参加本届国民参政会的声明》具述三条不参加理由,其中第二条理由即是政府当局一手包办,事先并未与本党及其他民主党派协商④。接连指示和最后的强硬声明,表明中共对联络救国会和推举沈、陶等的高度重视。在毛泽东赴渝谈判过程中,救国会诸领袖也备受殊遇。在控制人数极严的机场迎送和有关宴请的名单中,沈、陶等救国会领袖常在被邀之列。在毛泽东离渝时,陶代表民盟中央前往机场欢送,并同毛泽东、张治中、陈诚和于立群(郭沫若夫人)一起合影,几乎可以推定,这是周恩来的精心安排。1946年春节时,十八集团军办事处邀请育才全校师生前往联欢,周恩来在即席讲话中表示,中共代表团准备提议陶行知担任正在谈判筹组的民主联合政府的教育部部长。这一考虑,也表明了中共对陶的借重之意。

反过来看,沈、陶等救国会领袖也以自己的政治表现不负所望。1945年

---

① 华中师范学院教育科学研究所:《陶行知全集》第五卷,湖南教育出版社1985年版,第933页。
② 《中共中央抗日民族统一战线文件选编》(下册),档案出版社1986年版,第739页。
③ 《中共中央抗日民族统一战线文件选编》(下册),档案出版社1986年版,第801页。
④ 《中共中央抗日民族统一战线文件选编》(下册),档案出版社1986年版,第806页。

冬,救国会鉴于抗战胜利民族解放的政治任务已经完成,决定改会名为"中国人民救国会"(仍简称救国会)。沈、陶、史、李(公朴)、萨(空了)等19人被推为中央执行委员,沈为主席,陶为7名中央常委之一,并兼组织部部长。沈、陶等在新的政治纲领中宣布,中国人民现阶段的革命任务,"是反对外来的殖民帝国的民族压迫,反对国内封建主义与法西斯主义残余势力的压迫,因之,其革命性质,还是资产阶级性的民主主义革命,而不是社会主义革命。但它不是停留在民主主义革命的阶段,而是经由民主主义革命走向社会主义。民主主义革命的目标,是建立一个以全国绝大多数(人民)为基础的联合战线的民主联盟的民主国家制度,即是建立一个独立自由平等的人民共和国"①。这一纲领明显接受了中共的政治主张和毛泽东的新民主主义革命思想,同中共民主革命时期的纲领基本一致。民盟纲领对中国革命的性质、任务和发展前途都未作规定。《政治报告》也只是强调要把中国造成一个"十足道地的民主国家","拿苏联的经济民主来充实英美的政治民主"②。二者相比,不难看到救国会政治路线之靠近中共。

不过,沈、陶等在大多数场合下仍以民盟名义出面,并在具体的政治行动上与之保持一致。以民盟为主发起并于1945年11月中旬成立的"陪都各界反内战联合会",他积极参加,并在成立大会上朗诵了自己的诗作《立刻停止内战》。诗中称内战为兄弟相争,"哥哥放了一枪,弟弟回敬一弹",因以第三者的口气指出,"立刻停止放枪,双方各回原防。听候主人查明,万事和平商量。谁再放第一枪,便是内战罪犯"③。在这里,他表达了各民主党派和民主人士的普遍态度:他们严厉抨击"放了一枪"者,却也对"回敬一弹者"有所批评。对于陶行知和多数民主人士来说,这种处于第三者而又倾向中共的立场,还要通过异常严峻而又痛苦的政治事件的磨炼,才能进一步改变。很快地,接踵而来的中国现代历史上两大著名流血事件,把他猛推一掌,使他继续向左靠拢。

第一件大事是"昆明惨案"。为了镇压昆明爱国学生反内战运动,大批

---

① 周天度:《救国会》,中国社会科学出版社1981年版,第384页。
② 《中国民主同盟历史文献》,文史资料出版社1983年版,第66、77页。
③ 华中师范学院教育科学研究所:《陶行知全集》第四卷,湖南教育出版社1985年版,第665—667页。

特务在 1945 年 12 月 1 日闯入各高校行凶,致使 20 余名师生重伤,西南联大学生鲁连、潘琰,南菁中学教员于再,昆华工校学生张华昌四人惨遭杀害。惨案发生后,在全国各地,抗议的浪潮汹涌而至。《新华日报》有文驳斥当局诬称民主人士挑动学潮的谎言最为痛快淋漓。"青年学生无权无势,在武力压迫下,为爱国心所驱策,为保卫民主的神圣权利,被逼得只能以牺牲学业来作为抗议,我们不能不认为这是万分正当的,这是值得社会的同情的。尤其是大学生,都已充分达到有独立判断国事自主行动的能力,我们决不相信少数'政治野心家',就能挑拨起上万学生和教授教员的一致主张和行动。假如这些学生和教授教员真是如此容易受骗,那么何以遍布各校的特务人员,加上美国机关枪的威力,还是压不住反对内战的普遍呼声呢?足见民意是不可侮的,众怒是不可犯的,青年学生的正当呼声是压制不下去的。"①

在"昆明惨案"的抗议浪潮中,陶行知既是奋身在前的领导者,又是群众运动的受教育者。12 月 7 日,他为死难者写作悼诗,愤怒斥责当局把"闹民主"、"反内战"者统统称为共产党。他用悲怆的笔触写出自己的愿望:让千千万万死难者的血流满鸿沟,"使内战魔渡不过去";让他们的死尸像天梯一样堆列,"让自由神快快走下来"②。他同时又代表救国会为死难者写下"哀词",控诉当局的压迫使人们"连哀悼的自由"也没有。在黑暗的中国,"有的是法西斯军人在墙外放枪的自由,有的是反人民屠户屠杀老百姓的自由,有的是反民主将领发动打内战的自由"。他高呼:这种反自由的"自由"必须停止,后死者要把死难者留下的担子,即"停止内战"、"实现民主","共同挑起来"③。

12 月 9 日,重庆各界 3000 余人在长安寺举行"陪都各界追悼昆明被难师生大会"。会前有消息传来,反动派将有所行动。陶行知不为所动,就像鲁迅当年参加杨杏佛追悼会不带钥匙出门一样,他也表现了一种临危不惧义无反顾的精神。隔夜,他把多年的诗稿整理就绪,分寄各处交友人印

---

① 《昆明学生流血惨案》,《新华日报》1945 年 12 月 5 日社论。
② 华中师范学院教育科学研究所:《陶行知全集》第四卷,湖南教育出版社 1985 年版,第 674—675 页。
③ 华中师范学院教育科学研究所:《陶行知全集》第四卷,湖南教育出版社 1985 年版,第 683 页。

行或保存,又分别给生活教育社和夫人留下遗书。在后一封遗书中,他告诉自己将去参加追悼会。"也许我们不能再见面。这样的去是不会有痛苦,望你不要悲伤。你有决心,有虚心,有热心,望你参加普及教育运动,完成四万万五千万人之启蒙大事,以奠定天下为公之基础,再给我一个报告。"① 9日清晨,在育才的早会上,他又向全体师生宣布,自己已将诗集编好,"可以交代了,无顾虑的去参加祭礼了。参加是危险的,我是要去参加的。只要是有正义感,有爱国热忱的人都应该去参加。我是校长,我不强迫大家去参加。希望大家慎重考虑后再决定"②。在他的带动下,育才师生也都毫不犹豫地前去参加追悼大会了。

追悼大会其实是声讨控诉大会。民主人士虽然无枪无权,但有的是口舌和笔墨,有的是伸张正义的决心和勇气。因此,当它们化为欲哭无泪的悼词和灵堂四围的挽联出现时,就会成为一种激励人心的无形力量。

陶行知和育才师生在悲壮的气氛中耳聆的这篇典雅雄丽而又充满愤怨的"追悼大会哀辞",虽然未具姓名,必定出自高手。哀辞曰:"……反对内战,谁曰不当?乃有佞人,别具肝肠。屠民以逞,弹压是倡。……甘为祸首,血染序库。诬我学友,为匪为狂。大张挞伐,榴弹机枪。忝为军人,辱没戎行。忝为政长,败乱纪纲。此而可忍,生民何障?此而不罚,国家将亡!四大自由,原则煌煌。人民世纪,安容虎狼?公等前驱,为民榜样。誓步后尘,戬彼披猖。蠢尔威武,直等蚊虻。拯溺救火,何畏死伤。全民奋起,共树典常。魂其有灵,来格来飨。"③

但陶行知似乎对于挽联的印象更深。所以在会后写给夫人的信中还特提此事:"此会对联数百副,中有极佳者,如'凶手审凶手,自问自答;同胞哭同胞,流血流泪'。"④对联原是富有中国文化特色的一种应用文字。对之产生浓厚的兴趣,这在具有高度传统文化修养并且自己就是行家里手的陶行知来说,是十分自然的。更何况精粹的挽联原是高度浓缩了的哀辞和

---

① 华中师范学院教育科学研究所:《陶行知全集》第五卷,湖南教育出版社1985年版,第936页。

② 方与严:《人民教育家与人民诗人·序言》,《人民教育家与人民诗人》,教育出版社1950年版。

③ 《新华日报》1945年12月10日。

④ 华中师范学院教育科学研究所:《陶行知全集》第五卷,湖南教育出版社1985年版,第937页。

哀诗,它往往更能简练集中地表达作者的强烈感情:对死者的痛惜,对生者的勖勉。公正的挽联又是一把严格的人生价值评估之尺,它总是毫不犹豫地扬弃离世者一生中种种无关大要之事,只留存一二处足以告人者。在这次追悼会上,那些同陶行知肝胆相照的民主人士用相近的价值尺度来鉴衡已逝者,当然最易受到陶行知的赞赏,激起心灵的共鸣。下面一束出自朋侪之手的挽联,大都在会上为他所入目:

> 要独裁残杀学生之政府,从来没有好结果;
> 反内战代表人民的公意,不久一定会成功。
> ——李公朴

> 魑魅魍魉残余,知法网有漏;
> 琴瑟琵琶炕烬,问民权何存?
> ——李德全

> 学生在学校里座谈,暴徒在群众中掷弹,是谁指使那个凶手?
> 最高学府何等尊严,青年生命何等宝贵,请你扪着自己良心!
> ——黄炎培

> 动用武力,使用枪炮,威胁正义,毁灭自由,抢百姓,杀学生,这种阴谋,尽尔等钱哄财诱,带上假面具,万人耳目盖不了;
> 借于民主,施于独裁,排斥异己,滥用私人,挂羊头,卖狗肉,如此霸道,让我们口诛笔伐,举出真罪行,一党专政难行通。
> ——李昭侯

> 挟书者族,偶语者诛,驱四万万人民尽效鹦鹉舌,牛马走,转瞬咸阳成灰,古今共笑秦皇计;
> 救世以仁,杀身以义,将一重重创痛化为狮子吼,杜鹃魂,行看中国再建,日月常昭烈士心。
> ——任继愈①

在中外历史上,那些对当代政治事件敢于秉笔直书者,他们所以值得

---

① 以上挽联均见《"一二·一"运动史料汇编》第三辑,云南新华印厂1979年印刷,第114—116页。

钦敬,主要就是他们以过人的睿智胆识,超前站到了公正裁断的立场上。但犹如在物质界要获得超常的加速度必须付出逾常的能量,在精神界要得到超前的认识,同样必须克服较常规更大的阻力。因而,那些敢于直言当代政事的殚精竭虑卓绝之论,常被凡庸目为狂放荒诞之词,更被顽冥的当局视为大逆不道反动之声。

对于一般人来说,杀人偿命,天经地义。对于政治人物来说,由于他们权势在手,一时未必即有显报。但是,有如陶行知30年代所说,"董狐有笔不转弯"。杀人者的名字迟早会被刚正不阿的史笔牢牢地镌刻在历史的耻辱柱上,从而使他们个人付出比偿命更高昂的代价:偿名。因为即使在手操生杀予夺绝对大权的专制帝王那里,屠戮无辜也决非圣武之举,更何况是杀害爱国的热血青年。

因此,很自然地,"一二·一"前后的反内战争民主运动迅速扩大了中共和民主党派的政治影响,使当局在《双十协定》签订后,在政治上陷入被动地位,同时也宣告了赫尔利援蒋内战政策的破产[1]。在这种情况下,美国政府决定采取新的行动,调整对华政策并选择接替人选。1945年11月27日,美国政府宣布调回曾公开声言美国只同蒋介石合作、不同中共合作因而声名狼藉的赫尔利,同时宣布德高望重资历非凡的马歇尔上将以总统特使的身份调停中国的内战。次日,美国国务院远东事务司司长范宣德提交了一份名为《建议在华行动方针的提纲》的备忘录。备忘录宣称,"美国强烈主张,中国国民政府应尽快召开一次由该国主要政治派别参加的代表会议,以便使这些政治派别在中国国民政府中取得公平的和有效的代表权,而作出一致同意的安排。为了一致起见,国民政府应同时宣布结束一党的'训政'。一旦建立一个具有广泛代表性的政府时,中共的部队应切实地并入中国国民政府军队"[2]。12月15日,《杜鲁门总统关于美国对华政策的声明》发表,公开宣布了这一对华政策设计。

---

[1] 学术界认为,赫尔利来华后对美国对华政策的调整主要为:把美国对华政策解释成无条件地支持蒋介石,不再压蒋采取具有实际内容的改革措施;他确认美国撮合国共的基本办法是由国民党作出某种程度的政治让步,共产党交出军队;在处理中美苏三角关系方面,他把美苏在对华政策上的合作当成解决国共矛盾的先决条件,背离了早先调处中一贯坚持的优先解决国共争端的原则。而在策略方法上,赫尔利又完全放弃了美国国务院关于必须在中国政局中保持灵活立场的主张,采用了政治、外交、军事三种手段向中共施加压力。

[2] 《中国近代史对外关系史资料选辑》,上海人民出版社1977年版,第311页。

在某种意义上,可以说这一政策是前不久被赫尔利等硬压下去的对华现实主义路线的重新抬头。正因为此,中国各派政治力量都对之表示程度不同的欢迎,并力图从中寻求各自所需。蒋介石赞许它,因它明确"承认并支持"自己那个政府,特别是其中强调中共交出军队。中共则强调声明中关于停战和建立联合政府的内容,但他们又同时认为,除非自己在联合政府中的发言权足以保证一个政党的继续存在和活动自由,军队是不能交出的。民盟则以第三者立场从声明有关联合政府的内容中看到了自己的希望,因此,他们称赞声明是一个"历史性的文告"①。

1945年12月20日,马歇尔到华。很快,国共双方在次年1月5日达成停止军事冲突的协议。在1月10日发布停战令同时,政协会议也召开了。随同马歇尔为向中国移植美国式的民主政治所作的种种设想,为迫使蒋介石进行改革所施加的种种压力,一时间,在中国上空共同汇成了一片渐渐高涨的促进和平民主的声浪。

在此期间,陶行知一扫心中因"昆明惨案"带来的阴影,复以明快乐观的姿态活跃在社会政治领域。他对召开政协会议实现和平民主充满希望,多次作诗祝之祷之。《政治协商之路》把政协召开和由此"产生一个民主的联合政府",称为国家"起死回生的一线希望"②。为此,他要求政协代表能以民之好恶为好恶,天下为公,真正代表人民③。在1946年元旦所作《新年的希望》中,更以"和平年"、"民主年"和"联合政府年",表达他对新年的美好憧憬④。为配合政协召开,他积极参与发起人民权利保障委员会和政协会议陪都各界协进会。他还同沈钧儒等28名著名民主人士,代表"陪都各界反内战联合会",分别致函毛泽东和蒋介石,要求国共双方立即停止武装冲突,促进政治协商⑤。新年伊始,他又同周恩来、冯玉祥、郭沫若等

---

① 潘光旦、闻一多、费孝通、吴晗:《致马歇尔将军书》,《"一二·一"运动史料汇编》第三辑,云南新华印厂1979年印刷,第15页。
② 华中师范学院教育科学研究所:《陶行知全集》第四卷,湖南教育出版社1985年版,第680—681页。
③ 华中师范学院教育科学研究所:《陶行知全集》第四卷,湖南教育出版社1985年版,第704—705页。
④ 华中师范学院教育科学研究所:《陶行知全集》第四卷,湖南教育出版社1985年版,第691—693页。
⑤ 《新华日报》1945年12月26日、29日。

50余人,联合发起"冼星海纪念演奏会"。演奏会结束时,周恩来倡议组织"星海合唱团"和"民主合唱团"。他热烈响应,并出任民主合唱团团长。在我们看来,这件事不无象征意义,它象征陶行知在中共领导的"民主合唱"中的特殊地位。

但是,必须指出,在马歇尔来华不久的那段时间里,陶行知也和许多民主人士一样,对第三条道路抱有一定幻想。

在政治民主化和军队国家化的实现程序上,国共双方存在根本分歧①。中间党派则以第三者身份出面调停。政协召开前,有人在报上发表文章,"建议国共双方的军队通通交给一个读书人领袖的委员会,这项好由北大、清华、南开三大学校校长充任"②。有人作文表示赞同,主张国共双方共同放弃管兵之权,全国兵权交给无党无派公正无私而为全国人民所信任的"秀才委员会"来执掌③。

对于此说,陶行知颇表赞赏。他曾以第三者的立场呼吁"两党党军"都"该交出来"。交给谁呢?"该交给中华民国的主人","该交给两党和主人共信的'秀才团'"。他十分乐观地表示,"秀才管了兵,有理该说得清了,巴拉梯该代替布勒梯了"④。"巴拉梯"是英文"选票"的译音,"布勒梯"是英文"子弹"的译音。以秀才管兵并以选场胜负代替战场角逐,这就是陶行知和许多民主人士的共同想法。这一想法后来在政协会议期间,又由民盟在其一系列提案中正式成文提交会议讨论审议。

在政协会议上,由于中共同以民盟为代表的民主人士协调配合和马歇尔的斡旋奔走,经过讨论,先后通过了政府组织案、国民大会案、和平建国纲领、军事问题案和宪法草案案五项决议,于1月31日宣布闭幕,结束了这次历时22天的会议。由于上述决议都在不同程度上有利于人民,而不利于独裁统治,因而它们受到了中共尤其是民主人士的欢迎。民主党派兴

---

① 国民党坚持必先军队国家化,才能政治民主化。即共产党必先交出军队,才能得到"民主"。中共认为,离开政治民主化来谈军队国家化,只能是军队的军阀化党阀化,把作为政治民主化事业支柱的人民军队交给国民党一党专政的国家,将从根本上断送政治民主化事业。

② 何永佶:《秀才管着兵,有理讲得清》,《世界日报》1945年12月8日。

③ 友谷:《我们赞成"秀才管兵"》,《新华日报》1945年12月25日。

④ 华中师范学院教育科学研究所:《陶行知全集》第四卷,湖南教育出版社1985年版,第691页。

奋之情溢于言表,认为政协会议的成功就是民主党派的重大成功,政协路线就是他们追求的路线。张君劢在闭幕式上的致词乐观异常:"此次政协已走上和平统一之路,以后不至有内乱,不至内战,这是中华民国最光明的一条大道。"① 罗隆基对马歇尔谈会议感受时说,这次会议意味着"共产党的让步多,蒋介石的苦恼大,民盟的前途好"②。这一感受最能代表民盟领袖此时踌躇满志的兴奋心理。

但是,民主人士还是高兴得太早了。坚持一党专政的国民党内右翼集团对政协会议的成果恼怒忌恨非凡,而这种情绪又很快以独裁者惯用的手段表现出来。于是,"昆明惨案"的血迹未干,"沧白堂事件"和"较场口事件"又给民主运动添上一捧捧追求者的鲜血。新的流血事件使得许多对第三条道路抱有一定幻想的人们被再一次猛击一掌。如果说,"昆明惨案"陶行知尚未目睹,那么这一回他不但是法西斯暴行的直接见证人,更是在第一线同法西斯特务直接对峙较量。

政协开会期间,他同李公朴以政协会议陪都各界协进会的名义,在沧白堂举行民主讲座,邀请有关政协代表到会报告会议进展情况,宣传民主主张。国民党特务时来骚扰会场,放爆竹,掷石头,对政协代表包围、辱骂,尾随盯梢,从1月16日到19日,先后打伤了讲演的政协代表郭沫若、张东荪等。2月1日,又公然向主席台扔石头,打伤讲演者和听众多人。陶行知组织育才师生保护中共代表王若飞和民主人士。这就是世称的"沧白堂事件"。2月10日,重庆各界群众数万人在较场口召开庆祝政协会议成功大会,陶行知与沈钧儒、郭沫若、李公朴等为主席团。当局派出大批特务党棍,打着重庆市"工务会"、"农务会"和"商务会"的牌子,占据主席台,抢夺扩音器,几百名特务拳打脚踢,挥舞铁棍,郭沫若、李公朴、马寅初、施复亮及与会群众60余人被殴伤。这就是"较场口事件"。事件发生后,特务反诬陶行知指挥育才和社大学生捣乱会场,并要传讯他。陶行知不为所屈,聘请史良为育才学校常年法律顾问,向法院提出追诉。

"沧白堂事件"和"较场口事件"都还只是当局故意践踏政协决议的序幕,同随后公然撕毁停战协议,派出大军全面进攻相比,派一批特务投石挥棍,只

---

① 《政治协商会议资料》,四川人民出版社1981年版,第258页。
② 罗隆基:《从参加旧政协到参加南京和谈的一些回忆》,《文史资料选辑》第二十辑。

是一种"探路"和"问讯"的表示。但是，它却再一次明白宣告：在中国，第三条道路此路不通。"秀才们"被告知，无拳无勇者不但管不住那些手中握枪的大兵，就连那些手持石头铁棍的"特老"也莫奈他何。从此后，陶行知再也不作"秀才管兵"的美丽遐想了，他也不再幻想"巴拉梯"可以替代"布勒梯"，把独裁者从统治宝座上拉下来。就此而言，沧白堂和较场口的石头和铁棍功不在小。也许可以说，毛泽东后来在1949年8月对中国自由主义知识分子所发出的"丢掉幻想，准备斗争"的号召，陶行知已提前三年多时间作了超前的响应。

记得有一位现代诗人这样吟唱过：卑鄙是卑鄙者的通行证，高尚是高尚者的墓志铭。当卑鄙者用卑鄙的手段为自己开出了一张时效短暂的通行证之后，高尚者的忍耐之杯中不可忍耐之水也终将溢出。时无分古今，地无分中外，此情相通，此理相同：当千千万万忍耐之杯中溢出的不可忍耐之水汇成洪流之时，卑鄙者没顶之日也就拭目可待了。

民主教育：生活教育理论的最后一章

同在民主运动中奔走呐喊相一致，陶行知又高举民主教育的旗帜，从而不仅相符于其民盟中央教育委员会主任委员的实际地位，为风起云涌的民主运动扩增了声势，同时也因这一阶段倡导民主教育的理论和实践，为生活教育理论添上了最见光彩的压卷之作。

何谓民主教育？陶行知对此曾多次作过解释。但回答得最为简明了当，界定得最为确定无疑的，还推《民主教育》一文。抗战胜利后，为适应民主运动需要，《战时教育》于1945年11月1日改名《民主教育》，该文即载于该刊创刊号上。所以，它既是办刊的指导思想，也是陶行知有关这一问题的理论纲领。文章开门见山指出："民主教育是教人做主人，做自己的主人，做国家的主人，做世界的主人。把林肯总统的话引申到教育方面来说，民主教育是民有、民治、民享之教育。说得通俗些：民主教育是人民的教育，人民办的教育，为人民的幸福而办的教育。"[①]循此原则，他规定了民主教育的两大任务，一是教人争取民主，二是教人发展民主。在反民主的时

[①] 华中师范学院教育科学研究所：《陶行知全集》第三卷，湖南教育出版社1985年版，第569页。

代或是民主不够的时代,民主教育的任务主要是前者。到了政治走上了民主之路,则民主教育的任务主要是后者①。中国当前处在前一种情况之下,因此,民主教育应倾力于教人争取民主。由此出发,他又就民主教育的内容和方法等问题提出10条意见:

(一)教育为公,以达到天下为公,全民教育,以实现全民政治。积极方面,我们要求教育机会均等。……消极方面,我们反对党化教育。……

(二)教人民肃清法西斯细菌,以实现真正的民主。

(三)启发觉悟性。教人民进行自觉的学习,遵守自觉的纪律,从事自觉的工作与奋斗。

(四)培养创造力,以实现创造的民主和民主的创造。

(五)各尽所能,各学所需,各教所知,使大家各得其所。

(六)在民主的生活中学习民主。在争取民主的生活中学习争取民主。在创造民主的新中国的生活中学习创造民主的新中国。

(七)尽量采用简笔汉字、拉丁字母,双管齐下,以减少识字困难,使人民特别是边民易于接受教育。

(八)充分运用无线电及其他近代交通工具,以缩短距离,使边远地方之人民小孩,可以加速的享受教育。

(九)民主教育应该是整个生活的教育。他应该要工以养生,学以明生,团以保生。他应该是健康、科学、艺术、劳动与民主织成之和谐的生活,即和谐的教育。

(十)承认中国是从农业文明开始过渡到工业文明,经济是极端贫困。我们必须发现穷办法,看重穷办法,运用穷办法,以办成丰富的教育。……②

---

① 华中师范学院教育科学研究所:《陶行知全集》第三卷,湖南教育出版社1985年版,第571页。
② 华中师范学院教育科学研究所:《陶行知全集》第三卷,湖南教育出版社1985年版,第569—570页。

这里所列的意见,实际可称为有关民主教育的十大信条。它以实行"全民教育"为己任,使教育与民主携手,"对人说,无论男女老少贫富阶级信仰,对地方说,无论远近城乡,都应有同等机会享受教育之权利"。这同当年晓庄建校时所立的十八信条,以乡村教育之根本改造为己任,"使教育与农业携手",为几亿农民服务,前后映照,一以贯之,深刻反映了一位人民教育家老而弥坚的"教育为公"思想。

这里所列的意见,仍从中国国情出发。作者丝毫没有忽略中国是个正处在历史转变关头的国家,经济上的贫穷落后和政治上的缺乏民主,在他的教育思考中被置于十分重要的地位。教育内容和方法,统统以此作为基本出发点,如要用穷办法使一切穷人都得到丰富的教育和民主的教育,要减少识字困难等。而提出"创造民主的新中国"的口号,更表明了作者倡导民主教育的目的所在。

同时,上述意见又至少从两个方面丰富并发展了以往的生活教育理论。

首先,它完善了陶行知所构划的"全面教育"的理论。所谓"全面教育",即全面发展的教育。他在1945年9月曾为它作过一个很重要的说明:"全面教育。心、脑、手并用。学政治、学经济、学文化相结合。健康、科学、劳动、艺术及民主将构成和谐的生活。"[①]在这里,"全面教育"显然被分为三个互相联系而又有所区别的层面。一为智力和体力的全面发展,即心、脑、手并用;二为教育内容的全面展开,即学习政治、经济和文化的结合;三为人生的全面和谐生活,即健康、科学、劳动、艺术及民主的和谐统一。三个层面集合起来,其实是提出了有关人的全面和谐发展的教育方向问题。从生活教育理论发展过程来看,它显然是在此前提出创造教育的基础上的又一飞跃。可以说,从晓庄时期提出健康的、科学的、艺术的、劳动的生活,到30年代倡导工学团生活,到育才学校倡导创造生活,到而今提出民主生活,逐步发展,逐步丰富,合起来形成有关"和谐的"和"整个的"生活,即"和谐的"和"整个的"教育,这是生活教育理论的重大进展,也是陶行知最后呈献给国人的教育理论思考。

在这里,我们试以表列形式对陶行知生活教育的基本思想及有关活动

---

① 华中师范学院教育科学研究所:《陶行知全集》第三卷,湖南教育出版社1985年版,第554页。

情况作一小结，以清眉目。

表 9-1 旨在归纳其一生教育活动情况：

表 9-1　陶行知一生教育活动情况

发展阶段	教育运动	社会教育事业
酝酿期 1917—1925 年	新教育运动 平民识字运动	组织新教育共进社，创办《新教育》杂志 创办中华教育改进社 组织实际教育调查社 创办平民教育总会，倡导平民教育 编印《平民千字课》《平民周刊》
形成期 1926—1930 年	乡村教育运动	组织乡村教育同志会、乡村教育研究会、民众教育研究会 创设《乡教丛讯》《乡村教师》周刊 创办晓庄学校
发展期 1931—1936 年	科学下嫁运动 工学团运动 小先生运动 大众教育运动 国难教育运动	创办自然学园、儿童科学通讯学校、空中学校 主编"儿童科学丛书"、"晓庄丛书"、"小先生丛书"、"生活教育"杂志 创办山海、晨更等工学团 编印《老少通千字课》 参加沪郊农村工作协进会 创办困难教育社
成熟期 1937—1946 年	战时教育运动 创造教育运动 民主教育运动	创办生活教育社、晓庄研究所和育才学校 创办中华业余补习学校、重庆社会大学筹组上海武训补习学校 倡导新武训精神，设立育才兴学节 创设幼年研究生制和见习团制 出任民盟中央教育委员会主任委员

表 9-2 则梳理其基本的教育思想：

表 9-2 陶行知教育思想

发展阶段	基本方针	基本原理	培养目标
酝酿期 1917—1925 年	1919 年：生活的教育，为生活而教育，为生活的提高进步而教育① 1922 年：教育就是生活的改造②	教学合一③ 生活主义包含万状，凡人生一切所需皆属之。其范围之广，实与教育等④	自主、自立、自动的共和国民⑤
形成期 1926—1930 年	1927 年：人民的教育，人民教育人民，人民为自己生活的提高进步所希求的教育⑥	生活即教育 社会即学校 教学做合一	健康的体魄 农人的身手 科学的头脑 艺术的兴趣 改造社会的精神 有计划的生活
发展期 1931—1936 年	1934 年：生活所原有，生活所自营，生活所必需的教育⑦	工以养生 学以明生 团以保生	军事能力 生产能力 科学能力 识字能力 运用民权能力 节制生育能力

---

① 华中师范学院教育科学研究所：《陶行知全集》第三卷，湖南教育出版社 1985 年版，第 623 页。

② 华中师范学院教育科学研究所：《陶行知全集》第二卷，湖南教育出版社 1985 年版，第 128 页。

③ 华中师范学院教育科学研究所：《陶行知全集》第一卷，湖南教育出版社 1984 年版，第 87 页。

④ 华中师范学院教育科学研究所：《陶行知全集》第一卷，湖南教育出版社 1984 年版，第 78 页。

⑤ 华中师范学院教育科学研究所：《陶行知全集》第一卷，湖南教育出版社 1984 年版，第 123 页。

⑥ 华中师范学院教育科学研究所：《陶行知全集》第三卷，湖南教育出版社 1985 年版，第 569 页。

⑦ 华中师范学院教育科学研究所：《陶行知全集》第二卷，湖南教育出版社 1985 年版，第 633 页。

续表

发展阶段	基本方针	基本原理	培养目标
成熟期 1937—1946年	1939年:给生活以教育,用生活来教育,为生活向前向上的需要而教育① 1945年:人民的教育,人民办的教育,为人民自己的幸福而办的教育②	民主的 大众的 创造的 整个的 和谐的	追求真理的小学生 自觉觉人的小先生 手脑双挥的小工人 反抗侵略的小战士

由表9-2可见,有关生活教育的"方针",从早期"为生活的提高进步而教育",到后期"为人民自己的幸福而办的教育",思想一以贯之,极其明确,表达了一位人民教育家关念人民生活和人民教育的思想。而在"基本原理"方面,却充满应时而化不断更新发展的特点。从酝酿期的"教学合一"等发展到形成期的三大原理,固然是一大进步,在后者中包含了前者中的合理成分,至于"工学团"及"民主的大众的创造的整个的和谐的"教育原理,自然也渗透含容了前此的种种原理。在"培养目标"上,不断明确清晰的情况,恰好从一个侧面反映了陶行知政治思想的发展提高。

其次,它强化了反对党化教育的思想。党化教育是民主教育的大敌,它是一党专政在教育领域的必然反映。政治上反对一党专政,就必然在教育领域反对党化教育。所以《民主教育》强烈表示:"我们反对党化教育,反对党有党办党享的教育,因为党化教育是把国家的公器变做一党一派的工具。"

陶行知是反对党化教育的老战士。从党化教育在20世纪20年代中

---

① 华中师范学院教育科学研究所:《陶行知全集》第五卷,湖南教育出版社1985年版,第476页。

② 华中师范学院教育科学研究所:《陶行知全集》第三卷,湖南教育出版社1985年版,第569页。

期刚刚嚣然问世开始①,他就没有中断过对它的公开批评,而今投身民主运动,批评就更加尖锐坚决,成为教育战线猛攻独裁政治的一员骁将。

1943年五四青年节前夕,他在育才早会上作了《反对三寸金头》的讲话,严厉批判当局限制人民言论、出版及集会自由。他说过去封建士大夫讲时髦,女人的脚裹得越小越好,越小越美,称为"三寸金莲"。现在蒋介石更时髦,发展到统制人的言论思想,要缩小到官定范围,越小越好,越小越美,要搞"三寸金头"了。第二天,在北碚复旦大学的纪念会上他又作了同样内容的讲演②。从此后,党化教育即禁锢人们头脑的裹头布一说流传教育界。

1944年5月,美国学联和苏联青年反法西斯大会给《新华日报》"青年生活"副刊来信,希望了解中国一些思想家、文艺家和教育家对世界民主和青年教育的意见。他被邀就此问题发表意见。在答复中,他再次喊出了反对党化教育的响亮声音:"天下为公,教育为公,不以教育为一党一派及任何小集团谋利益";"尊师重道,不以侦探作教员,不使教员兼侦探";"关于政治社会经济问题,学生有阅读自由,讨论自由,批评自由";"'思想统制'与'思想贯通'是不能相容的。……那不得已而受统制的人是越弄越没有追求真理的兴趣,结果不是思想统一而是思想消灭,统一于愚"③。

同年12月,他又在《创造的儿童教育》中大声呼吁:"自从有了裹头布,中国的儿童青年成人也是被人今天裹,明天裹,今年裹,明年裹,似乎非把个个人都裹成一个金头不可。如果中华民族不想以三寸金头出现于国际舞台,唱三花脸,就要把裹头布一齐解开,使中华民族的创造力可以突围而出。"④

1946年4月4日"儿童节",他专作《饯行歌——送别党化教育》。诗中强调,只有坚决将党化教育"送别",才能"嘴上撤除封条,下掉有色眼

---

① 据张东荪回忆,20世纪20年代中期,"那个时候的空气已早成为国民党的天下,几乎没有一个人敢公然说反对的话",但陶行知却表示"极端反对"。见张东荪:《力行其所信——我怎样认识陶先生的》,《时代日报》1947年7月25日。
② 吕长春、赵义熙:《育才学校大事纪要》,《行知研究》1984年第10期,第15页。
③ 华中师范学院教育科学研究所:《陶行知全集》第三卷,湖南教育出版社1985年版,第515页。
④ 华中师范学院教育科学研究所:《陶行知全集》第三卷,湖南教育出版社1985年版,第524—525页。

镜",才能"把教育还给人民",换来一个"气象清新"的环境①。

直到去世前不久,他在上海沪江大学讲演《新中国之新教育》时,还再次讲了"三寸金头"之事。这次讲演轰动该校,对推动上海教育界的民主运动起了积极作用。

在这里,我们还必须着重指出,在倡导民主教育过程中,陶行知特别重视有关民主教育的普及宣传。

他认为,民主教育首先必须向广大民众进行民主和民主教育的宣传。在他看来,中国现代历史上关于民主的教育实在少得可怜。号称"中华民国"成立已经30多年,却"只上了很少的民主功课"。细算起来,民国初立的几个月,推翻袁世凯的几个月,五四运动后的一两年,推翻复辟后的几个月,"五卅惨案"以及北伐前后的一两年,抗战开始后一年,"算是断断续续地上了几课"。因此,这一曝十寒的"几课",无论如何也"胜不过二千年传下来的专制毒,和这十余年来的有系统的、反民主的、变相的法西斯训政"②。为了推行民主教育,就必须使广大民众都来补上民主这一课,使大家知道教育是属于人民的,在争取"还政于民"的同时,必须"还教育于民"。这一宣传对广大民众来说,"在数量上是愈广大愈有力量,在认识上是认识得愈深刻愈有力量"。只有广大民众群策群力起为民主和民主教育的权利奋斗,才有可能实现目标。

他同时又强调各级"政治领袖"必须接受民主的再教育。他认为,中国长期封建专制政治的延续,使得"几乎每个人一当了权便会仗权凌人"。"在中国几乎每一个有权的人是一个独裁。有大权的是大独裁。有小权的是小独裁。自主席以至于保甲长都免不了有独裁的作风。"③为克服这种政治恶疾的遗传作用,"大大小小的领袖们都得学习民主","再受民主教育","放弃"种种不合民主潮流的思想和行动,如必须放弃"随便侵犯别人的基本自由"的做法,放弃"我即是"、"朕即真理"和"民可使由之,不可使知

---

① 华中师范学院教育科学研究所:《陶行知全集》第四卷,湖南教育出版社1985年版,第724—725页。

② 华中师范学院教育科学研究所:《陶行知全集》第三卷,湖南教育出版社1985年版,第603页。

③ 华中师范学院教育科学研究所:《陶行知全集》第三卷,湖南教育出版社1985年版,第596页。

之"的封建意识以及"放弃少数人包办的倾向"①。在他看来,政治领袖的权威绝非外在的强化力量所能树立。只有真理在手并且人心向附的政治领袖才真正有权有威。因此,领导一二人,可用豆油灯;领导一二十人,可用火把;要领导一国之众,就要有日月那样的光明。如果政治领袖私心自用,予智予雄,不断用狡黠的政治手腕,或蒙人心,或钳人口,这就等于自己把火熄了,把跟随者的眼睛和嘴巴都封了。这样,不但国家和人民受害,政治领袖本人的末路也就快到了。

在普及宣传民主教育过程中,陶行知特别注意儿童生活的改善问题。他认为,一个国家的政治经济是否民主,用不着争论,只需拿儿童的生活这面社会的镜子照一照,就清清楚楚了。因为政治经济在儿童身上的反映,是最彻底而难以隐藏的。当局为了粉饰统治,每年总在"儿童节"的名义下有所点缀。他指出,对幸运的儿童来说,4月4日不过是加强的"儿童节"罢了,对不幸的儿童来说,儿童节与他们毫无关系,一如既往的挨饿挨冻挨打是他们的节日礼物。只有使全体儿童人人幸福,才算是民主的儿童节。而政治经济的民主,方是民主的儿童节的先决条件。所以,真正爱护小朋友者,必须是民主的战士②。出自广博深厚的爱心,他不但以民主老战士的身份投身民主运动,而且还以一位民主老爷爷的身份在1945年的儿童节,广泛发起一个"为乡下一千苦孩筹备一天的快乐和一年的学习"的送礼活动。

陶行知把当代中国进行民主教育的重点确认在政治领袖的再教育上,是很有见地的。现代政治领袖作为社会政治生活中的带路人,必须具备充分的现代见识,必须受过充分的现代训练,必须具有足以引起多数人民信仰的人格。这些资格的养成,舍民主教育,别无他途。就一定意义上说,政治改革工程的一大关键在于政治领袖头脑的改革,在于他们是否真心愿意接受民主再教育并努力学以致用。

陶行知把儿童的生活当作一面映照社会的镜子。其实,可作为社会镜子的,又何尝只是儿童的生活?对于因缺乏陶行知所称的"甲种维他命"的

---

① 华中师范学院教育科学研究所:《陶行知全集》第三卷,湖南教育出版社1985年版,第597页。
② 华中师范学院教育科学研究所:《陶行知全集》第三卷,湖南教育出版社1985年版,第535—536页。

民主,而难以维生者来说,虚设节日,报章应时以文字热闹数日,无异于庄子所谓以"激西江之水"相援的那位"监河侯"的虚诺,是对仅求"升斗之水"的"涸辙之鲋"的戏侮。当真正的民主到来时,得到解放的"涸辙之鲋"决不会恋念那种"相濡以沫"的可怜生涯,而会彼此自由游翔,"相忘于江湖"。

至此,有必要提出,陶行知如此强调普及民主教育和教人争取民主,那么,他所谓的"民主",又是属于哪种模式的呢?

回答是:它源于传统的西方民主,而又有别于传统的西方民主。

无疑,他欣赏西方的民主,即使在20世纪40年代也没有泯灭早年的那种热情。因此,伏尔泰有关言论自由的名言,他继续服膺不已,化为一诗,题为《言论自由》:"福尔泰对杜德夫人说:我反对你所说的话语,但你说这话的权利,我要拼命为你争取。"[①]美国历史上那几位著名总统,也被他视为"民主先贤"而一再称道。林肯有关"民有民治民享"的理论,威尔逊有关"四大自由"的主张,他称扬不已。杰弗逊和罗斯福有关民主的嘉言懿行,也为他赞美不迭。在民主运动兴起的过程中,他先后撰写过表现林肯关心贫苦儿童的《一八六二年之白宫厨房》,翻译过著名的提出民有民治民享口号的《林肯凯梯司堡演词》以及表现林肯对普通孩童深厚爱心的诗篇《林肯的心》和林肯生平最喜爱的一首歌《你的任务》[②]。他还就1944年罗斯福亲自关心一名10岁女孩来信要求平价购买小狗一事,借题发挥,写下《值得我们学习的一件事》,指出中国的当政者应该"跟罗斯福和他的官吏学习",学习民主及"为小孩和老百姓谋幸福"[③]。最值得注意的是,1945年10月,他把英国著名作家和学者马可里的《学习怎样运用自由》一文译出,并在"按语"中指出:译文"对于现代中国的读者还有一些益处,特别是对于相信民主而不知如何下手,以致成为等待主义者,尤其要看最后三段"[④]。

[①] 华中师范学院教育科学研究所:《陶行知全集》第四卷,湖南教育出版社1985年版,第625页。

[②] 华中师范学院教育科学研究所:《陶行知全集》第四卷,湖南教育出版社1985年版,第798页。陶行知在译诗后加注:"当1864年华盛顿礼拜学校大会中唱着这首歌时,林肯呼重唱至少有十八次之多。"

[③] 华中师范学院教育科学研究所:《陶行知全集》第三卷,湖南教育出版社1985年版,第601页。

[④] 华中师范学院教育科学研究所:《陶行知全集》第六卷,湖南教育出版社1985年版,第770页。

但是，陶行知对民主的追求，无论从政治学说或政治制度来说，都没有停留在欣赏西方民主的水平线上。他毕竟是阅尽人间沧桑而已过"知天命"之年的人，因此，他自有看法，而不简单从人。如果说，以上所称引者可视为他与当时一般民主人士的共识，那么，以下材料便又与众不同，表明了他较一般民主人士为激进的左派立场。

在他眼中，民主既有"新"与"旧"之分，也有"创造的"与"庸俗的"之别。"旧民主，是少数资产阶级作主，为少数人服务。新民主，是人民大众作主，为人民大众服务。""庸俗的民主是形式主义，平均主义，只是在形式上做到如投票等等。创造的民主是动员全体的创造力，使每个人的创造力得到均等的机会，充分的发挥，并且发挥到最高峰。"①而作为"新"的和"创造的"民主，在他眼中的现成榜样，除了前已述及的苏联民主外，还有"陕北方面"②和"17个解放区"③。作为理论形态最使他折服的，则是"近人毛泽东先生写的《新民主主义》"④。显然，令陶行知倾心的是较西方民主为"新"为更富"创造"的新民主主义的民主。

在所有的政治科学术语中，"民主"一词是被赋予很多含义因而也是最易被曲解的一个。陶行知曾对它作过解释，从而表明了自己的民主观念。一方面，他主张实行一种发展的宽泛的民主。"民主的意义还是在发展，因为它的内容还是在发展。照我看来，真正的民主必须包含：一、政治民主；二、经济民主；三、文化民主；四、社会民主；五、国际民主。"⑤因此，他把林肯所说的民有民治民享称为政治民主，把孙中山所说的民生主义和罗斯福所说的无不足之自由称为经济自由，把教育为公文化为公称为文化民主，把男女平等等社会改革称为社会民主，把孙中山的民族主义和威尔逊的民

---

① 华中师范学院教育科学研究所：《陶行知全集》第三卷，湖南教育出版社 1985 年版，第 539 页。

② 华中师范学院教育科学研究所：《陶行知全集》第三卷，湖南教育出版社 1985 年版，第 540 页。

③ 华中师范学院教育科学研究所：《陶行知全集》第三卷，湖南教育出版社 1985 年版，第 557 页。

④ 华中师范学院教育科学研究所：《陶行知全集》第三卷，湖南教育出版社 1985 年版，第 567 页。

⑤ 华中师范学院教育科学研究所：《陶行知全集》第三卷，湖南教育出版社 1985 年版，第 567 页。

族自决称为国际民主①。这样一个内容广泛的民主,反映了陶行知的大民主观。另一方面,他又强调民主是"一种新的生活方式"②,是一种渗透在人们日常生活中的良好的观念和作风。它"至少应该包含":一、民为贵。人民第一,一切为人民。二、天下为公,文化为公。不存心包办,或征为私有。三、虚心学习,集思广益,以建立自己的主张。四、自己要说话,要做事,要吃饭,要安全,要长进,也让别人说话做事吃饭安全长进,如此等等③。这样的民主观念和作风,可以天天在实际生活中遇到并学习养成。它同严肃操作程序制衡的政治制度的民主不同,又同高头讲章理论性质的政治学说的民主不同,它是日常生活中的民主。

然而,现实的中国社会政治生活,不仅需要民主教育的理论,更需要民主教育的实践。于是,我们看到陶行知一身而二任,在大力倡导民主教育的同时,先后推出了三个有关实施民主教育的具体方案。

第一个计划方案拟于抗战胜利之初,发表于1945年9月18日生活教育社自刊 *Education For All*,题为《全民教育》,题下注明"为四万万中国人民提倡民主教育的初步计划"。该计划主持单位为生活教育社和育才学校。其指导原则基本如前所述的那些有关民主教育的内容和方法。它的范围主要在于"研究、试验、训练、出版、示范、提倡及推动等活动,并向政府及其他机构提出建议,供他们参考并在全国范围内采用"。从1945年10月1日到次年9月30日,列为发动运动的第一年。陶行知准备做如下几件事:建立研究所,"根据民主的精神"。研究普及工、农、兵、学徒、残废士兵、女子、边民等方面教育的"存在的困难及解决的方法";在收复地区及普通地区设立10个战略中心的教育骨干及示范人员的训练学校以及100个示范中心;在申请书籍、出版物、技术训练及示范等方面,资助5000个想对人民实施民主教育的地方学校或组织;建立一个能不断供应1000万人文化粮食的编辑委员会及一个印刷所;从国内和国外的朋友中分别募集100万美

---

① 华中师范学院教育科学研究所:《陶行知全集》第三卷,湖南教育出版社1985年版,第567页。

② 华中师范学院教育科学研究所:《陶行知全集》第三卷,湖南教育出版社1985年版,第604页。

③ 华中师范学院教育科学研究所:《陶行知全集》第三卷,湖南教育出版社1985年版,第604页。

元的资金。他准备通过一年的努力,"对600万到1000万人进行民主文化的基本教育,把他们都变成'钓鱼人',这些人将把人民这一群大鱼都引上民主之钩"。从而推动第二、第三年的运动。他准备通过10年的努力,完成对全体中国人的民主文化的基本教育,使他们"成为中国和世界民主不可摧毁的栋梁,不可战胜的保卫者"。对此,他满怀信心,"这并不是奢望,而是完全可以实现的"①。

第二个计划方案为扩大生活教育运动,他手定了《生活教育社征求新社员办法》。该方案基本是配合第一个计划方案实施的姐妹篇。方案明确指出,在抗战胜利后,生活教育社应该迅速转向普及民主教育这一适应新时代潮流的运动。"20世纪是人民的世纪,民主的世纪,民主的世界。民主的世界中,必须有民主的中国。要创造民主的中国,必须有民主教育为之前导。所以本社当前的任务是普及民主教育,教导人民在真正实行民主上学习民主。"该方案在条举有关民主教育的指导原则和普及范围后,确定以1945年12月1日至次年11月30日为期,以征求10万名生活教育社新社员为目标,计划集纳社费1000万元,募集事业费1亿元。设立每队100人的分队1000个,以大中小学教师和大学、中学学生及热心赞助普及民主教育的人士为征集对象,以期适应普及民主教育的急迫需要②。

这两个计划方案都明显带有陶行知的个性色彩,同早年规划平民教育、乡村教育以及工学团运动一样,都以其宏大规模和通盘考虑为特色,毫无掩饰地表露了一位当代中国民主教育发展规划的设计师的那种急不可待的雄心壮志。但是,抗战胜利后千疮百孔的社会政治经济现状和内战未能有效遏止的时事局势,又使这两个计划方案缺乏必要的现实基础。因此,随着政治形势迅速变化,这两个计划方案被搁置一边,他又提出了另一个有较大现实可行性计划。

这第三个计划方案就是社会大学运动。倡办社会大学是1945年12月下旬在生活教育社等社团所办的《民主讲座》上发起的,此事很快得到中共南方局支持,因请托陶行知和李公朴出面主办。通过紧张筹备,从招生考试到报到注册,不过20多天,近200名学生就在1946年1月15日参加了

---

① 华中师范学院教育科学研究所:《陶行知全集》第三卷,湖南教育出版社1985年版,第554—563页。

② 《行知研究》1984年5月第11期扉页陶行知手迹。

开学典礼,使这一倡议很快实现。

虽然这种以职业青年为对象、以工余时间学习为形式的社会大学,早在20世纪30年代李公朴在上海所办的量才补习学校和陶行知在香港所办中华业余学校已开先河,但现在社会大学却带有极其明显的普及民主教育色彩。所以,它理所当然地成为陶行知积极倡导的民主教育运动的一个重要组成部分。同时,又由于社大校长由陶行知兼任,社大校舍借用育才学校绘画组设在重庆的几间教室,所以,它又理所当然地被人们视为育才的姐妹学校。

社大办学宗旨,一言以蔽之曰:民主。在校名之前,其实可以加上"民主"二字作为特定的修饰词,陶行知在《社会大学运动》一文中指出,社会大学有无形的和有形的两种。无形的社会大学,按照"社会即学校"的理论,只有社会而无"大学"之名,人们就在这个社会的"大学"中活到老,学到老。有形的社会大学则包括夜大学、早晨大学、函授大学、新闻大学、旅行大学和电播大学等。但不论是有形的还是无形的,社会大学的办学宗旨都要贯彻民主精神。他借用"四书"《大学》上的一句话,改动了几个字,赋予民主的新内容:"大学之道,在明民德,在亲民,在止于人民之幸福。"对此,他曾用简易明白的话作过解释。所谓"明民德",即明白人民的大德:觉悟、联合、解放、创造。社会大学之道,就是要使人民头脑觉悟,自己起来做主人,自己团结起来,联合起来,不让"公仆"造反,要谋自己的解放,达到捣毁旧世界旧生活,创造新世界新生活的目的。所谓"亲民",即亲近人民群众,要钻进人民群众的队伍里去和他们亲近,变成他们的亲人。所谓"止于人民之幸福",就是要为人民造幸福,和人民所愿望的幸福打成一片①。由此看来,社大的办学宗旨是和陶行知有关民主教育的基本思想是完全相通的。

社会大学是民主人士办学。在陶、李的奔走和中共的支持下,重庆民主运动中的健将猛士很多都被网罗到这所前所未有的民主大学中来了。社大董事会由冯玉祥、张澜、沈钧儒、饶国模、任宗德、史良、周宗琼以及陶、李九人组成,并推冯为董事长,陶为校长,李为副校长兼教务长(李离渝去

---

① 华中师范学院教育科学研究所:《陶行知全集》第三卷,湖南教育出版社1985年版,第586—587页。

昆后,方与严继任教务长)。在第一期社大任教的30余名教师,不但以其阵容之强大为国内文科大学所少见,且以其民主分量之重而为国内之冠。这些教师全是进步的知名学者专家或教授作家,其中还有中共南方局和《新华日报》的有关负责人。社大分为政经、教育、文学、新闻四个系,任教者均为一时之选①。

社会大学坚持民主教育。社大有董事会和校长,但最高决策机构却是由校董、校长和师生代表共同参加的联席会议。在校长领导下,从日常的教务活动安排到各项行政事务工作,都由学生自己动手,分工包干,充分当家作主。由陶、李商定的社大教育内容,为人格教育、知识教育、组织教育和技术教育四者并重,而以完成革命的民主的人生观为目的的人格教育又为其中的重点和核心。在教育方法上,社大提倡真正的自觉纪律,要求每个学生都能进入自动、自学、自问的境界。在训育方针上,社大又提倡发扬民主精神,要求每个学生都能做到自训、自治、自审、自我批评和自我检讨。社大的民主氛围特别浓厚,难怪李公朴把它称为中国历史上从来没有过的学校,是和老百姓最亲近的学校②。当社大创办一阶段后,他所作的教育总结即取题为《民主教育的初步实践》。而当社大第一期学生结业时,中共代表吴玉章、李维汉在会上发言,也都把社大同解放区的大众化、民主化、自由化、科学化的文化教育作了肯定性的联系比较,高度赞扬社大的民主教育实践③。

---

① 各系任教者及其所任课程如下,政经系:许涤新(经济学)、王昆仑(现代政治问题讲话)、侯外庐(中国学术思想史)、罗克汀(哲学)、章乃器(现代经济问题讲话)、何思敬(宪法)。文学系:徐荇(语文学)、宋云彬(中国文学史)、杨晦(文艺思潮)、胡风(创作方法)、何其芳(创作方法)、骆宾基(作品选读)、艾芜(作品选读)、黄芝冈(民间戏剧)、力扬(诗与习作)、曹靖华(苏联文学)。教育系:孙起孟(教学法)、潘菽(普通心理)、李公朴(十字教育)、陶行知(民主教育)、方与严(生活教育)、孙铭勋(幼稚教育)。新闻系:陈翰伯(新闻学概论)、张友渔(时事分析)、宣谛之(社论研究)、于刚(报馆管理)、章汉夫(美国新闻事业)、潘天觉(苏联新闻事业)。担任各系必修课者:翦伯赞(中国通史)、华岗(中国近百年史)、邓初民(政治问题)。到校作过专题讲座者:秦邦宪(辩证唯物论的几个法则)、邓发(解放区民主政府的工业和劳工政策,欧洲职工运动)、田汉(西南地区的文化活动)、乔冠华(国内局势问题和国际局势的关系和影响)、柳湜(边区民主教育的新气象)、郭沫若(我怎样研究古代史)。此外,冯玉祥、沈钧儒和章伯钧也都到校作过专题报告。
② 《重庆社会大学》,重庆出版社1984年版,第57—58页。
③ 《重庆社会大学》,重庆出版社1984年版,第26页。

社会大学直接投入民主运动。在陶、李率领下，社大学生和育才学生一样，是重庆民主运动中的一支有生力量。2月10日较场口庆祝政协会议成功的大会上，他们参加了保卫工作。当郭沫若、李公朴等被殴伤后，社大学生自治会派代表前往医院慰问，并会同其他青年团体和工人组织等成立后援会，发出紧急呼吁，提出强烈抗议。社大此举使反动当局异常恼怒，立予打击报复。教育部2月16日训令重庆市教育局来校"视察"，2月19日教育局在"视察"后，即要社大筹集基金、履行所谓立案手续，并对社大加上"设备简陋"的批语，企图以此扼杀民主运动中的这支劲旅。陶行知为此特予严正驳斥："社大'简'则有之，其办学方法务求简单，简单方始易行；'陋'则无之，有学问的人当教授，有好学的青年做学生，又有新的大学之道作指针，真可谓君子办之，何陋之有？"①陶、李去世后，社大由史良和邓初民出面续办，继续站在民主运动的前列。在1947年初抗议美军暴行的运动中，社大学生和育才学生走在重庆1万多名示威学生队伍的最前列。从第一代到第三代的中共地下报纸《挺进报》的刻印发行工作中，都有社大学生参加。有材料统计，解放前夕社大学生为革命牺牲者有14人，同18名育才牺牲者的数字相接近，刚好表明这两所以民主精神建立，为民主国家奋斗的学校所作出的贡献。

正因为社会大学具有如此浓厚的民主色彩，又如此出力地奔走驱驰在民主运动中，在当年那种特定的社会环境中，它必然同民主政治的前途密切联系在一起。陶行知对此十分明确，因此在1946年3月对该校前途作过一次预言。如果中国政治走上民主轨道，政府就一定会给那些应受高等教育的青年以接受高等教育的机会，社会大学的前途就较乐观。将来为适应据估计约为800万此类青年的需要，社会大学必将遍地举办。反之，就很难乐观。"如果是法西斯政治，这一个学校是不可能存在。所以社会大学之前途，将来是决定于政治是否走上民主之路。"②陶行知这一预言很准。在全面内战开始后，1947年3月1日，即查禁《新华日报》的第二天，当局在武装搜查育才学校城区办事处的同时，查封了社会大学，结束了该校

---

① 华中师范学院教育科学研究所：《陶行知全集》第三卷，湖南教育出版社1985年版，第594页。

② 华中师范学院教育科学研究所：《陶行知全集》第三卷，湖南教育出版社1985年版，第595页。

一年又一个月的短暂而光荣的历史。

虽然李公朴在《民主教育的初步实践》中以"一个预约"相期:"关于新中国民主教育的理论体系,我们正在研究中,不久将公诸大家共同商讨。"但是,陶、李的早逝和社大的夭折,使得有关新中国民主教育的理论体系和教育实践都来不及从容研究并充分展开。有人常常因此认为,陶行知生活教育理论如矫蜿游翔的神龙,遗憾的是见其首而未见其尾。在我们看来,未及完成的民主教育仍不失为生活教育理论的压卷之作。它是对早年呼唤教育民主的历史回应,坐落在螺旋式上升的那个更高的理论层次上。悠悠一世,时序代谢,从师法杜威、孟禄的西方民主教育,到自创中国的民主教育,应该说,陶行知们开辟榛莽,已经尽了他们前驱者的历史责任。如果要说有憾,倒是包括笔者在内的理应承担新中国民主教育历史任务的一代,没能把陶行知们勾画的民主教育的框架草图修改完善并完美实施,以致每当谈到40年来的教育问题,总会在铺陈诸多成就之后,不得不写上许多读来使人感到相当沉重的"但是"。

黑榜"探花":上海反内战运动的前驱

1946年4月12日,陶行知偕夫人离开了客居7年多的重庆,前往南京、上海。但当此"青春作伴"返回故乡之时,他却并无多少欢愉兴奋之情。因为"内战魔"并未因马歇尔的调处而驱祛,和平神也未因停战协议的签订而降临。"较场口事件"后,继续恶化的时局像一块巨石压在他的心头,令人愁眉难开。在硝烟不散的内战空气中,停战协定和政协会议通过的有关协议,正在迅速发黄变脆,成为一堆一捅就破的陈纸。

就在马歇尔3月11日到4月18日返国述职,报告其调处工作的初步成效期间,国民党内的顽固集团掀起了一股反对协议撕毁协议的逆流。他们坚持认为这些协议将造成一种多党政治和多党政府的局面,从而严重损害本党政治利益。陈果夫致函蒋介石痛陈利害:"政治协商会议……共产党已得到好处,本党已受害……中国如行多党政治,照现在党政、军政未健全之际,颇有蹈覆辙之可能。请悬崖勒马,另行途径。"[①]何应钦、吴稚晖、

---

① 徐咏平:《陈果夫传》,正中书局1980年版,第934页。

张继等也声称政协决议是"党国自杀","不能把统治权交给多党政府"。在3月1日到17日召开的国民党六届二中全会上,蒋介石公开号召反对政协所通过的宪法原则,要"就其荦荦大端,妥筹补救"。全会公然通过了推翻政协关于宪法草案决定的各项民主原则,决定恢复中央政治委员会,并规定它对国府委员会有指导与监督之职责。这样变本加厉强化党治,就完全否定了政协通过的政府改组案,彻底剥夺了各民主党派在改组后的政府中的平等权利。这样,煌煌协议实际上已被扔到字纸篓里。

在陶行知离渝前,国内政治生活中有两件事,显然予他印象至为强烈。

第一件事是日趋激烈的东北战事。在自我感觉十分良好的蒋介石那里,用"布勒梯"来解决问题被认为是唯一行之有效的办法,而占领东北地区则被认为是当务之急。因此,他以中央政府从苏军手中接收东北主权的名义,把东北地区划在马歇尔军事调处范围之外。到1946年春,东北时局日益紧张,四平街等军事战略要地激战不休。对于东北问题,陶行知早就有一种不祥的预感。还在1945年12月初,他就担心它将成为酝酿国共大战的根源。为此,他劝诫双方,"大树虽有两棵,树倒猢狲会散。一定要硬干,好比吞下原子弹"①。尽管这种忧虑还在他的眼睛未被"昆明惨案"和"较场口事件"的鲜血擦亮之时所生,但当他离渝之际,再度进入炽烈状态引起国人普遍关心的四平街争夺战,无疑加深加浓了笼罩在他脑中的忧虑。

第二件事是"四八"空难事件。4月8日,中共谈判代表王若飞和秦邦宪,偕同刚刚出狱的新四军军长叶挺等同机飞返延安,途经山西兴县黑茶山时失事,机上17名中外人士全部遇难。空难发生后,举国惊悼,陶行知更是陷入悲痛异常的感情旋涡中。遇难者中,王、秦皆为相识,叶挺出狱他还率育才师生前去慰问欢迎。另有两位他所敬所爱者也遭此不幸,一位即为与他有近20年交情的老教育家——王若飞之舅黄齐生,一位即为黄齐生侄孙、育才音乐组优秀学生黄晓庄(因自幼在晓庄成长,故取名以为纪念)。他们此次是专程从延安来渝慰问"较场口事件"受伤人员的。在4月6日的宴会上,还相聚畅谈,谁竟料到两天之后,他们就遭此空难?为此,

---

① 华中师范学院教育科学研究所:《陶行知全集》第四卷,湖南教育出版社1985年版,第671—672页。

他只能把"政治不民主"归结为这些"民主英雄"惨遭不幸的根本原因。因为若是当局兑现诺言，也就用不着为和平民主往返商量。所以，那迫使飞机坠落的冷酷的气流，正好"象征那阴森的浓雾压迫民主变样"①。

需要指出，这次空难事件又一次把如何对待生死的严峻问题摆到了他的面前。因为从某种意义上说，他是这次空难的幸免者。对于延安的向往之情曾使他一度产生过此次随机同往的愿望。用他自己的话来说，"我久已想到西北去看看"，"因为急事须来上海"，"于是天南天北各分飞，灾难没有能够赶上"。假如不是因为急赴上海，那罹难者的名单中一定会添上他的名字，"若是一起飞上黑茶山，那一定是陪着你们火葬"②。有关回忆，也可印证此事。当时正在重庆治病的江青曾劝他赴延安，并已安排好飞机，只因他认为不去延安可以发挥更大作用，故而婉辞③。

这样，在经历了"昆明惨案"后留下遗书参加追悼会，现在又在"四八"空难劫后余生，陶行知无疑在精神上两度跨过生死的门槛。前此那种豁达超然的"恋而不恋"的人生观，至此更进一步升华：从执着于为国的求生之恋，"小命要为中国活"④，而今决然转向舍生取义之不恋，"小命要为中国死"。中国古来的哲人总是把对待生死问题视为人生至大至要之事。在生死关头坚定执着地求仁求义，为达人之大观，从来就是仁人志士不懈追求的一种人生最高境界。无怪他们常常感喟于死得其所之不易，感喟于"人生艰难唯一死"。然而但凡真正勘破了生与死这重永远不可逆转的铁门槛，也就会变得澄明清沏，一无挂碍，求仁成仁，求义就义。因此，当陶行知在"四八"烈士面前表示，自己"下了绝大的决心，要挑起你们遗下来的重担"时⑤，他已超然忘我，再次许身于自己所挚信不疑的民主事业了。

---

① 华中师范学院教育科学研究所：《陶行知全集》第四卷，湖南教育出版社 1985 年版，第 730 页。

② 华中师范学院教育科学研究所：《陶行知全集》第四卷，湖南教育出版社 1985 年版，第 727—728、466 页。

③ 1990 年 8 月 9 日，作者访问时，徐明清口述。此事为江青返延安后向徐亲口所说。

④ 华中师范学院教育科学研究所：《陶行知全集》第四卷，湖南教育出版社 1985 年版，第 466 页。

⑤ 华中师范学院教育科学研究所：《陶行知全集》第四卷，湖南教育出版社 1985 年版，第 728 页。

到南京后第三天,他去晓庄探望农友并扫墓。当地农友小孩分四批到中央门、迈皋桥相迎。他欣喜地发现,从前晓庄幼稚园的孩子,现在已成为年轻的父母亲,正等待他去开办新的幼稚园。他意外地看到,晓庄的屋舍树木大都在当年焦土抗战的命令下或烧或砍,唯有他父母庐墓前的两棵树却被农友设法保存下来,至今岿然并存。晓庄的土地上洒落他多少汗水和回忆?他本该在此第二家乡同父老乡亲共享促膝话旧的快乐,品尝离乱之后重逢的复杂滋味。但事业需要他立即赶赴上海,那里是他的前方,有他的战斗岗位,那里也是他的舞台,正等待他去演出中国民主运动的历史新场面。

4月18日,他到达上海,住在同乡友人家中。他在上海一出现,马上引起记者注意。《联合晚报》和《文汇报》等记者迅即来访。他也采取主动,据《申报》载,4月20日他借座冠生园招待记者,回答提问。此后,各报纷纷报道他的消息,刊载他的谈话。而他也以一位民主战士特有的感受,发现"此地民主力量甚旺"①。作为外在表征,此地民主团体和民主报刊蓬勃发展,同"只有正统报纸,殊无民主之气象"的南京相比,不可同日而语。在南京,《大公报》以左的报没有,只有以右的报,"没有自由之极"②。抗战胜利后的局势发展以及中国政治重心的东迁,都使得上海这座素有民主和革命传统的亚洲第一大都市日益显出其重要地位。

他在上海的工作重心,当然离不开教育领域。离开重庆前,他就准备来沪"办育才大学、社会大学,恢复晓庄和工学团等等,并且都有计划"。但一到上海接触实际,他就发现原计划必须从实际出发加以调整。如在上海办育才,不但不易找到那样大的校舍,而且上海物价几乎比四川高一倍,财力上也不容许,有位朋友愿在太湖之滨捐一块土地给他办校,即使这样也暂难实现迁校任务。为此,他决定帮助上海有条件的学校办育才式的学校,而不再自筹迁校之事了。再如办社会大学,不但借房子困难,而且由于政治上的原因,打出牌子来会有麻烦。为此,他决定不打社大的牌子,而采用演讲、座谈、读书会等形式,面向上海广大社会青年和职工办无形的社会大学。在他的奔走努力下,山海工学团和晓庄研究所很快恢复了,生活教

---

① 华中师范学院教育科学研究所:《陶行知全集》第五卷,湖南教育出版社1985年版,第957页。

② 潘作:《陶行知谈"香烟文化"》,《联合晚报》1946年8月1日。

育社上海分社也在 5 月 12 日开会成立,由陈鹤琴担任分社理事长。

与此同时,陶行知更以充沛的精力投入上海民主运动。他的身影活跃在圣约翰大学、沪江大学等高校,也出现在小教联谊会、教育团体联合会、中华职业教育社等教育团体,还出现在百货职工纪念"五一"联欢会和新药业公会成立大会上。他的讲题既有《民主生活与民主教育》《社会大学之道》《社会大学之理论与实践》《民主教育》《小学教师与民主运动》《新中国之新教育》等,也有宣传推广用小先生办法普及职工教育,介绍美国的职业教育情况等。他讲演的日程排得很满,一天讲演 2 至 3 场是常事。据他自己统计,在初到上海的一个月又三天中,总共讲演 80 余次[①]。他几乎打破了 10 年前在北美奔走讲演所创下的纪录。

从某种意义上说,陶行知是从重庆民主大本营特派来沪开辟地盘的先锋。只要考虑到如下情况,人们也许不会对此持有异议。中共中央特设上海局,明确把在国统区的政治工作重心东移,是在 4 月。蒋介石也在 4 月底回到南京,而国民政府"还都"南京已在 5 月 5 日。以周恩来为首的中共代表团以及民主党派的政协代表沈钧儒、张君劢、章伯钧、罗隆基、梁漱溟等也大都在此前后到达沪宁。在 5 月初陆续来此的,还有柳亚子、茅盾、田汉、马寅初、邓初民、阎宝航、翦伯赞等一批著名人士。这些民主健儿相继东下,顿使原先基础不薄的上海民主运动添注了有生力量。从此之后,这些民主人士活跃沪上,影响全国。到 5 月中旬,上海已基本成为雄峙国内的民主大本营。在此过程中,陶行知不但以自身频繁的社会政治活动为上海民主运动作出显著贡献,更以自己同上海各界团体以及上述相继来沪的进步文化人的密切关系,从中穿针引线,搭桥铺路,做起了他自称为"荐头行"的"复杂的组织工作"[②],把许多民主人士荐介到各界去讲演宣传。应该说,先期到沪的陶行知恪尽前驱之职,为后续队伍的到来作了必要的准备工作。

为和平民主奔忙者自奔自忙,反和平民主者却调兵遣将更为奔忙。5 月间,东北战事进一步扩大,国民党军继续向前推进,逼近松花江岸,

---

① 华中师范学院教育科学研究所:《陶行知全集》第三卷,湖南教育出版社 1985 年版,第 611 页。

② 华中师范学院教育科学研究所:《陶行知全集》第三卷,湖南教育出版社 1985 年版,第 611 页。

同时又把战火引向关内。全面内战的危险迫在眉睫。5月15日，民盟政协代表在上海举行记者招待会，提出对时局的四项主张，号召全国人民一致起来，制止内战，挽救危局，呼吁国共双方在全国各地一律奉行停战令，重开政协会议，督促各项协议的实施。在中共的支持和马歇尔的调处下，民盟政协代表的停战呼吁方被蒋介石勉强接受。6月7日，倚仗东北战场暂时优势的蒋介石宣布东北停战两周，后又迫于压力延长一周。至此，只要稍具常识者都很清楚，三周的暂时休战只是为一场更大规模的战争作准备。这场内战已如从山巅滚下的巨石，不达谷底，决难停止。

就在这巨石隆隆落崖之际，陶行知同许多民主人士一样，仍然怀着知其不可为而为之的心情继续贡献自己的绵薄之力，以一种悲壮的殉道者的姿态，千方百计想要阻止这巨石的落崖。

6月7日以前，蒋介石倚仗暂时军事优势不肯坐到谈判桌上来。为此，他谴责这个口唱"接收主权"，实行"一党接收"的"黩武派"贪得无厌。"中央进兵东北，始而是要接收了长春，才肯开始谈判。现在好像是要接收了东北的主权之后，才肯进行谈判。"为此，他发挥民盟政协代表的有关建议，主张东北问题，"一、用和平的方式去接收，不用打仗的方式去接收；二、由各党各派及社会贤达合组之代表团，包括东北人民的代表在内去接收，不由一党一派去接收"①。

6月7日，蒋介石宣布暂行停战后，他又同马叙伦等160余位知名人士联名，于6月8日以上海文化界的名义，分别致书蒋介石、马歇尔、中共代表团及参加政协的各民主党派和社会贤达，反对内战，呼吁和平②。

6月21日，大同大学召开反内战要和平大会，陶行知与吴晗应邀到会讲演。特务前来捣乱，切断扩音器电源，并高呼反动口号进行干扰。他利用口号间歇大声喊话。原来准备讲演10分钟，后来足足用了30分钟，坚持讲完了预定要说的话。

6月22日，他发表文章指出，这次东北暂时停战的一大漏洞："前次停战协定将东北划在停战之外是一个漏洞。这次停战条款只谈军事不

---

① 陶行知：《谈接收主权》，《时事新报》1946年5月30日。
② 《新华日报》1946年6月12日。

谈政治也是一个大漏洞。"在这篇题为《怎样可以得到和平》的文章中，他一则确认只有依靠老百姓和通过斗争才能得到和平与民主，"和平与民主都不是从天上落下来的，也不完全靠着代表商谈出来，要靠全国人民，万众一心，拼命争取，才能得到和平，同时得到民主"。二则又复述了民主党派作为第三者希望直接参与国共谈判的一贯要求，"我们希望谈判公开，军事与政治，和平与民主的谈判都公开，使老百姓皆得与闻，而作最后之裁定"①。

　　就在此时，陶行知等民主运动领袖人物发起和平运动，组成"上海人民呼吁和平入京请愿代表团"。6月23日，上海和平运动联合会在上海北站借欢送代表团入京请愿大会宣告成立。联合会会员10万余人，参加欢送大会者即达5万余人。陶行知作为主席团成员，在会上致词欢送，大声呼吁"永久的和平"和"真正的民主"。但请愿代表到达南京下关车站，即被自称"苏北难民"的数百名特务围住，马叙伦、阎宝航、雷洁琼等四代表被殴致重伤，前来相迎的南京民盟代表叶笃义和记者浦熙修等亦被殴打。这就是有名的"六二三下关惨案"。事件发生后，激起各方强烈抗议。在代表派出地的上海，愤怒情绪尤为强烈。6月25日，陶行知作为上海和平运动的领导者，代表54个团体，在国际饭店向外国记者发表谈话，抗议当局暴行，反对美国政府支持蒋介石打内战。谈话记录发表在第二天的英文《字林西报》，不久又被译载于延安《解放日报》。

　　"下关惨案"的鲜血未干，紧接着又传来了骇人听闻的血案消息：7月11日和7月15日，李公朴和闻一多相继在昆明遭到暗杀。李公朴在重庆社大第一期结业不久，于5月份回到昆明，致力民主运动。6月下旬，他与陶行知遥相呼应，在昆明组织争取和平联合会。他发起争取和平签名运动，被国民党特务诬为"要搞暴动"、"搞暗杀"，7月11日夜间被无声手枪所杀害。闻一多明知特务黑名单上的下一名就是自己，依然以大无畏的精神组织李公朴治丧委员会。在7月15日举行的追悼会上，他面对特务，拍案怒斥："你们杀死一个李公朴，会有千百万个李公朴站起来！""正义是杀不完的，真理永远存在！"就在发表这正气浩然的世称为《最后一次讲演》的

---

① 华中师范学院教育科学研究所：《陶行知全集》第三卷，湖南教育出版社1985年版，第615页。

当天,闻一多也于回家途中遇害。

民主人士的鲜血,同 6 月 26 日国民党军队大举进攻中原解放区从而揭开的全面内战血流成河相比,真是微乎其微,即使同成千上万因反内战争民主而被捕杀的普通学生、工人和市民相比,也是微不足道。但是,著名的激进民主人士的鲜血接踵而流,在中外舆论和民族感情的天秤上,终究显得格外沉重。当局无情镇压民主人士的残暴行为再度激起了民盟的愤怒。素来老成敦厚的民盟主席张澜电责蒋介石:"近来一切镇压威胁之措施,已使天下之人,不敢言而敢怒,人心愈丧,隐患潜滋。逼至一夫夜呼,乱者四应之时,国家之事,尚可问耶?"①就连美国人也表示,"凡此种种均足以加强吾人对国民党顽固分子反对政协之忧虑"②。马歇尔则称,暗杀李、闻,是"压制对国民政府公开的批评"③。而中共的推波助澜更使得一个抗议浪潮如巨峰壁立,高高涌起,成为全面内战爆发后民主运动新发展的巨大标志。抗议的函电、宣言、集会就是最实际生动最启智益识的政治教育,也是最简捷灵验最治表理中的政治药物。对于千千万万原来尚对那个政权怀有幻想的中间人士来说,它们无疑是一剂解毒明目的清凉散,而对于已经摒弃这种幻想的陶行知来说,则是一股强心壮胆的大补丸。

法西斯镇压,"昆明惨案"尚以青年学生为直接对象,"下关惨案"和"李闻惨案"则以著名民主人士为下手目标。前者以铁棍手榴弹纠众呼啸而来,并无指定目标,故而逢人便打,旨在弹压群众运动。后者则拟有对付名单,握有无声手枪,盯梢跟踪,对象明确,旨在威慑上层民主人士。半年多时光发生如此变化,既表明民主运动深入人心,又复暴露当局黔驴技穷而出此下策。

世所公认,政治暗杀是政治斗争中最卑鄙下流的手段之一。施行者采用消灭对手肉体的办法来排除困难解除危机,只能证明其政治道德的破产和政治力量的衰弱。难怪陶行知要诅咒这种不择手段诛锄异己的做法了:"太无耻了,一个执政的政党,有着军队警察宪兵特务,还要施用暗杀……

---

① 《中国民主同盟历史文献》,文史资料出版社 1983 年版,第 198 页。
② 《中美关系史料汇编》第 1 辑,世界知识出版社 1957 年版,第 201 页。
③ 中国社会科学院、近代史研究所翻译室:《马歇尔使华》,中华书局 1981 年版,第 197 页。

这也是统治者胆怯的表现。……中国还不是一个文明国家啊！把一个野蛮的国家改变成文明的国家，这是我们的责任。"①

不过，退而言之，当局悍然在昆明对两名文质彬彬的书生大开杀戒，也有其"不得已"的"为政之难"。对于拥有千千万万群众的民主运动，滥捕则监狱有限，不胜其捕；滥杀则舆论无私，不容其杀。故而挂着"国民"牌号的"政府"，只能在偷偷摸摸的"择要"捕杀中，震慑那班不安分不驯顺的国民，以期尽可能减少不良的政治影响，求得尽可能扩大的良好的政治效果。在当局眼中，民盟已是中共的"尾巴"，在政协会议中专门帮助中共前来向自己争权的，虽然出于政治斗争的需要，当局在先对于民盟上层人物还尽可能采用镇抚并用而又以抚为主的方针，但随着时局的变化，当局对民盟上层人物的态度也渐趋强硬，决心要对这中共"尾巴"锋芒过露处"斩"一下。这方面的"试验"，早在三四月间就在西安进行过。手枪、慢性燃烧弹是其试验工具，借故罗织罪名以捕杀是其试验手段，而作为"试验品"的则是西北地区的民盟负责人及其机关刊物。只是由于"西安惨案"发生在全面内战爆发之前，被害者的知名度也还不足以影响全国，因而虽然激起民盟中央的强烈抗议（陶行知也曾列名抗议书中），却未能取得当局预期的效果。就地域政治论，昆明的政治地位高于西安，聚集在西南联大等著名高校中的民主力量又特别厚重强大，使它与重庆、上海同为国内民主重镇，走在全国民主运动的前列。李、闻同为民盟中央委员兼云南支部负责人，又是著名的社会活动家和文化人士，他们在民主运动中的突出地位，也非泛泛可言。因此，在昆明对李、闻下手，在政治阴谋家的盘算中，不失为一种利多弊少的选择。流血滇池，震慑上海，震慑全国，此其"合理"之一。杀戮名流，上则儆其有名之同侪，下则威吓无名之群众，此其"合理"之二。

历史表明，纵使特务诛锄异己的做法，终究不能使人钳口结舌、心如槁灰、裹足不行、面壁自忏。倒是鬼蜮伎俩迟早必定大白于天下。所以，李、闻惨案发生后，民盟秘书长梁漱溟专程前往调查，很快查明真相。反动派不得不重演"昆明惨案"后的拙劣丑剧：隐匿主凶，胡乱推出一两名"凶手"，借替死鬼的污血洗刷自己。但是，时代进至 20 世纪，思想观念及传播方式

---

① 李俞：《陶先生在上海》，《育彼英才》，重庆出版社 1984 年版，第 325 页。

的进步,使被治者的耳目变得聪明而长远,统治者的铁腕恁长恁大,也终难一手遮天。民不可侮,民不畏死。不然的话,暴君威临国中,文痞粉饰太平,始皇之政堪传万代,而党国之治也堪称万岁了。中国安有进步之理?苍生岂有生路可望?不然的话,借用历尽此类险境的鲁迅的话来说,真个是几名特务加几支手枪便可治国平天下了。天下之事安有如此简单便宜?天下主人又岂能如彼苟容畏死?

在李、闻倒下之前,陶行知已经感到幢幢魔影渐向自己逼近。对此,他作好了充分的思想准备,并更加奋发工作。

6月30日,翦伯赞同他会晤时,向他诉说到沪后找房之难,他的劝慰幽默与坚强兼有:"不必着急,总会有房子住的。时局好了,当然有房子住。时局坏了,你我都去坐牢,不是也有房子住吗?"①

7月2日,阎宝航和刘尊棋得悉国民党特务拟暗杀几名外国人以嫁祸于中共的阴谋后,次日在上海青年会举行招待外国记者的茶会上,陶行知用英文宣读由郭沫若所拟的发言稿,揭露阴谋,并即席答记者问。

7月5日,他又与郭沫若、沈钧儒、田汉、茅盾、许广平等30余人,为即将返美的费正清博士举行欢送会。在会上,他以充满深意的幽默致辞:希望费博士快快地回来,希望美国政府慢慢地援助。他还说,美国政府对于别国,一向先援助一个正统的合法政府的,所以援助我们的国民政府当然不足稀奇。但美国人民应该晓得,明天我们有一个真正全国人民的民主政府要成立,那时候,它也是合法的②。

就在7月上旬,由上述陶、郭等欢送会参加者发起《致美国人民书》,签名者有文化、工商、教育各界名流。公开信强烈要求美国人民阻止自己的政府援助国民党政府发动内战,"来破坏中国人民争取和平民主的机会"③。

在中外瞩目的上海民主运动中,陶行知如此活跃,如此激进,并且动辄在当局最为敏感忌讳的中美关系方面有所动作,"干扰"并"阻挠"当局争取美援,他自然极易招来反动派的深恨,成为他们在上海向民主人士下手示

---

① 翦伯赞:《我和行知先生》,生活教育社:《陶行知先生四周年祭》,新北京出版社1950年版,第157页。
② 《新华日报》1946年7月14日。
③ 《新华日报》1946年7月14日。

威的重要目标。因此,在李、闻倒下之后,他的处境日益险恶。他的住处经多次搬迁,仍被特务严密监视,在黑名单上,他名列第三。

但他丝毫不为所动,昂然面对那支越来越迫近的无声手枪。当为他安危担忧的友人以提防无声手枪相劝时,他却以"黑榜探花"坦然自称,以"我等着第三枪"坦然相答。他曾经称引过黄宗羲之诗:慷慨从军易,从容就死难。在誓为民主战斗之后,也许现在正是他践行古来仁人志士的最高人格修养功夫之时了。于是,我们看到他的生命之光的最后闪耀:

7月13日,他同沈钧儒等8位民盟和人民救国会主要负责人联名致书民盟云南省支部负责人,要其就李公朴被害事,向当局"坚决交涉"、"严究主使"①。

7月16日,在育才校庆前夕,他给育才师生写信。在这封继参加追悼"昆明惨案"牺牲者后的第二次遗书中,他写道:"现在民主斗争已经到了最尖锐的阶段,反民主分子不惜用恐怖手段来抵抗那不可抗拒的大势。""公朴去了,昨今两天有两方面的朋友向我报告不好的消息。如果消息确实,我会很快地结束我的生命。深信我的生命的结束,不会是育才和生活教育社之结束。我提议为民主死了一个就要加紧感召一万个人来顶补,这死了一百个就是一百万人,死了一千个就是一千万个人。我们现在第一要事是感召一万位民主战士来补偿李公朴先生之不可补偿之损失。只有这样才是真正的追悼。"②

7月18日,他写诗悼念李公朴。称这位多年来事业相与患难相共的战友为"和平的酵母",号召大家"为民主和平招兵",以感召新同志参加已逝者未竟的战斗③。

7月22日,在参加邹韬奋逝世两周年暨遗体安葬大会上,他又朗诵隔日所作的祭悼之文,再次颂扬李、闻前仆后继的斗争精神,把邹、李、闻的舍生取义称为国家的光荣,必予广大民主战士以光以热以力④。

---

① 上海陶行知研究会等:《陶行知佚文集》,四川教育出版社1989年版,第177页。
② 华中师范学院教育科学研究所:《陶行知全集》第五卷,湖南教育出版社1985年版,第963、965页。
③ 华中师范学院教育科学研究所:《陶行知全集》第四卷,湖南教育出版社1985年版,第743页。
④ 华中师范学院教育科学研究所:《陶行知全集》第四卷,湖南教育出版社1985年版,第746页。

7月23日,他又参加民主人士集会,商讨李、闻纪念集编印问题。在会上,他把中旬与加拿大朋友文幼章等商谈组织国际人权保障会一事重新提出,并提议若干在沪的国际知名人士可以参加。与会者同意此议,公推其负责筹备。他去世后,与会者继承遗志,于当年11月10日正式成立,李济深、朱学范、盛丕华、马叙伦等为理事①。

7月24日,从下午1时起,连续工作5小时,晚餐后,去爱棠路爱棠新村13号友人家临时住所。晚上,家人前来探望,后又与友人谈论国事,午夜后入寝。25日晨,高血压症发作,满腔热血如沸如腾,无处倾泻,充溢头脑。于是,一颗饱含仁慈博爱而又饱经忧患创伤的心脏,终于在当日12时30分停止了跳动。

陶行知虽然不是倒在已经瞄准他的无声手枪之下,但仍应由当局对他遽逝负责。他那原先颇为健硕的身体是在恶劣的社会环境中亏损过度而终至崩溃的。为维持育才,他殚精竭虑,为奔走民主,他劳神伤形。翻阅他的来往书信和工作日志,可以清楚见得,从1940年起他的健康状况每况愈下,血压甚高②,对疾病的抵抗力较差,每逢季节转换之际,常患感冒腹泻或疟疾发热,而且有时一病经月,恢复较慢。他告诫子女和学生的养生之道,"对于元气宜多储蓄,对于健康切勿透支",他自己却无法做到。他劳逸失衡,"向'健康银行'透支了过分的法币"③。日亏月损,终至倒闭。在衣食尚难周全的穷窘环境中,无钱购买高昂的西药控制高血压症,只能求助价廉的海带作为代用品,兼食兼疗,土法治病。长期营养不良,使他面带菜色病容,拖着疲惫的身子在山城重庆的漫漫坡道上上下求索。到了上海,他居处无定,未能正常护理和服药治疗。他小汽车坐不上,电车挤不上,又抱定宗旨不坐人力车,于是以步代车,早出暮归。他到处讲演,大声呐喊,有时台上明明有扩音器,他却似嫌它会影响嬉笑怒骂自由发挥,摒而不用,拼却自己仅有的一点元气。入夜之后,他还忙于会晤友人,商讨国事,卖字兴学,著文复信,乃至整理诗稿。在他去世前不久,血压高到200多,他非但不休息,工作反更加重。难怪朋友们说他死于长期的积劳、悲愤的煎熬

---

① 《新华日报》1946年11月11日。
② 1940年3月16日工作日志自载上下血压为156/210。
③ 华中师范学院教育科学研究所:《陶行知全集》第五卷,湖南教育出版社1985年版,第766页。

和政治的迫害。这一点，连刚刚在7月11日出任驻华大使的司徒雷登也不否认，说他是"为政治影响而死的"①。周恩来在给中共中央的电报中报告他的死因时，用"劳累过度，健康过亏，刺激过深"12字，可谓高度概括。

茅盾在得到噩耗当天急就而成的那篇悼文中指出："陶行知像苦战已久的战士似的流尽了最后一滴血，光荣地倒下了。"他以死者战友的身份，警告那些持枪未发的反动派，且慢以手加额，自称"天从人愿"。因为"一个战斗中的巨人倒下，决不是倒下就完了，他的倒下将发出惊天动地的震响，这震响将在千千万万人心中起回应，这震幅之广阔将遍于中国的每一角落"②。果然，这位"战斗中的巨人"倒下所发出的震响，经久不绝，传遍神州大地，有如本书开章所述。

100多年前，那位生前郁郁不欢并不为世人所重的著名画家梵·高曾经吟唱过："不要以为死去的人死了，只要活人还活着，死去的人总还是活着！"也许天才的西方艺术家对自己的身后容易产生一种直觉的乐观主义。而穷究人生质量问题的中国知识者，却通常以理性的谨慎的态度来思考身后之事。陶行知曾以于谦的《咏石灰》教子："千锤百炼出深山，烈火烧来只等闲；粉身碎骨都不怕，要留清白在人间。"从皖南山区出来后，历经社会千锤百炼，终于在民主运动中献出了一切，给人间留下一片清白。这首教子诗，实在又是自况诗。同他称扬李、闻诸先烈之意一致，又同他遗书中所述之愿一贯。就此而言，陶行知可谓死得其所。他留给人间的那片清白将浩然长存，举世共仰。

这是一个屡见不鲜的历史现象：一些历史人物的身影往往因权势的力量而放大，从而占据了他们本来不该据有的历史地位。在世时，他们的名字以很高很强的频率出现在煌煌文告或传播媒介中，他们的意志以不容违反的律法形式压倒哲人智者的真理正义之声。去世后，权势的惯性力量通常还能或短或长维持其显赫荣耀的地位，保证崇功报德之文延续一时。但是，只要一旦失去这种权势力量的外在放大作用，或一旦在新的价值观念下被剥去神化圣化的外衣，那么，这些庞然大物就会露出自己的本来面目，露出在某些方面比凡夫俗子更卑微的情欲。到那时，往日高高在上的伟大

---

① 《新华日报》1946年8月5日。
② 茅盾：《我们有责任使他们永远不死》，《周报》1946年8月第48期。

形象往往就会变成低下渺小的可笑对象。就此而言,历史的筛选是严格无情而又公正无私的。权势仅可调动一时之论,却无法控制后世之论,金钱可以买来谀墓之文,却难以贿赂史家直笔。否则,也就无从解释古来不计其数的帝王将相、名公巨卿、才人逸士、耆硕俊彦以及富可敌国的商贾,何以真正能存迹于史并彪炳后世者,总是少而又少。谓予不信,试看陶行知涉世以后,自北洋政府以来如走马灯式来去匆忙的国务总理及总长省长,又有几人为人熟知,为人称道?

当年有位诗人曾有惊世之语:"有的人活着,他已经死了;有的人死了,他还活着!"无疑,陶行知不但当在死而犹生之列,而且他的身影必将因时光的积聚而越见光彩。

第十章　简略的余论

"爱满天下"的陶夫子

"爱满天下",是陶行知恪守终生的人生信条。它既是座右时刻观照自身之镜,也是经常书赠友朋共勉相励之箴。他去世后,亲书的这四个字被镌刻在墓前的牌额上,两旁相配的牌联是郭沫若书陶行知联:"千教万教教人求真,千学万学学做真人。"一爱一真,实为陶行知一生写照,设计者安排可谓得体,可谓知陶。

在这个世界上,确实没有无缘无故的爱,也没有无缘无故的恨。不同的阶级、集团或人群,总是从不同的价值取向、道德尺度和文化教养,予以规范,予以界定,从而给它打上深浅不等的阶级印记。于是,治人者与治于人者,食人者与食于人者,常常站在各自的立场上取其所取,爱其所爱。在阶级社会里,爱同其他意识形态的东西一样,由于统治力量的长期作用,适合统治者意愿的那部分,通常被推扩放大,成为主流,从而蒙上功利色彩,散发出权势气味。

在专制政治下,爱常常被政治骗子糟蹋成伪劣商品。他们凭借强权之手,肆意加工改制。于是,爱国家变成爱家国,爱民主变成爱主民。形式似存,精神全非。然后,他们根据自己所垄断的政治市场的行情需要,在精心布置设计的政治橱窗中展览各色样品以欺世惑众。那些虚矫不实而又粗制滥造的样品,被设计师们装潢得金光灿灿,被广告商们宣传得引人入胜,被众多的小贩市侩整零批发,捎到街头巷尾叫卖兜售。

在专制政治下,爱又常常被老谋深算的统治者当作必要的政治技巧操纵运用。于是,它就成为在政治舞台演出时最叫座的唱词,最趁手的道具。巡幸天下访察一二,即可法螺大吹,以体恤民情关心民瘼之仁君贤相自称自赞。故作节俭略施仁惠,即可遮掩大政失误,把世人视线从填沟塞壑的饿殍身上移开。小示哀色下诏罪己,即可文饰苛毒暴戾,平息民怨沸腾。

在专制政治下,爱又最容易沦为乡愿俗儒涂绘自己庸俗嘴脸的一支彩笔。伪善欺世言行不一的乡愿俗儒,他们的腰脊已经被权势压成佝偻,在人格高度上无法与那些不愿为五斗米折腰者相比。他们别无他长,最擅胜场的便是在尊君爱民的凛然名义之下,仰颂天王圣爱,广谕万民归心。他们给自己戴上一张正人君子的人格面具后,"居之似忠信,行之似廉洁",以甜腻腻的悦人面孔,招摇过市,混迹于孝廉方正、明经进士和仪型典范、乡贤先进之中。

但是,不容否认,在这个世界上,确实还存在一种未被权势财货污染的纯净无私的爱。

这种纯净无私的爱是一种凝聚力,它能促使个体与个体之间,群体与群体之间缩短差距,消除疏隔,变得融洽和谐,同心同德。纯净无私的爱又是一种原动力,它能驱使人们不懈不怠地在求真求善求美的道路上探索,爱得越深越广,其动力也越强越大。

这种纯净无私的爱是一种燃烧剂,它能烧毁冷漠自私,驱除暗昧昏聩,使人感情升温,思想升华,使人热血腾涌,热情洋溢。纯净无私的爱又是一种兴奋剂,它能刺激想象力,增进创造欲,激励人们不断向上进取,不断完善自身,既不吝奉献,又敢于索取。

这样,难怪古往今来浩如烟海的诗人墨客才士艺匠哲人作家,纷纷调动他们手中所有的一切,或用鬼工神斧的线条色彩,或借摧心撼肺的音符旋律,或发为举世传诵的诗歌文章,或演成感天动地的戏剧歌舞,淋漓尽致地描绘它,顶礼膜拜地歌颂它。

但陶行知与之有所不同,作为一位伟大的教育家,他不是单纯的爱的描绘者或歌颂者,而是爱的导师,爱的力行者,爱的创造者。他循循善诱,启人良知,予人爱心。爱在他那里具有至上的实践品位。爱推动他去创造,而他又创造了伟大的爱。

统观陶行知一生,博爱精神贯彻终生而无时不在。它是陶行知毕生奉行不渝的做人准则,也是成就一生事业的基本动力。在金陵大学毕业论文《共和精义》中,他虽称共和信条有三:自由、平等、博爱,却认为"共和之大本"则在博爱,若无博爱"以植共和之基,则希望共和,犹之水中捞月耳"[①]。

[①] 华中师范学院教育科学研究所:《陶行知全集》第一卷,湖南教育出版社1984年版,第45页。

他后来的一生实践表明,博爱不但被视为共和之本,也是他从事教育事业和民主事业之基。在他选择教育为终生职业后,他心中对人民无穷无尽的伟大的爱始终是他事业中最重要的推动力量。"晓庄是从爱里产生出来的,没有爱便没有晓庄。""晓庄可毁,爱不可毁。"①爱是学校的灵魂,爱是立校的根本,这一看法到育才时仍未改变。1943年他说:"近来我们深刻地了解,人生最大的目的还是博爱,一切学术也都是要更有效地达到这个目的。……以后我们仍当向这个方向努力。"②可以说,正是这种博大的爱使他成为一位教育巨匠。在投身民主运动后,无论是反对一党专政,反对腐败政治,还是要求各党各派政治协商,反对内战,要求和平民主,他都是旨在为人民兴利除弊,使人民当家作主,真正做"中华大公司的老板"。为了这个目标,他舍生忘我,终至心力交瘁而殉身。就此而言,也正是这种博大的爱使他成为一位民主斗士。

陶行知的爱,既源于传统,又高于传统。传统的道德规范要求敬老爱幼,要求推己及人,因而有所谓"老吾老,以及人之老;幼吾幼,以及人之幼"的教诫。陶行知则以现代人的观念作风和高度的理智修养超越了这一传统道德规范。在家中,陶行知是孝子贤夫良兄严父,他把自己的爱输送给全体家人,却又绝不囿于"小家",处处推爱于人,不忘"大家"。

他侍奉老母真个做到了劬劬以勤,但这种感情又是十分理智冷静的。老母突发脑溢血那晚,他一面守护,一面仍在工作,撰写文章。老母去世当晚,在料理了必要事项后,他仍能安然入睡,一切留待第二天处理。治丧期间,有钱的朋友送来丰厚的赙仪,他泰然受之,悉数用以建立纪念苗圃和援助贫儿教育,树木树人,造福于众。而穷苦的学生即使送一花圈,他也受之不安,反批评他们浪费。老母去世后,他又把储了多年专为奉养老母的人寿保险金取出,购置了一架电影放映机和一架发电机以及不少影片,赠送给山海工学团。后来它们又随着新安旅行团辗转各地,不知教育了多少万群众。可以说,他把一片孝母之心妥善合理地移情于广大民众。

前妻去世,他为国事奔走,离乡去国,在国难和家丧二者的处理上,表

---

① 华中师范学院教育科学研究所:《陶行知全集》第一卷,湖南教育出版社1984年版,第207页。

② 华中师范学院教育科学研究所:《陶行知全集》第五卷,湖南教育出版社1985年版,第810页。

现出他的见识与胸怀。后来再婚,友人所赠礼金,他大部分投入新建的育才学校,一部分捐赠给香港因反汪(精卫)罢工而生活无着的印刷工人。

他的妹妹文渼青春守寡,他又极尽长兄照应之责。他既用传统的做法把自己的孩子过继给她,以慰其孤苦无依,更以现代意识引导她投入乡村教育事业,在为大众的有意义的工作中抚平心灵的创伤。文渼病逝后,他又痛感自己的"生命已经残废了一部分",决心继续"做个有益于人类的人"[①],以不负亡妹之望。这种建立在共同事业之上的手足之情,也已非泛泛的传统道德所谓的"孝悌"之情所能及。

对于早失母爱而又离散的子女,他并不溺爱。他不像有些庸俗的父母把子女当作私有品而过分照顾他们,有时甚至使人感到他对子女不很关心。但他关心他们的成长,从小帮助其发展爱好,培养良好的品德,教育他们追求真理做真人,则是一位难得的严父。有一次,一个儿子在行事中流露出一种"煦煦为仁,孑孑为义"的情况,他立即提醒其"应当克服"[②]。又有一次,育才有人未经他同意,擅自帮他一个儿子开了一张不合实际的学历证明,他闻讯后,立电将证明追回[③]。在他去世前不久,美国驻华使馆一名官员邀见他的一个儿子。他却不愿对方因自己的缘故而特予照顾,因嘱儿子往见时不提自己而只说"父亲要我自立"[④]。为子女创造一定条件,然后放手鼓励他们自立成人,这一开明态度同那种荫庇子孙的封建观念完全绝缘。

与他关系十分密切的学生发现,"他终日为人民大众事业,忙碌地奔波着,他对于自己的妻子儿女和对待一般同志没有什么差别"[⑤]。从某种程度上说,对待贫苦儿童和青年学生,他的爱心可能更浓烈更深广。为儿童尤其是为那些失去家庭或社会爱护的贫苦儿童添爱增乐是他一生乐此不

---

① 华中师范学院教育科学研究所:《陶行知全集》第二卷,湖南教育出版社 1985 年版,第 150 页。

② 华中师范学院教育科学研究所:《陶行知全集》第五卷,湖南教育出版社 1985 年版,第 831 页。

③ 华中师范学院教育科学研究所:《陶行知全集》第五卷,湖南教育出版社 1985 年版,第 700 页。

④ 华中师范学院教育科学研究所:《陶行知全集》第五卷,湖南教育出版社 1985 年版,第 962 页。

⑤ 戴伯韬:《陶行知的生平及其学说》,人民教育出版社 1982 年版,第 100 页。

疲的工作。他在晓庄创办一系列小学,在上海创办自然学园和儿童科学通讯学校,编辑儿童科学丛书,倡导"小先生制",扶持各类儿童工学团和儿童自动学校,他支持新安旅行团,为难童创办育才学校和国际难童学校。他为儿童作诗歌,写儿童剧,编课本,写科学小丛书。他又为无钱过儿童节的穷孩子募款,募文具书本,募糖果玩具,为他们送上一点人间的温暖。他不知出力帮助过多少病童。抗战前,他从上海广慈医院请来医生,专为晓庄地区的儿童普查身体并治疗有关疾病。一名患脊骨炎的病童,经他帮助在上海住院两年得到治愈。为了治好育才一名患癫痫的病童,他多方设法辗转托人。当那位难童后来变成满头乌发并被培养成一名很有前途的少年音乐家时,作为"创造者"的他的欣喜之情,甚至超过了那位"创造物"。可以说,凡是有利于儿童者,他无不尽力为之。

　　对于青年,他更是爱护唯恐不周,帮助唯恐不力。青年是国家的未来,民族的希望,反动派压制青年,摧残青年,无疑是恐惧未来,扼杀希望。作为青年的导师和朋友,他以自己无私的奉献,为大批在黑暗中苦闷彷徨的青年点起了光明的火炬。为了青年,他甘当现代的武训,各方求助,艰苦撑持,以抱着爱人过河自况。为了青年,他在晓庄时期"摸黑路",到育才时期争民主。他高唱"民主进行曲",和青年并肩行进在反内战的队伍中。直到去世前不久,他还坦露心愿:"但愿不知老将至,发奋忘食给人助。"①我们无法一一列举他帮助青年的大量事实。有两个青年男女疯子,本与育才学校毫无关系,他不忍其流落,收留在校供以食宿。师生不堪其扰闹,他却大度容忍,设法为之医治。在他眼中,他们的病痛是社会造成的,我们不助,谁助?甚至明知来找他纠缠的青年为负有特殊任务者,他仍开诚相待,不放弃其教育指引的机会。他在晓庄想办而未办成"土匪教育",不意却在育才不想办而办成了"特务教育"。熟悉他的人说,他不喝酒,不吸烟,无任何嗜好。他唯一的爱好就是青年和群众。他平易近人,善与青年相处。平时常因忙碌来不及吃饭,如有青年朋友来到,他便拿出自己喜欢吃的糖果花生之类与客共享,边吃边谈笑。如有什么好电影好话剧,他就邀你同看。任何受苦受难的青年人,只要找到他,他总是亲热地伸出双手来援助。他

---

　　① 华中师范学院教育科学研究所:《陶行知全集》第四卷,湖南教育出版社1985年版,第727页。

设法找人送钱或送书给在狱中受难的青年。即使他自己也处在十分窘困之时,只要口袋里有一毛钱,他也会给你①。可以说,凡是造福于青年者,他不惜呕心沥血而为之。

"在我的世界里,小孩和青年是最大,比什么伟人还大。"②他曾借"朝"和"萌"两个字,写成一首拆字诗。诗云:"太阳在左,月亮在右,背着两个十字架,为自由而奋斗。"③如果把意含早晨日出和草木初生的"朝"、"萌"两字,理解为儿童和青年,那么,陶行知正是护持着他们为自由而奋斗的身背十字架者。

陶行知爱儿童爱青年,也爱一切受苦受难者。在乡下,他同情"穿的树皮衣,吃的草根饭","牵着牛大哥,去耕别人田"的贫苦农民。在晓庄农友那里,留下了他雪天腊月推衣相助的美谈。在城市,他同情那些每天做工长达十几小时的工人。他不但控诉海轮上的火舱为"人间地狱",并且认为各种工厂都是如此。人们平时衣、食、住各方面,"没有一样不渗透了工人们的血泪。一粥、一面、一衣、一灯,当思来之不易"④。他也同情那些生活多艰的小摊贩。平时与他艰苦生活相关的摊贩,如摆山芋摊的,摆面摊的,摆大饼油条摊的,统统出现在他笔下。至于那些陷入"吃不饱来饿不死"的窘境的广大小学教师,更是他不断呼吁不平的重点对象。从 20 世纪 30 年代初"教师不如摆面摊"的抗议,到 40 年代中期教师"生活不如老妈子"和"生活不如小贩子"的控诉,表明了他对体脑倒挂现象一以贯之的强烈反感,也表明了他纾解小学教师倒悬之苦的心情始终未变。

陶行知一生写过多少信,现在已很难统计了。单是 1934 年,我们就知道他曾发愿当年写信 1000 封,以求同朋友交换"各人对于劳苦大众干了些什么事"⑤。在业已辑录出版而显然遗珠在外尚多的书信集中,人们不难

---

① 戴伯韬:《陶行知的生平及其学说》,人民教育出版社 1982 年版,第 101 页。
② 华中师范学院教育科学研究所:《陶行知全集》第五卷,湖南教育出版社 1985 年版,第 265 页。
③ 华中师范学院教育科学研究所:《陶行知全集》第四卷,湖南教育出版社 1985 年版,第 408 页。
④ 华中师范学院教育科学研究所:《陶行知全集》第二卷,湖南教育出版社 1985 年版,第 119 页。
⑤ 华中师范学院教育科学研究所:《陶行知全集》第五卷,湖南教育出版社 1985 年版,第 283 页。

看到，在内容缤纷交际各方的书信中，饱含着无尽的善意和爱心，交流着人间的脉脉温情。现在已很难列出一份曾经得到他爱心照拂的详尽名单了。我们只知道，他以自己温厚的双手帮拉过一些失其所与的学者专家和归侨青年。他为他们募钱治病，帮他们联系物色工作，助他们安顿学习和生活，乃至帮助死难者呼冤昭雪。高士其、翦伯赞等之生前受惠，吴承仕、杨遇春等之死后蒙助，只是因为他们比较著名，才为较多的人知道。我们只知道，他对那些战争的受害者饱含同情之心。可以说，从20世纪20年代初他在上海解囊帮助流落街头的军人家属，到抗战时期推行伤兵教育，愤怒揭露虐待壮丁的不人道行为，满怀敬意与同情人民的抗日荣誉军人结为朋友，都是这种爱心的合理延伸。我们还知道，晓庄研究所创办之后，他关心最多的还是治痢和治疟的药物研制推广工作。他立志要以最少的金钱和最简的办法大量制造特效药，以解除危害广大民众和兵士最烈的两种常见的流行病。爱惜众生，利益众生，确实是他的处世宗旨。

他的爱甚至惠及小生物。有一次，晓庄学生捉来的虾蟆子在实验室的池子里被化育成成千上万的小蝌蚪，挤在小池里如人山人海般乱冲乱撞。学生们以为好玩，他却觉得这些蝌蚪是在尝着中国人满为患，找不到出路的滋味。不久得知这些小生命全部死亡后，他痛忏不已，忍不住大呼"作孽"，并自责责人："我们有什么权利可以牺牲虾蟆的生命，来给我们玩把戏？"这件事给他印象至深，由此成为他考虑儿童生物学的出发点：注重养生，和生物做朋友，反对无辜杀生[①]。

陶行知曾对学生讲过三种观人之眼：鬼眼观人，只见其短，不见其长；人眼观人，既见其长，又见其短；佛眼观人，但见其长，不见其短[②]。"三眼"之说同他曾撰的两副对联是一致的："义则居先，利则居后；敬其所长，恕其所短。""慧眼观人长处；正心慎我独时。"[③]这里所说的慧眼、佛眼、正心、慎独和义利之辨，敬恕之教，统统源自于爱。也正是这种广博深厚的爱，使他从爱儿童、爱青年、爱朋友、爱贫苦大众，推广到爱民主、爱科学、爱自由、爱

---

① 华中师范学院教育科学研究所：《陶行知全集》第五卷，湖南教育出版社1985年版，第250页。

② 据李楚材谈话记录，1990年1月4日于上海。

③ 华中师范学院教育科学研究所：《陶行知全集》第四卷，湖南教育出版社1985年版，第752页。

和平、爱创造、爱真、爱善、爱美、爱诗、爱一切值得爱的有生和无生之物……于是，泛爱众生的陶行知践行了他"爱满天下"的誓愿，得到了"伟大的爱的大师"的称号，也得到了难能可贵的天下爱陶的回报。

世间事物每呈相反相成之状，人生感情也常现相分相合之态。它们彼此对立，却又统一，从而构成错综复杂形色纷繁的大千世界。同执着之爱共生并蒂的每多深刻之恨，同"俯首甘为"相应不悖的则是"横眉冷对"。但凡热爱人民和热爱青年者，就必不能容忍摧残人民和虐杀青年。因而，陶行知终其一生，与博爱精神相伴相随者，便是对爱的摧残和虐杀者的坚决抗争及严厉批判。他之革新教育和争取民主的事业，从特定的意义上说，既是对扼杀爱的社会环境的挑战，也是对偷盗爱的社会蟊贼的斗争。即使在相距半个多世纪后的今天，重读他那些控诉摧残虐杀者的文字，仍不能不使人怦然心跳，为他那种至深至切的悲悯之心和至强至烈的愤怒之情所打动。

西方有"血浓于水"之谚，他则有人命高于一切之论：站在生物进化的客观立场来看，人类是大自然历经千难万劫淘洗出来的精华，是生物链顶端最闪光最珍贵的物种。从八千万年前发现生物以来，经过七千六百万年而有哺乳动物，再经过三百五十万年，即五十万年前，不知遇着几万万难，才成人形。成了人形后，又不知经过几万万难，才一代一代相衍传生到"我"。一个人之进入生命之门，何其之难①！然而，对于大多数中国人来说，进入生命之门后，也只是白白被社会绞肉机无情地碾轧一过，化为尘泥。为此，他强烈呼吁："人的生命！你在中国是耗废得太多了！"路边饿得半死的孩子，累得吐血的人力车夫，瘦死自己的孩子却喂胖了小主人的奶妈，被恶婆婆逼得上吊的童养媳，挨打推骂如当奴隶的小徒弟，五人中必有一人或残或死的煤矿工人，大水一冲就是几万灾民的死亡……惨酷的社会压迫和剥削下的众生苦相，一一摄在他的笔下，他不能不心中怛恻，如悼如丧。生灵受荼受毒，人命如草如菅，这是怎样一个悲凉黑暗的人世间？20世纪世界发展趋势表明，人命的贵贱基本同国家的强弱成正比。他预言，在人命仍然无所顾忌地被践踏糟蹋和贬贱浪费的时候，贫弱的中国在世界民族之林是不能翻身，也不能站起来的。"要等到人命贵于财富，人命贵于

---

① 华中师范学院教育科学研究所：《陶行知全集》第二卷，湖南教育出版社1985年版，第309页。

机器,人命贵于安乐,人命贵于名誉,人命贵于权位,人命贵于一切。只有等到那时,中国才站得起来!"①

对生命的宝爱,使他理所当然地对手握权柄却不惮充当刽子手的社会角色充满憎厌之情。他揭露新军阀及其政府残杀青年之罪,砍下的青年人的头颅"可以砌成一座山"。然而,这些嗜血者偏又口诵仁爱和平礼义廉耻,道貌岸然地自称秉受革命领袖的遗教。对此,他忍不住起而戳破他们的面具。他指出,滥杀青年是不仁不智不勇之举,完全违反革命领袖遗教。他断言,杀人者"杀以止杀"和"杀一儆百"的打算未免过于乐观。因为抱有不同政治信仰的政敌,大多以杀身为成仁,以牺牲为殉道,杀之不但不能止杀,适为扬汤止沸,造成杀以召杀的局面。"民不畏死,奈何以死惧之?"②2000多年前那句满溢愤怒之情的名言,被他用来警告那些凶顽的统治者。

与此同时,对那些挂着知识的徽章,却违反科学良心,授盗以兵助纣肆虐者,他也不曾放下自己的鞭挞。在他看来,真正的科学家追求科学的真理,拿着科学的火把救人。有悖于此者,就不是合格的科学家。旨在利人救人,还是害人杀人,是判别一名科学家之真伪优劣的最重要的标准。以此相衡,发明炸药的诺贝尔被他推上了道德法庭。站在人类良知的立场上,他宣读了一段正气凛然、发蒙振聩的判词:"和平奖金之建立,乃是诺贝尔晚年忏悔之表示。放下屠刀,立地成佛,我们对于他这念头之一转,当然要表示相当的敬重。但是当年所杀之人,已不是今日所救之人,而今日所救之人,谁又敢说不是将来所杀之人。在科学家的手里实掌握着人类之生杀权。用科学养人,不用科学杀人,才是科学家的天职,若存着一个杀人的心去学科学,那便是世界上最大的恶人。诺贝尔的忏悔,彰彰在人耳目。他那每年一次的血染的奖金,不啻为青年科学家之暮鼓晨钟,何能充耳不闻?"③如果说,对诺贝尔还有所宽待,那么,对于做了墨索里尼帮凶的意大

---

① 华中师范学院教育科学研究所:《陶行知全集》第二卷,湖南教育出版社1985年版,第401页。

② 华中师范学院教育科学研究所:《陶行知全集》第二卷,湖南教育出版社1985年版,第444—445页。

③ 华中师范学院教育科学研究所:《陶行知全集》第二卷,湖南教育出版社1985年版,第336页。

利无线电科学家马可尼,他就丝毫不假辞色了。1934年,马可尼到沪访问,他拒绝科学界朋友之邀前往欢迎。当他得知马可尼公开支持墨索里尼侵略埃塞俄比亚时,他更是义愤填膺,痛斥其为"科学强盗"、"科学走狗"和"科学刽子手"①。

必须指出,同陶行知热爱人民密切相连的便是热爱祖国。人民是国家的主体,国家是人民的依凭。在近代,贫弱的中国屡遭屈辱,苦难的人民倍遇不幸,因而摆在志士仁人面前的历史任务,爱国同爱民,救国同救民,二者总是难分难离。陶行知一生,始终以一名炽热的爱国者现身。早年选择教育为终生事业,投身新教育运动,高张"科学"、"民主"的大旗,以求建设共和国家,是循着前辈的救国道路前行。20世纪30年代投入抗日救亡运动,发表团结御侮宣言,列名"七君子之案",海外奔走26国。凡此种种,都可视为他在政治上大踏步前进的同时,高唱了一曲爱国主义的凯歌。在此之后,为国育才,他历尽千辛万苦,呼号民主,他又舍生忘死。凡此种种,又都表明他的爱国深情上升到一个新的高度。

然而,陶行知又是一位具有世界眼光和广阔胸怀的人,因此,他所倡导并践行的爱国主义,与狭隘小器的民族主义无关。他深知中国的发展和进步离不开世界各国的文明成果。他那充满创造活力的教育思想是建筑在洞悉国际教育潮流来龙去脉的基础上的。他那反对侵略扩张、坚持和平民主的政治主张也是出于对世情的深刻了解。抗战前,他对日本国内政治经济情况的透彻观察,对统治阶级和工农群众的鲜明态度;抗战后,他对美国国内民主和反民主两种力量的深刻剖析,对美国人民的深厚感情,都足以表明这一点。在抗战最艰苦阶段,他却引人注目地提出了一个建立"东亚新秩序"的理想方案。"新秩序"的参加者,中国之外尚有"民主的日本"、"完全自主的印度"及"和平的苏联"。合作的途径可先由两个国家干起来,然后推广到第三、第四国乃至东亚所有国家。合作的方式是军事同盟和经济同盟,前者目的在防止侵略,后者目的在某种限度之自给自足。合作的前景是这种"新秩序"不排外,要与地球上别的国家建立互助关系,从而成

---

① 华中师范学院教育科学研究所:《陶行知全集》第二卷,湖南教育出版社1985年版,第911页。

为"一部分人类发展的一个阶段"①。当第二次世界大战厮杀正烈胜负难分,而"大东亚共荣圈"的侵略理论嚣张一时之际,陶行知畅想未来的"东业新秩序",真可谓是一种超前意识。但从当今欧共体和南南合作之类国际性合作风靡全球的情况加以返照,我们又不能不赞叹这位博爱为怀的大教育家的理想主义的构思中,不乏一种寻找爱国主义与国际主义的结合点的良好动机。

还必须指出,强烈的爱国爱民思想,使陶行知的人格得到升华。旧中国恶劣的社会环境常常使得知识分子处在人生的十字路口,并因不同的人生态度取向而分别归入不同的人格维度之中。论者有称,近代中国知识分子大致有三种类型的人格群像。一为依附型,即在滔滔浊流中与世沉浮,在不义的暴力下屈辱偷生,猥琐卑微,蝇营狗苟,从而造成了屈从于恶势力的依附人格。二为抗争型,即在恶劣的环境中仍能特立独行,卓然不群,他们拒绝随波逐流阿世自渎,敢于向黑暗和邪恶抗争,哪怕为此付出高昂的代价。二为外圆内方型,即在人格的天秤上为把握正义和生存的平衡而不断艰难地度量整合者。他们不乏抗争的义举,但这种抗争总是带有力度上的缓冲和节制,他们珍惜个体的生存,但这种珍惜似乎又为了赢得抗争的权利。于是,他们常常在冲突中求协调,在张力中求平衡,在维系个体或事业生存的前提下坚持人格的独立性。可以认为,陶行知的人格维度是从外圆内方型逐渐倾向于抗争型的,而促成这一转变的基本原因便是因抗日救亡而被强化了的爱国爱民之情。

陶行知早年在三重文化圈中跳跃前进,传统文化和西方文化予他的影响虽有消长变化,却始终二者兼备一身。西方文化强调独立人格,主张人的心灵和肉体的自由,无疑对他产生相当影响,使他早年归属于自由派知识分子之列。但他仍然欣赏传统文化,尤其是在待人处世及道德修持方面的那种实用理性精神。每逢面临现实的挫折或挑战,实用理性精神就会引导他审时度势,以调动内心的智慧或道德力量,冷静分析利害得失关系,寻求趋利避害之道。所谓"和为贵"、"君子矜而不争",儒家经典在这方面留有大量教诫箴言,要求自己的信奉者在矛盾冲突中采取

---

① 华中师范学院教育科学研究所:《陶行知全集》第三卷,湖南教育出版社 1985 年版,第 400—411 页。

温和圆通而又坚持原则的立场。所有这些，陶行知都并不陌生。在他早年处理社会冲突和人事纠葛时，我们每每见到温和圆通与坚持原则相与并用，从而求得自身与事业二者的协调平衡。也许当年所作的《水铭》，正是自况。其中所谓"杯方水方，杯圆水圆"，恰是随遇而安和圆融自在的"外圆"的一面。而所谓"可以穿石，可以灌田"，"会合众川，白浪滔天。居高临下，马力万千"云云①，又恰是独立不羁和报国自许的"内方"的一面。

然而，社会政治风云不但冲刷了他的自由主义思想气息，也洗磨了他那"外圆"的人格轮廓。日益加深增厚的爱国爱民之心，终于使他成为无私无畏敢言敢怒的民主斗士，作育了舍生忘死的抗争型人格。于是，出现在他案头的铭箴之言，一变而为勉励特立独行和杀身成仁的内容。这也就是前已提到过的，平时当养"仁者不忧，智者不惑，勇者不惧，达者不恋"之精神，有事当持"富贵不能淫，贫贱不能移，威武不能屈，美人不能动"之气概。于是，他也就在自身的人格类型上同原有的一些朋友分道，进入新境，并因而玉成了风骨铮铮的晚节，奠定了光彩照人的历史地位。

平素不轻许人的梁漱溟，在品藻自己所识的中国当代人物时，称为"盖世人物而衷心折服者"，只有三人，即毛泽东、周恩来和陶行知。梁漱溟认为，三人"襟怀气概都卓然向着世界全人类，廓然没有界限"。而陶之所以能同创建新国、秉钧国政的毛、周鼎立，就在于他"终身奔波乡野之间，在教育界独辟蹊径，风动全国"，并且又是"一往直前奔赴真理的一个人，好恶真切分明。有时不形于色，却力行不息，沉毅踏实"②。梁漱溟不愧为当代有数的哲人彦士，他一下子抓住了陶行知胸怀天下爱满天下的根本所在，同时又抓住了他在教育事业和民主事业中的执著的创造性的追求以及晚年那种抗争型的人格。梁文写于1983年，距陶行知去世已近半个世纪。经历了无数人事沧桑的梁漱溟发为此言，无疑已经历史之筛过滤，可视为他对死友的定论。

---

① 华中师范学院教育科学研究所：《陶行知全集》第四卷，湖南教育出版社1985年版，第292—293页。

② 梁漱溟：《怀念我敬佩的陶行知先生》，江苏省陶行知教育思想研究会：《纪念陶行知》，湖南教育出版社1984年版，第299页。

别领风骚的大众诗人

　　陶行知不但是一位锐意进取、爱满天下的教育巨匠和民主斗士,还是一位风格独标、别领风骚的大众诗人。如果说,对人民大众的热爱,化为行动则建立了他在教育领域和民主运动中的巨大功业,那么,这种感情化为心声便作成了他在现代诗坛上的特殊地位。在我们看来,陶行知在现代诗歌领域的突出贡献,足以同他在教育和政治领域的贡献鼎足而三。然而,也许是他在教育和政治领域四溢的光华把人们的视线都吸引过去,致使他的诗歌未能引起人们更多的重视,予以应有的评价。

　　陶行知明显具有一种诗人的素质才气。幼时求学,他即嗜好诗歌,白(居易)杜(甫)是他崇拜的诗神。在朋友的感觉中,他身上有一股很浓的诗人气质。尽管他的外貌朴质平易,似乎同"罗曼谛克"一词连不起来,但他的内心却是天马行空般的无羁无束,是个彻头彻尾的浪漫派。茅盾曾以作家所特有的洞察力指出,"他的诗人气质非常浓厚"。初识他时,"会觉得他是一位古板的老先生,日子久了,来往多了,你就会觉得这位古板的老先生骨子里是个'顽皮的小孩子';他日常扁起嘴巴不多发言,好像冷冰冰毫不动感情,但他一开口讲演,可真是热情澎湃,这又是他诗人气质的流露"[①]。事实确然如此。感情热烈,想象丰富,强烈的创造欲望,坚实的文学根基,他的性格、学养和爱好,无不有利于运用诗歌这一特定文学形式抒情言志,充分表达他对人生和光明的追求,对邪恶和黑暗的抗争。

　　他生就惯用一双"诗眼"来观察生活。人所共悦的美好事物固然在他眼中生辉,即使是人所不屑的平常生活或人所不堪的艰难生活,在他眼中也别有意味。他的"诗眼"常常把生活"诗化",无论它是顺境,还是逆境。

　　关于前者,我们且看他1924年写给一位居住在庐山的朋友的信:"诗山里的诗人!庐山一山都是诗:树是诗树,草是诗草,花是诗花,水是诗水,风是诗风,月是诗月,云是诗云,雪是诗雪,鸟是诗鸟,兽是诗兽,晴是诗晴,雨是诗雨……山上有诗,山下有诗,山前有诗,山后有诗,满山都是诗;还有

---

　　① 茅盾:《在人民的立场》,生活教育社:《陶行知先生四周年祭》下集,新北京出版社1950年版,第69页。

那看诗,听诗,读诗,嗅诗,写诗,一身都是诗的诗人。诗人!你可晓得诗神要留你在诗山里做甚?他一回两回的招你上去做甚?他要你听诗树,采诗草,葬诗花,捕诗风,赏诗月,逐诗云,弄诗雪,听诗鸟唱歌,看诗兽跳舞,天晴出门游诗山,下雨回家写山诗……他要我送你诗斧、诗篮、诗笔……好叫你待山如诗,写诗如山。诗山的诗人啊!千万不要忘记了诗山外的诗人望眼欲穿的要看看诗山里的诗人的诗山诗!"①这真是诗情洋溢,把诗人气质淋漓酣畅一泻在纸。

关于后者,我们且看他 1932 年为描写晓庄生活的《破晓》一书所写的序言:"充满晓庄的只是诗——诗的神,诗的人,诗的事,诗的物。晓庄是一部永远不会完稿的诗集。他不是个学校,若拿个学校的名目来找晓庄,一定要迷路,失望,如果硬要派他算个学校,他最多只能承认是个诗的学校。可是要拿五言、七言、古诗、律诗、白话诗这些名目去找晓庄,又要迷路失望了。他所有的是'诗生活'、'生活诗'。除了这种诗以外,他别无长物。只有诗能说明晓庄生活的一切。""在晓庄一切诗化:困难诗化,所以有趣;痛苦诗化,所以可乐;危险诗化,所以心安;生死关头诗化,所以无畏,这是建设的达观主义,也可以说是创造的乐天主义。"②在育才万分艰难时期,他抱定宗旨,"要以诗的真善美来办教育","把育才办成一个诗的学校",使全校师生员工并进而扩大到使全中国和全世界的人民,"都过着诗的生活"③。

其实,被他诗化的何止是庐山,又何止是晓庄和育才?但凡他足迹所至,"诗眼"所注,几乎在在都有诗境。国事多难,民生多艰,奋斗多乐,创造多欢,于是,善感的诗人乃发为诗,乃发为歌,而且一发而不可收。

从 1914 年赴美东渡时所作的那首稿已遗失的《海风歌》算起,在 30 多年的诗歌创作生涯中,陶行知总共留下了 700 首左右的诗篇。以体裁而言,它们可分为旧体诗、新体诗和大众诗三部分。而其间发展变化的线索,

---

① 华中师范学院教育科学研究所:《陶行知全集》第五卷,湖南教育出版社 1985 年版,第 85 页。

② 华中师范学院教育科学研究所:《陶行知全集》第二卷,湖南教育出版社 1985 年版,第 591 页。

③ 华中师范学院教育科学研究所:《陶行知全集》第二卷,湖南教育出版社 1985 年版,第 488 页。

又几乎与他教育思想和政治思想的演进互相平行,并辙前进。

在早期,他常常借用旧体诗词抒写个人情志。这些作品虽然题材较狭,却因为感从中来,情意真切,韵味很浓,其中颇有如郭沫若所赞的"绝类唐宋人的佳作","足使当今自命诗人的新诗人们暗无颜色"①。下面几首即景抒情的小诗,很能证明郭氏所赞不虚。

《春日晨游》写春晨:"草浴晨露绿肥,谁诱花魂恣睡?方欣春色含羞,已饮诗情入醉。"②

《饯春》写春暮:"少年尽说春花好,谁识春光容易老?花落径泥香,行人空断肠。春归侬相送,侬归知谁痛?把酒祝春风,归去莫匆匆。"③

《看花》写护惜好花:"好花不忍折,愿他好不歇。为问世间花,谁逃爱者劫?"④

《春晨听莺说话》写春莺晨啼:"花魂真恣睡!终朝谁是侣?不作辽西梦,喜听黄莺语。""莫说前朝事,莫诉相思苦。愿得一曲歌,为我留春住。"⑤

但是,诗人毕竟已经经历过五四新文学运动的洗礼,更何况首倡白话入诗的胡适是他当时志同道合的密友,胡适那本饮有盛誉的白话诗集《尝试集》也已于1920年春问世。因此,诗人非常自然地也有意作诗体解放的"尝试",对方兴未艾的新诗运动作出自己的回应。这样,我们便又看到了一批诗味醇酽质量上乘的新体诗。

《寄信》寄达远人温馨的情怀:"天气好冷啊!/这封信在路上冻三千里,/岂不要冷透了吗?/我怕信冷了要冰了他的手,/连忙拿进被窝里去放在胸前,/双手紧紧的压着,/使它充满了暖气再寄。/邮差啊邮差!/千万

---

① 郭沫若:《〈行知诗歌集〉校后记》,华中师范学院教育科学研究所:《陶行知全集》第四卷,湖南教育出版社1985年版,第480页。

② 华中师范学院教育科学研究所:《陶行知全集》第四卷,湖南教育出版社1985年版,第10页。

③ 华中师范学院教育科学研究所:《陶行知全集》第四卷,湖南教育出版社1985年版,第46页。

④ 华中师范学院教育科学研究所:《陶行知全集》第四卷,湖南教育出版社1985年版,第14页。

⑤ 华中师范学院教育科学研究所:《陶行知全集》第四卷,湖南教育出版社1985年版,第45页。

别把信里的暖气走出去啊！/我怕信冷了要冰了他的手。"①

《白兰花》抒写情人的炽热心房："我是一朵白兰花，/愿人摘去送给他——/送给他；人山人海多似恒河沙，/只愿送给他，/送给他插。/莫向鬓边插，/须在心前插。/花也像他，/他也像花，/天生成的一点儿不差。"②

《中秋月下》反映愁人的善感多思："徘徊的秋月！/这分明是您团圆时节，也如何这样惨白如雪？/莫非是人间还有未圆人，/不忍面？/莫非是月姐亦有心中事，/不堪说？莫非是会少离多，/今夜虽暂圆，明宵缺？"③

与此同时，诗人还写作了一批介于以上旧体诗和新体诗之间的半旧半新体诗。这些诗，风格似新又似旧，虽用白话写成，却仍留有旧体诗词和小令的句调格律影响。这些诗写得异常清新可爱，如尺幅小品，风致婉约，疏淡中蕴丰神，洒逸中含秀骨，迥异于新旧文人无病呻吟故作情语或无端无由伤春悼秋之作。

《重逢》把情人久别重见时的奔涌感情定格："久别重逢，思携手，/离情共诉。/羞涩涩，颊红心颤，/默无一语。/别日相思见时闷，/闷来更比相思苦。/问何时两个魂灵儿，/如鱼水？""乂中情，/何处去？/敬离爱，/便无据。/试把二十四史从头数，/那个圣贤不多情？/多情忍把今生负！/看天边几个同心人，/如我汝？"④

《登高》又把情人登高同游时的海天誓盟实录："眼前四大皆空，/有三尊：/云外一轮明月君和侬。/今生愿，/同携手，/听天风。/自是东海有尽情无穷。"⑤

---

① 华中师范学院教育科学研究所：《陶行知全集》第四卷，湖南教育出版社1985年版，第8页。
② 华中师范学院教育科学研究所：《陶行知全集》第四卷，湖南教育出版社1985年版，第44页。
③ 华中师范学院教育科学研究所：《陶行知全集》第四卷，湖南教育出版社1985年版，第52页。
④ 华中师范学院教育科学研究所：《陶行知全集》第四卷，湖南教育出版社1985年版，第48—49页。
⑤ 华中师范学院教育科学研究所：《陶行知全集》第四卷，湖南教育出版社1985年版，第46页。

《落花》描摹惜春者的怅怅之情:"春光归去匆匆。/愁煞侬!/可堪千紫万红舞东风!/枝头绿,/寂寞否?/几时红?/无奈花开易见落无踪。"①

《秋神的命令》借用秋神之口道出天演法则:"一阵秋风吹叶红。/唱和将尽虫,/柏松有余容。/适者披霜过冬,/不适者从此送终。/问几人尚在梦中?"②

上述诸体诗作,基本作于20年代中期以前,可以把它们归入"五四"新诗运动之中。五六年中,总共创作70余首,约占陶诗总数九分之一,虽然产量不可谓丰,但质量却均臻上乘,并且具有自身特色。在形式上,它们逐年呈现解放之势,从旧体向半旧半新体再向新体逐渐过渡的痕迹宛然。胡适那个有名的"放脚鞋样"的比喻,完全可以适用于陶行知。1922年《尝试集》四版时,胡适曾自序:"我现在回头看我这五年来的诗,很像一个缠过脚后来放大了的妇人回头看她一年一年的放脚鞋样。"陶诗在形式上的变化趋势,同"五四"新诗运动的发展流向相一致。在内容上,这些诗大多抒写身边的近事和个人的感受。除了上引抒情之作外,尚有逢年过节的景象,旅途生活的感受,友朋相会促膝交谈的欢愉之情,祖孙相饴家庭融洽的天伦之乐,等等。通读这些诗作,一位工作奋勉而又感情丰富的上层知识分子的情怀及其周围平静安宁十分优裕的生活情调,油然入人脑海。

鸟瞰"五四"新诗流派,人们不难发现风格各异色彩纷呈。以郭沫若为代表的浪漫派有别于以冯至为代表的婉约派,以冰心为代表的小诗派又不同于以汪静之为代表的湖畔诗派,以蒋光慈为代表的普罗诗派更同以李金发为代表的象征诗派相去甚远,而胡适的尝试诗派又同以鲁迅为代表的散文诗派不在同一层面。若加研讨,则早期陶诗风格涵容较广,很难具体指归为某一流派。就讲究诗的格律来说,它似乎接近于以闻一多、徐志摩等为代表的新月派。该派在诗歌创作方面提倡格律诗,要求新诗具有"音乐美"(音节)、"绘画美"(词藻)、"建筑美"(节的匀称和句的均齐),诗作追求章法谨严、句式整饬、语言凝练、音节铿锵、构思奇妙、意境深沉。上述陶诗纳入该派,当可浑然无间。就偏重知识分子的生活题材来说,陶诗似乎又

---

① 华中师范学院教育科学研究所:《陶行知全集》第四卷,湖南教育出版社1985年版,第45—46页。

② 华中师范学院教育科学研究所:《陶行知全集》第四卷,湖南教育出版社1985年版,第36页。

相当接近于以朱自清、叶圣陶等为代表的人生派。该派立足现实社会,侧重于抒写个人的生活感受和对人生的思考,而不甚注重于描绘理想生活的图景,善于托物寄兴,浅斟低唱,而不善于直抒胸臆,引吭高歌。上述陶诗与之相较,可谓无甚凿枘。就师法前人来说,陶诗似乎又同以刘半农、刘大白等为代表的"新元白诗派"有一定的相近处。该派深受杜甫、白居易的新乐府影响,并有意识地从民歌中汲取养分,从而形成了通俗质朴平易明朗的风格。上述陶诗追踪溯源,可与同归于一。

早年陶诗风格的多样性,对随后诗风的发展无疑具有一定的导向作用。它正是诗人当年刻意追求的诗歌主张的实践。1924年,在与一位家乡的青年朋友讨论诗歌问题的信中,他曾就诗的材料和诗的功用问题发表过意见。关于诗材,他认为,"随时随地都是诗,随时随地都可以做诗,随时随地都不可以勉强做诗。诗贵自然,充天地间都是诗的材料,诗人随意拈来都成好诗"。关于功用,他认为可分两种。一是"普通功用",即人们常说的社会功用,对此他似不甚强调,只是引了孔子所说"诗可以兴,可以观,可以群,可以怨",再加上一句"我不必细说了",就此打住。二是"对于诗人的功用",他却十分强调,分别从诗人"读诗"和"做诗"两方面以喻说理:"你试站在河西桥上,望着十寺或别的好风景:尽量呼一口气出来,忍住,忍到不能再忍了,那时你就明白诗人读诗的功用;尽量吸一口气进去,忍住,忍到不能忍了,那时你就明白诗人做诗功用。"[①]强调写诗不事雕琢,贵自然,求真趣,成天籁,强调读诗和做诗都是诗人发自内心"忍无可忍"之事,非有此纳此吐不为快,而对于传统诗论所谓"可群可怨"的社会功用则不甚推重。这种创作思想,同"五四"时期尊自然、重个人、崇性灵的新诗创作主流是一致的,也同诗人直抒个人情怀和身边近事的创作实践相一致。

但是,1927年后,诗人的生活境遇发生剧变。从创办晓庄到出亡日本,从匿身沪上到投身救亡运动,数年之间,诗人告别了往日那种宁静优裕的中产阶级的生活。从此,他耳之所闻目之所接的是凋敝的农村、呻吟的工农、封闭的学校、被害的青年、凶焰高涨的侵略者和屈辱退让的当政者。生活起落反差和场景转换之大,不能不使鼓吹生活教育的诗人率先受到生

[①] 华中师范学院教育科学研究所:《陶行知全集》第五卷,湖南教育出版社1985年版,第89页。

活本身所给予的教育。于是,与丰富的入诗内容相应,所发的诗情突破了诗人固有的那方小天地。早岁的婉约之音渐被愤慨之声所代。境界和格局提高了,深度和力度加强了,形式也更自由更解放了。这样,诗人别具风格的新体诗,也即被人们称为"陶行知体"的大众诗问世了。

所谓大众诗,尽管可从有关工具书中找到它的释义,但我们仍想用符合诗人心意的语言加以阐释。我们认为,诗人给生活教育所下的定义,不妨移用为大众诗的释义:一、大众的诗;二、为大众而写诗;三、为大众的提高、进步而写诗。为大众,这就从内容到形式规定了大众诗的立身原则,标明了它的基本特征。

为了说明陶行知的大众诗思想,我们不妨引以实例。1935年,胡适作诗《桂游小赞》:"看尽柳州山,/看尽桂林水。/天上不须半日,/地上五千里。/古人辛苦学神仙,/要受千百戒。/看我不修不炼,/也凌云无碍。"有位文艺批评家极力推崇该诗,称此"胡适之体"为中国新诗人可以走的一条路。但思想业已变迁的陶行知却不肯苟同此说,特作《新诗路线》一文以驳。他认为胡适此诗改文就白,在形式上不脱旧诗词窠臼,称为古代解放旧诗词的辛稼轩等人"早已玩过"的"文学把戏"。他进而反省"五四"以来的新诗运动,"新诗之所以走近绝路,主要的原因是由于内容充实的作家,技术未免幼稚;而技术熟练的作家,内容又未免空虚"。这里的批评和反省,无疑也是对自己当年追随胡适"放脚鞋样"做法的重新认识。他还站在大众的立场上批评《桂游小赞》的内容空虚:"它是一幅天空行乐图,也可以说是一幅现代仙人逍遥图。它只是一位有闲华人自摄的安享小照。我们的诗人的想象力,没有跳出他所整理的国故和所乘坐的飞机。你看在那半日的时间和五千里的空间里,他只看见了自己一个人。再有,就是他赛过的古神仙。这种害了贫血症的文艺,根本没有力量走路,还要教青年诗人跟在它后面走,这使我不能忍耐。"

不能忍耐的结果是另作一诗以为答复:"流尽工农汗,/还流泪不息。/天上不须半日,/地上千万滴!/辛辛苦苦造飞机,/无法上天嬉。/让你看山看水,/这事倒稀奇。"这首诗在读给大家听时,小先生张健对于末句颇有不同看法,主张改为"还要吹牛皮"。素来虚心听取大家意见的陶行知,这回却没有采纳这一改动意见。他解释道:"我这稀奇的境界是从觉悟中发现出来的。照平常的目光看来,是没有什么稀奇,但一经觉悟,哪能不感到奇怪?"①这就把诗人对自己"觉悟"的珍惜全盘托出,足为他弃旧图新自辟大众诗路线的一重纪念。对照前此他写给同乡小友论诗之信,"可以群,可以怨"的社会功能在此被强调突出了,这也表明大众诗同新体诗的分野是相当明确的。

应该指出,陶行知的大众诗是20世纪30年代文艺大众化运动中的一朵奇葩。1930年"左联"成立时,在大会上通过了成立文艺大众化研究会的议案,并且很快在"左联"主办的《大众文艺》上对文艺大众化问题展开讨论,推动了进步文艺向大众靠拢,为大众服务。尽管这场讨论开始时,陶行知已在"一闻牛粪诗百篇"的大众诗创作道路上探索多时,但这场讨论所涉及的有关世界观与创作方法的理论问题,如文艺家必须成为大众中的一员,才能服务大众的问题,如旧形式的利用问题,如评价"五四"白话文、白话诗问题等等,无疑使他在文艺理论上加深了认识。在此时期,为了普及大众教育,他不但与大众语运动结下不解之缘,成为运动中的一员健将,还因而活跃在文艺大众化运动中,在大众诗歌、大众音乐、大众歌咏、大众图画诸领域,人们都不难见到他的活跃身影。在生前经他亲手编纂的几部诗集,相继问世在1933年7月到1936年11月间,也即文艺大众化运动高涨时期。即此一端,也可见得脱颖而出的新陶诗同文艺大众化运动的密切关系了。

在继此而来的抗战文艺运动中,他坚持不懈推行大众诗歌。他在奔走讲演中配以诗歌朗诵,把诗歌从小众手里解放出来。他同一批进步音乐家如贺绿汀、吕骥、冼星海、任光、张曙、马思聪等进行合作,化诗为歌,变大众诗为大众歌,扩大了影响。如他为儿童创作的《三万歌》和《儿童节歌》分别由任光和贺绿汀谱曲,《胜利进行曲》和《民主进行曲》又依聂耳《义勇军进行曲》曲调作词,都使他的诗歌在国内广泛诵唱。现代文学史家在论述抗战文艺史时,往往津津乐道《放下你的鞭子》之类的活报剧与街头剧以及解放区诗人的街头诗运动和朗诵诗运动。其实,我们又何妨把陶行知穿插在讲演之中或谱为歌曲的诗,径称为讲演诗或歌咏诗呢?他为育才师生撰写的《朱大嫂送鸡蛋》和热情扶持育才师生创作演出的《小主人》《嘟格办》《王

---

① 华中师范学院教育科学研究所:《陶行知全集》第二卷,湖南教育出版社1985年版,第879—880页。

大娘补缸》等歌舞剧目,又何尝不可称为带有陶派风格的活报剧与街头剧、街头歌舞?

陶诗犹如他称为"诗山"的匡庐,横看成岭侧成峰,取景点不同,所得观感也不尽相同。无怪乎研究者有注目于其政治抒情诗,有留意于其教育诗或儿童诗,也有关心于其大众诗。在这里,我们拟就本节标题所示,就其大众诗的风格特点略作论述。

善于吸取民间歌谣的优良成分,是其特点之一。民歌民谣是民族传统文化的重要组成部分。它那可歌可唱朗朗上口且又传之久远的特殊功能,使得立志要为大众吟唱,要把诗歌从庙堂之上和象牙塔中解放出来的诗人,无论如何也不能轻忽了它的存在,必定要从中摄取营养,丰富自己的创作。陶行知深知"诗和歌是有分别的",并自称不知所作"到底是诗还是歌"。但他坚信一条创作原则,即"不论歌或诗,只要人民能接受,听得进耳,背得上口,都是好的"①。由此出发,他积极向民歌学习。还在文艺大众化运动对旧形式利用问题,即"旧瓶装新酒"问题展开讨论之前,他就已大胆地利用"旧瓶"来装自己的"新酒"了。1927年在晓庄所作的《锄头舞歌》,即是调寄本地栽秧山歌而成。同年所作《农人破产之过程》和《镰刀舞歌》,也是借用南京山歌的曲调。1928年借用安徽凤阳民歌调改编成《凤阳花鼓》新歌词。1931年据北方民歌调改编《农夫歌》。1935年又据上海码头工人曲作《工人歌》。此外还有一部分根据儿歌改作的诗篇。这些亦诗亦歌可吟可唱的作品寄托了一位大众教育家对工农大众的一片深情,也反映了一位轸念民生的诗人对利用旧形式服务新大众的不懈追求。

明白如话,无僻字,少用典,是其特点之二。同那些堆砌词藻刻意雕琢以追求艰深故作高雅的诗人相反,陶行知务去粉饰凿空之词,力求朴实无华之意。在他那里,为大众写诗歌同为大众办教育的出发点是统一的,它们都不是奢侈的装饰品,而是生活的必需品。"它不是摩登女郎之金钢钻戒指,而是冰天雪地下的穷人的窝窝头和破棉袄。"②通读他的诗作,几乎

---

① 华中师范学院教育科学研究所:《陶行知全集》第三卷,湖南教育出版社1985年版,第488页。

② 华中师范学院教育科学研究所:《陶行知全集》第二卷,湖南教育出版社1985年版,第635页。

找不到晦涩古僻的用字和典故。他认为要写出明白如话的大众诗和大众文并不难,只要一面动笔写,一面用嘴哼。但自己的耳朵有时还不是最靠得住,因此还要请大众(工人、农民、车夫、老妈子、小孩子)的耳朵做先生。1935年他写有《问老妈子》一诗:"文章好不好,要问老妈子,老妈高兴听,可以卖稿子。老妈听不懂,就算是废纸。废纸哪个要,送给书呆子。"[1]世传白居易作诗,每令老妪听之,听而知解则录,不能知解则不录。可以说,陶行知同这位千载之上的新乐府运动中领袖群伦的大诗人是心心相通的。如果说,不惮蹀躞拈须锻字锤句,以求"语不惊人死不休"的效应,是诗人的一种"上行"提炼,那么,立意精心推敲,觅取平易浅近明白如话却又内蕴丰富的诗句,则是诗人的一种"下行"提炼。"上行"不易,以求深而适见其浅薄者多如恒河之沙,是其证明。"下行"尤难,以求浅而反显其深刻者寥若晨晓之星,是其证明。在这方面,陶行知又称得上其中的佼佼者,这是辛苦劳作的最好酬报。

简洁明快,擅长白描,托物言志,诗味盎然,是其特点之三。从诗眼中望出去,生活虽被诗化了,却并非所有的生活都可化诗。但只要诗材一旦"入格",经过诗人精心择取加工,融进自己的感受和发现,就可运作自如地制作成器,变成一件件反映大众喜怒哀乐心声的艺术品。这些作品或以简洁白描见长,或以比喻象征称胜,往往数行之中浓缩着相当的生活容量和思想深度,通常能取得以少胜多,以小见大,以淡墨胜浓彩以及意在言外的艺术效果。关于前者,可以《高跟皮鞋上之小姐》为例:"瞧,瞧,瞧,/摩登小姐踩高跷,/一跷跷到白渡桥。/白渡桥上有人笑:/曲线三角真巧妙,/大脚婆儿脚变小。/走路不稳少爷扶,/少爷不扶就跌跤。/上桥跌一跤,/下桥跌一跤。/来瞧,来瞧,/摩登小姐甓了腰。/甓了腰,/还要踩高跷。"[2]这首诗用儿歌的节律,又借儿童之眼之口,幽默风趣地白描出一位婷婷娉娉的时髦女郎的狼狈模样。对看另一首《送一位摩登小姐》:"脱下高跟鞋,穿上工人装。斧头挥起处,地狱变天堂。"[3]充分表明作为教育家的诗人,对此

---

[1] 华中师范学院教育科学研究所:《陶行知全集》第四卷,湖南教育出版社1985年版,第312页。

[2] 华中师范学院教育科学研究所:《陶行知全集》第四卷,湖南教育出版社1985年版,第189—190页。

[3] 华中师范学院教育科学研究所:《陶行知全集》第四卷,湖南教育出版社1985年版,第223页。

类女士的善意讽谏和殷切期望。关于后者,可以《炸弹》为例:"沉默,沉默,/沉默是你的性格。/你平生只说一句话,/从不顾粉身碎骨,/在惊天动地的爆炸中,/诞生了幸福的新国。"①如果把这首晚年的诗作,同前曾提及的早年所作《放爆竹》(1922)和中年所作《一块煤炭》(1936)联系起来看,诗人三次托物言志,都选取了发光发热和燃烧爆炸的事物,这恐怕不是偶然的。爆竹—煤炭—炸弹,一以贯之,自志自励,其中正好袒露了诗人对国家和人民火一般热烈的情怀,正好表露了诗人为国家和人民的事业轰轰烈烈献身的夙愿,也许可以说,诗人最后血管爆裂,热血溢脑,正是托物应谶,求仁得仁。

对于陶行知来说,诗是服务于其事业的战斗武器,也是宣泄思想感情的主要通道。因而,它既是社会的镜鉴,真实地映照出时代的风和雨、阴和晴,同时又是心灵的写照,忠实地记录着诗人的爱和憎、忧和喜。诗是他生活和事业的重要组成部分。一位深知乃师为人并多次参与其诗稿珍藏和出版工作的学生甚至说,诗人"爱他自己的诗稿,甚于爱他自己的生活教育论文,甚于爱他自己的生命"②。

这样说,有事实可为依据。诗人三遇大故将临,而珍藏诗稿每次均被优先列在"善前"工作之中。1934年史量才遭毒手后,深为当局所忌的诗人恐遭不测,便把诗稿复写五份,分存在北京、汉口和上海的银行保险箱,航寄一份给香港友人,自留一份。这是诗人第一次珍藏诗稿。"昆明惨案"发生后,诗人在前往参加追悼会的前夜又把历年所积诗稿整理一过,编为九册,一份交友人出版,其余几份复分寄各处托友人保存。办完此事后,诗人方有一种如释重负之感,"我是可以交代了,无顾虑的去参加祭礼了"。这是诗人第二次珍藏诗稿。1946年7月中旬,诗人得知自己名列黑榜,在万忙中料理身后之事,整理诗稿仍属其中之要。他把它们重新编排,分为十册,以便日后珍藏和付印。这是诗人第三次珍藏诗稿。三次珍藏,已远非一般为诗文者的敝帚自珍所可比拟。这种对诗稿死生相依的深情,恐怕也只有真诗人的真情性和真自信才能解释吧?

在中国现代新诗发展史上,陶行知应该占有一席之地,却还未曾占有

---

① 华中师范学院教育科学研究所:《陶行知全集》第四卷,湖南教育出版社1985年版,第522—523页。

② 方与严:《记行知诗稿》,《行知诗歌集》,生活・读书・新知三联书店1981年版。

其应占之席。不容讳言,陶诗中也间有少数说理成分较多甚或类似标语口号之作。但这些出现在配合政治斗争的应时之作中的急就篇,只是小疵,当不掩大醇。平实而论,陶诗之大醇未能引来更多的品赏者,除本节开头所称为其教育和政治方面的光华所掩之外,还同历史机运的错位有关。他那足以自成一家,与"五四"众新诗人争妍比美的诗作,到20世纪30年代中期方陆续结集,显然为时嫌晚。"五四"的春事已了,芳圃收歇,争奇斗艳者均已品藻入位,端居安处。纵有众里寻芳者惊叹陶诗之醇美,品而评之,悬为高格,也通常把它们置于下一季的花事之中。然而在抗战期间大众诗怒放盛开的花季之中,诗人10年诗作(1937—1946),除小部分见于报端,大部分则藏于箱箧。等到他死后经由郭沫若等朋友帮助整理出版,已是1947年内战正激之时。诗集本该拥有的广大读者群,其呼吸目光已倾注在直接有关中国命运的巨大历史事变上面。即有知音见及此中卓异不凡之处,也不易成为时论共识。待到新国肇建,研讨中国新诗发展道路成为文学史家应行之事时,《武训传》的批判又把陶行知连同其诗作一风刮入"禁区"之内,从此无人敢于问津陶诗。

然而,历史机运的错位只能影响一时,在今天,陶诗终于被人们再度认识。仰望现代中国诗歌的星空,群星奇诡绚丽。在这个领域,新陈代谢的法则应验得尤为不爽:新星特别容易倏忽腾起,旧星又特别容易陨落消亡。要在这一领域成为一颗"恒星",天长地久地闪射光华是不容易的。陶诗经过半个世纪的汰洗依然不减其熠熠光华,并被越来越多的研究者欣赏者所赞叹,这就表明了它的存在价值。科学常识告诉我们,星光的强弱并不标志星体的实际大小,有时距离会造成人类的错觉。当整个宇宙斗换星移,当人类变换一个位置或凭借某种工具进行观察,也许就会得到与前此不同的看法。我们今天回眸相望这颗标有"大众诗人"名号的诗星,容或当作如是观。它不但可以就近同"五四"以来那些被冠以"新月派"、"唯美派"、"浪漫派"、"人生派"、"象征派"、"普罗派"等等名号的新兴诗星并名而过之,而且还可直逼古代那些冠以"山林诗人"、"隐逸诗人"、"田园诗人"、"乐府诗人"、"边塞诗人"等等名号的传统诗星,与之同映天宇。

生活教育的新启示

人们爱把历史比作一面镜子。我们更愿把它称为一支公平的天秤。

每个有资格接受秤量的人物,都将在它面前掂摸出真正的分量和价值。变故迭起的近现代中国社会,为每一名历史人物提供了难得的机遇,使他们历经劫波之后来到这支天秤面前。现在,和陶行知过从甚密的一代风流,差不多都已辞别了这个令他们全心付与并竞相折腰的神州舞台。他们各以自己的方式走完了人生之途,从而驻留在各自的位置上,留待后人衡量评说。一如传主的朋友、诗人柳亚子所称:班生九等分人表,青史他人任品题。

但不论按照何等分类,陶行知都在人之极表之列。宋庆龄称他为"万世师表",郭沫若赞他为"当代的孔子",显见得有意把他同2000年来最为人景仰的大教育家孔子联系在一起,特别强调他在教育方面的功业。也许由于这两位大教育家出生的时代和社会背景相去过远,至今我们仍很难看到对之辨异求同考校研讨之文。详论孔陶并非本书任务,但他们之间确有许多不容忽视的因缘值得注意。首先,陶行知始终以一种科学的历史的态度看待孔子。即使在"五四"时期"打倒孔家店"口号响彻中华之时,他也不曾对孔子的功过作蹈空浮泛的批评。他心目中的孔子,只是当年那位在历史上实际存在过的大教育家。这种冷静客观的态度,不但高于当时那些感情化地以保孔或反孔为职志者,并足使至今尚在"感情化"地或拥或反的人们汗颜。在其晚年,他对传统文化的改造制作,更包含了许多对孔子教育思想的迎纳融合态度。就此而言,陶行知在主观上对于那位2000多年以前的教育大师,可谓相知。其次,在教育思想上,孔陶之间也确有许多相互贯通一致之处。大略言之,则在教育理想与目标方面,彼此均认为教育应以修己善群求得个人与社会的和谐发展为最终趋向;在求知的旨趣方面,双方均主张为行而求知,而非为求知而求知;在道德教育方面,彼此均能离开宗教而在人文与自然界求其根据;在教育方法方面,双方在注重实践或启发式等方面,更多相同之处。

但是,生活教育思想毕竟是20世纪的产物,因此,它又必然在许多方面自具特色,不同于孔。如孔子所重在个人与个人的分际,其伦理关系的重点在家族,陶之所重则在个人对集体对国家事业的参与,其重点在于社会。孔子注重个人克己修持的功夫,其道德教育近于消极,而陶则强调个人全面发展,以增进国利民福,其作用积极。孔子以仁义为统治者说法,而陶则以实现民主为全民呐喊。

罗列以上颇多挂漏的比较,只是为了说明,同具有"万世师表"隆名的孔子相比,陶行知确也无愧此名。孔子当年不乏从政之志,栖皇奔走游说诸侯之间,但经过历史的淘漉,人们至今大多不以大政治家相视,而以大教育家相称。我们不想预言而今而后的人们在政和教两方面评陶,是否会有所偏倚,但生活教育必将不断予人以新的启示,成为与陶行知的名字合二而一的名词而流传万世,则是我们所能断言的。

在当前,我们认为生活教育至少在三方面予人以深刻的启示。

启示之一,中国教育改革必须顺应世界潮流。

世界范围的教育改革蔚然成为潮流是在19世纪末20世纪初。中国教育改革加快步伐有意跟上则已在"五四"时期。由于"五四"新教育运动前驱人物的努力,在教育的民主化和科学化方面都取得了令人可喜的成绩,缩短了中国教育同世界先进教育的差距。从20年代后半期开始,一批有见识的中国教育家以乡村教育运动为开端,陆续走上力求适应中国国情的教育改革之路。在此过程中,陶行知以自身不断完善丰富的生活教育理论,突破了杜威所奠立的风行世界的实用主义教育。生活教育理论青出于蓝而胜于蓝,在中国化的特征下,不但为世界教育改革平添了一股清新爽利的新流,更为发展中国家解决教育普及难题提供了一条新途,从而成为20世纪中国教育顺应世情贡献人类的一件杰作。

陶行知当年改革中国教育,入手之处便是首先寻找一个可供参照的坐标系。通过历时的纵向比较和共时的横向比较,他确定了中国教育在世界教育大坐标中的特定位置,也认准了让中国教育走向世界的既定方向。因此,他心目中的"第一流的教育家",与那些"只会运动,把持,说官话"的政客教育家,"只会读书,教书,做文章"的书生教育家,以及"只会盲行,盲动,闷起头来办"的经验的教育家毫无关系。只有那些不拉死人和洋人的旧车,而独辟蹊径,"敢探未发明的新理"和"敢入未开化的边疆"者,才配称"第一流的教育家"。他之吸收杜威学说而又把它"翻了半个筋斗",他之宣布"生活即教育"是"教育进步到最高度的时期",以及他之确信"中国遗留下来的旧文化"和"推销外国文化的买办"都与此主张冲突,都表明了他在面向世界,引进并借鉴西方教育成果时的自主意识。他这种可贵的顺应世情勇于改革的精神,以及充满自主意识和审慎的理性态度,无疑是一种先觉先行,积极回应当时世界教育大潮,足予当今再度面临世界教育改革大潮的中国教育者以有益的启示。

当今世界教育改革大潮是在第二次世界大战结束之后开始的，它恰好以陶行知去世为界，把20世纪一前一后两轮世界性的教育改革高潮划分得异常清晰。应该承认，中国教育改革在回应这一轮世界教育改革大潮时，起步较迟。虽然新中国成立以来，有关教育改革的口号从未中断。但是，50年代初批判《武训传》和陶行知，照搬苏联教育模式，使新中国的教育改革事业从一开始就受到了严重的挫折。直到70年代末，教育改革方又峰回路转走上新途。中共十一届三中全会后，中共中央历次重大会议都一再批判党内那种轻视教育科学文化和歧视知识分子的错误观念，强调教育科学文化在现代化建设中的作用。1987年召开的中共十三大，更确定了"百年大计，教育为本"的建国方针，强调把发展教育事业放在突出的战略位置，从而进一步突出了进行教育改革的迫切性。由此可见，由于40年来在教育问题的认识上，经历了一个曲折上升的过程，从而使中国教育改革也走过一段令人难以忘怀的弯路。

当中国教育改革徘徊容与之时，世界教育改革潮流却在汹涌迅进。在这里，我们有必要对此情况作一简略的回顾。世界各国教育大发展大改革相继出现在20世纪50年代到60年代。虽然70年代中期到80年代初，因世界性经济危机又造成了一段教育发展的困惑期，但80年代很快又出现了一个教育改革高潮。新科学技术的发展和国际政治经济军事的激烈竞争，再次唤醒人们必须高度重视教育的发展和改革。人们普遍认识到，当今世界上虽然面临许多重大的亟待解决的问题，诸如人口问题，能源问题、粮食问题、环境问题、生态问题、太空问题……但尤为重要而根本的问题仍是教育与人才问题。国力的强弱，经济发展后劲的大小，上述诸重大问题的解决，从根本上说，它们都取决于人才的数量和质量，也即取决于教育。当今世界的竞争，从表面上看，是政治力量、军事力量、经济力量和科技力量的竞争，但从深一层看，则是教育的竞争。事理至简至明：今天的教育状况，决定明天的国力。难怪国外一些未来学家预言，21世纪将是"教育的时代"和"教育的世纪"，也难怪各发达国家的政府以异乎寻常的热情重视本国教育事业的改革。

在美国，里根当选总统不久，就授权教育部部长贝尔组织"教育质量委员会"，调查美国中小学教育状况，限期提出调查报告以及发展改革教育的建议。1983年4月,经过一年半的调查,该委员会发表了一份给美国人民的公开信,宣称国家的教育基础正在被削弱,使得在商业、工业和科学技术方面的领先地位,正被世界各国的竞争对手夺走,信中惊呼"国家在危险之中",由此引起了国内各界人士的严重关注。当年年底里根政府召集了有2300多人参加的"全国教育质量讨论会",专门研究提高教育质量的对策。接着,联邦教育部和卡耐基基金会通过长达数年的全国规模的调查,分别于1984年和1986年公布了提高美国高等教育质量的研究报告。

苏联的教育改革几乎与此同时。1984年1月和1986年6月分别提出了"普通学校和职业技术学校改革的基本方针(草案)"和"高等教育和中等专业教育改革的基本方针(草案)",在供全民讨论后,又分别经最高苏维埃通过。1988年2月,苏共中央全会又提出了新的教育改革的设想。

一向重视教育的日本进行改革尤力。1984年3月,作为首相府的教育咨询机构——日本临时教育审议会成立三年来,业已召开了90次全体会议,670多次分组会议,并于1985年到1987年先后提出了三次教育改革的咨询报告。1987年,文部相又成立日本教育改革实施总部,专门负责推进改革工作。

在此形势之下,英、法等国也不甘落后,都在80年代初提出了教育改革的报告。

所有这些在世界上具有重大影响的国家,无不把发展教育和教育改革提到关系国家前途命运的高度,置于国家发展的头等战略地位,无不由国家领导机构或国家首脑亲自顾问,亲自参加决策,使得当今的世界教育改革潮流蔚为壮观。因此,可以预言,各国在教育发展和改革方面的力量投入将继续增长。从20世纪末到21世纪初,世界性的教育改革运动将方兴未艾。

这一轮世界性的教育改革潮流声势浩大,已非前一轮改革潮流所可比拟。中国近10年来对教育战略位置的认识逐渐深化,又同这一轮的世界教育改革潮流因缘时会,对应一致。当此之时,人们有理由发问:在这一回世界教育改革的竞争角逐之中,中国最终将取得何等结果?中国能否以此次教育改革为契机,采取得力措施,抓紧抓好,不失时机地迎头追赶,同各发达国家缩短差距?

要对此作出回答,在目前尚为时过早。但是,有一点是可以肯定的,即在此次竞争角逐中,中国教育必须善于吸取他人之长,以补己之不足。如果说,20世纪初的世界教育改革初潮兴起时,中国由于基础薄弱,准备不足,处在十分被动地位——人则先鞭已着,绝尘在前,我犹鞍辔未具,蹄铁未钉——因而难以迅速跟上,直到"五四"时期方才逐渐缩短差距。那么,在这一回的世界教育改革大潮中,中国已有之基础足以使我们树立在较短时间内迎头赶上的信心。当前最要的问题是进一步解放思想,拓宽视野,及时取法他人之长,以补己之不足。科学技术日益高度发展,使地球变得越来越"小"。地球村中各邻居的教育改革也日趋接近,当今,无论是以提高教育质量为中心,还是进一步加强教育同现代生产和实际生活的联系,使教育与生产劳动实际生活更好结合,无论是继续进行教育内容的改革,还是普遍重视师资质量和改善教师工资待遇,都变得彼此众目共视,触手可及。教育改革的公开性,必然引发并扩大开放性,刺激各国主动地接纳、消化、融汇和改造加工他国教育改革的良好经验,以丰富和发展本国的教育改革事业。中国教育改革也必须具有这种现代气质和文化眼界,才能同步不误地感应并领受当世教育改革的精华。中国教育改革的组织者和领导者,更必须具有宏毅的气魄才能不负此重任。

启示之二,教育必须深深地切入社会生活。

在长达20多年的教育改革实践中,陶行知始终根据不同的历史条件和生活环境,坚持"符合国情,适应生活需要"这一根本指导思想。他的教育事业深深扎根在现实的社会生活之中,而事实也表明,生活教育的理论和实践无愧为生长在中国土地上的具有浓厚中国特色的奇葩。

他一贯强调中国是农业国,中国教育的根本问题在农村。旧教育违反国情,它教人离开乡下向城里跑,它教人吃饭不种稻,它教农夫的子弟变成书呆子……这种教育根本无助于农民翻身出头,无助于中国由农业文明过渡到工业文明。为此,他发起乡村教育运动,从中国农村实际生活出发,向农民"烧心香",以求教育适应农民新的生活需要。当外来的侵略和内战的危险严重威胁到民族的生存之时,救亡图存和争取和平民主的急迫需要相继上升为中国人民社会政治生活中压倒一切的主题,生活教育理论又应时而化,充实新内容,提出新观点,以期服务于抗战生活和民主生活。不断与时俱进,适应剧烈变迁发展的社会生活,使生活教育运动充满生意。

现实是历史的发展。我们目前所处的时代同陶行知当年的生活环境,既有本质的区别,又存在一定的联系。目前我国正处在向工业现代化和商品经济高度发展的社会过渡阶段。要实现社会主义工业化和现代化的任务,必须在完善经济体制和政治体制的同时,不断改革文化教育体制,使之适应社会生活的全面的深刻的发展变化。

教育与社会双向互动,彼此渗透、融合。教育既是社会变迁的结果,又是社会变迁的动因。教育切入社会,是改造社会的基础设施之一。社会由个人结合而成,改造了个人也便改造了社会,改造了社会也就改造了个人。办学和改造社会是一件事,学校办得得法,就是改造社会。改造社会而不从办学入手,就难以改造人的内心。办学而不包含社会改造的使命,便是没有目的,没有意义,没有生气。所以,教育就是社会改造,教师就是社会改造的领导者。可以说,没有教育就谈不上人类的文明和社会的发展。教育操着新生者的命运,也便操着民族和人类的命运。

在当前,为了保证教育切入社会生活,有必要努力倡导"教育先行"或"教育超前"的理论。就教育发展永远受国民经济条件制约来说,教育的发展是滞后的,社会经济发展水平永远是教育发展的物质前提。但作为一种宏观的教育现象,教育又具有对现实社会和未来社会先行的重要作用。教育实力→人才实力→科技实力→经济实力→政治军事实力,现代教育无疑已成为现代社会发展的良性循环的基础,成为现代社会发展运转中的关键链节。人们只有循此"先行"或"超前"的规律,先化人,后化物,才能有效地推动社会发展。

为了保证教育切入社会生活,必须采取强有力的行政措施。它们包括:切实提高教育领导管理机构的地位和权利,真正把发展教育事业作为社会各项事业发展的战略重点;不断增加教育经费,使教育经费的增长高于国民生产总值的增长,并使按在校学生人均的教育费逐步增长;合理调整教育的内部结构,使各级各类学校之间的关系,基础教育与专业教育、一次教育和终身教育的关系,都能做到上下左右层次比例合理、纵横贯通,使之与外部内部需要相适应;建立健全教育科研体制,加强教育预测,树立教育科学研究和教育理论的权威,使教育科研先行,为教育先行的各种决策和实践提供科学的理论依据和指导;加强教育立法,建立一支专门从事教育立法的专家队伍,加快立法步伐,保证教育先行,等等。

为了保证教育更好地切入社会生活,还必须努力实现教育民主化。教育民主化是现代社会的客观要求,也是世界教育和中国教育历史发展的必由之路。民主政治和民主教育曾是20世纪来各国进步人士为之梦魂萦绕的愿望,也是陶行知追求终生的目标。当年陶行知对教育民主化问题所作的种种理论思考和教育实践,在今天仍不乏借鉴作用。人们可以从中得到许多教益,为今天的教育发展找到若干生长点。在这方面,我们想多说几句。

发展社会主义教育民主,必须推进教育管理的民主化,使广大人民积极了解和关注国家的教育体系、发展政策、教育财政管理等方面的情况和活动,让尽可能多的那些与教育有关的人来帮助建设和管理教育。长期以来,同政治体制上过分强调集中统一相一致,在教育管理上也存在统得过死的问题。为了实现教育管理民主化,必须抓住两个方面。一是教育管理体制的民主化,即尊重教育工作的规律和特点,坚持实事求是,一切从实际出发,在大政方针统一之下,教育管理的具体办法灵活多样,以调动社会各方面以及学校领导和广大师生对办好学校教育的积极性,改变过去一哄而起,强制执行,缺乏活力的情况。二是教育决策和教育立法上的民主化,即充分发扬民主,广泛听取各方面的意见和建议,从而决定重大的教育决策,并把国家的教育方针、政策以法律的形式固定下来,改变过去重大的教育决策往往只由少数领导人决定,或只在一部分高层人士中征求意见的做法以及教育立法不完善,许多重大的教育问题无法可依,教育政策不稳定的情况。真正做到了这两方面的民主化,也就实现了陶行知当年争取教育"民治"的未竟之业。

发展社会主义教育民主,还必须在学校生活中坚持贯彻民主精神。首先,学校的管理和领导要体现民主原则,要进一步建立和完善发扬民主的机构和制度,使全体师生员工确保管理和监督学校工作的权力。其次,学校生活中要建立民主的师生关系,使教师明确自身的职责,以民主的作风教育学生,也使学生意识到自己的地位、权利和愿望,在民主的空气中求进步,师生在共学之中分享真理,完成教育任务。再次,要培养学生自我管理和自我教育的能力和习惯,使他们在健全的集体生活中,发展自主和自治能力,养成走向社会参与未来民主政治的基础。民主治校,努力在学校生活中发扬民主精神,是当年陶行知在晓庄和育才的教育试验中力行不懈之事,借鉴其经验,对今天的教育改革仍不无现实意义。

启示之三，必须大力狠抓基础教育。

中国当前已步入人口倍增的时期。据有关方面估计,在 21 世纪 20 年代到 40 年代,中国将相继出现在世界人口发展史上罕见的三大洪峰:劳动年龄人口在 2020 年将达到 10 亿,总人口在 2020—2030 年至少 15 亿,老年人口在 2040 年也将达到 3 亿以上。在三大洪峰到来之前,留给我们加以调整预作准备的时间十分短暂,机会也极难得。因此,在当前如何更有效地控制人口数量和提高人口质量,已成为各界有识之士共同关心的大问题。不言而喻,在这场"防洪""抗洪"斗争中,教育领域所承担的任务是如何艰巨繁重。它必须为而今而后 10 亿以上的国民,准备好适应下一个世纪激烈的国际竞争所必需的基础教育。

10 年改革以来,我国的基础教育有了长足进步。中小学布局结构不合理、师资水平下降、办学条件差、教学质量低等情况正在改变。但是,我们当前面临的任务仍然十分艰巨:至今全国文盲半文盲仍占总人口的将近 1/4,全国尚有将近半数的县没有达到普及初等教育的标准。教育领域须加倍努力狠抓基础教育,才能迅速建立一个巩固的卓有成效的基础教育体系,以利尽快提高国民素质的总体水平。当年陶行知将大部分心力倾注于此,非为无因。他无论为中国教育所做的理论思考或在推进普及教育方面所做的种种实践活动,都足予我们以教益启示。

在当前,推进基础教育的关键还在于统一认识。尽管在口头上已几乎无人再怀疑基础教育的重要性,但事实上基础教育在国家发展中的突出地位远未成为国人的共识。一个不能忽视的现实状况是,干部中的"教育盲"和"半教育盲",同群众中的文盲和半文盲相应成比,严重影响基础教育的发展。中国教育当今必须把扫除文盲同扫除教育盲的双重任务一肩担起。这恐怕也可算得是中国教育面临的一大基本国情。

从一定程度上说,扫除教育盲较之扫除文盲尤为迫切,尤为重要。文盲多在下层百姓,边远地区。教育盲则多在领导部门,行政机关。一个文盲影响所及,不过一家一村。一个教育盲影响所及,少则一乡一镇,多则在县市以上。扫文盲不难,只要措施得当,发动群众,一"小先生"足以当之。扫教育盲不易,在至今尚无具体明确地包括教育实绩在内的干部考察制度之时,又有什么行政力量可以去督导监察他们呢?虽然高层领导人对加强教育工作问题一再发表很有分量的指示,无奈言者谆谆,听者藐藐。他们依然故我,无多触动。流行于他们之中的口号最能说明问题:"先工交,后财贸,有了余钱办文教。""经济硬任务,教育软任务,经济搞上去,一俊遮百丑。""抓教育,见效慢,任期内,立功难。"如此思想认识,在他们辖治下的那部分教育将会出现何种状态,也就不难推知了。陶行知当年曾把教育行政人员的培养优先于师资培养,这确然是一种慧眼巨识。在今天,我们固然应把培养大批优秀的教育行政干部放在重要位置,以期早日完成各级教育行政干部队伍的"换血"工作。但更重要的是,还须对主管这些教育行政干部的上级领导施以教育。只有在这方面真正收到了实效,中国教育才能更快进步。

要推进基础教育,还必须在全民族真正提高对尊师重教问题的认识。从理论上说,一种职业的社会地位应取决于它所具有的社会功能,它对社会发展所作出的贡献以及从事这一职业所需具备的知识和技能的高低。但在实际上,它又往往受到国家政府和社会对其价值的评价的制约,并通过随此而来所给予的权利和待遇,所提供的工作环境和条件,所表示的尊重和关怀而显示出来。

教师作为人类社会中最古老的职业之一,在整个社会发展过程中,一直充当着继往开来的重要角色。正因为如此,古今中外无不对教师寄予较高的社会期望,把教师在社会生活中的地位和作用,视为社会文明发展程度的重要指标。中国历来有尊师传统,"天地君亲师"的排列,标明了在长期的封建社会中,教师职业在整个社会职业体系中所处的特殊位置和特殊高度。长期的社会心理积淀,使尊师传统已成为中华民族的一大美德,成为民族文化的一大特色。荀子说过,"国将兴,必贵师而重傅……国将衰,必贱师而轻傅"。教师的社会地位确乎经常成为衡量国家盛衰和社会荣枯的重要尺度。

陶行知历来强调尊师重教。他说过,"农不重师,则农必破产;工不重师,则工必粗陋;国民不重师,则国必不能富强;人类不重师,则世界不得太平"[①]。他认为改善教师经济地位尤为发展教育的当务之急。"要是经济问题解决了,教员不起生计上的恐慌,还愁没有机会么?……所以增加教

[①] 华中师范学院教育科学研究所:《陶行知全集》第二卷,湖南教育出版社 1985 年版,第 501 页。

育经费一层,实不可缓,否则虽有巧妇也难为无米之炊,那还讲什么教育发达?"①如前所述,他对小学教师的困苦生活尤为关心。"小学教师待遇太苦对于整个国民教育之影响是很严重的。"②他指出,"教师忍不住饥饿""改做生意",何能专心"教人做人"?"校长的精力大部分消耗在全校米粮问题的解决上,对于真正的教育问题反而难以顾到。"③

由于积重难返的原因,新中国成立以后教师社会地位偏低的问题并未得到彻底解决。教育工作被讴歌为"太阳底下最光辉的事业",还只是浪漫诗人的抒情。教师工作要成为最受人尊重和最令人羡慕的职业,还有一段漫长的路要走。目前我国教师社会地位偏低,突出表现在经济待遇和社会权利这两个方面。据国家统计局1987年统计资料表明,教育和科学文化部门的人均收入,在12个行业中居第11位④。由此引起的严重后果必将引起两方面的恶性循环。一在教育系统内部,教师社会地位低下,无法吸引高水平的学生报考师范当教师,于是低水平的教师又教出更低水平的学生。二在教育系统与社会系统之间,低水平的教师导致低水平的教育质量和社会效益,而低水平的教育质量和社会效益又使教师的社会地位更加低下。以上情况,多年来一直成为社会各界有识之士焦虑不安的议题。人们有理由相信,振兴中华的关键之一在教育,而振兴教育的关键则在教师。人们也有理由希望,对教师的尊敬不再特写于一年一度的教师节,对教师的重视也不再典型于定额指派的若干劳模、先进或代表、委员身上。

要推进基础教育,更必须大幅增加教育经费。近些年出现的集资办学热潮,在一定程度上改善了基础教育的办学条件。通过多种渠道社会集资,以补偿国家教育经费之不足,在这方面取得的成绩表明,我们今天比陶行知当年依靠社会力量办学的条件和基础更优越。但是,我们仍然认为,国家教育投资是解决教育经费的主渠道。

据有关资料表明,现代所有经济发达国家教育投资的增长速度,几乎

---

① 华中师范学院教育科学研究所:《陶行知全集》第一卷,湖南教育出版社1984年版,第119页。

② 华中师范学院教育科学研究所:《陶行知全集》第三卷,湖南教育出版社1985年版,第413页。

③ 华中师范学院教育科学研究所:《陶行知全集》第三卷,湖南教育出版社1985年版,第435页。

④ 《中国教育报》1988年8月18日。

没有不超过国民生产发展速度的。1945—1961年间,美国国民生产总值增长了近1.5倍,而教育支出却增长了6倍,国民生产总值年均增长5.5%,而教育支出年均增长7.6%。1946—1960年间,日本国民收入增长了近31.8倍,而公共教育费的增长竟高达86倍,这一时期国民收入平均增长率为26%,而公共教育费平均增长率达35%。60年代后,经济发达国家的教育投资增长速度同国民经济增长速度的距离虽有所缩小,但教育经费的增长仍相当可观。70年代中期,日、美、英、法、西德等国的教育经费,均已达到占国民收入总额的5%—7%左右。

我国教育经费同国民收入相比,起点一直较低。1950年教育经费仅占国民总收入的0.9%,"文革"期间不必提,1978年这个比例也仅达到2.2%,此后到1985年,一直在2.6%左右徘徊。据有关专家评估,我国固然由于生产力落后,国民收入不高而使教育经费的支出受到限制,但目前国家的教育投资,并不能说已达到国民经济承受力的极限。国外经验表明,教育经费达到国民收入总额的4%—5%左右,才是促进经济起飞的合理水平。由此看来,我国同这个标准还相差较远。要落实有关文件所说的教育经费"两个增长"(中央和地方政府的教育拨款的增长要高于财政经常性收入的增长,并使在校学生人数平均的教育费用逐步增长),还要作很大努力。

"百年大计,教育为本",固为天下至理,而"尊师重教,本固枝茂",尤为不刊之论。对于那些手中握有一定权力并自承为师陶和尊陶者来说,有必要以其师尊的名义相告诫:知之非难,行之唯艰。口头上宣称"教育为本"或"尊师重教"并不难,难的是扎扎实实办实事。只有真正舍得下功夫,下本钱,动真格的,方能避免口头上的教育改革派之讥,而成为陶行知所说的"行是知之始,知是行之成"的实践者。

中国的教育改革从昨天走来。它无法超越自己的历史规定而冒进,也不能违背历史的意愿而逆退。企求教育改革循直线沿坦途发展,只是不谙世事者的浪漫想象。充满艰辛的探索,跋涉曲折的途径,才是教育改革的必然命运。检讨既往,不是为了慨叹过去,而是为了寻觅历史的启示,使行将跨入新世纪的中国教育更加清醒地面对自己的现在和未来。

40余年来的中国教育历程启示人们:教育在任何时候都不能无视世情,都不能脱离国情。这是一条极其平实而又千真万确的真理。没有理由可以乐观地认为,中国教育与世情和国情的联系问题业已妥洽解决。无论在理论上和实践上,都有待中国教育界对此进行认真的探索,提交严肃的答卷。

　　从某种意义上说,正视世情,适应国情,就是努力贴近广大人民向上求进的健康生活,使教育真正与人民的生活水乳交融、休戚相关,使教育真正成为服务人类、造福人类的事业。我们相信,在卷帙浩繁的 20 世纪世界教育史稿中,生活教育作为中国教育章中卓然独立的一节,深刻映现着当代的世情和国情,足可永垂久远,引人注目流连。总有一天,当地球村的居民共建文化纪念馆时,中国这一文化大户的推选名单中,陶行知及其生活教育将因其对来者的悠长启示而膺登榜上,进入世界文化名人之列。"人生为一大事来,为一大事去。"但能如此,复又何憾?

后　　记

　　在两历寒暑终于脱出书稿之后,很有一种如释重负之感。

　　不言自明,呈现在读者面前的传主形象,是经过我们价值判断后的陶行知。也就是说,有关传主本人及相关他人的大量材料是经由我们之手筛选加工描述评断,才"创造"了这一个陶行知。因此,书中的传主形象只是我们眼中与心中的陶行知。倘若换一位作者来写,则其所知之人及所论之世也许就不尽如此。尽管我们努力把传主放到他所置身的那个时代和社会的大背景中去寻求其历史活动的轨迹,并论析其思想和性格发展中的不同阶段及其一贯联系,尽管我们希望把研究的层次和角度尽量深入扩大,以求更准确地把握研究对象,但我们承认自己历史视野的局限性,承认自己并非手执智珠,足以稳启金扉。

　　印出的文章就如射出的箭和唱出的歌,它便不再属于作者本人。因此,我们留心于有的放矢的求实精神,而不置意于飞矢不行的玄学论辩。同时,我们既欣赏陶行知所译美国诗人朗费罗的名诗《箭与歌》:"我向空中射了一枝箭,/落下地来,我不知道它在何方;/只见它一去如飞,/眼光跟不上箭的去向。我向空中唱了一首歌,/落下地来,我不知道它在何方;/谁有如此敏捷健强的眼光,/跟得上歌声的飞扬?"又赞美同时代另一位西方诗人的精警之言:"我以前的许多主张,现在同我更好的确信有了矛盾。然而箭一离弦便不再属于射手了,言语一离开说话的口,尤其是经过大量印刷之后,便不再属于他了。"(海涅:《论德国宗教和哲学的历史·前言》)当然,果能如朗费罗所吟:"好久好久以后,在一棵橡树上,/我寻着了这枝箭,仍旧没有破;/在一个朋友的心里,/我寻着了这首歌,一个字也不错。"(华中师范学院教育科学研究所:《陶行知全集》第四卷,湖南教育出版社1985年版,第794—795页)那便是我们莫大的欣慰了。

　　本书是国家教委"七五"期间重点科研项目。在写作过程中,曾得到国家教委、中国陶行知研究会和华中师大科研处等有关各方的大力支持和帮助。陶行知的家属吴树琴、陶晓光,和不同时期的有关朋友和学生,如晓庄时期的陆静山、徐明清、李楚材、王琳、戴自俺,工学团时期的张健、方明、吴莆生,育才时期的胡晓风、苏辛涛、李能寿、李正、毕汝钦,前中国陶行知研究会会长刘季平的夫人吴瀚,中国陶行知研究会的徐春轩、严欣久以及南京、上海、歙县陶行知纪念馆的汤翠英、余洁生、汪麦浪,都曾对本书伸出援手。作者谨在此对他们表示深切谢意。

唐文权
1990年岁末于武昌桂子山

(编者按:该书1992年由湖北教育出版社出版;2013年归入"华大博雅学术文库",由华中师范大学出版社出版;2020年归入"陶行知学文库",略作修改再次出版。)